产业区

盐城市通讯电子产业园

为实现盐城电子信息产业以快补晚、后来居上，高新区高起点、高标准规划占地6平方千米的电子信息产业园。盐城高新区通讯电子产业园坚持与国内其他电子信息园区差异化发展，借势“两化融合”和“三网合一”，大力发展新一代互联网终端设备、三网合一设备、传感网器件、智能电子信息终端等重点领域，2010年，园区电子信息类企业共实现销售9.8亿元。

盐城高新区通讯电子产业园位于盐城市高新技术产业区西北部，规划面积6平方千米，分为软件制造、硬件制造、研发中心和商务生活配套等四大功能区。计划用2－3年时间，引进电子信息类企业30家，实现销售100亿元，建成苏北领先、全省知名的电子信息产业基地。

锐毕利厂门

汉奇光电厂门

目前园区内的规模企业——江苏锐毕利实业有限公司已全面投产达效。锐毕利通讯电子项目由新加坡锐毕利控股公司投资新建。项目总投资3000万美元，占地130亩，新建厂房及附属用房为9万平方米。项目全部建成后，可实现年销售收入10亿元，利税1亿元。高速工业喷墨打印机项目是由江苏锐毕利实业有限公司于2010年研制成功的新兴项目。喷印速度每秒钟不低于25米，主要应用于印制电子、瓷砖喷绘、纺织品印花及包装印花等领域。目前完成全部基础研发的工业高速喷印设备已获得八项专利，将于一季度批量生产。该设备目前只有英国、以色列两国能够生产，锐毕利属同类设备国内唯一的制造企业。

园区内太阳能电子片、世纪网通讯、亚固电子、明钰电器、禄森电子等亿元以上通讯电子类项目正在抓紧建设中，投产达效后必将为园区的发展注入新的活力。

在两大新兴产业蓬勃发展的同时，高新区审时度势，在盯牢新兴产业项目的同时，大力招引六甲高分子、高性能滤料、重庆啤酒20万千升、25万吨塔式麦芽等填补市内空白的新材料产业和传统农产品精深加工产业，为高新区的多元化发展奠定了扎实的基础。

莱蒂斯特

新材料产业园

新材料产业园规划选址位于通讯电子产业内，总规划面积1000亩，东起凤凰南路、西至双新路、南起八支河、北至青年路。分四个功能区：碳纤维及其制品区、芳纶纤维及其制品区、无纬布及其制品区、研发及展示区。已委托上海鼎盛规划设计院编制城市设计初步方案，目前正在进一步细化之中。

1、超高分子量聚乙烯纤维项目：由江苏六甲高分子材料有限公司投资建设，项目总投资10亿元，征地200亩，总建筑面积10万平方米，计划新上20条超高分子量聚乙烯纤维生产线，年产高分子材料2000吨。其中一期新上高分子材料生产线10条，年产高分子材料1200吨(30万元／吨)。计划新上防弹无纬布生产线10条，年产防弹无纬布1000吨(50万元／吨)。项目全部建成后，年可实现销售11亿元，上交税金4500万元。目前，正在办理项目备案、规划等前期手续，一期3万平方米的生产车间钻探工作已开始，2011年元月初主体开工建设，5月18日一期竣工投产。

江苏神泰高新区碳纤维项目

2、高性能微孔滤料项目：拟由香港成发国际企业有限公司投资建设，计划总投资3000万美元，注册资本1000万美元，征地200亩，一期130亩，总建筑面积12万平方米，年产300万平方米的高性能微孔滤料(高新能滤料指高效低阻、耐高温、耐腐蚀的过滤材料，主要用于工业除尘)，年可实现销售5亿元，上交税金2000万元。项目计划分二期实施，其中一期投资2500万美元，建筑面积5万平方米，新上产能150万平方米的高性能微孔滤料生产线，2011年底前竣工试产。目前，正在办理外资批准证书等手续，近期即将签约。

3、“十二五”规划目标

新材料产业园规划总投资20亿元，在“十二五”规划期末达到销售50亿元。

厂 房

风采展示

2011 盐都年鉴

千年盐渎金凤凰 和谐开放新龙冈

凤凰科技园区

中联电气

中林机械公司

莱迪斯特公司

龙冈镇，地处盐城西郊，省道盐淮路、盐兴路穿境而过，蟒蛇河、盐宝河横贯东西，区位优势明显，水陆交通便捷。古镇龙冈始建于隋唐时代，古称“千家居”、“岗门镇”，因镇北绵延 7.5 千米、形似卧龙的沙岗而得名，距今已有 1400 多年历史。现龙冈镇由原龙冈镇、鞍湖镇、盐城市果树良种场“两镇一场”于 2001 年 6 月合并而成。下辖 1 个社区(鞍湖中心社区)、1 个办事处(街道办事处)、1 个果树良种场(盐城市果树良种场)，共有 34 个行政村(居、管理区)。

龙冈是无产阶级革命家胡乔木同志、著名书法家胡公石先生故里，是知名书画家裔敬亭、朱红瘦先生的故乡，曾是叶挺县县政府所在地；境内江苏华都森林公园素有“桃园胜境”之美誉；被国家旅游局认定为全国农业旅游示范点，江苏省四星级乡村旅游点；孔尚任、林则徐、孙在丰等曾在此兴修水利；《柳堡的故事》、《奋飞》、《风雨同舟》等多部影视剧于此拍摄。

近年来，龙冈镇坚持新型工业化和集镇城市化联动互促，实施“以工强镇”战略，加速企业调整结构、提速增效，优先发展以中联电气、百斯特、华兴变压器为龙头的输变电特色产业；实施“以镇建城”战略，对接长三角，主动接轨大市区，加快集镇建设步伐；着力推进惠民工程建设，建成污水处理厂、垃圾中转站、城市管网供水等一批实事工程，加速全面小康进程。先后被评为“和谐中国·全国百佳历史文化名镇”、“中国乡镇综合实力 500 强”、“ 全国工会维护农民工合法权益先进集体”、“江苏省文明镇”、“江苏省文明创建先进集体”、“苏北五十优乡镇”等荣誉称号。

民俗动态博物馆

文化旅游产业区

华兴大道

总第13期

盐都年鉴

YANDU ALMANAC

2011

盐城市盐都区人民政府　主办

盐都年鉴编纂委员会　编辑

图书在版编目(CIP)数据

盐都年鉴．2011/盐都年鉴编纂委员会编．—北京：方志出版社，2011.10

ISBN 978－7－5144－0305－3

Ⅰ．①盐… Ⅱ．①盐… Ⅲ．①区(城市)—盐城市—2011—年鉴
Ⅳ．①Z525.33

中国版本图书馆 CIP 数据核字(2011)第 218427 号

盐都年鉴(2011)

编　　者：《盐都年鉴》编辑部
责任编辑：徐　宏

出 版 者：方 志 出 版 社
(北京市建国门内大街 5 号中国社会科学院科研大楼 12 层)
邮编　100732
网址　http://www.fzph.org
发　　行：方志出版社发行部
(010)85195814　85196281
经　　销：新华书店
法律顾问：北京市大禹律师事务所
印　　刷：南京四彩印刷有限公司

开　　本：889×1194　　1/16
印　　张：27.75
字　　数：1196 千
版　　次：2011 年 10 月第 1 版　2011 年 10 月第 1 次印刷
印　　数：001～800 册

ISBN　978－7－5144－0305－3/K·248　　定价：228.00 元

·版权所有　翻印必究·

《盐都年鉴》编纂机构及人员名单

编纂委员会

主任委员	崔　浩				
副主任委员	冯明印	张瑞卿	孙万青		
委　　员	郝汉金	徐金文	徐永生	邵仁鸿	商兆鑫
	徐启楼	季严彪	葛永良	王益林	唐玲(女)
	桂永跃	蒋映晖	王顺友	王安根	徐洪顺
	丁兴俊	孙发金	吴　曙	肖刘蕊(女)	宋金洪
	丁勤(女)	蔡金道	姚宏鉴		

编　辑　部

主　　任　王顺友

副 主 任　秦宁丰(女)　　薛　钧

(据都政发[2011]30号文)

编纂人员

主　　编　王顺友

副 主 编　秦宁丰(女)　　薛　钧

总　　纂　许建新

编　　辑　许建新　　唐　华

英　　文　丁建蓉

特约摄影　应晓山

《盐都年鉴》编辑部地址:江苏省盐城市开发大道盐都区行政中心四楼

电话:0515—88116072　88426071(传真)

邮箱:xjx8182056@126.com　　yddsb123@126.com

邮编:224005

编辑说明

一、《盐都年鉴》是盐城市盐都区人民政府主办,《盐都年鉴》编纂委员会编辑的综合性资料工具书,创刊于1994年,一年一鉴。《盐都年鉴(2011)》是《盐都年鉴》第13卷,采用四色印刷,三栏排版。

二、《盐都年鉴(2011)》全面、系统地记载2010年盐城市盐都区政治、经济、文化、社会等方面取得的新成就、新经验和需要解决的新问题,为各界人士了解盐都、研读盐都、建设盐都,提供一部信息量大、准确度高的地情材料,为各级领导决策提供参考依据,为开展对外交往、招商引资以及全民创业提供窗口和桥梁,为广大干群和青少年提供乡土教材,为续修地方志积累资料。

三、全书采用分栏法编辑,条目式记事体。按事业、行业性质设立栏目,分栏目、分目、条目3个结构层次,共设31个栏目、273个分目、1468个条目。正文中共附133幅图照、46个表格。

四、组织机构及领导人名录,收录中共盐城市盐都区委、区人大、区政府、区政协及其列入党政序列(含直属单位、人民团体和双管单位)副科(局)级以上机构的党政负责人以及纪委书记和纪检组长;镇(区、街道)概况中领导人名录收录对象为党委(党工委)、人大、政府(管委会、办事处)正副职,纪委书记,以及组织委员、宣传委员(宣统委员)、统战委员、人武部长。凡任职时间为2010年1月至12月的,一律不标明时间。各村(居)书记、主任均为2010年底在职人员。

五、人物栏目收录盐都籍或外籍在盐都境内工作的全国人大代表、全国"五一"劳动奖章获得者、省(部)级及以上授予的劳动模范、先进工作者和表彰的先进个人。同时,本书将在社会上有较大影响的盐都籍(或在盐都工作和学习过)的个人代表也收录在新闻人物中。以前年鉴已经收入的人物,该年鉴只作简述。荣誉栏收录市(厅)级以上表彰的先进单位和市(厅)级表彰的先进个人。

六、年鉴中所使用的资料由全区各部门、各单位、各镇(区、街道)专人撰稿和提供,并经单位负责人审定,撰稿人姓名统一在条目、资料后署名。年鉴中出现"省"指"江苏省","市"指"盐城市""区、区内、区属、区某某局"的"区"都指"盐城市盐都区","镇(区、街道)"中的"区"专指"新区、西区和职教园区","市一中"指"盐城市第一中学","市三院"指"盐城市第三人民医院","市二小"指"盐城市第二小学"。

七、统计资料由区统计局提供。因统计口径不尽相同,有些数据稍有差异。特载栏目中的领导讲话报告以及文件选编栏目中的重要文件摘录基本保持原状,对有关数据未作改动。其他数据中的计量单位除耕地、地域等面积部分使用亩、平方米、公顷,其余一律使用国际单位。

八、《盐都年鉴(2011)》编辑出版工作,得到全区各级、各部门及市属驻盐都单位的大力支持,在此深表谢意!由于年鉴编纂质量和要求不断提高,可能出现疏漏错误,竭诚欢迎广大读者提出宝贵意见。

《盐都年鉴》编辑部

2011年7月

2011 年 7 月，省委书记罗志军在市委书记赵鹏、区委书记李纯涛的陪同下视察华锐风电

2011 年 1 月，省长李学勇在仰徐农业示范园区考察

2011 年 2 月，省政协主席张连珍在华锐风电考察

2010 年 12 月，区委七次全会召开

2011 年 1 月，区第十四届人民代表大会第四次会议召开

2011 年 1 月，政协盐都区第十二届委员会第四次会议召开

全区深化“三服务” 力夺“双过半”工作推进会议

盐都区庆祝中国共产党成立90周年暨表彰大会

中国共产党盐城市盐都区代表会议

盐都区第二批"十佳励志少年"颁奖典礼
花开花落我一样会珍惜
花开花落我一样会珍惜

区委书记李纯涛接见郝柏村先生

盐城市第一初级中学教育集团

教育集团班子成员

盐城市第一初级中学教育集团成立于2010年8月，成员校有盐城市第一初级中学和盐都区实验学校、盐城市潘黄实验学校。

区教育局局长宋金洪兼任集团总校长，成员校校长任集团副总校长。集团建立以总校长办公会议为核心的集团运行决策机制，各学校实行总校长领导下的副总校长负责制，并接受总校长室的业务指导和监督管理。集团内实行统一师资调配，统一设施装备，统一教学管理，统一考核奖惩。

教育集团成立以来，集团班子成员深入思考，通力协作，群策群力，走出一条整合优质资源，最大限度发挥示范引领作用的新路，为市区义务教育的优质均衡发展提供样板。

集团先后制订实施《盐城市第一初级中学教学质量标准》、盐城市第一初级中学教育集团教研活动方案》、《盐城市第一初级中学教育集团文体活动方案》、《盐城市第一初级中学教育集团教师绩效工资考核实施细则》等文件，集团的教研活动、学生的活动、教师业务考核全部打破校区的壁垒，实行一体化运作，一盘棋推进，资源的共享，优势的互补，管理的科学化、整体化、精细化扮靓集团品牌。

“潮平两岸阔，风正一帆悬”。站在新起点，把握新机遇，盐城市第一初级中学教育集团正乘势而上，朝着更高水平、更高质量、更具特色、更加闪耀的目标进发。

市第一初中新校园

盐都区实验学校

潘黄实验学校

YANDUQUXINQUGUANWEIHUI

盐都区新区

市委书记赵鹏听取盐都新区物流园区规划方案

市、区主要领导视察盐都新区规划模型

盐都新区位于江苏沿海中心城市之一——盐城市区的西南部、宁靖盐高速公路的东侧，是盐都区对外开放的“桥头堡”和盐城市区的“南花园”。近年来，新区按照“分片发展、合力建城”思路，紧紧依托主城，高起点规划，高标准建设，使之成为与老城区空间组团相对独立、各类资源要素无缝对接、经济繁荣、功能齐全的现代化新都市，区域面貌发生日新月异的变化：东方汽车广场会展中心——永宁国际汽车城建成为全省规模最大、档次最高、功能最全的室内汽车展示销售中心；东方汽车广场五星级铂金国际大酒店和商务中心的建设，为合力打造城西南区域性物流中心，形成较为完整的汽车服务产业链和区级城市中心奠定坚实基础；城西南现代物流园区已初具规模，引入悦达摩比斯、悦达包装储运、苏宁电器等项目……一座充满现代气息的新城如今正向全市人民展现着迷人魅力。

地处城西南片区的新区在完成区划、产业、规划调整的过渡期后，全面跨入新一轮的大开发、大建设时期。新区上下立足“一切围绕项目、围绕项目一切”的发展理念，依托物流园区、商务商贸区、东方汽车广场，着力引进现代物流、大型商贸、专业市场和城市综合体项目，培植高端服务业集群，重点突破楼宇经济和总部经济，加快实现从做项目向做品牌、做产业的跨越。2011 年上半年，新区实现财政总收入 40553 万元，占全年任务的 50.1%；一般预算收入 25001 万元，占全年任务的 52.1%，全面实现时间过半、任务过半。

盐都招商大厦

东方汽车广场的永宁国际汽车城会展中心

管委会

作为城市化进程的主战场、服务业项目集聚的主阵地、盐都新城建设的主力军，新区责无旁贷地发挥“火车头”作用，把机遇化为自觉的行动，把压力变为前进的动力，凝聚广大干群的智慧和力量，以实施“八大突破”为抓手，将盐都新城建设向纵深推进，为全区实现“全市率先、苏北领先、全省争先”的目标竭智尽力。如今，新区上下正集全新区之智慧、聚全新区之力量，紧扣“产业集聚区、城市新板块”的目标定位，全力推进物流园区、商务商贸区、东方汽车广场三个服务业集聚区的开发建设，增强集聚效应，促进功能提升，为全力打造产业特色鲜明、功能配套完善、环境和谐优美、居民小康幸福指数较高的“产业之城、宜居之城、科教之城”而努力奋斗！

市区主要领导视察新区东方汽车广场

市区主要领导视察新区悦达摩比斯生产车间

区领导现场考察新区物流园区建设情况

盐城红星美凯龙全球家居生活广场盛大开业

悦达纺织集团纺纱生产线

大纵湖镇

DA ZONG H

市委书记赵鹏视察“六甲项目”

市长李强视察“六甲项目”

大纵湖镇地处盐城西南，2010年9月经省政府批准，由原义丰镇、原大纵湖镇合并成立。镇政府设在原义丰镇，新镇面积136平方千米，下辖1个社区、1个街道、6个居委会、20个村，总人口8万多人。近几年来，大纵湖经济社会发展取得令人瞩目的成绩，五年实现财政总收入翻两番；集镇面貌日新月异，居住环境日趋怡人；社会事业蓬勃发展，实事工程稳步推进，群众满意度逐年提高。被中国文化部授予“非物质文化遗产”。同时享有“中国化纤机械涂装设备之乡”美称。

按照“双化”建设要求，围绕“打造苏北特色重镇，建设盐都西部新城”的宏伟目标，提出“跻身全市三十强，两年财政翻一番”，上下同心、落实有力、团结拼搏、奋勇争先，经济社会发展取得“五大突破”。综合实力取得新突破。全年实现地区生产总值 20.24亿元；财政收入首次突破亿元大关，完成财政总收入1.0036亿元，一般预算收入5530万元；农民人均纯收入迈过万元门槛，达到10962元；实际利用外资 200 万美元，外贸自营出口突破 3570万美元。主要经济指标完成实绩，增幅均位居全区前列。园区提升取得新突破。全年大纵湖镇义丰工业区引进千万元以上工业项目27个，其中亿元以上项目5个，5000万元以上项目10个，已启动实施11个，建成投产11个。特色产业不断壮大，在全区重点镇建设中处于领先位置。其中，六甲高分子产品顺利下线、高性能纤维项目在盐城市新材料工业园的率先开工已成为工业经济和特色产业发展的最大亮点。集镇建设取得新突破。启动实施“三年内建成1500亩新镇区”项目，集镇建设“六个一”和城镇绿化“五个一”得到市、区领导的高度评价。三产服务业取得重大突破，三星级大酒店——大纵湖国际

副市长丁建奇到大纵湖镇调研

区委书记李纯涛为剑桥博士后工作站揭牌

江苏大纵湖国际大酒店

党委书记　葛序亮

镇　长　王　羽

大酒店的开工建设、阳光壹加壹茶社、雅家乐超市的陆续投入营业。成功创建省级园林小城镇，成为苏北首家获此殊荣的乡镇，进一步提升集镇的层次和知名度。社会事业取得新突破。民政工作全省有名。大纵湖镇义丰敬老院建成1100平方米新住宅楼和1200平方米的老年公寓，2010年被国家民政部评为"国家级模范敬老院"。社会保障体系不断健全，精神文明蔚然成风，民主法制建设进一步加强，"五五"普法工作扎实开展。安全稳步完善，社会治安综合治理进一步强化，社会大局保持稳定。党的建设取得新突破。全面组织实施固本强基工程，领导班子顺利完成乡镇合并的平稳过渡，实现无缝对接，村党总支、村委会换届选举实现满堂红、大满贯；农村基层组织建设得到有力加强，先后新建骏马、迎阳、红星、石庄、三官、花陇、胥仇、于任、振兴等村部。

2011年是"十二五"的开局之年，将以"规划、项目、惠民、安稳"为指导方针，以"五创"（创建国家级生态镇、省级创新型镇、省级卫生镇、省平安法治乡镇、省级特色工业园区）为载体，深入实施80件实事工程，加快发展步伐，全力打造"中国化纤机械涂装设备之乡、江苏旅游名镇、盐都西部新城"，努力把"盐城西南出口"建设得更强更富更美好。

射阳县民政代表团到大纵湖镇敬老院参观

康嘉名城

尚庄镇 SHANG ZHUA

区委书记李纯涛到华泽书社调研

尚庄古名五瑞镇，位于盐宁高速公路西侧、盐金国防公路南侧，233省道和步湖路穿镇而过。2010年9月，葛武与尚庄合并为尚庄镇，下辖19个行政村、7个居委会，人口7.25万，面积101.53平方千米。尚庄是江苏省文化先进镇、江苏省文明镇、盐城市新型小城镇，被誉为番茄之乡、阀门之乡。原台湾国民党三军总长、行政院长郝伯村先生的郝氏故居和国家级台湾农民创业园座落在郝荣村。

近年来，大力实施工业化、城镇化和农业现代化发展战略，重点重抓阀门产业园区建设，提速打造阀门之乡，经济社会事业取得长足发展。

坚持特色赶超，强势推进园区建设。紧扣打造十亿园区的发展目标，不断加大阀门园区基础设施建设力度，为项目招引、兴工强镇提供有力支撑。园区占地面积3000亩，规划建设阀门生产核心区、阀门配套加工区、综合服务区和仓储物流中心，园区路、桥、水、电、绿化、亮化等基础设施全部到位，达到“五通一平”标准。龙头企业盐电阀门公司年销售实现2亿元、利税2000万元，区内已集聚合资盟富斯、苏州阀杆等协作配套加工企业20多家。配套协作加工区二期四幢

计划生育服务中心

在建的江苏金火炬公司研发中心大楼

中外合资盐城欣美莱服饰有限公司

G ZHEN

阀门产业园区

标准厂房钢结构主体工程全面竣工，盐电阀门新上占地 70 亩的蝶阀项目正在规划实施。

坚持重点重抓，大力发展现代农业。致力做大做强番茄产业。大力发展温室大棚，推广设施蔬菜专用品种，推广运用新科技，不断加快番茄产业的发展步伐，建有千亩番茄种植核心区。番茄销售市场十分看好，远销苏南大中城市，番茄亩平纯收入超过 15000 元。重抓土地流转，拓展农业园区，发展林果经济，强势推进生态尚庄、绿色尚庄建设，进一步扩大憩园、盟爱生态园的建设规模。加快调整农业产业结构，大力发展水稻育种、苗木花卉、设施蔬菜等项目，水产养殖、生猪饲养、菊花种植、食用菌等农业产业得到巩固发展，时令蔬菜、畜禽、水产品绿色环保，供应充足，四季不脱。

坚持规划引领，全面加快集镇建设。坚持规划引领，加大投入力度，加快城镇化建设，做大、做靓、做美新型小城镇。大力推进集镇建设"六个一"和镇区绿化"五个一"工程建设。新建红九河滨河绿带，新增绿地 1500 平方米，233 省道集镇段桃红柳绿、景色宜人。鼎尚花园小区主体封顶，并开盘销售；园区四纵三横主干道建设全面竣工。镇村环卫设施建设力度不断加大，建成尚庄垃圾中转站，新建垃圾池 157 座，置放垃圾桶 428 只，配齐村组保洁人员，农村生活垃圾集中处理正式运行，日处理垃圾 10 多吨。尚庄中学东侧、健康南路西侧 37 亩商住开发和瑞南新农村示范点建设全面启动。商贸流通等服务业兴旺繁荣，具备良好的生态、生活环境。

2011 年是"十二五"开局之年，将紧扣"一业做强、多业跟进、特色赶超、竞向发展"的目标思路，全面加快新型工业化、镇域城镇化、农业现代化发展进程，聚力打造一个更有特色、更上规模、更具实力的阀门之乡。

江苏盐电阀门有限公司

鼎尚花园小区

憩园农业生态园

市长李强(左四)率领全市农业家家到观摩会议全体与会人员观摩秦南镇泾口现代农业园

党委书记　卞生兵

江苏斑竹袜业有限公司生产车间

富民商业街夜景

秦南镇，是一个已有300多年历史的古镇，早在明代就有“积谷粮仓”之美称，是“苏北的鲁迅”——宋泽夫先生的故乡、苏北有名的商贸重镇、全国重点建设小城镇，江苏省示范小城镇、苏北综合实力五十强乡镇、盐城市五十强重点镇、盐城西部具有较强辐射功能的中心集镇。盐徐高速公路、233省道和331省道（规划一级公路）都横跨秦南镇。

2001年6月，乡镇区划调整与中兴镇合并后，镇域面积为118.35平方千米，人口9.14万，下辖2个办事处，5个居委会和24个行政村。2010年8月经省政府批准撤销盐都区秦南镇、北蒋镇，将原秦南镇的河夹、中徐2个居委会及略沿、连心、华府、周伙、大同、施湾、大成、陈祁8个村委会划归学富镇管辖；将原秦南镇其它区域与原北蒋镇所辖区域合并，设立新的秦南镇，镇政府驻秦南集镇人民东路5号。新的秦南镇行政区域面积127.25平方千米，人口8.87万人，辖5个居委会、27个村委会。

全镇大小企业300多家，其中机械电子、纺织服装、环保建材等三大支柱产业占全镇工业企业总量的62%以上。疏浚打捞、建筑装潢、高空防腐维修三大“海陆空”特色产业享誉全国。其中始创于秦南镇的无脚手百米以上高空安装作业技术闻名遐迩，以华联高空等为代表的60多家企业成立盐城市高空防腐维修行业协会，施工区域遍布全国。江苏蛟龙集团打捞航务工程有限公司是具有内河打捞一级和沿海打捞二级、港口与航道总承包二级资质的国家中型企业，综合实力位居全国民营打捞行业之首，沿海打捞战线长达数千里。

2010年全镇实现国内生产总值23.69亿元，财政总收入8435万元，一般预算收入5023万元，农民人均纯收入10443元。

QINNANZHEN

秦南镇

镇长　周志明

泾口村——江苏省新农村建设示范村

工业园区

泾口村别墅群

千亩高效农业园

林业示范带

北蒋

BEI JIANG

地处盐城市西南盐都区中心位置，为盐城市“体育器材”特色镇和远近闻名的“苗木之乡”。全镇土地面积5000公顷，其中耕地面积2606公顷，下辖11个村、2个居委会，人口32462人。围绕“以工兴镇、特色强镇、富民优先、和谐发展”工作思路，紧扣“立足两年再翻翻，墙上项目快发展”工作目标，重点实施机电工业园区、集镇区和高效农业示范区“三区”发展战略，全年实现地区生产总值4.1亿元，全社会固定资产投资3.2亿元，分别增长19.1%和38.5%，分别是“十五末”的2.51倍和5.08倍；财政总收入2599万元，一般预算收入1561万元，农村人均收入9271元，与上年同比分别增长37.0%、37.6%和15.5%。

特色园区建设推进迅速，工业经济跨越发展。始终坚持“工业发展才是真正的发展”的理念，继续加大工业园区的投入，先后完善园区中心大道和腾飞路两条主干道的路灯、绿化、给排水等配套设施，招商选资的载体环境得到了进一步改善。全年引进各类项目18个，其中亿元项目1个，5000万元以上项目2个，一二三产项目得到全面发展。全镇8家定报企业，实现销售2.86亿元、工业增加值7200万元、利税3233万元，分别增长34.2%、28.2%和26.8%。艾斯特公司、电力机械厂两个纳税超百万元企业继续保持较好增长势头，2010年税收分别达到209万和201万元，再创北蒋企业年纳税历史新高。近几年先后引进的正禾机械、国盛纺织、吉盛达环保、欧迈工程机械发展较快，都已成长为规模企业，全年新增200万元以上税收企业2家，全镇纳税10万元以上企业达20家。

盐城市首届“瑞泰杯”乒乓球邀请赛在北蒋举办

集镇开发力度不断加大，集镇形象日新月异。用抓项目建设的理念做好经营集镇的文章，推进集镇建设市场化、项目化、均衡化发展，对照区政府的要求，分别实施集镇建设“六个一”和镇区绿化“五个一”工程项目，全面提升集镇窗口形象，创造优美宜居的人居环境，同时也为招商引资工作打造一份精美的集镇窗口名片。与此同时，从关注民生的高度出发，全力加大集镇开发建设力度，加速推进城乡一体化建设，进一步做大、做优、做美集镇，凝聚集镇人气，力促本镇百万元税收企业江苏沙子电器有限公司跨产业投资远景·润泽嘉园精品小区项目，该项目总投资1亿多元、占地50亩、建筑面积达5万平方米，极大地提升集镇的层次和形象；以吉隆大厦为标志的服务业重

北蒋实验学校河船表演队参加表演

区文广新局送戏下乡

北蒋卫生院实施国债项目工程普惠于民

点项目开业，进一步提升北蒋三产服务的水平。

高效农业项目亮点纷呈，"一园二线"连珠成串。近年来，高度重视加快发展高效设施农业，不断加大农业项目招商引资力度，先后引进星愿农业发展有限公司、惠营生态观光农业园、新杨猪场、海明大棚以及安兵农业园等多个高效农业项目。目前，该镇设施高效农业已达 500 多亩，盐金线高效农业示范区 5 个农业项目和林业苗木基地已连珠成串，生态观光农业带已显雏形。2010 年 10 月北蒋林业苗木基地被省教育厅确认为省级农科教结合示范基地。

一个崭新的北蒋欢迎国内外客商前来投资兴业，共建美好家园，共创美好明天。

远景润泽嘉园精品住宅小区

通四海服饰有限公司生产车间

在建亿元项目江苏中材环境有限公司

沙子电器有限公司生产车间

艾斯特体育器材有限公司

江苏南星科技有限公司

路路绿化公司苗木基地

郭猛镇

市委书记赵鹏视察汽配产业园建设

郭猛烈士雕像

市长李强调研城乡统筹发展工作

郭猛这个用烈士命名的乡镇，人杰地灵，活力四射。全镇总面积62.4平方千米，下辖12个村、2个居委会、1个街道办事处，4.6万人口，5.4万亩耕地，是盐城市50个重点镇、12个统筹城乡发展试点示范镇、盐都区首批7个特色镇之一，系“无公害农产品之乡”。近年来，荣获江苏省农村综合实力百强乡镇、江苏省群众文化先进乡镇、市级卫生小城镇、建筑劳务之乡等荣誉称号。2010年实现财政一般预算收入4500万元，农民人均纯收入11165元。

郭猛交通便利，区位优势凸显，已融入大市区统筹发展，与高新区实行无缝对接。城乡统筹试点全面启动，统筹城乡发展总体规划完成并批准实施，镇村建设、产业发展、土地利用、基础设施建设和社会事业发展五个专门规划的编制工作也已全面完成，镇区控制性详规通过市专家评审，2平方千米东镇区城市设计正在进行之中。集镇建设加快推进，镇区面积由过去的4平方千米扩大至6平方千米，西镇区全面整治出新，街心公园、运粮河、农贸市场等已成为郭猛不可或缺的亮点；东镇区建设加快推进，四纵四横的高标准路网框架初步形成；全长10.5千米的盐金线景观带、东干河绿带整治出景，中干河绿带规划设计已完成，即将开工；建筑面积1.5万平方米主体13层的海洋大厦、建筑面积3万平方米的规模住宅小区宝林冠城、九年一贯制实验学校等一批标志性工程正在建设之中。镇村工业蓬勃兴起，目前已形成高精机电、疏浚打捞、风机制造、环保设备、汽车配

整治后的运粮河

杨侍新村农民乐园

台湾农民创业园

副市长丁建奇督查调研试点镇统筹城乡发展工作

件等特色产业，现有规模企业 26 家。3000 亩的汽配产业园设施配套，功能齐全，现已成为各大汽配项目竞相入驻的热土。现代农业快速发展，盐城现代农业示范园区已有 40 家企业入园兴业，开发面积 15000 亩，集生态观光、旅游休闲、高效农业于一体，成为江苏省十大农业示范园区、江苏省首批农业科技园区之一。三湾人家、杨侍新村新农村建设的示范作用已经显现。

区委书记李纯涛视察杨侍村

勇立跨越发展潮头的郭猛镇，按照建成城关后备镇、大市区的后花园、“双新”特色的城乡统筹示范镇、亿元镇的目标定位；沿着“三个主攻、四个优先、五个加快”的新思路，加速发展。

江苏荣华纺织集团 2010 年实现销售 3.9 亿元，税收 3093 万元。图为精梳环绽纺车间一角

充满活力、魅力无穷、商机无限的新郭猛竭诚欢迎四海宾朋前来投资兴业，共创美好未来！

统筹城乡发展工作现场推进会在杨侍村召开

建设中的海洋大厦

江苏翡翠湾花卉交易中心

建设中的宝林冠城小区

郭猛“夕阳红”腰鼓队在街心公园排练

鞍湖中心社区

胡公石题字鞍湖文化站

鞍湖中心社区位于盐城市西南十千米处，东邻龙冈镇、西与中兴接壤，南与秦南镇交界，北与建湖县裴刘镇毗邻。社区总面积1.25万亩，耕地面积1.11万亩，总人口12186人，下辖大顾、九曲、洪渡、许桥、刘垎、张本等6个村居。鞍湖始建距今已有600多年历史，明朝时因该地张本村西北有一马鞍形湖荡得名鞍湖。鞍湖人杰地灵、英才辈出，是中共杰出的理论家、原中央政治局委员、“党内第一枝笔”胡乔木同志，著名书法大师、标准草书唯一传人胡公石先生和著名爱国民主人士胡启东先生的故乡！

9月26日鞍湖中心社区挂牌成立后，牢固确立“用经济区模式加快发展，用集镇区方法加强管理”的工作理念，遵循“镇辖区管、财政单列、专项考核”的基本原则，紧密围绕一个目标（财政收入三年翻两番、综合实力五年进十强），紧扣两条要求（用经济区模式加快发展、用集镇区方法加强管理），坚持三区联动（节能装备产业区、商贸流通服务区、设施配套居住区），推进四大工程（财政收入翻番、特色园区建设、集镇形象出新、民生事业改善），实现五项创新（在加快发展上彰显新优势、在结构调整上创造新特色、在城乡统筹上打造新亮点、在文化建设上塑创新品牌、在和谐构建上开创新局面），因地制宜发展社区产业、改善人居环境，推动鞍湖中心社区快速发展、和谐发展、科学发展。

典雅恬静的园林式胡乔木生平陈列馆一角

鞍湖社区人民勤劳，气候宜人，土地肥沃，物产丰富，被誉为“鱼米之乡”。社区现有提水养殖、葡萄、草莓种植等高效设施农业面积1000多亩，“红多牌”草莓被认定为无公害农产品。在全力推进农业产业化的同时，社区坚持大力发展工业主体经济，社区现有各类企业68家，初步形成了油箱制造、服装纺织、节能装备、乡村旅游、高效农业等五大特色产业。

工业经济。传统产业油箱制造已形成上下游配套的产业集群，龙头企业弘昕油箱有限公司年产油箱200万只，占国内市场销售的30%以上，年税收达300余万元。针织服装是鞍湖社区又一优势产业，全社区拥有近20家针织服装企业，产品品种齐全，形成了集服装加工、印染、针织、刺绣一条龙的产业链。除此之外，新规划节能装备产业园，按照“立足现状区、做优核心区、留足发展区”的原则，整个园区规划3000亩，其中核心区500亩，致力打造经济增长新亮点，目前园区共洽谈项目意向7个，正式签约的亿元项目3个。

高效农业。社区现有提水养殖、葡萄、草莓种植等高效设施农业面积1000多亩，“洪渡牌”葡萄驰名乡里，“红多牌”草莓被认定为无公害农产品，种植300亩水蜜桃、

宋平题字胡乔木生平陈列馆

鞍湖卫生院

鞍湖敬老院

鞍泰小区规划效果图

鞍湖节能装备产业园规划图

刘垎村党群服务中心

樱桃、美国蓝莓等高档水果的“百果林”项目、总投资达 5000 万、流转土地达 300 亩的通和物资高效农业项目相继落户鞍湖。

集镇建设。鞍湖社区坚持“拆、建、管”三轮齐动，高起点规划集镇建设，对集镇主干道祥和路、光明路、安泰路、振兴路进行了改造，新建九曲、光明、祥和、安泰、中十等桥梁五座，新植路灯 246 盏，新增绿化面积 3000 平方米。此外，集镇总投资达 45 万元的三座水冲式厕所正在建设中；总体规划 35 亩，新建集餐饮、休闲、集市为一体的农贸市场和小商品市场，目前红线已经划定，即将开工建设；占地 48.19 亩，建筑面积 6 万平方米的鞍泰住宅小区目前已挂牌。

乡村旅游。鞍湖社区历史悠久、人文荟萃，文化底蕴深厚；水乡特色，得天独厚，发展乡村旅游业具有得天独厚的条件，胡乔木生平陈列馆已申报红色旅游景点，宝于草堂是国内外广大标准草书爱好者交流的平台，目前已拥有红色爱国主义教育一日游、农家乐休闲游、水乡生态游等多条线路。

勤劳淳朴的鞍湖人民诚邀天下客商考察指导、旅游观光、投资置业。愿与各界朋友一道，携手共创发展大业，并肩开拓美好未来。

弘昕油箱锻压车间

鞍湖实验学校

省级优质幼儿园——鞍湖幼儿园

洪渡牌葡萄

红多牌草莓

鞍湖社区大力扮靓集镇

SHOES MACHINE CITY OF CHINA

国家级鞋机制造产业

市委书记赵鹏、区委书记李纯涛视察中国鞋机城建设

市长李强视察中国鞋机城科技展示馆

鞋机特色产业

中国鞋机城拥有制鞋机械八大系列、400多个品种、1000多个规格产品，畅销40多个国家和地区，已成为我国规模最大的制鞋机械生产及出口创汇基地

批量出口优质鞋机产品

大冈镇素有“鞋机之乡”美称，位于盐城、泰州两市和盐都、亭湖、大丰、兴化四县(市、区)交界处，自宋代以来已有千年建镇史，全镇区域总面积 130.71 平方千米，现辖一个办事处和 23 个村（居），总人口 8.488 万人。

2010 年，全镇实现地区生产总值 26 亿元，财政总收入达 1.3 亿元，一般预算收入 7052 万元，全社会固定资产投资达 12.03 亿元，农民人均纯收入达 10800 元，在全区率先跨过全面小康门槛。鞋机特色产业入选并全程参展上海世博会，并被中国轻工机械协会授予“国家级鞋机制造产业基地”称号。

在市、区委、政府的正确领导下，坚持以科学发展观为指导，紧紧围绕“实力大冈、活力大冈、魅力大冈、和谐大冈”目标，紧扣“做大做强中国鞋机城，加快发展城乡一体化”主题，全面加快工业化、城镇化发展进程，经济社会呈现快速、协调、健康发展的良好势头。特色产业迅猛发展。现有鞋机企业 140 余家，400 多个品种，产品远销意大利、德国、台湾等 40 多个国家和地区，国内市场占三分之一强，中国鞋机城已初具规模。数十家企业被评为国家、省、市星火龙头企业、高新技术企业。大冈镇已成为中国轻机协会会员单位、国家级鞋机制造产业基地和省制鞋机械创新专业镇，先后被列为省级、国家级星火技术密集区，共承担国家中小科技型企业创新基金项目 9 项、国家、省星火、火炬项目 136 项、国家重点新产品 28 只、省科技专项 15 项、高新技术产品 44 只，拥有国家专利 398 项。集镇建设稳步推进。镇区基础设施配套齐全，“六纵七横” 道路网络循环贯通，对外交通十分便捷。建成育才小区、阳光家园等 20 万平方米超千套住宅小区。上海农工商超市、浙江好又多大卖场、盐阜人民大超市、佳佳超市、雅家乐超市等大型商业企业相继落户，商贸流通十分兴旺。现代农业成效凸现。盐南禽业协会、盐康生态养殖、尚蔬园蔬菜基地、新海润苗木基地等一批农业项目相继落户，瑞和米业、开元纺织等农业龙头项目不断扩张，万亩生态有机稻米生产基地 3000 亩核心区已建成并通过验收，实现“基地 + 企业 + 农户”连动发展格局。社会事

基地、中国鞋机城——大冈

中国鞋机城科技展示馆

省轻工机械产品质检中心

江苏闳业机械有限公司省级院士工作站

业蓬勃发展。建成 104 千米一线圩堤防护林、56 千米绿色通道、9 万亩农田林网，绿色覆盖率达 16%，农村硬质化道路 180 千米，建成有线电视万户镇，新型农村合作医疗参合率达 100%，大冈敬老院建成市级“文明敬老院”，“五保”老人集中供养率达 65% 以上，社会保障实现全覆盖。

在经济社会发展过程中，先后获得全国创建文明村镇工作先进单位、全国投资环境百强乡镇、国家星火技术密集区重点镇、全国星火小城镇示范镇、全国造林绿化百佳乡镇、全国美德进农家活动示范镇、江苏省文明乡镇、省经济与环境协调发展示范镇、省卫生镇、省新型示范小城镇、重点中心镇、省教育现代化示范镇、省体育强镇、省专利工作示范镇、省创新型乡镇、市知识产权示范镇和市五好乡镇党委等多项荣誉称号。

石油机械产业

中国鞋机城拥有新兴能源产业—石油机械企业20多家，均为中石油、中石化网络成员企业，螺杆钻具、防喷器产品已成为我国各大油田指定产品和生产基地，并出口科威特、挪威、伊朗、伊拉克等国家和地区

液压式不压井修井机组合装备

建设中的中国鞋机城

盐都区潘

全国政协副主席李金华视察仰徐新农村建设工作

省长李学勇在仰徐村与村民亲切交谈

副省长黄莉新视察现代高效农业示范园

潘黄街道，人文历史悠久，文化底蕴丰厚，因纪念革命烈士潘克、黄炜而命名，紧靠盐城市、盐都区两级行政中心。街道区域面积1966.8公顷，人口45631人，下辖11个居委会、2个行政村。2010年实现地区生产总值31.93亿元，财政总收入4.2858亿元，其中财政一般预算收入3.4198亿元，人均纯收入11947元。杨坝居委会财政税收超亿元，跃进、宝才、美丽超2000万元，纳税超百万元企业突破23家，其中超千万元企业5家，财政总收入占地区生产总值的比重提高到13.7%。荣获“2007—2009年度省文明镇”、“江苏省环境优美乡镇”、“2010年度市重点镇工业化城镇化综合先进集体”等荣誉称号。

坚持以科学发展观统揽全局，按照“参与合力建城、加快融入市区”的总体思路，不断加大对集镇基础设施建设和城市精细化管理的投入，积极参与城市建设，加

会议中心

规划中的潘黄街道社区服务中心

活力西城区　投资新天地

黄街道

仰徐工业产业园区服务中心外景

区委书记李纯涛陪同市委书记赵鹏视察园区建设

仰徐工业产业园区服务中心

大改造力度，拓展街道功能。建立仰徐村加快统筹城乡一体化三年建设指标体系，合力打造仰徐新农村。仰徐机电产业园规划占地面积 1000 亩，已征地建设 400 亩，12 家企业入驻园区，3000 多平方米的企业服务平台投入使用。全力打造现代高效农业“五千工程”（千亩草莓园、千亩葡萄园、千亩景观园、千亩蔬菜园、千亩良田示范园）。围绕道路、沿河、村庄、园区和节点进行绿化，建立“组保洁、村居收集、街道运转”的生活垃圾处理模式，农业人口参加新型农村合作医疗达 98%，新型农村养老保险参保率达 30%。建立健全贫困户等弱势群体基础台账，实施党群牵手致富工程，完善村民“道德银行”实施细则，规范和约束村民日常行为，经济社会得到又好又快发展。

为民办实事工程之一

新日月翠洲嘉园

ZHANGZHUANGJIEDAOBANSHICHU

张庄街道

市委书记赵鹏视察驰翔风电齿轮

市长李强视察张庄农村工作

张庄街道地处江苏省盐城市大市区西北部的城郊结合部，下辖 9 个村(居)，总面积 20.7 平方千米，总人口 3.1 万人，是苏北 50 优乡镇之一、全市 50 个重点镇之一、盐都区 7 个特色镇之一。2010 年，实现财政总收入 1.36 亿元，同比增长 35%，是 2006 年的近 6 倍；财政一般预算收入 8500 万元，同比增长 42.9%，是 2006 年的 7 倍；实现规模以上固定资产投资 13.37 亿元，同比增长 75%；规模以上工业应税销售 12.8 亿元，同比增长 72.5%；注册外资实际到帐 400 万美元，实现新突破；农民人均纯收入达 10900 元，同比增长 21.4%，各项指标均大幅超额完成年初目标任务；全市重点镇综合排名跃居第十二位。

加快园区建设，做大齿轮特色产业

坚持高标准规划引领，按照全市"四有三聚"和全区"二六十"园区建设的要求，邀请高资质设计单位对齿轮特色产业进行总体规划，总面积 3800 亩的齿轮特色产业园区土地、建设、产业规划已通过评审，其中园区一期 1500 亩正在加快项目建设，建业路、政通路、康庄大道、振兴路园区段等四条主干道循环贯通；园区二期 1000 亩框架正在拉开；集规划展示、产品陈列、园区服务、项目研发于一体，建筑面积 5000 平方米的齿轮园区规划展示馆正在抓紧建设。

借势招引合作，做强高效现代农业

大力发展高效现代农业，新流转土地 600 亩，新增设施农业 300 多亩，新建钢架大棚 100 多座，成片造林 800 亩，植树造林 18 万株，秸秆综合利用近 4000 亩，实现全面禁烧，得到市、区领导的充分肯定。积极发挥葡萄、草莓、五谷杂粮等品牌优势，高起点规划张庄高效农业示

落实城西北重点房地产项目——宾达嘉园

打造特色产业集聚——张庄齿轮产业综合服务中心

办事处

范园，并与全国知名连锁店浙江杭州秀山美地洽谈合作，筹备建设占地 300 亩、计划投入 300 多万元的高效设施农业观光产业园。

主攻集镇建设，做靓创业宜居环境

邀请高资质设计单位编制覆盖全域的总体规划、4 平方公里的集镇控制性详规和 1 平方千米的深层次城市设计，拉开“四纵四横”的路网框架，加快集镇建设步伐。投资近 2 亿元、以城市主干道标准设计、宽 40 米的连接市高新区、贯穿张庄南北的经济大动脉——振兴北路使该街道更加融入主城区、对接高新区、步入经济发展快车道。列入市重点镇考核的 3 个城镇化项目宾达嘉园、建业路提升、宝庆路建设全面完成。通过这些基础工程的建设，张庄的集镇面貌焕然一新，正在全面融入主城区。

诚实守信的张庄人热忱欢迎有识之士来张庄投资兴业，共谋张庄发展大业，共创张庄美好前程！

贯彻高标生产理念——精密齿轮生产车间

培植龙头领军企业——驰翔齿轮生产基地

创建高效农业的示范窗口
——张庄葡萄农业园区

建设农业标准化生产基地
——张庄草莓种植大棚

做靓集镇新面貌
——建业路别墅群

加快园区建设讲度
——张庄齿轮园区
规划展示馆

推进建设文明和谐新社区——群众文化娱乐活动

盐都区环保局

省、市领导视察华锐风电产业园

区委书记李纯涛调研指导工作

全区创建国家级生态区动员大会会场

局长王勇到中联电气车间现场服务

行政审

国家级生态村仰徐村一角

全区农村环境连片整治成果之一
——仰徐村集中式生活污水处理设施

全区农村环境

农村环境连片整治后的郝荣村一角

副市长谷家栋向局长王勇颁发2010年度盐城市十大环保杰出人物奖章

盐都新饮用水源保护区河长履职仪式会场

工作人员为企业提供咨询服务

环境监察人员在企业进行现场监察

区环境监测站技术人员进行环境数据分析

台成果之一
垃圾中转站

全区纪念“6·5”世界环境日暨
生态区建设环保知识竞赛颁奖仪式

区环保局2010年度获得的荣誉奖牌

盐都区住房和城乡

市领导视察重点项目建设

盐都区住房和城乡建设局，于2010年4月由原盐都区建设局和盐都区房产管理局合并而成。局机关内设行政科室9个，下属事业单位14个，企业单位8个，局属党总支4个、支部15个。同时实施全区村镇建设服务中心人事管理。

认真履行工作职能，紧紧围绕城乡统筹发展目标，加快项目建设，推进产业发展，强化效能服务，实现跨越争先，荣获省市区近30个奖项，其中城市建设、村镇建设、住房保障和房产管理等单项考核名列全市第一，绩效考核获全区综合先进，为全区经济发展和社会进步作出积极贡献。

城乡建设亮点纷呈。重点实施了盐渎路、南纬路、新都路二期等城市骨干道路，第一沟、三河子等滨河绿带，盐渎明城、盐城市中小企业园、盐都专家公寓、汇文公馆等重点项目。指导实施集镇基础设施“六个一”和镇区绿化建设“五个一”工程建设，配合铺设新区、潘黄等6个镇(区、街道)供水主管网，积

坚强团结的领导班子

市法治工作创建考核

春季职工运动会比赛现场

建党90周年歌咏比赛

建设局

中小企业园

检查建筑工地

盐渎明城

盐都专家公寓启用仪式

服务对象赠送锦旗

燃气演练现场会

极筹建全区5个污水处理厂及提升泵站项目，4个村级污水处理设施及2个尾水处理景观工程全面建成并交付使用。

支柱产业稳步发展。引导房地产企业积极顺应国家宏观调控政策，采取得力有效措施，有力遏制房价过快上涨势头，保持房地产市场平稳健康运行。引导建安企业围绕做大做强目标，拓展外埠市场，提升企业规模，提高运行质量，建筑产业突破百亿，“建筑之乡”重新获得省政府命名。

效能服务有效提升。积极开展“创星级、树品牌”、“创先争优”和“三化”专项整治活动，大力推进人民满意基层示范点创建和行政执法部门评议，全面推行说理式执法，依法行政不断加强。深入推进“三服务”工作，班子成员帮助基层解决实际困难和突出问题40多个。积极开展“金桥行动”下访活动，认真处理拆迁安置、房屋质量、物业管理等问题，及时调处“双清欠”矛盾，社会大局保持稳定。

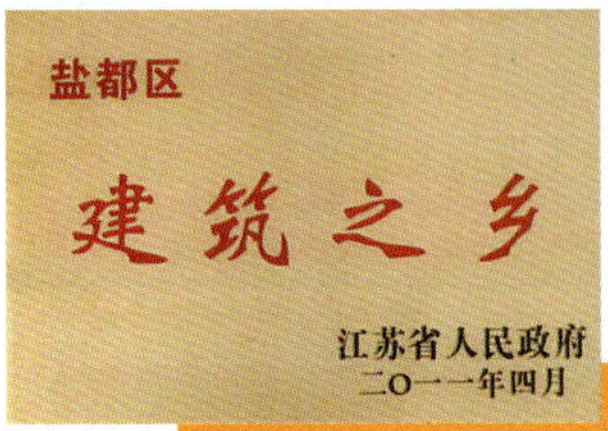

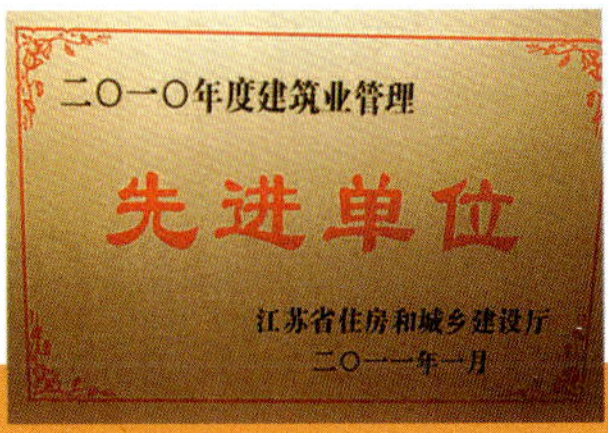

YANCHENGSHIYANDUDIFANGSHU

盐城市盐都地方

开展全员竞争上岗活动

盐都地税局紧紧围绕服务发展大局，全力加快依法治税、信息管税、服务兴税、人才强税步伐，圆满地完成上级下达的各项工作任务，收入总量再登新高峰。全年累计组织各项收入225370万元，其中税收总量172090万元，完成一般预算收入160637万元。入库工商各税（含教育费附加）122424万元，占年度计划的110.2%，增长47.33%；入库契税、耕地占用税52967万元，占年度计划的106.21%，同比增收9022万元，增长20.53%；征收社会保险费49979万元，同比增收11688万元，增长30.87%；征收各类基金、费3614万元，占年度计划的130.52%。创先争优创造新佳绩。坚持将创先争优作为提升地税系统整体形象、增强干部综合素质的重要载体，在市地税局年度综合考核中首次取得总分第一，先后荣获“全国税务系统先进集体”、“江苏省文明行业”、“盐城市文明标兵行业”、全区“三个文明建设”综合奖等称号，第一、第六税务分局荣获“江苏省文明单位”称号。征管改革迈出新步伐。努力提升征管质效，在全市率先推行专业化管理分局改革，在主城区分别成立了大企业管理分局和中小企业管理分局，为征管和机构改革奠定坚实基础，征管质量和效率全面提高。纳税服务增添新品牌。开辟服务办税的新平台，建成全省首家24小时自助办税服务区，中央电视台、江苏卫视、新华日报等媒体先后予以报道。全系统5个办税服务厅和政府行政服务中心地税窗口全部建成“全功能”窗口，实现涉税业务“城乡通办”。切实增强品牌服务意识，着力打造盐都地税“为民税务E路通”服务品牌，成功入选全区十大服务品牌，区局也被区委、区政府命名为“五星级”服务单位。干部队伍凸显新活

开展税法进校园活动

运动会

税务局

建成全省首家 24 小时自助办税区

税收伴你成长

深入外企宣传地税法规

力。组织开展建局历史上参加人数最多、规模最大、影响最为广泛的股级干部竞争上岗活动，31 名同志走上区局副股职岗位。大力倡导“团队化 + 目标激励”的学习模式，继续与上海财大、扬州税务学院签订培训“外包”协议，9 名同志在市局业务竞赛中进入全市前 50 名，居各县、市（区）首位。在全省地税系统率先设立“爱心基金”，加强对干部职工的关心，加大对社会弱势群体的支持，队伍的向心力、凝聚力、战斗力得到新提升。

服务新农村建设

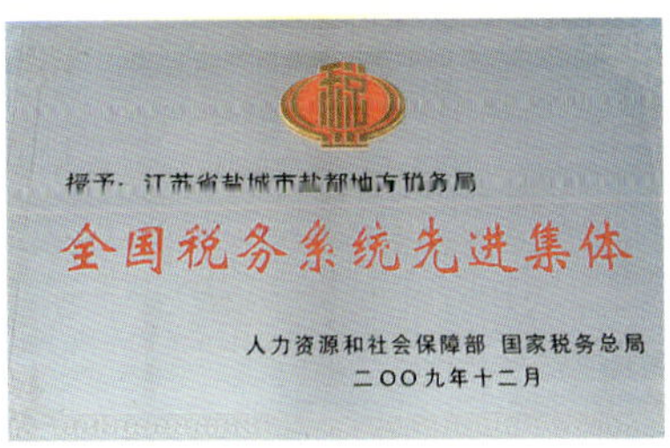

授予：江苏省盐城市盐都地方税务局

全国税务系统先进集体

人力资源和社会保障部 国家税务总局

二〇〇九年十二月

新都街道

市委书记赵鹏视察并指导工作

市、区领导调研东进菜场

新都街道作为市、区两级行政、文化、商业中心，自组建以来，就承载着特殊的责任和使命。街道紧紧围绕“双新”目标，抢抓新城开发建设的战略机遇，创新思路、奋力进取，保持经济社会快速发展的强劲态势，各项建设不断取得新成效、人民生活水平得到大幅提升，巩固和谐稳定的社会大局。

经济总量持续扩张。2010 年街道实现地区生产总值 16.2 亿元，完成财政总收入 5.18 亿元，财政一般预算收入 4.68 亿元，连续四年位列全区之首，2010 年新丰、南港二社区财政收入实现首超亿元，成为街道社区第一版块中名副其实的“排头兵”。街道 07、08、09 连续三年蝉联区绩效考核综合先进奖。

招大引外成绩斐然。街道立足区位优势，不断拉长服务业短板，着力提升服务业品位，招引一批具有较强辐射和带动作用的重大项目和外资项目。四年来，街道共签约重大项目 89 个，其中亿元以上项目 58 个。

城建步伐不断加快。积极投身建设城南百万人口新都市，致力服务于城南新区的开发建设，一座现代新城的雏形已初步形成。多方推进安置小区建设进程，落实 6960 套安置房，安置面积 76.6 万平方米。省级重点高中、盐渎路学校、聚亨路小学、日月路小学全面建成并交付使用，三甲医院、万人体育场、观光电视塔、一类幼儿园全面开工建设，内港湖公园、盐塘河公园、涵邦休闲健身中心、科技馆全面交付使用，总计完成投资 106.2 亿元。2008、2009 年度，新都街道连续两年被市政府表彰为“城南新区建设先进集体”。

社会事业竞相发展。四年中，仅街道本级财政先后累计投入 2.8 亿元，分别建设了街道社区服务中心大楼、城市污水处理管网、韩国城配套、福才中马小区安置楼、福利、兴民安置楼基础配套、裕新大楼及菜场；社会保障体系不断完善，基本实现城乡低保、城镇居民基本医疗保险、医疗统筹、新型农村养老保险全覆盖。在 2010 年基层组织建设中，跃南社区被区委表彰为“十佳先进基层党组织”；南港、娱乐、新丰 3 个社区获市“文明社区”称号，街道被市委、市政府表彰为“未成年人零犯罪先进单位”，被中国社工学会评为全国学习型街道“示范单位”，并成为中国社工学会全国常委单位。

新都街道班子成员合影

党委书记　吴　华

主　任　谢　纬

新都街道四个村撤村建居

丰富多彩的文化生活

盐都区民政局

区民政局局长杨森登门救助重症患者

庆“七一”表彰大会

“党心暖民心 满意在民政”大型广场咨询活动

军民联欢会

全国婚姻登记规范化建设窗口单位——区婚姻登记处大厅

新建的国家二级标准盐都区殡仪馆

盐都区居家养老服务中心

盐都区首届老年文化艺术节

盐都区交通运输局

YANDUQUJIAOTONGYUNSHUJU

2010 年是盐都交通运输发展的又一个跨越奋进之年。一年来，以“双新”目标引领，主动策应沿海大开发，加快综合交通运输体系建设，为全区经济社会发展提供强力支撑。交通基础设施建设步伐明显加快，继续实施 231 省道盐都段工程，实现通车目标；大力推进步湖路一期(大纵湖接线)工程建设，北半幅实现通车；开工建设 229 省扩建改造、步湖路二期郭猛段工程；完成农村公路项目 98 个，新建通村水泥路 107.2 千米，龙学线完成改造并实现按时通车目标；航道建设得到加快，完成盐宝线三期疏浚，新建盐宝线护岸等近千米。行业管理水平显著提高，加大运输市场监管力度，积极开展大市区客运站和市场秩序专项整治，运输市场秩序进一步规范。以干线公路迎国检为契机，加大公路生态管养，国省干线优良路率达 99.1%，列全市前列。加大安全监管力度，扎实开展“平安交通示范点创建”、安全管理提高年、“安全生产月”活动和安全生产拉网式大检查，积极推广“1+3”安全监控工作体系，安全形势平稳可控。党风廉政建设全面加强，扎实开展创先争优活动，全面加强基层组织建设，在 231 省道指挥部设立工程建设管理临时党支部，加强《廉政准则》的学习教育，自觉提高拒腐防变能力。实行党务、政务公开，推行行政权力网上公开透明运行，从源头上控制和预防腐败的发生。

举行 229 省道扩建改造、步湖路二期郭猛段工程建设开工仪式

组织局机关干部、基层单位负责人参观区预防职务犯罪基地

231 省道盐都段进行沥青摊铺时的场景

组织全区交通安全隐患大检查场景

龙学线水稳施工场面

231 省道盐都段进行水稳摊铺时的场景

盐都区水务局

市委书记赵鹏视察城市防洪工程

市长李强视察城市防洪工程

2010年，水务系统以"三个代表"重要思想为指导，积极践行可持续发展的治水理念，以打造安全水利、民生水利、资源水利、环境水利为目标，立足服务保障发展大局，着力解决影响经济社会发展和人民群众生产生活方面存在的有关问题，不断提高防洪保安、水资源保障、水环境保护和服务民生能力，全区水务事业呈现出建设加快、管理加强、改革深化、服务提升的良好态势。全年共疏浚县乡河道42条233.8千米、346.8万立方米；完成村庄河塘整治50个村、118万立方米的任务，这些项目的实施有效地提高河道的排灌能力。12月中旬，顺利通过2003~2010年农村河道疏浚工程省级整体考核验收。完成2009年小型农田水利专项工程、2009年中央财政新增农资综合补贴资金项目工程和区内农田配套建筑物工程建设，共新(拆)建防洪闸33座，新(拆)建排涝站12座，维修防洪闸 5座，维修排涝站4座，加固圩堤18.16千米、33.7万立方米。按照市城市防洪规划的总体要求，加快城市防洪工程建设的步伐，继续完善城市防洪工程建设，共拆建防洪闸20座，新建排涝站3座；完成大马沟等6条河道疏浚。极大的提升全区城市防汛排涝能力。重点对"两纵两横两高速"沿线以及两侧目击范围内所有河道，新区、西区、潘黄、大冈、秦南等市级河道保洁重点镇的镇域范围内通村公路两侧河道，共68条、428千米，进行全面保洁，初步实现了河面清洁、河坡整洁、河道畅通的要求，为"双新"盐都建设作出应有贡献。

大马沟调尾工程

整治后的东干渠

西干渠闸站

盐都区招商总局

区招商总局招引的重特大项目之一——
北京华锐风电科技有限公司总投资 50 亿元的华锐风电项目

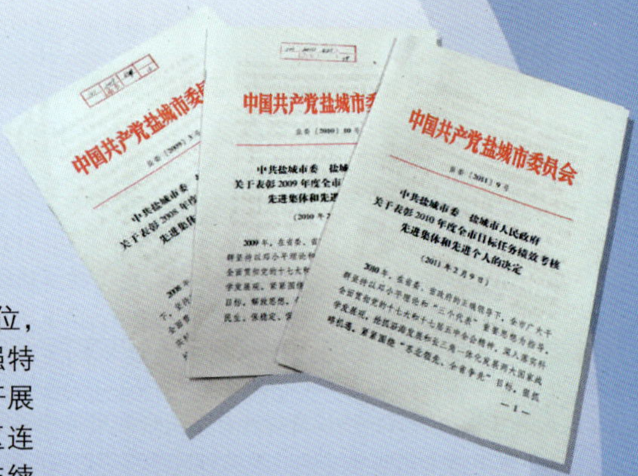

招商引资工作先进集体——盐都区招引工作连续三年受到市委、市政府的表彰

盐都区招商总局自 2008 年 2 月成立以来紧紧围绕全区产业定位，积极开展招商活动，创新招商引资方式，拓宽招商引资渠道，做大做强特色产业。全局上下按照“招商、服务、协调、指导、考核”十字方针积极开展招商引资各项工作。几年来全区招商引资工作取得重大成绩，盐都区连续三年被市委、市政府表彰为“招商引资工作先进集体”，招商总局连续二年被区委、区政府评为全区目标任务绩效考核“综合先进奖”。为“双新”盐都建设增添强大活力和后劲。

2008 年区招商总局共招引 5000 万元以上项目 7 个，分别为：北京华锐风电科技有限公司投资 30 亿元的华锐风电项目；盐城鑫天地公司投资 1 亿元的水产品市场项目；江苏悦达包装物流公司投资 1 亿元的悦达包装物流项目；江苏悦达摩比斯物流公司投资 1 亿元的汽配物流项目；江苏百斯特环境工程有限公司投资 5000 万元的百事特环境工程项目；无锡华光投资集团和韩国真永共同投资 500 万美元的汽车配件项目；盐城格林农艺发展公司投资 6000 万元的花卉苗木和旅游观光项目。

2009 年区招商总局共招引亿元以上项目 5 个，分别为：北京华锐风电科技有限公司投资 15 亿元的 5 兆瓦风电机组组装线项目；北京华锐风电科技有限公司投资 5 亿元的海上风电研发中心项目；台湾润泰集团投资 3000 万美元的大润发超市项目；江苏百斯特电子有限公司投资 1 亿元的百事特电子项目；悦达集团和台湾南纬集团共同投资 5000 万美元的南纬纺织项目。

2010 年区招商总局共招引亿元以上项目 5 个，分别为：盐城真永汽车部件有限公司投资 1.5 亿元的搬迁扩能项目；无锡华光汽车部件有限公司投资 1.5 亿元的汽车配件项目；江苏诚洁置业有限公司投资 5 亿元的诚洁商贸项目；江苏富海有限公司投资 6 亿元的富海钢材市场项目；深圳触控显示技术有限公司与江苏汉奇光电有限公司共同投资 1.5 亿元的光电项目。

盐都区国税局

团结奋进的区国税局领导班子

2010 年，区国税局以"三个代表"重要思想和十七大精神为指导，深入学习实践科学发展观，以"有效管理年"为主题，以"创互动服务品牌、树盐都国税形象"活动为载体，以构建和谐国税为目标，强化风险管理，狠抓工作落实，排难求进，扎实苦干，各项工作取得显著成绩。全年共完成工商税收收入（含市区）129760 万元，比上年同期增长 33.5%，占市局年度目标任务的 110.7%；完成地方财政预算国税收入 108420 万元，比上年同期增长 38.4%，占政府年度目标任务的 107.24%；完成一般预算收入 28593 万元，比上年同期增长 40.8%，占政府年度目标任务的 109.05 %。全区国税系统被省、市文明委表彰为"文明行业"；区局党组理论学习中心组被市委宣传部、组织部表彰为"盐城市基层党委（党组）中心组先进集体"；区局被区委、区政府表彰为"目标任务绩效考核综合先进集体"。

双过半动员大会

捐款玉树地震灾区

服务三农"大篷车"

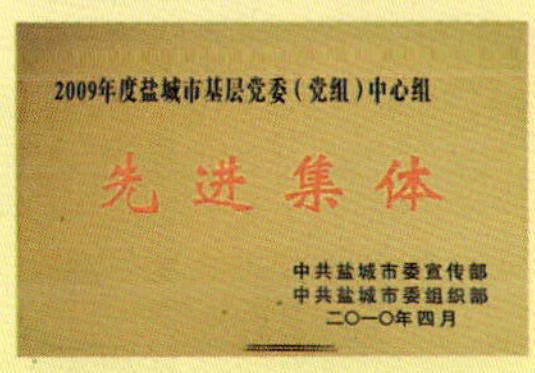

发扬军人传统，弘扬国税精神

国税书屋揭牌仪式

盐都检察院

党组会议

检察长张永娣接待来访群众

盐都检察院坚持以科学发展观为统领，认真贯彻执行上级院的各项决策部署，紧紧围绕党和政府中心工作，坚持把执法办案作为检察工作的立身之本，作为服务人民群众、参与社会管理创新的直接手段，全面发挥各项检察职能，深入推进三项重点工作，不断强化检察队伍和执法规范化建设，检察形象和社会公信力显著提升。先后获得“盐城市优秀政法单位”、“盐城市文明行业”、“全市检察机关严格规范执法、确保司法公正先进集体”等多项荣誉称号，并有30多名干警受到区委和上级院的各类表彰。

开展岗位大练兵检察文书竞赛活动

廉政警示教育基地接待前来参观学习的党员干部

班子成员深入企业开展“三服务”工作

盐都区公安局

省公安厅政治部主任、江苏警官学院党委书记左锁粉，副市长、市公安局局长夏存喜到盐都视察调研工作

省公安厅副厅长王琦调研座谈易制毒化学品管控工作

盐城市盐都区公安局紧紧围绕“规范化建设创品牌，侦防工作上水平，信息化应用求突破，执法优秀三连冠，盐城排名争先进，全区考评争第一”的年度工作目标，积极弘扬“忠诚、规范、争优、创新”的盐都公安精神，坚持以维护稳定为己任，以服务发展为天职，主动服务，忠实履职，坚持走无增长改善、内涵式发展的道路，扎实推进“三项重点工作”、“三项建设”和“大走访”开门评警等活动，形成“以规范化建设为统领，以信息化建设为支撑，以等级化管理为保障，以‘日毕周清月结’工作制度为推手”的工作体系，实现从“以人管人”到“以制度管人”、从凭经验管理向科学管理、从“粗放式”管理向“集约化”管理的重大转变，达到“提高素质、提高能力、提高质效、提升形象”的工作目标，初步呈现打处绩效位次前移，治安局势平稳可控，人民群众安全感和满意度明显上升的良好态势。2011年，被市委政法委表彰为“公正执法先进单位”；局机关被市委宣传部、市级机关工委表彰为“十佳学习型机关”；机关党支部被区委表彰为“先进基层党组织”；研发的“日毕周清月结”工作平台被市委政法委表彰为政法工作创新奖。

举办“庆五四”暨“在警营建功，为党旗添彩”主题演讲比赛

副区长、公安局长段学标代表公安局向社会公开作出承诺

向群众报告工作

民警积极开展与企业结对挂钩服务活动

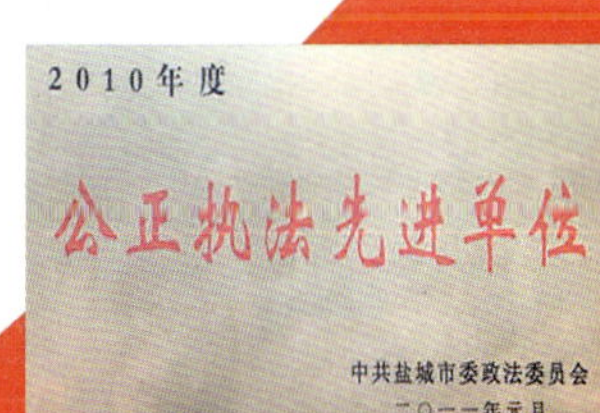

2010年度

公正执法先进单位

中共盐城市委政法委员会
二〇一一年元月

部署开展主题教育实践活动

党委认真学习胡锦涛总书记“七一”讲话

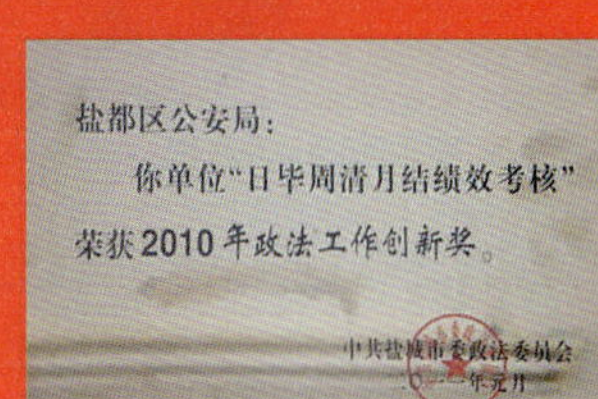

盐都区公安局：

你单位“日毕周清月结绩效考核”荣获2010年政法工作创新奖。

中共盐城市委政法委员会
二〇一一年元月

盐城市第二小学教育集团

团结奋进的集团领导班子

盐城市第二小学创建于1949年9月，是一所与共和国同龄的江苏省实验小学。2010年8月，组建盐城市第二小学教育集团，包括盐城市第二小学、盐城市第二小学北校区、盐城市日月路小学和盐城市水上学校等四个校区。目前，盐城市第二小学教育集团占地面积约68000平方米，建筑面积约40000平方米，有138个班，6700多名学生，446名教职工。

多年来，全面贯彻党的教育方针，按照“以人为本，好字优先，和谐共进，人民满意”的要求，坚守“用爱做教育，以美塑新人”的育人理念，努力追求“高质量、有特色、现代化”的办学目标，践行“让学生个个成人、学业个个合格、身心个个健康，促进学生生动活泼发展”的素质教育，锻造了“团结拼搏、与时俱进、开拓创新、追求卓越”的二小精神。形成“小号手自主教育”“四点半特色教育”和“红十字博爱教育”三大特色品牌。在强化固有项目的同时，不断培植新的增长点，如“民乐教育成系列”“国学教育伴成长”“国际象棋进课堂”“快乐英语ABC”等，努力追求“学校有特色，教师有特点，学生有特长”的理想办学境界。

半个多世纪的风雨历程，留下几代人艰苦创业的足迹，展示学校与时俱进的辉煌业绩。先后荣获全国小公民道德建设实验基地、全国红十字模范校、全国有效教学课题实验学校、全国青少年科普创新示范校、华东协作区少儿国际象棋培训基地、江苏省名校、省文明学校、省德育先进校、省依法治校先进集体、江苏省体育工作先进校、省艺术教育特色学校、省小学英语课程教材改革实验工作先进集体、省绿色学校、省田径项目传统学校、盐城市文明单位、市模范学校、市依法治校先进校、市素质教育示范校、市英语教育特色学校、市科技教育特色学校、市百佳校园等荣誉称号。《人民日报》《人民教育》《中国教育报》《新华日报》《江苏教育》、江苏电视台、盐城电视台等多家媒体先后千余次报道了学校教育教学工作和丰硕的办学经验及成果。如今，集团正围绕“优质均衡、促进公平”的发展主题，向精品化、现代化、国际化方向迈进，为推进大市区义务教育优质均衡发展作出更大的贡献。

自主办报

集体教研

特色建设

阳光体育

盐城市龙冈中学

盐城市龙冈中学坐落在风景秀美、人文荟萃的城郊古镇龙冈，交通极为便利，有3路、13路、33路公交车直达市中心。学校创建于1953年，由郭沫若先生题写校名。1996年被确认为首批市级重点高中，1997年晋升省重点高中，2004年晋升省四星级高中。

学校占地面积130亩，校舍建筑面积5万多平方米，绿化面积覆盖率59.8%。校园布局合理，环境温馨宜人，教学楼、办公楼、实验楼、图书楼、科技馆、体艺馆、学生公寓楼错落有致，多媒体教室、多功能语音室、校园网、电视演播中心、广播站、微机房、实验室、电子白板、天文观察仪、高标准篮球场、塑胶跑道田径场等现代化设施齐全，为师生提供了理想的工作、学习、生活和活动场所。

学校现有57个教学班，在校学生3700多名，教职工249名，专任教师212名。其中，省特级教师2人，省"333工程"培养对象、市名校长、模范校长、名教师、教坛十杰5人，市、区学科带头人和教学能手42人，中高级教师152人，研究生24人。高二年级组被市政府表彰为"优秀教师群体"，在省、市级教学竞赛中，有10多名青年教师荣获市二等奖以上奖励。

团结奋进的领导班子

学校先后荣获首批省四星级高中素质教育省级督导优秀等级学校、省文明单位、省文明学校、省平安校园、省绿色学校、省青少年科技教育特色学校、省现代教育技术实验学校、省优秀家长学校、省体育工作先进学校、省防震减灾科普示范学校、省红十字示范学校、省关心下一代工作先进集体等荣誉。

前进中的龙冈中学面对新的发展机遇，新的发展前景，以"为学生的终身发展打好基础"为办学理念，以"立信尚学"为校训，在新的起点上谋划学校科学发展、内涵发展、特色发展，把责任担在肩上，把质量铭记心中，把工作做到极致，全力办好人民满意的学校。

盐城第一操

体艺馆

盐城市第三人民医院
东南大学医学院附属盐城医院

北院

盐城市第三人民医院暨盐城市红十字医院创建于1946年，是苏北地区第一所人民医院。现为东南大学医学院附属医院、南通大学医学院和徐州医学院等高等医药院校的教学医院。并与北京天坛医院合作成立神经外科技术交流中心，与上海市胸科医院合作成立心脏外科技术交流中心，与上海中山医院合作成立介入治疗中心和心脏电生理治疗中心，与上海长征医院合作成立脊柱伤病交流中心。

医院有南北两个院区，现核定床位1200张，可开放床位1600张，设28个临床科室、10个医技科室、32个病区。现有64排螺旋CT、高场(1.5T)磁共振成像装置、高能直线加速器、数字减影血管造影仪(DSA)、鹰视准分子激光治疗仪、彩色多普勒超声诊断仪等高新诊断、治疗、监护设备200多台(件)，同时建有省内一流的层流净化手术室和重症监护病房(ICU)。

南院建设是为了适应全市区域规划调整，拓展医院新的发展空间而采取的战略性举措，南院地处城南新区的中心位置，占地面积66亩，总投资5.5亿元，建筑面积近10万平方米，设计床位750张，能够满足日门急诊量2500人次的需求，是一所具有三级医院标准和规模的现代化综合性医院，已于2010年9月全面建成投入使用。

全院在职职工1420人，卫技人员1290人，其中高级职称170人、中级职称350人。作为全市的重点医院，承担着市区及周边地区100多万人口的医疗保健任务。近10多年来，医院一直保持着持续、快速、健康的发展态势，整体规模不断扩大，技术实力迅速提升。2010年完成诊疗总人次60万，出院3.38万人次，手术1.59万人次，就诊患者中70%以上来自外市、县、区。

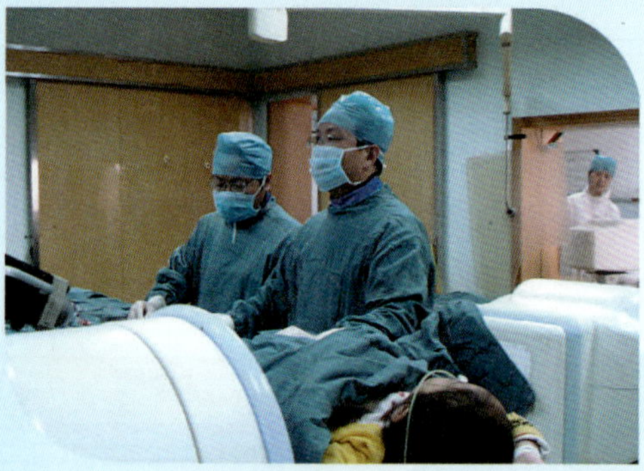

心血管介入手术

医院始终坚持"科技兴院"、"人才立院"的发展战略，医疗技术、科研教学和人才队伍建设均取得了长足的进步。近三年来获省、市级科技进步奖33项，省、市医学新技术引进奖10项，承担省市科研课题68项；引进和自主培养博士研究生3人，硕士研究生130人；1人被评为省"六大人才高峰"高层次人才培养对象，2人被评为省"333高层次人才"，2人被评为市"突出贡献中青年专家"，5人被评为市医学领军人才，11人被评为市医学重点人才；72人被南通大学医学院聘用为兼职教授和副教授。

医院现有介入中心、心血管内科、神经内科、消化内科、肿瘤科、内分泌科、心胸外科、普外科、骨科、神经外科、儿科、超声诊断室、检验科等13个市级医学重点学科和临床重点专科，在全市同级医院中遥遥领先。心胸外科自1996年以来已成功开展体外循环心脏直视手术1000多例，并率先在全市开展心脏不停跳冠状动脉搭桥术；心内科建设与心胸外科形成同步发展，开展永久性心脏起搏器安装、冠状动脉造影和支架放置术、房间隔缺损封堵、动脉导管未闭封堵和射频消融治疗房扑、室上速、预激等心律失常，并在苏北地区首次成功开展室间隔缺损封堵治疗。2008年，医院对现有优势资源进行整合，成立心脏病诊治中心，进一步促进了心血管疾病综合诊治水平的提升。介入科已成功开展各种介入手术6000多例；神经内科开展脑血管畸形支架放置等；神经外科自2007年4月与天坛医院合作以来，天坛医院专家常年驻诊，已开展数百例复杂的颅脑肿瘤手术，全面提高医院及至全市的神经外科技术水平。

在建设和发展的过程中，医院始终强化基础管理和内涵建设，不断深化人事分配制度改革，在注重医疗技术水平提高的同时，坚持"以病人为中心"的宗旨，积极开展人性化服务，受到社会各界和广大患者的好评，先后被国家卫生部、中国红十字会授予"全国卫生先进集体"和"中国红十字先进集体"称号，连续多年被评为省、市"文明单位"，并获"全省卫生系统先进集体"称号，还被市民评为"市区最佳医院"。

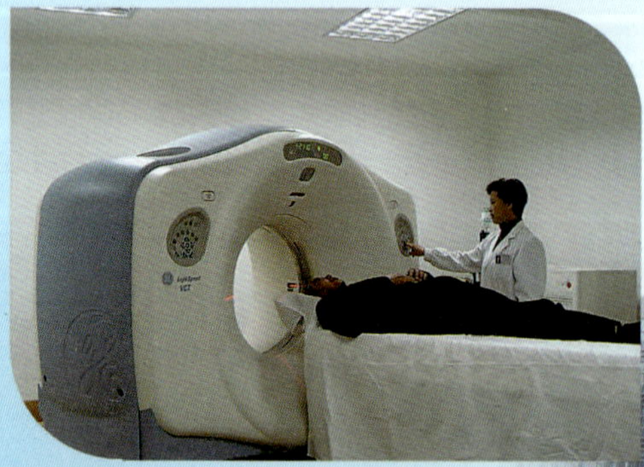

64排螺旋CT

南院

总　目

Head

目　录

Contents

区情总貌

特　载

大事记

盐都概况

改革开放　对外经济贸易

改革开放

对外经济贸易

中共盐城市盐都区委员会

综　述

重要会议

重要活动

政策研究

组织工作

宣传工作

统战工作

农村工作

对台工作

目录

盐城市盐都区人民政府

综　　述

重要会议

重要工作

人事工作

编制工作

外侨工作

机关事务管理工作

接待工作

法制工作

地方志和年鉴工作

目录

九三学社盐城市委盐都支部

盐城市盐都区工商联(总商会)

人民团体

盐城市盐都区总工会

共青团盐城市盐都区委员会

盐城市盐都区妇女联合会

盐城市盐都区科学技术协会

盐城市盐都区文学艺术界联合会

盐城市盐都区红十字会

检　察

审　判

司法行政

政　法

人口和计划生育工作

城乡建设　交　通

城镇规划

村居规划

城市建设

城市管理

新农村建设

交通运输

信息化建设

电子政务

邮　政

电　信

移动通信

农 业

综 述

农业机构改革

农业机构调整

农业产业化

种植业

畜牧业

蚕桑业

农业科学研究

水产业

农林执法

林果特产业

市场建设

综　述

生产资料市场

农副产品市场

小商品市场

装饰材料市场

人才市场

劳动力市场

房地产市场

财政　税务　审计

财　政

国家税务

地方税务

审　计

金融　保险

中国工商银行股份有限公司盐城新都支行

安全生产

科学技术

综　述

科技活动

科技成果

教育　体育

综　述

幼儿教育

九年制义务教育

高中教育

职业教育与社会教育

高等教育

教师队伍建设

教育经费与办学条件改善

教育督导

体　育

文化　新闻

综　述

文化场馆建设

戏剧创作及演出

电影放映

社会文化

演映市场

文化市场管理

卫生监督

卫生保健

新型农村合作医疗

爱国卫生

医　疗

医政管理

人民生活　社会事务

劳动和社会保障

就业再就业工程

劳动工资

目录

葛武镇

北蒋镇

秦南镇

龙冈镇

鞍湖社区

郭猛镇

大冈镇

冈中社区

潘黄镇

张庄街道

新都街道

盐龙街道

新　区

职教园区

人　物

新闻人物

逝世人物

附　　录

荣誉栏

文件选编

统计资料

索　　引

Contents

General Situation

Reform and Opening
Foreign Trade and Economic Cooperation

Yancheng Yandu District Committee Of the Communist Party of China

Yancheng Yandu District People's Congress

Yancheng Yandu District People's Government

Yancheng Yandu District Committee of the Chinese People's Political Consultative Conference

Inspecting Discipline and Supervision

Organization of Democratic Parties and Federation of Industry and Commerce

Mass Organization

Armed Forces and security

Politics and Law

Population, Resources and Environment

Urban and Rural Construction Communication and Transportion

Information Construction

Agriculture

Industry

Construction and real estate

Business Service Industry

Construction in a market

Finance A tax matter Audit

Finance and Insurance

General management and supervision

Science and Technology

Education and Sport

Culture and News

Health

People's lives Social Affairs

Town ,Sub-district and Central Community

Figures

Appendix

Index

特　　载
Special Articles

·领导讲话和报告·

坚持“双新”引领推进快增快转
为提升小康水平打赢“十二五”开局战而合力奋斗

——在区委十二届七次全体会议上的讲话

区委书记　李纯涛

(2010年12月30日)

一、回顾“十一五”，总结成功实践激发新动力

即将过去的“十一五”，是我区把握重大机遇、经受严峻考验、发展又好又快、取得辉煌成就的五年。在市委的正确领导下，全区干群在科学发展道路上迈出了坚定有力的步伐，在盐都发展史上写下了浓墨重彩的一页。走出了切合区情的“双新”之路。举全区之力快速打造的70平方千米高新区、30平方千米盐都新区以及潘黄、张庄40平方千米街道社区共同构成的新城区板块，在一系列重大城建项目、产业项目和社会事业项目的带动下，成为盐城大市区最具活力的片区，初步改变了盐都长期有区无城的局面。近千平方千米的新农村板块在重点镇特色赶超中面貌一新，工业化、城镇化路子越走越宽，全国文明村仰徐、全国百佳特色名镇大冈、国家4A级景区大纵湖及省级郭猛现代农业产业园饮誉省内外。区委十二届三次全会提出的“提速打造创业宜居、水绿特色现代化新城区，加快建设富庶文明、田园秀美城镇化新农村”宏伟构想正在化为生动现实。抢占了新特产业发展制高点。华锐风电的成功引进，改写了盐都工业群山无峰的历史，实现了在风电装备制造上与先发地区同台竞技，国家海上风电技术装备研发中心、秦川增速机、贵航冷却系统等配套项目相继建成，华锐风电产业园以国内同行业总装规模最大、研发转化能力最强、配套水平最高的优势被认定为省科技产业园和省风电装备高技术特色产业基地，3兆瓦风机项目获省科技进步一等奖。通讯电子产业从无到有、快速集聚，龙头企业锐毕利成为诺基亚、西门子等跨国公司的一级供货商，有望建成华东地区最大的通讯放大器生产基地。重点镇特色产业税收占比65%以上，在全市动态考核中无一掉队，“齿轮之乡”张庄融入高新区装备制造产业链，“化纤设备之乡”大纵湖以碳纤维项目填补市新材料产业空白，“鞋机之乡”大冈牵手美国USM公司全程参展上

海世博会,“矿用变压器之乡”龙冈成为国内同行业“单打冠军”,“中联电气”首开全市民营企业上市先河。郭子贤、夏长明、吴文杰、周业刚、谷远东、徐天桂等企业家和孙锡元、王纯国、吴军、沈清涛等机关干部在招大引强、发展新特产业上作出了突出贡献。全区五年共获专利授权725件,建成省级以上研发机构24家,科技进步贡献率达54.6%,荣获全国科技进步先进区表彰。实现了持续进位和全面小康。“十一五”期间,我们以占全市6%的面积和9%的人口,创造了全市12%的GDP和财政收入,在全市绩效考核中年年获得综合奖,全省综合排名每年进两位。预计今年实现地区生产总值250亿元,人均折合5000美元以上;财政总收入突破50亿元大关、一般预算收入超过22亿元,比“十五”末分别增长6.2倍和5.2倍,财税超亿元板块达17家,比“十五”末增加15家;全社会固定资产投资突破200亿元,注册外资实际到账1.2亿美元、超过“十五”时期总和,新开工亿元以上项目66个、竣工投产40个;城乡居民人均收入分别达18600元和9363元,均比“十五”末增长近一倍。全面小康四大类18项25个指标除森林覆盖率外均已达标,综合分值97.5分,进入全市小康第一方阵,如期兑现了区十二次党代会对全区人民的庄重承诺。强化了以民为本的执政理念。五年累计投入540多亿元,实施了筑路改水、环境整治、社会事业、社保养老等民生工程。新建通村公路642千米,铺设供水管道870千米,农村河道疏浚通过省级验收,一中新校区、文化艺术中心、三院南院等社会事业重点工程相继建成。教育质量综合考核全市第一,被确定为省义务教育优质均衡改革发展示范区;首批建成省文化示范区,文化站镇镇达省标,农家书屋村村全覆盖,实现了国家级舞台艺术奖项“大满贯”;医疗卫生服务网络日臻完善,新农合人均筹资标准五年翻两番,基本用药价格平均下降38%;新农保实现宜保尽保,五保集中供养率提高到60%,居家养老新模式全面推开;把关心困难群众、救助弱势群体的工作做在平时、做在经常,五年募集慈善捐款4500多万元、人道基金1000多万元,救助5.8万人次,捐助汶川灾区逾千万元,建成全国社区红十字服务示范区;人口计生工作获省表彰。精神文明蔚然成风,涌现出国家“孺子牛奖”得主朱洪顺、全国优秀乡村医生秦悌宏、省道德模范徐兆学以及企业家兼慈善家朱成虎、张学礼等楷模。社会管理创新深入推进,“三项排查”成效显著,社会大局和谐安定,年年获评省社会治安安全区,区法院被表彰为全国优秀人民法院。锤炼了干事创业的干部队伍。开展学习实践科学发展观和创先争优活动,激发党员干部弘扬盐都精神、奋力进位争先的积极性和创造性。在坚持以德为先的前提下,推荐干部必先汇报招商能力,考察干部重在考察招商实绩,公示干部一并公示招商成效,形成了注重德才、崇尚实干和为发展配干部、凭实绩定奖惩的鲜明导向。干部交流和竞争性选拔力度加大,今年区直机关单位交流股级干部362人,初步形成了民主推荐、竞争上岗、轮岗交流、末位淘汰、能进能出的用人机制。招商选资、项目推进和“三服务”,使党员干部经受了负重奋进、跨越争先的考验。处级领导干部和住建、人社、交运、国土、规划等部门及金融单位“带着感情、带着责任、带着务实作风”服务重大项目,在区内外产生了良好影响。坚持教育、制度、监督并重,认真落实党风廉政建设责任制,深入开展机关服务“创星级、树品牌”和“五治理一查办”等活动,及时查处违法乱纪、损害经济发展环境的“害群之马”,促进各级干部“不办无原则的事、不办虎头蛇尾的事、不办留后遗症的事、不办劳而无果的事”,群众满意度逐年提高。与此同时,积极发展党内民主,大力实施“强基工程”,顺利完成村(居)“两委”换届,稳步推进政府机构改革和乡镇区划调整,不断加强和改进新形势下人武、统战、群团、民族宗教、台侨、党校、党史、老干部等工作。

回顾五年来不平凡的发展历程,我们在应对挑战、进位争先中积累了一些弥足珍贵的经验。体会较深的有六点:一是加快发展更注重好字优先。贯彻“发展是硬道理”重大战略思想,在全力以赴加快发展中,牢记“好字优先”这一科学发展观的真谛,招商选资宁缺勿滥,新上项目非高即特,力求以环境有效保护、土地集约利用、项目优化集聚保证经济发展的可持续和财政收入的真实性。外资企业世钟汽配、内资企业华锐风电亩均税收都在百万元以上。二是奋力赶超更注重蓄势快发。我们冲破“跟随发展”的思维禁锢,以“扬州第一区”邗江为学赶对象,重抓招大引外、培大育强,每年新上一批大项目培植新增长点,连年实施“百企千万”技改工程促进提质增效,不仅有望在今年反超邗江,而且为“十二五”发展积蓄了较强的后劲。三是以快争先更注重以特取胜。速度快方可抢占先机,有特色才能竞争制胜。过去五年,我们以拼抢姿态突破大项目,一次次刷新“盐都速度”;以特色赶超促进重点镇快速发展,7个市重点镇5个财税超亿元。在新一轮跨越发展中,我们既要雷厉风行抓落实,更要扬优汰劣创特色。四是工业强区更注重生态立区。把生态立区作为工业强区的前提,关停搬迁185家化工厂建成苏北首家“无化区”,大力植树造林提高森林覆盖率,与市合力实施惠及大市区每个人的盐龙湖工程,率先启动全省农村环境连片整治示范区建设,取得了开发与保护同步、经济与生态双赢的发展效应。五是招商选资更注重招才引智。政以才治,业以才兴。新兴特色产业的异军突起,科教文卫事业的蓬勃发展,急难险重任务的出色完成,离不开大批优秀人才的参与和努力。发展创新型经济,推动“盐都制造”迈向“盐都创造”,尤其需要像韩俊良、龙兴元、文成这样的领军人才和专业人才,我们必须比以往任何时候都更加重视育才、引才、聚才、用才。六是亲商富商更注重亲民惠民。亲商“亲”的是发展,发展的目的是惠民。各级干部只有“严防招商引资的激情冲淡对人民群众的感情”,始终做到亲商与亲民并行不悖,才能营造“团结廉洁、亲商亲民”的政治生态,更好地推进经济良性运转、社会和谐稳定。

二、展望“十二五”,立足更高起点规划新蓝图

区委确定全区“十二五”发展的主题是科学发展、推进“双新”,主线是快增快转、共建共享。重点实施“七大战略”:(1)城市现代化和城乡发展一体化:这是体

现“双新”理念的主体战略。加快城市化进程才能提高城市现代化水平，城市现代化水平决定着产业发展水平和以工促农、以城带乡的水平，处在城市化加速期的盐都加快城市现代化，对城乡发展一体化至关重要。(2)创新驱动和人才强区：这是推动快增快转的核心战略。人才是发展的第一资源，人才匮乏是我区今后发展的一大瓶颈。强化创新驱动和人才强区的鲜明导向，是我们持续突破高新产业、打造创新之区的战略选择。(3)生态立区：生态资源是最可宝贵的财富，良好的生态环境是盐都未来发展的潜力和优势所在。必须着眼长远打好生态牌，走生产发展、生活富裕、生态良好的绿色增长之路。(4)高新支撑：工业兴则盐都兴，工业强则盐都强。我区处于新型工业化起步阶段，用高新产业支撑经济快速成长是坚定不移的第一方略。实施这一战略，有利于提高工业发展水平，迎头赶超先发地区，带动工业化与城镇化、先进制造业与现代服务业融合发展。(5)产业兴城：产业是城市的基石。城市发展需要产业拉动，产业发展需要城市配套，解决我区服务业占比较低的问题更需要在发展城市产业上寻求突破，没有产业的城市建得再快再好也难免是一座“空城”。(6)特色赶超：由产业特色镇走向“两化”重点镇，是我区发展的一大特点。特色是实力、市场竞争力和可持续发展的潜力，也体现干部开拓创新的能力。重点镇和中心社区只有走一业做强、特色赶超之路，才能在竞相发展中始终占据有利位置。(7)统筹民生：统筹城乡说到底是统筹民生，这是提升全面小康水平的需要，也是从根本上推进城乡发展一体化、让全区人民共享经济社会发展成果的必然要求。

全区上下要围绕主题主线，推进“七大战略”，紧扣“全市率先、苏北领先、全省争先”目标，力争以超常规跨越走出“追赶型”发展阶段，把盐都打造成苏北沿海以风电装备、通讯设备、机床工具、新材料为代表的新特产业高地，以科技、金融、现代物流、文化等新型业态集聚为支撑的现代服务高地，以科技成果快转快用助推经济快增快转为特点的自主创新高地，以台湾农民创业园、农产品加工集中区为载体的生态农业基地和环境优美、富庶文明、宜居乐业的幸福家园，确保经济总量和城乡居民收入五年翻番，规模以上工业增加值和服务业总量四年翻番，固定资产投资和财政收入三年翻番，新特产业销售和高新区营业总收入两年翻番，顺利进入“总量快增、质量提升、资源节约、环境友好、城乡融合、民生改善”的发展佳境。

同志们，“十一五”的新高度是“十二五”的新起点，“十二五”的新蓝图是盐都人的新愿景。我们有坚实的基础和坚定的信心，共同期待“双新”盐都在“十二五”新征程中，绘就更加绚丽精彩的科学发展新画卷——

经过五年努力，我区将以“主导产业高新化、新兴产业规模化、特色产业品牌化”的快速推进，构建起高新技术产业为主导、现代服务经济为主体、先进制造业为支撑、现代农业为基础的现代产业体系。到“十二五”末，力争使风电装备产业销售突破500亿元，并带动相关产业迈向千亿级，通讯电子产业突破200亿元，新材料产业突破100亿元；每个镇建成2个以上千亩连片设施农业基地，农产品加工集中区入园企业达30家，年销售超百亿元；经济结构进一步优化，服务业占比提升到40%以上；高新企业呈现“群象效应”，税收大户“亮成一片”，使盐都成为高新支撑、转型发展的产业高地。

经过五年努力，我区将逐步形成以政府为主导、企业为主体、人才为支撑、市场为导向、产学研相结合、与现代产业体系相适应的区域创新体系。到“十二五”末，全社会研发投入占GDP比重达到2.5%，建成“三创”载体100万平方米，90%的规模骨干企业建有研发机构；各类孵化器和产学研联合体与生态、人文、产业共同构成的一流发展环境，将为高素质领军人才、高水平研发团队、高智能实用人才挥洒创业激情所向往；一流的产业园区和多元的创新创业载体，将为各路人才放飞成功梦想提供施展舞台，使盐都成为人才荟萃、活力迸发的创新之区。

经过五年努力，我区将呈现经济建设与生态建设一起推进、产业竞争力与环境竞争力一起提升的格局，环境生态优势和产业高新优势成为盐都的核心竞争力。绿色公民、循环经济、低碳社会的生态文化和珍爱自然、保护环境、节约资源、减排治污的文明观念深入人心，节约、健康、文明、科学的生活方式成为全区干群的自觉选择；实现城乡区域供水、污水处理、垃圾清管“三个全覆盖”，农村森林覆盖率提高到15%以上，城乡处处尽显天蓝、水清、地净的秀美景色，确保“十二五”、力争2012年建成国家生态区，使盐都成为创业宜居、绿色发展的生态新城。

经过五年努力，我区发展将由经济主导型向民生主导型转变，城市发展要素向农村流动、基础设施向农村延伸、公共服务向农村覆盖、现代文明向农村传播达到前所未有的深度和广度，机会平等、利益均沾的“包容性增长”得到体现。政府新增财力的绝大部分将用于改善民生，实现城乡交通设施、文化服务、医疗保障、养老服务、生育保健、殡葬服务“六个并轨”，公路干线全面亮化，“三网融合”连村到户，“上学不缴费、看病不花钱、养老全兜底、孤残有保障”也将成为全区百姓的现实福祉，使盐都成为城乡融合、和谐发展的幸福家园。

对“十二五”时期我区经济社会发展，区委《建议》作了明确部署，各地各部门要认真贯彻落实。需要强调的是，“十一五”期间我们在追赶型发展中实现了跨越争先、后发先至，发展的速度不可谓不快；“十二五”期间只有快马再加鞭，力求比别人发展得更快，才能摆脱追赶状态，实现后来居上。快增快转重在一个“快”字。面对你追我赶、“慢进即退”的区域竞争，惟有快，才能抓住发展机遇；惟有快，才能破解各种难题。如果慢下来，不仅“十一五”发展成果有日渐淡化的危险，而且将失去千载难逢的历史机遇。因此，无论宏观环境如何变化，无论前进路上多么艰难，我们都要在科学发展的旗帜下加快发展、率先发展，开创城乡统筹新局面，铸造“双新”盐都新辉煌。

三、打赢“开局战”，坚持重点重抓实现新跨越

2011年是本届区委任期最后一年，也是“十二五”起步之年。全区工作的指导思想是：以中国特色社会主义理论体

系、党的十七大及十七届历次全会精神为指针，以“双新”愿景引领城乡统筹发展，做强新特产业加快发展转型，突破重大项目支撑经济增长，提升公共服务促进民生改善，加强党的建设激发动力活力，重抓新兴产业扩张、特色产业升级、服务业提速“三大计划”和园区共建、外资倍增、民生幸福、党建创新“四大工程”，奋力打赢“十二五”开局战，提高全面小康含金量，实现科学发展新跨越。

预期调控目标是：地区生产总值确保增长15%、力争16%，规模以上工业增加值确保增长18%、力争20%，全社会固定资产投资确保增长20%、力争25%，财政一般预算收入确保增长26%、力争30%，注册外资实际到账确保增长20%、力争翻番，社会消费品零售总额确保增长20%、力争22%，城镇居民人均可支配收入和农民人均纯收入分别增长13%和15%，万元地区生产总值能耗确保下降4.5%，城镇登记失业率控制在4%以下，人口自然增长率稳定在4‰以内。这些指标既立足明年又放眼五年，既注重发展持续又考虑现实可能。这里重点阐述四项指标：(1)GDP：确保增长15%、力争16%，符合“十二五”规划五年翻番的要求，分别高于市、省2个和5个百分点，这一方面有“十一五”期间年均增长17%的基础，另一方面也是为了体现“全市率先、苏北领先、全省争先”的目标导向。(2)居民收入：城镇居民人均可支配收入增长13%，是按照大市区同步的要求确定的，符合中央提出的“居民收入增长与经济发展同步、劳动报酬增长与劳动生产率提高同步”的要求；把农民人均纯收入增幅定为15%，主要是基于缩小城乡差距、确保五年倍增的考虑。(3)固定资产投资：投资拉动仍是今后几年发展的重要抓手，全社会固定资产投资确保增长20%、力争25%，与市里的要求相同，必须在继续保持新特产业投资超百亿的基础上，力争现代服务业投资超百亿。另外，研发投入作为衡量一个地区创新能力的重要指标，不能低于GDP的1.5%，这是推进创新驱动战略的现实需要。(4)财政收入：财政是经济的“晴雨表”，随着三个新兴产业、六个特色产业和现代服务业投入加大，特别是盐都新城的开发拉动，财政收入尽管基数加大仍可保持较高增长。将其增幅定在30%左右，既与“确保三年翻一番、力争五年翻两番”的要求一致，也为产业转型升级预留了空间。

实现发展目标重在项目带动，区委区政府决定实施八大类260项重点工程，其中8个项目被列为“一号工程”。(1)民生：饮用水安全工程；(2)工业：特色园区提升工程；(3)农业：25万吨塔式麦芽及种植基地项目；(4)服务业：汇文专家公寓项目；(5)社会事业：文化馆、图书馆改扩建工程；(6)城建：青年路西延工程；(7)交通：步湖路全线拓建工程；(8)生态建设：农村环境综合整治工程。

围绕上述思路、目标和重点，着重抓好五方面工作：

（一）突出扩量提质，把新特产业建成主导产业。以开放胸襟拥抱创新要素，用高端优势整合发展资源，促进新兴产业铸链扩量和传统特色产业创牌提质。快引快建，拉长新兴产业链条。风电装备产业在成功迈出“招选行业龙头、抢占产业制高点”和“建设研发平台、引进科技领军者”关键性两步的基础上，要抓紧推进“实施配套项目、构建核心产业链”的落实，力促竣工项目达产达效，快推发电机、电控柜、变桨轴承、主机架、机舱罩和导流罩项目落地开建，同时细排、快招产业补链项目和关键配套项目，使风电机组主要部件在我区加速实现地产化，把华锐风电产业园打造成国家级园区，确保年内销售超百亿。通讯电子产业要倾心培大龙头企业锐毕利公司，推动滤波放人器项日扩人产能和具有自主知识产权的年产1400台高速喷印机项目批量生产，力促世纪网通讯、亚固电子、芯片封装等项目快建设；围绕构建新兴集成电路、传感网器件制造和循环经济研发基地，主攻台、港、韩、日，重点突破10亿元以上的龙头项目，全年新招引通讯电子产业亿元项目10个以上。加快新材料产业园建设，把碳纤维、超高分子纤维、芳纶等科研成果转化为现实生产力，重点突破神泰高分子纤维和香港成发高性能过滤材料项目，积极寻求国家有关部委和行业协会的支持合作，努力在我区实现新材料产业由装备制造、产品研发向前后道产成品的延伸。突破难点，提升特色产业层次。经过近四年特色赶超，六个特色产业"四有"工作都有突破，但大多缺少龙头带动、规模实力不强。要按照"四有三聚"要求，着力提升特色产业"有"的层次和"聚"的强度，向产业技术高端、产品高端、品牌高端攀升，在全省乃至全国叫响特色品牌。要推广华兴集团与陕西秦川、中力齿轮与山东时风合作重组的成功做法，推动恒力机床、盐城锅炉、剑桥涂装、闳业鞋机、盐电阀门等有实力的特色企业与国内外知名企业合作，培育壮大中小企业，形成"10亿元以上龙头企业引领、亿元骨干企业支撑、中小企业集群配套"的特色产业发展新局面。要按照"十二五"期间每个特色产业确保一家企业上市的目标，尽快使一批成长能力强、盈利水平高的企业进入上市"预备队"。共建园区，谋求合作共赢成效。合作共赢是当今时代发展的主旋律，国际上有欧盟、东盟等共同体，国内有长三角、珠三角的一体化，省内也有南北挂钩共同发展的成功实践。盐都没有岸线和港口，人均土地面积不及沿海县市一半，参与沿海开发必须凭借新兴产业和龙头企业优势，把产业触角伸向区外；我区近几年的快速发展并未明显缩小城乡差距，一半以上的财政收入来自仅占全区面积八分之一的经济主体区，一些薄弱镇和中心社区实施"两化"有空间无实力，而经济主体区诸板块推进发展有实力无空间。我们要拓宽视野、创新思维，力推区外合作，以产业为纽带寻求战略伙伴，与沿海资源大县实现共同发展；力促区内联合，以园区为平台实现优势互补，谋求"1+1>2"的效应。区委区政府决定，由经济主体区各板块和有关职能部门承担外拓内联之责。对外合作上，以高新区和粮食局、旅游局为主体，与沿海县市在风电装备、啤麦加工、生态旅游等方面开展协作；对内联合上，由新区和国土局与冈中、盐龙与学富、潘黄与郭猛、住建局与尚庄、国土局与楼王、交运局和水务局与大纵湖景区、财政局和农委与现代农业示范园分别结成对子，共建特色园区。参与帮扶的单位要以真诚合作的精神与结对镇(社区)携手共进，年内投入不少于2000万元，拉开3000亩以上园区框架，确保特色园"一年树立形象、两年形成规模、三年对外开放"。共建园区是区委区政府的重大决策，必须从组织领导、政策支持、考核奖励等方面完善推进机制，保证落实不落空。

(二)拉长三产短板，以项目集聚助推产业兴城。率先盐城的盐都，服务业并不率先。我们必须拿出抓新特产业的劲头突破服务业，争创全市第一增幅，使服务业成为我区蕴含商机最多、吸纳就业最广、财税贡献最大的支柱产业。盐都新区向盐都新城快转变。要按照盐城商业次中心、大市区西部商业圈的定位，以新区、潘黄、张庄为主体，盐龙、龙冈、冈中为辅翼，高起点规划建设占地70平方千米、容纳40万人口的盐都新城，确保基础设施和公共配套年内基本到位，形成以现代服务经济为主导的城市经济板块。要重抓四大服务业集聚区建设，现代物流园建成悦达摩比斯、包装储运、苏宁电器苏北物流配送中心等项目，开建奥特莱斯、轻工礼品城、利航五金等项目；商务商贸区基本建成紫金国际大厦、恒大商务广场、港龙紫荆城等项目；东方汽车广场实质性启动拓展区建设；科教城加快工业创意中心和科技创新园建设。新区和潘黄都要加快"退二优三"，大力发展商务商贸、休闲娱乐、总部经济、社区服务以及电子商务、软件外包、网络购物等新型业态，加快盐都新区向盐都新城的华丽"转身"，共同打造产业之城、宜居之城、科教之城。重点镇要以抓特色产业的力度突破小城镇建设。高新区是新兴产业发展高地，在现代服务业发展上同样要有高新追求，以"建区"与"造城"同步展现开发建设新成效。生产服务与生活服务同推进。盐城的生活性服务业堪比一二线城市，但生产性服务业与先发地区差距很大。没有生产服务业的厚度，就没有先进制造业的高度。我们要按照生产性服务业比重不低于40%的要求，重点突破金融、科技、物流、商务等生产性服务业。要从新特产业链中最具价值的生产服务环节入手，引导制造企业实行主辅分离，推动产业向研发、设计、物流、营销、品牌推广、系统集成等上下游延伸。加快突破全国知名的第三方、第四方物流企业招商，新城四大功能区都要在投融资平台和创新创业平台建设上有更大作为。引进品牌与本土创牌相结合。品牌影响、规模实力和商业模式，是现代服务业竞争的关键。要实施重大服务业项目的品牌化招商，瞄准产业链、价值链、创新链的核心环节，放大品牌集聚效应，发展高端服务业集群和总部经济。要引导驿都大酒店、红星美凯龙、神龙物流等品牌企业良性发展，鼓励华兴集团等有实力的企业深度介入服务领域，实现先进制造业与现代服务业兼容发展，加快培育销售超亿元服务业企业，并力争实现销售超10亿企业的突破。景区旅游向乡村旅游广拓展。旅游业是现代服务业的重要组成部分。随着高速路网的贯通和高铁时代的来临，特别是步湖路的全线拓建，我区旅游业发展春天已经到来。要按照建设旅游生态新城、旅游经济示范区和旅游目的地的要求，规划开发大纵湖旅游，实施引江入湖、污水处理、湿地修复、退渔还湖工程，开建东晋古镇、湿地公园等重点项目。推进步湖路沿线产业生态人文风光带建设，提升郝荣、三湾、宗凌、华都森林公园等乡村旅游示范点，整合宋曹故居、乔木故居、郝氏宗祠、朱升墓等人文景观和华锐风电、重庆啤酒等工业旅游资源，在全市率先叫响"盐都乡村一日游"品牌。

(三)加快农业转型，用生态理念建设生态农业。生态农业代表着农业的发展方向。我区是国家级生态示范区、全国平原绿化先进区和“无化区”，发展生态农业有基础、有优势、有潜力，要加快把生态资源转化为现实的农业生产力，更好地促进农民增收和农村繁荣。继续突破设施化农业。设施农业是提高农产品品质和产出效率的重要途径。荷兰人均耕地不到世界平均水平的1/5，农产品出口额却居世界首位，主要是依托工厂化设施农业。郭猛农业示范园的“草莓大王”宦立国五年前还是一个打工者，如今已有500多万元资产，靠的也是设施农业。这几年，我区设施农业年年有进步，但面积占比还不到10%。要摒弃农业是弱质低效产业的思维定势，突出服务大市区“菜篮子”工程，引导党员干部、能人大户、返乡民工和工商资本投资农业，建成一批设施农业基地。重点发展农产品加工。以农产品加工集中区为平台，以精深加工和现代物流企业为龙头，以优势产品为纽带，扎实推进种养加储销一条龙链式发展。扶持重啤、天邦、邦尼、海王等龙头企业做大做强，辐射带动千家万户发展生态农业；切实加大对国家级龙头企业、农业上市公司招商选资力度，力争再招选3~5个5000万元以上项目入驻农产品加工集中区。加快推进台创园建设。台湾农民创业园要引入更多的台湾元素，不仅要把台湾的优良品种和先进技术引进来，而且要把台湾先进的生产与营销理念学到手。以引进台湾优新果蔬花卉品种为重点，推广数字农业、循环农业，把生态园艺与市民厨房、宾馆餐饮以及超市货柜链接起来，提高土地利用率、综合产出率和市场竞争力，使台创园成为生态农业的样板、现代农业的示范和对台交流的窗口。

（四）围绕转型升级，以创新举措构筑创新高地。以政府为主导、企业为主体、人才为支撑，着力放大创新驱动效应。集聚创新要素。坚持财政引导、多元投入和市场运作相结合，加快高新区研创大厦、台创园研发中心、汇文专家公寓建设，年内建成国家级高新技术产业基地1个、省级以上科技创新创业平台和科技企业孵化器各1个，新增省级以上高新技术企业5家。积极推进专业园区与知名院校共建研发机构、共创科技示范项目、共塑特色产业品牌，鼓励龙头企业开展前瞻性、原创性研究和重大战略产品研发，支持规模企业建立技术中心、博士后工作站、院士工作站和“创新联盟”等多种合作载体，建成省级以上企业研发机构5家、市级20家。以自主知识产权和自主品牌培育为重点，打造一批具有行业竞争力的创新型企业，推动自主品牌向江苏名牌和中国名牌跃升。引进创新人才。“双新”盐都，创新驱动；创新之要，人才为本。大力实施“双创”人才引进工程，聚集一批科技前沿的学科或技术带头人、拥有科研成果和较强研发能力的领军人才、善于组织研发和成果转化的科技企业家。依托重大科研项目、重点科技创新创业基地，加强科技合作，促进项目、人才和基地建设的深度结合，吸引科技人才向企业集聚。全年引进科技创新创业领军人才及其团队不少于5个、新特产业发展紧缺人才100名以上。培育创新文化。把科技投入、研发机构建设、品牌创建、科技项目实施列入绩效考核内容，将激励政策向重点科技创新平台、重点实验室倾斜，向重大科技成果转化、自主知识产权产品倾斜，向新特产业重点项目、重点创新型企业倾斜，向创新创业领军型人才倾斜。把“三创”要求与盐都精神结合起来，在全社会营造讲科学、敬人才、爱创新、敢创业的浓烈氛围，使创新文化成为创新的内生动力，创新驱动成为强大的社会活力。

（五）坚持共建共享，以民生统筹推进城乡统筹。思民所虑、急民所难、谋民所求，在加快做大“蛋糕”的同时合理分好“蛋糕”，同步提升城乡建设管理和公共服务水平。加强生态环境建设。对照国家生态区5项基本条件、22项考核指标要求，迅速掀起生态区建设热潮，年内力争潘黄、大冈、秦南、大纵湖、郭猛、盐龙、尚庄、学富八镇（街道）创成国家生态镇，全区通过国家生态区省级调研。持续改善城市景观水体水质，建立环城绿带、绿色走廊、大型绿地、郊区森林相互配套的城镇绿化体系，彰显盐都水绿特色。加大“清水走廊”建设力度，不折不扣地抓好国家农村环境连片整治工程，扎实推进城镇污水处理厂建设，增强环境支撑发展的能力。重抓基础设施对接。尽快完成全区统筹城乡发展总体规划和4个区级示范镇村规划编制，抓紧做好示范镇村、农村经济开发区、农村中心社区控制性详规。各镇要以集镇建设“六个一”和镇区绿化“五个一”提升小城镇形象，农村中心社区着力打造全民创业集聚区、便民利民商贸区和设施配套居住区。在82个农村集中居住点中，遴选20个点启动农村新型社区建设。加速青年路向西延伸、振兴路南北贯通、步湖路拓宽改造等交通重点工程建设，打通城乡统筹快速通道。进一步压缩财政一般支出，集中财力投向农村基础设施、农村饮用水安全、农田水利、公交通镇等民心工程。放宽城镇准入条件，逐步实现城乡居民同户籍同待遇。用足城乡建设增减挂钩和建设用地置换政策，开展农民以土地承包经营权置换城镇社保、农村宅基地及住房置换城镇住房的“双置换”试点。促进群众充分就业。大力发展民营经济，深入推进就业惠民、创业富民。要把招工与招商放在同等重要的位置，开展服务“三、六、十”园区用工专项行动，促进外出人才返乡就业、职校学生本地就业、农村劳动力就地转移，全年新增就业再就业1万人、转移农村劳动力8000人以上，零就业家庭保持动态为零。进一步落实社保补助、再就业培训、小额担保贷款等优惠政策，鼓励城镇下岗失业人员和农村居民自谋职业、自主创业。积极探索订单培训、合作办学新模式，多措解决本地企业用工结构性短缺矛盾，帮助更多劳动者通过提升技能素质增加工资收入。构建城乡保障网络。在已实现新农保全覆盖的基础上，新增参保8000人以上，把更多的农民工、非公有制经济组织从业人员、灵活就业人员、城镇居民等群体纳入到社保体系中来，缩小城乡、区域、群体之间养老待遇的差距。以居家养老为基础、社区服务为依托、机构养老为补充，加快建立城乡一体、投资多元、管理规范的养老服务体系，年内建成125家居家养老服务站和300张床位的区级社会福利院，开通区级居家养老网络服务平台。提高五保供养标准，落实老龄优待措施，让全区所有老年人安享余生、颐养天年。大力发展面向中低收入家庭的普通商品住宅，加大保障性安居工程建设力度，满足广大居民的住房需求。均衡基本公共服务。办好每一所学校，发展好每一位教师，培养好每一个学生，努力实现师资与质量的优质均衡，建立健全以财政资助为主体的多渠道帮困助学体系，让城乡所有孩子都能享有公平均等的就学机会。“小康更要健康”，“看病难、看病贵”是迫切需要解决好的民生问题。要重点发展三院和区直医院，完善提升乡镇、社区医卫机构，强化彼此间的分工协作，力求“大病不出区、小病不出社区”。把三院建成“一体两翼”、装备精良、服务一流、特色鲜明的三级医院，提高基层医卫机构诊疗水平，保证医卫人员合理报酬，让群众就近享受便捷、安全、高效的医疗服务。完善基本医疗保障制度、基本药物制度和大病救助机制，将新农合人均筹资标准从180元提高到230元，住院实际补偿比提高到45%以上，参合群众区内就医免收普通门诊挂号费，增加对精神病患者的特别补助，建立癌症病人和14周岁以下农村儿童重大疾病报销10万元的“绿色通道”，大病大补，重病重补，有效防止因病致贫现象。继续稳定低生育水平，进一步改善人口结构。推进社会管理创新。巩固“法治盐都”创建成果，大力倡导法治精神，积极营造“学法辨是非、知法明荣辱、用法止纷争”的社会氛围；严格落实行政执法责任制，全面规范自由裁量权，不断提升执法公信力；建立重大项目、重点工程社会风险评估机制，强化社会治安防控、矛盾纠纷调处和安全隐患排查整改，争创“法治盐城”首善之区。提高“文化盐都”建设品位，依托淮剧品牌打造精品力作，争创1~2件国家级艺术奖项；面向基层开展“三进三送”活动，努力满足老百姓“富了口袋富脑袋”的精神文化需求；加快文化产业园载体建设，抓紧盐渎明城招商和博物馆布展；加强文化阵地建设，引培文化拔尖人才，弘扬民俗特色文化，把文化理念植入各项工作。放大“慈善盐都”济困效应，在扩大城乡临时救助覆盖面的同时，发挥党员干部的带头作用，依靠重点企业的慷慨捐助，鼓励社会基层的凡人善举，使“快乐慈善”、“平民慈善”、“人人慈善”成为盐都的社会风尚，全年募集慈善资金1000万元以上，为全区最需帮助的困难群体搭建起仁爱和谐、互助共济的“慈善大厦”。打造“文明盐都”公认品牌，弘扬“诚信、务实、创新、奋进”的盐都精神，在全社会形成“地创高产出、人创高素质”的共识和行动，开展群众性精神文明创建活动，重视窗口建设，推广志愿服务，倡导协作互助，让盐都这个社会大家庭充满真情和温馨。

四、奋力“争一流”，带头勤廉实干做出新业绩

实现“十二五”目标，完成本次全会部署的任务，核心是党的领导，关键是各级干部。全区各级党组织要以纪念建党90周年为契机，动员广大党员干部保持不懈奋进的激情、团结廉洁的品质和亲商亲民的作风，切实担负起富民强区的历史重任。

竖持创先争优，着力提升党建工作科学化水平。创新驱动、跨越发展，既需要心无旁骛抓落实的激情，也需要“把工作当作学问做”的淡定。各级干部要加强对事关全局、事关长远重大问题的学习研究，切实增强工作的前瞻性、针对性和创造性。要按照建设学习型党组织的要求，推动党员干部学理论提升思想素质、学法规提升政策水平、学科技提升创新能力、学业务提升发展本领，主动适应招大引外、快增快转的发展需要。要始终保持勇争一流的精神状态，不因小胜萌倦意，解放思想拓新路，在合法的前提下敢干有风险的事、快干有把握的事、先干别人没干的事，不断开创工作新局面。要抓住区、镇两级党委换届之机，坚持德才兼备、以德为先与绩效挂钩、项目为重相结合，调优配强领导班子。拓展干部选拔、锻炼渠道，重用在“十一五”干有所成的干部，重用招商、维稳和“三服务”一线实绩突出的干部，重用有发展潜力的年轻干部，重用长期在基层和艰苦岗位默默奉献的干部。加强基层党组织建设，把创先争优活动引向深入。村居领导班子换届基本完成，各位新任职的村干部特别是村党组织书记，既要当好带头富、带民富的行家，又要争做建和谐、保稳定的能手，倾心尽力富一方百姓、保一方平安。深入推进惩防体系建设，加强党性党风党纪教育，让权力在阳光下运行、工作在监督中开展，用勤廉“双创”推进盐都“双新”，努力做到“经济快速发展、干部健康成长”。

强化效能建设，着力增强服务科学发展的能力。奋进“十二五”，大干新一年，崇尚的是实干精神，呼唤的是实干作风，需要的是实干行动。要一着不让抓好每一个机遇，一丝不苟做好每一项工作，一以贯之尽好每一份责任，以强烈的事业心和责任感迎接新挑战，以旺盛的积极性和创造力实现新目标。一个思维浑浑噩噩、说话含含糊糊、办事磨磨蹭蹭、工作拖拖拉拉的干部，不能适应科学发展的要求。心动无行动，口惠实不至，再完善的思路也是一纸空文，再美好的目标也难以实现。要确立“发现问题是能力、回避问题是失职、敢抓问题是水平、解决问题是政绩”的观念，紧紧盯住不落实的事，严格追究不落实的人。区四套班子成员和各级一把手是抓发展的主要责任人，要带头掀起“十二五”第一轮新特产业招商选资、招大引外竞赛热潮，主动对接地区发展规划和国家发展战略，切实尽好把关、解难、推进之责。要做到心中有大目标、肩头有千斤担、手里有时间表，强化对重点项目、重要工作的过程控制和节点管理，提高“一次布置完成率”。继续开展机关服务“创星级、树品牌”活动，健全公共服务体系，深化行政审批改革，落实服务承诺、限时办结、效能问责、责任追究和末位淘汰制度，使“盐都服务”和“盐都速度”成为盐都发展的名片。

突出以人为本，着力做好新形势下的群众工作。群众观点是历史唯物主义的基本观点，群众立场是领导干部最重要的政治立场，群众路线是我们党的根本政治路线。“求木之长，必固其根。欲流之远，必浚其源。”保持党同人民群众的血肉联系，是我们推动科学发展的力量源泉。要切实把尊重群众、关心群众、爱护群众的理念贯穿到各项工作中，从群众最关心最直接最现实的利益入手，千方百计办实事、解难题、惠民生。要牢记“权为民所赋”，坚持“权为民所用”，始终站在人民立场而不是少数人立场上说话办事，善于运用法律、政策、经济等综合手段协调利益关系，善于做深入细致的教育、协商、疏导工作，最大限度地赢得群众的理解和支持，营造有利于改革发展的社会氛围。

盐都区人大常委会工作报告

——2011 年 1 月 9 日在盐都区第十四届人民代表大会第四次会议上

区人大常委会主任 俞 途

一、围绕科学发展的主题，服务中心工作，在推进建设全面小康社会上取得了新成效

1.把握趋势，助推经济转型升级。面对创新型经济竞相发展的逼人态势，面对“确保2010年在全市率先建成全面小康社会”的奋斗目标，区人大常委会紧紧围绕区委提出的“转型升级、提速增效”的要求，加强了对经济工作的监督。两大新兴产业、六个特色产业和十个专业园区建设是全区2010年结构调整的重点工作，是推动我区经济转型升级的重要抓手。为加快“二、六、十”园区建设进程，去年5月份人大常委会会议听取和审议了园区建设情况的汇报，在充分肯定区政府按照“四有三聚”要求，强势推进“二、六、十”园区建设成绩的同时，也指出了园区建设中存在的发展不够平衡、配套服务功能滞后、产业集聚效应不强等问题，提出了“园区规划要坚持高起点、招商选资要紧盯高新外、载体建设要达到高标准、品牌创建要体现高科技、组织推进要确保高强度”的要求。区政府高度重视，多次召开专门会议，对已形成的规划进一步修改完善；将招商局与高新区合署办公，组成精干的招商专业工作组，定期督查园区建设情况，促进了园区健康有序发展。

2.着眼全局，促进城乡协调发展。为推进集约用地，促进城乡统筹协调发展，常委会听取和审议了区政府关于全区城乡建设用地增减挂钩复垦工作的汇报，督促区政府坚持以科学规划为龙头，以落实政策为抓手，以加大投入为保障，以为民惠民为根本，破解难题，形成合力，统筹推进增减挂钩工作。建设农村经济开发区，是区委、区政府推进城乡统筹协调发展的重大决策，也是农业产业化突破年取得成效的关键所在。主任会议专题听取了农村经济开发区建设情况的汇报，既肯定了成绩，也指出了基础设施不够配套、龙头企业不够强等问题，要求区政府抓好规划引领、人才集聚、品牌创建、优质服务，促进农村经济开发区科学发展、创新发展。为保证农村融资健康运行，防范农村金融风险，常委会会议听取和审议了农村资金互助合作社情况的汇报，提出了加强宣传引导、严格规范运作、强化扶持监管的建议。区政府认真抓落实，促进了农民资金互助合作社有序、持续、健康的发展。

3.突出主题，监督财政平稳运行。常委会围绕建设公共财政、民生财政，按照预算法和监督法的有关规定，依法加强对计划和预算的监督，确保更多的财力投向发展经济和改善民生上。常委会组织了对2009年度区本级财政决算情况以及2010年上半年计划和预算执行情况的调研，常委会会议认真听取和审议了区政府计划和预算执行情况以及审计工作报告，审查和批准了2009年区本级财政决算。强调要加快发展，强化收入，努力提高财政保障能力；科学预算，严格把关，着力提高资金使用效益；关注民生，着眼和谐，全力构建公共财政框架，发挥财政资金在经济建设和民生保障方面的重要作用；要把预算监督和审计监督有机结合起来，进一步重视审计监督工作，认真整改审计中发现的问题，提高财政资金使用绩效。区政府高度重视，认真研究，积极应对经济运行中所面临的困难和问题，及时整改审计中指出的问题，保证财政工作健康有序运行，圆满完成了年初确定的各项目标任务。科学编制“十二五”规划是全区的一件大事，常委会专门对全区经济社会发展“十二五”规划编制情况进行了调查，提出了“科学编制‘十二五’规划，加快盐都跨越式发展”的建议，为编制“十二五”规划献计献策。

4.紧扣“五有”，维护群众根本利益。常委会以“学有所教、劳有所得、老有所养、病有所医、住有所居”为目标，把关注民生作为监督的重点，倾心倾力改善民生，推进公共服务均等化。农村卫生工作直接关系到广大人民群众的生命安全和身体健康。区人大常委会对农村卫生工作进行了审议，提出了健全农村卫生网络，抓好公共卫生，提升服务水平，形成农村卫生工作合力的建议。区政府积极采纳，认真落实，将新型农村合作医疗、基本药物制度、基层医疗卫生机构建设、农村改厕等重点工作纳入区政府实事工程，重点重抓，全力推进。年内有57个社区卫生服务站通过省示范站验收，这样，全区243个社区卫生服务站全部达到省示范站标准。区政府还专题会办了乡村医生养老保险问题，落实了乡村医生待遇，稳定了基层医疗卫生队伍，农村卫生水平有了大幅度提升，基本上做到小病不出村(社区)。去年，常委会还组织视察了生态区建设、饮用水环境整治，确保民生监督常抓不懈，抓出成效。区政府按照人大审议意见要求，迅速行动，向上争取项目，去年7月，我区顺利成为全省首批、全市唯一开展国家农村环境连片整治试点区，获得国家、省专项扶持资金2000万元，为农村生活垃圾和生活污水处理提供了资金来源。常委会还配合市人大开展了三个“盐阜行”活动，督促政府有关部门加强对食品安全、饮用水安全、农民健康安全的监督管理，切实保护人民群众的合法权益。

二、围绕法治盐都的目标，坚持依法治区，在促进民主法治建设上迈出了新步伐

1.加强法律监督，营造良好法治环境。一是强化普法工作。去年是“五五”普法的最后一年，常委会参与了区“五五”普法验收工作，督促区政府制定了“六五”普法方案。常委会还举办《选举法》和《代表法》讲座，区政府领导、各部门负责人、区人大常委会组成人员和300多名区镇人大代表听取了讲座。二是推进法律实施。常委会组织开展了《气象法》执法检查，主任会议对《劳动法》、《科技进步法》贯彻实施情况进行了专题审议，配合省、市人大对《妇女权益保护法》、《残疾人保障法》开展了执法检查，促进了相关法律法规在我区的贯彻实施。三是加强司法监督。6月、9月、12月分别审议视察了区检察院、公安局、法院执法规范化建设工作，进一步提高了“一府两院”依法行政、公正司法水平。常委会还听取审议了社区矫正工作情况的汇报，主任会专题审议了民事行政检察工作情况的汇报，推进了“平安盐都”、“法治盐都”建设，为经济发展营造了稳定和谐的社会环境和公正高效的法制环境。根据市人大统一要求，组织开展了“千名代表评百案”活动，促进了审判工作的公正规范。常委会还严格按照相关信访制度和要求，认真处理信访，畅通了人民群众合法利益诉求渠道。一年来，共处理来信来访106件(次)，处理率100%，有力地维护了社会稳定。四是做好规范性文件备案审查工作。结合盐都实际，在充分调研、论证的基础上，制定出台了《盐都区人大常委会关于规范性文件备案审查的实施办法》，严格了备案审查工作程序。一年来，常委会依法对两件规范性文件进行了备案审查。

2.支持机构改革，促进政府职能转变。听取和审议区政府机构改革情况的报告，支持区政府按照省、市委要求，建设服务型、责任型、法制型政府，并及时任命政府组成人员，确保了改革的顺利进行。一年来，人大常委会本着对党和人民高度负责的精神，坚持党管干部和依法任免相结合的原则，充分发扬民主，严格任免程序，对拟任干部进行了任前法律知识考试、拟任职发言，常委会审议、投票表决和颁发任命书，有效地增强了被任命人员的法律意识、公仆意识和人大意识。年内，先后任免有关人员29人。

3.指导村级换届，推进民主政治建设。村民委员会换届选举是基层民主政治生活中的一件大事，是加强农村基层组织建设的重要举措。常委会主动介入，靠前指导。一是督促制定实施方案。针对村委会换届选举工作政策性、法律性较强的特点，常委会相关工委主动加强与政府有关部门的沟通联系，要求政府尽快制定实施方案，明确工作责任，规范操作程序。二是依法加强指导。常委会根据村委会选举的有关法律规定，对换届选举工作中的各个阶段和重要环节进行督查指导，要求区、镇政府做到“规定程序不能变，法定时间不能错，关键环节不能简，群众权利不截留”。同时对选举工作中的问题，及时指出，提出建议，帮助解决。三是抓好信访工作。认真接待群众关于换届选举的来信来访，倾听群众呼声，尊重群众的申诉权、信访权，及时化解矛盾，推进了村委会换届选举依法、规范、有序进行。

4.督办审议意见，增强人大监督实效。对审议意见办理情况再审议，是有效落实审议意见的重要举措。会前，常委会组成由分管领导牵头，办公室、相关委员会人员组成的督查组深入到相关部门，按照审议意见要求，对照办理情况进行调研督查，为常委会审议做好准备。去年常委会会议对2009年11月份至2010年9月份形成的7项审议意见办理情况进行了审议，并按照“满意”、“基本满意”、“不满意”进行了投票表决。由于区政府高度重视，措施比较得力，7项审议意见共28条要求达到了事事有交待，件件有落实，是近三年来审议意见办理情况最好的一年。

三、围绕优质服务的要求，改进工作方式，在发挥代表作用上培植了新亮点

1.优化服务，把拓展代表履职渠道作为重要环节。常委会通过邀请代表列席常委会会议，组织代表参加执法检查、视察、调研和听庭活动，向代表寄送常委会会报，赠阅人大刊物等形式，努力为代表知政参政提供更多的条件。2010年把分批邀请代表列席常委会会议制度化，每次常委会会议都邀请10名区人大代表参加，以确保所有的区人大代表在任期内都列席常委会会议一次。开展了常委会组成人员联系代表、代表联系选民“双联系”活动，向代表通报了情况，听取了代表及选民对人大常委会和“一府两院”工作的建议意见，使广大代表知情传民意，知政明国是，知任尽本职。

2.硬化措施，把建好代表之家作为重要平台。常委会按照“强基础、抓创新、求突破”的要求，深入开展“人大代表之家”建设。去年3~4月份，常委会分管领导带队对全区所有的"代表之家"建设进行了一次全面检查,进一步提升了"代表之家"整体建设水平。依托代表之家组织开展了代表学习培训、代表小组活动、接待选民等丰富多彩的活动,充分发挥"代表之家"的载体作用。一年来,全区各级人大代表共接待选民1142人次,收集选民意见867条,答复率100%,已经解决和正在解决的达81%。继续开展代表向选民述职活动。年内有341名区镇代表向选民述职,目前向选民述职的区代表已有184名、镇代表647名,占代表总数的69.6%。2010年6月初,省人大常委会领导到我区专题调研代表工作,视察了现场,听取了汇报,对我们的做法给予了较高评价。

3.深化内涵,把开展代表主题活动作为重要抓手。2010年是全面小康实现年,常委会审时度势、不失时机地在人大代表中开展了"全面达小康,代表当先锋"主题活动。各镇(街道)人大精心组织、周密安排,广大代表踊跃参加、积极实践,主题活动有声有色、卓有成效。在活动中,广大代表紧跟区委决策部署,紧扣全面小康建设目标,紧贴基层实际,投身到建设"双新"盐都的宏伟事业中,争当全面小康的带头人,争当爱岗敬业的有心人,争当为民代言的贴心人,进一步发挥了代表的作用,展示了代表的风采。

4.量化指标,把办好代表建议作为重要职责。常委会高度重视代表建议办理工作,明确提出要实现办理工作从满意率到办成率的转变,代表建议办成率要达到60%以上。区十四届人大三次会议期间,收到代表建议和意见101件,常委会认真进行整理分类,及时召开交办会议,层层统一思想,明确办理要求。为了提高办理质量,常委会分管领导带队组成督查组,深入到承办单位进行督办检查,促使一批人大代表关注的意见、建议得到解决。去年代表建议办成62件,办成率61.4%,答复率100%。为了切实办好《关于进一步推进教育均衡》的议案,常委会年初审议了议案处理意见报告,年中跟踪督办进度,年底听取了落实情况汇报。在政府及有关部门的努力下,教育均衡发展取得了阶段性的成果,我区成为全市唯一入选的首批创建省义务教育优质均衡改革发展示范区。

四、围绕提高能力的追求,加强自身建设,在提升整体素质上探索了新做法

1.勤于学习,提高综合素质。常委会始终把学习作为自觉追求,通过常委会会议学法、党组理论中心组学习、法制讲座、党支部活动、网上学习等形式,认真学习政治理论和法律、业务知识,提升了综合素质。积极组织机关工作人员参加全市人大知识竞赛,获得了第一名。还先后组织有关人员外出考察学习,借鉴外地经验,较好地促进了常委会工作的创新和发展。

2.勇于参与,争当招商模范。常委会领导按照区委分工,全力以赴地投入招商选资,千方百计地推进项目建设,满腔热情地服务挂钩企业。先后引进亿元以上项目4个,进驻中小企业园项目4个,完成利用外资任务200万元,为企业解决各类问题40多件。

3.严于律己,树立良好形象。常委会组成人员坚持深入实际,深入群众,深入基层,积极开展调查研究,摸实情,讲实话,求实效。在机关中,深入开展"三比三看三想"活动(看一看本职工作实绩,比一比在全市位置,想一想如何进位争先;看一看招商引资工作,比一比完成任务比例,想一想如何勇争一流;看一看发表的文章,比一比宣传重视程度,想一想如何提升水平),进一步倡导勤勉向上、奋发有为的优良作风,提升了机关工作水平、办事效率和服务质量。

4.广于宣传,扩大人大影响。常委会坚持理论研究为实践服务,围绕事关经济发展全局、人民群众高度关注的事项开展深度调研,共撰写调查报告23篇,为人大常委会决策提供了科学依据。健全完善宣传工作激励机制,积极组织机关工作人员撰稿投稿,多篇文章获奖,其中《学习实践科学发展观,开创人大工作新局面》获得市人大好稿件一等奖,我区人大被市人大评为宣传报道先进集体。进一步加强人大宣传载体建设,认真办好常委会会报、盐都人大网站和《盐城人大》盐都专版,在盐都电视台开设代表风采栏目,扩大了宣传范围,丰富了宣传形式,拓展了宣传层面,提升了宣传效果。

2011年是"十二五"规划的开局之年、起步之年。做好今年的人大工作意义重大,影响深远。我们要以党的十七大和十七届五中全会精神为指导,全面落实科学发展观,紧紧围绕区委十二届七次全体扩大会议提出的目标任务,为促进科学发展出谋划策,为推进民主法治尽心尽责,为维护民生福祉殚精竭虑,为加快"双新"盐都建设添砖加瓦。

1. 以促进经济发展方式转变为重点,切实加强对经济工作的监督。

2.以推进社会和谐为重点,切实加强对解决民生问题的监督。

3. 以推进法治盐都建设为重点,切实加强对法律工作的监督。

4. 以充分发挥代表作用为重点,切实加强对代表工作的服务。

5.以提升履职能力为重点,切实加强对自身建设的研究。

政府工作报告

——2011 年 1 月 7 日在盐都区第十四届人民代表大会第四次会议上

区 长 崔 浩

“十一五”和 2010 年主要工作回顾

“十一五”是我区经济社会发展把握难得机遇、经受严峻考验、取得重大成就的时期。在上级党政组织和区委的正确领导下，在区人大和区政协的支持监督下，区政府带领广大干群，深入贯彻落实科学发展观，紧紧围绕“双新”目标，抢抓机遇，开拓奋进，扎实工作，圆满完成了各项目标任务，创造了盐都发展的又一个黄金期。

过去的五年，是推动跨越发展、综合实力大幅跃升的五年。面对复杂的宏观经济环境，排难求进，比学赶超，全区经济呈现出量质齐升、又好又快的发展态势。经济总量迈上新台阶。2010 年预计实现地区生产总值 250 亿元，年均增长 17%，人均折合 5000 美元以上；完成财政总收入 53.1 亿元、一般预算收入 24.4 亿元，分别是“十五”末的 7.6 倍和 6.8 倍；全社会固定资产投资累计 671 亿元，年均增长 34%，是“十五”时期的 4.6 倍；农民人均纯收入、城镇居民人均可支配收入分别达到 9363 元和 18600 元，均比“十五”末增长近 1 倍。运行质量有了新提升。规模以上工业企业由 176 家增加到 457 家，销售超亿元企业由 16 家增加到 42 家；财政总收入占地区生产总值的比重由“十五”末的 6.8%提高到 21.2%，财税超亿元板块由 2 个增加到 17 个，7 个市级重点镇 5 个财税超亿元，纳税超千万元企业增加到 40 家，华锐风电去年纳税近2 亿元。进位争先取得新成绩。全面小康四大类 18 项 25 个指标综合分值 97.5 分，进入了全市小康第一方阵。奔小康的历程也是进位争先的过程，在全市目标任务绩效考核中年年获得综合先进奖，全省综合排名可望进10 位；财政总收入 2007 年低于扬州市邗江区 9.3 亿元，2010 年超出近 3 亿元，实现了跨越反超。

过去的五年，是重抓转型升级、结构调整取得实效的五年。突出新特产业，主攻招大引外，实施技改扩能，三次产业比例从 21.4:50.9:27.7 调整到 12.4:54.8:32.8，使盐都走上了转型升级、特色赶超的可持续发展之路。工业转型步伐加快。风电装备、通讯电子两大新兴产业从无到有快速发展，产值、税收占规模以上工业的比重分别达到 22%和 29.8%，风电装备产业园被认定为省首批科技产业园和省风电装备高技术特色产业基地，锐毕利公司成为诺基亚、西门子等跨国公司的一级供货商；重点镇特色产业税收占比在 65%以上，大冈镇被命名为国家级鞋机制造产业基地，学富镇初步建成全国最大的医用刀、针、线生产基地，大纵湖镇化纤涂装机械集聚企业超百家，张庄街道齿轮融入了高新区装备制造产业链，龙冈镇矿用变压器成为全国同行业“单打冠军”。区内外企业强强联手、合作重组取得新进展，连年实施“百企千万”技改工程推动企业做大做强，“中联电气”成为全市首家上市的民营企业。省级以上名牌总量、商标境外注册数全市第一，悦达纺织获得中国名牌称号，“质量兴区”工作通过省级验收。建筑业取得长足发展，总产值突破 100 亿元，千人规模建筑基地从 11 个发展到 20 个，施工总承包一级资质建筑企业从 1 家发展到 4 家。服务业提速发展。服务业增加值年均增长 23.6%，对经济增长的贡献率超过 30%。东方汽车广场、科教城、现代物流园区、商务商贸区全面推进，一批重大服务业项目相继建成；驿都金陵大酒店在盐城首家通过五星级评定，大纵湖旅游景区、华都森林公园分别被认定为国家 4A 级旅游景区和省首批四星级乡村旅游点，华晓医药物流成为海军药品储备基地和省快货品牌线路；现代物流、连锁配送等行业发展加快，科技研发、服务外包、融资担保等新型业态不断拓展。高效农业取得突破。在建成全国粮食生产先进区的基础上，狠抓高效农业促进增收，高效农业覆盖率提高到40%，被评为省高效农业规模化先进区，创成国家级优质水稻标准化示范区、省级设施蔬菜标准化示范区，台湾农民创业园获国台办、农业部授牌，郭猛现代农业示范园被省政府确定为省级现代农业产业园区，潘黄仰徐高效农业园、张庄农业科技示范园等4个园区被认定为市级现代农业园区，设施草莓、番茄、葡萄生产总量均居全市第一；农业产业化步伐加快，重啤、天邦等上市公司项目入驻农产品加工集中区，全区农业龙头企业发展到110家。

过去的五年，是坚持规划引领、城乡面貌显著改善的五年。在城乡建设规划实现全覆盖的基础上，累计实施基础设施工程405项，是我区城乡建设史上投资规模最大、设施完善最快、环境变化最显著的时期。新城区开发明显加快。举全区之力，组织实施了高新区基础设施和系列城建、产业、社会事业项目，城市建成区面积扩大到75.6平方千米，常住人口达19.37万人。城市功能日趋健全、人居环境不断改善，创成省、市级园林式单位（小区）39家，城市绿化覆盖率由36.1%提升到41%，城市道路保洁面积从60万平方米增加到426万平方米，生活污水、生活垃圾无害化处理率分别达到70%和100%，城市防洪标准从基本“不设防”提升到“50年一遇”。集镇功能进一步完善。连年实施集镇建设“六个一”和镇区绿化“五个一”工程，集镇建成区扩展到18.95平方千米，常住人口达19.8万人，镇区绿化覆盖率达到29.8%，7个重点镇城镇化率平均达到53%，大冈入选全国百佳特色名镇，楼王、大冈、潘黄、大纵湖、秦南5镇(街道)获得省级生态镇称号，北龙港、尚庄、北蒋等集镇面貌都有了明显改善。坚持城镇化和工业化并重齐抓，各镇(街道)都规划建设了千亩以上的工业园区，同步实施道路、绿化、供水、供电等基础设施工程，集聚和承载能力进一步增强。城乡统筹迈出坚实步伐。新建、改建231省道、229省道、步湖路等一批骨干道路，新增通村公路642千米。加大土地整治和城乡建设用地增减挂钩复垦力度，新增耕地3.1万亩；铺设供水管道870千米，解决了14.3万农村人口的饮用水安全问题；新建闸站324座，疏浚县乡河道1520千米，整治村庄河塘800多万立方米，农村河道疏浚通过省级验收，农村排涝模数由0.45增加到0.7。新增各类大中型机械1000多台(套)，发展“一池三改”户用沼气池7500座，完成农村改厕5.3万户。郭猛镇、潘黄仰徐村被列为全市城乡统筹试点，郝荣村获得省级生态村称号，仰徐、泾口、杨侍等村创成省级康居示范村。

过去的五年，是推进创新创业、发展活力日益增强的五年。大力弘扬“三创”精神，解放思想谋跨越、创新思路解难题，已成为全区上下的生动实践。各项改革全面推进。区政府机构改革顺利完成，乡镇机构改革和区划调整有序推进，行政权力网上公开透明运行工作领先全市；“两集中、两到位”行政审批制度改革在全市率先完成，核减审批事项321项，区行政审批服务中心一次性通过省级服务标准化试点示范单位验收；区直74个部门212个单位进入会计中心统一核算，有效控减了行政成本。农村“三大合作”发展迅猛，农民专业合作组织发展到501家，农民资金互助合作累计投放互助金8亿元，土地股份合作有效促进了高效农业规模化；创建为农服务社110个，区粮食经纪人协会被表彰为全国先进单位。积极化解资金难题，成立了瑞都、城投、交投等融资平台，新增金融机构5家，全区贷款余额由47.5亿元增加到142亿元，区中小企业信用担保公司注册资本金由1500万元增加到2亿元；争取国家扩内需、保增长投资项目35个、资金近2亿元，列全市之首。民营和开放型经济发展迅猛。累计新增个体工商户38300户、私营企业6980家、注册资金257亿元，盐城中小企业园成为集约、集聚发展的示范平台。累计完成自营出口6.22亿美元；注册外资实际到账2010年达到1.2亿美元，超过“十五”时期总和，五年累计达到4.39亿美元，成为重要的韩资汽配生产基地。科技创新能力不断提高。设立人才引培基金，实施“双创人才千人计划”和“领军人才引培工程”，引进各类高层次人才64人、创新创业人才团队3个。申立星火、火炬、省苏北专项等省级以上科技计划项目268项，实施省重大科技成果转化项目6项，争取科技项目无偿资金2.3亿元；申请专利2500项、授权725件；引培国家级研发机构1家、省级研发机构23家，开发省级以上高新技术产品68个；省轻工机械产品质量监督检验检测中心建成运行，国家风电设备检测中心获批建设，高新区获批国家级博士后科研工作站，大冈镇获得省级“创新型乡镇”称号，建成全国科技进步先进区、国家科技富民强县试点区，被列为省级知识产权区域试点示范区。

过去的五年，是注重改善民生、人本盐都彰显魅力的五年。坚持惠民生、促和谐，民生支出占财政一般预算支出比重逐年增加，2010年达到86.2%。社会保障和社会救助体系逐步健全。城乡低保、城镇居民基本医疗保险、新型农村合作医疗、新型农村养老保险实现全覆盖，新农保和农村五保供养标准苏北领先，社保扩面、劳动就业、脱贫攻坚等工作走在全市前列，新农合财政补贴标准五年翻两番，五保集中供养率提高到60%。五年累计募集慈善资金4500多万元、教育发展基金1000万元、救助5.8万人次，先后实施了捐助四川地震灾区、支持大同陈祁灾后重建、资助贫困大学生、免费治疗白内障等一系列善举，仁爱和谐、互助共济已在盐都蔚然成风。教育、体育、卫生、计生服务水平全面提升。义务教育阶段学生全部免除学杂费、免费提供教科书，新一轮农村学校布局调整基本到位，获得省首批全面实施素质教育先进区、幼儿教育先进区、普及高中阶段教育先进区称号，被列为省义务教育优质均衡改革发展示范区和苏北首批省规范教育收费示范区，连续两次在省政府三年一轮的县政府年度教育工作综合考核中列全市第一。连续两次获得全国亿万学生阳光体育冬季长跑活动优秀组织奖，成功创建国家级体育俱乐部1个、省级3个，镇镇创成省体育强镇，新都街道被评为国家城市体育工作先进单位。基本药物制度全面实施，区、镇、村三级医疗服务机构全面改善，被表彰为全国社区中医

药工作先进单位，成为全国社区红十字服务示范区。人口计生工作在全市持续进位，区、镇、村三级“世代服务”体系实现全覆盖，顺利通过中国/联合国人口基金第六周期项目评估验收，建成省“十一五”人口协调发展先进区。文化事业繁荣发展。文化站镇镇达省标，农家书屋村村全覆盖，现代淮剧《二饼上城》被评为省舞台艺术精品剧目，实现国家级舞台艺术奖项“大满贯”，再获全国文化先进区称号，被确定为全省首批文化示范区。生态文明建设协调推进。开挖盐龙湖，建设“清水走廊”，在全市率先启动国家农村环境连片整治示范区建设工程，建成苏北首家“无化区”。万元GDP能耗下降完成省市任务，化学需氧量和二氧化硫减排提前一年实现既定目标，农村森林覆盖率从5.1%提高到11.1%，污染源普查工作受到国家表彰。为民办实事工程成效显著。每年都排出一批群众最关心、最直接、最现实的民生工程，集中力量加以推进，重点解决饮用水安全、农村公路硬化和保障性安居房建设等热点难点问题，建成一中新校区、三院南院、文化艺术中心和学富卫生院等一批社会事业项目，放心粮店、惠民门诊、文化“三送”、法律援助等工作步入常态化。民主法制和精神文明建设进一步加强。基层民主政治建设有序推进，圆满完成第八、第九届村委会换届选举，被评为全省村民自治模范区；深入推进平安盐都、法治盐都、和谐盐都建设，“五五”普法通过省市验收，年年获评省社会治安安全区；落实领导干部下访“金桥行动”和“一岗双责”包案制度，信访工作连续三年被省表彰。安全生产形势总体平稳，农村药品“两网”建设、食品安全示范区创建首批通过省级验收。弘扬“诚信、务实、创新、奋进”的新时期盐都精神，开展精神文明创建活动，获得省级文明行业、文明单位称号的分别达到16个和15家，仰徐村成为全市唯一的全国文明村。与此同时，统计、审计、物价、人武、邮政、电信、扶贫、地震、气象、人防、消防、外事、台侨、妇儿、残联、地方志、民族宗教、关心下一代等工作也都取得了新成绩。

刚刚过去的2010年，全区上下紧扣“转型升级、提速增效”，突出“2、6、10”，重点重抓，重点突破，实现了“十一五”的完美收官，在盐都发展史上写下了浓墨重彩的一页。新特产业培育取得突破。风电装备产业由总装向研发和配套不断延伸，5兆瓦风电机组、秦川风电增速机、贵航冷却系统等项目建成运行；通讯电子产业持续发展，世纪网通讯、亚固电子、太阳能电子片等一批项目开工建设，锐毕利三期建成投产；六个特色产业实施5000万元以上项目26个，龙冈中联电气工业园一期建成投产，张庄驰翔齿轮与秦川集团合作实现了风电齿轮的突破，大纵湖高分子纤维填补了我市新材料产业空白。服务业和城镇化亮点纷呈。四大服务业集聚区开发快速推进，先后实施了红星美凯龙全球家居生活广场、盐渎明城、永宁国际汽车城等10个亿元以上项目，成功引进了居然家居、轻工礼品城等一批服务业项目。南纬路、新都路等新区“五纵五横”和华锐路、振兴路等高新区“四纵四横”主干道加速推进，大马沟、马中河等城市防洪、滨湖绿化工程逐一到位；实施城镇化和集镇绿化项目136个，龙冈凤凰南路拆迁改造、张庄振兴路拆迁改造和盐淮线整治出新步伐加快，郭猛、葛武等8镇(街道)“组保洁、村收集、镇转运、区处理”的农村生活垃圾集中处理试点全面启动，大纵湖镇获得全市首家省级园林小城镇称号。城乡统筹和高效农业加快推进。按照“统分结合、优势互补”的原则，设立农村经济开发区，启动建设台湾农民创业园管理服务中心、郝荣台湾生态农业集成区和盐都农产品加工集中区，累计招引各类农业项目30个、投资总额26.8亿元；编制完成市级城乡统筹试点镇村总体规划，郭猛镇新镇区“两纵两横”路网全面启动建设，仰徐村重点实施了一批高效农业、工业和公共配套项目；创新区划调整后的行政管理模式，农村中心社区已成为连接城乡的重要节点、统筹发展的新生力量。新增高效农业面积10.5万亩，培植“一户一棚”农户11270户，创建高效农业镇2个、高效农业村16个。科技支撑能力持续增强。新立省以上各类科技计划项目98项，争取资金7500万元，重点项目立项数、争取资金数为前三年之和，列苏北县(市、区)之首，3兆瓦风电机组荣获省科技进步一等奖；国家海上风电及装备高新技术产业化基地获得认定，国家海上风电研发中心、省海上风电研究院落户盐都；研创大厦、汇文专家公寓、企业家之友大厦启动建设，创新创业平台在全市率先投入使用。社会保障水平不断提高。新增各类就业1.4万人、转移农村劳动力1.2万人、各类社保参保11万人，五保集中供养、分散供养标准分别提高1000元和500元，城乡低保标准分别提高到300元和180元，新农合人均筹资标准180元，列苏北之首。镇村卫生机构全部配备使用国家基本药物，实行零差率销售；义务教育阶段学校“民转公”全部到位，市第一初级中学和第二小学教育集团成功挂牌运作。政府自身建设得到加强。区政府全体组成人员恪尽发展之责，强化落实之功，坚持在进位争先的实践中比拼才干，在项目推进一线增强本领，在“三服务”中多作贡献。深入开展机关服务“创星级、树品牌”活动，“五治理一查办”成效显著，行政效能进一步提升。带头厉行节约，公务人员出国、公务车辆购置和运行、公务接待和办公等消耗性费用实现零增长，以干事创业、务实进取、风清气正的政务环境，推动工作落实，发展了和谐稳定、政通人和的良好局面。

在总结成绩的同时，我们也清醒地看到，经济社会发展还面临不少挑战和矛盾，工作上也存在诸多薄弱环节。主要是：经济结构性矛盾依然突出，服务业占比仍然偏低；创新不足和人才紧缺，将是下一步发展的重大制约；保障和改善民生与人民群众的期盼差距较大，基层、企业、群众对机关作风还有不满意的地方等。对此，我们将进一步采取措施，切实加以解决。

“十二五”奋斗目标和主要任务

今后五年，是我区全面建设更高水平小康，并向基本现代化迈进的关键时期，是加快转变发展方式、推动经济转型升级的攻坚时期，也是沿海开发和长三角一体化战略叠加带动、大有作为的战略机遇期。全区经济社会发展总的指导思想是：以邓小平理论和“三个代表”重要思想为指导，以科学发展、推进“双新”为主题，以快增快转、共建共享为主线，围绕“全市率先、苏北领先、全省争先”，实施城市现代化和城乡发展一体化、创新驱动和人才强区、生态立区、高新支撑、产业兴城、特色赶超、统筹民生七大战略，促进经济跨越发展和社会和谐稳定，为实现基本现代化奠定坚实基础。主要奋斗目标是：确保地区生产总值五年翻番、规模以上工业和服务业增加值四年翻番、固定资产投资和财政收入三年翻番、新特产业销售两年翻番；城镇居民人均可支配收入、农民人均纯收入年均分别增长13%和15%，义务教育巩固率、城镇三大社会保障覆盖面、新农合参合率均达100%，城镇登记失业率控制在4%以内；单位地区生产总值能耗、主要污染物排放削减率实现市定目标。

“十二五”的发展，目标更高，内涵更丰富。我们将把握发展阶段的新特征，顺应人民群众的新期待，坚持“快增”扩量与“快转”提质同步、“共建”文明与“共享”成果并重、“富民”与“强区”齐抓，站在新的起点上，谱写“十二五”科学发展的新篇章。

——立足城乡一体，推动统筹发展，全面提升“双新”盐都建设水平。把加快城乡发展一体化作为打破城乡二元结构的重大举措，促进公共资源、生产要素在城乡均衡配置。以新区、潘黄、张庄等为主体，盐龙、龙冈、冈中等为辅翼，加快建设环境优美、功能齐全、带动力大、辐射力强的盐都新城，使城市建成区增至128平方千米；进一步加快重点镇的工业化和城镇化进程，建成布局合理、规模适度、环境整洁、各具特色的小城镇；把原有的293个农村集中居住点规划调整到82个，大幅提升镇村基础设施等级，健全完善公共服务体系，因地制宜发展社区产业、改善人居环境，着力打造品位高、宜人居的农村新型社区，以城市区、重点镇、中心社区、新农村的互促并进、联动发展，逐步形成城乡体制基本接轨、城乡经济社会协调发展、城乡差距明显缩小的一体化新格局。

——坚持高新支撑，加速特色赶超，着力构建具有竞争力的现代产业体系。把跨越争先的着力点放在高新支撑、特色赶超上，推动主导产业高新化、新兴产业规模化、传统产业品牌化，到“十二五”末，力争风电装备、通讯电子、新材料产业销售分别突破500亿元、200亿元和100亿元，六大特色产业销售均超50亿元；把推动服务业大发展作为产业结构优化升级的战略举措，重点加快科教城、东方汽车广场、现代物流园区、商务商贸区、大纵湖旅游景区五大服务业集聚区建设，使服务业占比提升到40%以上；以农村开发区为龙头，以台湾农民创业园为核心，以农产品加工集中区为重点，加快农业现代化步伐，镇镇建成2个以上千亩连片设施农业基地，农产品加工集中区年销售超百亿元，构建起高新产业为主导、现代服务经济为主体、先进制造业为支撑、现代农业为基础的现代产业体系，依托高新支撑、转型发展，实现持续跨越、后发先至、争先全省。

——着力创新驱动，建设人才强区，积极打造充满活力的发展高地。把发展创新型经济作为转型升级的主攻方向，放大创投和风投基金效应，加快科教城科技创新园、工业创意中心建设步伐，使其尽快成为国家级科技企业孵化器、区域性工业创意集中区和吸引高科技研发人才的示范基地；充分发挥科技创新创业四大平台、七大中心作用，推进科研项目与产业需求对接，引导并支持企业依靠自主创新提升核心竞争力，使全社会研发投入占 GDP 比重达到 2.5%，建成“三创”载体 100 万平方米，90%的规模骨干企业建立研发机构；从强区之基、竞争之本、转型之要的高度，加强人才队伍建设，重点招引高素质领军人才、高水平研发团队、高技能实用人才，加快形成以政府为主导、企业为主体、人才为支撑、市场为导向、产学研相结合、与现代产业体系相适应的区域创新体系，为推进科学发展注入不竭动力。

——突出改善民生，强化社会建设，让人民群众过上更加幸福的生活。把改善民生作为社会建设的首要任务，以城乡居民收入倍增为目标，推进抓培训、兴产业、推创业、强企业、促就业的“1+4”城乡劳动力培训、就业模式，健全企业与职工利益共享机制，使低收入者收入明显增加、中收入人群持续扩大，消除绝对贫困现象。进一步加快城市要素向农村流动、基础设施向农村延伸、公共服务向农村覆盖、现代文明向农村传播，实现城乡交通设施、文化服务、医疗保障、养老服务、生育保健、殡葬服务“六个并轨”，“三网融合”连村到户。大力发展社会事业，加大保障性安居工程建设力度，创新社会管理机制，健全应急体制，有效处置自然灾害、事故灾难、公共卫生、社会安全突发公共事件，切实履行好政府行政管理和公共服务职责。更加重视生态文明建设，积极创建国家园林城市和省级园林小城镇，大力发展绿色经济、循环经济和低碳经济，实现城乡区域供水、污水处理、垃圾清运“三个全覆盖”，确保在全市率先建成国家生态区。

2011 年工作安排

2011 年是建党 90 周年，也是“十二五”规划的开局之年。做好今年工作，具有十分重要的意义。我们将紧扣“十二五”发展目标，认真贯彻落实党的十七届五中全会和中央、省经济工作会议以及市、区委扩大会议精神，围绕主题，突出主线，重抓新兴产业扩张、特色产业升级、服务业提速“三大计划”和园区共建、外资倍增、民生幸福等工程，以更大的力度、超常的举措，推动科学发展，建设“双新”盐都。围绕“全市率先、苏北领先、全省争先”，既放眼五年又立足当年，既注重持续发展又考虑现实可能，今年全区经济社会发展的主要预期调控目标是：地区生产总值确保增长 15%、力争 16%，规模以上工业增加值确保增长 18%、力争 20%，全社会固定资产投资确保增长 20%、力争 25%，财政一般预算收入确保增长 26%、力争 30%，注册外资实际到账确保增长 20%、力争翻番，社会消费品零售总额确保增长 20%、力争 22%，城镇居民人均可支配收入、农民人均纯收入分别增长 13%和 15%，万元 GDP 能耗下降 4.5%，城镇登记失业率控制在 4%以内，人口自然增长率稳定在 4‰以内。

实现上述目标，重在项目带动。在组织实施八大类 260 项重点工程的基础上，重点重抓八个方面的“一号工程”，即饮用水安全工程、特色园区提升工程、20 万千升啤酒种加销一体化项目、汇文专家公寓项目、文化馆和图书馆改扩建工程、青年路西延工程、步湖路全线拓建工程、农村环境综合整治工程。着重抓好六个方面工作：

一、做强新特产业，夯实跨越基础。按照“龙头引领、配套跟进、园区承载、科技支撑”的要求，进一步聚合力量、聚焦政策、聚集要素，创新招商方式，加快新特产业向规模化、高端化、集约化发展。进一步做大产业规模。风电装备产业细排快招配套项目，开工建设发电机、电控柜、主机架、变桨轴承、机舱罩等项目，力促竣工项目达产达效，确保销售超百亿；通讯电子产业推动锐毕利滤波放大器扩大产能和高速喷印机批量生产，加快建设世纪网通讯、亚固电子、太阳能电子片等项目，全力突破 10 亿元以上龙头项目，全年新招通讯电子产业亿元项目 10 个以上；加快新材料产业园建设，重点突破神泰高分子纤维和香港成发高性能过滤材料项目，积极寻求国家有关部委和行业协会的支持合作，推动产业由装备制造、产品研发向前后道产成品延伸。推广华兴集团与陕西秦川、中力齿轮与山东时风合作重组的成功做法，引导并鼓励区内有实力的特色企业与国内外知名企业合作，致力形成“10 亿元以上龙头企业引领、亿元骨干企业支撑、中小企业集群配套”的特色产业发展新格局。增强园区承载功能。在推动重点镇加快特色产业园区建设的同时，针对一些镇和中心社区实施“两化”有空间无实力的实际，鼓励经济主体区各板块和有关职能部门发挥优势，结对共建特色园区，拉开 3000 亩以上园区框架，确保特色园区“一年树立形象、两年形成规模、三年对外开放”。支持各类园区建设融资担保、劳动用工、人员培训、政策咨询、营销策划、信息发布、会计代理、物流仓储等服务平台，满足企业的共性和个性化需求。深入开展园区创牌活动，引导新兴产业园争创国家级园区、所有特色产业园争创省级园区，提高新特产业园区的知名度和吸引力。推动产业向高端拓展。继续实施“百企千万”技改、挂大靠强重组、培育企业上市“三大工程”，注重工业化与信息化“两化”融合，着力主攻龙头和品牌两大薄弱点，年内培育销售过亿元企业 30 家、超 50 亿企业 1~2 家，争创省以上名牌产品 5 个，力争有 4 家企业进入上市后备。把创新载体建设作为转型发展的重要举措，加快各类研究所、站、中心入驻办公，重点抓好新特产业研发机构建设，年内建成国家级高新技术产业基地 1 个、省级以上企业研发机构 5 家、市级企业研发机构 20 家，新增省级以上高新技术企业 5 家。

二、重抓城乡统筹，推进互动发展。坚持强区带镇、城乡一体发展，推动“双新”盐都向更高层次跃升。以服务业集聚区建设为重点，提速开发新城区。组织实施六大类 85 项城建重点工程，快速提升城市功能和配套水平。着重围绕四大服务业集聚区，集中力量招引一批大品牌、区域性、组团式的市场物流、商务商贸和科技研发项目，使服务业尽快成为重要的支柱产业。东方汽车广场加快铂金广场推进步伐；现代物流园区建成悦达摩比斯物流、悦达包装储运、苏宁电器苏北物流配送中心等项目，开建奥特莱斯、轻工礼品城、利航五金等项目；商务商贸区力争建成紫金国际大厦、恒大商务广场、港龙紫荆城等项目；科教城加快科技创新园和工业创意中心的服务载体建设，为院校和项目入驻创造条件。高新区抓紧建设企业家之友、研创大厦等一批服务业配套项目，引导企业开发产业链中最具价值的生产服务环节；潘黄、张庄街道大力发展以商务商贸、总部经济为主的现代服务业，快速推进金大洋生活广场等城市商业综合体建设。与此同时，加快大纵湖旅游景区开发，开建东晋古镇、湿地公园等重点项目，实施污水处理、湿地修复、退渔还湖工程，提升整合宋曹故居、胡乔木故居、郝氏宗祠、朱升墓等人文景观及乡村旅游示范点、工业旅游资源，在全市率先打造“乡村一日游”旅游品牌。在项目集聚、产业兴城过程中，更加注重重大服务业项目的规模化、品牌化引培，力争实现销售超10亿元企业的突破。以集镇提升和社区建设为重点，加快发展重点镇。加速青年路跨高速西延、振兴路南北贯通、步湖路拓宽改造等交通重点工程建设，构建以城带乡、辐射农村的快速通道。编制全区城乡统筹发展总体规划和区级示范镇村规划，做好示范镇村、农村经济开发区、农村中心社区控制性详规，继续实施集镇建设“六个一”和镇区绿化“五个一”工程，迅速启动、分步建设集镇污水处理厂和垃圾中转站，重点抓好龙冈镇、大冈镇、张庄街道重点地段改造出新，不断提升集镇形象；围绕打造全民创业集聚区、便民利民商贸区和设施配套居住区，促进农村中心社区与建制镇竞相发展。坚持建镇与造园相结合，加快工业企业“退镇进园”步伐，以城镇化推动工业化，以工业化提升城镇化。以试点示范和现代农业为重点，全面建设新农村。加快郭猛镇、潘黄仰徐村市级城乡统筹示范镇村建设，并从新布局的82个农村集中居住点中遴选20个点建设农村新型社区。加大土地整治力度，开展农民以土地承包经营权置换城镇社保、农村宅基地及住房置换城镇住房“双置换”试点，城乡挂钩复垦和土地整理新增耕地5000亩以上；增加农田水利投入，组织实施东涡河整治、水利重点县建设等一批农田水利项目，增强防洪抗灾能力。以农村开发区为龙头，坚持“点、线、面”结合，放大“千斤粮万元钱”效应，推进“一户一棚、一村一品”建设，各镇新建一个500亩以上设施连片基地或一个5000万元以上农产品加工项目，确保草莓、葡萄、蕃茄三大优势项目面积均达万亩以上，力争消灭设施农业空白村；以步湖路为轴线，引进和培育一批集休闲、娱乐、餐饮、度假等功能于一体的观光农业项目，彰显步湖路生态农业观光带魅力；以“三大载体”为平台，推进现代农业园区化，区级农产品加工集中区再招选3~5个5000万元以上项目，台湾农民创业园年内全面对外开放，龙冈鑫龙、大纵湖振兴等3个在建园区通过市级认定。认真落实粮食最低收购价、政策性农业保险理赔和各类补贴等惠农政策，增加区级粮食储备，确保增收保供。

三、深化改革开放，激发内生动力。坚定不移地走创新发展、人才强区之路，努力为转变经济发展方式注入强劲动力。继续推进各项改革。放大省级服务标准化试点示范区效应，深化行政审批制度改革，巩固全市“办事最快地区”建设成果。加快电子政务建设，深入推进行政权力网上公开透明运行。发挥专业合作组织联农带农作用，年内新发展农民专业合作组织100个、土地股份合作社30家、社区股份合作社3家，创建省级为农服务社10家，努力增加农民的财产性收入和转移性收入。加大科技创新力度。设立创投和风投基金，放大国家和省级研发中心、院士工作站、博士后工作站、企业技术中心的平台效应，大力推进自主研发，培育自主知识产权，建成省级以上科技创新创业平台和科技企业孵化器各1个，确保通过“省级知识产权示范区”验收；把人才作为建设创新型盐都最重要的战略资源，组织实施“531”人才工程，建成3万平方米以上综合性公共创新平台和300套专家公寓，全年引进科技创新创业领军人才及其团队不少于5个、新特产业发展紧缺人才100名以上。推进金融服务创新，完善信用担保、再担保体系；有序引导农村小额贷款公司、科技小额贷款公司和创业投资风险公司健康发展，积极探索抵押贷款新方式，有效缓解中小企业融资难的问题。提高对外开放水平。坚持把日韩港台作为利用外资的主阵地，在抢抓风电装备、通讯电子、汽车配件等工业利用外资的同时，着力突破物流、信息、研发、服务外包等领域外资，扩大服务业利用外资规模；充分利用台湾农民创业园的平台优势，加快农业利用外资步伐，争取与台湾农业合作有新进展。支持企业参加境外会展，开拓新兴市场，逐步增加高附加值产品的出口比重。鼓励高新区、粮食局、旅游局等有条件的板块和单位以产业为纽带，与沿海县市结成战略伙伴，力求在风电装备、啤麦加工、生态旅游等方面内联外拓，实现优势互补、共同发展。

四、繁荣社会事业，增强服务功能。把推进基本公共服务均等化作为社会事业领域改革发展的重要任务，不断提高群众的生活质量。进一步塑创文化品牌。启动区文化馆和图书馆改扩建工程，使其达到国家一级馆标准。抓好特色民俗文化传承与提高，依托淮剧品牌打造精品力作，争创1~2件国家级艺术奖项。广泛开展文化“三进三送”活动，力求常办常新。大力发展文化产业，抓紧博物馆布展，促进文化市场和经营性文化企业快速发展。扎实抓好广播电视工作，争创省有线电视先进县(区)。大力发展教育、体育事业。以创建省义务教育优质均衡改革发展示范区和基本教育现代化示范区为龙头，加快神州路实验学校、腾飞路实验学校、神州路幼儿园和郭猛实验学校的建设；推进办学条件标准化、信息化工程，完成中小学塑胶田径场建设和年度校舍安全改造任务。举办形式多样的体育比赛和全民健身活动，深入开展学生阳光体育活动，保证学生每天体育锻炼不少于一小时，推动群众体育向纵深发展。不断提升医疗卫生服务能力。规划建设盐龙二级综合医院、张庄卫生院和新区社区卫生服务中心，改造提升秦南、楼王等卫生院，推进社区卫生服务示范中心(站)建设，市三院创成三级医院。实施重大公共卫生服务项目，抓好居民健康教育与健康促进、预防接种、慢病管理、传染病防治等基本公共卫生服务。完善基本药物制度，健全突发公共卫生事件应急处置机制。加快以食品安全、饮用水卫生、公共场所管理为重点的食品药品安全管理体系建设，提高食品药品安全示范区建设水平。切实强化人口计生工作。深化人口计生综合改革，优化“世代服务”品牌建设，健全流动人口“属地化管理、市民化服务、信息化支撑”的工作体系。加大“两非”行为预防和打击力度，综合治理出生人口性别比偏高问题。抓好免费孕前优生健康检查项目试点，全面兑现对持独生子女父母光荣证退休的企业职工一次性奖励政策，使计划生育家庭享受更多更好的社会服务。

五、高度关注民生，维护和谐局面。民生连着民心，民心凝聚民力。像安排经济工作一样安排民生工作，像落实经济指标一样落实民生指标。坚持促进就业与完善保障体系并重齐抓。围绕新特产业和新上重大项目，加强培训，促进就业，年内培训各类劳动者1.5万人，新增各类就业1万人、转移农村劳动力8000人；完善职工工资正常增长和支付保障机制，保护劳动者的合法权益；继续加大社会保险扩面征缴力度，提升企业养老保险、医疗保险统筹层次，逐步缩小城乡、区域、群体之间养老待遇的差距。把新农合人均筹资标准提高到230元，住院实际补偿比提高到45%以上，参合群众在区、镇、村医疗机构就医免收普通门诊挂号费，增加对精神病患者的特别补助，建立癌症病人和14周岁以下农村儿童重大疾病医药费报销10万元的“绿色通道”；加快廉租房、经济适用房、拆迁安置房等保障性安居工程建设，切实解决低收入群众住房难问题。建立健全困难群体临时救助和城乡低保、农村五保供养标准自然增长机制，加强孤残保障工作，高标准建设居家养老服务中心(站)、残疾人康复中心和社会福利院；继续推进慈善事业持续健康发展，全年募集慈善资金1000万元以上，让团结互助、扶危济困、关爱奉献成为社会各界的自觉行动。继续抓好为民办实事工程。认真办好农村饮用水安全工程，农村道路通达工程，城市防洪和水环境整治工程，政策性保障住房建设，服务平台和载体建设，五保供养提升工程，居家养老服务体系建设，环卫设施建设，农村环境连片整治示范工程，农村秸秆综合利用、清洁能源和改厕项目建设，人力资源和社会保障阳光工程，法律援助，义务教育优质均衡发展工程，城乡公共文化服务体系建设，基层医疗卫生服务提升工程等15件实事，让群众从中得到实实在在的方便和实惠。加大生态环境建设力度。围绕建设国家生态区，力争潘黄、大冈等8镇(街道)年内创成国家生态镇，全区通过国家生态区创建省级调研。加快区域供水管网建设步伐，推进集镇、社区、村庄污水处理设施建设。大力实施农村环境连片整治工程，完善“区镇村组”四级联动的农村生活垃圾集中处理机制。强化饮用水源保护，抓好重点企业污染源监管，如期完成“清水走廊”建设任务。稳步推进建成区市场化、社会化物业管理，提高群众居住舒适度。继续大搞绿化造林，农村森林覆盖率再提高1个百分点。抓好安全生产和维稳工作。强化“三项排查”，从严落实“属地管理、分级负责”、“谁主管、谁负责”和领导干部“一岗双责”的信访、综治、安保责任制，完善消防、安全生产和社会治安防控体系，抓好高危行业、重点企业和重点领域的安全生产，严防校园重大伤害事件。深入开展平安创建活动，建立健全社会稳定风险评估和大调解机制，及时解决涉及群众利益的热点、难点问题，依法防范和打击各类违法犯罪活动。不断加强物价、公共卫生等方面的监测预警，为经济社会发展创造和谐稳定的良好环境。加强民主法制和精神文明建设。抓好新一届村委会主任培训，推进基层民主政治建设；深入开展“六五”普法，巩固平安社区(村)、无毒社区(村)建设成果；建立青少年法制教育基地，完善学校、社会、家庭“三位一体”的法制教育体系；继续弘扬“诚信、务实、创新、奋进”的新时期盐都精神，倡扬社会公德、职业道德、家庭美德，使法治盐都创建成果进一步巩固、文明盐都成为社会公认的品牌。

六、加强自身建设，促进高效运转。坚持解放思想、与时俱进，以为民、依法、务实、清廉的政风，为科学发展增活力，为全区百姓谋福祉。提高群众工作水平。把实现、维护、发展好最广大人民群众的根本利益，作为政府工作的出发点和落脚点，多做利民惠民富民的事，不做劳民伤财、脱离群众的事；多做雪中送炭、为民解忧的事，不做华而不实、哗众取宠的事；多做打基础利长远的事，不做急功近利图虚名的事。坚持问政于民、问需于民、问计于民，尊重群众首创精神，总结基层新鲜经验，凝聚民心民智民力，推动科学发展，加快“双新”进程。增强把握大局能力。加强对宏观形势的研究与分析，适应国内外形势新变化，顺应群众过上更好生活的新期盼，善于从战略高度思考问题、从长远发展处理问题。强化重大决策风险评估，积极应对前进道路上的各种挑战，把握主动权，增强工作的预见性、系统性和创造性，提高驾驭复杂局面的能力。始终坚持依法行政。严格执行政府工作规则，全面提高科学理政、依法行政、从严治政的水平。做好“三五”依法治区的总结提升工作，深入推进法治政府建设。自觉接受人大法律监督和政协民主监督，认真办理人大代表建议和政协委员提案，倾听各民主党派、工商联、无党派人士和人民团体的意见，高度重视社会舆论和新闻媒体的监督。加大公务员学法力度，严格行政执法责任制和执法过错追究制，严肃查处各种违法违纪行为，坚决纠正不正之风。集中精力推动落实。坚持求实、务实、落实，以实实在在的工作，推动实实在在的发展，让群众得到实实在在的实惠。牢固树立正确的政绩观，坚决反对形式主义、表面文章，对项目推进、载体建设、人才招引、民生工程、安全生产等重点工作紧盯不放、一抓到底。继续推行“月安排、月总结”制度，建立健全工作落实推进机制，察实情、出实招、办实事，不自满、不懈怠、不停顿。继续深化机关服务“创星级、树品牌”活动，强化政务督查考核和行政效能监察，着力解决行政不作为和乱作为的问题。从严抓好廉政建设。加强专项资金、重点工程和重点项目招投标管理，完善部门预算、政府采购、重大开支和责任追究等各项制度，从源头上、制度上规范行政行为。牢记“两个务必”，坚决反对铺张浪费、奢靡之风，大力转变会风文风，把更多的财力用在促发展、惠民生上。推进教育、制度、监督并重的惩治和预防腐败体系建设，严格权力运行制约和监督，以务实进取、廉洁自律的良好政风取信于民。

政治盐都区第十二届委员会常务委员会工作报告

——2011年1月6日在政协盐都区第十二届委员会第四次会议上

区政协主席 陈广平

2010年工作回顾

一年来，区政协常委会在区委的领导和区政府及社会各界的大力支持下，坚持以邓小平理论和“三个代表”重要思想为指导，以科学发展观统领政协工作，牢牢把握团结和民主两大主题，紧紧围绕全区工作中心，积极融入“双新”盐都建设，切实履行政协职能，为我区经济社会又好又快发展、为“十一五”完美收官作出了积极的贡献。

一、立足发展着眼全局，彰显协商议政成效

我们始终坚持围绕中心，服务大局，就全区经济社会发展中的重大问题进行协商，积极建言献策，取得明显成效。

围绕中心协商议政。坚持从三个层面围绕区委、区政府中心工作主动开展协商议政活动。一是通过全体会议进行全面协商。区政协十二届三次全会期间，委员们通过大会发言、小组讨论和委员提案等多种形式，对党政工作进行协商讨论，提出意见和建议。二是通过常委会议进行重点协商。每季度召开一次政协常委会议，围绕我区经济社会发展情况和群众普遍关注的问题进行重点协商。先后安排听取了全区经济社会发展、水务工作、民政工作、服务业集聚区工作和委员提案办理等情况通报，常委们围绕主题，深入进行协商讨论，积极建言献策。三是通过专委会和委员小组进行专题协商。围绕我区产业发展、城市建设与管理、新农村建设、民族宗教、文化体育、节能减排、文化遗产保护等内容开展专题协商。委员们提出的意见和建议，通过《委员意见》的形式报送区委、区政府，领导多次作出批示，要求有关部门认真研究，充分吸纳。

突出重点建言献策。一年来，我们先后组织了10多次调研，5次对口协商座谈，形成10多份调研材料报送有关领导和部门。一是围绕新农村建设建言献策。组织委员就促进农民增收、加快农村社区卫生事业发展、农村环境卫生、失地农民基本生活保障、村干部经济待遇等议题，开展了深入调研，提出了许多建设性的建议。其中通过调研形成的《关于加强我区农村河道保洁长效管护工作的建议》，引起了区委、区政府的重视，区委主要领导专门作出批示，有关部门及时采纳相关建议，推进了我区农村河道保洁长效管护工作的开展。二是围绕加快新城区建设建言献策。组织委员视察盐都服务业集聚区，听取盐都新区重点项目推进发展思路措施，委员们深入研究探讨，提出了许多真知灼见。三是围绕特色产业建设建言献策。组织委员视察张庄齿轮产业园等特色园区，并听取有关产业发展的情况汇报，委员们就我区特色产业的发展壮大提出了不少合理化建议。此外，我们通过调研形成的《推进集中居住，加快村镇建设》、《统筹城乡快发展，推进城乡一体化》等调研文章在市政协常委会议上发言交流，受到市领导的好评。

贴近民生反映民意。我们分别组织了关于民政救济、社会保障、劳动就业、医疗卫生、教育、物价、住房等关系民生问题的视察调研和协商座谈活动，提出意见和建议63条。一是聚焦“热点”反映民意。委员们十分关注物价上涨对城镇困难群体生活的影响，通过座谈、走访、发放调查问卷等形式多方面了解困难群体的生活现状，提出采取设立特别困难救助基金、实行就业救助、医疗救助、生活保障救助、加大结对帮扶力度等加强城镇困难群体生活救助保障的建议措施。此外，关于加快农村文化建设等方面的建议也引起有关单位的重视，一些问题正在逐步得到解决。二是关注“难点”反映民意。被征地农民的社会保障是党委政府关心关注的问题，为此，我们组织委员开展相关调研，提出设立被征地农民社会保障基金、建立被征地农民最低生活保障、实施保护性就业政策、逐步调整土地收入分配结构等建议，供相关部门决策参考。开展拆迁安置房、经济适用房建设和二手房交易市场发展情况视察，就加快住房保障体系建设、加大住房保障力度、规范二手房交易市场等方面提出建议。

二、拓宽渠道注重实效，加大民主监督力度

民主监督是政协的主要职能之一，工作中我们着力拓展监督渠道，强化监督效果，紧扣群众普遍关心的问题开展多层次、宽领域的民主监督。

加强委员视察，推进民主监督。一年来，组织委员就我区服务业集聚区、镇村公路建设、设施农业、敬老院建设、社区服务、水利设施等方面工作进行了11次专题视察，较好地促进了相关工作的开展。委员们提出的“关于加快我区高效农业发展的几点建议”、“进一步加强社区环卫工作”、“精心打造新特产业，着力构建魅力盐都”、“完善农村卫生管理机制，促进农村卫生事业发展”等建议引起了有关部门的重视，有关工作得到及时改进。

严格提案办理，深化民主监督。区政协十二届三次会议以来，共收到委员提案115件，立案110件。这些提案聚焦热点、调研充分、建议务实，为党委政府了解民情、集中民智、科学决策提供重要参考。在提案办理上，我们采取主席领衔督办、走访承办单位、专题座谈、经验交流、开展办理情况“回头看”等方式，通过现场办理、联合办理和跟踪办理等办法，促进提案工作由办理型向落实型转变，杜绝提案办理工作中“重答复，轻落实”的现象。对于办理有难度的提案，实行面对面协商、组织专题调研组跟踪调研等方式重点督办，有力地促进了相关问题的解决。通过努力，今年提案办复率达100%，委员们提出的意见建议基本都得到及时落实。

畅通参与渠道，拓展民主监督。我们把做好反映社情民意信息工作，作为关注民生、促进发展的有效形式。及时组织开展委员联络组活动，搜集和反映社情民意，其中，“关于科学布局工业产业，加快发展高新技术产业”、“关于切实转变农业发展方式，大力发展现代农业”等建议，有关部门及时给予落实；针对城管、交通、教育、卫生等方面工作，开展“社情民意面对面”协商座谈，邀请区政府相关部门领导通报情况，现场解答委员和群众提问，为委员知情参政提供了条件；推荐政协委员担任行风监督员，参与政风行风评议和监督；组织委员旁听影响面较大的案件庭审，对有关法律、法规执行情况实施民主监督，取得了实实在在的效果。

三、团结各界汇聚人心，发挥促进和谐作用

我们注重协调各方关系，汇聚各界力量，协商议政，建言献策，为维护社会稳定，促进社会和谐作出努力。

坚持团结民主，密切合作共事。不断加强和完善政协领导联系走访民主党派、工商联及各界人士制度，邀请民主党派参加政协的专题协商和重大调研活动，举办各民主党派、工商联、各界人士联谊会，加强沟通和联系，主动征求意见建议，努力营造民主协商、平等议事的政治氛围。密切联系港澳台同胞、海外侨胞、少数民族和宗教界人士，通过各种渠道加强交流。国庆中秋前夕，区政协、区委统战部联合举办了各界人士“迎中秋”茶话会，各民主党派、工商联、社会各界人士欢聚一堂，共话发展。区委统战部、工商联及时组织开展走访侨台企业、视察宗教场所等活动，进一步加强团结、增进共识，为构建和谐社会提供广泛的力量支持。

发挥界别优势，共促和谐发展。我们注重体现界别地位的基础性和界别功能的独特性，把界别活动与专委会和委员联络组活动有机结合，开展形式多样的活动。民主党派界组织开展法律法规、农业技术、教育心理等咨询活动；工商联界就推进品牌名牌建设，提高企业自主创新能力开展视察；教育界组织送教下乡，为农村教师和学生开设专题讲座和示范课；医卫界就农村医疗卫生情况开展视察，参加红十字会组织的义诊活动等。通过发挥界别独特优势和界别委员的特长开展活动，使委员们找准了履职的突破口和着力点，为促进社会和谐起到了积极的作用。

加强联谊交流，扩大对外宣传。组织委员外出学习考察，开阔视野、拓宽思路；组织驻盐都的市政协委员开展县区对口交流活动；接待武汉汉南区政协、南通市政协、无锡市政协等省内外政协到我区调研考察8批，近200人次。加大宣传力度，与盐都电视台联合举办“服务转型升级，展示委员风采”专题节目，宣传政协委员服务新特产业发展的先进事迹，播放专题报道16期。

四、夯实基础强化服务，提升自身建设水平

一年来，我们高度重视自身建设，努力提升履职水平，促进政协工作再上新台阶。

理论学习不断深化。一是领导班子带头学。认真组织邓小平理论、“三个代表”重要思想、科学发展观、中共十七大，十七届四中、五中全会精神的集中学习，以政协党组学习带动各委员会、联络组的学习，切实做到与区委思想上同心、目标上同向、工作上同步。二是常委、委员

集中学。利用每季度一次政协常委会，组织常委学习，通过举办委员读书班、听取专题讲座及印发《学习资料》等形式，重点学习党和国家的有关方针政策、人民政协理论、统战知识及经济社会发展的有关知识，使委员们对人民政协性质、地位、作用更加明确，责任感、使命感进一步增强。三是机关干部全面学。我们把打造"学习型机关"作为机关建设的重要目标，坚持每月二次集中学习制度。积极参加各级组织的培训学习，全年先后有8人次参加了省、市政协和市、区委党校及各专门培训班的学习。

队伍建设不断强化。一是激发争先意识。建立区政协领导联系委员活动小组制度，及时开展委员访谈和联络组活动。在全体委员中开展服务新兴特色产业推进年主题活动，激发全区政协委员积极投身招商选资、项目推进的热情。广大政协委员，特别是企业界委员，充分发挥自身优势，积极宣传推介盐都的发展环境和招商政策，广泛搜集项目信息，倾力推进招商选资招大引强。参与招引了重庆啤酒、秦川机床等重特大项目，据不完全统计，2010年全区政协委员参与招引的项目总投资近30亿元。建立委员履职档案，对委员参加活动、出席会议、撰写提案、建言献策等方面情况进行量化考核。二是增强奉献意识。一年来，委员们积极参与各项社会公益事业，尽心尽力扶贫帮困，据统计，2010年，全区政协委员及政协机关干部职工通过各种形式捐款达200多万元。

服务效能不断优化。一是倾心尽力为企业服务。扎实开展"三服务"活动，真心实意帮助企业排忧解难。组织委员开展定期走访服务，真诚倾听企业的呼声和诉求，鼓励企业家主动应对后危机时代的冲击，增强发展信心。组织有关部门与企业界委员就一些难点问题进行沟通交流，商讨解决的办法。区政协领导和机关干部按照区委的部署要求，积极做好重点企业"三服务"、"牵手致富工程"和挂钩联系镇的工作，全面完成了挂钩服务的工作任务。据初步统计，全年共帮相关企业协调解决问题130多件，协助融资超亿元。二是全面提升机关服务水平。全面推进"学习型、服务型、创新型"机关建设。在政协机关强化"状态要好、思路要清、工作要实"的要求，营造齐心协力想干事、能干事、干成事的良好氛围。加强机关各委办的工作协调，理顺机构设置，明确各委办职责，形成责任明晰、分工合作、协调一致的工作机制，机关管理和服务水平得到提高。

各位委员，2010年区政协工作所取得的成绩，是区委正确领导，区政府及有关部门大力支持的结果，是政协各参加单位和全体委员共同努力的结果。在此，我谨代表区政协常委会，向一贯重视支持政协工作的各位领导、全体政协委员、各界人士、各有关单位表示衷心的感谢！

2011年工作思路

一、围绕中心，服务大局，促进履职效能再上新水平。

二、多措并举，形成合力，促进民主监督再出新成效。

三、弘扬主题，发挥优势，促进和谐建设再展新面貌。

四、健全机制，加强管理，促进自身建设再达新高度。

盐城市盐都区国民经济和社会发展第十二个五年规划纲要(草案)

“十二五”时期(2011 年~2015 年)，是我区深入实践科学发展观，全面建设更高水平小康社会的关键时期，是加快转变发展方式、全面推进“双新”盐都、大力提升人民生活质量、实现城乡统筹发展的攻坚时期。《盐城市盐都区国民经济和社会发展第十二个五年规划纲要》主要阐明“十二五”期间我区国民经济和社会发展的目标任务、发展重点，是全区各级政府和部门依法履行工作职责，编制和实施各类规划、计划及制定相关政策的重要依据，是今后五年全区人民共同努力的行动纲领。

第一章 “十一五”发展回顾

“十一五”时期，是我区经济社会发展取得巨大成就的五年，是综合实力快速提升、城乡面貌显著变化、社会民生持续改善的五年。在区委、区政府的正确领导下，我区坚持以科学发展观为指导，牢固树立率先发展意识，坚决按照“领先苏北、争先苏中、城乡一体、全面小康”的总体要求，紧紧围绕“双新”发展目标，有效应对错综复杂的重大挑战，全力推进工业化、城镇化和城乡统筹发展，圆满完成“十一五”规划确定的主要奋斗目标，在政治、经济、社会、文化的各个领域，改革、发展、稳定、创新的各个方面都取得了巨大成就，为全面建设更高水平的小康社会、率先基本实现现代化奠定了坚实基础。

第一节 “十一五”发展成就

1.综合实力大幅跃升

预计 2010 年，全区实现地区生产总值 250 亿元，年均增长 17%，是“十五”末的 2.4 倍；人均地区生产总值突破 5000 美元，年均增长 17%；财政总收入达 53.1 亿元，年均增长 50.4%，是“十五”末的 7.6 倍，其中地方一般预算收入 24.4 亿元，年均增长 46.5%，是“十五”末的 6.8 倍；完成全社会固定资产投资 216 亿元，年均增长 34%，五年累计全社会固定资产投资 671 亿元，是“十五”时期的 4.6 倍。

2.转型升级成效明显

“十一五”期间，三次产业结构从 2005 年的 21.4:50.9:27.7 调整为 2010 年的 12.4:54.8:32.8，二三产业增加值占地区生产总值的比重比“十五”期末提高了 9 个百分点。工业经济增长势头持续强劲，预计 2010 年全区实现规模以上工业企业增加值 112.8 亿元，年均增长 26.4%。纺织服装、汽车零部件、高精机电等传统产业不断提升，悦达纺织跨入全国纺织服装行业 500 强；风电装备、通讯电子两大新兴产业强势崛起，华锐风电投产当年取得销售收入超 20 亿元、税收超亿元的辉煌成绩；制鞋机械、石油阀门、工业齿轮、医疗器械、涂装机械、输变电设备六大特色产业迅速壮大。华锐风电产业园、电子信息产业园、悦达纺织园等一批重点工业园区建设快速推进，6 个乡镇特色产业园稳步发展。服务业经济贡献份额日益增大，预计 2010 年全区实现服务业增加值 82 亿元，年均增长 23.6%，对经济增长的贡献率达 38.7%。现代物流、金融保险、信息技术、房地产和商务服务等新兴服务业成为全区服务业经济发展的新增长点，神龙物流、日盛纺织物流、华晓医药物流、凤凰信息软件园等生产性服务企业经营规模不断壮大；高力国际家居港、驿都金陵大酒店、红星美凯龙世博家居广场、金太阳装饰城、烟草物流中心等一批重大项目陆续建成开业；内港湖中心商务区、城南科教城、城西南现代物流园区、东方汽车广场、盐渎明城等服务业集聚区和重点项目加快推进。农业经济结构调整初见成效，蔬菜园艺、畜禽养殖、特种水产“三大产业”彰显特色，其中高效渔业比重列全市第一；实现了稻麦种植(生产)向蔬果花卉栽培、畜禽分散饲养向生态规模养殖、常规渔业向高效渔业的“三个转变”；现代农业园区、农产品加工集中区、农产品批发市场“三大载体”建设稳步推进；我区先后获得“全国粮食生产先进县(区)”、“江苏省粮食高产增效创建先进县”、“全省农业标准化先进县”和“无公害农产品产地认定整体推进县”等多项荣誉称号。

3.城镇面貌日新月异

“十一五”时期，是我区城镇建设史上投资规模最大、建设速度最快、环境变化最显著的五年。城市建设进程明显加快，建成区面积扩大到 75.6 平方千米，常住人口达 19.37 万人，城市化水平提高到 50%，初步形成城南新区、西南片区、城西片区和高新区四大板块互动并进的发展格局。城市建设累计投入资金 320 亿元，实施道路桥梁、公园绿地、城市防洪、社会公益、公共配套、住房建设等 7 大类 405 项工程。新拓建了以世纪大道、西环路、南纬路、新都路、人民南路、新 204 国道、双新路、华锐南路、凤凰路、惠腾路、振兴南路为代表的城市骨干道路，以盐塘河公园、内港湖公园为代表的特色水景区，以城南污水处理厂(二期)、垃圾焚烧厂等为代表的市政设施工程。村镇建设规模迅速扩张，建成区面积扩展到 18.95 平方千米，常住人口达 19.8 万人，全区 13 个镇和 1 个街道的城镇化率达到 35.6%，其中 7 个重点镇平均达到 53%。建成 17 个农村社区，培植潘黄仰徐、葛武宗凌、郭猛三湾、张庄东升等 4 个基础设施建设示范点。加大老镇改造和新镇扩建的力度，新建了一批设施完善、环境优美的新型住宅小区，镇村人均居住环境得到明显改善。交通建设成就日益显著，五年累计投入资金 9.53 亿元，实施干线公路改造及农村公路建设，新增一级公路 69 千米，农村公路 642 千米；实施客运站建设，新建神龙、北龙港、葛武、尚庄、秦南 5 个农村客运站，全区群众出行更加便捷、安全；航道主渠道作用显现，累计实施航道疏浚56.1千米，新建护岸3809米，生态航道建设取得成效。

4.社会事业全面进步

科技实力明显增强，2010年科技研发经费支出占地区生产总值比重为1.1%，2009年成功引进国家级海上风电技术装备研发中心，实现国家级公共技术平台的重大突破；2009年获全国科技进步区称号，"省级知识产权区域示范区"创建工作加快推进。教育事业成绩显著，高标准完成"四配套"和农村教育"两项工程"建设；教育投入不断加大，年教育经费拨款增长率高于财政经常性收入增长率；教学质量全市领先，2009年获全市"有效教学"综合质量考核一等奖；先后获省幼儿教育先进区、普及高中阶段教育先进区、首批全面实施素质教育先进区等称号，2010年被确定为全市唯一首批创建省义务教育优质均衡改革发展示范区。文广事业持续繁荣，形成区、镇、村三级文化服务体系，乡镇(街道)文化站(服务中心)建设全部达省标，完成盐都文化艺术中心等一批重点设施建设；多项艺术精品获国家、省市大奖，淮剧、盐城老虎鞋、龙冈柳编等分别列入国家级、省级和市级"非遗"保护名录；广播电视发展平台逐步提升，有线电视实现"村村通"。卫生事业长足进步，五年区镇两级共投入3.95亿元完善城乡医疗基础设施建设，全区所有农村卫生室创建成省示范社区卫生服务站；疾病预防控制工作连续四年全市第一，居民健康档案建档覆盖率达40%；爱国卫生运动持之以恒，成为全市首家镇镇被命名为市卫生镇的区；人口计生和妇幼保健工作稳步推进。体育事业蓬勃发展，群众体育发展迅猛，形成全民健身服务体系，全民健身点实现全覆盖，全区经常参加体育活动人数达总人口的50%；新都街道被评为"第六批全国城市体育先进社区"，所有镇都创建成"省体育强镇"，获省"县级体育工作进步奖"和"全民健身月优秀组织奖"；运动员培养成绩喜人，先后培育出世界击剑冠军骆晓娟、全国自行车赛冠军吴超梅、全国少年击剑冠军顾盼盼等优秀体育人才。

5.人民生活日益幸福

"十一五"期间，城乡就业工程成效显著，累计新增就业岗位3.2万个，累计转移农村劳动力21万人，城镇登记失业率控制在3%以内。社会保障体系不断完善，养老、医疗、工伤、生育等社会保险覆盖范围不断扩大，"十一五"末企业养老保险参保人数比"十五"末翻一番，新农保实现宜保尽保，城镇医疗保险参合率95%，新农合参合率100%，实施水平苏北领先。社会弱势群体的保障水平和幸福指数逐年提高，完善了社会救助、救灾体系，健全了全区救灾应急网络，低保、五保工作取得新突破，五保集中供养率达到60%；以"扶老、助残、救孤、济困、赈灾"为主要内容的社会福利和慈善事业得到大力推进，五年募集慈善捐款4500多万元、教育发展基金1000万元，救助5.8万人次。城乡居民收入不断提升，预计2010年城镇居民人均可支配收入18600元，农民人均纯收入9363元，年均增长14%、12%；城镇、农村居民人均住房建筑面积分别达到31平方米和40.5平方米。

6.改革开放纵深推进

改革攻坚重点突破，企业产权制度改革取得重大进展，区直企业改制面达99.3%，改革完成率达87.3%；政府职能加快转变，阳光政府建设稳步推进，行政权力网上公开透明运行工作全市领先，通过省政府验收；规范完善行政审批服务制度和招投标管理制度，大部制改革初见成效，行政区划调整有序实施；资本市场取得重大突破，中联电气首开全市本土民营企业上市先河。对外开放全面提升，"十一五"期间，我区累计完成自营出口6.22亿美元，比"十五"期间翻了一番；出口产品结构能级提升，高附加值的机电设备产品出口比例逐年上升，平均占比已达20%；累计协议利用外资9.81亿美元，累计实际利用外资4.39亿美元，分别是"十五"期间的3.1倍、3.8倍；外派劳务17130人，比"十五"期间增长92.7%。招商引资量质齐升，新特产业成为重点领域，引进亿元以上高新技术项目48个，其中华锐风电总投资超50亿元；台资工业园、韩资工业园、上海闵行(盐都)工业园等项目都取得实质性进展。

7.和谐社会稳步发展

重点工程扎实推进，围绕建设"双新"盐都和盐城市巩固省级文明城市创建成果，争创全国文明城市的目标要求，我区大力实施"文明和谐创建"，深入推进"三百三树"工程、镇村"八个一"重点工程和"一、二、三"农村精神文明创建示范工程，潘黄仰徐被评为"全国文明村"。先进典型不断涌现，朱洪顺当选为盐城市首届道德模范，获民政部最高荣誉奖——孺子牛奖；徐兆学被评为省第二届道德模范，先后入选改革开放三十年感动盐城人物、50位新中国成立以来感动江苏人物、中国好人榜。文明单位创建活动全面展开，围绕"优质高效"、"文明诚信服务"、"改善发展环境"、"规范管理"、"和谐优美"、"诚信兴业"等主题，开展文明行业(单位)、"百城万店无假货示范街(店)"、"消费者满意单位"、"十大服务品牌"、"十佳文明新事"、"十星级文明示范户"等创评活动。未成年人思想道德建设创新推动，在全省率先设立了未成年人思想道德基金，积极开展"十佳励志少年"评选活动，启动了NIME工程(报纸参与未成年人思想道德教育工程)，积极为未成年人办实事、做好事，"德育超市——学生思想道德建设的试金石"、"励志少年阳光工程"被市文明委表彰为盐城市未成年人思想道德建设工作创新案例。"平安盐都"、"法治盐都"建设成绩显著，连续六年被省委、省政府命名为"社会治安安全区"，被市委、市政府表彰为"法治盐城建设工作先进集体"；"民主法治村"创建全覆盖，被命名为"全国科技强警示范区"；坚持依法治区、依法行政，行政执法监督机制不断完善；基层民主政治建设强力推进，被命名为"2007~2009年全省村民自治模范区"。

8.生态环境不断改善

环境保护工作成效显著，以盐龙湖水源地保护、城乡绿化工程、节能减排防污、城乡综合治理为重点的生态环境保护框架基本形成。市区百万人口饮用水安全的民生工程——盐龙湖工程顺利展开，组织实施农村绿化"3511"和城市绿化"3410"工程，城市和镇区绿化覆盖率分别达41%、29.8%，森林覆盖率提高到11.14%，累计创成市级园林式达标单位(小区)34家，集镇绿化工作全市第一。"四城同创"工作实现历史性突破，2008

年为建成省级园林城市做出了突出贡献，获得省级环境优美镇5家、省级生态村8家，获得市级环境优美镇7家、市级生态村16家；编制完成国家生态区创建规划，12家企业通过ISO 14000环境管理体系认证并获证书；节能减排工作不断加强，万元地区生产总值能耗下降基本实现预定目标，工业固体废物和危险废物保持零排放，化学需氧量和二氧化硫排放量提前超额完成了“十一五”减排目标任务。环境综合整治初见成效，率先启动了全省农村环境连片整治示范区建设，龙冈、张庄、郭猛、葛武等集镇生活垃圾实现集中处理，城南污水处理厂二期工程启动建设；全区185家化工企业全部搬出，建成苏北首个“无化区”。

第二节 “十一五”发展经验

“十一五”期间，我区紧紧围绕“双新”盐都建设目标，把握发展机遇，坚持科学发展、率先发展、全面发展不动摇，保证了经济社会全面协调可持续发展。

一是加快发展更注重好字优先。贯彻“发展是硬道理”的重大战略思想，在全力以赴加快发展过程中，牢记“好字优先”这一科学发展真谛，招商选资宁缺毋滥，新上项目非高即特，力求以环境有效保护、土地集约利用、项目优化集聚保证经济发展的可持续和财政收入的真实性。

二是奋力赶超更注重蓄势快发。我们冲破“跟随发展”的思维禁锢，以“扬州第一区”邗江为学赶对象，重抓招大引外、增大育强，自加压力，负重奋进，每年新上一批大项目培植新增长点，连年实施“百企千万”技改工程促进提质增效，不仅有望反超邗江，而且为持续进位争先积蓄了较强的后劲。

三是以快争先更注重以特取胜。速度快方可抢占先机，有特色才能竞争制胜，跨越发展既要雷厉风行抓落实，更要开源挖潜创特色。“十一五”期间，我们以拼抢姿态突破大项目，一次又一次刷新“盐都速度”，有力促进了重点镇的快速发展。

四是工业强区更注重生态立区。把“生态立区”作为工业强区的前提，关停搬迁185家化工厂建成苏北首家“无化区”，大力植树造林将农村森林覆盖率提高6个百分点，与市合力实施惠及大市区每个人的盐龙湖工程，率先启动全省农村环境连片整治示范区建设，取得了发展与保护同步、经济与生态双赢的效应。

五是招商选资更注重招才引智。政以才治，业以才兴。新兴特色产业的异军突起，科教文卫事业的蓬勃发展，急难险重任务的出色完成，都离不开大批优秀人才的参与和努力。发展创新型经济，建设创新型盐都，尤其需要领军人才支撑和专业人才支持，我们必须比以往任何时候都更加重视育才、引才、聚才、用才。

六是亲商富商更注重亲民惠民。亲商“亲”的是发展，发展的目的是惠民。我们时刻牢记“不让招商引资的激情冲淡对人民群众的感情”，始终做到亲商与亲民并行不悖，营造“团结廉洁、亲商亲民”的政治生态，更好地推进经济良性运转、社会和谐稳定。

“十一五”期间，我区经济社会发展取得了令人瞩目的成就，但发展中仍然面临着诸多矛盾和问题，主要表现在：经济结构性矛盾突出，服务业占比依然偏低；高新产业总量还不大，科技进步对经济增长的贡献份额还不高，经济主体区还需进一步提升能级；城乡统筹任务艰巨，就业持续增长和农民持续增收难度加大；土地资源、环境保护、节能减排等硬约束日益显现，深入挖掘发展潜力办法还不多。上述问题和矛盾需要在“十二五”期间认真加以解决。

第二章 “十二五”发展环境

总体上看，“十二五”时期既是经济社会发展的重要战略机遇期，也是各种深层次矛盾和问题的频发凸显期，发展中有利和不利因素交织，机遇和挑战并存。

从国际看，受国际金融危机的长期影响，“十二五”时期全球经济总体上将处于缓慢复苏和低位调整时期，发展的不确定性和不稳定性因素较多。原有的经济增长模式面临严峻挑战，受较强的通胀预期和贸易保护主义等因素的影响，全球经济总体将呈现“高通胀、低增长”的特点。

从国内看，我国经济长期向好的局面不会改变，但经济发展的内生动力不足，转型升级的难度较大，各种不确定性因素增多，将更加关注经济发展的包容性、产业结构的调整升级，更加注重内需拉动、区域协调发展。

从盐城市看，沿海开发战略深入实施、长三角一体化纵深推进等一系列重大政策效应相互叠加，将加速推动盐城市城市、经济、社会的转型升级，加速推动盐城市区域合作步伐。

从我区看，“十二五”时期面临众多发展机遇，主要表现在：一是重大政策叠加效应日益释放。江苏沿海开发战略、长三角区域一体化等重大政策叠加效应的释放，将为我区充分发挥土地、成本、人才等资源优势，争取优惠政策，加快开发步伐，加速与国内外发达地区实现经济、社会的全面对接提供了机遇。二是产业转移和战略性新兴产业发展加速。发达地区加速产业转移，为我区利用后发优势成为承接先进制造业和现代服务业转移的主要载体提供了契机；国家及江苏省出台的战略性新兴产业规划，为我区培育壮大风电装备、通讯电子等新兴产业提供了战略机遇。三是城镇化建设步伐加快。“十二五”期间，优先发展城镇化是必然趋势和战略重点，盐城将加速特大型城市建设的步伐。我区作为大市区建设的主要承载体，将充分发挥市区联动优势导入战略资源，加速城区功能重组和提升，加速城乡统筹的进程。四是体制机制改革进入攻坚突破阶段。“十二五”时期，改善和保障民生将成为经济社会发展的重点，这为我区破除体制机制桎梏，深入推进社会管理和公共服务等多领域的体制机制改革，加快完善社会事业和社会保障体系，建立和谐发展、共享发展的良好局面提供了机遇。

与此同时，我区发展也面临一系列的严峻挑战：一是后危机时代经济发展格局复杂多变。金融危机后，发达国家为恢复经济增长，贸易保护主义逐渐兴起，再工业化进程开始显现，这些发展态势对我区走向开放、承接产业转移、拓展外向经济发展均带来不利影响。二是周边区域产业同构化加剧。区域经济一体化深入推进，各地在政策优惠、产业培育方面竞争加剧，尤其是在战略性新兴产业布局上同构化严重，一定程度上弱化了我区资源和后发优势。三是产业结构升级难度加大。外部环境的复杂性和我区产业结构的不合理性，加大了产业结构转型调整的难度。未来，加快一产转型，二产升级、三产发展压力较大。四是城乡统筹和社会管理要求增高。城乡统筹的加速推进，对社会管理和公共服务提出了更高的要求。这对我区在有限的财力下，兼顾经济发展和惠及民生关系、统筹协调各方面利益工作增加了难度。五是资源制约瓶颈日益凸显。长期形成的粗放型增长方式短期内难以迅速转变，我区将面临严峻的节能减排压力；作为盐城市重要的蟒蛇河水源保护区和里下河湿地生态保护区，生态环境保护和经济发展的矛盾将更加突出；频繁的区划调整，使我区区域规划保持连续性更加困难。

第三章 “十二五”指导思想和奋斗目标

第一节 指导思想

高举中国特色社会主义伟大旗帜，坚持以邓小平理论和“三个代表”重要思想为指导，深入贯彻落实科学发展观，抢抓沿海发展、长三角一体化和苏北发展的战略机遇，以“科学发展，推进‘双新’”为主题，以“快增快转、共建共享”为主线，以“全市率先、苏北领先、全省争先”为目标，全力实施城市现代化和城乡一体化、创新驱动和人才强区、生态立区、高新支撑、产业兴城、特色赶超、统筹民生战略，进一步增强实力、激发活力、彰显魅力，努力打造“高新盐都、人文盐都、水绿盐都、和谐盐都”，率先在全市建成更高水平的小康社会。

——以“科学发展，推进‘双新’”为主题。坚持以人为本，把科学发展作为建设“双新”盐都的重要基础，落实到我区经济社会建设的各个领域，更加注重民生幸福，更加注重社会和谐，更加注重统筹协调，实现经济社会发展的科学性、全面性、协调性和可持续性，全面推进“打造创业宜居水绿特色现代化新城区、建设富庶文明田园秀美城镇化新农村”的“双新”目标。

——以“快增快转、共建共享”为主线。加快转变发展方式、加速产业转型升级是落实科学发展观的重要举措，建设现代化的新城市和城镇化的新农村，让人民群众共享经济社会发展成果，是经济社会发展的必然要求。一是坚持“快增”扩量与“快转”提质齐抓。按照加快“主导产业高新化、新兴产业规模化、传统产业品牌化”的思路，充分发挥区位优势、产业基础优势和对外合作创新优势，全力打造创新型经济领军板块。二是“共建”文明与“共享”成果并重。以经济主体区功能完善和重点镇建设为核心，改变城乡面貌；以推进城乡一体化进程为目标，改善社会民生；以建设资源节约型和环境友好型社会为方向，构建生态文明；以致力民生幸福为根本要求，积极倡导机会平等、利益均沾的“包容性增长”，逐步实现基本公共服务由供给相对不足和配置不够均衡向均等化转变，重点解决好居民在教育、文化、医疗卫生等方面的基本需求，策应全社会的力量，共建“双新”，共享和谐。

第二节 奋斗目标

“十二五”时期，全区上下要围绕主题主线，推进“七大战略”，紧扣“全市率先、苏北领先、全省争先”目标，力争以超常规跨越走出“追赶型”发展阶段，把盐都打造成苏北沿海以风电装备、通讯设备、机床工具、新材料为代表的新特产业高地，以科技、金融、现代物流、文化等新型业态集聚为支撑的现代服务高地，以科技成果快转快用助推经济快增快转为特点的自主创新高地，以台湾农民创业园、农产品加工集中区为载体的生态农业基地，顺利进入“总量快增、质量提升、资源节约、环境友好、城乡融合、民生改善”的发展佳境。

“十二五”我区经济社会发展的总体目标是：经过五年努力，构建起高新技术产业为主导、现代服务经济为主体、先进制造业为支撑、现代农业为基础的现代产业体系，使盐都成为高新支撑、转型发展的产业高地；形成以政府为主导、企业为主体、人才为支撑、市场为导向、产学研相结合、与现代产业体系相适应的区域创新体系，使盐都成为人才荟萃、活力迸发的创新之区。经济建设与生态建设一起推进、产业竞争力与环境竞争力一起提升，使盐都成为创业宜居、绿色发展的生态新城。由经济主导型向民生主导型转变，城市发展要素向农村流动、基础设施向农村延伸、公共服务向农村覆盖、现代文明向农村传播达到前所未有的深度和广度，机会平等、利益均沾的“包容性增长”得到体现，使盐都成为城乡融合、和谐发展的幸福家园。在全市率先建成更高水平的小康社会。

“十二五”经济社会发展的主要目标是：

1.经济发展

到2015年，实现地区生产总值526亿元，年均增长15%以上，比“十一五”期末翻一番；规模以上工业增加值256亿元，年均增长17%；财政总收入162亿元，年均增长25%，是“十一五”期末的3.05倍；地方一般预算收入77亿元，年均增长26%，达到三年翻一番，力争五年翻两番；全社会固定资产投资达到530亿元，年均增长20%；注册外资实际到账3亿美元，年均增长20%，是“十一五”期末的2.5倍；居民消费率达40.8%，年均提高1.5个百分点；全社会消费品零售总额达265亿元，年均增长20%。

2.结构调整

到2015年，三次产业结构为6.6:50.6:42.8；城市化水平达到60%，比“十一五”期末年均提高2个百分点；服务业增加值年均提高2个百分点；服务业从业人员占全社会从业人员的比重达到49%，年均提高2个百分点；新特产业比重达到70%，年均提高4个百分点；高新产业产值占规模工业产值比重达到45%，年均提高5个百分点；高效农业比重力争超过60%，年均提高4个百分点。

3.科技创新

到2015年，实现研发支出占地区生产总值比重达到2.5%，年均提高0.28个百分点；科技进步贡献率达62%，年均提高1.5个百分点；百万元地区生产总值专利授权数比“十一五”期末实现翻一番，达到300件；对外技术依存降至40%以下。

4.民生幸福

到2015年，实现城镇居民人均收入34300元，年均增长13%；农民人均纯收入18800元，年均增长15%；五年累计新增城镇就业2.5万人；城镇登记失业率控制在4%以内；新增保障性住房面积达到70万平方米；义务教育巩固率、城镇劳动保障三大保障覆盖面、新型农村合作医疗农业人口参合率均达到100%。

5.资源环境

到2015年，人口自然增长率控制在4‰以内；耕地保有量5.69万公顷；森林覆盖率达15%以上，年均提高0.8个百分点；城市绿化覆盖率达到45%，年均提高1个百分点；单位地区生产总值能耗下降、主要污染物排放消减率、单位地区生产总值二氧化碳削减率均达到市下达目标要求。

第四章 “十二五”发展的主要举措

第一节 加快产业转型，增强经济发展实力

大力发展以新兴产业为核心的先进制造业，加快发展以生产性服务业为重点的现代服务业，着力推进以农业示范区建设为核心的现代农业，形成符合我区功能要求、体现资源比较优势的产业结构和布局。

1.培育发展新兴产业

“十二五”时期，把握国家发展战略型新兴产业的方向，立足我区新兴产业发展重点，加快风电装备、通讯电子和新材料等新兴产业发展。到2015年，风电装备产业销售突破500亿元，通讯电子产业突破200亿元，新材料产业突破100亿元，成为我区经济发展的重要增长点。形成风电装备产业园、通讯电子产业园、新材料产业园三大百亿新兴产业园区，推动盐城市高新技术产业园成为国家级产业园区。

做强风电装备产业。以华锐风电为龙头，以秦川增速机、贵航冷却系统、欧际变桨轴承、惠腾风电叶片、江苏伯龙塔筒等一批重大产业链的项目为支撑，以国家级海上风电技术装备研发中心为平台，积极打造以海上风电为重点的风电机组总装以及电气控制系统、齿轮箱、轴承等风机关键零部件到整机组装的完整产业链，辐射东部沿海和海外两个市场，积极推进风电装备产业大型化、国际化，培育具有国际竞争力的风电装备企业，致力将华锐风电产业园建设成为产能最大、配套能力最强、产业链最长、拥有自主知识产权、具有较强研发能力和辐射带动能力的“全国第一、世界知名”的风电装备产业园，到2015年园区建成区面积达到7平方千米以上。

做大通讯电子产业。以锐毕利通信电子设备、莱迪斯特SMT、国家电子环保生态示范产业园等一批关键项目为基础，以电子信息产业园为载体，充分发挥我区区位、成本、人力等资源优势，遵循“抓热点应用领域、引行业关键驻商”发展模式，积极承接国内外电子信息制造产业转移，大力发展新一代互联网终端设备、三网合一设备、传感网器件、智能电子信息终端等重点领域，实现“关键技术——关键企业——关键终端”的产业集群发展格局，成为长三角区域具有影响力的通信产业基地，到2015年园区建成区面积达到3平方千米以上。

做优新材料产业。以江苏神泰科技有限公司为龙头，以高新区规划建设的1000亩新材料产业园为载体，依托盐城超强高分子材料工程技术研究所，借助上海东华大学(原中国纺织大学)的研发力量，积极与中国科学院加强合作，研发生产碳纤维、芳纶等纤维制品，不断丰富上下游产品，拉长产业链。加强超高分子量聚乙烯纤维、高性能微孔滤料等项目企业的引进，逐步形成聚合优势，打造产业集群。力争到2015年建成国内一流的新材料产业基地。

2.提升发展传统产业

“十二五”时期，依托现有传统产业发展基础，围绕“产业集成、产品提档、技术升级、价值做高”的发展思路，加快推动纺织服装、机电设备和以化纤涂装设备、鞋业机械、石油阀门、医疗器械、工业齿轮等特色产业为主的传统产业存量高新化、增量经济规模化。到2015年，纺织服装和机电设备产业打造成百亿级产业，特色产业打造成50亿元级产业。按照“四有三聚”要求推动韩资工业园、悦达纺织园、各镇特色工业园及共建工业园等载体的建设，完善园区服务和配套体系，使园区成为富民强区的重要载体。

升级纺织服装产业。充分发挥悦达集团在纺织行业中的龙头引领作用，积极引导全行业向高档纺织原料面料、高档印染后整理生产，以及高附加值成品、品牌服装设计和加工转变。大力推进品牌建设进程，扶持拥有市级以上品牌的企业争创省级或更高层次的品牌，使纺织服装产业由成本优势向品牌优势转变，由加工制造产品向创造品牌转变。重点建设高新材料工业园、产业用纺织品工业园、台湾科技工业园、物流园和高新材料及产业用纺织品研发基地等四园区一基地，把悦达纺织园打造成为整合全市乃至苏北纺织产业的核心园区。

壮大机电设备产业。输变电设备行业以中联电气和华兴电器为核心，重点发展矿用隔爆变压器、干式变压器、非晶合金变压器、油浸式变压器以及组合式变电站等领域，努力建成全国最大的隔爆式矿用变压器生产基地。汽车零部件行业紧抓经济开发区悦达起亚整车生产机遇，推动星宇、世钟等韩资汽配企业增资扩产，在发展汽车消音器、冲压件的基础上加快零部件生产体系的整合，建成重要的汽车零部件生产基地。机床行业以秦川、华兴、恒力等龙头企业为核心，提升组合机床档次，推动组合机床向智能化、流线化升级，重点发展滚齿机床和数控机床产品，推动产品向高端发展。

做精特色产业。工业齿轮行业以驰翔齿轮、中力齿轮、江动齿轮、金洲齿轮等企业为核心，加快引进国内外知名专业齿轮企业和项目，提升农机齿轮，发展汽车齿轮，扩大专用齿轮，突破风电齿轮，加速由普通齿轮向精密齿轮方向发展，由低端齿轮向高端齿轮方向发展，由单个齿轮零件向齿轮变速箱集成方向发展，建设风电、汽车、重大装备齿轮及变速箱生产基地，将张庄打造成全国知名的“中国齿轮之乡”。化纤涂装设备行业围绕剑桥涂装等龙头企业，推动涂装设备、化纤设备向高端升级，涂装工艺设计突出技术进步，走专业化、经济规模化之路，化纤生产设备继续向大型化、高速化、自动化、柔性化的方向发展。鞋业机械行业以中国鞋机城工业集中区为龙头，建立国家级研发机构，创立世界级自主品牌，促进闳业、优仕恩等鞋机企业上规模，产品科技含量领先全国，成为全国最大的鞋机生产基地。石油阀门行业围绕盐电阀门等龙头企业，重点发展石化阀门，大力开发电力阀门，突破长线管道输送阀门，开拓城市供水供热阀门，走

"领域突破,以专扩通"之路。医疗器械行业以金环集团为龙头，打造全国最大的"刀、针、线"医疗器械生产基地。

3.加速发展现代服务业

立足建设现代化新城区和城镇化新农村的基础,把"高增值、强辐射、广就业"的现代服务业作为新的经济增长点和结构调整的战略重点，推动生产性服务业规模化、创新化发展,推动生活性服务业特色化、品牌化发展,加快现代服务业集聚区建设,重抓服务业大项目建设,努力构建支撑第一、第二产业持续快速发展，满足城乡居民消费需求的区域服务业体系。重点发展现代物流、现代金融、科技研发、商务服务四大生产性服务业和现代商贸、生态旅游、文化创意、社区服务四大生活性服务业。到2015年,服务业增加值占地区生产总值比重达到42.8%,年均增速达到21%,生产性服务业比重超过50%，楼宇经济对区财税经济贡献至少翻番，培育形成2个超百亿元的省级服务业集聚区、2个超50亿元的市级服务业集聚区、2个超30亿元的区级服务业集聚区。以新区、潘黄、张庄为主体形成盐都新城,大力推进科教城、东方汽车广场、现代物流园区、大纵湖湿地旅游度假经济区、商务商贸区、金融集聚区六大重点服务业集聚区建设，构建"一城六区"的服务业发展空间布局。

优先发展生产性服务业。发展壮大现代物流业。充分发挥我区交通便利、产业基础较好、生产服务业需求加速扩张的优势，通过构建"物流网络和基础设施、物流公共信息、物流功能研发"三大平台，把我区建成全市乃至全省的重要物流集散地。以现代物流园区为核心,以华晓医药集成化供应平台为依托，以楼王粮食物流中心、大冈鞋机物流中心、学富医疗用品物流中心等特色项目为辅助,形成一批综合性、专业性、特色性的区、镇(街道)两级物流网络,增强物流业对全区制造业的配套服务作用。重视技术升级、品牌建设,推动悦达摩比斯、悦达包装、苏宁电器苏北物流配送中心、神龙物流中心等骨干物流企业的发展壮大,加快引进建设第三方、第四方物流项目,培育技术手段先进、主营业务突出、核心竞争力强的本土物流企业,力争"十二五"时期物流业增加值年均增长20%以上。积极发展科技研发服务业。以有效服务于科技创新创业为目标,以体制、机制创新为动力，以科技研发服务基础设施建设和服务能力建设为重点，以"改造、培育、引领、深化、拓展"为科技研发工作突破口，切实增强我区自主创新和集成创新能力。以城南科教城为核心,发挥义丰博士后流动站、海上风电研发中心、江苏闳业公司院士工作站、江苏省(大冈)轻工机械质量监督检测中心等科研、检测平台作用,培育建设一批面向中小企业的生产力促进中心、园区配套生产性服务中心，促进科技成果交流和实用技术的推广应用。重点发展研发设计、工业设计、建筑设计、软件设计、咨询策划、专业技术服务、技术推广、科技培训、技术孵化、科技认证、知识产权服务等科技研发服务业，推动我区产业结构升级优化,力争"十二五"时期科技研发服务业增加值年均增长15%以上。加快培育商务服务新业态。着眼于税源经济,突破发展楼宇经济,进一步培育和引进会计、法律、会展、服务外包、职业教育、咨询等商务服务新型业态，引导商务服务机构向规模化、集团化方向发展。大力发展楼宇经济,围绕"从数量到质量、从引资到引税"的发展思路,重点规划建设国际大厦、铂金商务广场、重啤商务中心等一批品质高、配套完善的楼宇载体,打造区域产业地标。加快发展会展业，规划建设"城西盐都会展中心"，策划实施一批在省内外有重大影响的会展项目，建设区域性会展中心,积极打造"江苏沿海会展之都"。大力发展服务外包业,以城南服务业外包基地为载体，积极承接离岸或在岸的信息技术外包、业务流程外包、知识流程外包以及政府、企事业单位内部管理外包等外包业务，大力培育一批具有自主知识产权、自主品牌、高增值服务能力的服务外包骨干企业，全力打造具有国内一流水平的服务外包产业基地。

优化发展生活性服务业。大力提升现代商贸业。加快商贸业提档升级,着力培育和引进新兴商贸业态,形成便利化、多样化综合现代商贸服务体系。以商业街区、专业市场建设为核心,整合商贸资源,重点建设神州路组团、新都路组团、开元路组团和小马沟西组团等四大商业街区,沿世纪大道、西环路和新204国道"一横两纵"两侧分布的装饰装潢材料、家居家具、生活日用品、汽车汽摩及零配件、有色金属等工业品市场集聚区,蟒南粮油批发市场、大纵湖、北龙港水产品批发市场、潘黄农副产品批发市场、楼王里下河粮食交易市场等农产品市场，形成完善的区域商业中心和乡镇（街道、社区)商业中心二级商贸服务网络。大力发展、引进城市综合体、主题商业广场、连锁经营、网络销售、电子商务等新型服务业态,力争"十二五"时期商贸服务业增加值年均增长25%以上。加快发展生态旅游业。依托大纵湖湿地旅游度假经济区,加大基础设施、文化内涵、产品结构、服务水平等方面建设力度,推动"产业融合",促进旅游业转型升级,提高旅游附加值,形成旅游地产、餐饮酒店、文化休闲、旅游商业等多种业态融合、服务体系完善的盐都旅游发展极,力争"十二五"时期生态旅游业增加值年均增长30%以上。重点建设大纵湖湿地旅游度假经济区、华都森林公园、里下河民俗文化村、郝氏故居和步湖路生态观光农业示范区等景区，启动大纵湖景区创建国家级湿地公园和5A级景区工作，启动建设以"南宋风味、水乡情怀"为特色的东晋城旅游综合项目,提升改造一批宾馆酒店,加紧实施驿都金陵大酒店二期工程,提高接待水平和能力，精心打造里下河地区湖荡湿地旅游目的地。积极培育新的旅游消费热点,大力发展生态旅游、休闲旅游、健身旅游、乡村旅游、文化旅游和体验性旅游，构建以湿地生态旅游为基础、休闲度假旅游为主导、新型旅游业态为特色的旅游产品体系,打造"盐都乡村一日游"品牌。积极培育文化创意产业。以盐城文化产业园、盐渎明城、城南科教城等载体为依托,打造以现代传媒、节庆会展、演艺娱乐、创意设计、动漫游戏、工艺美术等为重点的城市文化创意中心。组建专业性文化创意产业招商团队,积极引进具有实力和竞争力的文化创意企业,推动形成具有全省影响、集聚效果明显和产业特色鲜明的文化创意产业。争取省文化产业引导资金项目3个以上，重点培育本土有实力的文化创意企业,力争“十二五”时期文化创意产业增加值年均增长30%以上。有序发展社区服务业。以构建和谐社区为目标,创新服务方式,增强服务功能,满足居民家庭生活服务需求,重点发展社区卫生、家政服务、社区保安、养老托幼、食品配送、维修保养和便民服务,推动社区服务业规模化、规范化、品牌化、标准化和产业化,形成社区服务业的对外输出能力。

4.规模发展高效农业

着眼于城郊都市型农业功能定位,依托现有农业基础,挖掘特色优势,以发展农村经济、增加农民收入为中心任务,坚持“互动并进、重点突出、整合要素、创新机制”,大力推进农业规模化、标准化、信息化、机械化、产业化,不断提高农业资源利用率、土地产出率、劳动生产率和综合竞争力,全面提升现代高效农业发展水平。到“十二五”末,全区农业增加值达到35亿元,年均增长2.5%,高效农业占比超过60%。以农村经济开发区为引擎,以台湾农民创业园、各类现代农业产业园区为核心,以农产品加工集中区为重点,以农产品批发市场等新型流通业态为辅助,构建起农业一产、二产、三产协调发展的现代农业发展格局。加快建设万亩特色规模基地。设施栽培突出草莓、葡萄、番茄项目,把产业基础较好的郭猛、秦南、尚庄、张庄、潘黄等五镇(街道)列为优势区域,抓点、扩面、增量、连片,建设大市区“菜篮子”基地;水产养殖突出河蟹主体项目,发挥西部水乡优势,推动“大养蟹”向“养大蟹”转变,大规格蟹养殖突破5万亩,占比养殖总面积的70%以上;畜禽生产突出规模健康生态养殖,把水源保护区和城市近郊区划为禁养区,将产业基础较好的大冈、龙冈、尚庄、秦南四镇列为适养区,力争饲养总量和产值均占到全区60%以上。重点发展十亿元高效特色产业。坚持市场导向,继续推进一户一专、一村一品、一乡一特、一区一业,加快发展生猪、蛋禽、优质稻米等优势产业,积极发展河蟹、番茄、花卉、苗木等特色产业,努力培植农民增收新的增长点。“十二五”期间,全区力争建成3~5个10亿元的优势特色产业。合力打造百亿元农产品加工集群。以1个区级和7个重点镇农产品集中加工区为平台,继续实施“强龙行动”计划,做深粮油、水产品加工,做大畜禽、果蔬产业,做精现代物流,尽快使农产品加工产值由现在的40多亿元,增加到百亿元以上。拓展提升现代农业服务功能。主攻种子种苗产业,大力实施现代种业工程,加快建设农作物良种繁育基地、畜禽扩繁场和水产良种场,积极发展工厂化育苗,推进由供种向供苗的转变。加强循环农业建设,大力发展户用沼气和大中型沼气,推进秸秆综合利用,实行农牧结合、集约发展,进一步放大“猪沼菜”、“猪沼粮”示范效应。发展休闲观光农业,启动退渔还湖工程,保护湿地功能,加快大纵湖旅游风景区开发建设,由此为轴心带动步湖路观光农业产业带的蓬勃兴起;提升开发工农业旅游景观,以“四纵两横”(步湖路、盐金路、新204国道、229、233、231省道)为网络布局,沿线投入建成10个以上集休闲、娱乐、餐饮、度假等功能于一体的农业生态园,争创2~3个全国农业旅游观光点,同时以农产品加工集中区为平台,突出体量大的现代龙头企业,开辟工业观光通道,创新旅游观光模式;重抓台创园6平方千米核心区建设,尽快将“五农一城”(高效农业、精致农业、观光农业、休闲农业、旅游农业,立体生态农业城)的美好蓝图变成生动现实,努力把核心区建成生态休闲的郊区乐园、科普教育平台、拓展训练基地、户外运动天然氧吧,使之成为都市人体验农家生活、旅游度假的最佳场所。

第二节 推进“双新”建设,加快城乡一体化进程

围绕“双新”盐都建设目标,不断优化城镇空间布局,形成完善的“主城区——小城镇——中心社区”城镇空间构架,统筹城乡发展,破除城乡二元结构,促进城镇化和新农村建设互动并进,形成城乡体制基本接轨、城乡经济社会协调发展、城乡差距明显缩小的城乡经济社会发展一体化新格局。

1.优化城乡多功能发展空间

按照“中心集聚、轴线拓展”的发展策略,构筑“两区两轴一片区”的网络化空间布局。

经济主体区由盐都新区、高新区(盐龙)和潘黄组成,以宁靖盐高速为界,形成“双核”发展格局,宁靖盐高速西片为“产业核”,以高新技术开发区为主要载体,发展风电装备、通讯电子、新材料、农产品精深加工等先进制造业,东片为“城市核”,以现代服务业集聚区为载体,发展现代物流、商贸商务、文化创意等现代服务业。到“十二五”末期,经济主体区形成我区的政治、经济、文化中心。大纵湖旅游开发区以大纵湖湿地旅游经济区为核心,辐射楼王南部里下河湖荡区域,形成以里下河民俗风情、湖荡湿地水乡风貌为特色的现代化新型城镇,主要发展以水产养殖为主的生态农业、休闲旅游及配套产业。步湖路发展轴和盐金路发展轴是连接两区的发展轴线和推进城乡统筹的两条“快速通道”。其中步湖路发展轴沿线主要发展高效农业、精深加工、生产物流与旅游观光,形成横贯盐都腹地的步湖路产业人文生态风光带。盐金路发展轴沿线主要发展现代设施农业、生产性服务业,形成盐金路生态服务带。高新产业配套区承接高新产业区“北展、西拓、南扩”的产业辐射,其中张庄、龙冈、大冈是主要的制造业辐射区,郭猛是主要的生产性服务业辐射区。

2.加快主城区和重点镇建设

“十二五”期间,按照盐城建设百万人口大城市的要求,围绕建成现代化新城区的目标,统一规划布局,努力打造城建精品,提高城市竞争力和辐射力,促进城市发展有序化和城市建设集约化,把盐都城市建成环境优美、功能齐全、带动力大、辐射力强的新城区,根据盐城商业次中心和大市区西部商业圈的定位,以新区、潘黄、张庄为主体,盐龙、龙冈、冈中为辅翼,高起点规划建设128平方千米、40万人口的盐都新城。加速主城区南拓西扩,重点突破盐都新区,重点改造潘黄片区,重点提升高新区,形成联动发展的局面。其中:盐都新区规划面积32平方千米,建成商贸集中区、特色市场带、新型住宅区。潘黄片区规划面积25平方千米,重点建设集中居住区,打造宜居家园。高新区远期规划面积70平方千米,围绕风电装备、通讯电子、新材料等主导产业,按照“更美、更精、更宜居创业”的要求,重抓招商选资、项目推进、资本运作和载体建设,加快建成融研发、会

展、孵化和观光于一体的国际化、特色化、现代化园区，致力形成与主导产业发展相得益彰的文化生态，争创省级、国家级开发区，努力建成苏北科学发展的示范、盐都对外开放的龙头、高新产业集聚的高地。继续推进重点镇建设。围绕经济繁荣、居住适宜两大目标，进一步提升重点镇发展水平，加快推进重点镇工业化、城镇化和农业产业化，努力在布局、功能、品质、特色和产业发展上实现新突破，"十二五"末建成布局合理、规模适度、功能齐全、环境整洁、各具特色的小城镇，争取我区全部镇进入市重点镇行列。加快共建园区建设。按照"优势互补、互惠共赢"的原则，推动镇域、部门之间结对共建，立足高起点规划、高标准建设、高品质配套的要求，努力实现"一年树立形象、二年形成规模、三年对外开放"的目标。加快打造镇域经济发展主阵地和增长极，推动镇域经济高水平均衡、跨越发展。到2015年，每个结对共建园区建成面积不少于3000亩。

3.推进城乡统筹进程

构建城乡统筹发展的规划体系。按照"一规带五规"的要求，制定我区统筹城乡发展规划，并加强与村镇建设规划、产业发展规划、土地利用规划、基础设施建设规划和社会事业发展规划相衔接，实现城乡规划全覆盖，努力提升仰徐村等新农村建设水平，达到"做靓新城、做优城镇、做美村庄"的目标。

增强城乡互动发展能力。通过中心城区在产业引领、政策体制、基础设施等方面与新市镇、新农村的互动衔接，加速形成现代产业分工合理、基础设施共享、公共服务均等的功能互补、协调发展的城乡新格局。

加快新镇区、新社区建设。以农村区划调整为契机，按照新镇区、新社区基础设施和公共服务配置标准，加强基础设施配套建设，加快公共服务完善提升，着力打造品位高、宜人居的城镇农民集中安置和农村新型社区。引导和鼓励新镇区、新社区因地制宜发展社区产业、改善人居环境，合理布局商贸区、产业区、居住区等功能，在资金、土地等各方面加大支持力度，开创新镇区新社区又好又快发展新格局。

深化农村体制机制改革。积极推进农村土地使用管理制度改革，开展农村宅基地及其住房置换城镇住房和"万顷良田建设工程"试点，促使土地向规模集中，提高土地资源的利用效益和效率，促进更多的农业人口有序转化为城镇居民；积极探索农村金融服务创新，支持各类金融组织以多种形式向农村延伸网点、设立机构及提供贷款服务；引导金融和社会资本投资农村，支持试点示范镇村建立投资经营开发公司等平台，以市场化方式运作。

第三节 完善基础设施，提升综合服务能力

完善现代城镇服务功能，提升城乡综合承载力，提高基础设施整体运行效率，进一步构建枢纽型、功能型、网络化的现代化基础设施体系；提升城市管理与服务水平，加强规划引导，高标准建设、高品质配套、数字化管理，打造宜商、宜居、宜游的发展环境，全面提升城市综合配套服务能力。

1.构筑综合交通体系

完善一级公路"三纵三横"("三纵"即231省道、229省道、204国道，"三横"即步湖路、331省道、龙学线)骨干公路网，使区级网化公路覆盖率达100%，区通镇(区)达一级公路标准，镇通镇达二级公路标准，镇通村达四级公路标准，对接宁靖盐高速和盐徐高速，使建制镇(区)半小时内到达高速公路；"十二五"期间，重点推进44千米的125省道拓宽改造工程、19千米的229省道改造工程、50千米的331省道改线工程、宁靖盐高速大冈出口接线改道工程等重大国省干线公路及接线工程，推进我区西部发展。推进航道升级工程，按盐邵线三级航道、盐宝线四级航道、冈沟河六级航道标准进行规划改造，完成13千米护岸工程及冈沟河10千米疏浚工程。优化交通网络布局，全面推进区与镇、镇与镇公交线路建设，实现公交通达率100%，实现区市公交网络的对接。

2.建设基础配套设施

重点实施道路工程，全面拉开城市框架。至2015年，全区建成主次干道510千米。加快推进南环路和吴抬路新建、开创路改造、华锐路北延、青年路、跨宁靖盐高速大桥及振兴路北延、跨蟒蛇河大桥等工程建设，同时建好支路，初步形成"内部成网、外部成环、节点畅通"的道路网络系统。打造城市建设精品工程，彰显我区水绿特色。突出"湿地之都、水绿盐都"的城市特色建设目标，建成西南片区生态公园、乡土植物园，为创建国家园林城市打下良好的基础。加快市政公共设施建设。加大财政投入，加快城市供水、排水、排污、电信、电力、燃气、亮化、人防等基础设施配套工程建设，着力消除市政建设的盲点和弱点，形成布局合理、集约利用、功能完备、应急能力较强的城区基础设施体系。进一步调整完善供水管网，提高供水水质和供水安全可靠性，五年内铺设自来水主干道管网230千米；科学合理确定高压走廊和重大变电所的规划布局，加快城区和重点景观地带架空线入地；加大力度推进公厕、社区排水管网、排污管道等设施建设，构建完善的下水管网，五年内建设配套污水管道210千米，雨水管道430千米，在城南、城西南、高新区建成污水泵站8座，改善城市配套环境。

3.保障城市住房建设

按照科学布局、有序建设，稳步推动城市住房建设，重点发展普通住宅，到2015年，实现城镇人均住房建筑面积达到36平方米。发挥土地调控作用，优化住房供应结构，重点提高普通商品住房和经济适用住房建设用地供应比重，严格控制高档住宅项目建设。扩大土地储备量，确保"十二五"期间全区房地产业土地供应，按照适度超前的原则，优先落实普通商品房、经济适用房建设用地。

4.健全城镇管理体制

建管融合，规范服务。进一步明确城建城管职责，理顺城市管理体制，做到城市管理与城市建设、违法整治、城市创建"三结合"；强化基础性工作，着力引导、规范和促进社区建设，培育社区组织，积极探索社区管理新机制，强化社区管理服务功能；建立市政、绿化、环卫等体系的市场化运作机制；推进综合执法工作，加强城市管理执法力度，对城市市政设施、园林绿化、燃气管道、污水管网等加强管理和监察。提升效率，强化管理。结合物联网发展趋势，大力推进电子政务、

电子民务等信息化工程建设，加强居民安全、就业、创业、医疗保险等信息服务，全面提升城市管理效能；探索经济主体区网格化管理，初步建立以人口、社会单位、环境和市政设施为主要内容的社会管理与服务数据信息库，努力实现精确、高效的城市管理。

第四节 促进自主创新，开辟人才机制新高地

搭平台、建体系、促创新，提升原始创新、集成创新和引进吸收再创新能力；育人才、优机制、重培养，实行人才优先投入、优先发展，提高人才对经济社会发展的贡献，建设人才新高地。

1.构建完善创新体系

重点推动以科技平台、产学研合作、服务支撑为核心的创新体系建设工作。搭建创新服务平台。围绕新兴产业和主导产业发展需要，完善提升科技成果展示与交流平台、公共技术服务平台、科技创新研发平台、科技创业平台等四大平台。组建产学研联盟。以产养研、以研促产，引导企业围绕产业发展需求加强与国内重点科研机构和高校的科技合作，把技术与资本更有效地融合起来，把成果与市场更紧密地对接起来。构建中介服务体系。集中力量加快建设科技信息服务、标准检测服务、人力资源服务、投融资担保服务、研发协作服务、创业孵化服务和工业设计服务等7个中心，加快引进相关中介服务企业，形成支撑科技创新的中介服务体系。

2.营造良好创新环境

“十二五”时期，从资金投入、知识产权保护等多方面营造良好的创新环境。加大自主创新投入。广泛开辟科技资金渠道，加大科技投入总量，合理调整投资结构，形成政府投入为引导、企业投入为主体、金融贷款和上市融资为支撑、吸引外资和社会资金为补充的多元化科技投入体系。到2015年，全社会科技研发投入占地区生产总值比重达到2.5%；引导和鼓励企业加大科技投入，力争高新技术企业的技术开发每年不低于当年销售收入的3%，一般企业不低于2%。加强知识产权保护。完善知识产权管理体制，建立完善专利信息平台和专利预警、维权援助机制，加大知识产权保护和执法力度，营造有利于自主创新、招商引资和产业发展的市场环境。以创建省级知识产权示范区为契机，大力实施标准、商标、专利“三大战略”，引导企业建立和完善专利、商标、技术秘密等管理制度。发展知识产权交易、专利代理等中介服务机构，加快区域性技术产权交易市场发展，知识产权许可贸易大幅度增长。

3.培育企业创新主体

增强企业的技术创新能力，确保一批有实力的企业跨入全省、全国技术创新先进行列，一批重点骨干企业的主体工艺装备和产品达到国内同行业的先进水平，大幅度提高产业技术创新对我区工业经济增长的贡献份额。鼓励和支持重点骨干企业研发机构上规模、上档次，在重点产业领域选取具有较强创新能力、处于行业骨干地位的规模企业，集成国家、地方及社会创新资源，打造一批具有国际竞争地位、引领产业发展的创新型企业。到2015年，培育100家以上科技型企业。加快重点骨干企业工程技术中心、重点实验室的建设，重点扶持技术集成度高、行业关联度大、技术开发实力强、创新意识和诚信意识好的企业，力争所有规模以上工业企业都建立企业研发中心，行业龙头骨干企业建立研究院或重点实验室，引导帮助企业建立博士后工作站、院士工作站。到2015年，在我区建设省级以上企业研发中心50家、市级企业研发中心100家。

4.强化建设人才载体

以成功的创业园、产业园、研发中心与高档和谐社区作为吸引人才、集聚人才的载体。加强企业研发中心建设，力争五年内全区规模以上企业全面建有企业研发中心，有条件的企业建有企业院士工作站，真正使企业成为吸引和集聚创新创业人才的主阵地。加大园区载体建设。重点抓好全区各类园区特别是省级、市级开发区、高新技术产业园、中小企业创业园和科技企业孵化器等人才创新的载体建设，使园区成为吸引高层次、高素质人才的主力军。加快推进科教城建设，将城南科教城建成国家级科技企业孵化器，与大院大所和知名高校合作，引进或共建研发机构10家以上，孵化面积8万平方米以上，入驻科技创新和科技服务业企业100家以上，成为吸引高科技研发人才的主载体。

5.实施人才重点工程

“十二五”期间，积极实施《全民科学素质行动计划纲要》，大力提高全民科学素质；实施人才引进“1551”工程，引进培养博士后10名，博士50人，硕士500人，本科生1000名。实施人才合作对接工程，推进企业与高校建立人才合作关系，重点培育金融、创意、服务外包、现代物流等专门人才，力争五年实现25家企业和25家高校的人才合作。实施科技型企业家培养工程，不断提升企业经营管理人才的管理水平和科技创新意识。实施领军人才引进工程，采取招引项目与招引人才相结合方式，实现招引创新创业领军人才上的新突破。实施紧缺人才培育工程，以政府购买培训的方式开展风电装备、机电设备、通讯电子等领域紧缺人才培养，同时加强农业科技培训和技能培训，增强人才的创新意识和创新能力，从根本上解决紧缺人才不足的矛盾。

6.优化人才发展环境

健全人才激励机制，完善以市场为导向、以能力业绩为导向、鼓励创新创造的人才评价、分配制度。完善人才“绿色通道”，满足流动人才在出入境、医疗、社保、住房、子女就读等方面的需求，为其提供一流的工作和生活环境。“十二五”期间，实施高层次人才公寓建设工程，建设不少于25万平方米的高层次人才住房。对不同层次的人才，分别予以免费租住、租房补贴等优惠政策。

第五节 深化改革开放，激发体制机制活力

坚持以改革总揽全局，把深化改革和制度创新作为经济社会发展的主要动力，着力推进重点领域和关键环节改革攻坚，在新的起点上再创新优势。坚持以开放推动发展，把提高外资利用、增加外贸出口、扩大外经合作和加强区域合作交流作为增强经济活力的主要手段，实行更加积极主动的开放战略，实现开放型经济新跨越。

1.加快体制改革步伐

深化行政管理体制改革，强化政府服务职能。合理划分和依法规范政府职

能部门，明确各部门工作职责，确保政府职能转变到社会管理和公共服务上来；深化政府信息公开和政务公开，增强行政监督力度，完善行政绩效评价考核体系；依法削减审批项目，简化审批程序，再造审批流程，提高行政审批效率；健全科学民主决策机制，积极推行政府重大决策专家咨询制度、重大事项社会听证和公示制度，建立对政府决策执行情况的跟踪检查、绩效评估和责任追究制度。

深化财政金融体制改革，增强发展支撑功能。加快要素市场改革步伐，进一步完善财税金融体制，为经济社会发展提供支撑。深化公共财政体制改革。进一步优化财政支出结构，突出财政支出的公共性、有效性和均衡保障性，构建事权与财权相统一的公共财政体制。完善预算管理制度，提高预算完整性、透明度，深化国库集中收付制度改革，健全政府预算体系和国库管理制度体系。加快推进投融资体制改革，逐步推行政府投资公益性项目代建制和项目法人负责制；大力发展混合所有制经济，引导各类企业实施股份制改造和建立现代企业制度，推进企业投资主体多元化。

深化经济体制改革，激发市场活力。进一步深化经济体制改革，更大程度地发挥市场在资源配置中的基础性作用，增强企业活力和竞争力。推动民营经济新飞跃。落实支持民营经济发展的政策措施，遵循“非禁即入”原则，鼓励民间资本加快进入基础设施、公用事业等领域，鼓励一批优势企业做强做大。推进现代市场体系建设。规范发展产权交易，发挥中心城区的带动作用，推进多层次资本市场建立；多渠道推荐我区各类优质企业上市，到2015年，新增加上市企业5家以上。

深化社会事业体制改革，提升公共服务能力。加快科教文卫体各项事业单位改革步伐，完成生产经营型、社会中介服务型事业单位的转企改制，加大监督管理类、社会公益类事业单位的优化重组力度，改革运行方式，提升服务能力；拓宽公共服务供给渠道，除政府直接供给外，鼓励和支持社会力量参与提供公共服务，以政府购买、管理合同外包、特许经营、投资补贴等多种市场化方式，探索政府和社会合作新模式，有效扩大公共服务供给总量。

2.增强开放型经济优势

提高利用外资质量。加大招商引资力度，提升港台招商层次，扩大日韩招商范围，突破欧美招商瓶颈，重点引进一批科技含量高、投资规模大、产出效益好的旗舰型项目，突出引资的选择性和针对性，实现引资、引技、引智相结合。充分发挥区位优势，进一步开放现代服务业、社会事业等领域，积极鼓励和引导外资向房产、物流、信息、研发、旅游、仓储、贸易、服务外包等新领域延伸，扩大服务业利用外资的规模。充分利用我区农副产业资源优势，加快农业利用外资步伐，着力推出一批农副业加工型项目，争取在生态农业、特色农业利用外资上有新的突破。以努力实现产业链两端附加值最大化为导向，立足风电装备、通讯电子、新材料等新兴产业，齿轮、鞋机、医疗器械、化纤机械等特色产业，突出产业招商，引导外资向本地产业链方向移动，进一步拉长产业链，力争在接受关联企业、企业梯度转移上取得新的突破。提升国际贸易层次。优化出口产品结构，重点扶持纺织服装、机械制造、通讯电子等优势产业产品出口，力争“十二五”末，机电产品出口比重提升至35%；优化出口主体结构，鼓励自营生产企业、外贸经营企业、外商投资企业扩大出口，大力促进民营企业出口，力争“十二五”期间，培植自营出口超千万美元以上的企业10家，超五百万美元以上的企业20家，超百万美元以上企业的40家；优化出口市场结构，在努力巩固和发展香港、日韩、北美、东欧四大主体市场的同时，挤进欧盟并积极开拓非洲、南美、中东、俄罗斯等新兴市场。拓宽外经合作渠道。推动区对外劳务服务机构正式运作，为对外经济合作提供更好的服务；适时调整外经合作布局，力保东南亚市场、中东市场，积极开发欧美、非洲市场，争取直包项目、成建制项目、技术含量高和效益好的项目，带动区域经济快速发展；增强外经合作后劲，在天虹集团海外承包工程公司的基础上，“十二五”期间，力争外经合作企业数量再增加1~2家。

3.突出区域合作重点

积极策应“沿海开发”。围绕沿海开发战略规划的产业重点，以风电装备研发制造为突破，带动高技术产业、战略性新兴产业发展；依托区位优势、良好的基础设施和人才条件，做强做大沿海开发的腹地经济，大力发展与沿海开发相关的现代物流、教育培训等高端服务业，为沿海开发提供强有力的支撑。加快接轨上海。依托上海闵行(盐都)工业园、凤凰科技园等载体优势和产业基础，主动对接上海工业开发区的优势产业和重点企业；吸引上海企业、资本来我区建设投资，实现两地产业纵向间的联动。全面融入“长三角”。高效利用交通设施等区域资源，提升我区十个专业园区的集聚力、承载力和产业能级，主动承接长三角区域产业转移。

第六节 发展社会事业，彰显盐都品牌效应

以民生需求为根本，按照改革创新、确保公益、均衡发展、激发活力的思路，加大投入，建立多层次、多渠道、均质化、均衡化的社会事业发展框架。

1.优化资源配置，建设“教育示范区”

落实教育优先发展战略地位，全面推进幼儿教育优质化、义务教育均衡化、高中教育品牌化、职业社区教育多元化发展，建立完整的现代国民教育体系。促进基础教育均衡化，提升优质教育资源共享水平。普及学前三年教育，学前三年入园率达98%，每个镇区必须以公办优质园为主体，着力规范发展民办园，坚决取缔非法办园；以创建省义务教育优质发展均衡改革示范区为载体，推动城乡学校在办学条件、师资水平、管理水平、教育质量等方面优质均衡，在全市率先实现义务教育优质均衡示范区；高标准、高质量发展高中教育，创建国家级示范高中2所，省级示范高中2所；不断优化学校布局，逐步形成布局合理、结构完善、规模适度、效益更佳的教育新格局。“十二五”期间，新建毓龙路、神州路、郭猛、腾飞路、文盛路、盐龙、中兴、张庄等8所九年一贯制学校，撤并农村中小学17所，到2015年全区中小学为49所。积极发展职业教育和社区教育，建立学习型社会。以职教园区为依托，积极探索合作办学模式，满足人们参加职业教育和培训的需求；实施职业教育培训“四大

工程”，不断提高劳动者的人文素养、工作能力和职业转换能力；加快成人教育向社区教育转型，努力构建终身教育的学习型社会，推进终身公共服务体系建设；加快建立社区教育学院、社区教育中心、村(居)民学校三级社区教育网络，积极发展数字化远程教育，确保城市居民和农村居民参加社区教育活动率分别达50%和30%。

2.发挥基础优势，建设“文化先进区”

积极推动文化盐都建设，树立大文化理念，深入挖掘我区文化资源，构建覆盖全区“结构合理、发展平衡、服务优质”的公共文化服务体系。完善公共文化服务体系，进一步健全以区文化设施为龙头，乡镇、街道为骨干，社区、学校、企业、村落为基础，文化中心户为补充的四级文化网络体系，实现公共文化服务网络的全覆盖。加快文化设施建设，加强文博工作和非物质文化遗产保护和传承。全区各文化站建设均达省标准，基本实现活动设施现代化、设备配套化；重点推进赵泰来艺术藏品馆、龙冈商文化遗址保护工程建设，保护修缮郝氏宗祠、胡乔木故居、薛氏古民居、宋泽夫故居、王家宅院等文保单位。实施精品文化工程，积极创建“一地一品”的文化特色，着力打造“大纵湖螃蟹节”、“龙冈桃花节”、“张庄葡萄节”、“义丰龙舞艺术节”等文化品牌，积极争办全国、省、市重大文化展览与交流活动，打造我区特色文化。加强广播电视基础设施建设，广播电视公共服务体系建设更加完善；广播电视覆盖率达到100%，实现广播电视“户户通”、“长期通”。加快档案事业发展，积极推进档案基础设施和信息化建设，力争在“十二五”期间，使区档案馆面积达5000平方米，成为全区经济建设、社会发展成就展览中心、爱国主义教育基地。

3.构建公共网络，建设“卫生特色区”

加强医疗卫生基础设施建设，完成卫生院标准化建设，新扩建盐龙二级甲等医院、城西南片区二级综合医院等一批与城乡区域调整配套的医疗机构，新增床位1350张，提升医疗承载能力。运用市场手段，鼓励社会资本参与医疗卫生市场竞争，引导民资、外资举办高水平综合医疗机构和高精尖专科医疗机构，大力发展民营医疗精品服务机构。鼓励社会资金举办个体诊所和民营门诊部作为卫生事业的有益补充，形成满足不同人群需求的多层次、医疗卫生服务体系。调整医疗卫生资源布局，大力发展城乡社区卫生服务，重点关注农村医疗卫生工作，完成农村基层卫生服务机构向社区卫生服务机构转型；完善新型农村合作医疗制度，逐步提高农民医疗保障水平，乡村覆盖率保持100%，同时，使农民医疗报销比例逐步达到城镇医保水平；不断提升医疗卫生服务水平，做精做强一批特色专科医院，打造一批代表区域医疗水平的现代化综合性医院，培育一批示范型民营医院；大力开展医疗新技术的引进和推广；继续实施“卫生科教人才工程”，加大领军型人才的培养和引进力度，加强卫生人员特别是基层人员技能培训，提升卫生队伍整体素质，力争创成2~3所三级甲等医院。发展中医药事业，建成5~6个省级中医药特色社区卫生服务示范中心，创建3~5个市级中医特色专科。推进实施基本公共卫生服务重大公共卫生服务项目，力促公共卫生服务均等化。加大疾病预防控制力度，建立健全突发公共卫生事件应急处置机制，重点做好结核病、艾滋病等重大传染病和地方病、职业病的防治工作，逐步控减职业病和传染病的发病率。全面实施重大妇幼卫生项目，加强卫生监督体系建设，加大执法力度。

4.加快设施建设，建设“体育强区”

加快公共体育和社区体育设施建设，2012年前完成新“四个一”(一个有看台的标准田径场、一座有3000个座位的体育馆、一个标准游泳馆、一个3000平方米的全民健身中心)工程建设任务，逐步推动学校、企事业单位体育场地向社区公众开放；促进街道社区体育活动场地、村居全民健身场所建设的提档升级，实现村村建有健身场所，满足居民日益增长的健身需求。加快学校体育事业发展，推进学校体育场地与设施的普及，到2012年底全区每所中心校都拥有塑胶田径场；认真实施《学校体育工作条例》，积极开展学生阳光体育活动，保证学生每天锻炼一小时；全面推行《国家学生体质健康标准》，确保施行面达100%，合格率达97%。着眼健康提升体育水平，形成体育传统项目赛事盐都区域新特色，成为优秀体育人才的重要输出基地；积极发展竞技体育，确保全区参加市级以上比赛总成绩保持全市领先水平；立足社区、依托社团，积极开展形式多样、内容丰富的群众体育活动，全区经常参加体育活动的人数占全区总人口的比例达55%以上。

第七节　构建和谐社会，提高群众幸福指数

始终把提升人民幸福水准放在优先考虑的位置，以改善民生为核心，以共建共享为路径，坚持社会建设和社会管理并重，突出解决人民群众最关心、最直接、最现实的切身利益问题，加速建立一个多层次、保基本、广覆盖的社会保障体系，构建一个和谐健康的社会环境。

1.健全社会保障体系

促进劳动者稳定充分就业。建立以政府促进就业为动力、以劳动者自主择业为主导、以市场调节就业为基础的就业机制，深入推进抓培训、兴产业、推创业、强企业、促就业的“1+4”城乡就业模式，促进全区劳动者稳定、充分就业。“十二五”期末，实现新增各类就业8万人，新增转移10万人，城乡劳动力培训10万人次，城镇登记失业率控制在4%以内，动态消除“零就业”家庭。完善人力资源市场，建立统一、规范的劳动力市场体系，加强重点行业和重点企业的监管，进一步深化改革劳动人事和户籍管理制度，充分发挥市场对劳动力资源配置的导向作用。健全、规范劳动执法队伍，加大劳动保障监察执法力度，完善劳动关系协调和劳动争议处理机制，依法维护劳动者的合法权益。

推动社会保障全覆盖。进一步扩大养老、医疗、失业、工伤、生育五险合一的保险覆盖面，健全多层次、多样化、广覆盖的社会保障体系。以提高农村社会保障水平为重点，努力实现保障制度、保障层次、保障待遇的城乡并轨，完善城保与农保转移衔接机制，逐步提高财政补贴标准，缩小农民养老保障与城镇职工养老标准差距。继续完善城镇企业职工基本养老保险制度，积极贯彻落实农村养老保险制度；推进城镇居民基本医疗保险制度试点和新型农村合作医疗制度建

设；完善失业保险制度，扩大工伤和生育保险覆盖面。

完善社会救助、福利和养老体系。进一步完善以最低生活保障为基础，以医疗、教育、住房、司法等专项救助为补充，以政府救济为主导，与社会互助机制相配套的社会救助体系。大力发展以扶老、助残、救孤、济困为重点的社会福利事业，积极探索福利机构市场化运作的创新营运模式，扩大社会福利覆盖范围，不断提高弱势群体、老年群体、优抚群体的福利水平，应对人口老龄化现状，加快建立以居家养老为基础、社区服务为依托、机构养老为补充，城乡一体化、投资多元化、管理规范化、队伍专业化的覆盖全区的养老服务体系，推进"慈善盐都"建设。

2.加快和谐社会发展

全面做好人口和计划生育工作。继续坚持计划生育基本国策，合理调控区域人口规模，切实稳定低生育水平；实行标本兼治，遏制出生人口性别比偏高趋势，积极应对人口老龄化，注重发挥家庭和社区功能，优先发展社会养老服务；"十二五"期间人口自然增长率控制在3.5‰以内，实现人口长期均衡发展的目标；推进人口计生优质服务体系向更高水平全覆盖，加强职业化和信息化建设，做强"世代服务"品牌，提高出生人口素质和生殖健康水平；落实计划生育奖励优待政策，健全困难家庭救助体系，完善利益导向机制，实现"计策惠民"；坚持男女平等，大力保障妇女合法权益，加强未成年人保护，发展妇女儿童事业。

继续推进双拥、侨务等工作。完善区、街、居三级双拥优抚网络，继续做好拥军、优抚安置工作，争创新一轮双拥模范区；做好民族、宗教、对台、侨务工作；积极发挥工会、共青团、妇联等群众组织的桥梁纽带作用。

加强精神文明与民主法治建设。积极践行社会主义荣辱观，从抓好社会公德、职业道德、家庭美德和个人品德入手，全面提升公民思想道德建设水平；大力开展文明城市创建活动，争创文明行业、文明小区、文明村镇；加强未成年人思想道德建设，努力使社会主义核心价值体系的教育普及更加深入。积极推进依法治区，增强依法执政的理念和意识，加强司法、纪检部门的监督作用，拓展群众公共事务参与的广度和深度，持续完善信访机制，形成整体联动、全社会共同参与的"大调解"格局；创新普法教育方式，增强法治教育的有效性和针对性，全面提升全民学法、用法、守法的观念，建设法治盐都。

切实保障公共安全。加强社会治安综合治理，严厉打击各种刑事、经济犯罪活动和社会黑恶势力，切实维护社会公共安全，确保社会治安秩序持续稳定；加强安全生产管理，防止重特大事故发生；强化突发公共事件应急处置能力，进一步完善和细化自然灾害、事故灾难、公共卫生、社会安全等应急预案；积极开展"平安城区"、"平安社区"、"平安学校"、"平安医院"、"平安单位"等创建活动，建立保持安全稳定的长效机制，使我区成为苏北最安全地区之一。

3.合理调节收入分配

提高居民收入水平，完善按劳分配为主体、多种分配方式并存的分配制度，坚持各种生产要素按贡献参与分配的政策，切实提高劳动报酬在初次分配中的比重。合理调节收入分配，加强政府调节收入分配的作用，着力提高低收入者收入水平，逐步扩大中等收入者比重，依法调节过高收入，有效缓解收入差距扩大的趋势。建立和完善企业工资集体协商制度，形成企业职工工资正常增长机制和支付保障机制。

第八节　建设"两型"社会，推动水绿盐都发展

以建设"生态盐都"、"低碳盐都"为标志，更加突出生态文明建设，加大节能减排力度，加强大气、水体、固体废弃物的污染防治，加快发展循环经济、绿色经济和低碳经济，进一步加强环境保护与修复，建设资源节约型和环境友好型社会。

1.改善生态环境

继续加强以水、气环境为重点的综合环境整治，加快建设城乡生态绿化网络，改善生态环境，2015年前建成全市首批国家生态区。以饮用水源保护为重点，开展流域环境综合整治工程，继续推进盐龙湖百万人饮用水安全工程，全面清除和禁止饮用水源流域的污染活动，提高城乡供水系统覆盖率、保障率和水质达标率，分步实施全区集镇、中心社区生活污水处理工程。至2015年我区城乡居民100%饮用安全卫生的自来水，饮用水源水质符合国家标准。以产业和生活废水治理为重点，开展污染源和总量控制工程，有重点推动城镇污水处理基础设施建设及其配套管网建设，至2015年城镇污水集中处理率超过80%；实现园区内工业废水的集中化处理，城镇污水处理厂全部实行一级A标准，全面实施氮磷重金属总量控制，对重金属排放单位实行总量零控制；宣传推广生态镇村建设经验，扎实开展国家农村环境连片整治示范工作，全面建设农村生活垃圾"组保洁、村收集、镇转运、区处理"的四级治理体制，逐年减少农业面源特别是水产养殖、畜禽养殖污染物排放量。以工业废气和城市扬尘为重点，开展大气污染治理工程，加强源头控制。在工业、生活、农业、渔业和机动车等多方位、全领域大幅度提升污染减排工作力度；以污染源普查及动态更新后的2009年主要污染物排放量为基础，以化学需氧量、氨氮和二氧化硫、氮氧化物为控制因子，以削减比例不低于"十一五"削减比例为目标，严格控制新增量，按时保质完成上级下达的污染减排任务。全面实施建筑、道路施工工地封闭式管理，有效控制城市扬尘。以防护林带建设为重点，开展绿色通道建设工程，继续推进绿色通道林带建设和主要道路及河道护路护岸林建设，2015年基本建成高速公路、国道、省道、区道、镇道、村道及主干河道高标准防护林带体系，区级以上主干道路绿化率达100%，镇村道路绿化率达到80%，推进城镇、农村、园区绿化工程建设，进一步完善与发挥生态防护和景观美化功能。

2.推进节能降耗

以提高能源利用效率为核心，推动经济发展方式转变，形成有利于节约能源的市场环境和长效机制。改善能源结构。优化一次能源结构，积极开发利用天然气、太阳能等清洁能源和可再生能源，加强农作物秸秆的综合利用，大力发展农村户用沼气等清洁能源，支持垃圾焚烧发电厂的建设，推进生活垃圾和污泥资源化利用，有效利用可再生能源。提高

节能降耗水平。加快推广和全面应用节能降耗的新技术、新工艺和新标准，突出抓好建材、建筑、电子等重点耗能行业和重点企业的节能。大力推广合同能源管理，实施重点节能工程。制定并严格实施高耗能企业和项目的准入制度，逐步淘汰能耗高、物耗大、污染重的落后工艺和设备。广泛开展节能宣传，全面培育居民节能意识，逐步形成资源节约型的生产方式、生活方式和消费方式。至2015年，万元地区生产总值能耗下降率达到市规定标准。

3.发展循环经济

以“减量化、再利用、可循环”为原则，以提高资源利用效率为目的，以土地和水资源保护利用为重点，构建有利于节约资源、促进资源可持续利用的资源节约型社会。引导企业发展清洁生产。认真落实《清洁生产促进法》，加快企业清洁生产审核，逐步淘汰污染严重的落后企业。对纺织服装、机械制造、电子信息、建材等重点企业进行技术改造，推广应用先进清洁生产工艺与设备，努力提高物质生产循环利用的能力，形成一批清洁生产示范企业。至2015年，我区30%~40%的企业达到清洁生产国际水平，90%以上企业达到清洁生产国内先进水平。加快生态区创建。以创建生态区为目标，运用循环经济理念，开展生态工业园建设试点，合理配置园区内部的资源，全面提高环境管理水平和生态排放标准。高新区力争创成省级低碳产业园，现代农业示范区初步建立以资源再利用为主要内容的循环机制。

第五章　规划实施保障机制

全面落实“十二五”规划，必须创新规划实施机制，明确职责分工，加强科学评估，确保发挥规划的指导调控作用。

(一)建立和完善规划衔接机制。进一步强化总体规划对各类规划编制的指导作用，增强规划执行的稳定性和严肃性。建立和完善总体规划、区域规划和专项规划共同组成的本区国民经济和社会发展规划体系。高度重视总体规划与区域规划、专项规划的衔接工作，加强总体规划与全区城市规划、土地利用规划等相关领域规划的相互协调。区域规划的编制是规划在特定系统和地区的细化和具体化，专项规划是特定领域发展、重大项目建设以及相关政策制定等重要依据。

(二)建立和健全规划落实机制。明确目标任务的实施主体，加强对规划实施的组织领导，落实工作责任。对本规划纲要提出的约束性目标和预期性目标，分解落实到区各部门和各镇(街道)、开发区。建立重大项目责任制，对规划纲要中确定的重大工程和重大项目进行分解落实，由区领导挂帅，相关部门和地方各负其责，明确要求，确保重大工程和重大项目的实施。加强目标任务的年度落实工作。要把发展规划与有关建设计划、各类行动计划及年度计划紧密结合起来，形成中长期规划逐年落实、动态实施机制，根据规划逐年分解主要目标和重点建设任务，做到远近结合，使规划确定的目标、任务和措施得到贯彻落实。各部门要按照职责分工，将规划纲要确定的相关任务纳入本部门年度计划，并及时向区政府报告进展情况。政策的制定和调整、财政年度预算计划编制以及社会建设项目的立项与核准，必须符合总体规划和专项规划的要求。

(三)建立规划执行的监督机制。规划的编制和调整，必须经区人民代表大会审议通过，执行情况应向区人大常委会和区人民代表大会报告并接受监督。总体规划和专项规划的编制和调整，事前应认真听取各方意见，并采取多种方式广泛听取公众意见。在向社会公开相关信息的基础上，通过法定程序和渠道让公众参与规划的监督。建立健全规划实施信息反馈制度。区政府各有关部门要根据职责加强对规划实施情况的跟踪分析，及时将规划实施情况反馈给区委、区政府，接受区人代会及其常委会对规划实施情况的监督检查。

(四)建立规划实施的评估机制。规划实施和执行的效果，应组织专家进行必要的论证与评估，全面分析检查规划实施的效果及各项政策措施落实情况，推动规划有效实施，并为动态调整和修订规划提供依据。评估重点突出发展环境、目标实现程度、政策效应评价和具体调整计划，规划执行情况应纳入政府年度绩效评估范围。

盐都区“十一五”主要经济指标对比表

表1

指标名称	单位	年份	江苏省	盐城市	盐都区		
					实绩	占省比重%	占市比重%
地区生产总值	亿元	2005年	18272.12	1011.36	102.81	0.56	10.17
		2010年	40000	2200	250	0.63	11.36
	%	年均增长	17	16.8	19.5	—	—
财政总收入	亿元	2005年	3124.2	86.9	6.98	0.22	8.03
		2010年	10000	358	50	0.5	13.97
	%	年均增长	26.2	32.7	48.3	—	—
地方一般预算收入	亿元	2005年	1332.6	37.89	3.6	0.27	9.5
		2010年	3900	158	26	0.67	16.46
	%	年均增长	24	33.1	48.5	—	—

大事记
Chronogical Events

1 月

5日 区长崔浩主持召开政府第十二次常务会议。会议讨论2010年政府工作报告（讨论稿），2009年国民经济执行情况和2010年国民经济计划草案的报告，2009年财政预算执行情况和2010年财政预算计划草案的报告。

7日 全区特色产业工作会议召开。区四套班子领导、各镇（区、街道）和区直部门相关负责同志参加会议，区委书记李纯涛发表讲话，区长崔浩作动员报告。

同日 区十四届人大第16次常委会会议召开。会议审议并通过区人大常委会2010年工作要点；审议并通过区十四届人民代表大会第三次会议国民经济社会发展计划和财政预算审查委员会名单；决定任命冯明印为区人民政府副区长。

同日 盐都农村经济开发区成立大会暨揭牌仪式在郭猛现代农业示范园举行。区委书记李纯涛，区长崔浩出席并为农村经济开发区党工委、管委会揭牌。

8日 盐城市文化产业园揭牌仪式在盐都举行，省委宣传部改革与发展办公室主任陈法林，市委常委、宣传部长周德祥，区领导李纯涛、崔浩、陈雷、张瑞卿出席。盐城市文化产业园位于高新技术产业园区内，是中小企业创业园的“园中园”，已有10多家文化类企业和公司入驻。

9~12日 区政协十二届三次会议在盐城宾馆举行。272名政协委员出席会议，有关方面人士应邀参加会议。会议听取区政协主席陈广平代表区政协第十二届常务委员会所作的工作报告；全体委员列席区人大十四届三次会议，听取政府工作报告和其他报告；举行“双优一先”（优秀委员、优秀提案，先进联络组）表彰大会；选举邵仁鸿为区政协秘书长，邢香楠、张宗煜、唐玲为区政协常委。

10~13日 区十四届人大三次会议在盐都文化艺术中心举行，应到代表282名，实到代表269名，区政府副区长，区人武部、区人大常委会各委办、区法院、区检察院负责人，区直各部门和有关单位主要负责人，各镇（街道）人大主席、副主席（副主任），部分镇（区）负责人大工作的同志列席。会议听取区政府工作报告、区人大常委会工作报告以及其他报告，并批准上述报告；选举张永娣为区人民检察院检察长。

11日 华锐风电5兆瓦风电机组项目开工奠基仪式在华锐风电盐城产业基地举行。市领导赵鹏、李强、冯永农，华锐风电科技（集团）股份有限公司董事长、总裁韩俊良，中国华电新能源发展有限公司副总经理雷广钊和区四套班子领导等出席。

14日 省委常委、宣传部长杨新力一行到盐都区调研文化产业发展工作，分别视察刚成立的盐城市文化产业园、华锐风电产业园。

15日 省委常委、纪委书记弘强到盐都视察华锐风电产业园。

16日 刚刚结束的全省农村工作会议上传来喜讯：省委农村工作领导小组授予华西等100个村“江苏省社会主义新农村建设示范村”称号。据悉，盐城市仅有盐都区潘黄镇仰徐村和亭湖区盐东镇东南村2个村获此殊荣。

22日 区委书记李纯涛会见到盐都区考察投资的上海欧际柯特回转支承有限公司董事长黄兴康一行，宾主双方就新上变浆轴承项目进行磋商。

26日 总投资15亿元的重啤2亿升啤酒、25万吨塔式麦芽项目签约仪式在盐都举行。市领导陈正邦、崔士明，重庆啤酒（集团）有限责任公司董事长黄明贵，区领导李纯涛、俞途等出席。4月29日上午，重啤集团盐城有限公司2亿升啤酒项目开工奠基典礼在盐都农产品加工园举行。市领导赵鹏、陈正邦、崔士明、陈还堂，区四套班子领导、重啤集团董事长黄贵明、总经理刘明朗等出席。区长崔浩主持典礼。

2 月

3日 南京市人大常委会主任陈家宝率考察团到盐都区参观考察华锐风电产业园。

同日 江苏省轻工机械产品质量监督检查中心、江苏省烟花爆竹产品质量监督检验中心挂牌仪式在大冈镇举行，副市长曹友琥和省质监局副局长邱少敏为中心挂牌。

7日 区纪委第十二届五次全会召开。区委常委、纪委书记方士德在会上作题为《全面贯彻党的十七届四中全会精神，不断将全区党风廉政建设和反腐败工作推向深入》的工作报告。会议表彰全区先进纪检监察组织和优秀纪检监察干部。

9日 区十四届人大常委会第17次会议召开，决定任命刘源为区人民政府副区长。

20日 在市委、市政府召开的全市2009年度目标任务绩效考核表彰大会上，盐都区在“三连冠”的基础上，第四次捧回综合先进奖，同时荣获20个单项奖。

3 月

11日 省委常委、无锡市委书记杨卫泽率无锡市党政代表团到盐城考察。当天下午，代表团一行参观盐都区现代农业和风电装备制造产业的发展情况。

30日 东方汽车广场会展中心——永宁国际汽车城盛大开业庆典在盐都经济开发区举行。市委常委、秘书长戴元湖为汽车城开业鸣锣。永宁国际汽车城总投资2.5亿元，建筑面积4万多平方米，是全省最大、档次最高、功能最全的室内汽车展示销售中心，也是中国汽车贸易协会未来主办“苏北汽车博览会”的主会场。

4 月

3日 区委召开深入学习实践科学发展观活动总结大会。区委书记李纯涛出席并讲话，区委副书记、区长崔浩主持会议。

4日 财政部经济建设司司长李敬辉一行到华锐风电盐城产业基地调研指导工作。

同日 台湾知名人士周仲南到葛武镇郝荣村参观郝柏村故居、郝氏宗祠，并祭扫郝柏村父母墓。

8日 中国美国商会代表团到盐都区访问，并参观江苏悦达纺织集团公司。

12日 上海市闵行区与盐城市战略合作暨上海市莘庄工业区与盐城市高新

技术开发区合作共建上海闵行(盐都)工业园签约仪式在盐都举行。上海闵行区副区长程向民，市委常委、常务副市长陈正邦，区委书记李纯涛出席并在签约仪式上讲话。

17日 区政府机构改革动员大会召开。区委书记李纯涛作重要讲话，区委副书记、区长崔浩作具体安排，区委副书记周健云主持会议，区委副书记、组织部长顾其斌宣布区委关于人事任免的决定，区人大常委会主任俞途、区政协主席陈广平等出席。改革后的区政府机构由23个工作部门组成。

20日 南通市政协主席王德忠率领在盐城市考察特色园区建设的南通市政协考察团到盐都区参观考察华锐风电科技(江苏)有限公司。

25日 23个国家驻沪领事馆签证官员一行90多人在省外事办副主任黄新简、市外事办副主任刘光球等陪同下，到郭猛现代农业示范园观光考察。

27日 中国工商银行董事长姜建清一行到华锐风电产业园调研指导工作，姜建清对华锐风电科技(集团)股份有限公司排名列世界前三位表示赞赏。

5　月

5日 由省农委主任吴沛良率领的省委、省政府督查组到盐都区检查指导当前农业生产和农民增收工作。

6日 盐城市第二届文化产业博览交易会暨第三届文化产业招商推介会在盐都区举行。市委常委、宣传部长周德祥宣布开幕，副市长朱传耿，区委副书记、区长崔浩，区委常委、宣传部长陈雷及其他各县(市、区)分管负责人出席开幕式。本次文化产业博览会为期两天，安排文化产业项目招商推介、博览交易、文艺演出等多项活动。

14日 区政府决定组建盐都区校园保安大队，主要负责全区中小学、幼儿园安全制度制定、措施落实、机械配备、人员培训、工作督查、事件处置和责任追究等。

15日 全区领导干部"510"廉政教育大会召开。区委书记李纯涛出席并讲话；区委常委、常务副区长单永红传达市委书记赵鹏日前在盐都调研的主要讲话精神；区委副书记、组织部长顾其斌，区委常委、纪委书记方仕德，区人民检察院检察长张永娣分就做好领导干部报告个人有关事项、贯彻《廉政准则》、预防和查办职务犯罪工作提出明确要求。

29日 全区科级干部学习贯彻党的十七届四中全会精神培训班在盐都文化艺术中心举行。此次培训邀请省委党校教授、博士、科研处处长谈镇和市委党校教授、党委书记吴兴鹏就创新型经济、党的十七届四中全会精神解读作专题辅导报告。

6　月

1日 省人大常委会副主任、党组副书记柏苏宁一行到盐都就学习贯彻省委人大工作会议精神和中央及省委相关文件落实情况开展专题调研座谈，并视察潘黄镇人大代表之家。

5日 总投资3亿元的风电齿轮项目在张庄工业园区举行开工典礼。

8日 招商银行南京分行行长金毅率考察团到华锐风电盐城产业基地考察。

12日 全市秸秆综合利用现场会在盐都区举行。副市长陈还堂、各县(市、区)分管负责人及相关部门负责人出席会议。与会人员区长崔浩、副区长武炳光的带领下，实地观摩新区华翔再生能源开发公司秸秆收购加工点和大冈镇民生村秸秆机械化气化站等现场。

15日 全国第六次人口普查盐城市综合试点正式登记在潘黄镇跃进社区居委会启动。

24日 江苏剑桥涂装有限公司博士后科研工作站揭牌仪式在义丰镇举行。这是盐都区设立的第四家博士后工作站。区委书记李纯涛为工作站揭牌，区委副书记、组织部长顾其斌讲话。

25日 区慈善会第二届会员代表大会在盐都文化艺术中心召开，区四套班子领导和有关方面人士出席。会议选举产生区慈善会第二届理事会，区委副书记、区长崔浩当选为会长。

28日 全区隆重庆祝中国共产党成立89周年"华兴杯"、"双十佳"颁奖典礼在盐都文化艺术中心举行。

7　月

2日 省人民检察院副检察长葛晓燕到盐都区人民检察院检查指导工作。

6日 省农业发展银行行长石晶莹到盐都区调研夏粮收购资金信贷和结算工作。

7日 省质监局局长靳道强一行到华锐风电盐城产业基地调研指导工作，并就建设中的省风电装备检测中心有关事项进行现场会办。

15日 副省长何权到盐都区华锐风电产业园调研科技创新工作。省政府副秘书长朱步楼、省科技厅厅长朱克江随同。

16日 市委书记赵鹏、市长李强、市政协主席冯永农率全市服务业和城镇化"家家到"活动与会人员观摩盐都区服务业集聚区。

同日 "全国税务系统先进集体"授牌仪式在盐都地税局举行。区委常委、常务副区长单永红出席授牌仪式，并代表区委、区政府向盐都地税系统全体干部职工表示祝贺。

22日 由新疆伊犁州党委书记李湘林率领的伊犁州党政代表团到盐都华锐风电产业园参观考察。省政府副秘书长周游等陪同。

同日 国家人力资源和社会保障部副部长、国家外国专家局局长季允石一行到华锐风电盐城产业基地调研指导工作。

同日 举行步湖路二期、229省道拓宽改造工程开工典礼。此次步湖路拓宽改造二期工程郭猛段全长4千米，按一级公路标准设计，投资概算6000万元；229省道拓宽改造盐都段全长15.2千米，按一级公路标准设计，工程投资概算1.2亿元。

24日 国家环保部服务局局长陈悦才一行到大纵湖旅游度假区参观考察。

30日 区召开严打整治夏季战役动员大会。

8　月

1日 海峡两岸"经济·名车"论坛在东方汽车广场开幕。区委常委、常务副区长单永红出席并致辞，本次论坛由盐城鑫峰汽车贸易有限公司主办。

5日　广东省人大常委会主任、党组书记欧广源率考察团参观华锐风电盐城产业基地,省人大常委会副主任、党组副书记李全林等陪同。

同日　省委常委会研究决定，在全省20个经济比较发达的镇开展行政管理体制改革试点，将被赋予县级经济社会管理权限,本区龙冈镇名列其中。

6日　省委常委、苏州市委书记蒋宏坤率苏州考察团参观华锐风电盐城产业基地。

同日　本区随市团赴台湾考察招商取得预期效果。7月28日~8月6日,由区委副书记、区长崔浩,区委副书记、组织部长顾其斌，副区长刘源率领，组成赴台湾、香港2个考察招商分团,随市团先后开展一系列招商活动。这次活动先后签订面粉销售、精密制造、内港湖大型商贸、城西购物中心、港龙紫金城、港海明珠6个投资合作项目,协议总投资5.31亿美元。同时,还签订其他合作意向3个。

12日　举行“献爱心·圆梦想”盐都’2010困难大学生资助金集中发放仪式,区领导崔浩、俞途、陈广平等出席,部分企业负责人参加。49名贫困学子每人获得3000元~5000元不等的资助金,喜圆大学梦。

16日　区举行盐城市第一初级中学教育集团和盐城市第二小学教育集团揭(授)牌仪式。

27日　全区首家乡镇压缩式垃圾中转站在龙冈凤凰科技园投入运行。

9　月

1日　接群众举报,区安监局会同公安局等部门对区内城乡结合部一出租屋内私藏有大量烟花爆竹的非法窝点进行执法检查，当场收缴烟花爆竹近200箱，价值2万多元。

4日　全区推进反腐倡廉优化发展环境工作情况通报会在盐都文化艺术中心召开,区委书记李纯涛出席并讲话,区委副书记、区长崔浩主持会议,四套班子领导出席。

8日　区召开党群共建争优暨村级党组织换届选举工作部署会议。

同日　全区庆祝第26个教师节暨创建省义务教育优质均衡发展示范区动员大会在盐都文化艺术中心召开，区委书记李纯涛出席并讲话,区委副书记、区长崔浩主持,区四套班子领导出席。

13日　省人大常委会副主任李全林带领省人大通榆河水源保护代表建议督办工作组，到盐都区龙冈镇视察盐龙湖工程。

15日　国家风电标准技术委员会副主任委员、华锐风电科技(集团)股份有限公司董事长、总裁韩俊良察看华锐风电盐城产业基地建设情况。

同日　江苏恒力组合机床有限公司省级企业技术中心暨博士后科研工作站举行揭牌仪式。区长崔浩揭牌并讲话。

17日　无锡市政协主席贡培兴率驻无锡全国、省政协委员到华锐风电盐城产业基地参观。

19日　盐城、淮安和连云港三市作家协会组织36名作家诗人，到盐都区国家AAAA级风景区——大纵湖采风。

20日　区政府印发《关于大纵湖镇等部分镇(街道)行政区划调整的通知》(都政发[2010]113号),对部分镇(街道)行政区划作如下调整:一、撤销义丰镇、大纵湖镇,将原两镇所辖区域合并,设立新的大纵湖镇，镇政府驻义丰集镇人民中路103号。行政区划调整后,大纵湖镇辖6个居委会、20个村委会。二、将秦南镇的河夹、中徐2个居委会及略沿、连心、华府、周伙、大同、施湾、大成、陈祁8个村委会划归学富镇管辖。行政区划调整后,秦南镇辖3个居委会、16个村委会；学富镇辖4个居委会、16个村委会。三、撤销潘黄镇,以原潘黄镇的兆泉、大孙、跃进、美丽、旭日、东升、吴杨、杨坝、宝才、朱庄、何桥11个居委会及仰徐、新民2个村委会区域设立潘黄街道；将龙冈镇的丁晏居委会,郭猛镇的乔庄、黄刘2个居委会和吴徐、大李2个村委会划出,与原潘黄镇的方向、益民、孙吴、健仁、古亭、跃马6个居委会和北港、先锋、合心、蟒南4个村委会区域合并,设立盐龙街道。行政区划调整后,龙冈镇辖9个居委会、22个村委会；郭猛镇辖2个居委会、12个村委会；潘黄街道辖11个居委会、2个村委会；盐龙街道辖9个居委会、6个村委会。

21日　区委、区政府召开加快农村中心社区发展工作会议，区四套班子领导出席。会上通报本区部分行政区划调整方案,宣布有关人事任免事项。

25日　招商银行行长马蔚华一行到华锐风电盐城产业基地调研。

26日　全区打黑除恶工作会议在区行政中心3楼第三会议室召开。

28日　盐城科教城科技创新园基础设施建设开工仪式在盐都开发区举行。副市长张庆奎讲话并宣布开工，区长崔浩讲话,区四套班子领导出席。

29日　盐城市第三人民医院南院开业庆典在解放南路与新都路西北侧举行。市委副书记、市长李强和区委书记李纯涛共同为市三院南院揭牌。卫生部科教司司长于修成和市领导陈卫国、朱传耿、孙长春,区四套班子全体领导出席。庆典活动由区委副书记、区长崔浩主持。随后,区委、区政府在盐都文化艺术中心召开盐城市第三人民医院南院工程竣工总结大会，对市三院南院工程建设作出贡献的先进集体和先进个人进行表彰。

10　月

1日　坐落在新区世纪大道南侧红星美凯龙全球家居生活广场举行开业仪式。市领导李强、陈正邦,区领导李纯涛、俞途、陈广平等出席。副市长曹友琥讲话祝贺,区长崔浩致辞,中央电视台著名节目主持人赵普应邀主持。

7日　区委书记李纯涛主持召开区委常委扩大会议,他强调,提振信心、调优状态、大干四季度。

8日　省委政法委副书记、省综治办主任张新民、省委政法委政治部主任范洪涛一行到盐都调研村级综治办基础建设工作。

10日　盐龙街道办事处挂牌成立。

11日　区长崔浩主持召开区政府第二十七次常务会议，通报全区经济社会发展情况，听取主要经济指标冲刺四季度情况分析，通报2010年为民办实事工程进展情况汇报，讨论研究居家港老服务、成立残疾人服务中心和社会福利院相关工作。

12日　盐渎明城主体建筑竣工,正

处在外部总装修阶段。该项目总投资5.5亿元，建筑面积16万平方米，位于解放南路与新都路西南侧，是一座融商务会所、时尚购物、滨河餐饮、文化旅游为一体的仿明风格的古城。

17日　省委常委、组织部长石泰峰一行到潘黄街道仰徐村调研考察基层党建及组织工作。省委组织部副部长盛克勤随同。

19日　区委书记李纯涛会见到本区考察的台湾润泰创新国际股份有限公司总经理简沧圳一行，双方就寻求合作、共同发展进行交流。

26日　区委书记李纯涛会见到盐都区考察的陕西省国资委监事会主席、秦川机床工具集团有限公司监事会主席冯润田一行，双方就机床企业开展合作进行亲切交谈。

同日　全市重点镇工业化、城市化工作分片观摩推进会在张庄街道召开。

27日　区召开第九届村民委员会换届选举工作会议。

29日　世纪网通讯设备项目开工奠基仪式在盐都区通讯电子产业园举行，副市长谷家栋，区委书记李纯涛出席并致辞，深圳世纪网通信设备有限公司董事长、总经理李涛介绍项目情况，区四套班子领导出席，区纪委书记、盐城高新区通讯电子产业园党工委书记方仕德主持。

11　月

2日　省委组织部副部长刘国中到华锐风电盐城产业基地视察指导工作。

同日　英籍华人、著名文物收藏家赵泰来到盐都区考察正在建设中的“赵泰来藏品馆”，共商布展事宜，盐都籍名人、新华社原资深记者唐理奎等随同。当天，区委书记李纯涛会见赵泰来一行。

8日　昆山农村商业银行盐都支行开业。

9日　温州市委副书记、市长赵一德率温州市党政代表团参观考察华锐风电盐城产业基地。

13日　全国政协经济委员会副主任李荣融到盐都区调研。

15日　市委书记赵鹏、市长李强、市政协主席冯永农率领出席全市新特产业和服务业发展推进会的市四套班子领导、各县(市、区)负责同志，市有关部门负责人，观摩盐都区部分重点项目建设现场。

17日　中国邮政储蓄银行盐都支行开业。

18日　盐都区举行盐城市风电产业发展论坛暨推进会。市、区领导，来自境内外的客商代表以及各镇(区、街道)中心社区和区直部门主要负责同志参加。

22日　省委常委、宣传部长杨新力一行到盐都区视察盐渎明城项目建设情况。当晚，由省委宣传部、省文化厅、省文联主办，省演艺集团承办的“情暖深秋春满台园”专场晚会在盐都文化艺术中心举行。省委常委、宣传部长杨新力以及市、区有关领导观看演出。

24日　中科招商投资(基金)管理公司考察组一行到盐都区部分企业考察调研。

26日　省军区副司令员戴陆伟带领工作组一行，到盐都区检查指导征兵工作。

29日　区长崔浩主持召开区政府第二十八次常务会议。会议听取财税收入冲刺全年情况分析，研究乡镇机构改革工作和2010年城乡建设用地增地挂钩复垦工作，听取安全生产和消防工作情况汇报，讨论研究殡葬改革和慈善工作方案。

12　月

4日　镇江市委书记、市人大常委会主任许津荣率领镇江市党政代表团到华锐风电盐城产业基地考察。

8日　市委常委、常务副市长陈正邦，区委书记李纯涛一行赴韩国汉江，出席中国江苏盐都3个总投资8000万美元的韩资项目签约仪式。

9日　省政府副秘书长于利中率省消防安全督查组到盐都区检查指导消防安全工作。

9~10日　盐都区创建“全国社区中医药工作先进单位”顺利通过国家中医药管理局专家组评估验收，继南京市雨花台区之后，成为江苏省第二家、苏北首家“全国社区中医药工作先进单位”。

18日　五星级铂金国际大酒店暨商务中心在东方汽车广场开工建设。

25日　区委书记李纯涛在盐都会见盐城世钟汽车配件有限公司原总经理李丞馥一行，区有关领导和盐城世钟汽车配件有限公司总经理朴东摄会见时在座。

29日　盐城高新技术开发区举行盐城市新材料产业园奠基暨高性能纤维项目开工典礼。中国工程院院士、原纺织工业部副部长季国标、东华大学党委书记朱绍中，中国人民解放军总后勤部军需装备研究所所长金友发、中国航天三一0研究所所长董筱敏，市领导赵鹏，区领导李纯涛、崔浩等出席。此次率先入园开建的高性能纤维项目总投资10亿元，建筑面积10万平方米，计划新上20条高性能纤维生产线。

29~30日　区委十二届七次全体会议召开。区委常委主持会议。李纯涛、崔浩、顾其斌、穆芹、任连璋、陈雷、冯明印、方仕德、单永红在主席台就座。区委委员、候补委员出席会议，区人大常委会主任俞途、区政协主席陈广平列席会议。区委书记李纯涛受区常委会委托，向全会作区委常委工作情况报告，区委副书记、区长崔浩就《中共盐城市盐都区关于制定盐都区国民经济和社会发展十二个五年规划和建议(草案)》作说明，区委副书记、组织部长顾其斌就区委2010年度干部选拔任用情况作报告，通过《中共盐城市盐都区委关于制定盐都区国民经济和社会发展第十二个五年规划的建议》和《中国共产党盐城市盐都区十二届委员会第七次全体会议决议》。30日下午，区委十二届七次全体(扩大)会议在盐都文化艺术中心召开，区委书记李纯涛在会上作《坚持“双新”引领、推进快增快转、为提升小康水平打赢“十二五”开局而合力奋斗》的主题报告。

31日　据统计，盐城市盐都区2010年实现地区生产总值252.12亿元，按可比价计算，增长14.8%，人均地区生产总值35578元，增长18.3%；实现财政收入53.67亿元，增长58.4%；城镇居民人均可支配收入18032元，增长13.9%；在岗职工平均工资29767元，增长16.4%；农民人均纯收入9554元，增长14.3%。

盐都概况
General Situation of Yandu

·区情概要·

【位置面积】 盐城市盐都区位于江苏省中部偏东，地理坐标：北纬33°07′52″~33°25′22″，东经119°40′49″~120°13′22″，紧临盐城市亭湖区，最大纵距33.4千米，最大横距50.2千米，北、东北、东、东南与盐城市亭湖区相连，南隔兴盐界河与兴化市相望，西、西北与宝应、建湖两县毗邻。全区土地面积1045.5平方千米，耕地面积53433公顷，人口747525人（不含住亭湖区人口），区人民政府驻盐都新都，距省会南京290千米。

【地形地貌】 盐都区地形东西宽，南北窄，呈不规则的长条形。全区地势平坦，河网稠密。由于河流、海洋堆积程度的差异及人类开挖河道、兴修水利、改良土壤等经济活动影响程度的不同，地面呈现出一些低冈和洼地，形成局部微小的起伏。境内略呈东高西低，地面高程一般在1.8米~2.2米之间。串场河沿岸是全区最高处，地面高程2.8米以上；朱沥沟、仇垛河、直挺河以东为次高地，地面高程均在2米左右；西部湖荡地区是全区最低点，地面高程1.5米左右。区境属里下河平原地貌单元。平原上还分布有残存的古沙堤，俗称“沙冈”。

【土壤】 境内土壤分为水稻土、沼泽土两大类，其中水稻土分布面积最广，占耕地面积的90%以上，由于长期开发，土壤得到改造，有利于种植业、养殖业的发展。

【河流】 区境河网纵横交错，所有河流均属淮河流域。所有河流均属于里下河水系。客水从西南入境，向东北流出。境内主要河流为蟒蛇河，边缘河流为串场河。蟒蛇河源于区境西南大纵湖，到九里窑与新洋港相连，干流为自然河流，支流主要有朱沥沟、东涡河、冈沟河等，流域面积约640平方千米，覆盖区境西、中部大部分区域。区境河流水位变化受降水量和上游来水量以及新洋港等闸启闭的影响，汛期大致为每年6~9月，年最高水位一般出现在7月中旬~9月上旬，年最低水位，通常出现在冬、春或6月上、中旬，一般在1.5米左右，也有超过1.6米警戒线水位的年份。兴盐界河古殿堡站历年平均水位为1.9米，历年最高水位3.22米，大纵湖北宋庄站历年平均水位1.06米，历年最高水位为2.80米，串场河盐城站历年平均水位为0.98米，历年最高水位为2.66米。

【气候】 2010年全区的气候特点是：全区平均气温正常略高，年降水量正常略少，日照比常年值正常偏少，年内灾害性天气频发，大风、暴雨、强雷暴、寒潮等灾害性天气频繁出现对全年的农业生产有较严重的影响。平均气温为14.7℃，比常年略偏高0.3℃。其中：3月、4月、6月、10月平均温度比常年同期偏低，其余8个月平均温度较常年均有不同程度的偏高。全年极端最高气温为36.7℃，出现在8月1日；极端最低气温为-8.8℃，出现1月31日。年降水总量为968.2毫米，与常年相比正常略偏少。总降水日数为106天，一日最大降水量为76.0毫米，出现在9月10日。日照与常年相比偏少，年总日照时数为1987.1小时，比常年正常偏少。6月17日入梅，7月18日出梅，梅雨期32天，梅雨量为100.9毫米，降水呈间歇性、过程性、短时降水强度大的特点。

重要天气事件及其影响：（1）大雾：2月8日、9日和23日，3月中、下旬3月14日和31日分别出现的大雾或浓雾天气，对交通产生一定的影响；6月15日、19日、23日全区出现浓雾天气，大雾持续时间较长，尤其是15日，大雾持续一整天，对交通影响较大，同时对人体健康也有轻微影响。（2）寒潮：1月20日至22日，2月9至13日及25至26日，11月24日夜里至26日，12月2至3日、6至8日、10至11日、13至15日、23至25日、29至31日全区出现大风降温，降雨天气过程，1月20~22日48小时内最低气温下降10度以上，11月24日夜里到26日出现5~7级的偏北大风，25日到28日48小时最低气温下降幅度达到8℃以上。12月6至8日和13至15日两次过程达到寒潮标准。（3）降雪：2月11、14日降雪并形成积雪，雪深最大为1.5厘米，为近几年来罕见。（4）旱情：自12月16日至1月底降水异常偏少，这段时间总降水量竟为0.6毫米，严重影响农作物的生长速度。6月，雨带偏南，主要分布在北纬30度及其以南地区，本地雨量偏少，全区大部分地区出现中等程度的气象干旱，对夏种和农作物生长影响较为严重。11月除13~14日受高空槽影响出现弱降水天气，其余以晴好天气为主，全区降水量异常偏少。而恰逢秋播，农业用水需求明显，使得全区大部分地区出现中等强度气象干旱。（5）浮尘：3月20、21日出现浮尘范围较大、强度较强、满天灰尘，历史罕见。（6）大风：4月28日夜，义丰临近的学富站瞬时最大风力达24.9米/秒（10级），义丰倒塌蔬菜大棚20架，损失50万元。（7）强雷电：受高空槽和逆温层的共同作用，2月9日早晨全区大部分地区出现2010年首次雷雨天气。6月18日全区出现局地强对流天气。8月1日、4日、5日、6日、15日、23日发布雷电黄色预警，8月2日、14日发布雷电橙色预警。9月10日全区遭受强雷电影响，义丰镇一间房屋遭受雷击，损坏多件家用电器，及房屋1间，直接经济损失近一万元。（8）高温：6月30日全区出现35度以上的高温天气，是入夏以来的首个高温日。7月有6天出现高温，7月30日发布高温黄色预警。高温日数较多，对人体健康影响较大，对能源的消耗过多，对水资源的积累也不利。8月有9天出现高温，8月11日发布高温黄色预警。高温日数较多，对人体健康影响较大，对能源的消耗过多，对水资源的积累也不利。（9）初霜：11月16日最低气温2.9℃，出现初霜。（10）强降水：9月10日出现强降雨，雨量达76.0毫米，多处地区积水。（11）台风：9月上旬冷暖空气活动频繁，加上台风影响，出现暴雨、大风天气。9月2日、3日、8日、10日均出现较强降水，未出现灾情。（孙 莹）

【自然资源】 境内有丰富的土地资源和水资源，地势平坦，土地肥沃，河湖密布，适宜农、林、牧、副、渔综合开发和全面发展。据区统计局2010年统计年鉴，全区土地面积1045.5平方千米，其中耕地53433

公顷。境内湖荡、河沟纵横交错，水资源比较丰富，素有“鱼米之乡”之称。年降水量为1120.7毫米。除蒸发、作物吸收及下渗入土以外，约有25%成为地表径流，排入河沟。境内已发现的矿产资源主要有黄沙、砖瓦粘土、高硅土等，其中高硅土分布在郭猛镇境内，可作保温制品原料。境内野生动物资源中，鱼纲类有鲤鱼、鲫鱼、乌鱼、鳊鱼等30多种；爬行纲类有龟、鳖、蛇等20余种；鸟纲类有野鸡、野鸭、鹰、雀等30余种。哺乳纲类有野兔、刺猬、鼠等10余种。另有野生无脊椎动物数十种。野生植物资源较为丰富，有数十科几百个品种，分布在田间、河边、滩地，用于农牧渔业生产、手工编织及治疗疾病。

【建置沿革】 区境在商周时为“淮夷地”。春秋时始属吴，后属越，战国时属楚。西汉元狩四年(前119年)，始设盐渎县(一说元狩四年前置)。东晋安帝义熙七年(411年)，改盐渎县为盐城县。北齐于此设射阳郡，陈时改为盐城郡。隋末，韦彻起义据此置射州。民国22年(1933年)，江苏省于盐城设行政督察区，后改为盐城区。1936年，又改为第六督察区，盐城县先后隶属之。1940年10月，盐城县成立抗日民主政府。1946年4月，改盐城县为叶挺县。1949年4月复名为盐城县。自1940年10月后，盐城县先后隶属盐阜区、盐阜分区、苏皖边区第五行政区、苏北盐城行政区、苏北盐城专区、江苏省盐城专区、江苏省盐城地区。1983年初，实行市管县(区)体制，盐城为省辖市，盐城县撤销，盐城镇成立盐城市城区，其余乡镇为盐城市郊区。1996年9月，国务院批准撤销盐城市郊区，设立盐都县，隶属盐城市。2004年初，国务院批准撤销盐都县，设立盐城市盐都区，仍隶属盐城市。

【行政区划】 2010年底，全区共有建制镇8个、2个区(新区、职教园区)、4个街道办事处(新都、张庄、盐龙、潘黄)、7个中心社区，188个村、69个居委会、3个管理区、1248个村民小组。

【交通】 区行政中心以西4千米有宁靖盐高速公路，90千米有京沪高速公路；以南4千米有盐徐高速公路；以东2千米有204国道，6千米有新长铁路，10千米有盐通、盐连高速公路，13千米有盐城机场，50千米有大丰港、70千米有射阳港，204国道东侧还有国家三级航道通榆河。经高速公路驱车到达南京只需2.5小时、上海3.5小时、北京10小时，铁路南接京沪线和宣杭铁路，北接陇海线，除开通货运外，还开通南通至淮安、连云港至南京、泰州至成都、兰州、哈尔滨、青岛，南通至北京、太原以及扬州至四方、成都的往返客运列车。国内航线开通北京、广州、温州、南通往返航班，国际航线开通韩国首尔航班。除此，境内还有盐淮、盐兴、盐金省道公路和盐邵、盐宝线和兴盐界河等级航道。镇村公路普遍实施黑色和硬化工程，公路网四通八达。

【旅游景点和人文景观】 境内主要旅游景点和人文景观共有11处，分别为：大纵湖旅游度假区、龙冈华都森林公园、新区世纪公园、大纵湖清代书法家宋曹祖居、北龙港明代翰林院大学士朱升墓、潘黄名人徐铎园、大纵湖名人郑板桥教书馆、郭猛名人沈拱山墓、秦南宋泽夫烈士塑像园和墓园、龙冈胡乔木故居、龙冈现代草书书法家胡公石墓、葛武原国民党台湾“行政院长”郝柏村旧居。

【土特产品】 境内土特产品主要有：大纵湖清水大闸蟹，北龙港青虾、荷藕、无铅松花皮蛋，龙冈茌梨、鸭梨、柳编制品，葛武嫩姜片，学富腊香鹅，秦南水牛肉，潘黄龙须粉丝、豆制品，义丰茭菰，尚庄蕃茄，郭猛花卉，张庄绿田牌葡萄等。

(年鉴编辑部)

·经济和社会发展综述·

【概述】 面对复杂多变的经济形势，全区上下紧紧围绕“转型升级、提速增效”发展主题，进一步抢抓沿海开发、长三角区域一体化等重大机遇，突出“2、6、10”工作重点，推进项目建设，坚持自主创新，优化发展环境，调整产业结构，做大做强新兴产业、培育提升特色产业，保障经济运行质量，全区经济呈现健康快速的良好发展态势。

【国民经济继续较快增长】 地区生产总值实现250亿元，占计划100.4%，增长15.5%；其中一产增加值30.9亿元，占计划100.3%，增长2.5%；二产增加值137.1亿元，占计划100.4%，增长17.3%；三产增加值82亿元，占计划100.5%，增长14.5%；三次产业比例为12.4:54.8:32.8，结构进一步优化。

【工业经济快速增长】 规模以上工业企业达到457户，实现规模工业增加值112.8亿元，增长17.8%；30强和30家成长型工业企业实现开票销售100.5亿元、入库税金5.25亿元，分别增长62.7%和38.8%，分别占定报企业总量的72.3%和77.8%。完成建安总产值100亿元，建筑业增加值26.3亿元，新增有资质企业14家，资质晋级11家。

【服务业经济提速发展】 完成社会消费品零售总额106.6亿元，增长18.6%；规模以上服务业投资67亿元，增长26%。现代物流业加快发展，华晓医药物流营业收入超11亿元、神龙物流超2.5亿元；商贸流通业经营兴旺，红星美凯龙营业收入超3亿元、永宁国际汽车城超1亿元；旅游业形势良好，大纵湖旅游度假区、华都森林公园等景区人气日趋旺盛，接待游客146万人次，实现收入1.77亿元；宾馆餐饮业稳步增长，驿都金陵大酒店实现营业收入8500万元；房地产市场稳中有升，销售总额25亿元，比去年略增。盐城科教城、东方汽车广场、城西南现代物流园区、新区商务商贸区四大服务业集聚区建设积极推进，完成投资17.5亿元。

【农业经济平稳运行】 全区粮食总产取得“七连增”，畜禽规模养殖比重提高6%以上，新造成片林2.06万亩，绿色通道216千米；新增高效农业面积10.5万亩，其中设施农业面积2万亩，新培植“一户一棚”农户11270户，累计高效农业面积32.8万亩，覆盖率达40%。渔业总面积12.5万亩，高效渔业面积占93.2%；规模龙头企业达110家，农民专业合作组织发展到501家，新注册农产品商标20件，新创无公害农产品6个，绿色食品2个。

【外向型经济形势喜人】 完成注册外资实际到帐1.2亿美元，占计划106.1%，增长36.7%，提前一个季度完成全年任务；其中日韩港台11040万美元，占计划102%；协议注册外资26500万美元，占计划133%，同比增长177.8%。实现自营出口18516万美元，占计划112.2%，增长39.6%，新批外资项目45个，其中3000万美元以上项目2个。

【财政收入跃上新台阶】 实现财政总收入53.1亿元，占预算106.2%，增长74.1%；一般预算收入24.4亿元，占预算110.8%，增长58.8%；财税超亿元板块达到17个，纳税超千万元企业增加到40家。

（蒋焱鸿）

·民主法制建设·

【概述】 区人大常委会始终把实施依法治国战略、发展社会主义民主政治放在突出的位置，采取普法教育与规范执法、代表视察与调研审议、指导与督查相结合的办法，充分发挥依法治区主导作用，推进全区民主与法治建设的进程。

【扩大人民民主】 继续开展代表接待选民日活动。全区全年各级人大代表共接待选民1142人次，收集选民意见867条，答复率100%，已经解决和正在解决的达81%。继续开展代表向选民述职活动。年内有341名区镇代表向选民述职，目前向选民述职的区代表已有184名、镇代表647名，占代表总数的69.6%。

【督办代表建议】 区十四届人大三次会议期间，收到代表建议和意见101件，常委会认真进行整理分类，及时召开交办会议，层层统一思想，明确办理要求。为提高办理质量，常委会分管领导带队组成督查组，深入到承办单位进行督办检查，促使一批人大代表关注的意见、建议得到解决。全年代表建议办成62件，办成率61.4%，答复率100%。为切实办好《关于进一步推进教育均衡》的议案，常委会年初审议议案处理意见报告，年中跟踪督办进度，年底听取落实情况汇报。在政府及有关部门的努力下，教育均衡发展取得阶段性的成果，盐都成为全市唯一入选的首批创建省义务教育优质均衡改革发展示范区。

【维护法制统一】 结合盐都实际，在充分调研、论证的基础上，制定出台《盐都区人大常委会关于规范性文件备案审查的实施办法》，严格备案审查工作程序。年内，常委会依法对两件规范性文件进行备案审查。

【推进“五五”普法】 2010年是“五五”普法的最后一年，常委会参与区“五五”普法验收工作，督促区政府制定“六五”普法方案。常委会举办《选举法》和《代表法》讲座，区政府领导、各部门负责人、区人大常委会组成人员和300多名区镇人大代表听取讲座。

【开展执法检查】 常委会组织开展《气象法》执法检查，主任会议对《劳动法》、《科技进步法》贯彻实施情况进行专题审议，配合省、市人大对《妇女权益保护法》、《残疾人保障法》开展执法检查，促进相关法律法规在全区的贯彻实施。

【加强司法监督】 常委会分别审议视察区检察院、公安局、法院执法规范化建设工作，进一步提高“一府两院”依法行政、公正司法水平。常委会还听取审议社区矫正工作情况的汇报，主任会议专题审议民事行政检察工作情况的汇报，推进“平安盐都”、“法治盐都”建设，为经济发展营造稳定和谐的社会环境和公正高效的法制环境。根据市人大统一要求，组织开展“千名代表评百案”活动，促进审判工作的公正规范。

（陈浩芳）

·精神文明建设·

【概述】 全区精神文明建设全面贯彻落实党的十七大和十七届三中、四中、五中全会精神，以邓小平理论、“三个代表”重要思想和科学发展观为指导，以创建文明城市、提升公民道德素质为重点，依托各类精神文明创建载体，开展一系列精神文明创建活动，取得显著成效，为盐都连续五年获全市经济和社会事业绩效考核综合奖奠定坚实的基础，为“双新”盐都建设提供强大的精神动力、舆论支持和思想保证，2010年度再次获全市目标任务绩效考核精神文明建设单项奖。

【抓住文明城市创建提升公共文明指数】

作为大市区的建城区，全区在巩固省级文明城市创建成果的基础上，把提高文化品位，改善城市环境，完善城市功能，提高生活质量，推动经济发展作为年度工作重点，在加大硬件投入和建设的同时，通过扎实有效的创建活动，营造积极向上的人文环境、安居乐业的生活环境、可持续发展的生态环境。弘扬新时期盐都精神，不断提升全区文化软实力。面对市文明城市创建工作，从实际出发，不断强化广大干群“城”的理念，“区”的意识，坚持把创建文明城市与建设经济强区一并纳入“双新”目标，把文化理念和盐都精神植入各项工作，引领打造“创业、宜居、水绿特色的现代化新城区”和“富庶、文明、田园秀美的城镇化新农村”，为盐城“四城同创”作出积极贡献。惠民利民，推动文明城市基础形象刷新。明确各相关部门工作职责，积极开展城市环境卫生、户外广告、交通秩序等专项整治活动。牵头组织工商、卫生等8个部门组成文明市场专项工作组，对马路市场进行专项整治；投资6亿元兴建一座融古典与现代、文化与商业为一体的明代风格——盐渎明城，被称着为“文化产业综合体，城市发展新名片”；新建城南最大的新诚室内农贸综合市场；积极培树星级文明市场，红星美凯龙全球家居生活广场成为市级五星级市场，新高力家居港成为苏北唯一一家省级五星级市场，为盐阜人民提供超值享受的同时，也带动全市家居装饰经营产业的战略升级，推动全市现代服务业实现新的跨越。开展“迎世博迎亚运讲文明树新风”活动。根据中央、省、市文明办《关于深入开展“迎世博迎亚运讲文明树新风活动”的通知》统一部署，结合全区实际情况，区文明办、公安局、住建局、交通局、总工会等多个部门联合行文在全区客运行业深入开展“迎世博迎亚运讲文明树新风”活动。以迎接世博会为契机，积极组织全区广大干群参与“迎世博迎亚运”文明短信

创作等活动。通过报纸、电视、网络、手机短信等多种载体，横幅、电子显示屏、广告牌、橱窗等阵地，大力倡导"爱国守法、明礼诚信、团结友善、勤俭自强、敬业奉"的基本道德规范，攻坚克难加速赶超，为盐都争当全市发展排头兵打造"精、气、神"。结合文明城市测评，提升公共文明指数。结合新一轮文明城市测评工作，积极开展市民公共文明指数测评和幸福指数调查活动，分解文明城市创建工作任务，科学管理，立项推进，不断推进文明城市建设向广度和深度发展，为盐城"四城同创"作出积极贡献。

【拓展文明创建内容推动活动转型升级】在机关，积极开展"创先争优"活动，引导广大党员干部把进位争先作为应有的精神状态，把"全市争第一、全省创一流"作为自觉追求，提升标杆鼓舞斗志，以诚信的品格、务实的作风、创新的锐气和奋进的激情，投入到全面小康和"双新"盐都建设中去。在行业，开展文明行业"三赛三比"活动。通过比信用度，赛服务零投诉；比规范度，赛工作零缺陷；比满意度，赛办事零差错的"三赛三比"活动，提高文明参创行业整体水平和服务质量；开展了文化产业招商与服务"四个一"竞赛活动(即：读一本文化产业相关书籍；举办一次文化产业讲座；为文化产业发展献一策；招引一个文化产业项目，通过"家家到"现场会、推进会)在企业，开展"诚信单位"争创活动。通过开展"百城万店无假货示范街（店）"、"消费者满意单位"、"诚信企业"等实践活动，切实加强诚信盐都建设，提高盐都诚信服务水平，树立盐都企业在国内外市场中良好的信用地位和声誉。在农村，以"百星耀农家，共建新家园"为主题，拓展、延伸"十星级文明示范户"评比活动，通过选树"百姓明星"，在广大群众中兴起学习先进、争创先进、赶超先进的热潮，努力使农户在参与中感受文明、享受文化、接受教育。在社区，通过举办"小区是全家，建设靠大家"系列活动，倡导"市民文明行为"，提升市民文明素养。在学校，通过组织开展"争做合格小公民"、"少年志愿者"、"道德伴全成长，争做时代新人"等活动，开展"十佳励志少年"活动等，引导未成年人养成良好的道德品质和文明行为。在全区，开展各类志愿者服务活动，全区17个（镇、区、街道、中心社区）均建立文明志愿者服务组织，37个文明参创行业成立志愿者工作站，注册志愿者已经2万人。

【多措并举扩大典型示范效应】组织全区广大干群学习双五十人物和市道德模范、"十佳文明新事"的先进事迹，并在盐都热线和盐都电视台开设专栏，通过组织集中收看电视专场报告会，开展"学习道德模范，争当文明使者"、"我推荐、我评议身边好人"等方式，充分发挥道德模范的激励、示范、凝聚效应，提升市民文明素质和城乡文明程度。

【继续评选表彰"十佳文明新事"】大力加强社会主义公民道德建设，践行科学发展观，强化典型示范，普及核心价值理念。全区连续17年开展"十佳文明新事"评选活动。2010年度"十佳文明新事"评选活动，最终"勇救落水儿童——王佳丽王佳丽"、"警营爱心大使——陈连红"、富村富民写大爱——王文祥、情系社区献余热——张炳富、传承剪纸育新人——单立堂、用爱撑起一片天——朱翠宏、"大医献仁爱、真情暖民心——市三院'百名医疗专家进社区、进企业'大型义诊活动"、微笑润心田、服务心贴心——宋艳彬、恪尽职守、热心公益——邵华、"青年网络展风采——乔志云"10件新事当选。大纵湖镇党委、郭猛镇党委、潘黄街道党委、北蒋镇党委、新都街道党委、新区党工委、区交通运输局党委、区公安局党委、区教育局党委、黄海农商银行党总支10个单位获"组织奖"。同时,助人为乐的乐绍琪、地税铁人陆汉林、身残志坚的王金明3人当选为盐城市第二届道德模范。

【推进励志少年阳光工程】 开展盐都区第二批"十佳励志少年"评选表彰活动,深入挖掘全区各中小学中涌现出的先进典型和优秀事迹,用先进的典型感召、激励广大学生刻苦学习、勇于实践、励志成才,在全区各学校中努力形成"学模范,争先进"的良好氛围。六一期间,区文明委在盐都区文化艺术中心隆重举行"情暖花季·盐都区第二批'十佳励志少年'颁奖典礼"。区四套班子主要负责人参加此次活动,活动的影响力和震憾力作用空前,得到省、市领导充分肯定。《盐城宣传》刊发题为《创树品牌情暖花季——盐都区评选"十佳励志少年"打造未成年人成长的绿色空间》的经验文章。

【申报推荐文明创建先进集体】 尚庄、大冈、大纵湖、潘黄4个镇(街道)获2007~2009年度省级文明镇荣誉称号,国土系统、国税系统、地税系统、工商系统、公安系统、审计系统、民政系统、质监系统、药监系统、物价系统、气象系统、财政系统、航道系统、黄海农商银行14个行业获2007~2009年度省级文明行业荣誉称号,区地税一分局、区国税一分局、行政审批服务中心、盐都工商局新都分局、区地税六分局、楼王国土所、市一中、市三院、楼王供电所9个单位获2007~2009年度省级文明单位荣誉称号,潘黄镇宝才居委会、潘黄镇仰徐村、秦南镇泾口村、龙冈镇毓龙居委会、大纵湖镇北宋居委会5个村(居)获2007~2009年度省级文明村(居)荣誉称号,新都街道娱乐社区获2007~2009年度省级文明社区荣誉称号;新区、尚庄、大冈、大纵湖、北蒋、潘黄、学富、楼王、郭猛、秦南、龙冈11个镇(区、街道)获2010年度文明镇(街道)荣誉称号,区国土系统、国税系统、地税系统、住建系统、公安系统、民政系统、环保系统、文广新系统、粮食系统、兴都农电系统10个系统获2010年度文明标兵行业荣誉称号,区行政审批服务中心、质监局、药监局、审计局、教育局、科技局、水务局、城管局、市三院、黄海农商银行、江苏中联电气股份有限公司、盐淮米业有限公司12个单位获2010年度文明标兵单位荣誉称号,受到区委、区政府表彰,新日月·翠洲嘉园、新都花园2个小区获2010年度文明小区荣誉称号。

【开展"服务'三农'大篷车"活动】 整合资源,启动富民直通车。通过"大篷车"月月行、家家到,开展服务"三农"活动,每月活动至少2次以上。丰富内容,打好惠民组合拳。文艺下基层"三百"工程,"欢乐农家"文化广场、"影教育人工程"等一批文化活动品牌深入人心,区农林局、工商局等单位开展"服务'三农'大篷车、放心农资下乡进村"3·15楼王大型广场宣传服务活动,把优质放心农资送到乡村,引导生产经营者诚信经营,维护农资市场秩序,保障春耕生产顺利进行。提升效能,编织安民保障网。创新机制,唱响亲民四季歌。11月19日,组织开展"乡风文明环省行"学富农村集市行,把关注农村、支持农业、改善农民生活作为活动的出发点和落脚点,着力让文明创建成果惠及广大群众,受到广大农民群众的热烈欢迎。每次活动都要求参与活动的人员提交"四个带回",年内,结对共建193户,结对企业125个,共解决群众关心的热点和难点问题366件,为农民送科技图书20000多册,为广大农民群众现场发放农业实用技术光盘和宣传资料等50000多份,有7000多人次参加有奖知识问答,服务农民10万人次。"服务三农大篷车盐都文明月月行"品牌获得盐城市文明委2010年度"十佳文明新事",12月又被省文明办评为全省农村精神文明建设工作创新案例。

【开展机关服务"创星级、树品牌"活动】

全区以优化经济发展环境为目标,解决机关作风建设中的突出问题,发挥机关在服务项目、服务企业、服务基层的表率作用,在全区机关广泛开展"创星级、树品牌"活动。在机关服务中植入"品牌"理念,打造一批主题内涵深、工作措施硬、群众反响好的服务品牌,促进机关效能提速、机关服务创优。区药监局创树的"全方位服务、全天候监管"、区人社局创树的"阳光保障、造福民生"、区质监局的"用心服务、以质取胜"等品牌被评为机关服务"十大服务品牌"。盐都行政审批中心、区检察院、区工商局等单位的文化墙主题鲜明、个性突出,成为"文明盐都"的一道道亮丽风景线。

【启动实施NIME工程】 自8月底启动实施NIME工程(Newspaper In Moral Education的缩写),即报纸参与未成年人思想道德教育。在《盐都报道》开设"教育广角"专栏,栏目设置和内容架构贴近校园、贴近学生生活,有新人新事新风尚、点击精彩、励志少年、下课铃响了、小记者习作、心灵导航、求学经纬、专家评点、教育快报、特别策划等,每周一期,全年共出刊10期。编辑领导小组还定期开展全区NIME工程学校"家家到"座谈推进会,不断改进和加强工作,切实将实事办到实处。

【打造未成年人健康成长的绿色空间】

结合全区实际,发扬传统特色项目优势,以"做一个有道德的人"为主线开展"七彩的夏日"、"缤纷的冬日"、"我们的节日"、中华经典诵读等系列活动。开展"爱心包裹"捐赠活动,在全区掀起了"寄一份包裹,送一份关爱"的热潮。组织文明行业(单位)开展结对助学行动,积极为未成年人办实事,帮助特困学生完成学业。牵头组织文广新局、工商局、公安局、城管局等部门开展"雷霆行动"、"红盾护蕾"等专项行动,以互联网、网吧、荧屏声频、书刊音像、校园周边环境净化治理为重点,坚决打击淫秽色情、低俗内容在网络和手机上的传播,坚持疏堵结合、标本兼治,深化"阳光网络伴我成长"主题系列活动,积极推动绿色上网、文明上网,进一步净化社会文化环境,以实际行动加强和改进未成年人思想道德建设工作。

(唐 玲 程立宏 王 萍)

·组织机构及领导人名录·

中共盐城市盐都区委员会

书　记　李纯涛
副书记　崔　浩
　　　　周健云(女)
　　　　顾其斌
常　委　李纯涛　崔　浩
　　　　周健云(女)
　　　　顾其斌
　　　　穆　芹(女,12月免)
　　　　任连璋　陈　雷
　　　　戴荣江(2月免)
　　　　冯明印
　　　　魏彧晖(12月免)
　　　　方仕德
　　　　单永红(2月任)
　　　　陈志会(12月任)
　　　　周　勇(12月任)

办公室

主　任　孙万青
副主任　卞爱群(4月任)
　　　　商兆鑫
　　　　唐小荣(1月免)
　　　　吕明光(8月免)
　　　　孔　军　徐金文
　　　　朱宏亮(1月免)
　　　　唐高明(4月免)
　　　　宋　江(1月任,9月免)
　　　　戴玉华(9月任)
　　　　吴以军(9月任)

政策研究室

主　任　徐金文(1月任)
副主任　吴以军(1月任)

保密局

局　长孔军(6月任)

台湾工作办公室
(区政府台湾事务办公室)

主　任　张宗煜
副主任　陈立存
　　　　许金山(1月任)

信访局

局　长　戴玉华
副局长　崔学祥
　　　　戚师军(9月任)
　　　　曹长勇
　　　　刘光坚
　　　　周建琴(女,1月任)

机要局

局　长　胡卫成

档案局(馆)

局(馆)长　商兆鑫
副局(馆)长　杨晓华　夏　峰
　　　　　　吴登才(1月任)

组织部

部　长　顾其斌
副部长　王益林
　　　　唐锦涛
　　　　黄约波

社区工委

书　记　黄约波
副书记　刘志贵
　　　　胡永生

企业工委

书　记　唐锦涛
副书记　曹　阳
　　　　明庆国(1月任)

组织员办公室

主　任　邓　华(12月免)
副主任　曹　勇(1月任)

机关工委

书　记　唐锦涛
副书记　仇养志(4月免)
　　　　刘开东(6月任)

宣传部

部　长　陈　雷
副部长　王迎春
　　　　唐　玲(女)

精神文明建设委员会办公室

主　任　唐　玲(女)
副主任　蔡金宏
　　　　乔立群(4月任)

新闻信息中心

总　编　陈　雷(兼)
执行总编　贺寿光
副总编　王迎春(兼)

统战部

部　长　张荣銮(女)
副部长　桂永跃(4月任)

农村工作办公室

主　任　王安根
副主任　王道富(4月免)
　　　　陈保国(兼任农村集体资产办主任,1月任)
　　　　何道俊
　　　　李　宏(1月任)
　　　　郑如素(4月任)

编　办

主　任　卞爱群(4月任)
　　　　王益林(4月免)
副主任　季东标(1月免)

政法委员会

书　记　穆　芹(女,兼任综治委主任、区社会矛盾调处中心工作领导小组组长)
副书记　蒋映晖　李红杉

社会治安综合治理委员会办公室

主　任　蒋映晖
副主任　周　军　尹志坚

老干部局

局　长　徐洪宇(女,10月免)
　　　　蒋跃东(10月任)
副局长　倪建平
　　　　孙　帅(1月任)

党　校

校　长　陈广平(1月免)
　　　　顾其斌(1月任)
常务副校长　朱　芳(女,10月免)

陈明生(12月任)

副校长　陈明生(10月任,12月免)

周　刚

党史工作办公室
(地方志编纂委员会办公室)

主　任　王长江(12月免)

王顺友(12月任)

副主任　秦宁丰(女)

薛　钧

盐城市盐都区人大常委会

主　任　俞　途

党组书记　俞　途

副主任　沈光吼(兼任党组副书记)

谭庚山　武进甲

常雨春

办公室

主　任　顾学闯

副主任　陈荣豹

研究室

人事代表工作委员会

主　任　辅先林

内务司法工作委员会

主　任　张传林(1月免)

沈国亮(1月任)

副主任　沈国亮(1月免)

陈浩芳(女,1月任)

社会事业工作委员会

主　任　周金松

副主任　陈永梅(女,1月任)

财政经济工作委员会

主　任　张传林(1月任)

副主任　童爱勤(1月任)

农村工作委员会

主　任　万荣航(4月免)

王瑞平(4月任)

盐城市盐都区人民政府

区长、党组书记　崔　浩

副区长　戴荣江(兼任党组副书记,2月免)

陈卫红(女,2月免)

单永红(2月兼任党组副书记)

冯明印　黄正桂

武炳光　张瑞卿

段学标

刘　源(2月任)

办公室

主　任　徐永生

副主任　吴正龙(1月免)

吕明光(8月免)

吕洪明　沈曰明

李志超

陈明生(10月免)

王玉平

戴玉华(9月免)

宋春桥

张盛山(9月免)

徐文才

宋厚实(9月免)

徐启楼(2月任)

宋　江(2月任,9月免)

张步森(2月任)

张正红(2月任)

周友根(1月任,10月免)

纪检组长　王秀娟(女,4月免)

徐文才(10月兼任)

外事办公室

主　任　吕明光(4月免)

副主任　许宗元(4月免)

外事与侨务办公室

主　任　吕洪明(2月任侨办主任,4月任)

副主任　许宗元(4月任)

吴成平(4月任)

接待办公室

主　任　吕明光(8月免)

副主任　吴成平(4月免)

许宗元(4月免)

法制办公室

主　任　王　荣

人防办公室

主　任　吴　曙(4月免)

邢美山(4月任)

副主任　徐　斌(2月任)

胡德军(12月任)

电子政务中心

主　任　王业先

老龄工作委员会

主　任　戴荣江

副主任　徐永生　唐锦涛

任连义　孙发金

王秀娟(女)

行政审批服务中心

主　任　张盛山

副主任　徐正亚　王小华(9月任)

民族宗教事务局

局　长　姚　天(1月任)

副局长　陈玉堂

旅游局

局　长　吕明光

副局长　崔长顺(4月免)

徐建华

机关事务局

局　长　宋厚实(4月免)

副局长　倪益翔(4月免)

夏长秀(女,4月免)

肖　琴(女,4月免)

陈乃清(2月任,4月免)

区级机关服务中心

主　任　宋厚实(4月任)

副主任　陆春网(8月任)

倪益翔(4月任)

夏长秀(女,4月任)

肖　琴(女,4月任)

陈乃清(4月任)

倪才春(12月任)

接待办公室

主　任　陆春网(8月任)

发展和改革委员会

主任、党组副书记　郝汉金
党组书记　孙锡元(4月免)
副主任　苏竹林(6月免)
　　卞金信　单永贵
　　杨中亚(兼区招标投标采购服务中心主任)
　　万光清(4月任)
　　吴金翥(4月任)
党组副书记　董必阳(12月任)
纪检组长　梁家淮(1月任)

粮食局

局　长　万光清
副局长　文光晖　王　健
　　施金堂(9月免)
　　蔡永香　谷　林
党委副书记　万光清　郑国春
纪检书记　蒋粉山(9月免)

物价局

局　长　吴金翥
党组书记　唐发成(4月免)
　　陈保林(11月任)
副局长　朱加根　黄　伟
　　史龙存　蔡兆元
党组副书记　吴金翥
纪检组长　曾有为

经济贸易委员会

主　任　徐洪顺(兼任党委副书记,4月免)
副主任　范大升(兼任中小企业局局长,4月免)
　　邵亚东(4月免)
　　朱　静(女,4月免)
　　方正权(4月免)
　　祁大森(4月免)
　　韦　忠(4月免)
　　张　伟(2月任,4月免)
纪检组长　刘善明(4月免)

经济和信息化委员会

主　任　徐洪顺(兼任党委副书记,4月任)
副主任　邵亚东(4月任)
　　仇兆群(12月任)
　　朱　静(女,4月任,6月免)
　　方正权(4月任)
　　祁大森(4月任)
　　韦　忠(4月任)
　　张　伟(4月任)
　　浦俊鹏(12月任)
纪委书记　成文军(4月任)

安全生产监督管理局

局　长　孙云华
副局长　成金龙　曾瑞平
　　范玉尧　龚福柏
　　成　刚(2月任)

城市工业局

局长、党委书记　张丽华(女,4月免)
副局长　潘留远(4月免)
纪委书记　丁楼山(4月免)

城市工业办公室

局长、党委书记　张丽华(女,4月任)
副局长　潘留远(4月任)
纪委书记　丁楼山(4月任)

建设局

局　长　吴　曙(4月免)
党委书记　刑美山(4月免)
副局长　孙云龙(4月免)
　　曹应麟(1月免)
　　卞生国(4月免)
　　刘加甲(4月免)
　　张　梅(女,1月任,4月免)
党委副书记　吴　曙(4月免)
　　张跃南(4月免)
纪检组长　黄才友(4月免)

房产管理局

局　长　顾　勇(4月免)
副局长　征书和(4月免)
　　薛鹏程(4月免)
　　倪才春(4月免)
　　浦俊鹏(4月免)
　　沈中明(4月免)
党组副书记　顾　勇(4月免)
纪检组长　成文军(4月免)

住房和城乡建设局

局　长　吴　曙(4月任)
党委书记　顾　勇(4月任)
副局长　刑美山(4月任)
　　征书和(4月任)
　　薛鹏程(4月任)
　　倪才春(4月任,12月免)
　　卞生国(4月任)
　　刘加甲(4月任)
　　浦俊鹏(4月任,12月免)
　　张　梅(女,4月任,9月免)
　　沈中明(4月任)
党委副书记　吴　曙(4月任)
　　刑美山(4月任)
　　张跃南(4月任)
纪委书记　黄才友(4月任)

城市管理局

局　长　姚维斌
副局长　郑晓东　袁志富
　　周立根　季中斌
　　周　明(2月任)
　　乐绍军(4月任)

交通局

局　长　李建华(4月免)
党委书记　王少忠(1月免)
　　唐小荣(1月任,4月免)
副局长　霍东仁(4月免)
　　戚思文(4月免)
　　薛亚山(4月免)
　　苗久成(4月免)
党委副书记　李建华(4月免)
　　孙广宇(4月免)

交通运输局

局　长　李建华(4月任)
党委书记　唐小荣(4月任,8月免)
　　吕明光(8月任)
副局长　霍东仁(4月任)
　　戚思文(4月任)
　　薛亚山(4月任)
　　苗久成(4月任)
党委副书记　李建华(4月任)
　　孙广宇(4月任)
纪委书记　吉采书(4月任)

对外贸易经济合作局

局　长　方　平(4月免)
副局长　潘宏培(4月免)

沈文平(4月免)
朱龙成(4月免)
袁晓军(4月免)
李庆军(4月免)
周镇彬(2月任,4月免)
纪检组长 祁亚洲(1月任,4月免)

服务业发展局

局长、党委书记 苏竹林(8月免)
副局长 顾开旺(4月免)
陈宝林(8月免)
刘苏川(2月任,8月免)
党委副书记 蔡锦涛(8月免)
纪检组长 张玉荣(8月免)

商务局

局 长 方 平(4月任)
党委书记 苏竹林(8月任)
副局长 潘宏培(4月任,8月免)
沈文平(4月任)
朱龙成(4月任)
袁晓军(4月任)
李庆军(4月任)
周镇彬(4月任)
陈宝林(8月任)
刘苏川(8月任)
党委副书记 方 平(8月任)
蔡锦涛(8月任)
纪检组长 祁亚洲(4月任)

招商总局

局 长 沈清涛
副局长 霍东任 孙锡元
周 菊(女)
袁晓军
刘开东(6月免)
吴德辉(1月任,12月免)

供销合作总社

主 任 沈建刚
党委副书记 沈建刚 严国柱
副主任 严国柱 徐万书
陈兆根
卢祥健(9月任)
纪委书记 韦金宏

外贸公司

经 理 徐永祥

虹达丝绸公司

总经理 邵亚东
副总经理 张 伟

农林局

局 长 卞爱群(4月免)
党委书记 王瑞平(4月免)
副局长 李书高(4月免)
郁祖良(4月免)
聂 江(4月免)
潘永华(4月免)
党委副书记 卞爱群(4月免)
纪检组长 王成刚(4月免)

农业资源开发局

局长、党组副书记 范龙华(4月免)
副局长 江志栋(兼任水产局局长,4月免)
李万舜(4月免)
纪检组长 郑如素(4月免)

农 委

主 任 张鸿新(4月任)
党委书记 范龙华(4月任)
副主任 江志栋(兼任水产局局长,4月任)
李书高(4月任)
郁祖良(4月任)
李万舜(4月任)
韩桂龙(4月任)
潘永华(4月任)
党委副书记 张鸿新(4月任)
纪委书记 王成刚(4月任)

水务局

局 长 孙发林
党委书记 王洪明
副局长 仓义声 顾宏俊
李晨光 张万根
封书清
党委副书记 孙发林
朱中鸣(4月免)
纪检组长 蔡高顺

农机局

副局长 韩桂龙(4月免)

财政局

局 长 丁兴俊(兼任党组副书记)
党组书记 蒋东轩
副局长 杨佩礼 刘宏彬
徐正江
周 菊(女)
纪检组长 周 菊(女)

审计局

局 长 徐寿洪
党组书记 李庆銮(4月任)
副局长 徐凤琴
杨文花(女)
高友根
彭桂余(4月免)
严 华
党组副书记 徐寿洪(4月任)
纪检组长 陈 进

监察局

局 长 葛永良
副局长 刘春英(女)

公安局

局长、党委书记 段学标
党委副书记、政委 徐成文
副局长 邵益民
沈恩山(2月兼任区维稳办主任)
丁 华 于国成
刘 军 邹桂群
刘玉生
薛启堂(4月任)
副政委 王诗林
纪检组长 王诗林(6月免)
王春泉(6月任)
局长助理 严文斌(3月任)
蔡亚萌(3月任)
指挥中心主任 薛启堂(1月免)
杨宏锦(1月任)
政治处主任 刘玉生(3月免)
薛启堂(3月任)

司法局

局 长 刘忠奇
党组书记 刘弘立
副局长 周明干(女,12月免)
孙信鸿 仇文锦
储德权

党组副书记　刘忠奇　孙信鸿
纪检组长　刘锦平

民政局

局　长　杨　森
党组书记　任连义(4月免)
党委书记　刘安红(女,4月任)
副局长　张兆明
　　王志贵(4月免)
　　刘高銮(女)
　　李洪法
党组副书记　杨　森(4月免)
　　束必群(4月免)
党委副书记　杨　森(4月任)
　　束必群(4月任)
纪委书记　夏国宝(4月任)

人事局

局　长　王益林(4月免)
副局长　宋中怀(4月免)
　　季东标(4月免)
　　岳清泉(女,4月免)
　　耿龙才(4月免)
纪检组长　叶剑鸣(4月免)

劳动和社会保障局

局　长　孙发金(4月免)
党组书记　徐及慧(4月免)
副局长　柏亚枫(4月免)
　　王红光(4月免)
　　周学功(4月免)
　　陈　军(4月免)
　　刘安林(4月免)
　　董银宏(4月免)
党组副书记　孙发金(4月免)
　　吴加清(4月免)
纪检组长　章利成(4月免)

人力资源和社会保障局

局　长　孙发金(4月任)
党委书记　王益林(4月任)
副局长　季东标(4月任)
　　柏亚枫(4月任)
　　岳清泉(女,4月任)
　　耿龙才(4月任)
　　王红光(4月任)
　　周学功(4月任)
　　陈　军(4月任)
　　刘安林(4月任)
　　董银宏(4月任)
党委副书记　孙发金(4月任)
　　吴加清(4月任)
纪委书记　叶剑鸣(4月任)

专门办

主　任　季东标(1月任)
副主任　叶剑鸣(1月任)

统计局

局　长　姚宏鉴
副局长　吴庆兰(女)
　　徐爱民　蒋正海
　　吕洪友(12月任)
纪检组长　还从兵

环境保护局

局　长　王　勇
党组书记　夏　明
副局长　董维标　周京先
　　徐仲德　刘　洪
　　周晓刚
　　章利成(4月任)
党组副书记　王　勇　唐保山
纪检组长　高　峰

教育局

局　长　袁德林(4月免)
　　宋金洪(4月任)
党委书记　夏　丹(4月免)
　　袁德林(4月任)
副局长　张爱忠(1月兼任体育局局长)
　　谷汉民　戴　军
　　姜洪年
党委副书记　袁德林(4月免)
　　宋金洪(4月任)张爱忠

卫生局

局　长　蔡金道
党委书记　王少忠(1月任)
副局长　陈玉芳(女)
　　单际平(9月免)
　　吴玉林(12月免)
　　王美萍(女)
　　袁志红(女)
　　施　坚
党委副书记　蔡金道　王凤祥
　　朱宏亮(1月任)
纪检组长　邵寨祖

人口和计划生育委员会

主　任　王正峰
党组书记　吴连华
副主任　张建才　朱步荣
　　明　芳(女)
　　张为成
　　胡永新(12月任)
党组副书记　王正峰
纪检组长　汤永昌

文化广播电视局

局　长　丁　勤(女,4月免)
党委书记　王迎春(4月免)
副局长　陈　明(4月免)
　　李步楼(4月免)
　　宋建中(4月免)
　　邵秀华(女,4月免)
　　施俊彦(4月免)
　　王书龙(4月免)
党委副书记　丁　勤(女,4月免)
　　张友华(4月免)
纪检组长　刘翠萍(女,4月免)

文化广电新闻出版局

局　长　丁　勤(女,4月任)
党委书记　王迎春(4月任)
副局长　陈　明(4月任)
　　李步楼(4月任)
　　邵秀华(女,4月任)
　　施俊彦(4月任)
　　张　勇(9月任)
党委副书记　丁　勤(女,4月任)
　　张友华(4月任)
纪委书记　刘翠萍(女,4月任)

科学技术局

局　长　肖刘蕊(女,兼任地震局局长、党组副书记)
党组书记　何扣成(4月免)
　　孙锡元(4月任)
副局长　严兆龙　张宜甲
　　刘仰军　杭加林
　　陈瑞秀(女,1月任)
纪检组长　张玉荣(8月任)

市广播电视大学盐都分校

校　长　成建明(4月免)
　　　　张龙刚(6月任)
副校长　邢美高　严跃海
　　　　朱　萍(女)

政协盐城市盐都区委员会

主席、党组书记　陈广平
副主席　孙万青(兼任党组副书记)
　　　　周明干(女)
　　　　徐守清　缪建平
　　　　单际平　张荣銮(女)
秘书长　邵仁鸿(1月任)

办公室

主　任　邵仁鸿
副主任　陆海桐(1月免)
　　　　陈　霞(女,1月任)

提案委员会

主　任　黄　云

文史委员会

主　任　邵仁鸿(12月免)
　　　　王长江(12月任)
副主任　陆海桐(1月任)
　　　　孙　平(1月任)

经济科技委员会

主　任　孙祥龙(1月任)
副主任　孙祥龙(1月免)
　　　　王正祥

中共盐城市盐都区纪律检查委员会

书　记　方仕德
副书记　葛永良　王建忠
常　委　方仕德　葛永良
　　　　王建忠
　　　　陈保林(兼任区优化办主任,9月免)
　　　　刘向阳(女,兼任区廉政办主任)
　　　　朱正成
　　　　董必阳(12月免)
　　　　张永忠(9月任)

盐城市盐都区人民法院

院长、党组书记　徐学坤
副院长　陆鑫森　施　彬
　　　　张爱武　徐达丽(女)
　　　　王慧清(女,7月任)
党组副书记　王慧清(女,8月任)
纪检组长　周龙斌
院长助理　沈丽娟(女)
政治处主任　周红冰(女)

盐城市盐都区人民检察院

检察长、党组书记　张永娣(女,1月任)
副检察长　严义奎　陆生众
　　　　　赵　萍(女)
党组副书记　朱　国(1月任)
纪检组长　宗友林
检察长助理　滕红梅(女)
　　　　　　侍清华(女)
反渎局局长　朱　国(1月免)
　　　　　　全　丰(1月任)
反贪局局长　李　明
政治处主任　刘　华

盐城市盐都区人民武装部

部长、党委副书记　周　勇
政委、党委书记　魏彧晖(5月免)
　　　　　　　　马大庆(5月任)
副部长　张忠平

人民团体

盐都区总工会

主席、党组书记　周彩枫(女)
副主席　李成龙(12月免)
　　　　成兴祥(4月免)
　　　　胡盛才
　　　　崔长顺(4月任)

共青团盐都区委员会

书　记　张云云(女,4月免)
副书记　顾善荣(1月任)
　　　　周　舫(女,4月任)

盐都区妇女联合会

主　席　刘安红(女,4月免)
　　　　张云云(女,4月任)
副主席　陈　红(女)

盐都区科学技术协会

主　席　王顺友(12月免)
　　　　邓　华(12月任)
副主席　冯荣华
　　　　陈兴祥(4月任)
　　　　杨　华(12月免)

盐都区文学艺术界联合会

主　席　陈　明
副主席　吕友权(1月任)

盐都区归侨侨眷联合会

主　席　陈荣山
副主席　蒋映晖(兼任)
　　　　王金桂(兼任)

盐都区残疾人联合会

理事长　杨　森
副理事长　杨　华(12月任)

盐都区红十字会

会　长　武进甲
常务副会长　吴玉林

民主党派·工商联

中国民主同盟盐城市盐都区支部

主　委　郭宗雨
副主委　张祝斌　赵　军

中国民主建国会盐城市委盐都支部

主　委　周明干(女)
副主委　姜　涛

邵云霞(女)

中国民主促进会盐城市委盐都支部

主　委　火旭东
副主委　徐正洲
　　　　朱文澜(女)

中国农工民主党盐城市盐都区总支部

主　委　单际平
副主委　吴登平　沈德志

九三学社盐城市委盐都支部

主　委　潘永华
副主委　王中林

盐都区工商业联合会

会　长　黄正栓
党组书记　桂永跃(4月任)
副会长　桂永跃(4月任)
　　　　靖　武　朱成虎
　　　　禹建民(女,12月免)
　　　　周金荣(12月任)
　　　　祁大森(12月任)
　　　　仲　秋　徐万书
　　　　王瑞杰　李　铭
　　　　刘祥斌　张启龙
　　　　戚风卿
　　　　李庭英(女)

双管单位

盐都工商行政管理局

局长、党组书记　张亚东
副局长　禹建民(女,5月免)
　　　　周金荣(5月任)
　　　　沈　刚　嵇宏宽
　　　　孙罗中(1月任)
纪检组长　禹建民(女,5月免)
　　　　　周金荣(5月任)

盐都区国家税务局

局长、党组书记　高志荣
副局长　朱　华　顾绍华
　　　　熊文祥　武荣富
纪检组长　武荣富

盐都区地方税务局

局　长　王龙祥
副局长　杨淑龙　徐加根
　　　　蔡成荣
纪检组长　吴开祥

盐都国土资源分局

局　长　卞定贵
副局长　刘　飞　高亚喜
　　　　蔡长荣　商学勇
纪检书记　仰　彦

盐都质量技术监督局

局长、党组书记　陈　浒
副局长　徐金海　崇加尧
　　　　孟　跃　冯晓明

盐都规划分局

局长、书记　蒋荣余
副书记　刘永尧
副局长　吴谦林

盐都食品药品监督管理局

局　长　汪金林
党组书记　周仁云
副局长　徐华斌
副局长　吉金存(兼任纪检组长)

盐都邮政分局

局　长　丁万富
副局长　杨长华　胥晓燕(女)

盐都电信分局

局　长　郭　翔
书　记　王为征
副局长　胡　月(女)
　　　　陈　丽(女)

盐都移动分公司

总经理　朱海军
副总经理　钱薇薇(女)

盐都供电公司

总经理　宋　平(5月免)
党委书记　程　兵(5月免)
副总经理　赵春华(5月免)
　　　　　张文华(5月免)
　　　　　王劲松(5月免)
纪委书记　赵祝虎(5月免)

盐都供电营业部

主　任　宋　平(5月任)
书　记　程　兵(5月任)
副主任　王劲松(5月任)
　　　　刘苍松(5月任)

盐都区气象局

局　长　吕道洲
副局长　贾云河

中国农业银行盐城市盐都支行

行长、党委书记　朱余明
副行长　郑进顺　徐德刚
纪委书记　郑进顺

中国农业发展银行盐城市盐都支行

行　长　陈　洪
副行长　徐立功　张留志

中国工商银行股份有限公司盐城新都支行

行　长　王东方
副行长　施如达
　　　　王海丽(女)　董　彬

中国建设银行股份有限公司盐城城南支行

行　长　朱洪娣(女)
副行长　蔡云龙(11月免)
　　　　孙云昌

江苏盐城黄海农村商业银行股份有限公司

董事长、党委书记　丁学工
行　长　刘加兵
监事长　尤红芳(女,兼任纪委书记)
副行长　陆咸生　杨顺龙　郑　卫
　　　　李纪荣　李成彬

江苏银行盐城新都支行

行　长　糜　洲
副行长　郑永顺

中国银行城南支行

行　长　葛悦新
副行长　常　芳(女)

交通银行盐城盐都支行

行　长　朱敬红(女)
副行长　唐竹青

中国人民保险股份有限公司盐城市盐都支公司

总经理　周　园
副经理　施志洪

中国人寿保险股份有限公司盐城市盐都支公司

经　理　吉学文
副经理　祁晓春(女,6月免)
　　　　侯小玲(女,6月免)
　　　　孙　华(女,6月任)

各镇(中心社区、街道、区)

(原)大纵湖镇

党委书记　张鸿新(4月免)
　　　　　唐小荣(8月任,9月免)
副书记　王权奎(9月免)
　　　　郝瑞耀(9月免)
人大主席　卢祥健(9月免)
人大副主席　杨步清(9月免)
镇　长　王权奎(9月免)
副镇长　刘德奎(9月免)
　　　　马德海(9月免)
　　　　邵爱红(9月免)
纪委书记　徐　博(9月免)
组织委员　颜悦芬(女,9月免)
宣统委员　丁美俊(9月免)
人武部长　卫　峰(9月免)

滨湖社区

党工委书记　唐小荣(9月任)
副书记　王权奎(9月任)
主　任　王权奎(9月任)
副主任　刘德奎(9月任)
　　　　邵爱红(9月任)
　　　　颜悦芬(女,9月任)
　　　　丁美俊(9月任)

大纵湖镇(新)

党委书记　葛序亮(9月任)
副书记　王　羽(9月任)
　　　　周连兵(9月任,10月兼任政法委书记)
　　　　唐小荣(9月任)
人大主席　倪士杰(9月任)
副主席　杨步清(9月任)
　　　　吕　林(9月任)
镇　长　王　羽(9月任)
副镇长　徐九林(9月任)
　　　　王启明(9月任)
　　　　蒋红军(9月任)
　　　　周保华(9月任)
纪委书记　王　浩(9月任)
组织委员　李雪松(9月任)
宣传委员　徐卫国(9月任)
人武部长　孙九刚(9月任)

原义丰镇

党委书记　葛序亮(4月任,9月免)
　　　　　杨雷鸣(4月免)
副书记　王　羽(9月任)
　　　　陈少华(9月免)
　　　　周连兵(9月免)
人大主席　倪士杰(9月免)
副主席　吕　林(9月免)
　　　　杨步清(4月任,9月免)
镇　长　陈少华(9月免)
副镇长　金德贵(9月免)
　　　　徐九林(9月免)
　　　　王启明(9月免)
　　　　蒋红军(9月免)
　　　　周保华(1月任,9月免)
纪委书记　王　浩(9月免)
组织委员　李雪松(9月免)
宣传委员　徐卫国(1月任,9月免)
人武部长　孙九刚(9月免)

北龙港镇

党委书记　陈　霞(女)
副书记　陈　镖(9月免)
　　　　吴爱群(10月兼任政法委书记)
人大主席　陈　霞(女)
镇　长　陈　镖(9月免)
副镇长　单纯能(12月免)
　　　　孙德华(9月免)
　　　　宋宏伟(9月免)
　　　　钮留洋
纪委书记　李晓斌
组织委员　徐长洪(9月免)
宣统委员　仓剑英
人武部长　孙广传(9月免)

楼王镇

党委书记　朱金标
副书记　王　羽(1月任,9月免)
　　　　陈少华(9月任)
　　　　周炳先(9月任)
　　　　王海涛(10月兼任政法委书记)
人大主席　朱金标
副主席　姜　驰
镇　长　王　羽(1月任,9月免)
　　　　陈少华(9月任)
副镇长　杨全良　王中富
　　　　何　超
　　　　明雅芳(女)
宣统委员　沈杏凤(女)
人武部长　潘军龙
纪委书记　祁国成
组织委员　于网扣

学富镇

党委书记　葛序亮(4月免)
　　　　　黄　典(8月任)
副书记　黄　典(8月免)
　　　　仇兆群(9月任,12月免)
　　　　吴　军(12月任)
　　　　冯林宏(9月任)
　　　　江　政(10月兼任政法委书记,12月免)
　　　　张学礼(1月任)
　　　　吉连生(12月任,兼任政法委书记)
人大主席　刘玉年
镇　长　黄　典(9月免)
　　　　仇兆群(9月任,12月免)
　　　　吴　军(12月任)
副镇长　张学礼(1月免)
　　　　葛长安(9月免)
　　　　蔡林华(9月免)
　　　　刘国万
　　　　王　丽(女)
　　　　孙德华(9月任)
　　　　刘　宁(9月任)
　　　　戈　伟(9月任)
纪委书记　徐　博(9月任)
组织委员　刘　宁
宣统委员　戈　伟

人武部长　杨广斌
办事处主任　周良根

中兴社区

党工委书记　冯林宏(9月任)
副书记　郝瑞耀(9月任)
管委会主任　冯林宏(9月任,12月免)
　　郝瑞耀(12月任)
副主任　郝瑞耀(9月任)
　　孙　伟(9月任)
　　施凤刚(9月任)
　　徐锦荣(9月任)

秦南镇

党委书记　卞生兵
副书记　谢　纬(8月免)
　　周志明(9月任)
　　刘恩平(1月免,9月任,10月兼任政法委书记)
　　王林中
　　金加新(1月任)
人大主席　胡怀玉
副主席　李万万
镇　长　谢　纬(8月免)
　　周志明(9月任)
副镇长　金加新(1月免)
　　邰顺利侍志才
　　蒋树森
　　赵　丽(女,1月任)
　　蔡林华(9月任)
　　陈　立(9月任)
组织委员　王伯清
纪委书记　左红明(女)
宣统委员　浦俊兵(12月免)
人武部长　孙　琦(1月免)
　　尤亮华(9月任)

北蒋镇

党委书记　朱传文
副书记　仇兆群(9月免)
　　冯林宏(9月免)
人大主席　王顺熠(9月免)
人大副主席　刘　超(4月免)
镇　长　仇兆群(9月免)
副镇长　王爱骅　朱法来
　　戴荣海(1月免)
　　金建国(9月免)
纪委书记　宋云亮
组织委员　施　峰(12月免)
宣统委员　陈如萍(女)
人武部长　尤亮华(9月免)

尚庄镇

党委书记　周志成
副书记　彭　峻
　　吉连生(1月任,10月兼任政法委书记,12月免)
人大主席　陈同庆
镇　长　彭　峻
副镇长　吉连生(1月免)
　　徐良贵(9月免)
　　程　稚(女,1月免)
　　司志祥
　　金建国(9月任)
　　邢　强(9月任)
　　郑巧云(女,9月任)
纪委书记　徐　华
组织委员　戈　展
宣统委员　朱　捷(女,9月免)
人武部长　樊华勇

葛武镇

党委书记　李晓东
副书记　周志明(9月免)
　　孙建新(10月兼任政法委书记)
人大主席　王小华(9月免)
镇　长　周志明(9月免)
副镇长　季中山
　　邵强(9月免)
　　徐　为
　　郑巧云(女,9月免)
纪委书记　王连祥(12月免)
组织委员　左印华
宣统委员　黄海威(9月免)

龙冈镇

党委书记　彭向洪
副书记　周学东
　　陈　镖(9月任)
　　陈焕生(9月任)
　　储启文(9月任,10月兼任政法委书记)
　　张晓鸿(9月免)
　　张　昭(1月任)
　　陈汝祝
　　徐林泉(9月任)
人大主席　陈传宏
镇　长　周学东
副镇长　王　云(8月免)
　　杜玉标
　　潘晓平(9月免)
　　张　昭(1月免)
　　徐春娣　王厚根
　　武　剑(9月免)
　　姜晓冬(8月任)
纪检书记　郭建中
组织委员　姜晓冬
宣传委员　高小笑
人武部长　王厚根(9月免)
　　孙广传(9月任)

鞍湖社区

党工委书记　陈　镖(9月任)
副书记　曹志伟(9月任)
　　江　政(12月任)
　　潘晓平(9月任)
主　任　陈　镖(9月任,12月免)
　　曹志伟(12月任)
副主任　曹志伟(9月任)
　　马德海(9月任)
　　王文斌(9月任)

郭猛镇

党委书记　李庆銮(4月免)
　　杨雷鸣(4月任)
副书记　朱洪斌
　　储启文(9月免)
　　李　益(4月任,10月兼任政法委书记)
　　刘顺荣
人大主席　厉玉祥(4月免)
　　王顺熠(9月任)
镇　长　朱洪斌
副镇长　吴　斌　王国钰
　　张文灿(9月免)
　　王翠平(女)
　　仲向前(1月任)
　　刘中斌(9月任)
　　葛长安(9月任)
　　沈从兵(9月任)
纪委书记　王文斌(9月免)
　　徐长洪(9月任)
宣传委员　栾　罗(女)
组织委员　何　立(女,9月任)

人武部长　沈从兵(12月免)
　　　　　王海东(12月任)

大冈镇

党委书记　陈育群
党委副书记　张国胜
　　　　　周炳先(9月免)
　　　　　李　益(4月免)
　　　　　宋　江(9月任)
　　　　　张晓鸿(9月任,10月兼任政法委书记)
人大主席　吉连扣(4月免)
　　　　　乐济华(9月任)
人大副主席　徐　干
镇　长　张国胜
副镇长　罗书中
　　　　刘　曦(9月免)
　　　　陈　立(9月免)
　　　　刘旺军(1月免)
　　　　韦　琴(女)
　　　　张文灿(9月任)
　　　　徐良贵(9月任)
　　　　戴启成(1月免)
纪检书记　陈建军
组织委员　张　立
宣统委员　凌荣干(女)
人武部长　施海堂

冈中社区

党工委书记　宋　江(9月任)
副书记　汪一江(9月任)
　　　　刘　曦(9月任)
主　任　宋　江(9月任,12月免)
　　　　汪一江(12月任)
副主任　汪一江(9月任,12月免)
　　　　朱宏伟(9月任)
　　　　刘　辉(9月任)

潘黄镇

党委书记　陈志会(9月免)
副书记　周　俊(9月免)
　　　　蒋跃东(9月免)
　　　　季长顺(9月免)
　　　　徐荣春(9月免)
人大主席　吕士虎(9月免)
副主席　王柏庚(4月免)
镇　长　周　俊(9月免)
副镇长　李书清(9月免)
　　　　董金森(9月免)
　　　　汪一江(9月免)
　　　　郭宗标(9月免)
　　　　刘旺军(1月任,9月免)
纪委书记　孙加云(9月免)
宣传委员　夏兆芳(女,9月免)
组织委员　蒋国兴(9月免)
人武部长　郭宗标(9月免)

潘黄街道

党委书记　陈志会(9月任)
副书记　周　俊(9月任)
　　　　蒋跃东(9月任,10月免)
　　　　季长顺(9月任,10月兼任政法委书记)
　　　　徐荣春(9月任)
　　　　李书清(10月任)
人大主任　吕士虎(10月任)
主　任　周　俊(9月任)
副主任　李书清(10月免)
　　　　董金森(9月任)
　　　　汪一江(9月免)
　　　　郭宗标(9月任)
　　　　刘旺军(9月任)
纪委书记　孙加云(9月任)
宣传委员　夏兆芳(女,9月任)
组织委员　蒋国兴(9月任)
统战委员　朱　捷(女,9月任)
人武部长　郭宗标(9月任,12月免)
　　　　　王连祥(12月任)

新都街道

党委书记　吴　华(女,8月任)
副书记　谢　纬(8月任)
　　　　陈　明(8月任)
　　　　杨春光
　　　　王成章(10月兼任政法委书记)
　　　　高东飞
人大主任　陈　明
主　任　吴　华(女,8月免)
　　　　谢　纬(8月任)
副主任　明　珠(女)
　　　　张龙刚(6月免)
　　　　王　峰
　　　　戴荣海(2月任)
　　　　何宝生(2月任)
主任助理　商兆东
纪委书记　陆春网(8月免)
　　　　　王　云(8月任)
组织委员　夏有朝
宣统委员　施　峰(12月任)
人武部长　何宝生(1月免)
　　　　　孙加标(1月任)

张庄街道

党委书记　商建明
党委副书记　刘桂琦
　　　　　侍太华(12月免)
　　　　　王　羽(1月免)
　　　　　戚师军(9月免)
　　　　　程　稚(女,1月任,10月兼任政法委书记)
　　　　　施赟之(1月任)
　　　　　王一飞(12月任)
人大工委主任　袁干社(4月免)
　　　　　　　侍太华(12月任)
人大工委副主任　徐海山　成维华
主　任　刘桂琦
副主任　孙　帅(1月免)
　　　　荣仁海
　　　　徐林泉(9月免)
　　　　王一飞(12月免)
　　　　刘洪富
　　　　郝根娣(女,9月免)
　　　　孙　琦(2月任)
　　　　商兆沐(1月任)
　　　　刘晓祥(6月任)
　　　　王　江(2月任,12月免)
　　　　吴德辉(12月任)
纪委书记　顾　斌(12月免)
组织委员　胥加耕
宣统委员　陈国太
人武部长　周德春

西区

党工委书记　冯明印(兼任,9月免)
副书记　潘宏培(9月免)
　　　　成　刚(1月免)
　　　　周　明(1月免)
　　　　吴正龙(1月任,9月免)
　　　　曹志伟(1月任,9月免)
　　　　沈清涛(6月任,9月免)
　　　　朱　静(女,6月任,9月免)
主　任　潘宏培(9月免)
副主任　殷书明(2月免)
　　　　邹桂群(9月免)

王炳友(9月免)
陈清华(9月免)
吴　军(9月免)
周　冉(9月免)
张兴华(9月免)
刘　丰(9月免)
纪检书记　杨正清(9月免)
组织委员　吕　杨(女,9月免)
宣统委员　于婷婷(女,4月任,9月免)
人武部长　徐秀成(9月免)

盐龙街道(9月成立)

党委书记　冯明印(兼任,9月任)
副书记　潘宏培(9月任)
吴正龙(9月任,10月兼任政法委书记)
沈清涛(9月任)
朱　静(女,9月任)
主　任　潘宏培(9月任)
副主任　邹桂群(9月任)
王炳友(9月任)
陈清华(9月任)
吴　军(9月任,12月免)
周　冉(9月任)
张兴华(9月任)
刘　丰(9月任)
纪检书记　杨正清(9月任)
组织委员　吕　杨(女,9月任)
宣统委员　于婷婷(女,9月任)
人武部长　徐秀成(9月任)

新区

党工委书记　任连璋
副书记　王纯国　张兆祥
倪自祥(1月任,10月兼任政法委书记)
管委会主任　王纯国
副主任　张　斌　仓永青
曹应麟(2月任)
朱海霞(女,2月任)
武　剑(9月任)
郝根娣(女,9月任)
周友根(10月任)
栾卫红(女,12月任)
宣传委员　周　华(女)
纪检书记　刘德志
人武部长　黄海威(9月任)
组织委员　栾卫红(女)

职教园区

党工委书记　张瑞卿(8月免)
刘　源(8月任)
副书记　庄凤斌
管委会主任　刘　源
副主任　庄凤斌　徐文才
刘加甲(9月免)
张　俊

◆改革开放

◆对外经济贸易

改革开放

Reform and Opening

·企业改革改制·

【概述】 2010年，针对企业实际情况，采取一企一策的方式，严格按照国家现行法律法规，扎实推进所属企业改制工作，维护大局稳定。以2002年6月30日为破产基准日，处置资产，筹集改制成本，完成了北龙港禽蛋加工厂破产终结清算工作；以2001年6月30日为改制基准日，通过变现原区物资局机关办公大楼三、四层资产，对煤石公司、外资公司、开发公司、物贸公司、再生公司、再生中心、方园公司、上海办事处等8家“三无”歇业企业职工进行清算补偿，解除了劳动关系。至年底，原所属27家企业已完成改制22家，其余5家正在推进改制之中。原物资系统所属18家企业，已破产终结、解除职工劳动关系的17家；目前，还有1家未终结，即燃料总公司正在积极推进破产清算工作。原贸易系统所属9家企业，已破产终结、解除职工劳动关系的5家；还有4家没有改制到位，其中：(1)盐都县禽蛋加工厂，须对11户职工进行拆迁安置后，实施破产清算；(2)盐都商城须与区国投公司协调筹措改制成本，进一步加大改制推进力度；(3)南市商场因城市规划制约，改制进程相对滞后，推进难度较大；(4)食品总公司正在妥善处置基层食品站资产，进一步完善改制工作。

【以改革创新为突破，提升发展活力】 年内，供销系统在改革改制上取得新的突破，盐城商场的改制进入攻坚扫尾阶段，区直企业和基层社的破产终结工作取得新的进展，对原供销职校成功进行拍卖，溢价近200万元。同时按照政府的部署要求，服从大局，配合有关部门，在组织实施先锋岛、毓龙路西延等拆迁工程中做了大量艰苦而富有成效的工作，顺利完成拆迁任务，得到有关方面肯定。

·三服务·

【概述】 2010年，按照市委、市政府“三服务”活动的具体要求，将“三服务”工作与贯彻落实“两帮两促”结合起来，紧扣“转型升级、提速增效”这一目标，创新服务机制，夯实服务举措，全力以赴抓好“三服务”工作，全区17名县处级干部和323名科级干部共为企业协调资金1.6亿元、争取订单3.2亿元、用好用足各类政策97个、帮助企业招工3000多人、解决其他相关问题262个。

【服务体系健全】 区委成立区“三服务”活动领导小组及办公室，区委书记李纯涛担任“三服务”活动领导小组组长，活动办公室设在区委组织部，抽调专门人员，落实专项经费，出台推进“三服务”活动的实施意见。各镇和区直各部门都成立活动领导小组，形成主要负责同志亲自抓，班子成员分工抓，落实联络员具体联系的上下联动的组织体系。

【服务对象“全覆盖”】 全区17位处级干部分别结成挂钩服务对子，签订契约式服务承诺书。对区内服务的重大企业(项目)都组建服务班子开展服务，以“四个一”——“一位领导、一套班子、深入一线、一抓到底”为重点，务求服务工作抓实抓好。此外，区委组织部、区经信委重新安排区直部门323名科级干部挂钩服务30个特色产业园区工业项目、192个重点工业企业、13个农村经济开发区项目、20个重点村居（专业合作社）、29个服务业项目、19个服务业企业以及20个房地产项目。并要求挂钩干部与服务对象签订“契约式服务协议书”。活动办公室向每位挂钩干部发放“契约式”服务手册，要求挂钩人员按照要求开展服务工作，认真填写服务时间、服务内容和服务成效，由服务企业签署意见，作为督查考核的重要资料。

【服务方式多样】 通过召开“动员会”，对全区“三服务”工作进行总体部署；通过召开“推进会”，进一步深化“三服务”活动各项要求；通过开展“银企对接月”活动，切实为企业发展解决融资难题;通过召开“挂钩干部过堂会”,全面检测挂钩干部的工作实绩和成效;通过召开“三服务会办会”,有效解决企业发展难题;通过召开“督查组长交流会”,提出问题、发现亮点、交流经验;通过召开“深化三服务、全力促发展”动员大会,围绕“两送两帮”,深入开展“五个一”活动,在全区范围内进一步掀起“三服务”活动的高潮。

【服务督查深入】 区“三服务”领导小组办公室抽调30人,组成10个督查组,通过定期走访、抽查、座谈等方式开展督查指导活动,今年以来共组织集中督查12次,印发活动简报12期2240份。通过与区“创先进、树典型”办公室分工协作,向全区“四个十”项目(十大规模企业、十大重点项目、十大重点工程和十大民生工程)派驻20名专职效能监察员,加大对各单位挂钩干部“三服务”工作的效能监察。

【实行公开承诺制】 为进一步强化目标责任落实,优化部门服务,提升机关行政效能,区委要求区直43个有审批服务权限的部门在《盐都报道》、盐都新闻和区“三服务”网站上向社会作出公开服务承诺,将服务内容、服务方式、服务时效等公开发布,接受服务对象和干部群众的监督。

【强化交办督办制】 对重点难点问题,由区三服务办公室汇总,区经贸委梳理交办,区优化办督办,全年共交办问题123个,其中78个已经解决,其余的45个问题由区优化办分解交办到相关部门,明确专人负责,落实办结时限,并实行跟踪问效。

【坚持集中会办制】 坚持周一会办制,由区委、区政府领导牵头,对情况复杂、所涉部门较多、需要集中处理的突出问题,坚持一企一策,按照特事特办的要求,召集相关部门集中会办,共帮助企业和项目解决复杂问题78个。

【健全挂钩互动制】 在挂钩干部选配和挂钩企业安排上,充分考虑挂钩干部的业务专长和目前的岗位职责,加大专业性、技术性干部配备力度,有针对性地选配;同时,考虑在配对时采取挂钩干部和企业“双选”方式,确定挂钩服务干部和结对企业。继续完善挂钩名录,对涉及到企业搬迁、关停,挂钩干部退休、驻外招商等原因无法继续服务的,区“三服务”办公室及时调整。

【完善动态考核制】 定期对挂钩服务情况进行评议,实行动态考核,将“三服务”工作列入部门单位每月、每季工作点评,着重点评取得的成效和存在的问题。注重考核结果的运用,激发全区上下服务发展、服务项目、服务基层的热情,推动“三服务”活动深入持久开展。

【加强舆论引导,发挥宣传作用】 大力创新宣传形式,加大典型培植力度,加强舆论宣传引导,造浓活动氛围,扩大活动影响。整合宣传资源。以盐都报道、盐都网和盐都电视台为主阵地,继续用好盐都报道和盐都电视台“推进‘三服务’,建设‘双新’盐都”专栏,办好盐都政府网的“‘三服务’专题”网页。大力选树典型。积极在全区发掘各行各业先进典型,通过电视、报纸、网络等形式,大力宣传先进事迹,放大典型的示范辐射效应,为活动注入强大的精神动力,激发全区各单位各部门和广大党员干部以更加坚定的信心、更加高昂的热情和更加奋发有为的精神状态,积极投身到各项工作中去。

·区政府机构改革·

【概述】 4月17日,召开区政府机构改革动员大会。此次改革,适应经济社会发展需要,积极探索实行职能有机统一的大部门体制,整合优化政府组织结构,规范政府机构设置。(1)组建区经济和信息化委员会。将区经济贸易委员会内贸管理以外的职责、区发展和改革委员会的信息化和信息产业等管理职责,整合划入区经济和信息化委员会,挂区中小企业局牌子。不再保留区经济贸易委员会。不再保留区乡镇企业管理局牌子。(2)组建区人力资源和社会保障局。将区人事局的职责、区劳动和社会保障局的职责,整合划入区人力资源和社会保障局。不再保留区人事局、区劳动和社会保障局。与区人事局合署办公的区机构编制委员会办公室单独设置,列区委机构序列,既是区委工作机构,又是区政府工作机构。(3)组建区交通运输局。将区交通局的职责、区建设局的城市客运管理职责,整合划入区交通运输局。不再保留区交通局。(4)组建区农业委员会。将区农林局的职责、区农业资源开发局的职责、区水务局的农业机械管理职责,整合划入区农业委员会,挂区农业资源开发局、区水产局牌子。不再保留区农林局、区农业资源开发局。不再保留区绿化委员会、区农业机械管理局牌子。(5)组建区商务局。将区对外贸易经济合作局的职责、区经济贸易委员会的内贸管理职责,整合划入区商务局。将在区服务业发展局挂牌的区旅游局改为在区商务局挂牌。不再保留区对外贸易经济合作局。不再保留区招商局牌子。(6)将区文化广播电视局更名为区文化广电新闻出版局。(7)组建区住房和城乡建设局。将区建设局城市客运管理以外的职责、区房产管理局的职责,整合划入区住房和城乡建设局。不再保留区建设局、区房产管理局。(8)将区物价局、区粮食局职责划入区发展和改革委员会,挂区物价局、区粮食局牌子。不再保留区物价局、区粮食局。(9)区民族宗教事务局由与区委统战部合署办公调整为在区委统战部挂牌。(10)区城市管理行政执法局由与区城市管理局合署办公调整为在区城市管理局挂牌。(11)区行政审批服务中心由区政府办管理调整为区政府派出机构。(12)区级机关事务管理局更名为区级机关服务中心。(13)区服务业发展局更名为区服务业发展办公室。(14)区城市工业局更名为区城市工业办公室。(15)区政府办公室挂区政府外事与侨务办公室牌子。不再保留区政府外事办公室、区政府侨务办公室、区政府接待办公室牌子。将在原区建设局挂牌的区人民防空办公室改为在区政府办公室挂牌。(16)将在区财政局挂牌的区国有资产管理委员会办公室更名为区政府国有资产监督管理办公室。(17)区卫生局不再保留区爱国卫生运动委员会办公室牌子。区政府机构改革后,工作部门由26个调整为23个。 (朱　群)

·镇、街道区划调整·

【概述】 积极策应沿海大开发和长三角一体化发展战略，加快盐城市城市化步伐，促进城市功能迅速提升，加快推进城乡统筹发展进程，努力提高行政管理效能，降低行政管理成本，推动全区经济社会全面发展和人民生活水平全面提高，全区区划调整工作在前几次优化调整的基础上，对部分镇再次进行优化调整，扩大重点镇规模，镇级区域更趋科学合理，发挥规模镇的龙头带动作用和示范辐射功能。

【实施部分镇(街道)行政区划调整计划】 2010年，省政府同意盐都区行政区划调整方案，作出《关于调整盐城市盐都区部分行政区划的批复》(苏政复〔2010〕58号)。9月9日，市政府根据省政府批复向盐都区转复《关于调整盐城市盐都区部分行政区划的批复》(盐政复〔2010〕37号)，内容如下：同意撤销义丰镇、大纵湖镇，将原两镇所辖区域合并，设立新的大纵湖镇，镇政府驻义丰集镇人民中路103号；同意撤销北龙港镇、楼王镇，将原两镇所辖区域合并，设立新的楼王镇，镇政府驻楼王集镇开放路21号；同意撤销葛武镇、尚庄镇，将原两镇所辖区域合并，设立新的尚庄镇，镇政府驻尚庄集镇人民路1号；撤销秦南镇、北蒋镇，将原秦南镇的河夹、中徐2个居委会及略沿、连心、华府、周伙、大同、施湾、大成、陈祁8个村委会划归学富镇管辖，将原来秦南镇其它区域与原北蒋镇所辖区域合并，设立新的秦南镇，镇政府驻秦南集镇人民东路5号。同意撤销潘黄镇，以原潘黄镇的兆泉、大孙、跃进、美丽、旭日、东升、吴杨、杨坝、宝才、朱庄、何桥11个居委会及仰徐、新民2个村委会区域设立潘黄街道办事处；将龙冈镇的丁晏居委会，郭猛镇的乔庄、黄刘2个居委会和吴徐、大李2个村委会划出，与原潘黄镇的方向、益民、孙吴、健仁、古亭、跃马6个居委会和北港、先锋、合心、蟒南4个村委会区域合并，设立盐龙街道办事处。行政区划调整后，大纵湖镇行政区域面积136平方千米，人口7.06万人，辖6个居委会、20个村委会；楼王镇行政区域面积150.7平方千米，人口7.4万人，辖6个居委会、22个村委会；尚庄镇行政区域面积103.36平方千米，人口6.78万人，辖7个居委会、19个村委会；秦南镇行政区域面积127.25平方千米，人口8.87万人，辖5个居委会、27个村委会；学富镇行政区域面积83.37平方千米，人口5.74万人，辖4个居委会、16个村委会；龙冈镇行政区域面积93.51平方千米，人口7.68万人，辖9个居委会、22个村委会；郭猛镇行政区域面积62.95平方千米，人口4.78万人，辖2个居委会、12个村委会；潘黄街道行政区域面积25.88平方千米，人口4.07万人，辖11个居委会、2个村委会；盐龙街道行政区域面积48.23平方千米，人口4.59万人，辖9个居委会、6个村委会。

【强力推进农村中心社区发展】 为加快被撤并镇原政府所在地为主要区域的农村中心社区建设，区委、区政府制定出台《关于加快农村中心社区发展的意见》(都委〔2010〕16号)，站在城乡统筹的战略高度，确立“用经济区模式加快发展，用集镇区办法加强管理”的工作理念，遵循“镇辖区管、财政单列、专项考核”的基本原则，创新农村中心社区建设管理体制和工作推进机制，从优化农村中心社区发展布局、构建农村中心社区组织体系、加大资金、用地计划、项目等支持力度、建立考核机制等方面入手，不断开创农村中心社区又好又快发展新局面，以两镇合并“1+1>2”的发展成效，助推“双新”盐都和更高水平小康建设进程。 (姜正林)

·开放型经济·

【概述】 2010年，全区完成协议注册外资27892万美元，同比增长192.43%，其中日韩港台协议注册外资18439万美元，占全部协议外资的66.11%；注册外资实际到账12980万美元，占市下达确保任务11000万美元的118%，同比增长45.47%，其中日韩港台注册外资实际到账11982万美元，占全部注册外资实际到账额的92.31%。至2010年9月30日，全区注册外资实际到账达11639万美元，提前3个月完成市政府下达盐都区的注册外资实际到账年度目标任务。单个项目当年到账外资首次突破1000万美元。盐城金国联置业有限公司当年实际到账外资18500万元人民币（约合2600万美元）；江苏翔宇港建工程管理有限公司当年实际到账外资1500万美元。

·招商引资·

【概述】 2010年是盐都招商引资工作的又一个再创辉煌之年。按照三大新兴产业、六个特色产业、十个专业园区要求，创新招商引资方式，拓宽招商引资渠道，做大做强特色产业。全局招商引资工作取得重大成绩，为“双新”盐都建设增添强大活力和后劲。年内，共招引项目5个，分别为：盐城真永汽车部件有限公司投资1.5亿元的真永搬迁扩能项目；无锡华光汽车部件有限公司投资1.5亿元的汽车配件项目；江苏诚洁置业有限公司投资5亿元的诚洁商贸项目；江苏富海有限公司投资6亿元的富海钢材市场项目；深圳触控显示技术有限公司与江苏汉奇光电有限公司共同投资1.5亿元的光电项目。

对外经济贸易

Foreign trade and economic cooperation

【概述】 2010年实现外贸自营出口总额18180万美元，占年度计划110.18%，同比增长37.11%。区直部门实现出口额2043万美元，其中城市工业局、商务局分别完成687万美元、1356万美元；镇(区、街道)实现出口额16137万美元，其中新区、大纵湖、龙冈、潘黄四家超千万美元以上，分别完成5508万美元、3061万美元、2278万美元、1552万美元。全区超100万美元的出口企业共42家；出口产品中，农副产品肠衣2842万美元，占出口总额的15.63%；纺织产品2453.8，占出口总额的13.5%；化工产品1955万美元，占出口总额的10.76%；机电产品4367.5万美元，占出口总额的24.02%；其他产品6561.7万美元，占出口总额的36.09%。全区实现进口额12597.3万美元，同比增长10.04%。

2010年各镇(区、街道)引资类型进度

表2

镇(区)	项目总数	资金类型					现过度							填报理由						产业类型									合作类型				
		占全区%	内资	占总数%	外资	占总数%	开工建设	占总数%	签约	投产纳税	占总数%	已缴定金	已领执照	大项目	占总数%	利用外资	特色产业	新兴产业	重点园区	工业	占总数%	基础设施	占总数%	农业	占总数%	三产服务业	占总数%	社会事业	技改扩能	收购兼并	新建	异地搬迁	租赁
新区	36	8.1	29	80.6	7	19.4	18	50.0		9	25.0	2	7	36	100.0					10	27.8		0.0		0.0	26	72.2		4		22		10
西区	73	16.4	59	80.8	14	19.2	36	49.3	12	25	34.2			57	78.1				16	41	56.2	9	12.3	2	2.7	21	28.8		6		48		19
北蒋镇	20	4.5	18	90.0	2	10.0	12	60.0		8	40.0			18	90.0	2				10	50.0	1	5.0	5	25.0	4	20.0		5		15		
北龙港镇	21	4.7	21	100.0		0.0	1	4.8		20	95.2			20	95.2				1	11	52.4		0.0	6	28.6	4	19.0		1		14		6
大冈镇	32	7.2	32	100.0		0.0	8	25.0		20	62.5	1	3	12	37.5		20			26	81.3		0.0	4	12.5	2	6.3			4	15		13
大湖镇	14	3.1	13	92.9	1	7.1	9	64.3		4	28.6	1		13	92.9	1				3	21.4	1	7.1	6	42.9	4	28.6		1		11		2
葛武镇	17	3.8	15	88.2	2	11.8	6	35.3	2	8	47.1	1		16	94.1	1				5	29.4		0.0	6	35.3	6	35.3		2		15		
郭猛镇	33	7.4	32	97.0	1	3.0	11	33.3		9	27.3	13		33	100.0					18	54.5		0.0	12	36.4	2	6.1	1	1		28		4
龙冈镇	19	4.3	15	78.9	4	21.1	11	57.9	3	4	21.1		1	16	84.2	2	1			15	78.9		0.0		0.0	4	21.1			9	9		1
楼王镇	19	4.3	18	94.7	1	5.3	3	15.8	5	8	42.1	2	1	17	89.5	1	1			15	78.9		0.0	2	10.5	2	10.5		2	3	13		1
潘黄镇	22	4.9	17	77.3	5	22.7	12	54.5	4	2	9.1		4	19	86.4	3				8	36.4		0.0	1	4.5	13	59.1				20	1	1
秦南镇	17	3.8	16	94.1	1	5.9	17	100.0			0.0			17	100.0					16	94.1		0.0	1	5.9		0.0		5		11		1
尚庄镇	21	4.7	19	90.5	2	9.5	3	14.3	1	14	66.7	3		19	90.5		2			16	76.2		0.0	2	9.5	3	14.3		2		8		11
新都街道	53	11.9	52	98.1	1	1.9	39	73.6		2	3.8	3	9	51	96.2				2		0.0	4	7.5		0.0	49	92.5				53		
学富镇	12	2.7	11	91.7	1	8.3	6	50.0		6	50.0			7	58.3	1	1	3		12	100.0		0.0		0.0		0.0		3		9		
义丰镇	20	4.5	20	100.0		0.0	19	95.0		1	5.0			6	30.0		14			18	90.0		0.0	1	5.0	1	5.0				19		1
张庄街道	16	3.6	15	93.8	1	6.3	11	68.8		2	12.5	3		15	93.8		1			14	87.5		0.0		0.0	2	12.5				12		4
总计	445	100.0	402	90.3	43	9.7	222	49.9	27	142	31.9	29	25	372	83.6	11	40	3	19	238	53.5	15	3.4	48	10.8	143	32.1	1	32	16	322	1	74

表 3

2010 年各镇(区、街道)新兴、特色产业

镇(区)	新兴产业					特色产业													落户重点园区																		
	风电	占总数%	通讯电子	占总数%	(空白)	齿轮	占总数%	阀门	占总数%	化纤机械和涂装Θ设备	占总数%	输变电设备	占总数%	医疗用品	占总数%	制鞋机械	占总数%	(空白)	凤凰科技园	占总数%	科教城	占总数%	闵行工业园	占总数%	农副产品加工园	占总数%	秦川华兴机床Θ工业园	占总数%	外资工业园	占总数%	文化产业园	占总数%	现代服务业集聚区	占总数%	悦达纺织园	占总数%	中小企业园	占总数%	(空白)
新区	1				35													36															32	88.9	4	11.1			
西区	14	19.2	11	15.1	48													73					14	19.2	5	6.8	18	24.7	6	8.2	6	8.2					11	15.1	13
北蒋镇					20													20																					20
北龙港镇					21													21																					21
大冈镇					32											19	59.4	13																					32
大湖镇					14													14																					14
葛武镇					17													17																					17
郭猛镇					33													33																					33
龙冈镇			2	10.5	17							6	31.6					13	7	36.8																			12
楼王镇					19													19																					19
潘黄镇					22													22																					22
秦南镇	1	5.9			16													17									1										1	5.9	15
尚庄镇					21			8	38.1									13																					21
新都街道					53													53			13	24.5											2	3.8					38
学富镇			3	25.0	9									3	25.0			9																					12
义丰镇	1	5.0			19					15	75.0							5																					20
张庄街道					16	12	75.0											4																					16
总计	17	3.8	16	3.6	412	12	2.7	8	1.8	15	3.4	6	1.3	3	0.7	19	4.3	382	7	1.6	13	2.9	14	3.1	5	1.1	19	4.3	6	1.3	6	1.3	34	7.6	4	0.9	12	2.7	325

中共盐城市盐都区委员会

Yancheng Yandu District Committee Of the Communist Party of China

综　　述

Summary

【概述】 全区上下紧扣“转型升级、提速增效”，突出“二、六、十”园区建设，重点重抓，重点突破，协调推进经济建设、政治建设、文化建设、社会建设、生态文明建设和党的建设，实现“十一五”的完美收官，“双新” 盐都的宏伟蓝图正逐步化为生动现实。

坚持“双新”引领，保持又好又快发展势头。转型升级与提速增效互促并进，招商选资与项目推进两手齐抓，抓好当前与谋划长远统筹推进，改革创新与推进工作紧密结合，综合实力登上新台阶，得到上级领导的充分肯定和社会各界的一致好评。全区实现地区生产总值增长19.1%，达到252.12亿元。财政总收入增长58.4%、一般预算收入增长58.8%，分别达53.67亿元和24.4亿元，反超学赶对象邗江区。全社会固定资产投资214.4亿元，增长26.8%。利用外资取得重大突破，提前一个季度完成全年任务，实现注册外资实际到账1.2亿美元。

重抓创新驱动，加快转变经济发展方式。加快产业优化升级，江苏华锐风电产业园打造风电装备高地的“三步走”战略顺利推进、成效显著，被认定为首批江苏省科技产业园，华锐公司自主研发的国内首台5兆瓦风电机组在我区下线，盐城产业基地实现销售60亿元，税收2亿多元。重点镇特色产业税收占比均在65%以上。新特产业销售收入超过260亿元，占全部工业的51%以上。全区规模以上工业增加值达120.6亿元，增长36.7%。规划建设服务业集聚区，加快推进科教城、现代物流园区、东方汽车广场、商务商贸区基础设施工程。提升科技创新水平，全社会研发投入超过3亿元，科技进步贡献率达54.6%，被认定为国家海上风电及装备高新技术产业化基地和国家科技富民强县试点县(区)。加强生态文明建设，单位GDP能耗全年下降4.6%，化学需氧量、二氧化硫减排量完成“十一五”减排总目标的170%和120%。三次产业比例调整为12.4:54.8:32.8，二三产业增加值占GDP比重较上年提高1.9%。

突出以人为本，促进城乡区域协调发展。加快“五个一体化”，扎实推进合力建城，统筹抓好“三农”工作，重视发展社会事业，切实保障和改善民生，促进城乡共同繁荣，如期兑现向全区人民作出的全面小康承诺。全区城镇居民人均可支配收入和农民人均纯收入分别增长13.9%和14.3%，农民增收幅度继续保持全市第一。

发展民主政治，切实维护社会和谐稳定。坚持党的领导、人民当家作主、依法治国有机统一，推进社会主义民主政治建设，巩固和发展和谐稳定的社会局面。坚持和完善人民代表大会制度，支持人大及其常委会依法履行职能。坚持和完善中国共产党领导的多党合作和政治协商制度，巩固和壮大最广泛的爱国统一战线。深入推进法治盐都和平安盐都建设。

推动创先争优，提高党的建设科学化水平。以建设学习型党组织为要求，开展大规模干部培训工作，进一步加强党员干部能力素质建设。以实施新一轮“强基工程”为契机，全面开展创先争优活动，进一步加强基层组织建设。以开展“创星级、树品牌”活动为载体，进一步加强机关作风建设，社会满意度大幅提高。以“五治理一查办”为抓手，进一步加强反腐倡廉建设。创造性地贯彻上级决策部署，充分尊重群众意愿，以进位争先的激情和实事求是的精神开展工作。贯彻民主集中制，坚持重大问题集体讨论、集体决定。健全和完善区委中心组学习制度，先后进行13次集中学习。坚持党内与党外相结合，领导、群众、专家相结合，积极推进决策的科学化民主化。常委同志带头弘扬新时期盐都精神，自觉从大局出发，相互之间坦诚相待，密切配合，互相支持，增进团结。带头执行廉洁自律的各项规定，自觉接受各方面的监督。

重要会议

Important Congresses

【全区特色产业工作会议】 1月7日下午，全区特色产业工作会议召开。区委书记李纯涛强调，要围绕市委市政府提出的“四有”、“三聚”要求，重点推进“十大园区”建设，力求特色更特、强势更强。区四套班子领导，各镇（区、街道）和区直各部门相关负责同志参加会议。西区、大冈镇、学富镇、盐电阀门作交流发言。

【全区党的建设工作会议】 2月7日下午，全区党的建设工作会议召开。出席会议的对象有：区委常委、区人大、政协党组主要负责人、区纪委委员、区纪委、组织部、宣传部、统战部全体负责人、各镇（区、街道）党（工）委书记、纪委书记、组织委员、宣传委员、区直各部门党政主要负责人、纪委书记、办公室主任。会议分别就全区纪检、组织、宣传、统战工作作出部署。区委常委和各基层党委（党组）书记向区委书记李纯涛递交《2010年党风廉政建设责任书》，李纯涛与方仕德签订《区委书记与区纪委书记2010年党风廉政建设责任书》，各镇（区、街道）党委（党工委）书记向李纯涛递交《2010年党建工作目标责任书》。区委书记李纯涛在会上作重要讲话。他指出，要以十七届四中全会《决定》引领党建，服务科学发展；要以改革创新精神推进党建，突破重点工作；要以从严治党要求加强党建，促进凝心聚力。

【全区政法工作会议】 2月9日下午，全区政法工作会议召开。区四套班子部分领导；区委政法委全体委员及各部门全体负责人，区综治委全体委员；各镇（区、街道）党政主要负责人、分管负责人及综治办、法治办、信访办、派出所、司法所有关人员；区直各部门单位及各基层人民法庭主要负责人；受表彰的先进个人等出席会议。区委常委、政法委书记穆芹作工作报告。会议表彰2009年度全区社会治安综合治理和平安建设工作先进个人，各镇（区、街道）和区有关部门主要负责人递交相关工作责任书，区公安局、义丰镇作大会交流。区委书记李纯涛强调，全区政法工作要坚持重点重抓，以过硬的工作措施维护大局稳定；要加强组织领导，以典型的示范作用推动进位争先。

【全区2009年度目标任务绩效考核表彰大会】 2月21日上午，区委、区政府召开全区2009年度目标任务绩效考核表彰大会。区四套班子全体领导，各镇（区、街道）、区直部门、各村（居）和规模企业负责人参加会议。大会表彰2009年度目标任务绩效考核先进集体和先进个人，并作交流发言。区委书记李纯涛在会上作重要讲话，要求全区上下迅速走出节日氛围，以受到表彰的先进集体和先进个人为榜样，从头抓紧，扎实做好新年的各项工作，跨越争先显虎气，勇创一流扬虎威，积极争当全市发展排头兵。

【全区进位争先全面小康形势分析会】 3月1日上午，全区进位争先全面小康形势分析会召开。区四套班子领导，各镇（区、街道）、区直各部门人出席会议。会上，通报全区在2009年度全市目标任务绩效考核中的获奖情况和全面小康建设情况；各镇（街道）和区服务业发展局、中小企业局作表态发言。区委书记李纯涛在会上强调，要保持良好状态，认清发展形势，咬定小康指标，奋力进位争先，加快实现“全市争第一、全省创一流”目标。

【全区大力实施“五百”工程、全力突破利用外资、加快推进新型工业化动员大会】 3月20日上午，区委、区政府召开大力实施“五百”工程、全力突破利用外资、加快推进新型工业化动员大会。区四套班子领导，各镇（区、街道）、区直部门、和规模企业负责人参加会议。会上，对全区2009年度创新创牌、技术改造成效显著的企业和利用外资工作突出的镇（区、街道）、区直部门进行表彰奖励；各镇（区、街道）和区直有关部门递交相关工作责任书；相关单位作交流发言。区委书记李纯涛作重要讲话，要求：(1)推动经济发展转型升级，首先要推动工作思路的转型升级；(2)奋力赶超先发地区，既要在经济总量上提速，又要在发展质量上追赶；(3)各级干部抓落实的成效，是实施“五百”工程、突破利用外资、推进新型工业化的关键所在。

【全区深入学习实践科学发展观活动总结大会】 4月3日上午，区委召开大会，对全区学习实践活动进行总结，并就巩固和扩大活动成果、深入贯彻落实科学发展观作出部署。区四套班子领导，各镇（区、街道）、区直各部门负责同志等参加会议，市委第三巡回检查组组长顾文明出席会议并讲话。区委书记李纯涛在讲话中强调，全区各级党组织和广大党员干部要以这次学习实践活动为新起点，在更高层次、更深程度、更广领域贯彻落实科学发展观，努力开创科学发展新局面，为实现全面小康、建设“双新”盐都作出新的更大贡献。

【全区经济形势分析会】 7月24日上午，全区经济形势分析会召开，区四套班子领导及各镇（区、街道）、区直各部门单位负责人和挂钩服务重点企业、重点项目的科级干部出席会议。会议通报全区上半年经济运行情况和下半年工作安排。龙冈镇等6家单位作交流发言。区委副书记、区长崔浩强调，要围绕“快转”，强势推进产业优化升级；按照“四有三聚”要求，重点抓好“四大集聚区”建设；要积极转变农业发展方式加大项目推进力度；要高度关注民生，全力维护社会和谐稳定。

【全区进位争先暨利用外资工作会议】 10月11日下午，区委、区政府召开全区进位争先暨利用外资工作会议。四套班子领导，各镇（区、街道）、农村社区和区直各相关部门单位主要负责同志等出席会议。会上，通报全区进位争先激励考核办法和全区目标任务绩效考核工作情况，传达全市利用外资工作汇报会精神，并部署安排今年第四季度及明年利用外资工作。区委书记李纯涛在讲话中强调，要增强“争第一、创一流”的信心和决心，以进位争先、创先争优的良好精神状态冲刺第四季度，确保各项工作继续走在全市前列，为“十二五”发展实现良好开局打牢基础。

【区委十二届七次全会】 12月29日下午至30日，中国共产党盐城市盐都区第十二届委员会第七次全体会议召开。区委委员、候补委员出席会议。区纪委委员；不是区委委员、候补委员的区人大、区政府、区政协负责人；曾担任过区四套班子领导职务的离退休老同志；各镇(区、街道、中心社区)全体班子成员、党政办主任、村(居)党组织书记；区直各部门全体班子成员；科级以上事业单位主要负责人，100个重点科室负责人；重点规模工业企业负责人、重点服务业企业负责人等列席会议。会上，听取了《中共盐城市盐都区委关于制定盐都区国民经济和社会发展第十二个五年规划的建议(草案)》的说明和区委2010年度干部选拔任用情况报告，通过了全会决议。区委书记李纯涛作工作报告，认真总结“十一五”以来全区经济社会发展取得的成绩和经验，明确“十二五”的发展蓝图，并对今后工作提出要求，一是突出扩量提质，把新特产业建成主导产业；二是拉长三产短板，以项目集聚助推产业兴城；三是加快农业转型，用生态理念建设生态农业；四是围绕转型升级，以创新举措构筑创新高地；五是坚持共建共享，以民生统筹推进城乡统筹。

重要活动

Important Activity

【机关服务“创星级、树品牌”活动】 活动主要围绕六个方面开展：转变思想观念，推进机关服务职能化；改进工作作风，提高决策部署落实力；加快平台建设，推动服务层次再提升；推行星级管理，形成争先创优新局面；创新服务方式，着力打造特色化品牌；健全机制制度，逐步实现长效化管理。全区各部门各单位以机关服务“创星级、树品牌”活动为抓手，强力改进机关作风，着力提高工作效能，全力打造服务品牌，努力解决突出问题，为经济社会又好又快发展、实现“十一五”的最完美收官提供了有力的服务和保障作用。一是在强势推进中提高效能。年初，区委、区政府及时召开创星级、树品牌动员大会，出台《关于在全区开展机关服务“创星级、树品牌”活动的意见》、《2010年度机关服务“创星级、树品牌”活动考评办法》等指导性文件。对实施“两集中、两到位”情况进行了再次督查巩固，共增加服务项目6项，减少审批项目12项，减少收费项目12项，对30个项目办理时限再次压缩67天，促进了审批效能再提升。共组织8轮明查暗访，先后书面通报面上明查情况3次、曝光5起影响机关作风和经济发展环境的典型案例，一些长期困扰企业的难题得到化解。同时，按照有诉必理，有查必果的要求，及时帮助企业和群众解决各种诉求。建成行政权力网上公开透明运行系统平台，实现“行政机关、行政权力事项、电子监察”三个全覆盖，32个行政执法主体共清理、确认、固化行政权力事项4128项，顺利通过省级验收。年终，结合平时考核、集中评议和三服务考核成绩，共评出五星级服务单位16个，四星级服务单位21个，三星级服务单位28个。二是在厉行整改中强化服务。开展服务征询活动，共征询走访规模企业120家，8次邀请相关企业参加座谈会，发放征询函6个批次，督办、协调、解决53家规模企业和重大项目、重点园区所涉及规划、用工、消防、用电、资金等方面问题120多个。55家单位通过政府网站、政务公开栏、电视等渠道公示服务内容、工作标准和服务时限，85家单位上报各类排查问题279条，提出整改措施292条，年底全部整改到位。先后组织100家规模企业、项目投资者代表对与企业服务紧密相关的30个区级机关和公共服务部门、40个热点科室进行“人民满意度”专项评议，开展对服务“三、六、十”园区关联度较高的26个部门进行专题评议。共收集涉及公交、用地、用工、规划等方面的问题45个，梳理汇总后交由相关职能部门予以解决，着力提升服务成效。三是在创新创优中培植品牌。在《盐都报道》开办品牌理论论坛，进行机关品牌理论和实践研究，探索创建规律，提升创建水平。注重在各级媒体上宣传介绍创建好的做法，共发布各类研讨文章、信息72篇，挖掘部门、科室和个人的典型事迹5个，组织先进事迹巡回报告会，在各机关中巡回演讲3个场次。召开推介大会，推介相对成熟的机关服务品牌，以典型带动群体作为，以示范推动面上工作。有32个机关单位部门推出了自己的服务品牌，10个服务品牌受到区委区政府的命名。《新华日报》、《党的生活》、《盐阜大众报》等报刊杂志相继介绍了我区的做法。

【深入开展创先争优活动】 根据中央和省、市委统一部署，结合盐都实际，区委区政府决定，在全区基层党组织和党员中深入开展创先争优活动。活动从2010年5月份起，着重围绕迎接建党90周年、向党的十八大献礼两个节点展开。开展创先争优活动，以“推动科学发展、促进社会和谐、服务人民群众、加强基层组织”为总体目标，以创建先进基层党组织、争当优秀共产党员为主要内容。创建先进基层党组织努力做到“五个好”，即领导班子好、党员队伍好、工作机制好、工作业绩好、群众反映好。争当优秀共产党员努力做到“五带头”，即带头学习提高、带头争创佳绩、带头服务群众、带头遵纪守法、带头弘扬正气。在活动过程中，做到“四个明确”，即明确实践主题、活动载体、创建条件、承诺内容。活动分层分类推进，农村基层党组织以“科学发展新农村、强村富民争一流”为主题，实施“双强”头雁工程和“双学”富民工程，采取有效措施，推进“双学”、提升“双强”、促进“双带”、实现“双增”，深化“三争一促”活动和“双提升”活动，开展产业集群党建，做大做强特色产业，扎实推进“五好”村(居)党组织建设和新农村建设；街道社区党组织以“推进科学发展、共创美好家园”为主题，实施党建“双带”和谐工程，积极推进“三强一化”，开展“双学双带促发展”和党建工作示范社区创建活动，进一步提升社区服务功能和居民幸福指数；企业党组织以“促进科学发展、构建和谐企业”为主题，实施“双争”提升工程，结合“四好”领导班子、“四强”党组织和“四优”共产党员创建，组织“学悦达，保增长，促转型”活动，大力推进规模以上非公有制企业党组织书记规范化管理，组织实施党员职工成才计划，广泛开展党员示范岗、党员责任区、党员品牌工程、党员攻关项目等创评活动，激励企业党员争当生产、经营能手，发挥先锋模范作用，促进企业科学发展；机关党组织以“当服务明星，创一流业绩”为主题，不断推进机关服务“创星级、树品牌”

活动，结合开展讲党性、重品行、作表率活动，进一步深化“三服务”和“牵手致富”活动，改进工作作风，提升服务效能，促进社会和谐；学校党组织以“为科学发展育人、办人民满意教育”为主题，大力推进“四名”工程，通过开展争当“党员师德标兵”等活动，发挥党员在学校各项工作中的模范带头作用，提高素质教育水平，努力办好让人民满意的教育；科技、文化、卫生等单位党组织以“争当业务能手、争做服务先锋”为主题，组织开展送医、送文化、送科技下乡活动，通过争当“德艺双馨党员艺术家”、“优秀共产党员·人民满意的白衣天使”等活动发挥党员作用，促进事业发展；社会组织党组织以“诚信服务树形象、建设和谐新盐都”为主题，认真落实党建工作“双报双推”制度，组织开展以“公平正义、诚信服务”为主要内容的“公信力工程”，倡导“公正执业、弘扬正气、诚实守信、服务至上”的良好风尚，着力加强行业自律、提升社会公信力，更好地服务经济社会发展。2012年“七一”前，区委将专项表彰2010~2012年创先争优活动先进基层党组织、优秀共产党员，以及开展创先争优活动成绩显著的先进基层党组织。

政策研究
Policy Research

【概述】 全区调查研究工作紧紧围绕“科学发展、推进‘双新’，快增快转、共建共享”主题主线，立足区情实际，开展调研活动，形成一批有份量、有价值的调研成果，受到市委主要领导和省市有关部门的肯定。

【围绕一个中心】 紧扣区委工作中心，印发《2010年调查研究工作要点》，组织全区党委系统办公室人员学习讨论，提高做好调研工作的认识。在此基础上，指导各镇(区、街道)、各部门办公室制定调研计划，按照区委工作要求，结合单位实际，确定调研题目。全年选择具有一定针对性、超前性、可操作性的调研课题87个，包括项目推进、结构调整、园区共建、新农村建设、特色产业培植、创先争优、党的建设等方面，形成调研报告68篇，其中国家、省、市报刊采用的51篇，市领导批示的2篇，转化为领导决策意见的27篇，转化为领导工作部署的22篇。

【完善两大体系】 完善调研组织网络体系。成立研究室负责人牵头、分管负责人负责、调研人员具体调研的课题小组。各镇(区、街道)、各部门办公室建立相应的调研信息组织，明确分管调研工作负责人、专职或兼职调研人员。修订完善全区党委办公室系统调研工作制度，每月各镇(区、街道)、各部门向区委研究室报送一篇调研报告，每半年组织一次调研交流活动，全区基本形成上下联动的调研网络。对一些事关全区发展大局的重大课题，主动请示区委主要领导和分管领导，积极争取市委研究室的支持和相关镇、部门调研人员的参与，以提高调研质量，加快成果转化。完善调研工作考核体系。专门印发《关于加强调研工作考核评比的意见》，明确考核奖惩细则。对全区党委办公室系统人员实行百分累进制考核，完成规定调研任务的得基准分(100分)，未完成的按比例扣分，有调研文章在国家、省市报刊上发表的按级次加3–9分，得到市、区领导批示的或成果转化较好的每篇加10–20分，对调研实绩突出人员给予通报表彰。

【落实三项举措】 一是硬化目标任务。年初，对办公室调研工作提出硬性要求，每个调研人员年内至少完成1–3篇有深度、有质量的调研文章。通过个人自定、集体过堂、领导会办的形式，共确定28个调研课题，并将这些课题制成表格，明确主题内容、撰写人员、完成时间，人手一份，对照执行，每月公布完成情况，强化目标序时管理。二是夯实保证措施。保证时间，调研人员在完成领导交办任务的前提下自行安排调研时间，注意抓住区委领导出差、开会等时机组织人员见缝插针搞调研；保证车辆，对下基层搞调研尽量满足用车需求；保证接待，无论是到企业、到农村调研，都由研究室负责事先联系，确保人员到场、情况到手、调查到位。三是突出成果转化。坚持从研究问题出发，从调查研究入手，从发展全局提出切实可行的措施办法。针对机关干部思想作风问题，按照区委领导指示精神，重点对8个镇和37部门进行为期1个月的专题调研，形成《领导干部要做思想作风建设的表率》等3篇调研报告，有力促进全区优化经济发展环境工作；针对上轮区划调整存在的被并镇经济发展萎缩、社会管理松散问题，通过调研形成《以经济区的模式加快发展社区、以集镇区的理念建设管理社区》报告，其做法被市委办印发推广；针对区委领导非常重视的新特产业发展问题，及时到有关单位展开调研，总结新鲜经验，形成《在产业转型中谋求新发展》等调研报告，受到市委主要领导批示。年内，区委区政府出台的文件中，有9个文件与研究室的调研成果密切相关。 (徐金文 吴义军)

组织工作
Organizational Work

【概述】 全区组织工作认真贯彻中央、省、市组织工作会议精神，紧紧围绕全区的中心工作和年初确定的工作思路，全力推进“保增长转方式、调结构促发展”，不断提升组织工作科学化水平，积极服务建设“双新”盐都发展大局，以改革创新作为根本动力，为全区建成更高水平的小康社会提供强有力的组织保证。至年底，全区有41个党(工)委，其中9个镇党委，4个街道党委，17个区直党委，区级机关、新区、6个中心社区、职教园区、农村经济开发区、高新区通讯电子产业园区11个党工委；党组22个，党总支357个其中村(居)党总支241个(包括潘黄镇仰徐村党委下属的仰徐党总支、新民党总支，龙冈镇毓龙居委会与华虹建筑公司联建党总支)，社区党总支17个，机关企事业等各类党总支99个。党支部2070个，其中机关、企事业各类党支部1293个，其他党支部777个。党员总数44200人，其中女党员7288人。区直党员12039人；农村党员32161人，其中农牧渔民党员18352人。建国前老党员902人，其中农村老党员701人。60

岁及以上党员14610人,35岁及以下党员7295人。专科学历6112人,本科及以上学历3922人。全年新发展预备党员897人,其中女党员307人。

【深入开展"创先争优"活动】 根据中组部和省、市委组织部统一部署,在全区党的基层组织和广大党员中深入开展以创建先进基层党组织、争当优秀共产党员为主要内容的"创先争优"活动。全区38个党(工)委、362个党总支、2149个党支部,43609名党员参加活动。组织全区党员、干部特别是领导干部深入学习、系统掌握中国特色社会主义理论体系,自觉运用科学理论武装头脑、指导工作。大力弘扬新时期"盐都精神",加强理想信念教育、党的宗旨教育、优良传统教育,激励和引导各级干部坚定理想信念、锤炼道德操守、提升思想境界、增强工作能力。分期分批组织科级干部学习党的十七届四中、五中全会精神,举办领导干部"学习讲坛",始终把学习实践科学发展观作为加强思想建设的重大战略任务。建立学习实践活动长效机制。全面构建加强党建工作、改进党员干部作风、推进科学发展以及扶贫解困等方面的长效机制,建立健全干部考核评价、学习培训和联系服务机制,深入开展向沈浩同志学习活动,引导党员干部创新发展理念,转变发展方式,破解发展难题,充分发挥示范和带动作用。

【深化干部人事制度改革】 坚持组织推荐、他人举荐和个人自荐相结合,积极探索差额选任办法,对镇(区、街道)党政正职的选任,逐步实行差额提名、差额考察、差额票决,继续推行党委全委会推荐、表决制度。把民主推荐作为使用干部的重要依据,推荐干部一律填写署名推荐材料,在本镇(区、街道)、本单位推荐得票不靠前或者推荐得票率低的,不得作为考察对象。对1名35周岁以下镇党委书记人选、3名撤并部门局长人选和1名副科级校长人选、1名正科级干部人选进行署名推荐。大力推进基层党组织领导班子成员公推直选。领导班子结构进一步优化,全区各镇(区、街道)党委、人大、政府组成人员的平均年龄分别比去年下降0.47岁、0.96岁和1.75岁。健全科级领导班子和领导干部考核评价机制,探索实施领导班子和干部重大事项跟踪考察、干部绩效考核写实档案等制度,改变不到换届不考察、不到年终不考察、不到提拔不考察的做法,把考察的视线放在日常工作,焦点放在紧要关头、非常时期,注重在招大引外项目推进、沿海开发特色赶超、信访稳定拆迁安置、挂钩服务扶贫解困一线跟踪考核考察,为选准用好干部提供科学依据。

【实施股级干部交流轮岗"双百"工程】 在机关事业单位中全面推进股级干部交流轮岗工作,机关、事业单位各交流轮岗100人。制定出台《关于大力推进区直机关事业单位股级干部交流轮岗的实施意见》,经过宣传发动、调查研究、制定方案、组织实施四个阶段,实现股级干部交流轮岗326人。其中机关股级干部跨部门交流113人,内部轮岗90人,事业单位交流轮岗123人。"双百"工程的实施,树立正确用人导向,优化股级干部队伍结构,提升机关效能和服务水平,优化股级干部队伍结构,激发广大股级干部工作的热情和活力,在机关单位中产生较大反响,得到广大干部职工的积极拥护。

【开展组织人事专项治理活动】 自3月起,历时3个多月,全区重点对近年来各基层党委(党组)超职数配备干部,违规任用临时人员,违反干部选拔任用原则、条件和程序选用干部,违反人事编制政策违规进人等情况进行查纠。活动中,区委成立领导小组,制定工作方案,区委组织部下发《关于在全区开展组织人事专项治理活动的通知》,组织各镇(区、街道)、各部门先行自查。会同区纪委、区人事局、区编办等部门组成6个检查组,对所有镇(区、街道)和13个较大的系统部门进行重点检查,发现混编混岗、超职数任用股级干部等问题六类,清退区直部门违规借用乡镇人员69名,纠正有关单位超职数和不按规定选拔干部6起11人,清理各镇(区、街道)村建中心非在编人员87人。对检查出的问题进行认真梳理,及时提出处理意见或建议,逐一反馈给被查单位,要求迅速予以整改。区委常委会专门听取专项治理情况汇报。在全区优化发展环境千人大会上,区委领导通报专项治理活动中检查出来的问题,要求相关单位专题召开领导班子民主生活会,专题向区委、区政府汇报整改情况,并规定问题突出的单位一年内不得提拔干部。专项治理活动的开展,及时查纠组织人事工作方面存在的问题,扩大《干部选拔任用工作条例》、四项监督制度的影响,增强领导干部贯彻执行《条例》的自觉性。

【在农村基层党组织和党员中开展一述双评三争创活动】 结合村居换届选举工作,组织村居干部述职述廉。在换届前,由上届村居党组织对任期内的工作情况作汇报,换届后,由本届村居党组织和镇党委签订"双学"目标承诺和年度目标承诺,在一定范围内进行公示。通过调研、召开座谈、填写满意度调查问卷等形式,各党(工)委和普通党员群众对村居党组织作用发挥情况进行评议,全面了解各党(工)委和普通党员群众对村级党组织的支持率和满意度,并将评议结果作为对村居干部年度考核的重要依据。全区共发放满意度调查问卷近2万份,召开各种层次的座谈会50多次。引导村级党组织领导班子调整产业结构,发展支柱产业和特色农业,不断增强集体经济实力,争创发展型党组织。引导村居干部认真贯彻落实党在农村的各项方针政策,积极帮助群众排忧解难、扶持创业等,争创服务型村干部。引导农村党员增强"双带"责任,在种植养殖、结构调整、产品营销、产业发展中起带头作用,帮助群众自主创业,发展致富,争创"双带"型党员。目前,全区已形成以大纵湖大闸蟹、北龙港南美白对虾、秦南水牛肉等为特色的养殖业,以张庄草莓、龙冈仕梨、郭猛花卉等为特色的高效种植业,以潘黄朱庄村豆制品、楼王仁和村渔网窗纱、龙冈储巷村柳编等为特色的农产品加工业,"一镇一特、一村一品"的格局初步形成。

【组织"双征询"活动】 6月,集中半个月时间,组织开展以"基层党组织向党员、党员向群众征询意见和建议"为主要内容的“双征询”活动，深入推进创先争优。活动围绕党组织“五个好”、党员“五带头”的要求，通过党组织召开支部大会、党小组会，分层分类召开各种座谈会、恳谈会，或发放调查问卷、征询意见表；党员干部到联系点开展工作；党员个人到自己的党员责任区、党员联系户走村串户等各种形式，向党组织、党员和群众进行意见和建议征询，进一步了解基层党员群众对开展创先争优活动、推进盐都科学发展的意见和建议，引导基层党组织履职尽责创先进、广大党员立足岗位争优秀。活动共征询到加快转变经济发展方式、改善民生、加强基层组织等方面有价值建议565条，为全区创先争优活动注入新鲜活力，全区上下形成组织创先进、党员争优秀、群众得实惠的生动局面。

【远程教育为新农村建设架起信息“高速路”】 开展以“创建远教示范站点，争当远教操作能手，争当远教致富能手”为主要内容的远程教育“一创双争”评比活动，把远程教育实用效果和作用发挥作为评比考核的基本出发点，为新农村建设架起了一条信息“高速路”。规范远程教育站点建设，开展经常性、实用性的学用活动，发挥远程教育效能。采取集中授课、模拟操作和技能比武等形式，抓好管理员的业务培训，确保人人过关，个个会用。同时，在党员群众中开展“争当致富能手”的活动，通过宣传发动、组织教学、典型示范、学用辅导等方式让群众感受到远程教育所能带来的好处，帮助群众找到适合自身发展的路子，解决生产中遇到的各种疑难问题，使其成为既能自己受益又能带动他人的致富能手。至年底，全区参与网络学习的党员干部和群众达到3.5万余人次，登录远程教育网站下载科技知识课件、自学科技知识的人数超过20多万人次。

【组织实施大规模培训】 在激发党员干部学习的内生动力上下功夫，开展培训需求调查，加大外出培训、高层次培训力度，制定完善干部调训、干部培训项目化管理、学时学分考核、干部述学等制度。以民营企业家沙龙为载体，大规模培训民营企业管理人才、回乡创业人才。以实施“千名技师培养计划”为抓手，加快高技能人才队伍建设步伐。以台湾农民创业园、步湖路观光农业带和现代高效农业示范园区为基地，加强农村实用技术人才培训和大学生村官创业培训。全区全年先后举办各类主体班次100多期，培训党员干部2万多人次，营造崇尚学习、全员学习、终身学习的浓厚氛围。

【大力开展农村干部素质能力培训】 紧紧围绕新农村建设目标，大力实施农村干部素质提升工程，对农村干部进行分层分类分级培训，不断提升农村干部科学发展能力。1月19日，依托大冈镇党员干部现代远程教育示范基地，组织来自基层一线的农村党员干部、远程教育网络管理人员、大学生村官等100多人参加了计算机、农村党员远程教育等方面的知识培训。1月30日，依托郭猛现代农业园区全市党员干部考察培训基地，组织农村经济开发区所辖步湖路沿线的6个镇、26个村的分管负责人，开展农村经济开发区现代高效农业发展培训，系统学习农业招商引资、现代高效农业发展和农村土地流转等方面的知识。5月15日，依托市委党校干部培训主阵地，组织270多名镇(区、街道)分管领导和村党组织书记参加为期两天的培训。培训班紧密结合农业农村工作实际，安排农村环境整治、高效农业发展、秸秆综合利用、防汛防旱、土地经营管理和惠民政策落实等专题，提升农村干部适应发展要求学科技用科技的能力。

【加强后备干部队伍建设】 围绕全区招商引资、项目推进和特色产业发展，推行科级干部经济一线工作制和“岗位助理制”，把干部特别是年轻干部放到基层一线、发展一线、民生一线、稳定一线、突发事件一线，在一线提升干部能力，在一线发现可用人才，在一线提高干部完成急难险重、驾驭复杂局面的水平。着眼于建设一支门类齐全、数量充足、结构合理、素质优良的后备干部队伍，规范股级干部选拔任用行为，开展组织人事工作专项治理，深入推进股级干部交流轮岗工作，组织实施机关事业单位股级干部交流轮岗“双百”工程，通过选拔轮岗、竞争轮岗、对口轮岗等途径，促进干部资源的合理配置。

【健全干部监督管理机制】 全面推行领导干部离任经济责任事项交接制度，健全干部监督“五个一”预警体系，试行干部监督建议书制度，完善提醒谈话、组织函询等制度，对干部存在的苗头性问题早发现、早教育、早纠正。规范领导干部权力运行，着力推行党政正职履行用人责任、编制责任和经济责任“三责联审”制度。加强对干部选拔任用工作全过程的监督，全面实行干部选拔任用“一报告两评议”制度，建立选人用人满意度调查体系，加强对各级党委(党组)选人用人情况的监测评估，对违规选人用人问题实行立项督查、责任追究。

【加强高层次人才队伍建设】 全面实施“人才强区”战略，突出抓好高层次人才队伍建设。按照党管人才的要求，注重部门协作，优化整合资源，为高层次人才引进计划、苏北引进急需人才资金和“六大人才高峰”项目的申报提供一站式服务，实施“151人才工程”。加快引进全区重点产业、高新技术企业急需的创新创业人才，大力引进带高新项目、带高新技术、带创业资金的科技人才。全年先后引进和培养本科以上人才850余名，硕士70余名，博士近20余名。积极提升人才开发能力，创新创业人才培养、推荐工作实现新的突破，剑桥涂装公司1名专家成功入选省高层次创新创业人才引进计划，“省六大人才高峰”资助项目申报工作连续3年列全省各县市区之首，闳业公司等企业建立院士工作站，盐城高新技术产业区管委会、宏达纺织器材制造有限公司等先后被授予省级博士后科研工作站，全市首家留学人员创业园挂牌。

【创新农村党建】 推行“双强”村干部“双学”目标承诺，加大“党支部+合作社”工作推进力度，强化党群服务中心建设，实行到村任职大学生“五个一”培养管理模式，认真做好村“两委”换届选举工作。完善基层党组织书记岗位职责和实绩考核办法，严格落实保障农村基层干部报酬的政策规定。深入推进“大学生村官创业”工程，先后选聘117名大学生到村任职，2012年前全区每个村(社区)将至少配备一名大学生村干部。先后实施“服务特色产业、提升农民素质”网络惠民工程、“千名人才回乡创业”工程，开展“三争一促”活动，今年新引进300名左右在外创业有成人员回乡创业。推进城乡基层党建工作统筹发展。坚持城乡联动，探索建立城乡统筹党建新模式，重抓经济主体区党建、农村经济开发区党建和项目集中区党建。积极开展“城乡结对谋发展、全力打造新农村”活动，健全城乡一体党员动态管理机制，全面推广流动党员信息管理系统，完善流动党员“双管”制度。大力推进村居党群综合服务中心建设，确保今年底57个村居全部建成达标，形成融便民服务、科技服务、医疗服务、文体活动、党群议事等于一体的综合服务平台。积极推进基层党组织工作信息化，组织远程教育农技服务队，开展“百名科技专家进百村”主题活动，推行“站点+基地”、“站点+合作社”等远程教育模式，扩大基层党组织覆盖面和影响力

【推进社区党建】 积极推进社区网格化管理，整合党建工作资源，开展机关党组织与规模企业党组织结对共建活动。坚持多管齐下，壮大社区经济，采取联营联办、合伙合作、筑巢引凤等形式，多方位、多渠道地加大招商引资力度。今年以来，17个社区签约项目20个，其中10亿元以上项目2个，外资企业2家，已开工8个，竣工7个，社区集体积累达1.2亿元。娱乐社区5层3900平方米的社区大楼建成出租，南港社区康乐小区近1800平方米会所综合楼全部完成对外招租，2200平方米的社区综合办公楼正在建设之中。

【强化非公党建】 围绕企业党建工作目标任务，形成读一天书、听一天课、访一天群众、谈一天体会、树一批典型的“五个一”特色，力求在促进企业发展上多下功夫，多作贡献。开展非公党建示范点创先争优活动，不断巩固和拓展学习实践活动成果，力争创党建工作示范点70家、五好党组织163家、党员示范岗360个，开展党组织目标承诺88家，新建企业党组织80个，工业园区党组织7个，培养入党积极分子1220名。创新非公党组织设置，按照“先大后小、先易后难、稳步推进”的思路，实现党组织应建已建率100%，党的工作覆盖率100%。强化工业园区党建，组织区级机关党组织与规模企业挂钩结对，开展党建联建共建。在全区非公企业中开展“双承诺、双争创”主题实践活动，推进非公企业党组织、共青团、工会、妇联“四建联动”。

【全面提升党员教育管理水平】 严把党员发展关。遵循“坚持标准、保证质量、改善结构、慎重发展”的方针，年内全区新发展党员900名左右，其中35岁以下青年、高中以上文化、妇女和一线党员人数占发展总数的比例分别达到75%、90%、30%和75%的要求。构建党内关怀帮扶机制。向全区685名建国前老党员发放98.17万元的生活补助补贴资金，向62名生活困难党员和老党员发放慰问金42000元，有效增强党组织在党员群众中的影响力和凝聚力。加强流动党员管理。按照“四管”的原则做好流动党员的管理工作，在流动党员中开展“比学习、比工作、比贡献，树盐都外出党员形象”的“三比一树”和“把家乡劳力带出去，把致富经验和项目带回来”的“双向带动”等活动，实施返乡党员“再培训、再就业、再创业”的“三再”工程。建立流动党员教育管理信息库，目前进库流动党员894名，其中流出党员862名、流入党员32名。

【切实加强组织部门自身建设】 在全区组工干部中开展“坚持公道正派、加强能力建设，永葆共产党员先进性”、“讲党性、重品行、作表率”、“三学三比”等主题实践活动。加强能力建设，完善组工干部工作例会制度、“每周一学”制度、实践锻炼制度，组织组工干部到江阴市华西村、苏州工业园区等地考察学习，认真履行招商引资和项目推进督查考核职能，促进组工干部在招商选资、项目推进、城市建设等工作中磨练意志，增长才干。加强文化建设，开设全国首家组工信息博客，开展“人人争创一项创新成果、人人争获一项先进荣誉”活动，适时展示组织工作创新创优成果。加强作风建设，严格遵守“十严禁”纪律要求，修订组织部机关管理制度，健全组织部门来信来访、干部任免、党组织关系接转、信息处理、举报投诉办理等工作流程，加强“党群服务中心”建设，发挥和拓展流动党员咨询服务热线、干部监督热线功能，积极为党员、干部提供各类咨询服务。健全以创新创优工作实绩为核心的组工干部考核评价体系，推动组织工作创新创优。

【开展“我选、我读、我评”读书月活动】 把提高理论素养、加强业务学习贯穿于组织部门和组工干部自身建设的始终，建立组工干部“长期受教育，永葆先进性”的长效学习机制，营造“爱读书、勤学习、多思考”的良好氛围，着力打造“学习型、知识型、创新型”组工干部队伍。按照政治经济、哲学、国学历史等类别，确定52种参考书目，引导组工干部以读书求新知，以读书思感悟，以读书谋发展，以读书促进步，使组工干部始终用正确理论和科学知识武装头脑、指导行动。集中投入3000多元集中购买各类书籍，为组工干部储备丰富的精神食粮。在组工干部中开展比读书、比调研、比业务“三比”活动，提升读书活动的吸引力和实效性。

宣传工作

Propaganda Work

【概述】 区委宣传部始终坚定正确的政治信念、坚持正确的政治方向，与党中央保持高度一致，确保党中央和省、市、区委的重大决策部署得到及时、坚决的贯彻落实。充分发挥宣传部这个区委工作参谋部的作用，积极为区委决策出主意、提建议，推动工作落实。同时切实引导好全区的舆论导向，把握好正确的政治方向，使全区党员干部在发展经济的征途中不迷路偏航。围绕全面贯彻落实党的十七届五中全会精神、科学发展观和市、区委扩大会议精神，团结带领宣传文化系统内的广大干群，坚持创新内容、创新

形式、创新手段，贴近实际、贴近生活、贴近群众，创造性组织开展工作，通过一年的努力，全区理教工作全市领先、社会宣传感召人心、舆论宣传聚焦盐都、环境建设劲吹文明创建工作新风、文化发展彰显盐都地方特色品牌，为全区解放思想、干事创业、加快发展提供良好的思想保证和舆论支持，得到上级宣传部门的充分肯定。

【理论武装工作扎实推进】 以创建“学习型机关（单位）”、“学习型村镇”、“学习型企业”、“学习型社区”为抓手，积极开展建设学习型党组织活动；以创建“五星级基层党校”为契机，进一步提高全区基层党校建设水平；党委（党组）中心组理论学习工作一直保持全省先进；农村基层党员干部冬训工作扎实有效，全市冬训工作研讨会在盐都区召开，全市农村党员干部冬训试点现场观摩会在大纵湖镇举行，冬学工作试点在区公安局、新都娱乐社区举行，《阶梯型受训广覆盖、情景式教育全过程——盐都区2009年度农村党员干部冬训工作纪实》专题片在全市冬训工作会议上播放；与区纪委、区机关效能办举办“环保杯”“学准则树形象、创星级树品牌”征文活动，编辑《盐都区“学准则树形象、创星级树品牌”征文活动优秀文集》。

【精神文明建设和宣传教育工作常抓常新】 加大先进典型塑创力度。区人武部徐兆学在2009年被评为50位新中国成立以来感动江苏人物之一及“江苏省敬业奉献模范”称号的基础上，今年又入选“中国好人榜”；全区文化科技卫生“三下乡”活动深入开展、常抓不懈，市委宣传部授予盐都区“盐城市文化科技卫生‘三下乡’活动先进集体”称号；以服务“三农”大篷车活动为主线的各类文明创建活动不断深入开展，被省文明办评为全省农村精神文明建设工作创新案例奖；以“十佳励志少年”评选活动为主线，开展以支援灾区、扶贫助学为目的的“爱心包裹”捐赠活动、“情暖花季”为未成年人献爱心活动，“美德少年”评选推介系列主题教育活动被评为第六批省级未成年人思想道德建设资助表彰项目。积极开展未成年人NIME工程（报纸参与教育工程），努力提升未成年人思想道德素质，在区内外取得较好赞誉。

【新闻宣传工作卓有成效】 区广播、电视、报纸、网络密切配合，顺利完成了区委、区政府一系列重大对内对外宣传任务，特别是世博会开幕当天，在《新华日报》刊登《“双新”盐都·风声水起》宣传专版和介绍台湾农民创业园的专题片《深情的沃土》，在世博会上发放，大冈制鞋机械产业亮相世博会中国馆小城镇展区等，在全国范围内较好地推介盐都，区委宣传部荣获全市对外宣传工作先进集体；同时，按照区委统一部署，结合部门本职工作，加强网上舆情信息监管。严格按照互联网宣传管理工作的要求，整合相关资源，不断加强互联网宣传管理的合力，建全舆情监测网，专门申请成立区网络管理中心，认真落实网情24小时监测制度，积极开展网上舆情正面引导工作，掌握网上舆论的主导权。组织力量及时应对新闻突发事件，化解负面新闻，尽最大可能遏制和消除不良影响，妥善处置十多起新闻突发事件，维护盐都形象，为和谐盐都建设营造良好舆论氛围。

【文化事业产业发展工作亮点突出】 以节庆活动为契机，经常性地开展群众性文化活动。全年共开展各类公益性群众文化活动100多场次，承办、协办各类展览20多次；艺术创作成果丰硕，大型淮剧《二饼上城》获得2009~2010年度江苏省舞台艺术精品工程精品剧目称号，小品《没事找事》获“中国戏剧奖·小戏小品奖”一等奖，美术作品《城市·鸟》系列获全国工笔名家邀请展一等奖，舞蹈《铁军畅想》获第九届江苏“五星工程奖”舞蹈类少儿组铜奖，小淮剧《公鸡做媒》获省文化厅第九届“五星工程奖”表演艺术类金奖，舞蹈《鼓舞》获江苏省舞蹈“莲花奖”创作金奖、表演银奖，淮剧《马代表进城》获盐城市第四届精神文明建设“五个一工程”奖；积极发展文化产业，策划建设文化产业园区。2010年1月份，盐城市文化产业园区在盐都挂牌。现已形成以文化产业园区、盐渎明城、大纵湖风景旅游度假区为龙头的三大文化产业集聚区，现有文化产业类项目308个，其中今年新增项目20多个，总投资20多亿元。

【机关学习活动措施精细】 部领导班子十分重视“学习型部机关”创建活动，学习制度上，坚持和完善每周六上午集中学习制度，学习上做到有计划、有记录、有考查、有学习心得。在学习安排上，突出抓好三个层面：一是部领导班子学习，着重政治理论素养、宏观战略思维、党性意识及驾驭复杂问题的能力提高；二是部机关中层干部学习，着重抓好政策业务能力和行政管理水平的提高；三是机关干部的全员学习，着重办事能力、服务质量、工作效率的提高。在学习方法上，坚持做到“三个结合”，即：集中教育与经常教育相结合、形象教育与理性教育、正面教育与警示教育相结合。在学习内容上，比较系统地学习邓小平理论、“三个代表”重要思想和以人为本的科学发展观，学习经济、历史、法律法规和当代先进科技等方面的知识，特别是重点学习文化产业发展方面的知识，并在《盐都报道》设立《文化产业园地》专版，安排专门人员组织编辑，每周一版；同时组织编辑《文化产业简报》，专门向市区干群介绍区文化产业发展的最新动态，并组织部机关全体人员学习讨论，为全区文化产业发展造势。开展学习“两个《条例》”系列活动、学习徐兆学先进事迹活动，组织参加全区廉政勤政建设警示教育大会。通过理论学习和先进典型及反面典型警示，使部领导班子及部机关党员干部进一步增强廉洁从政和自觉接受监督的意识，树立正确的世界观、人生观、价值观和权力观。（吴 海）

统战工作
United Front Work

【概述】 全区统战工作坚持围绕中心、服务大局、紧扣转型升级、提速增效和全市争第一、全省创一流战略目标，充分发挥人才荟萃、智力密集、联系广泛等诸多优势，集智聚力展风采、和衷共济绘双新，扎实推进各项工作，先后开展“整合力量资源、搞好五项服务”，“建设双新盐都、携手共同奋进”，“百侨助百户、牵手共致富”和“创星级、树品牌、进教堂、促和谐”等十大特色活动，经济统战、人文统战、海外统战、民族宗教、非公经济等各条各块都取得了可喜的成绩。年内，区委统战部被市委、市政府表彰为统战工作服务经济建设先进单位，被区委、区政府联合表彰为全区三个文明建设先进集体。

【围绕“五大重点”服务经济社会发展】 出台《盐都区统战系统围绕“五大重点”开展系列服务实施意见》。引导统战成员围绕“二、六、十”奋斗目标，立足“招商引智、项目申报、资金融通、技术指导、法律咨询”等五大重点，开展系列服务活动，为三服务企业和招引项目提供有针对性地专业化服务。把发挥部门工作优势与整合力量资源、服从大局一盘棋、发挥整体优势有机结合，把服务活动与“创星级、树品牌”活动有机结合，使之与区委、区政府的中心工作合心、合力、合拍，不断提高新时期统战系统服务科学发展的能力。

【举办“建设双新盐都、携手共同奋进”统战论坛】 9月，成功举办“建设双新盐都、携手共同奋进”统战论坛，重点围绕两大新兴产业、六大特色产业和十个专业园区以及推进沿海综合开发、加快转变发展方式、优化经济发展环境、促进城乡统筹发展、加快新城区、特色镇、新农村建设等战略性课题，征集各方具有代表性、前瞻性和可操作性的论坛文章60多篇，并选择重点邀请区四套班子领导、相关部门负责人听取民主党派成员发

言，为盐都新一轮转型升级、提速增效建言献策，得到与会领导的充分肯定。

【引导民主党派开展“六送三进”活动】 为大力弘扬“诚信、务实、创新、奋进”的新时期盐都形象，充分发挥统一战线人才荟萃、智力密集、资源充足、通力合作的四大优势，区委统战部围绕“创先争优”和“创星级、树品牌”活动要求，扎实开展“六送三进”活动，“六送”即括送健康、送教育、送科技、送政策、送法律，“三进”即进教堂、进学校、进社区，先后发放各种科技资料3000余份，举办教育、科技、法律和爱国主义教育知识讲座8次，受训人数1000多人次，为1000多少数民族同胞和信教群众开展免费义诊，收到良好的社会反响，提升民主党派的参政议政、回报社会、服务人民的良好形象。

【举办统战干部培训班】 利用区社会主义学校这块阵地，组织民主党派、无党派、新社会阶层代表人士80多人，举办为期3天的短期培训班，邀请市、区相关部门专家教授分别进行“新时期党的统一战线理论知识”、“坚持走中国特色社会主义道路”和“社会主义核心价值体系”3个方面专题辅导，与此同时还推荐5名优秀分子参加省、市社会主义学院的学习培训，不断提高党外干部的理论素养。

【协助区委召开十二五规划党外人士征求意见会】 12月19日上午，20位党外人士代表齐聚一堂，畅所欲言，就我区国民经济和社会发展第十二个五年规划纲要进行座谈。区委常委、常务副区长单永红，区政协副主席、统战部部长张荣銮出席座谈会。各民主党派、工商联、无党派人士就区“十二五”规划编制提出切实可行的意见建议。

农村工作
Rural Work

【概述】 扎实开展农经各项工作，全区农经系统取得较好成绩。坚持城镇化与新农村双轮趋动，统筹城乡发展工作有序推进。市级统筹城乡发展示范镇郭猛老镇区、新镇区和工业集中区6平方千米城市设计通过初审，新镇区6.2千米主干道路及桥梁全面开建，海洋大厦等一批地标性建筑即将竣工。市级示范村仰徐4000亩精致农业示范区、1000亩生态园林区、1500亩工业集中区和600亩农民集中居住区规划实施进入尾声。7个重点镇在全市进位考核中四进一保二退，进位形势好于上年，进位镇占比高于全市平均水平。秦南镇泾口村、郭猛镇杨侍村被省委农村工作领导小组命名为

"江苏省社会主义新农村建设先进村"。适应现代农业发展新要求，农业产业化经营步伐加快。全年引进利用"三资"新办农业项目62个，协议总投资32.45亿元，规模农业龙头企业发展到110家，其中，省、市级重点龙头企业已达31家(省级重点龙头企业3家，市级重点龙头企业28家)，农民专业合作经济组织发展到515家，其中，当年新发展农民专业合作组织95家。在工商部门登记注册取得法人资格的农民专业合作社已达443家，19家农民专业合作社被省、市认定为"四有"农民专业合作社。区级农产品加工集中区启动建设4305亩，重啤、天邦等一批上市公司项目入驻农产品加工园区，提升农产品加工集中区的建设层次，邦尼水产、天邦饲料、海亚冷冻、绿发水产和荣华纺织等6家入园农产品加工企业已投产达效。7个重点镇农产品加工集中区规划面积2300亩，已进区项目8个，其中张庄街道农产品加工区新引进项目2个，投资额达3.2亿元。各项惠农政策得到全面落实。年内，全区251个村卡内农民负担总额886.66万元，人均负担16.84元。15个镇110个村实施一事一议财政奖补项目216个，投资总额1673万元，其中争取省级财政奖补资金1035万元，实施项目已全部通过省级验收。政策性农业保险全面推行一折通发放理赔款，高效农业保险推进迅速，取得新突破。农民增收取得新成效。全区实现农民人均纯收入9554元，增幅14.3%，列全市第一。继2009年潘黄、龙冈两镇(街道)农民人均纯收入超万元后，2010年大纵湖、张庄、秦南、郭猛、大冈五镇(街道)实现农民人均纯收入超万元。农经基础工作进一步加强。镇级土地流转服务中心全部建立，全年新增土地流转面积6.23万亩、新增土地股份合作社14个。修订完善全区农村财务管理制度，突出村级财务收支审计和村干部离任审计，规范开展农村集体经济内部审计工作。接待和处理土地承包纠纷100多起，在各镇(区、街道)的共同努力下，基本将矛盾控制和化解在基层，维护农村和谐稳定。脱贫攻坚取得阶段成果。"一有三缺"户和经济薄弱村在全市率先脱贫。农民资金互助合作社平稳运行。已发展社员1.96万户，吸纳社员股金及互助金2.84亿元，投放互助金2.48亿元，累计投放互助金总额达到7亿元。（陆德荣）

【农村脱贫攻坚工作取得突出成效】2008年以来，全区根据中央省市脱贫攻坚工作总体布置，以消除绝对贫困现象为出发点，以组织实施党群牵手致富、部门企业与经济薄弱村结对共建"两项工程"为抓手，由于各级领导重视，狠抓结对到位和工作措施落实，加强工作督查，经过三年的不懈努力，脱贫攻坚工作取得重大成效。至年底，全区14650户贫困户中，5161户"一有三缺"户全部实现脱贫，无劳动力贫困户已基本实现脱贫；总脱贫户中，全年脱贫4250户、8393人，占29%；157个经济薄弱村已全部实现脱贫，其中年内脱贫10个。全区脱贫攻坚"两项工程"推进中，共有近5100名区镇村各级党员干部参加结对帮扶贫困户，共有80多个区部门单位和近200个工商企业结对帮扶经济薄弱村，通过帮生产、帮生活、帮资金、帮就业、帮落实社会救助资金，帮经济薄弱村上项目和争取扶持资金，新农村建设中帮助争取上级专项建设资金和区镇财政扶持资金重点倾斜支持经济薄弱村，鼓励私人企业和经济大户进行各类捐赠用于改善贫困户生产生活和村级基本建设等各类资金投入近2500万元，其中年内340万元；帮助实施新项目近1900个，其中年内283个；帮助贫困户劳力培训就业近2100人，其中年内260人；无劳力贫困户、残疾人员、重病人员落实社会救助措施达9300户，其中五保低保户达7900户。（周春发）

【农民收入持续增长】 年内，全区实现农民人均纯收入9554元，比上年增长14.3%，其中：工资性收入4089.45元，比上年增长18.9%；家庭经营性纯收入4757.33元，比上年增长8.2%；财产性收入176.57元，比上年增长36.2%，农民收入增幅是"十一五"期间最高的年份。全区夏秋粮增产增收，渔牧林业稳定发展，农村劳动力转移人数持续增加，高效农业蓬勃兴起，农民自主创业和家庭经营性收入有较快发展。（陈友松）

【重点镇建设稳步推进】 坚持以调结构、转方式、增效益、优机制为重点，着力抓好重点镇结构调整、新特产业培育和园区载体平台建设，促进重点镇工业化又好又快发展。坚持以提高城镇化率、增强产业承载和服务功能为重点，着力打造城镇特色、加强城镇功能配套完善，加快推进重点镇城镇化。年内，全区7个重点镇新上工业项目92个，实施集镇建设"六个一"项目42个，集镇绿化"五个一"项目35个，在全市重点镇考核排名中，张庄街道、龙冈镇、郭猛镇、秦南镇分别比上年进1位、1位、3位、2位，潘黄街道实现保位目标，进位和保位镇占比在全市处领先水平。（陈友松）

【统筹城乡发展成效初步显现】 以加快建设新镇区、新社区、新产业为重点，着力推进市级统筹城乡发展示范镇郭猛和市级统筹城乡发展示范村仰徐加快建设、快出形象。7月，郭猛镇和仰徐村统筹城乡发展规划市政府正式批复实施。示范镇村排定产业发展、基础设施、公共服务、社会事业、民生工程项目28个，明确时间节点，落实责任措施、实行挂图作战。郭猛新镇区道路框架基本拉开，仰徐集中居住规模进一步扩大，配套设施进一步完善，统筹城乡试点成效已初步显现。（陈友松）

【财务管理再上新水平】 进一步规范农村集体经济组织财务行为，根据国家、省、市有关规定，结合盐都实际，修订下发都政办发[2010]114号《盐都区农村集体经济组织财务管理制度》，实现农村财务管理新的发展。重点抓好村集体财务公开、民主理财工作。下发都委农[2010]年13号文《关于进一步规范村级财务公开和民主理财工作的通知》，日常性财务收支做到真公开、常公开，重点财务内容做到专项公开、随时公开，对理财中发现的问题切实稳妥地加以解决，使全区农村财务管理工作不断规范完善。切实开展农村集体经济内部审计工作。认真贯彻落实《农村集体经济组织审计规定》，制定2010年农村集体经济组织内部审计工作计划，确定全年审计项目、审计要求、审计方式等，加强对各村的财务收支和离任村的财务进行审计，进一步推动农村集体经济组织内部审计工作的有效开展。区经管站选择8个重点镇有代表性的村(居)进行专项审计。

(江中东　张祝兰)

【规范发展农民资金互助合作】 年内，在已运行的15家农民资金互助合作组织基础上，新开办楼王、大冈冈中2家农民资金互助合作社。全年共组织4次季度审计，6次随机抽查，2次市审计检查，确保农民资金互助合作组织健康有序发展。至年底，全区17家农民资金互助合作社共发展社员19585户，吸纳社员互助资金2.78亿元，累计投放社员互助金7亿元，全区获得农民互助社支持的农户有2.66万户(次)，占全区农户的15%。投放余额2.48亿元，其中：投放在农业生产、农产品流通及加工的资金1.63亿元；投放在农民生活资金2921万元；投放给民营企业、专业合作组织和农民经纪人5538万元。农民资金互助合作组织试点总体上保持了健康发展的良好势头，农民办社积极性高涨，规模和覆盖面登上新的台阶。监管制度体系逐步完善，风险控制能力不断增强，社会影响力不断扩大，试点发展的整体环境逐步改善，为现代高效农业发展和促进农民增收发挥积极作用。 (黄　河　张祝兰)

【强化一事一议财政奖补工作】 年内，全区一事一议财政奖补工作，重点做到"六个严格"，严格界定财政奖补筹资筹劳范围与对象。一事一议筹资筹劳的议事范围为建制村。筹资的对象为本村户籍在册人口或者所议事项受益人口；筹劳的对象为本村户籍在册人口或者所议事项受益人口中的劳动力。五保户、现役军人不承担筹资筹劳任务；退伍的伤残军人、在校就读的学生、孕妇或者分娩不满一年的妇女不承担筹劳任务。严格筹资筹劳政策规定。履行民主议事程序；不突破上限控制标准；防止加重农民负担。严格财政奖补项目立项审核。充分尊重群众意愿；注重前瞻性；坚持公益性；兼顾形象；注意面上大体平衡。严格项目实施管理。按照批准方案组织实施；采取招标或议标形式确定施工单位；重视工程监理和质量监督；搞好检查验收；落实管护责任。严格财政奖补"五项制度"。坚持项目审定工作制度、项目实施前后公示制度、档案管理制度、资金管理制度、责任追究制度。严格组织领导责任。区奖补办和各有关部门在区奖补工作领导小组领导下按照各自职责做好一事一议财政奖补工作，确保这项民心工程真正让广大农民得益受惠。

(乐　斌)

【积极做好农村土地流转指导服务工作】 积极推进土地流转服务平台建设，组建农村土地流转服务中心，并鼓励有条件的镇建立土地流转有形市场，至年底，各镇(区、街道)土地流转服务中心全部建立，有二分之一的镇建立土地流转有形市场。在建立土地流转平台的同时，积极规范土地流转合同，指导镇村按照省规范文本签订流转合同，健全流转手续。对农村经济开发区专门下达土地流转目标任务，出台土地流转奖励扶持政策。为推进土地流转服务工作，4月，组织步湖路沿线农村经济开发区的6个镇分管领导和农经服务中心主任去东台市梁垛镇进行考察学习。同时，为指导土地流转服务工作，下发《关于进一步加强农村土地承包经营权流转服务的通知》，在义丰镇召开推进土地流转工作现场会。全区全年新增土地流转面积5.23万亩，新增土地股份合作社14个，分别比上年增长46.4%和38.9%。 (乐　斌)

对台工作

Affairs Concerning Taiwan

【概述】 全区对台工作积极、主动顺应两岸关系和平发展新形势，围绕经济建设中心，积极进取，开拓奋进，深入开展对台招商引资活动，对台经济、交流交往、宣教调研及台胞、台商、台企、台属服务等各项工作取得良好成绩。区委台办在全市对台工作评比中，列综合排名第一；获区委、区政府授予的"综合奖"、"发展现代高效农业特别贡献奖"、"开放型经济工作奖(对台招商引资工作先进单位)"。

【区委、区政府科学组织对台工作】 1月21日，区委调整对台工作领导小组。区委、区政府把对台工作的重点定位于对台经济工作，进一步加大人财物投入。年初，区委、区政府对上一年度对台招商引资工作先进集体进行表彰。5月、10月，区委办、区政府办联合下发《全区2010年对台招商引资工作计划》和《全区2010年对台招商引资工作考核细则》。区台办每逢单月召开各镇(区、街道)对台经济工作联络员会议，联合督查办对全区台资招引工作进行3次督查。

【李纯涛致电郝柏村祝贺郝龙斌当选台北市市长】 11月27日晚，区委书记李纯涛致电台北郝公馆，祝贺郝龙斌再次当选台北市市长。贺电全文如下：郝老柏村先生垂鉴：欣闻贵子龙斌先生再次当选台北市市长，我与家乡人民感到非常高兴！在此，谨以我个人名义和代表盐都全体民众，向您并通过您向郝龙斌市长表示热烈的祝贺！衷心祝愿郝市长事业发达！全家幸福！恭祝先生身体健康！诚挚欢迎先生在方便的时候回家乡观光、面教。中共盐都区委书记李纯涛敬启2010年11月27日晚8时。

【区人大常委会审议《中华人民共和国台湾同胞投资保护法》】 8月24日，由区人大常委会副主任武进甲带领，区人大社事委相关人员深入到龙冈、葛武、尚庄、新区等镇区，对实施《中华人民共和国台湾同胞投资保护法》情况进行调查研究，并在区台办听取政府办、工商局、环保局、国土局、建设局、公安局等涉台部门的汇报。9月28日，区台办主任张宗煜受区人民政府委托，向区人大常委会作《关于贯彻实施<台湾同胞投资保护法>情况的报告》。

【对台经济成绩斐然】 区委、区政府主要领导多次在全区性会议上部署推进对台经济工作。区委、区政府积极推进赴台招商。各地、各部门通过采取驻点招商、委托招商、以商引商、入岛招商、产业招商、信函招商等方式方法，积极主动开展对台招商活动，全区对台招商引资跃上新台阶。1月6日，台湾南纬实业集团与悦达集团签订南纬悦达服装有限公司合作协议，区委书记李纯涛，区长崔浩，区委常委任连璋出席签约仪式。新开工的台资项目有丰田4S店、盟富斯机床等。龙冈、北龙港、新区、新都、葛武、尚庄等镇(区、街道)对台招商实绩较好。与此同时，台湾一批大企业集团董事长或高管到盐都考察，并表示愿意到区内投资。在全区上下共同奋斗下，超额完成市委、市政府下达的年度台资到账任务，新批台资项目8个，合同利用台资1.2亿美元，实际到账台资6300万美元，台资企业增加到36家。盐都与台湾的经贸合作的质量和水平得到新的提升。

【盐都台湾农民创业园获农业部、国台办批复设立】 在省、市台办、农业部门的关心支持下，经过多方努力，5月11日，江苏盐城盐都台湾农民创业园获国家农业部、国台办批复设立，成为江苏五家台湾农民创业园之一，这为全区高效农业发展和对台经济交流合作搭建新的平台。至年底，台湾农民创业园已签约项目10多个。区台办引进的有机稻米项目落户葛武。

【江苏台湾周·苏台(昆山)农业合作洽谈会推介盐都台湾农民创业园】 9月19~22日，江苏台湾周·苏台(昆山)农业合作洽谈会在苏州昆山举行。副区长武炳光率团出席此次洽谈会。在"两岸乡村座谈"开幕式上，农业部副部长高鸿宾、国台办交流局局长李维一共同为"江苏盐城盐都台湾农民创业园"揭牌。在2010海峡两岸(昆山)农产品展示展销会上，盐都台湾农民创业园展区共有40多个地方名特优农产品参展，接待参观人数达3000多人，其中台湾人士200多人。省委常委、副省长黄莉新亲临盐都台湾农民创业园展区参观，对高起点、高定位、新理念的园区发展规划给予高度评价。市长李强在江苏盐城(昆山)沿海现代农业推介会上致辞，他希望台湾省农会和台湾农民对盐都台湾农民创业园的发展多加指导，积极参与到盐都农业发展中来，实现合作共赢。推介会由市委副书记李驰主持，副市长陈还堂就盐都台湾农业创业园做专题情况介绍。

【对台交流交往更加密切】 盐都全区区镇两级共接待各类经济、文化教育考察团组26批次，168人次；回乡探亲访友、祭祖扫墓的台胞60多人次。六和集团董事长宗成道、南纬集团董事长林瑞岳等均亲临盐都实地考察，并初步确定合作意向。盐都籍台湾原"行政院院长"、中国国民党原副主席郝柏村先生为台湾农民创业园题字。台湾著名高僧、佛光山道场开山宗师、国际佛光会世界总会会长星云大师为葛武郝荣村"净土寺"题写寺名。8月1日，由与台商有合作关系的盐城鑫峰汽车贸易公司主办，海峡两岸"经济·名车"论坛在东方汽车广场开幕。10月22日晚，区委、区政府在世纪公园板桥草堂宴请台湾六和集团董事长宗成道先生。10月26日，郝柏村先生旧部属徐始强少将参观郝荣村。11月18日，区台办收到郝柏村亲笔题字"郝荣村"。全年组织3个赴台经贸考察团，随省市赴台8批次，人员达30人次。

【区委书记李纯涛会见台湾润泰创新国际股份有限公司总经理简沧圳】 10月19日晚，区委书记李纯涛会见到盐都考察的台湾润泰创新国际股份有限公司总经理简沧圳一行。李纯涛热情欢迎简沧圳先生一行到盐都考察，并请台湾客人转达他对润泰集团董事长尹衍梁先生的问候，向台湾客人简要介绍盐都经济社会发展情况。简沧圳先生表示，润泰创新国际股份有限公司希望结合地方"十二五"规划，加盟盐都城镇化建设，促进城市综合配套开发。

【区长崔浩率团赴台经贸考察】 7月28日~8月3日，区长崔浩随市经贸交流考察团赴台，区委副书记顾其斌为团长的8人经贸考察团，随市团一同入岛。在台期间，区经贸考察团考察统一集团、农友种苗有限公司、兰花产销发展协会、云林县农会、台北县农业局等单位，听取情况介绍，并与相关负责人进行深入交流；拜会盐都籍在台名人郝柏村、郝龙斌父子和一些台湾知名企业老总。这次活动，不仅进一步增进双方之间的了解，加深友谊，而且由于事先准备充分、跟踪有力、对接到位，招商成果也较好。10天时间内，先后签约面粉购销、精密制造等投资合作项目；与台湾云林县农会初步确定在台湾农民创业园现代农业产业园内新建高档花卉和设施果蔬生产基地、在盐都农产品加工集中区建设台湾食品加工园，以及与台湾农友种苗有限公司初步确定在郝荣台湾生态农业集成区新建台湾新品种试验示范基地、博士工作站等合作意向。

【彰化县观光休闲农业发展协会理事长黄锡玮到盐都参观考察】 2月4日上午，台湾彰化县观光休闲农业发展协会理事长黄锡玮先生等4人到区参观考察。副区长单永红陪同。黄锡玮一行先后参观郭猛镇的路路生态园、现代农业示范园展示厅和葛武镇郝荣村。在听取盐都台湾农民创业园规划和本地土质、气候及适合栽种的农作物等情况汇报后，台湾客人对盐都优越的地理位置和特有的人文资源颇感兴趣，并希望能够参与盐都农业和台湾农民创业园建设，推动海峡两岸农业交流与合作。

【周仲南、孙森到盐都参访】 4月4日上午，在区委常委任连璋陪同下，原蒋经国侍卫长、台湾"警备司令"周仲南到葛武镇郝荣村参观。周仲南一行先后拜谒郝绪龄、袁珍宝夫妇墓、坐游船沿郝荣环庄河游览岸边风光、参观葛氏宗祠和郝氏故居。4日中午，区政协主席陈广平在郝荣接待中心宴请周仲南，并赠送礼品：高仿郑板桥字画四条幅。4月7日，在区人大常委会副主任武进甲、区台办主任张宗煜陪同下，台湾原"警备副司令"孙森到葛武镇郝荣村拜谒郝绪龄、袁珍宝夫妇墓、坐游船沿郝荣环庄河游览岸边风光、参观葛氏宗祠和郝氏故居。4月9日中午，区委常委任连璋在毕华丽大酒店宴请孙森，区政协副主席、区委统战部部长张荣銮陪同。

【台北芦州"国民小学"民俗体育访问团访问盐都】 7月14日下午，台湾台北县芦洲"国民小学"(著名歌星邓丽君母校）民俗体育文化交流访问团一行26人，到市二小分校树人外国语实验学校进行交流访问。副区长张瑞卿接待台湾客人。市二小师生代表在田径场上进行威风锣鼓、健美操、武术等精彩表演。随后，访问团一行到教学楼观看市二小学生京剧演唱，二胡、笛子、古筝演奏，剪纸和绘画等多种艺术项目表演。参观期间，芦州"国民小学"学生表演花式跳绳，双方同学开展书法、科技小制作、绘画等方面的互动。在小号手艺术团文艺演出中心，市二小师生代表共同演绎的民乐合奏《金蛇狂舞》、淮剧独唱《买油条》、古诗文诵读《盛夏的果实》等节目，博得台湾师生们阵阵掌声。通过这次交流活动，台北县芦洲"国民小学"和市二小师生代表们畅叙友情、交流互动，进一步宣传、弘扬民俗文化，充分体现两岸"血浓于水"的亲情。

【对台宣传教育活动丰富多彩】 从全区对台工作实际出发，大力开展对台宣传教育活动。盐都电视台、《盐都报道》、"中国·盐都网"正常进行对台新闻报道。区台办在《盐都报道》开办对台招商引资专版12期，编写内部刊物《台情》13期，发放1000多份，供领导阅读参考。2月11日，在《盐都报道》刊登区委台办、区政府台办和区台属联谊会《致台胞台商台属的慰问信》。

【郝荣村群众庆贺郝龙斌当选台北市市长】 11月27日晚，郝柏村先生长子郝龙斌在台湾"五都"选举中高票当选台北市市长的消息通过互联网传到家乡葛武镇郝荣村，村里群众兴高采烈互相传播这一消息，部分群众在郝氏故居大门前燃放起鞭炮。28日上午10时左右，郝荣村两支舞龙队精神抖擞走到"郝氏故里，苏北水乡"照壁前的村头广场玩起舞龙，10个村民代表在龙头前拉出"热烈庆贺郝龙斌先生当选台北市市长！"长长的横幅，8位郝氏族人手捧代表他们宗支的牌匾蹲在横幅前合影留念。围观的群众面带笑容，沉浸在喜悦欢乐之中。接着，舞龙队先后到郝氏故居、郝氏宗祠表演舞龙。当日，区台办负责人将11月郝柏村先生在台湾亲笔写的"郝荣村　郝柏村题"宣纸墨迹交给郝荣村干部在村头广场展示。

【完善郝氏故居】 为进一步完善郝氏故居，区台办在考察蒋介石、郑板桥等名人故居的基础上，多方筹措资金10多万元，对郝氏故居进行进一步完善。开展征集郝绪龄家所用旧物。郝氏故居正屋新增方桌两张、花架两副、灵璧石一块、烛台一副及花瓶一对，正屋东西房分别摆上征集来的木箱和木矮柜各一只，正屋大门两侧增恭石头底座盆栽万年青两棵，中进前院增添五针松。同时，对故居内墙壁上部分照片进行调整。

【张宗煜论文获全国一等奖】 区台办主任张宗煜写给国台办主任王毅的建议信，催生全国范围内的"如何做好新形势下县级台办工作"的大讨论，国台办主办的刊物《台湾工作通讯》举办为期一年的"大讨论"征文活动，并于9月25日在上海崇明召开研讨会。会上，张宗煜作题为《顺应发展潮流，认真履行职责》的发言。张宗煜撰写的《试论加强基层对台工作的组织领导》一文，收入国台办秘书局、《两岸关系》杂志社编印的《县级对台工作研讨集》一书，并在全国县级对台工作论文评比中获一等奖。

【区委、区政府举办迎中秋、迎新春台胞台商台属代表座谈会】 2月5日上午，区委、区政府召开迎新春台胞台商台属代表联谊会。区委常委任连璋出席会议并讲话。会上，区台办负责人通报2009年全区对台工作情况及2010年对台工作思路。部分台胞、台商、台属代表作交流发言。9月16日上午，区委、区政府召开台商、台胞、台属代表迎中秋联谊会。区委常委任连璋出席会议。任连璋代表区委、区政府向全区台商、台胞和台属致以节日的问候和美好的祝愿，对他们为盐都经济社会发展所作出的贡献表示感谢。

【全方位优质服务台胞台商台企】 全区上下把爱台商、富台商落实在具体行动上，以真心、诚心赢得台商的信赖，重点帮助台商解决生产中的实际问题。江苏台普动力有限公司因生产经营发展，需要扩大规模，该公司董事长尤明灏先生从台湾致函区台办，请求帮助协调解决。接信后区台办负责人迅速与张庄街道和国土局、经信委等部门联系，并向区政府主要领导作汇报。区领导和相关部门都很重视，认真解决台商所诉问题。台湾六和集团投资的广州丰田4S店定于10月18日在东方汽车广场开业庆典活动。此前，总经理陈明薰先生与区台办相商开业前的准备工作。区台办负责人就场面布置、人员邀请、宴席安排等方面提出建议并被采纳，活动取得圆满成功。台资企业巨浪公司总经理陈明纯在经营中遇到与合作方商标使用、生产规模扩大等纠纷，区委分管领导和工商局、区经贸委、区台办及时介入进行协调，问题得到妥善解决。

【台谊工作水平进一步提高】 开展一些卓有成效的活动。"中秋"、"春节"等我国传统节日，邀请在盐都的台胞、台商代表集中活动，畅叙亲情；定期召开理事会，商讨工作。并先后开展"向台湾亲人写一封信"、"台属互帮同致富"等活动，组织台属代表参观市区新貌、郝氏故居、台资企业及其他旅游景点，通过耳闻目睹，让他们向台湾亲人介绍家乡日新月异的新成就。走访联系重点台属。对经济相对薄弱的台属，登门慰问，送去慰问金，为其致富出谋划策，并向当地党委政府报告，恳请他们给予必要的扶持和帮助。对在台有经济背景的台属，通过拉家常、谈心等方式动员他们多与在台亲属联系，力争他们回乡投资兴业。抓住重点时机开展工作。上海世博会期间，组织部分理事、台属参观游览世博会，有重点地参观台湾馆和台北案例馆，并对台湾来大陆观光的盐都籍人士进行热情接待，开展形势宣传和招商推介。利用台北花博会举办之机，区台谊会与有关旅游部门动员区台属赴台湾参观游览，以进一步推进两岸交流。

（许金山　王　玉）

机关工委工作

Work of Party Committee Of the Organization

【概述】 区级机关工委下辖17个党总支，120个党支部(其中工委直属党支部48个)，2374名党员（其中预备党员33名)。全年共新建党总支、支部9个，对22个总支(支部)进行撤并和划转，更名支部8个，改选总支、支部48个，调整充实班子成员25人。全年发展32名新党员，为29名预备党员按期办理转正手续，处理违纪党员7人，其中开除党籍4人，1人受留党察看一年处分，2人受党内严重警告处分。

组织新党员到盐城市烈士陵园进行入党集体宣誓

【继续抓好学习实践科学发展观活动】 组织指导工委所属1个党总支29个党支部按区委统一部署和要求，顺利完成第三批学习实践科学发展观活动的目标任务，361名党员参加学习实践活动。牵头对3个镇和3个部门下属的18个参学单位进行调研和督查，使整个活动全面顺利推进。

【积极开展机关党建创先争优活动】 根据全区开展创先争优活动的总体安排部署，结合区级机关实际，制定下发《关于在区级机关党组织和党员中深入开展创先争优活动的实施意见》，认真做好“双征询”、“三承诺”、领导点评等“规定动作”，创造性地开展各种“自选动作”。以争创“五好”基层党组织活动为载体，在区级机关各总支、支部中继续开展“最佳党日活动”实例和机关党建创新创优成果评选等活动，在年度机关党建工作会议上通报表彰20个“五好”示范基层党组织、30个“五好”基层党组织、140名优秀共产党员、10名优秀党务工作者、18个“最佳党日活动”实例和15项创新创优成果，其中3个“最佳党日活动”实例在市级机关的评比中获奖，较好地激发机关党组织和党员队伍创先争优的积极性。

【开展创建学习型党组织活动】 制定印发《关于区级机关深入开展学习型党组织创建活动的意见》，明确创建活动的指导思想、创建目标、学习内容、创建载体和推进措施，各总支、支部对照单位和部门实际，认真制定活动方案，精心设置活动载体，确保创建活动成效。工商局、国税局、地税局、审计局党总支等党组织创建学习型党组织经验做法得到市、区肯定。同时，工委组织开展以弘扬社会主义核心价值体系为主要内容的专题学习讨论和撰写党员箴言活动，活动结束各党组织共报送党员箴言近300条，经过评审，通报表彰30条优秀箴言。

【举办入党积极分子培训班】 4月，在区委党校举办为期一周的区级机关入党积极分子培训班，邀请区委党校、区纪委等部门的领导进行授课，参加培训人员系统学习党的基本理论和基本知识。培训结束后，由区委组织部统一组织卷面测试，110多名学员全部通过结业考核，领取结业证书。

【组织新党员入党集体宣誓】 为进一步加强党的传统教育，提升新党员的党性宗旨意识，促使新党员牢记入党誓词，充分发挥共产党员的先锋模范作用，永葆党的先进性，在“七一”党的生日来临之际，组织40多名新党员在盐城市烈士陵园举行入党集体宣誓仪式。

【开展“三走进三服务”主题实践活动】在机关深入开展“走进企业、走进社区、走进农村，服务科学发展、服务城乡基层、服务人民群众”为主要内容的“三走进三服务”活动。区级机关在为企业“三服务”中，服务企业340个，参加服务1200多人次，帮助企业招工1300多人，协调资金8000多万元，争取订单2.8亿元，解决其他问题190个；在服务基层群众上，各总支、支部为基层和群众办实事200多件，帮助新上和发展致富项目50多个，帮扶经费物资50余万元，技能培训500余人次，实现就业或再就业300多人。

【重视和加强机关工会工作】选派专职工会干部到省总工会参加为期一周的集中调训，两次组织部分机关兼职工会干部参加市、区统一组织的培训班；积极开展《工会法》、《劳动法》、“六办法一条例”等法律法规的学习宣传教育，为各基层工会组织征订学习刊物近200份；圆满组织和完成机关工会工委系统参加区总工会第十四次代表大会的相关工作；积极开展“金秋助学”、机关职工帮扶慰问等活动，年内累计投入经费近10万元。

老干部工作

Veteran Cadre Services

【概述】至年底，全区共有离休干部387人。其中，享受市(厅)级政治生活待遇的7人，享受市(厅)级医疗乘车待遇的20人，享受县(处)级政治生活待遇的160人，科级干部24人，一般干部176人。以老干部参加革命工作时期划分，第二次国内革命战争时期的1人，抗日战争时期的91人，解放战争时期的295人。以老干部原工作单位隶属关系划分，属行政机关的144人，属事业单位的84人，属企业单位的84人。其中，80岁以上的305人，占总人数的74%，70~79岁的82人，占总数的26%。针对全区老干部中绝大多数老同志已普遍进入高龄期、疾病多发期的状况，区委老干部局根据区委、区政府领导的指示，做了大量的实际工作，对老同志倾注了满腔的热忱。全区老干部基本政治待遇都能得到很好的落实；生活待遇方面，没有发生一起拖欠老干部离休金、医药费的现象。

【开展“双学双比”主题活动】市委组织部和市委老干部局安排全市范围内在全体离退休老干部中，开展“双学双比”主题学习教育活动，即“学知识、比贡献，学健身、比健康”。按照活动的具体要求，区老干部局作精心组织，周密安排，使这次活动开展得有声有色。各老干部支部把老干部的支部活动，每月正常例会学习等活动，同“双学双比”主题活动紧密地结合在一起，取得很好效果。

【提升老年大学质量】区老年大学在领导高度重视，相关部门紧密配合，取得可喜成果。开设书法、绘画、中医保健、西医保健、电脑、电子琴、古筝、音乐、淮剧唱腔、戏曲表演、民族舞、旅游文化、太极拳、健身舞和腰鼓等20个专业14个教学班，14名社会知名人士、专业教师从事日常教学工作。学员达240人，490多人次。

【组织老干部体检】按照两年为离休干部进行一次体检的要求，区财政拨出专款，为老干部体检。9月初，派出4人专门为离休干部到市三院体检服务，历时一周，全区400多名老干部在市三院和各镇卫生院进行体检，同时建立老干部个人健康档案。（孙　帅　阮　华）

保密工作

Security Work

【概述】全区保密工作全面落实科学发展观要求，坚持与时俱进，突出开拓创新；重抓关键环节，强化措施落实，各项工作继续保持较高水平，被市委、市政府表彰为全市保密工作先进集体。

【宣传教育不断强化】始终坚持保密教育常抓不懈、警钟常鸣，把保密法制和保密知识宣传教育作为最重要的基础性工作来抓。重抓领导干部保密知识学习。将保密知识纳入区委中心组学习内容，区委中心组学习保密知识每年不少于2次。同时针对区委领导工作忙、事务多的实际，区保密局结合领导工作分工和工作特点，将《保密提醒》精简、分类，送至区领导工作案头，为处级领导干部学习保密知识提供便利条件。突出面上保密知识宣传教育。将上级保密部门下发的保密宣传教育片，分门别类登记造册，分期安排到各部门，利用机关干部每周学习日，分门别类登记造册，分期安排到各部门，利用机关干部每周学习日，派人监督播放，使保密知识扎根在广大机关干部心中。运用《盐都通讯》等内部刊物，及时登载重要工作动态，普及保密基础知识。积极发挥《保密工作》等专业杂志作用，每年都超额完成市局下达的征订任务，实现全区各镇、街道和部门全覆盖。同时，采取集中宣传形式，在行政中心、相关部门和乡镇进行图片、展板巡回展览，以电视台播放专题片、报社开设专栏等形式，广泛开展保密法制宣传教育，使保密知识深入基层、融于群众。与此同时，积极参与每年新录用公务员、新录用村官、新入党对象上岗前、入党前培训，增加保密知识课程，提高这一特殊群体保密防范意识。全年共对2600人次进行保密知识教育。推进保密法制"五五"普法工作。坚持把深入开展保密法制"五五"普法作为开展保密宣传教育的重要内容，积极创新方法、完善机制，落实责任、强化督查，保密普法覆盖全区各个领域、各个环节，圆满完成"五五"普法各项任务，顺利通过省市保密部门的验收。

【责任机制更加健全】 紧扣省市保密部门工作要求，按照现有保密工作组织架构，充分发挥区保密委和各保密工作小组的职能，落实各级领导干部的保密工作责任，做到保密工作合力最大化。组成人员及时调整。对区里人事变动涉及区保密委组成人员的，及时提请相关领导，明确新的组成人员，保证保密委人员齐、工作顺。工作要求正常部署。始终坚持保密委正常的活动制度，每半年召开一次工作例会，研究解决工作中存在的矛盾和问题，部署全年工作要点，安排阶段性工作任务，做到工作有布置、有措施、有目标、有落实，确保保密工作推进有力有序有效。职能作用充分发挥。围绕全区21个重点涉密部门和单位的保密工作，借助5个保密工作小组这一平台，将全年的工作任务分线、分块分解到各工作小组，明确各牵头单位的工作职责，每个工作小组每季度向区保密局书面汇报工作开展情况，使保密工作有人抓、有人做、有实效。确保工作责任全面覆盖。按照"谁主管、谁负责"和属地管理的领导包保责任制要求，区保密委与各镇（区、街道）、各部门单位负责人以及重点涉密岗位负责人，签订保密工作责任书，做到责任明确，压力传递，层层落实。同时，根据上级保密和相关部门的部署，在全区县处级领导干部和各镇（区、街道）、区各部门班子成员、涉密人员中，全面开展签订保密承诺书工作，共签订承诺书1586份，其中县处级干部37人，科级干部890人，离岗人员65人，增强各级干部和涉密人员的保密责任意识。

【工作效能持续提升】 坚持把督查作为提高保密工作成效的重要手段，按照上级要求，紧密结合盐都实际，突出抓好重大活动、重点时段、重要部位的保密检查工作，不断提高保密工作成效，提升保密工作科学化规范化水平。突出重要时段。在元旦、春节、"两会"以及国庆长假前，对37家行政中心驻大楼单位和重点涉密单位进行保密检查，排除隐患，打牢防线。突出重大活动。认真组织中考试卷存放点的安全保密专项检查，在面上部署的基础上，抽查试卷存放点，提出明确的保密要求。突出重点部位。精心组织涉密计算机登记备案工作，共登记涉密计算机788台，并组织对区法院、公安局等12家重点涉密单位进行专项抽查，对发现的问题，提出整改要求和整改期限，收到较好效果。重抓泄密载体复制单位管理，制定完善区机关文印中心涉密文件打印、复制各个环节的管理制度，做到涉密文件处理登记、打印复制专人负责、残次产品当场销毁、电子文档彻底清除，确保涉密文件处理完毕后在文印中心不留"痕迹"、不留隐患。并对文印中心实行最严格的"物理隔断"，区网络管理中心切断文印中心所有计算机与互联网的连接，为涉密文件的处理提供安全可靠的环境。

【制度保障日臻完善】 坚持把健全制度、执行制度作为重要基础性工作来抓，确保保密工作目标不落空、措施真到位。认真完善文件回收制度。认真做好上年度中央和省、市级文件、资料登记回收、集中销毁工作，共集中销毁各类文件4000余份。对确因工作需要，需要留存复印件的，明确要求到区保密局办理留用手续。修订和完善涉密信息管理制度。根据上级相关规定要求，修订完善《涉密计算机网络信息保密制度》、《涉密文件资料分发、传阅、保管制度》等相关保密制度，从而使各类保密制度更贴近时代要求、贴近工作需要。完善保密台账管理制度。按照国家秘密、工作秘密、商业秘密三大块进行分类，删除过时过期内容，增加新发生的条款，保密台账实行动态管理，从而使基层和部门运用自如、把握得当。 （孔 军 殷林珍）

档案工作

Archives Work

【概述】 全区档案工作以"科学发展观"为指导，紧紧围绕党和政府的中心工作，突出档案工作服务主题，大力加强档案馆业务建设、机关企事业单位档案业务建设和档案干部队伍建设，不断开创档案工作新局面。继续加强档案信息资源的开发利用。全年共录入电子文件目录20.6万条，存入数据库；共接待查档4000人次，调阅档案8324卷次，复印原始档案证明材料1900件，积极为各类社会群体提供优质服务，为弱势群体提供无偿服务；为人民群众维权服务已成为档案利用工作的重点。坚持抓机关文书档案工作，确保归档文件齐全完整：扎实开展机关归档文件整理指导工作，把归档文件的齐全完整作为检查工作的重点，按时完成了全区所有机关立档单位的文书档案检查验收工作，经统计，全区17个镇（区、街道）和74个区直单位共归档文件材料5.4万多件，归档文件98%符合整理规则的要求，文书档案质量基本符合机关档案业务建设的规范。加强机关档案管理规范化，区地税局及基层7个地税分局档案工作均被评为省三星级标准。

【整理"下乡办"全宗档案】 "知识青年上山下乡办公室"全宗档案是馆藏民生

档案的重点之一，群众利用率较高，为开展优质服务，提高利用效率，积极组织人员将500多卷档案裱糊、分类、编号编目、装盒、贴标签，达到规范要求。并且录入文件目录43811条，建成文件目录数据库，实现电脑检索档案，能够迅速为群众查找到所需的原始凭证材料，使他们在办理退休过程中，证明参加工作时间，证明出生年月，增加连续工龄，提高养老保险金档次，维护自己合法权益；在减少上访人员、维护社会稳定方面取得一定社会效益。

【加强机构改革档案工作】 为切实做好区政府机构改革中的档案管理工作，确保档案的完整与安全，妥善处理机构变动部门和单位档案的合理归属与流向，区委办、区政府办转发《盐都区档案局关于做好政府机构改革中档案交接与管理工作的意见》，要求新组建部门和单位应及时建立档案工作机构，配备档案管理人员，配置档案专用库房和档案保管利用设备，健全档案管理制度，确保档案的收集、保管和利用工作有序进行；要求机构变动部门和单位在机构改革中要高度重视档案管理工作，认真做好档案的收集、整理和交接等工作。

【区城建档案馆延伸服务、丰富馆藏】 年内，盐都区城建档案馆以巩固省一级城建档案馆为基础，以争创江苏省示范城建档案馆为目标，立足主城区，面向新城区，辐射集镇区，着力在推进盐都城市化进程、加快城乡统筹发展与城建档案工作上寻求新突破，重点在新城区开发建设、城中村拆迁改造、小城镇建设等方面，加大城市道路建设工程、地下管线工程等档案收集、整理和管理力度，并不断扩大球阀服务半径，向镇(区、街道)延伸服务范围，有效丰富馆藏资料，目前城建馆藏总量已达到3万卷，为全区城建事业发展提供优质的服务基地和平台。

(黄加林)

信访工作

Work Concerning Complaint Letter and Visit

【概述】 全区进京上访、进京非正常上访总量有所上升，去省上访、到市到区集访总量略有下降。实际发生进京上访91批121人次，同比批次上升14%，人次上升29%，其中进京非访29批33人次，同比批次上升32%，人次上升65%；发生去省上访62批125人次，同比分别批次上升29%，人次下降17%；发生到市集访45批1926人次，同比批次下降32%，人次上升12%；发生到区集访73批1244人次，同比分别下降34%和22%。全国"两会"期间，十七届五中全会期间，特别是上海世博会期间，全区未发生进京去沪上访登记，未发生进京去沪非访、集访，未发生有影响的群体性事件，实现市委提出的"四个确保"的目标，全年实绩考核在全市并列第4名，连续第三次获得江苏省信访工作"三无"县(市、区)称号。

【完善信访工作长效机制】 为进一步完善信访工作制度，切实提高全区信访工作整体水平，充分发挥信访工作在构建社会主义和谐社会中的重要作用，根据中央和省、市有关文件精神，结合盐都实际，区委、区政府下发《关于建立健全信访工作长效机制的意见》，建立健全领导干部定期接待群众来访、领导干部下访"金桥行动"、矛盾纠纷排查化解工作长效机制，建立健全信访工作责任制。年内，区领导共接待群众71批190人，共下访68批次，走访接待上访群众320人次，共化解信访积案38件。

【加强信访工作领导】 认真贯彻落实中央和省、市关于信访稳定工作的一系列部署精神，进一步加强信访工作的组织和领导，区委、区政府主要领导先后6次主持召开各类会议，专题研究部署信访稳定工作，明确落实各级"一把手"为信访工作的第一责任人，并加大对信访工作人力、物力、财力的投入，充实信访局领导力量，调整6个镇(区、街道)的分管领导和信访办主任。8月，区财政拨款50万元，专门成立由信访局、司法局和公安局、法院组成的涉京信访处理应急组，及时处置和劝返进京上访人员，成功劝返进京上访人员19人次。同时，在信访局挂牌成立涉法涉诉联合接访中心，公检法司抽调人员联合办公接访。成立区人民来访接待中心，财政全额拨款，核定编制5名，进一步配齐配强信访工作力量。

【强化信访工作责任】 对各类重点信访问题全部落实了县处级领导包案，镇科级第一包案责任人全部为党政"一把手"，落实分管领导具体负责，其他班子成员"一岗双责"的责任体系。对每一个重点信访事项逐案制定化解稳控方案，逐案成立工作小组，确保每一个信访事项都有一个工作班子，有一套工作方案，有完善的解决措施，所有包案领导做到"五包"，即包情况掌握、包教育转化、包调处解决、包稳控管理和包规范处置，明确了化解稳控的牵头领导、责任单位、责任人和化解时限，确保每一个信访事项都能积极稳妥化解和稳控到位。区分管领导还10次召开会办督查会议，牵头会办疑难复杂信访问题，通报包案处理情况，对包案不力的，进行工作调整和批评教育。

【加大信访工作督查督办力度】 把省、市交办的备案人员、进京去省上访的重点对象、省、市交办的征地拆迁信访事项以及排查出来报市备案的信访热点难点问题的化解稳控作为工作的重中之重。在实行领导包案，落实责任的同时，实行定期、不定期督查，在重大节日、重要活动期间进行专项督查，对重点信访事项(人员)实行滚动督查，做到问题一天不化解，稳控一天不到位，督查一天不停止。通过督查等一系列强而有力的工作措施，推动一大批重点信访问题的化解，一些有影响的重大信访事项得到有效化解，重点信访事项的化解率达到84%以上，涉及省、市交办的征地拆迁类信访问题化解率达97%，其中由四套班子包案领导牵头化解的占50%以上。

【排查化解信访热点难点问题】 8月6日，成立区排查化解信访热点难点问题工作领导小组，制订下发《关于开展热点难点问题排查化解工作的实施意见》。自8月7日起，全区按照纵向到底、横向到边，全面排查、不留死角的原则，进行大排查。各镇(区、街道)、各部门对所排查出的问题，专门召开班子会议进行专题会办，逐一过堂、签章上报。全区17个镇(区、街道)、7个专项工作小组、21个区直部门(单位)，共上报各类信访热点难点问题303件，通过逐案甄别，分类界定，形成三类。一是报市备案的，总计43件，二是区级的，总计71件，包括部分市交办件、今年以来发生进京到省上访、去市集访件和涉区以及“跨镇(区、街道)、部门”案件。三是由各地、各部门、各单位负责化解、稳控的各类信访问题，总计189件。对排查出来的信访热点难点问题，按照领导干部“一岗双责”和“属地管理、分级负责”的原则，实行分类管理，逐案落实化解稳控责任。上报市的信访热点难点问题，共化解36件，区级的信访热点难点问题共化解58件，各地、各部门自排的信访热点难点问题共化解150件。

【专项排查治理征地拆迁信访事件】 自8月中旬至9月底，全区集中开展征地拆迁专项排查治理工作。各镇(区、街道)都成立由行政主要负责人任组长、分管负责人任副组长的征地拆迁专项治理工作领导小组，区各相关部门也全部成立征地拆迁专项治理工作小组，加强对征地拆迁专项治理工作的组织领导。对省、市交办的征地拆迁信访案件，全部明确区四套班子处级领导包案；对自行排查的征地拆迁信访案件，全部明确科级领导包案，逐案制定化解稳控方案。对征地拆迁项目，明确由国土和住建部门牵头，重点排查程序是否合法、行为是否规范、补偿安置是否到位、保障政策是否落实，并限期一个月内对排查出来的问题处理到位；对省、市交办的征地拆迁38件信访案件，逐案过堂，向各镇(区、街道)和区各有关部门进行交办，并落实各地、各部门领导包案责任和办理期限。省、市交办盐都区的38件征地拆迁信访案件，共化解37件。

【深入开展“信访积案化解月”活动】 4月、8月各集中一个月时间，开展领导干部集中下访“金桥行动”，并把8月“金桥行动”定为全区“信访积案化解月”，突出化解信访积案，控减越级上访。区信访联席会议专门召开会议，分析信访形势，研究下发全区领导干部下访“金桥行动”实施方案。召开全区维护稳定工作会议，提出下访行动的指导思想、主要任务和下访的人员、方式、重点、要求，并明确“五突出”，即突出区、镇两级领导班子下访，突出信访热点难点问题排查，突出信访积案化解，突出化解主体落实，突出稳控措施到位，确保下访工作扎实有效开展。在4月份“金桥行动”中，共化解各类信访矛盾21件，化解信访积案18件。在8月份“金桥行动”中，解决信访问题18件，共包案94件，落实稳控40件。

【建立健全重要信访事项滚动管理机制】 全区凡新发生的重要信访事项由处理信访突出问题及群体性事件联席会议办公室(简称联席办)在第一时间直接发文交办，传递责任，交办时一并上报给“一岗双责”处级领导，下交给直接责任单位。对新发生和滚存的信访事项均100%建立一访一案一档，实行滚动管理。对交办事项凡未办结的进行定期督查催办，已化解的由责任单位具书面销案报告销案，诉求无理需落实稳控的由责任单位明确责任人后上报备案。办理、化解情况每半年汇总一次，并重新发文集中交办。交办件化解稳控情况列入各地、各部门工作实绩考核。

【建立健全联合会办、接待、调处工作机制】 凡需要部门联合接待、会办、调查的“三跨三分离”信访件、时间跨度长的信访件、面上群体性问题信访件、异常信访件、疑难复杂案件和其他需要联合接待会办的信访件，由联席办牵头联合接待、会办、调查，联合会办、接待、调查机制的建立，今年共组织联合接待、会办、调查各类信访案件38次，及时调处化解问题13件，对控制越级集体访起到事半功倍的作用。 (戴玉华　刘爱斌)

党校工作
Party School Work

【概述】 区委党校以创新和发展为主题，认真贯彻省、市委党校工作会议精神，解放思想、实事求是、与时俱进、开拓创新，全面推进党校各项建设，在党员干部培训和学历教育方面为建设“双新盐都”作出积极贡献，开创党校工作新局面。以学习党的十七届四中、五中全会精神为主要内容，加强干部教育培训工作，不断提高全区党员干部素质，全年共培训干部793多人次。

【办好各类班次】 以服务发展为主题，与区委组织部、宣传部联合举力全区科级干部培训班1期，计608人，邀请省委党校教授谈镇、市委党校党委书记吴兴鹏到班授课；与组织部联合举办全区中青年干部和科级干部培训班1期，计98人，为期6天；与区级机关工委联合举办区级机关建党积极分子培训班1期，计65人；举办郭猛村书记培训班1期，计

22人，为期6天，进行小班化培训，为学员提供科学发展观、当前农村改革中的热点和难点问题等讲座；校领导班子带头到区直、基层单位进行"学习实践科学发展观"、"十七届五中全会"精神巡回宣讲。为提高培训质量，千方百计追求高质服务，校领导班子及相关人员积极做好组织管理、服务工作，与参学人员交流研讨，及时与讲授人员交换意见，增强培训教学的针对性，取得较好的实际效果，受到参训人员的一致好评。另外，充分利用党校干部教育培训的"主阵地"作用，利用现有的条件，做好外来单位的培训工作，强化服务意识。与工商局、安监局等有关部门联合办班10期，计2758人。

【不断拓展学历培训规模】 2010年是党校函授学历教育的收官之年，自年初起，积极调整工作思路，规划党校学历教育新布局，与四川农大联合办学，并成功申报省教委批准成立了"川农网络教育学习培训中心"。积极做好川农网络教育管理、招生宣传发动工作，利用自身办学优势，挖掘生源潜力，招收川农网络大专、本科学员214人。

【教学科研工作取得丰硕成果】 积极参加省市党校系统学术研讨、交流、考察等活动，组织教员及中层以上干部去东台、如皋、泰州、江都、宜兴等五个兄弟党校参观学习；先后有2名教师参加市级以上培训学习，其中，1名教师参加省委党校组织的《公共管理知识》案例式教学培训班，1名教师参加市委党校举办的骨干教师培训班。参加全市党校系统教学竞赛，1人获三等奖，另有2人分别获优秀教师、优秀教学管理工作者称号。精心组织教员开展理论教科研工作，积极申报省级科研课题、市委党校课题，打造科研精品，不断提高课题申报的层次和影响力。共申报省市级课题2项，其中《加快盐城休闲观光农业发展的思考》获得省委党校省级课题立项；报送6篇论文参加市党校系统"保增长、扩内需、促发展"理论研讨会，其中4篇入选；参加苏东党校沿海发展论坛，3篇论文入选论文集；为加快全省党校系统教学案例库建设，向市委党校报送"教学案例"1份。坚持开办"周末课堂"，根据教学人员科研课题的不同，要求每个教员确定科研方向，制作专题课件，在每周五由一名教员担当主讲，举行公开教学活动，使教员的教学科研能力有很大提高。（潘海燕）

党史工作
Study of the Party History

【概述】 按照"资政、育人、存史"的要求，紧紧围绕区委、区政府中心工作，坚持以科学发展观指导党史工作，创造性地开展征、编、研、宣活动，较好地完成全年目标任务。

【开展革命遗址普查，挖掘盐都红色资源】 革命遗址普查是一项全国性遗址普查工作，搞好普查工作不仅是对无数革命先烈、老一辈革命家的缅怀，也是对红色资源重新梳理、登记，保护利用，对历史负责的一项极其重要的工作。盐都革命遗址普查工作自3月中旬开展，于6月中旬顺利完成。此次普查，全区共梳理出有一定价值和一定影响的革命遗址19处，其他遗址2处，其中多数遗址保存较好，有的被列为市级、区级爱国教育基地、文物保护单位。对普查的各项资料、数据、信息，进行整理汇总，统一建档，做到一处遗址一个档案，每处遗址有说明、有登记表、有现场照片，处处遗址有档案、处处遗址有条目，每个遗址条目有案可稽。

【中央党史研究室原副主任石仲泉到盐都调研】 4月20日，著名党史专家、中央党史研究室原副主任石仲泉到盐都调研。参观考察胡乔木故居。在故居，石仲泉认真查看图片和文字介绍，了解故居原布局示意图及复建的设想，详细询问胡乔木少年时在家乡的有关情况，最后一次回家的时间及来故居参观人员的情况，并表示将自己收集的一些胡乔木资料寄回乔木家乡。随后，在区扶贫办公室，石仲泉还与董加耕同志进行交流，了解董加耕工作生活的有关情况，特别询问当年董加耕赴毛泽东生日宴会的详细情况，包括参加人员及各人言谈举止、气氛等。石仲泉还坚持到董加耕家中进一步了解有关情况，并一起合影留念。在市区，石仲泉还参观考察泰山庙、新四军纪念馆，在新四军纪念馆题写"弘扬铁军精神，建设美好盐城"12个大字。（唐　华）

2010年4月20日，原中央党史研究室副主任石仲泉来盐城新四军纪念馆参观

盐城市盐都区人民代表大会

Yancheng Yandu District People's Congress

综　　述

Summary

【概述】 认真贯彻党的十七大和十七届五中全会精神，以科学发展观为指导，围绕年内全面实现小康社会目标，紧扣转型升级、提速增效这根主线，依法履行各项职责，为推动经济社会又好又快发展，推进民主政治建设进程，促进“双新”盐都建设作出积极贡献。

重要会议

Important Congresses

【区人大常委会会议】 2010年，区十四届人大常委会共举行10次会议。

第16次会议于1月7日召开，会期半天。会议审议通过了2010年工作要点草案、区十四届人大三次会议国民经济社会发展计划和财政预算审查委员会名单草案，讨论决定有关人事任命事项。

第17次会议于2月9日召开，会期半天。会议专题讨论决定有关人事任命事项。

第18次会议于3月26日召开，会期半天。会议听取和审议区政府关于全区城乡建设用地增减挂钩复垦工作的汇报，区十四届人大三次会议关于《进一步推进教育均衡发展》议案处理意见的报告，审议通过《区人大常委会关于规范性文件备案审查的实施办法》，作出关于开展“全面达小康，代表当先锋”主题活动的决定，讨论通过有关人事任免事项。

第19次会议于4月19日召开，会期半天。会议审议通过了区政府机构改革方案，讨论决定有关人事任免事项。

第20次会议于5月26日召开，会期半天。会议听取和审议了区政府关于全区农村卫生工作，社区矫正工作，加快两大新兴产业、六个特色产业、十个专业园区建设情况的汇报。

第21次会议于7月2日召开，会期半天。会议专题讨论决定有关人事任命事项。

第22次会议于7月22日召开，会期半天。会议听取和审议区政府关于2009年财政决算执行和财政审计工作情况，上半年国民经济社会发展计划和财政预算执行情况，人大三次会议代表建议、批评和意见办理情况的汇报；审议通过关于接受宋金洪辞去区人大常委会委员职务的请求的决定。

第23次会议于9月28日召开，会期半天。会议听取和审议区公安局执法规范化建设情况和区政府关于贯彻实施《台湾同胞投资保护法》情况的汇报；审议通过关于将区政府教育建设融资还贷资金列入财政预算的决议以及确认许可对区人大代表徐国付、陈瑞和采取强制措施的决定。

第24次会议于11月26日召开，会期半天。会议听取和审议区政府关于进一步推进教育均衡发展议案办理工作、农民资金互助合作社、区人大常委会审议意见办理情况的汇报，审议通过区人大常委会关于设立潘黄、盐龙街道工作委员会的决定以及接受徐国付辞去区人大代表职务的决定，讨论决定有关人事任命事项。

第25次会议于12月26日召开，会期半天。会议听取和审议区政府关于2010年财政预算调整的报告，审议通过了区人大常委会工作报告(草案)和关于补选代表的代表资格审查报告；作出关于召开盐城市盐都区第十四届人民代表大会第四次会议的决定，讨论通过盐都区第十四届人民代表大会第四次会议议程草案、列席人员范围草案、主席团和秘书长名单草案、国民经济社会发展和财政预算审查委员会名单草案；补选市六届人大代表。

【区人常委会与“一府两院”负责人联席会议】 12月9日，区人大常委会与“一府两院”负责人举行联席会议，会期半天。区人大常委会副主任沈光吼，副区长单永红，区法院、区检察院主要负责人及区政府办公室和有关部门负责人出席会议，区政协负责人应邀参加会议。会上，沈光吼简要通报2010年区人大常委会主要工作情况，并征求“一府两院”负责人对区人大常委会工作意见，讨论商量筹备召开区十四届人大四次会议的有关事项。

【区人大常委会主任会议】 年内，区十四届人大常委会主任会议共举行十三次，听取和审议"一府两院"专项工作汇报，研究处理常委会主要和日常工作。主任会议先后听取区政府关于《劳动法》、《科技进步法》贯彻实施情况、农村经济开发区建设情况以及区检察院民事行政检察工作情况的汇报。区人大常委会相关工委会前进行深入调查研究，会上对"一府两院"提出有针对性、操作性的建议和意见，促进相关工作的开展。

重要工作
Important Work

【开展工作监督】 常委会始终坚持服务于区委中心工作，突出重点，抓住难点，关注热点，加强对事关改革发展稳定大局的重大问题的工作监督，有力地推动经济社会又好又快发展。把握趋势，助推经济转型升级。两大新兴产业、六个特色产业和十个专业园区建设是全区2010年结构调整的重点工作，是推动全区经济转型升级的重要抓手。为加快"二、六、十"园区建设进程，5月，人大常委会会议听取和审议园区建设情况的汇报，提出"园区规划要坚持高起点、招商选资要紧盯高新外、载体建设要达到高标准、品牌创建要体现高科技、组织推进要确保高强度"的要求，促进园区健康有序发展。着眼全局，促进城乡协调发展。为推进集约用地，促进城乡统筹协调发展，常委会听取和审议区政府关于全区城乡建设用地增减挂钩复垦工作的汇报。建设农村经济开发区，是区委、区政府推进城乡统筹协调发展的重大决策，也是农业产业化突破年取得成效的关键所在。主任会议专题听取农村经济开发区建设情况的汇报，促进农村经济开发区科学发展、创新发展。为保证农村融资健康运行，防范农村金融风险，常委会会议还听取和审议农村资金互助合作社情况的汇报。突出主题，监督财政平稳运行。常委会会议认真听取和审议区政府计划和预算执行情况以及审计工作报告，审查和批准2009年区本级财政决算。科学编制"十二五"规划是全区的一件大事，常委会专门对全区经济社会发展"十二五"规划编制情况进行调查，提出"科学编制'十二五'规划，加快盐都跨越式发展"的建议，为编制"十二五"规划献计献策。紧扣"五有"，维护群众根本利益。常委会对农村卫生工作进行了审议并提出审议意见。区政府认真落实，年内有57个社区卫生服务站通过省示范站验收，全区243个社区卫生服务站全部达到省示范站标准。区政府还专题会办乡村医生养老保险问题，落实乡村医生待遇。年内，常委会组织视察生态区建设、饮用水环境整治，盐都区顺利成为全省首批、全市唯一开展国家农村环境连片整治试点区。常委会还配合市人大开展三个"盐阜行"活动，督促政府有关部门加强对食品安全、饮用水安全、农民健康安全的监督管理，切实保护人民群众的合法权益。

【督导普法工作】 法制宣传教育是建设法治盐都的基础性工程。2010年是"五五"普法的最后一年，常委会参与区"五五"普法验收工作，督促区政府制定"六五"普法方案。常委会还举办《选举法》和《代表法》讲座，区政府领导、各部门负责人、区人大常委会组成人员和300多名区镇人大代表听取讲座，有力地推进"五五"普法工作的实施。

【加强执法检查】 常委会组织开展《气象法》执法检查，主任会议对《劳动法》、《科技进步法》贯彻实施情况进行专题审议，配合省、市人大对《妇女权益保护法》、《残疾人保障法》开展执法检查，促进相关法律法规的贯彻实施。

【加强司法监督】 6月、9月、12月分别审议视察区检察院、公安局、法院执法规范化建设工作，进一步提高"一府两院"依法行政、公正司法水平。常委会听取审议社区矫正工作情况的汇报，主任会专题审议民事行政检察工作情况的汇报，推进"平安盐都"、"法治盐都"建设，为经济发展营造稳定和谐的社会环境和公正高效的法制环境。根据市人大统一要求，组织开展"千名代表评百案"活动，促进审判工作的公正规范。

【认真处理信访】 常委会严格按照相关信访制度和要求，认真处理来信来访，畅通人民群众合法利益诉求渠道。全年共处理来信来访106件（次），处理率100%，有力地维护社会稳定。

【搭建代表履职平台】 常委会按照"强基础、抓创新、求突破"的要求，深入开展"人大代表之家"建设。3~4月，常委会分管领导带队对全区所有的"代表之家"建设进行一次全面检查，进一步提升"代表之家"整体建设水平。

【组织代表开展活动】 邀请代表列席常委会会议。把分批邀请代表列席常委会会议制度化，每次常委会会议都邀请10名区人大代表参加，以确保所有的区人大代表在任期内都列席常委会会议一次。开展"双联系"活动。常委会组成人员联系代表、代表联系选民，向代表通报情况，听取代表及选民对人大常委会和"一府两院"工作的建议意见，使广大代表知情传民意，知政明国是，知任尽本职。开展代表接待选民日活动。年内，全区各级人大代表共接待选民1142人次，收集选民意见867条，答复率100%，已经解决和正在解决的达81%。开展代表向选民述职活动。年内有341名区镇代表向选民述职，向选民述职的区代表已有184名、镇代表647名，占代表总数的69.6%。

【开展主题教育活动】 2010年是全面小康实现年，常委会审时度势、不失时机地在人大代表中开展"全面达小康，代表当先锋"主题活动。各镇（街道）人大精心组织、周密安排，广大代表踊跃参加、积极实践，主题活动有声有色、卓有成效。在活动中，广大代表紧跟区委决策部署，紧扣全面小康建设目标，紧贴基层实际，投身到建设"双新"盐都的宏伟事业中，争当全面小康的带头人，争当爱岗敬业的有心人，争当为民代言的贴心人，进一步发挥代表作用，展示代表风采。

【办理代表议案建议】 区十四届人大三次会议期间，收到代表建议和意见101件，常委会认真进行整理分类，及时召开交办会议，层层统一思想，明确办理要求。为提高办理质量，常委会分管领导带队组成督查组，深入到承办单位进行督办检查，促使一批人大代表关注的意见、建议得到解决。全年代表建议办成62件，办成率61.4%，答复率100%。为切实办好《关于进一步推进教育均衡》的议案，常委会年初审议议案处理意见报告，年中跟踪督办进度，年底听取落实情况汇报。在政府及有关部门的努力下，教育均衡发展取得阶段性的成果，盐都区成为全市唯一入选的首批创建省义务教育优质均衡改革发展示范区。

【加强自身建设】 勤于学习，提高综合素质。常委会始终把学习作为自觉追求，通过常委会会议学法、党组理论中心组学习、法制讲座、党支部活动、网上学习等形式，认真学习政治理论和法律、业务知识，提升综合素质。积极组织机关工作人员参加全市人大知识竞赛，获得第一名。先后组织有关人员外出考察学习，借鉴外地经验，较好地促进常委会工作的创新和发展。勇于参与，争当招商模范。常委会领导按照区委分工，全力以赴地投入招商选资，千方百计地推进项目建设，满腔热情地服务挂钩企业。先后引进亿元以上项目4个，进驻中小企业园项目4个，完成利用外资任务200万元，为企业解决各类问题40多件。严于律己，树立良好形象。常委会组成人员坚持深入实际，深入群众，深入基层，积极开展调查研究，摸实情，讲实话，求实效。在机关中，深入开展"三比三看三想"活动(看一看本职工作实绩，比一比在全市位置，想一想如何进位争先；看一看招商引资工作，比一比完成任务比例，想一想如何勇争一流；看一看发表的文章，比一比宣传重视程度，想一想如何提升水平)，进一步倡导勤勉向上、奋发有为的优良作风，提升机关工作水平、办事效率和服务质量。广于宣传，扩大人大影响。常委会坚持理论研究为实践服务，围绕事关经济发展全局、人民群众高度关注的事项开展深度调研，共撰写调查报告23篇，为人大常委会决策提供科学依据。健全完善宣传工作激励机制，积极组织机关工作人员撰稿投稿，多篇文章获奖，其中《学习实践科学发展观，开创人大工作新局面》获得市人大好稿件一等奖，区人大被市人大评为宣传报道先进集体。进一步加强人大宣传载体建设，认真办好常委会会报、盐都人大网站和《盐城人大》盐都专版，在盐都电视台开设代表风采栏目，扩大宣传范围，丰富宣传形式，拓展宣传层面，提升宣传效果。

【加强对镇级人大工作指导】 坚持邀请镇(区、街道)人大主席列席常委会会议，参加常委会开展的执法检查、视察、调研等重大活动，并通过召开主席(主任)座谈会、工作研讨会、现场观摩会、知识讲座、主任联系镇(区、街道)人大工作等形式，推进全区基层人大工作水平整体提高。 (陈浩芳)

盐城市盐都区人民政府

Yancheng Yandu District People's Government

综　述

Summary

【概况】 全区上下深入贯彻落实科学发展观，紧紧围绕“双新”目标，紧扣“转型升级、提速增效”，突出“二、六、十”，重点重抓，重点突破，实现“十一五”的完美收官，在盐都发展史上写下浓墨重彩的一页。

推动跨越发展、综合实力大幅跃升。面对复杂的宏观经济环境，排难求进，比学赶超，全区经济呈现出量质齐升、又好又快的发展态势。实现地区生产总值250亿元，增长15.5%，人均折合5000美元以上；社会消费品零售总额106.6亿元，增长18.6%；完成财政总收入53.1亿元，增长74.1%，一般预算收入24.4亿元，增长58.8%，分别是“十五”末的7.6倍和6.8倍，财政总收入占地区生产总值的比重提高到21.2%，由2007年低于扬州市邗江区9.3亿元到2010年超出近3亿元，实现了跨越反超；完成全社会固定资产投资216亿元，增长26.7%；农民人均纯收入、城镇居民人均可支配收入分别达到9410元和20003元，均比“十五”末增长近1倍。规模以上工业企业增加到457家，实现规模工业增加值112.8亿元，增长17.8%；30强和30家成长型工业企业实现开票销售100.5亿元、入库税金5.25亿元，分别增长62.7%和38.8%，占定报企业总量的72.3%和77.8%。销售超亿元企业增加到42家，财税超亿元板块增加到17个，7个市级重点镇5个财税超亿元，纳税超千万元企业增加到40家，华锐风电纳税近2亿元。全面小康四大类18项25个指标综合分值97.5分，进入全市小康第一方阵。

重抓转型升级、结构调整取得实效。突出新特产业，主攻招大引外，实施技改扩能，三次产业比例调整到12.4:54.8:32.8，使盐都走上转型升级、特色赶超的可持续发展之路。风电装备、通讯电子两大新兴产业快速发展，产值、税收占规模以上工业的比重分别达到22%和29.8%，风电装备产业由总装向研发和配套不断延伸，5兆瓦风电机组、秦川风电增速机、贵航冷却系统等项目建成运行；通讯电子产业持续发展，世纪网通讯、亚固电子、太阳能电子片等一批项目开工建设，锐毕利三期建成投产；六个特色产业实施5000万元以上项目26个，重点镇特色产业税收占比在65%以上，龙冈中联电气工业园一期建成投产，张庄驰翔齿轮与秦川集团合作实现了风电齿轮的突破，大冈镇被命名为国家级鞋机制造产业基地，学富镇初步建成全国最大的医用刀、针、线生产基地，大纵湖镇化纤涂装机械集聚企业超百家，高分子纤维填补盐城市新材料产业空白，张庄街道齿轮融入高新区装备制造产业链，龙冈镇矿用变压器成为全国同行业“单打冠军”。省级以上名牌总量、商标境外注册数全市第一，悦达纺织获得中国名牌称号，“质量兴区”工作通过省级验收。建筑业取得长足发展，总产值突破100亿元，千人规模建筑基地发展到20个，施工总承包一级资质建筑企业发展到4家。规模以上服务业完成投资67亿元，增长26%。服务业对经济增长的贡献率超过30%。现代物流业加快发展，华晓医药物流营业收入超11亿元、神龙物流超2.5亿元、永宁汽车城超1亿元；旅游业全年共接待游客146万人次，实现收入1.77亿元；东方汽车广场、科教城、现代物流园区、商务商贸区全面推进，完成投资17.5亿元，先后实施了红星美凯龙全球家居生活广场、盐渎明城、永宁国际汽车城等10个亿元以上项目，成功引进居然家居、轻工礼品城等一批服务业项目；驿都金陵大酒店在盐城首家通过五星级评定，大纵湖旅游景区、华都森林公园分别被认定为国家4A级旅游景区和省首批四星级乡村旅游点，华晓医药物流成为海军药品储备基地和省快货品牌线路；现代物流、连锁配送等行业发展加快，科技研发、服务外包、融资担保等新型业态不断拓展。高效农业取得突破。在建成全国粮食生产先进区的基础上，狠抓高效农业促进增收，高效农业覆盖率提高到40%，被评为省高效农业规模化先进区，创成国家级优质水稻标准化示范区、省级设施蔬菜标准化示范区，台湾农民创业园获国台办、农业部授牌，郭猛现代农业示范园被省政府确定为省级现代农业产业园区，潘黄仰徐高效农业园、张庄农业科技示范园等4个园区被认定为市级现代农业园区，设施草莓、番茄、葡萄生产总量均居全市第一；农业产业化步伐加快，重啤、天邦等上市公司项目入驻农产品加工集中区，全区农业龙头企业发展到110家。

坚持规划引领、城乡面貌显著改善。新城区开发明显加快，南纬路、新都路等新区"五纵五横"和华锐路、振兴路等高新区"四纵四横"主干道加速推进，城市建成区面积扩大到75.6平方千米，常住人口达19.37万人，大马沟、马中河等城市防洪、滨湖绿化工程逐一到位，城市功能日趋健全、人居环境不断改善，城市绿化覆盖率提升到41%，城市道路保洁面积增加到426万平方米，生活污水、生活垃圾无害化处理率分别达到70%和100%，城市防洪标准从基本"不设防"提升到"50年一遇"。按照"统分结合、优势互补"的原则，设立农村经济开发区，启动建设台湾农民创业园管理服务中心、郝荣台湾生态农业集成区和盐都农产品加工集中区，累计招引各类农业项目30个、投资总额26.8亿元。编制完成市级城乡统筹试点镇村总体规划，郭猛镇新镇区"两纵两横"路网全面启动建设，仰徐村重点实施一批高效农业、工业和公共配套项目。创新区划调整后的行政管理模式，农村中心社区已成为连接城乡的重要节点、统筹发展的新生力量。通过实施集镇建设"六个一"和镇区绿化"五个一"工程，使集镇建成区扩展到18.95平方千米，常住人口达19.8万人，镇区绿化覆盖率达到29.8%，7个重点镇城镇化率平均达到53%，大冈入选全国百佳特色名镇，楼王、大冈、潘黄、大纵湖、秦南等7镇(街道)通过省、市生态镇验收，大纵湖镇获得全市首家省级园林小城镇称号。郭猛、葛武等8镇(街道)"组保洁、村收集、镇转运、区处理"的农村生活垃圾集中处理试点全面启动。坚持城镇化和工业化并重齐抓，各镇(街道)都规划建设千亩以上的工业园区，同步实施道路、绿化、供水、供电等基础设施工程，集聚和承载能力进一步增强。新建农村公路107.2千米，桥梁76座，完成231省道盐都段和步湖路拓宽改造二期工程；新建闸站86座，疏浚县乡河道233.8千米，整治村庄河塘248条，改造中低产田5.47万亩。实施耕地占补平衡项目41个，新增耕地4700亩。发展高效农业面积10.5万亩，培植"一户一棚"农户11270户，创建高效农业镇2个、高效农业村16个。

推进创新创业、发展活力日益增强。大力弘扬"三创"精神，解放思想谋跨越、创新思路解难题，已成为全区上下的生动实践。各项改革全面推进。区政府机构改革顺利完成，镇(区、街道)机构改革和区划调整有序推进，行政权力网上公开透明运行工作领先全市；"两集中、两到位"行政审批制度改革在全市率先完成，区行政审批服务中心一次性通过省级服务标准化试点示范单位验收。农村"三大合作"发展迅猛，农民专业合作组织发展到501家，农民资金互助合作累计投放互助金8亿元，土地股份合作有效促进高效农业规模化，区粮食经纪人协会被表彰为全国先进单位。积极化解资金难题，全区贷款余额增加到142亿元，区中小企业信用担保公司注册资本金由1.6亿元增加到2亿元。民营和开放型经济发展迅猛。新增个体工商户20697户、私营企业2591家、注册资金122.5亿元，盐城中小企业园成为集约、集聚发展的示范平台。注册外资实际到账2010年达到1.2亿美元，超过"十五"时期总和，成为重要的韩资汽配生产基地。科技创新能力不断提高，新增省级研发机构7个，新增产学研项目45个，申请专利630件、授权250件，新立省以上各类科技计划项目98项，争取资金7500万元，重点项目立项数、争取资金数为前三年之和，列苏北县(市、区)之首，国家风电设备检测中心获批建设，3兆瓦风电机组荣获省科技进步一等奖，国家海上风电及装备高新技术产业化基地获得认定，国家海上风电研发中心、省海上风电研究院落户盐都；研创大厦、汇文专家公寓、企业家之友大厦启动建设，创新创业平台在全市率先投入使用，大冈镇获得省级"创新型乡镇"称号，被列为省级知识产权区域试点示范区。

注重改善民生、人本盐都彰显魅力。坚持惠民生、促和谐，民生支出全年达到86.2%。社会保障和社会救助体系逐步健全。城乡低保、城镇居民基本医疗保险、新型农村合作医疗、新型农村养老保险实现全覆盖，新农保和农村五保供养标准苏北领先，社保扩面、劳动就业、脱贫攻坚等工作走在全市前列。教育、体育、卫生、计生服务水平全面提升，被列为省义务教育优质均衡改革发展示范区和苏北首批省规范教育收费示范区，学前幼儿入园率达96%，义务教育阶段适龄儿童入学率、巩固率、毕业率均达100%，高中阶段教育入学率达99.04%，在省政府三年一轮的县政府年度教育工作综合考核中列全市第一，镇镇创成省体育强镇，新都街道被评为国家城市体育工作先进单位，义务教育阶段学校"民转公"全部到位，市第一初级中学和第二小学教育集团成功挂牌运作。基本药物制度全面实施，镇村卫生机构全部配备使用国家基本药物，实行零差率销售，被表彰为全国社区中医药工作先进单位，成为全国社区红十字服务示范区。人口计生工作在全市持续进位，区、镇、村三级"世代服务"体系实现全覆盖，顺利通过中国/联合国人口基金第六周期项目评估验收，建成省"十一五"人口协调发展先进区。文化事业繁荣发展。新增有线电视用户8493户，开展各类公益性群众文化活动120多场次，文化站镇镇达省标，农家书屋村村全覆盖，现代淮剧《二饼上城》被评为省舞台艺术精品剧目，实现国家级舞台艺术奖项"大满贯"，再获全国文化先进区称号，被确定为全省首批文化示范区。生态文明建设协调推进。开挖盐龙湖，建设"清水走廊"，在全市率先启动国家农村环境连片整治示范区建设工程。万元GDP能耗下降完成省市任务，化学需氧量和二氧化硫减排提前一年实现既定目标，农村森林覆盖率提高到11.1%，污染源普查工作受到国家表彰。为民办实事工程成效显著，总投入5.5亿元的三院南院建成投入使用，完成农村改厕1.4万座，放心粮店、惠民门诊、文化"三送"、法律援助等工作步入常态化。新增各类就业1.4万人、转移农村劳动力1.2万人、各类社保参保11万人，实施社会救援、救助1.16万人次，五保集中供养率提高到60%,集中供养、分散供养标准分别提高1000元和500元,城乡低保标准分别提高到300元和180元，新农合财政补贴标准达180元,列苏北之首。深入推进平安盐都、法治盐都、和谐盐都建设,“五五”普法通过省市验收,连续6年被省委、省政府命名为“社会治安安全区”。安全生产形势总体平稳,农村药品“两网”建设、食品安全示范区创建首批通过省级验收。弘扬“诚信、务实、创新、奋进”的新时期盐都精神,开展精神文明创建活动,获得省级文明行业、文明单位称号的分别达到16个和15家。

重要会议

Important Congresses

【区政府常务会议】 全年共召开区政府常务会议8次，即区政府22次至29次常务会议。

第22次常务会议 1月5日召开。讨论2010年政府工作报告、2009年国民经济执行情况、2010年国民经济计划草案的报告、2009年财政预算执行情况和2010年财政预算草案的报告。

第23次常务会议 2月12日召开。通报区政府班子成员分工,签订党风廉政、安全生产、环境保护工作责任状。

第24次常务会议 4月19日召开。研究步湖路产业布局规划,通报“开门红”情况,落实“双过半”任务,听取二季度开工项目、“5·18”前竣工项目推进情况汇报、听取文化广电工作汇报,传达学习国家、省市廉政建设和纠风工作电视电话会议精神。

第25次常务会议 6月24日召开。听取财政收入、外资到账“双过半”、招商引资、项目推进、基本药物制度实施、民生和弱势群体保障情况汇报,讨论关于鼓励和促进科技创新的实施意见、关于加快科技平台建设的工作方案。

第26次常务会议 9月20日召开。听取区划调整和重点社区成立、推进义务教育优质均衡发展的汇报，讨论提高省、市劳模待遇问题,部署“三项排查”整改工作。

第27次常务会议 10月11日召开。听取主要经济指标冲刺四季度情况分析,通报2010年为民办实事工程进展情况,讨论研究提高2011年新农合筹资标准方案、居家养老服务、成立残疾人服务中心和社会福利院的相关工作。

第28次常务会议 11月29日召开。听取财税收入冲刺全年情况分析、安全生产和消费工作情况汇报，研究乡镇机构改革、2011年城乡建设用地增减挂钩复垦、殡葬改革和慈善工作方案。

第29次常务会议 12月31日召开。讨论2010年政府工作报告、2011年八大类重点工程项目、2011年为民办实事工程项目、“十二五”发展规划纲要、2011年发展计划报告、2011年财政预算报告,听取一、二、三产元月10日前开工项目情况汇报。

【区长办公会议】 全年共召开区长办公会31次,分别就大冈万亩生态稻米基地建设，建设城西客运站，韩资工业园建设,大葛公路、大冈工业园和万亩生态稻米基地基础设施建设，加强城南新区城市管理和推进农村生活垃圾集中处理，促进农村经济开发区花卉产业发展，2010年度城市防洪工程建设,争取中央财政小型农田水利重点县建设，步湖路园区段和229省道盐都段拓宽改造工程建设,搭建西塘河钢便桥,解决乡村医生养老保障和落实“四统一”人员生活待遇,青年路、振兴路、盐金线道路延伸建设,农村经济开发区核心区项目建设,推进盐城盐都台湾农民创业园建设，全区卫片执法检查违法用地查处整改,步湖路拓宽改造工程建设,神州路实验学校建设资金筹集,加快盐城中小企业园创新河改造工程建设，创新创业载体建设,昆山农商行开设分支机构,新建客运站选址，盐渎名城1号地块招商,步湖路大纵湖接线工程,促进盐淮米业有限公司加快发展,江苏兴宇港建股份有限公司所得税征管,231省道安保工程建设,加快推进人才公寓建设,台湾农民创业园核心区基础设施建设,全面启动125省道(步湖路)改扩建工程,进一步加强行政中心安全保卫工作,镇(区、街道)“老兽医”等农口退休人员生活费调整等问题和事项进行专题会办,并形成会办纪要。

重要工作

Important Work

【财税收入首超50亿元大关】 2010年，全区完成财政总收入53.1亿元,首次突破50亿元大关，同比增长74.1%,反超比学赶超对象扬州市邗江区近3亿元，完成一般预算收入达24.4亿元,同比增长58.8%。

【盐都台湾农民创业园获国家批准】 5月13日，经农业部、国台办(农办发【2010】6号)批准,盐城市首个国家级台湾农民创业园正式落户盐都。9月19日，在江苏台湾周苏台农业合作洽谈会上正式揭牌成立。

【全面实施农村环境连片整治】 9月26日，全区农村环境连片整治示范区项目实施动员大会召开，正式确定地处淮河流域支流、大市区饮用水源源头保护区和现代农业开发区沿线的7个镇、100个行政村、224个自然村作为连片整治示范区域，以解决农村共性的生活垃圾和生活污水对环境的污染作为农村突出环境问题的主攻方向。工程计划总投入2530.4万元，其中：生活垃圾处理2052.65万元、生活污水治理477.75万元,连片整治面积达42670公顷,受益人口259616人。

【全面完成政府机构改革】 根据党的十七大、十七届二中全会关于深化行政管理体制改革的精神以及中共中央、国务院《关于地方政府机构改革的意见》和省委、省政府《关于印发〈江苏省市县政府机构改革的意见〉的通知》,结合盐都实际,对全区部分政府机构进行改革。新组建区农业委员会、区住房和城乡建设局、区人力资源和社会保障局、区经济和信息化委员会、区商务局、区交通运输局、区文化广电新闻出版局，同时裁撤部分职能部门,以进一步理顺机构职责关系。

改革后，区政府共保留23个工作部门。

【行政区划调整稳步推进】 按照省、市统一部署，对部分行政区划作调整，撤销原大纵湖、义丰、北龙港、楼王、葛武、尚庄、秦南、北蒋和潘黄等9个镇，新成立大纵湖、楼王、尚庄、秦南等4个镇和潘黄、盐龙2个街道办事处。采用分步实施的方法来推进此次调整，原大纵湖、义丰、学富和潘黄4镇已经按照要求调整到位。同时，创新建立区划调整后的行政管理模式，新成立冈中、鞍湖、中兴和滨湖4个中心社区。4个中心社区已逐步成为连接城乡的重要节点、统筹发展的新生力量。

【四大服务业集聚区快速发展】 坚持把集聚区建设作为推动服务业跨越发展的主阵地，高起点规划建设城南科教城、城西南物流园区、东方汽车广场、盐都新区商务商贸区，红星美凯龙、盐渎明城、永宁国际汽车城等一批重大服务业项目相继竣工，集聚效应逐步显现。2010年，四大集聚区完成固定资产投资29.5亿元，占全区规模以上服务业投资的50.8%；实现销售收入41亿元，为全区三产增加值占比当年新增2%提供有力支撑。

人事工作
Personnel Affairs

【概述】 全区人事人才工作紧紧围绕经济社会发展大局，大力实施人才强区战略，强化公务员队伍建设，优化人事公共服务，营造和谐人事工作氛围。

【国家外专局陈宁宁到盐都调研】 11月17日，国家外国专家局政策法规司副司长陈宁宁一行6人到大冈镇江苏省闳业机械有限公司就引进国外智力工作进行调研。陈宁宁介绍全国引进国外智力工作面临的优势，肯定盐都引智工作的突出成绩，对盐都和闳业公司的引进海外高层次人才工作取得的成绩表示充分肯定。《人民日报》、《中国人事报》、《中国日报》、《国际人才交流》等报社记者就闳业公司在生产中遇到的技术问题以及引进海外专家后的技术改进情况进行采访。市人社局副调研员蔡泽民、市外国专家局局长吴标、区人社局局长孙发金、区人社局党委书记王益林、大冈镇党委书记陈育群、江苏闳业机械有限公司总经理还伟海等陪同。

【富有成效开展人才项目申报】 经常性深入企业、开发区、创业园，逐一进行排查摸底，举办"高层次创新创业人才项目申报工作"业务辅导会，现场提供咨询辅导，严格核查申报材料真实性，组织做好各类人才项目资助申报工作。华锐风电科技（江苏）有限公司总经理刘征奇团队、陕西秦川工具集团盐城有限公司董事长龙兴元团队、江苏锐毕利实业有限公司总经理文成团队累计获得市创新创业领军人才项目资助250万元，占全市总资助资金的55.56%。

【提升企业博士后建站工作层次】 组织企业积极申报建立国家、省、市级企业博士后工作站。2月，帮助江苏恒力组合机床有限公司、江苏剑桥涂装工程有限公司两家企业成功申报省级企业博士后科研工作站。4月，组织盐城市高新技术产业区、江苏剑桥涂装有限公司等4家企业博士后科研工作站参加江苏省企业博士后招聘与科技项目洽谈会，并与中国科学院物理研究所崔前进博士、韩国崇实大学王新鹏博士签订联合培养博士后协议。10月，帮助盐城市高新科技产业区成功申报国家级博士后科研工作站，实现盐都区国家级博士后建站工作零的突破。

【突出公务员队伍建设】 针对全区乡镇后备干部人才相对匮乏的实际，按照公开、公平、竞争、择优原则，做好2010年公务员考录计划的编制上报、网上报名、笔试、面试、体检、政审和上报审批等工作，圆满完成40名公务员（32名镇级机关公务员，8名法院、检察院考录的公务员）考录工作，为全区干部队伍输送高质量的新鲜血液。加强公务员培训、考核工作。注重公务员"5+X"能力培训，着重培养其学习能力、管理能力、依法行政能力和创新能力。实行"公开职位，量化积分，自主选岗，组织决定"的安置办法，做好军队转业干部安置工作，全年共接收军转干部13人，其中计划安置12人，自主择业1人，做到部队、地方和军转干部"三满意"。

【做优人事审批】 做好各类工资福利、退休手续的审批。1月，配合有关部门，对全区700多名遗属补助对象进行年审。4月，完成全区机关工作人员滚动升级、年终一次性奖金、事业单位工作人员一年一薪及绩效工资的审批工作和各类人员工资正常变动工作。按照到龄即退的原则，改进工作方法，对各单位报送的退休审批表认真审核，严格把关。认真开展职称审核、申报工作。为1770名取得高、中、初级技术资格的专业技术人员确认各级技术资格，并为其办理相应的技术资格证书；全年审核申报高级职称评审材料194份、中级职称评审材料425份，接受初级职称考试报名材料229份、镇（区、街道）中级职称考试报名材料449份。进一步规范表彰奖励。严格执行表彰立项审批制度，把好各级行政奖励的立项审核关，坚持公开公示制度，强化行政奖励的导向作用。全年共审核备案受各级组织表彰奖励的先进集体45个，先进个人155名。

【为民营企业引进国外智力】 8月，德国SES专家斯泰因豪斯博士到义丰镇，对江苏剑桥涂装工程有限公司进行为期20天技术指导，帮助企业解决阴、阳极电泳及喷漆、喷粉涂装生产流水线制造项目的涂装先进工艺和制造方式、涂装生产流水线自动化控制的稳定性、非标冷作产品的自动化生产等方面的技术难题。

【企业军转干部解困维稳扎实有效】 1月，对全区所有企业军转干部每人发放慰问金500元，特困军转干部救济金1000元。2、6月对全区在职、退休企业军转干部补助工资、地方性补助和养老金进行增加，并补发1~6月补助和养老金，做到一分不欠、一个不漏、一天不拖。强化"重点人员"的稳控工作，成立帮教小组，落实“五包责任制”，遏制重点人员的活动，在全国、省、市、“两会”和上海“世博会”期间，没有发生企业军转干部到京赴省上访和到市集访现象。

编制工作
Personnel Preparation

【概述】 根据中共盐都区委盐都区人民政府《关于印发<盐都区人民政府机构改革实施意见>的通知》（都发〔2010〕13号），与区人事局合署办公的区机构编制委员会办公室单独设置，列区委机构序列，既是区委工作机构，又是区政府工作机构。挂“盐城市盐都区事业单位登记管理局”牌子。内设3个股级科：综合科（挂“机构编制督查科”牌子）、机构编制科、事业单位登记管理科（挂“行政服务科”牌子），核定行政编制为9名，领导职数为：主任1名，副主任2名；科长3名。

【主要职责】 （1）贯彻执行党和国家以及省、市有关行政管理体制、机构改革和机构编制管理的政策法规，研究拟订本区行政管理体制改革、机构改革和机构编制管理的政策规定及实施细则，制订全区各级行政管理体制和机构改革的总体方案并组织实施。审核区级各部门以及镇（区、街道）党政群机关的机构改革方案，指导、协调全区各级行政管理体制改革、机构改革和机构编制管理工作。（2）开展行政管理体制改革、机构改革及机构编制管理的理论研究，负责机构编制工作的情况综合、干部培训以及统计业务工作，负责市编委（办）下达的有关编制的分配和管理工作。（3）统一管理全区党政机关、人大机关、政协机关、法院机关、检察院机关、民主党派机关、人民团体机关（以下简称行政机关）和事业单位的机构编制工作。（4）协调全区行政机关各部门的职能配置与调整，负责全区行政机关人员编制总额管理工作，负责审核全区行政机关机构编制事项，负责审核转报全区副科级及以上行政机构的设置与调整，负责审核全区议事协调机构和临时机构的设置。（5）研究制订全区事业单位管理体制改革和机构改革的总体方案及有关政策规定并组织实施，负责审批全区相当股级事业单位的机构编制事项，负责审核转报全区相当副科级及以上事业机构的设置与调整，负责全区事业单位机构改革工作。（6）参与对党政领导干部选人用人“三责联审”工作，负责机构编制实名制管理工作，开展机构编制管理考核评估和责任追究，监督检查全区机构编制的执行情况，依据法规按分工查处机构编制违规违纪案件。（7）负责全区事业单位法人登记管理的各项工作，负责管理全区事业单位的统一代码标识工作。（8）负责全区党政群机关、事业单位和社会团体政务和公益专用中文域名管理工作。

【部门三定工作】 召开工作布置会、业务培训会，讲解机构改革工作的具体内容和程序、“三定”方案制定的工作步骤和的具体要求。及时与各单位沟通、协调，开通三定工作QQ群、咨询电话，深入区直多个涉改部门开展调研，召开座谈会，广泛征求听取各方面的意见和建议，并在此基础上进行认真梳理、汇总，准确界定部门职责，科学设置部门机构，合理核定人员编制和领导职数，基本完成部门三定工作。

【机构、编制调整工作】 重点在经济发展、民生保障、安全维稳等领域调查研究，进一步策应全区转型升级、提速增效，强区带镇、城乡统筹，创新创业，繁荣文化事业等工作，科学配备和调整完善必要的机构、职能和编制，为地方经济社会发展提供有效的体制机制保障和机构编制支撑。

【三责联审工作】 7月下旬~8月初，与组织部、审计局一起对尚庄镇原党委书记商建明实施三责联审，区编办对其机构编制责任进行审核，提出意见和建议并要求认真整改，同时将审核结果形成报告以文件形式印发，反馈给尚庄镇和被审对象本人。

【事业单位法人年检工作】 及时下发年检通知文件，对事业单位法人年检流程、单位年检时间和要求作通知，通过电话联系、服务上门、技术支持、设备支持等手段，创新工作方法，提升服务质量，对265家事业单位依法实施年度检验。

【事业法人监管工作】 市编办到盐都进行专题调研，全市召开的事业单位登记管理管理工作会议中，盐都作事业法人监管先进经验介绍，得到全市编制系统认可。 （朱　群）

外侨工作
Foreign Affairs

【概述】 全区外侨工作抢抓机构改革带来的资源整合机遇，紧紧围绕服务发展的方针，深入学习实践科学发展观，进一步放大外侨工作资源整合优势，积极创新工作机制，逐步健全涉外（侨）管理、外侨接待、外（侨）调查、依法护外（侨）工作机制，投身开放型经济建设，为促进全区经济社会发展，构建和谐社会做出积极贡献。

【严格出国（境）审批关】 深入贯彻落实中央、省委《关于进一步加强因公出国（境）管理的若干规定》和相关文件精神，切实加强党政干部因公出国（境）管理。全年共审核审批因公出国（境）团组21批68人次，严格审查出国（境）旅游邀请函和出访任务要求，有效杜绝了变相出国（境）情况的发生，未发生一起违规行为，有效维护政策的权威性和严肃性。

【提升外事服务质量】 寓管理于服务之中，优先审核办理出国（境）从事招商引资、技术与设备引进、项目推介、经贸洽谈、参（办）展等团组以及与推动经济发展密切相关的出国（境）团组。对重大出访项目、重要出访团组以及紧急出访团组做到提前介入、跟踪服务，特事特办，快速办结。7月，区政府领导带队随市赴香港开展服务业招商活动，外侨部门做到随叫随到，高效快捷，确保申办材料的一次到位，保证团组顺利出访。

【推动企业对外交往】 全年共办理区内企业对外出访16批次39人次，为企业负责人办理APEC商务旅行卡8人次，帮助更多的企业特别是民营企业人员“走出去”，方便民营企业在国(境)外的经贸活动。

【高标准做好礼宾接待工作】 全年共接待和参与接待来自美国、英国、土耳其、澳大利亚等国家和香港地区的代表团组共15批31人。在礼宾接待中，既善于创意，又注重细节，本着热情友好的态度，规范有序地做好各项礼宾接待工作。7月，驻沪使馆签证官在盐都期间，区外侨部门全力以赴、积极配合，以良好的效果赢得上级部门和来宾的赞誉和表扬。较好地达到“以接待促宣传，以接待促发展”的效果。

【加大侨法宣传】 广泛开展侨法“进社区、进企业”活动，开展丰富多采的宣传活动，宣传《归侨侨眷权益保护法》宣传活动。形成“知侨法、护侨益”的良好社会氛围，增强广大基层干部“依法护侨、为侨服务”的意识。同时着力抓好社区侨务工作建设，7月，潘黄街道跃进社区被评为全省侨务系统社区侨务工作示范单位。

【扎实做好对外招商引资工作】 积极策应沿海大开发的国家战略，认真围绕市、区两级的工作部署，充分发挥外侨工作对外交往渠道多、范围大的优势，加大对外宣传和招商引资力度，特别是加大对日本、美国和香港地区等华人华侨密集地的宣传联系力度。全年共提供有价值信息3条，成功招引外资项目1个，实现到账外资200万美元。

【进一步完善侨情资料】 制定详细的工作计划和方案，对原有的侨情侨企资料进行不断更新和完善，全年共计梳理登记侨商投资企业34家，归侨侨眷资料200余条，初步形成覆盖全区，内容翔实的侨情工作数据库，使之在侨务工作中发挥重要作用。

【切实维护侨商侨眷利益】 及时协调当地政府和相关部门帮助侨商投资企业解决各类生产生活难题，全年先后帮助解决供电、供水矛盾8起，处理各类经济纠纷4件。此外，通过多方努力，对贫困归侨侨眷进行慰问，为部分侨商、侨眷解决子女上学、就医、工作等生活实际困难。

机关事务管理工作

The Organizational Affairs of Administration

【概述】 区级机关服务中心紧紧围绕区委、区政府中心工作，认真履行机关后勤保障、服务、管理职能，出色地完成全年各项机关后勤服务工作，年度后勤工作综合考核列全市(县、市、区)第一。

【部门名称更改】 4月17日，根据区委、区政府都发[2010]13号《关于印发<盐都区人民政府机构改革实施意见>的通知》，将区级机关事务管理局更名为区级机关服务中心，其原职能不变，“三定”方案不重新制订。

【公共机构节能工作成效显著】 根据国务院《公共机构节能条例》、《江苏省公共机构能源统计报表制度》、《盐城市公共机构能源资源消耗统计实施办法》，区级机关服务中心对全区210多家机关、事业单位的节能工作开展业务培训、资料收集，向上级机关统报工作，开展以“绿色办公、低碳生活”为主题的多形式宣传活动，取得显著成绩，被市政府授予2010年度全市公共机构节能工作先进县(区)。

【新装LED显示屏】 为便于大楼各单位开展宣传活动，提升行政中心各类宣传活动的效果，8月，在区行政中心办公楼大堂东侧墙面新装一台17.64平方米的LED显示屏。

【餐饮管理成绩突出】 针对机关餐饮这一热点难点工作，明确1名班子成员侧重负责，机关后勤服务部全方位跟踪，成立由“四办”等单位组成的餐饮监管小组，对进货、保管、加工、烹调、成本核算、就餐秩序等各环节协同管理，提前制定每周菜谱，逐周公布，在市场副食品、各类菜价不断上涨的情况下，确保中午“四菜一汤”的质量和口感，经全年就餐者每月测评平均满意率达98%以上。

【实施大楼屋面翻新墙体堵漏工程】 区行政中心大楼投入使用10多年来，屋面、墙体多处渗漏，影响机关办公环境，于6月，完成屋面6200平方米的翻新和墙体4500平方米的堵漏处理工程。

【实施污水管网铺设工程】 7月，完成区行政中心及民政局、档案局、水务局、教育局污水排放接入新都路主干网，污水管道铺设工程长度为700米。

【消防系统改造升级】 年初对行政中心大楼消防系统进行改造升级，对火灾报警联动系统、防排烟系统、消防喷淋泵和消火栓泵供水系统等进行了更新改造升级，10月底完成改造升级工程，并通过消防部门验收。

【盐城宾馆扭亏转盈】 由于诸多因素，盐城宾馆已连续多年亏损，区级机关服务中心主要负责同志亲自结合分管，明确一位领导班子成员任盐城宾馆总经理，实行宾馆副总分块领衔组阁目标经营责任制、全员营销制、节能降耗制、定期开发新菜肴制和岗位练兵制等内部改革创新机制，年底实现经营收入2300多万元，上缴税收突破200万元，摆脱多年亏损的局面。

【世纪公园面貌一新】 盐城市世纪公园是供广大市民免费休闲娱乐的公共场所，年内，对世纪公园进行全面改造，新栽大型观赏树木400棵；更新补植草坪3万㎡；修理护堤2000m，新铺路面1500㎡；改造路面8000㎡；安装观赏灯300盏、霓虹灯2000米；更新电动门2个；自行培育并摆放各类鲜花16000盆；对高杆灯、音乐喷泉、浮雕景墙，观景桥、榭、亭等进行了修复；购置了残疾人轮椅、儿童推车、微波炉、雨伞、药箱、老花镜、纯净水等便民利民物品，免费提供给游园市民。

(胡其亮)

接待工作
Reception Work

【概述】 随着经济社会快速发展，对外开放程度日益提高，公务接待活动明显增多，接待工作坚持以科学发展观为指导，紧紧围绕建设“双新”盐都工作目标，按照“有利公务、简化礼仪、务实节俭、杜绝浪费”的原则，强化服务理念，细化接待流程，整合接待资源，提升服务水平，为进一步改善投资环境，打造服务最优地区，推动区域经济又好又快发展。全区全年共接待外宾 1270 多批 17600 多人次，其中重大接待活动 23 批，完成上级部门交办的接待活动 27 次，失误率为零，受到来访团组和各级领导的一致好评，在全区经济和社会事业发展中的窗口作用、载体功能和名片效应越发凸显。

【单位性质变更】 原接待办为行政单位，正科级建制，在政府办挂牌，与旅游局、外事办合署办公。因机构改革，自 8 月份起，挂靠区级机关服务中心，全额拨款事业单位，副科级建制。

【进一步完善制度建设】 接待办在区级机关服务中心挂牌后，根据中央下发的中办发【2006】33 号《党政机关国内公务接待管理规定的有关要求》和市委办下发的盐办【2008】34 号《关于进一步规范市级机关对内公务接待工作的通知》文件精神，结合盐都实际，进一步加强和规范公务接待工作，明确接待范围，规范接待程序，健全责任体系，促进全区公务接待工作规范、高效、有序的运行。

（蔡 斌）

法制工作
Legality Work

【概述】 深入贯彻落实科学发展观，紧紧围绕法制工作总体思路，抓住推进依法行政工作主线，严格规范行政执法行为，进一步推进法制政府建设进程，政府法制工作得到较好发展。

【规范性文件管理】 强化规范性文件制定、审查、备案程序。按照“有件必备、有备必审、有错必纠”的原则，加强对规范性文件的备案审查和监督工作。由区法制办对全区出台的所有规范性文件进行法制把关，对其中不合法、不规范的规范性文件进行审核和修改，并按要求报送市政府和区人大常委会备案。加强对基层规范性文件备案审查工作的监督指导。深入各镇(区、街道)和有关部门抽查近几年出台的有关规范性文件，并对如何起草规范性文件、做好备案审查工作等方面进行有针对性的指导。加强政府规范性文件制定的管理。坚持以合法性审查为主，兼顾文件的实用性、可操作性，严格规范性文件法律审查。一般规范性文件由政府部门起草，相关部门会签；特别重要的文件提请区政府常务会议讨论同意后再进入制发程序。在审核规范性文件时，严格把握标准，涉及社会公共利益和广大人民群众切身利益、有重要影响的规范性文件，注意公开征求意见，通过召开座谈会、深入基层调研、网上征求意见等多种形式，使出台的规范性文件更加符合盐都实际，更有利于全区经济社会事业的发展。

【行政权力网上公开透明运行工作】 按照省、市、区政府的统一部署要求，进一步推进行政权力网上公开透明运行工作，及时传达省、市对行政权力网上公开运行的新要求。全区行政机关在全面清理行政权力事项的基础上，优化、固化行政权力运行流程，运用现代信息技术，推动行政权力依法行使、透明运行，逐步实现行政权力运行数据化、流程标准化、办公网络化、信息公开化，满足社会公众知情办事、行政机关协同办公、领导科学决策和相关部门有效监督 4 个方面的需求，编制科学合理的行政权力运行流程图。同时，区各有关部门和单位在对经法制办审核确认的行政权力事项进行编码后，严格按照法律、法规、规章的规定，结合行政权力运行的特点，优化、简化、固化行政权力运行流程，制定规范权力运行的环节、步骤和程序的流程图。从方便群众办事的实际出发，对原有的运行流程进行优化再造，进一步简化程序，提高工作效率。同时，对涉及自由裁量的行政权力严格规范，进一步细化标准，限制自由裁量空间，增强操作性和透明度。10 月 25 日，区行政权力网上公开透明运行系统顺利通过省权力阳光验收组的考核验收。至年底，全区 34 家单位在行政权力网上公开透明运行系统中共有行政权力事项 4128 项，其中行政许可 259 项、行政处罚 3228 项、行政征收 110 项、行政强制 122 项、非行政许可审批 129 项、行政给付 20 项、行政奖励 5 项、行政确认 44 项、行政裁决 1 项、其他 210 项。

【行政复议工作】 积极创新行政复议工作体制和机制，不断提高化解行政争议的能力。进一步提高行政复议案件办案质量。着重在改进工作思路，拓宽审理方式上下功夫，认真贯彻《行政复议法实施条例》，进一步畅通行政复议渠道，改进行政复议审理方式，充分利用“调解、和解”方式解决行政争议，真正做到案结事了，息事宁人，取得较好的社会效果。至年底，共收到行政复议申请案件 10 件，其中撤回 1 件，维持 4 件，撤销 1 件，责令履行职责 2 件，转送 1 件，未审结 1 件。通过审理复议案件，较好地维护公民、法人和其他组织的合法权益。二是积极探索行政复议案件办理的“点面效应”。加强调查研究，通过分析复议案件中反映出来的共性、深层次的问题，积极与有关单位沟通，制定具有普遍指导意义的解决方案，力求办理一个案件，平息一个纠纷，解决一类问题。三是依法办案，树立复议机关良好形象。在行政复议工作中，注意坚持以事实为根据，以法律为准绳，依法办案，不徇私情。在案件审理中做到平等对待各方当事人，不偏不倚，在行政机关的具体行政行为存在违法或者不当的，都依法予以纠正，努力维护公民、法人或者其他组织的合法权益，对经过审查，认为行政机关作出的具体行政行为合法、适当的，依法予以维持，树立复议机关的权威和公正形象，不断提高复议机关在社会中的地位。

【法制宣传教育】 不断加强依法行政学

习宣传力度，在全区范围内举办规范性文件专题讲座。11月，对全区800余名行政执法人员进行了依法行政知识测查。通过专题讲座、法制辅导等多种方式，加强业务知识、法律知识、执法能力培训和道德纪律教育，行政执法人员执法能力和水平不断地提高。同时区政府各部门也普遍重视执法人员业务素质的提高，各部门制定了行政执法人员法制培训和岗位培训计划，并认真组织实施。同时创新岗位培训机制，纷纷开展“一岗一训”、“一法一训”等活动，并采取邀请法律专家专题讲座、派员外出学习等方式加强学习，使行政执法人员的整体素质得到提升。不断强化公务员学法用法考核和监督，大力提高行政执法人员的依法行政意识和能力，增强运用法律手段解决经济社会发展中突出问题的本领，有组织、分步骤地对公务员尤其是行政执法人员进行依法行政知识培训。行政执法人员上岗前都必须经过法律培训和考试，考试合格后取得行政执法资格，上岗执法；分层分级对在职执法人员定期进行新法律法规知识培训并严格考试、考核，凡考试、考核不合格的，调离执法岗位。区政府法制办按照省、市法制办的要求，结合换发和证件注册的时机，强化执法证件管理，严格发证范围和条件，逐项进行审查，对不从事行政执法工作、不在执法岗位或培训考核不合格的人员，取消发证资格。以盐都新闻、中国盐都网等作为政府法制宣传的主阵地，不断加强法制宣传。与此同时，各部门对本部门负责执行的法律、法规、规章制定具体宣传方案，结合法律、法规及规章颁布日或颁布周年纪念日活动，通过报刊、广播、电视、互联网宣传和印刷标语、印发宣传资料等形式，纷纷开展法律宣传活动，增强公民、法人、其他组织对依法行政工作的监督意识，形成良好的依法行政环境。

【行政执法监督】 全区行政机关及其工作人员严格按照法定权限和程序履行职责、行使权力。进一步强化行政机关内部监督。继续推行行政执法责任制，加强对行政执法部门及其执法人员行使职权和履行法定义务情况的评议考核，加大责任追究力度。为进一步加强对各级行政执法主体行政执法行为的监督和指导，在全区范围内开展依法行政工作专项检查，重点检查各部门行政执法案卷规范情况和规范性文件审查备案工作情况，促进行政机关改进工作方法和落实工作措施。同时，督促各部门出台行之有效的制度和措施。全区大多数行政执法单位制定行政执法责任制、行政执法公示制、行政执法错案和执法过错责任追究制等，加强对行政执法行为的规范和监督。

（王荣蔡斌）

地方志和年鉴工作
Almanac Work

【概述】 紧紧围绕区委、区政府中心工作，坚持以科学发展观为指导，创造性地开展征、编、研、宣活动。《盐都年鉴(2009)》获第四届全国年鉴编纂出版质量评比综合三等奖、框架设计一等奖、装帧设计一等奖；《盐都年鉴(2010)》成功改版，首次采用全彩印刷，如期面向社会出版发行。

【《盐都年鉴(2010)》篇目作较大调整】 全书采用分栏法编辑，条目式记事体。按事业、行业性质设立栏目，分栏目、分目、条目3个结构层次，在已经出版的11卷《盐都年鉴》模式上有较大变动，共设32个栏目、249个分目、1527个条目，将传统的特载、大事记、盐都概况3个分目合并为区情总貌，交通与城乡设施合并，邮政、电信、供电、移动通信并入信息化建设，荣誉栏、文件选编、统计资料全部并入附录。同时，本书将在社会上有重大影响的盐都籍个人代表也收录在新闻人物中，将在多部电视剧中扮演男主角或重要角色，深受广大电视观众喜爱的盐都籍青年演员朱亚文收录在书。与往年出版的《盐都年鉴》相比，2010卷增加企业风采篇，将2009年在盐都纳税达千万元的14家企业收录在书，必将扩大这些企业在区内外的影响。

【创新版式，《盐都年鉴 (2010)》成功改版】 已经出版的11卷《盐都年鉴》均分二栏排版，一色印刷，《盐都年鉴(2010)》成功改版，首次采用三栏排版。同时，在全市首家采用全彩印刷。

【在全区广泛开展《盐都年鉴》读用工作】 为充分发挥《盐都年鉴》的社会效益，更好地为全区经济社会发展服务，盐都始终把年鉴读用工作摆在重要位置。一是图文并茂，使读者爱读。《盐都年鉴(2010)》首次采用全彩印刷，全书共插图片300多幅，色彩丰富。二是免费赠阅，使读者可读。10月25日，《盐都年鉴(2010)》开始发行，免费赠阅给有关机关

单位、村居和学校。并下发《关于认真做好<盐都年鉴(2010)>读用工作的通知》，要求全区广大干群和青少年要认真做好《盐都年鉴(2010)》读用工作。三是注重宣传，使读者要读。专门制作两块年鉴宣传画板在区行政中心大厅展览，进一步推进区级机关干部的年鉴读用工作。第一时间在中国盐都网上传《盐都年鉴(2010)》电子版，并在盐都网首页加注“最新推荐“‘盐都年鉴 2010’”，全面推进全区广大干群和青少年对《盐都年鉴(2010)》的读用工作。

【全市首家举行《盐城市盐都区志》总纂篇目评审会】 为确保志书质量，把《盐城市盐都区志(1983~2005)》打造成精品良志，经得起历史的检验，依据中国地方志指导小组印发的《地方志书质量规定》和《江苏省地方志书审查验收及出版办法》的规定。按照市地方志办公室的要求，经过区志编辑部的充分准备，3月30日，《盐城市盐都区志(1983~2005)》总纂篇目评审会在盐城宾馆举行，接受上级地方志部门的评审。会上，专家学者对《盐城市盐都区志》总纂篇目提出不少调整修改的意见和建议。盐都举行二轮志书篇目评审，在全市尚属首家，这也标志着盐都区志编修工作从分纂阶段全面转入到总纂阶段。

【盐都区志稿第一轮总纂顺利完成】 2007年7月，《盐城市盐都区志（1983~2005)》编纂工作启动以来，区志编纂工作进展顺利，经过全区上下共同努力，按时序要求，先后完成资料长编、初稿、正式稿和分纂稿，2010年7月进入第一轮总纂阶段。区志编辑部的人员以对历史和人民高度负责的精神，严谨的工作作风，不辞辛苦，对150万字左右分纂稿进行通篇审读，逐句逐字进行研究推敲，严格把住体例关和事实关，解决志稿中不少交叉重复和众手成志的痕迹以及规范性等问题，使志稿质量明显提升。12月，全面完成区志稿总纂任务。

【区志编纂带动相关志书编纂】 在盐都区志编纂的同时，区地方志办公室抽出人员对部门志、专业志、镇志编写工作进行业务辅导、拟定篇目、审定志稿，促进了部门志、专业志、镇志编写工作。《盐城市盐都区军事志》2009年5月已通过区志办终审验收，年底出版发行；4月，《龙冈镇志》通过区志办终审验收，已交付方志出版社审定出版，预计2011年初便可出版发行；区环保局启动《盐都环保志》的编纂工作，篇目已通过区地方志办公室审定，已形成部分志稿。 （唐　华）

行政审批服务中心

Administrative Examination and Approval Service Centre

【概述】 紧紧围绕“规范、高效、廉洁、便民”的服务宗旨，以优化经济发展为己任，不断深化行政审批制度改革，积极探索行政服务新方式、新途径。组织开展了新一轮项目清理工作，全面推行竣工工程项目联合验收，开通百万纳税大户行政服务直通车，建成网上审批服务平台，通过代理服务、预约服务、上门服务等多种形式，积极开展“三服务”活动，办事效率显著提高，得到社会各界的一致好评。全年共办理各类审批服务事项44616件，平均每天178件，按期办结率为100%，新注册企业2777家。窗口共收到锦旗36面，表扬信26封，企业群众评议服务窗口满意率99.7%。在服务工作中，达到服务程序“零障碍”、服务质量“零差错”、规定之外“零收费”、服务对象“零投诉”、相互沟通“零距离”的五零目标。七一前夕，中心被市委表彰为先进基层党组织、被省文明委评为“省级文明单位”。12月下旬以满分通过省级行政服务标准化试点示范单位验收。年底，在全市行政服务目标考核中荣获第一名；在区委、区政府召开的2010年度目标任务绩效考核大会上，中心“阳光行政，真情服务”被评为区十大服务品牌，同时获得区直部门综合先进奖、五星级服务单位、文明标兵单位、民营经济发展奖、开放型经济先进服务单位等6个奖项。

【组织职能】 盐城市盐都区行政审批服务中心(简称中心)于2004年7月筹建，2005年6月正式运行，根据市编委《关于盐都区行政审批服务中心建制等问题的批复》(盐市编[2005]10号)，盐都区行政审批服务中心为区政府派出机构，正科级建制。核定区行政审批服务中心行政编制3名。主要职能是：(1)负责对经区行政审批改革领导小组核定的行政机关进入区行政审批服务中心项目的管理、指导和协调。(2)负责对进入区行政审批服务中心有关单位设立的窗口及其工作人员进行管理、督查和协调。(3)负责对联办审批项目的前置监督和后续监管，确保依法审批、公开透明、规范操作。(4)负责对进入区行政审批服务中心的有关项目提出筛选、调整、建议。(5)承办区政府交办的其他事项。中心承担区直相关部门与经济发展关联度较大、受众面较大的行政许可事项、非行政许可事项和便民服务事项的“一站式”办理和“一条龙”服务，负责协调、管理和督查。至2010年底进中心的有34个部门，4个中介服务机构，58个服务窗口，344项行政许可服务事项。单独设置农机监理、车辆管理、地税、国税、人社保险、婚姻登记、供电等7个分中心。目前，中心已打造成集政务公开、行政审批、电子政务、信息发布、行政投诉受理为一体的综合性服务平台。 （胡　鹏）

【通过省级服务标准化试点单位验收】 区行政审批服务中心于2009年6月被江苏省质监局和江苏省发改委联合批准为省级服务标准化试点单位。两年来，在质监部门的精心指导下，积极推进服务标准化试点工作，共制定3层四大体系、20个子子体系共832项标准，全面推行标准实施，促进服务工作持续改进，工作质量和效能全面提升。12月26日，由省质监局、省政府法制办、省纪委效能监察室等组成的江苏省服务标准化试点项目验收专家组一行5人，对盐都区行政审批服务中心服务标准化试点项目进行考核验收。验收组听取行政审批服务中心的工作汇报，观看碟片，现场考核中心的服务标准化运行情况，查阅工作资料。最终，区行政审批服务中心以满分通过专家组验收，成为江苏省第二家通过验收的行政服务标准化试点单位。

（质监局供稿）

政协盐城市盐都区委员会

Yancheng Yandu District Committee of the Chinese People's Political Consultative Conference

综　述
Summary

【概述】 以中共十七届四中、五中全会精神为指针，以科学发展观统领政协工作全局，牢牢把握团结民主两大主题，紧紧依靠全体委员，积极履行政治协商、民主监督、参政议政职能，创新工作方法，充分发挥政协优势和作用，为盐都经济社会又好又快发展作出新的贡献。全年共召开全委会1次，常委会议5次，主席会议10次。

重要会议
Important Congresses

【政协盐都区十二届三次会议】 政协盐都区十二届三次会议于1月9~12日在盐城宾馆召开。出席委员265人，列席会议的市政协委员和特邀人士33人。区委书记李纯涛在会议开幕时作重要讲话。会议听取并审议区政协主席陈广平代表区政协常务委员会所作的工作报告和区政协副主席孙万青所作的提案工作报告。与会人员列席区十四届人大三次会议，听取并讨论区长崔浩所作的政府工作报告及其他报告，参观全区重点项目建设现场。大会自始自终充满民主、求实、团结、和谐的气氛，委员们以饱满的政治热情和高度的社会责任感，围绕全区经济社会发展大局和人民群众普遍关心的热点、难点问题积极建言献策，参政议政。会议期间，对2009年度政协工作30名优秀委员、12件优秀提案、9家先进联络组进行表彰；选举秘书长1名、增选常务委员3名。会议结束时，陈广平致闭幕词。

【区政协常委会议】 年内，区十二届政协常委会共举行4次会议。

1月11日，举行第10次常委会议。会议就秘书长、常委候选人讨论，协商提名邵仁鸿为政协盐都区委员会秘书长，邢香楠、张宗煜、唐玲为政协盐都区委员会常务委员。会议由区政协主席陈广平主持。

4月22日，举行第11次常委会议。会议由区政协副主席孙万青主持。与会常委参观小马沟的城市防洪、大冈三徐的河塘整治、郭猛农业示范园区的河道疏浚和西区八字河的泵站建设情况，区水务局通报全区水务工作情况，与会常委围绕全区河道疏浚、河道保洁工作进行交流发言，提出许多针对性较强的意见和建议。

8月30日，举行第12次常委会议。区政协副主席孙万青主持会议。会议听取全区经济社会发展情况和区民政局关于民政工作情况的通报，参观全区民政社会事业项目。与会常委围绕全区经济社会重点工作和民政社会事业发展开展讨论，提出许多建设性建议。

11月26日，举行第13次常委会议。区政协副主席孙万青主持会议。会议听取新区工作情况通报，观看城西南片区规划情况，参观东方汽车广场、烟草物流、红星美凯龙等重点项目。使大家对新区的总体情况有较为全面的了解。会上，与会常委对新区今后发展提出许多好的建议。

12月28日，举行第14次常委会议。会议听取区政府年内提案办理情况的通报，分别讨论《区政府工作报告》(征求意见稿)和《区政协常委会工作报告》(征求意见稿)，并提出修改意见。会议通过"双优一先"表彰决定和委员调整人选。会议决定于2011年1月6日至9日召开区政协十二届四次会议。

【区政协主席会议】 年内，区十二届政协先后举行主席会议10次。集中学习中共十七大和十七届四中、五中全会精神，学习科学发展观理论和《中共中央关于加强人民政协工作的意见》精神。分别就加强政协效能建设、强化委员参政意识、服务新兴特色产业、建设"双新"盐都等重点工作开展协商议政。

重要工作
Important Work

【突出重点建言献策】 先后组织13次调研，5次对口协商座谈，形成11份调研材料。围绕新农村建设建言献策。组织委员就促进农民增收、加快农村社区卫生事业发展、农村环境卫生、失地农民基本生活保障、村干部经济待遇等议题开展深入调研，提出建议。其中通过调研形成的《关于加强我区农村河道保洁长效管护工作的建议》，引起区委、区政府高度重视，区委主要领导专门作出批示，有关部门及时采纳相关建议，推进全区农村河道保洁长效管护工作。围绕加快新城区建设建言献策。组织委员视察盐都服务业集聚区和新城区建设重点项目，积极开展议政建言。围绕特色产业建设建言献策。组织委员视察张庄齿轮产业园等特色园区，深入组织调查研究，就全区特色产业的发展壮大提出针对性建议。通过调研形成的《推进集中居住，加快村镇建设》、《统筹城乡快发展，推进城乡一体化》等调研报告在市政协常委会议上发言交流，受到市领导的好评。

【加强委员专题视察】 年内，组织委员就全区服务业发展、镇村公路建设、设施农业、敬老院建设、社区服务、水利设施等方面工作进行11次专题视察，较好地促进相关工作。委员们提出的"关于加快我区高效农业发展的几点建议"、"进一步加强社区环卫工作"、"精心打造新特产业，着力构建魅力盐都"、"完善农村卫生管理机制，促进农村卫生事业发展"等建议引起有关部门高度重视，有关工作得到及时改进。

【重视委员提案办理】 区政协十二届三次会议以来，共收到委员提案115件，立案110件，其中重点提案10件。委员提案大多聚焦热点、调研充分、建议务实，为党委政府了解民情、集中民智、科学决策提供重要参考。在提案办理上，突出重点提案，采取主席领衔督办、走访承办单位、专题座谈、经验交流、开展办理情况"回头看"等方式，结合现场办理、联合办理和跟踪办理等办法，促进提案工作由办理型向落实型转变，杜绝提案办理工作中"重答复，轻落实"现象。对于办理有难度的提案，实行面对面协商、组织专题调研组跟踪调研等方式督办，促进相关问题解决。通过努力，全年提案办复率达100%，委员们提出的意见建议基本都得到落实。

【畅通参政议政渠道】 适时组织开展委员联络组活动，搜集和反映社情民意。委员反映的意见和建议大多引起相关部门重视。针对城管、交通、教育、卫生等方面工作，开展"社情民意面对面"协商座谈，邀请区政府相关部门领导通报情况，现场解答委员和群众提问，为委员知情参政提供条件；推荐政协委员担任行风监督员，参与政风行风评议和监督；组织委员旁听影响面较大的案件庭审，对有关法律、法规执行情况实施民主监督，取得实实在在的效果。

【强化队伍发挥职能】 激发争先意识，充分发挥委员主体作用。建立区政协领导联系委员活动小组制度，及时开展委员访谈和联络组活动。在全体委员中开展"新兴特色产业和专业园区建设服务年"主题活动，激发全体委员积极投身招商选资、项目推进工作。广大委员，特别是企业界委员，充分发挥自身优势，积极宣传推介盐都发展环境和招商政策，广泛搜集项目信息，倾力推进招商选资工作。据不完全统计，2010年全区政协委员参与招引的项目总投资近30亿元。参与招引重庆啤酒、秦川机床等重特大项目。年内，委员们积极参与各项社会公益事业活动，尽心尽力扶贫帮困，全区政协委员及政协机关干部职工通过各种形式捐款达200多万元。

【优化服务增强效能】 倾心服务企业发展。扎实开展"三服务"活动，真心实意帮助企业排忧解难。组织委员开展定期走访服务，真诚倾听企业的呼声和诉求，鼓励企业主动应对后危机时代的冲击，增强发展信心。先后5次组织政协机关干部与企业界委员共同分析经济形势，谋划发展方略，帮助企业破解发展难题。按照区委统一部署，积极做好重点企业"三服务"、"牵手致富工程"和挂钩联系镇工作。全年共帮相关企业协调解决问题130多件，协助融资超亿元。在机关服务效能建设方面，全面推进"学习型、服务型、创新型"建设，强化"状态要好、思路要清、工作要实"的要求，营造齐心协力想干事、能干事、干成事的良好氛围。加强机关各委办的工作协调，理顺机构设置，明确各委办职责，形成责任明晰、分工合作、协调一致的工作机制，机关管理和服务水平得到新的提高。

重要活动
Important Activities

【围绕中心协商议政】 坚持从三个层面围绕区委、区政府中心工作主动开展协商议政活动。通过全体会议进行全面协商。区政协十二届三次全会期间，委员们

通过大会发言、小组讨论和委员提案等多种形式，对党政工作进行协商讨论，提出意见和建议。通过常委会议进行重点协商。每季度召开一次政协常委会议，围绕全区经济社会发展情况和群众普遍关注的问题进行重点协商。先后安排听取全区经济社会发展、水务工作、民政工作、服务业集聚区工作和委员提案办理等情况通报，常委们围绕主题，深入进行协商讨论，积极建言献策。通过专委会和委员小组进行专题协商。围绕全区产业发展、城市建设与管理、新农村建设、民族宗教、文化体育、节能减排、文化遗产保护等内容开展专题协商。委员们提出的意见和建议，通过《委员意见》的形式报送区委、区政府，领导多次作出批示，要求有关部门认真研究，充分吸纳。

【贴近民生反映民意】 组织委员就民政救济、社会保障、劳动就业、医疗卫生、教育、物价、住房等紧关民生的热点问题开展视察调研和协商座谈活动，提出意见和建议63条。通过座谈、走访、发放调查问卷等形式多方面了解困难群体的生活现状，针对物价上涨对城镇困难群体生活的影响，提出采取设立特别困难救助基金、实行就业救助、医疗救助、生活保障救助、加大结对帮扶力度等加强城镇困难群体生活救助保障的建议措施。被征地农民的社会保障是党委政府关心关注的重要问题，为此，组织委员开展相关调研，提出加快住房保障体系建设、加大住房保障力度、规范二手房交易市场、设立被征地农民社会保障基金、建立被征地农民最低生活保障、实施保护性就业政策、逐步调整土地收入分配结构等建议，供相关部门决策参考。

【坚持党派团结合作】 不断加强和完善政协领导联系走访民主党派、工商联及各界人士制度，邀请民主党派参加政协的专题协商和重大调研活动，举办各民主党派、工商联、各界人士联谊会，加强沟通和联系，主动征求意见建议，努力营造民主协商、平等议事的政治氛围。密切联系港澳台同胞、海外侨胞、少数民族和宗教界人士，通过各种渠道加强交流。国庆中秋前夕，区政协、区委统战部联合举办各界人士“迎中秋”茶话会，各民主党派、工商联、社会各界人士欢聚一堂，共话发展。组织开展走访侨台企业、视察宗教场所等活动，进一步加强团结、增进共识，为构建和谐社会提供广泛的力量支持。

【发挥界别功能优势】 注重体现界别地位的基础性和界别功能的独特性，把界别活动与专委会和委员联络组活动有机结合，开展形式多样的活动。民主党派界组织开展法律法规、农业技术、教育心理等咨询活动；工商联界就推进品牌名牌建设，提高企业自主创新能力开展视察；教育界组织送教下乡，为农村教师和学生开设专题讲座和示范课；医卫界就农村医疗卫生情况开展视察，参加红十字会组织的义诊活动等。通过发挥界别独特优势和界别委员的特长开展活动，使委员们找准履职的突破口和着力点，为促进社会和谐起到积极作用。

【加强对外宣传交流】 组织委员外出学习考察，开阔视野、拓宽思路；组织驻盐都市政协委员开展县区对口交流活动；接待武汉汉南区政协、南通市政协、无锡市政协等省内外政协到盐都调研考察8批，近200人次。加大宣传力度，与盐都电视台联合举办“服务转型升级，展示委员风采”专题节目，宣传政协委员服务新特产业发展的先进事迹，播放专题报道16期。

（陆海桐　柏海霞）

纪检　监察

Inspecting Discipline and Supervision

综　述

Summary

【概述】　全区纪检监察组织认真学习贯彻中央和省、市、区纪委全会精神，全面落实科学发展观，扎实开展创先争优活动，大力推进反腐倡廉建设，着力解决影响经济社会发展和损害群众利益的突出问题，有力保证全区改革发展稳定的良好局面，荣获2010年度全市党风廉政建设奖。突出重点领域，严肃查处党员干部腐败案件和损害群众利益的突出问题。全年共立案查处各类违纪案件106件，其中科级干部案件7件，万元以上经济案件15件，处分党员干部95人，移送司法处理13人，没收非法所得164.6万元，挽回经济损失362.9万元。重点查处区直部门4起"有权的小官"受贿案件。建立信访信息动态管理机制，扎实做好重点节点、敏感时期的信访稳定工作。实施以"年度目标双过半、案件质量双过堂、办案能力双过关"为主要内容的"三双"管理，全年基层纪检监察工作室共立案36件，其中经济案件17件，同比分别增长28.6%和142.8%，基层纪检监察工作室查案工作水平明显提升。

重要会议

Important Congresses

【区纪委五次全会】　2月7日，区纪委五次全会召开。区纪委委员，区监察局副局长，各镇(区、街道)、区直各部门(单位)主要负责人和纪检监察组织负责人，区纪委特邀党风行风监督员等参加了会议。区委常委、纪委书记方仕德作题为《全面贯彻党的十七届四中全会精神，不断将全区党风廉政建设和反腐败工作推向深入》的工作报告，要求按照中央、省、市纪委全会部署，坚持标本兼治、综合治理、惩防并举、注重预防的方针，深入推进反腐倡廉制度建设，大力弘扬新时期盐都精神，为奋力推进"双新"盐都建设提供坚强保证。会上表彰2009年度全区先进纪检监察组织和优秀纪检监察干部。

【全区纪检监察工作会议】　8月30日，召开全区纪检监察工作会议，传达贯彻全市纪检监察领导干部工作会议精神，总结上半年纪检监察工作情况，研究部署下一阶段工作任务。各镇(区、街道)、区直各部门(单位)纪委书记(纪检组长)、兼职纪检监察员，区纪委、监察局全体人员参加会议。区委常委、纪委书记方仕德强调，全区各级党政组织和纪检监察组织要按照中央和省、市、区纪委全会的部署，深入贯彻中央反腐倡廉四个文件精神，全面构建盐都特色惩防体系，不断深化机关效能建设工作，加快推进全年反腐倡廉各项工作。

重要工作

Important Work

【稳步推进惩防体系建设】　出台《关于进一步加强反腐倡廉制度建设的意见》，加强制度执行情况的督查和考评，初步建成具有盐都特色的反腐倡廉制度体系基本框架。年初，区纪委协助区委抓好党风廉政建设责任制和反腐倡廉建设任务的分解落实。以贯彻执行《廉政准则》为重点，加强领导干部勤政廉政教育，建立科级干部廉政谈心教育等制度；组织开展"5·10"作风自警日系列活动；深化"清风盐都"廉政文化品牌建设。以强化领导干部监督为重点，出台《盐都区党政领导干部"三责联审"实施意见》、《关于加强对"三重一大"事项监督管理的实施意见》，严格《领导干部报告个人有关事项的实施细则》、《领导干部离任审计经济事项交接办法》和《一把手"四个不直接分管"》等制度；完善区直部门勤廉点述问责、乡镇党代表监督制度，试行党代表列席基层党委会议制度；实施纪检监察巡访，进一步健全完善党内监督机制。以规范权力运行为重点，全面推进部门内控机制建设，强化重点部位、关键环节的廉政风险防控；全区行政权力网上公开透明运行和电子监察系统代表全市，一次性通过省级验收，各项工作走在全市前列。

【开展机关服务“创星级、树品牌”活动】 通过星级创建和品牌培植，进一步巩固深化近几年来全区机关效能建设取得的成果，逐步建立机关服务长效管理机制。至年底，已形成20多个服务品牌，如区药监局的“药监服务365”，地税局的“为民税务e路通”，人社局的“阳光保障、情系民生”等。继续开展服务效能征询活动，全年共征询规模企业120家，8次邀请相关企业参加座谈会，发放征询函6个批次，督办、协调、会办等解决53家规模企业和重大项目、重点园区推进中反映所涉及审批办证、司法纠纷、规费减免、用工、用电、规划、融资等方面120多个问题。组织开展专项评议。7月，组织100个规模企业、项目投资者代表对与企业服务紧密相关的30个区级机关和公共服务部门、40个热点科室进行“人民满意度”专项评议。11月，对服务两大新兴产业、六个特色产业和十个专业园区关联度较高的26个部门进行了专题评议。2次评议共协调解决涉及公交、用地、用工、融资、规划等方面的问题45个。同时，加大明查暗访和投诉办理力度，全年共组织11轮明查暗访，先后通报、曝光5起机关部门中影响机关作风建设和损害经济发展环境的典型案例，15人被问责，12人受到党纪政纪处分或组织处理。区效能投诉中心全年共受理查处群众、企业投诉91件，帮助群众和企业协调解决问题76个，为企业挽回经济损失1000多万元。随着活动的深入开展，创树活动有关经验做法被《党的生活》、《新华报》、《盐阜大众报》、《盐城工作》、市纪委内部专刊等媒体宣传推荐。

【开展“五治理一查办”专项活动】 2月，针对部分单位在财务支出、公车配备、组织人事、拆迁安置、机关效能等方面问题有所反弹的现象，结合贯彻落实《廉政准则》，按照区委部署，区纪委、监察局牵头组织开展“五治理一查办”专项活动。共发现29大类230个问题，掌握违规违纪案件线索56条；16个单位被责令书面检查和限期整改，21名党员干部被诫勉谈话教育，13名党员干部被追究党政纪责任，其中5人被移送司法机关；核减清退乡镇村建中心人员87人，69名区直部门借用人员被清退回原单位。9月4日，召开全区推进反腐倡廉优化发展环境工作情况通报会，由区纪委通3~8月份检查发现的23大类问题，涉及16家单位，严肃追究相关责任人和主要领导的责任。区委要求被通报的16家单位“一把手”专题召开领导班子民主生活会，一周内整改落实到位。同时，在专项活动领导小组办公室的督查指导下，全区各基层党政组织着力围绕构建拒腐防变教育、权力运行监控、源头治理预防、纠风治乱长效、从严治腐惩戒等“五大机制”目标，共制定或完善相关规章制度135项，其中包括《关于重申和进一步规范公车配备、使用和管理等有关规定的通知》、《关于大力推进区直机关事业单位股级干部交流轮岗的实施意见》、《关于对全区事业单位股级干部选拔任用工作加强管理的通知》、《关于集中组织清理党员干部违规建房工作的通知》等。

【扎实开展执法监察和纠风治乱】 扎实开展工程建设领域突出问题专项治理，纳入治理范围的205个工程项目共排出问题377个，已整改358个；收缴各类罚没款594.6万元，立案查处10件10人，移送司法机关4人。开展重点项目建设跟踪服务，37个列市重点项目全部单独建档，对高新区基础设施建设等重点工程项目实施现场监督80多次，督促整改环评、质量、安全等方面问题82个。制订《盐都区限额以下招标采购管理试行意见》、《四大开发建设指挥部招标采购管理制度》，进一步规范工程项目招投标管理。深入开展厉行节约和“小金库”专项治理，将治理范围扩展到企业和社会团体；9~11月，区纪委联合财政、审计、国税、地税等单位组成3个检查组，对全区37个重点单位先后进行认真检查，查获原区农林局行政执法大队违规设立“小金库”13.19万元，给予2名责任人党政纪处分。严格执行领导干部出国(境)学习考察有关规定，先后否决2批10人次的外出参观考察计划。

【建立健全行风监测网络】 制订《盐都区行风监测网实施方案》，在各镇(区、街道)的村(居)、区直各部门下属单位、各行业设立63个行风监测点，在6个基层纪检监察工作室设立行风监测站，聘请84名行风监测员，区纪委、监察局聘请15名行风监督员，区19个部门(单位)组成纠风工作联席会议，建立覆盖镇(区、街道)、部门的行风监测网，对全区行风建设情况进行动态监测。年内，行风监督员、监测员积极履行职责，提供行风问题72个，向区纠风办报送行风建设意见11条，为全面、及时了解行风建设情况提供保障。扎实推进中介机构、医药购销、教育收费、食品安全等领域的纠风和专项治理，开展粮食直补、农机具购置、粮食最低收购价、家电下乡补贴等涉农政策落实情况的专项检查，对新农合和河道闸站专项资金使用情况实施绩效评价，有效解决损害群众利益的突出问题，有力促进行业风气的不断好转。全年共解决群众反映强烈的行业不正之风问题63个。同时，加大对医药购销领域商业贿赂的治理力度，10月，2名医生因收受药品回扣、开药提成等问题被立案查处，其中1人给予党纪处理，1人被移送司法机关处理；2名医生所收6万多元回扣全部上缴区财政；对涉案医院的相关领导实施廉政诫勉谈话。

【创新开展拆迁领域廉政风险防范管理】 为有效规范拆迁行为，保障拆迁工程廉洁高效，区纪委、监察局运用管理学和预防腐败理论，创新开展拆迁领域廉政风险防范管理工作。年内，按规定被纳入廉政风险防范管理的9个拆迁项目，共涉及762户，拆迁总额约4.67亿元，全部在规定时间内完成，并且在期末实现零投诉、零违纪、零涉案目标。目前，形成以“排查风险、建立模型、设置防线”以及“循环管理”为主要内容的“3+1”拆迁领域廉政风险防范管理工作机制，既有力规范约束拆迁工作人员的行为，又确保拆迁项目按时序完成，实现反腐败工作和经济社会发展共进双赢。这项工作受到市委书记赵鹏和市委常委、市委秘书长戴元湖的批示肯定，荣获2010年度全市纪检监察工作创新奖，经验做法被省委《快报》、市委《盐城快讯》和《中国纪检监察报》、《党的生活·反腐倡廉版》等刊载报道。

【建立“策应沿海开发、服务园区建设”联动监察机制】 加强对区委、区政府决策部署落实情况的监督检查，重点督促相关部门加快制定工作节点方案，严肃查纠有令不行、有禁不止、阳奉阴违和落实不力的行为。将每月10日作为纪检监察机关园区服务日，成立三个巡查组，按照“区纪委监察局牵头，各镇（区、街道）、部门纪检监察组织专抓落实，挂

钩人员跟进服务”的工作模式，认真组织监督检查。坚持定期巡查与专项督查相结合、面上通报与专题报告相结合、加强督查与严格考核相结合，对两大新兴产业和农村经济开发区、六个特色产业、十个专业园区和农村经济开发区进行巡查，根据园区建设和项目招引任务的总体要求，对照工作节点，对是否按时序进度要求完成重点任务进行专项督查。全年共有48名纪检监察干部深入19个园区进行跟踪服务和问效7个批次，督办落实和协调解决各类矛盾问题40多个。

【推进纪检监察机关内控机制建设】 区纪委、监察局在扎实推进全区部门内控机制建设工作的同时，以规范权力运行为核心，以强化制度建设为抓手，以加强制约监督为重点，积极开展委局机关内控机制建设工作，初步建立起结构合理、配置科学、程序严密、公开透明、制约有效的纪检监察机关内控机制。内控机制的建立和运行，有力加强纪检监察机关自身建设，有效促进纪检监察干部模范履职、规范执纪，为全区部门内控机制建设做好示范。这项工作走在全市前列，“三个关键、三个结合、三项措施”等经验做法被市纪委专刊向全市推广。

重要活动

Important Activity

【纪检监察系统勤廉主题实践活动】 在全区纪检监察系统开展“工作争一流，勤廉作表率”主题实践活动，组织60多名纪检监察干部参加市纪委集中学教活动专场培训，举办信访调查、案件查办等6个专题辅导讲座，安排12人参加中央和省市各类纪检监察业务培训，组织部分机关干部到建湖、大丰等兄弟单位学习交流；积极融入服务发展实践，帮助企业协调资金400多万元，成功招引千万元以上项目10个，捐资抗旱抗震救灾、结对扶贫助学累计4.7万元；组织委局机关干部参观区廉政教育基地，走访慰问城市特困家庭和经济薄弱村，举办“迎七一”文体竞赛活动、“创先争优”主题演讲比赛等，进一步营造了创先争优氛围。同时，认真落实中央纪委2009年9号、10号文件，巩固和深化纪检监察组织建设成果；推行中层干部竞争上岗、常委会票决任职，逐步形成纪检监察干部选拔任用良性机制。在全市率先推进纪检监察机关内控机制建设，经验做法被市纪委向面上推介。 （吴济民）

民主党派和工商联地方组织

Organization of Democratic Parties and Federation of Industry and Commerce

◆民主同盟
◆民主建国会
◆民主促进会
◆农工民主党
◆九三学社
◆工 商 联

中国民主同盟盐城市委盐都支部

Yandu Branch of Yancheng of Chinese Democratic Alliance

【概述】 民盟一中支部建立于1993年4月6日（1989年11月22日成立民盟小组），现有盟员17人，其中高级职称12人，中级职称3人。盟员中现有民盟盐城市委委员1人、市政协委员1人、县政协常委1人、县政协委员3人，担任各级行风建设监督员3人，另有一个曾任省、市人大代表，有三人受过国家级、省级表彰。支部2009年10月被民盟中央表彰为“先进基层组织”。

【加强自身建设树形象】 支部把创建“好盟员形象、好形象基层工作组织、好形象盟务工作者”付诸实际行动之中。在职的12名盟员中有6个担任单位中层以上的干部，1人是企业家，在各自的岗位上，发挥应有的作用。一是所有同志能自觉接受单位党政的领导，积极主动地开展本职工作。二是认真贯彻执行上级盟组织和统战部门的要求，出色完成各项工作。三是积极参加各项社会活动。几年来，支部先后对冈中初中、大冈初中、潘黄初中、北蒋实验中学进行教学指导，为他们开设示范课、提供教学资料，送教上门。有力推进这些学校的教学改革。与此同时，支部积极参与光彩事业，在全校发起“关心城乡困难群众和弱势群体”的活动，带头捐款，为困难群众排忧解难，为构建和谐社会作出自己的贡献。四是立足本职，扎实工作，处处起模范带头作用。在每学期开展的盟员风彩展示日活动中，通过开设公开课或专题讲座，充分发挥盟员的影响力，获得了全校师生的好评。每个盟员还以每3年培养出1名称职的中学青年教师为己任，为学校教师队伍的建设作出一定贡献。五是为学校的发展做调研工作，从实际出发，建务实之言，献发展之策。

【围绕中心参政议政】 政治协商、民主监督、参政议政是民主党派的主要职能，也是社会民主政治建设的基本内容。支部以省委《关于做好新形势下人民政协工作的意见》为指导，坚持解放思想，实事求是，与时俱进，开拓创新，积极探索新形势下民主党派履行职能的新思路、新形式和方法，使民主党派工作真正体现时代性。积极组织全体盟员参政议政，为学校教育事业的发展、为盐都经济建设的跨越发展敬言献策。假期中组织全体盟员外出视察调研，参观新农村建设示范村秦南泾口村、华锐风电产业园，积极解社情民意，组织全体盟员到农村、企业调研。年内，为盐都区的发展提出提案、建议案10多个，其中有3个提案在市“两会”期间被盟市委作为党派的集体提案，有两篇建议案在盟省委召开的大会上交流，有两篇提案被盐都政协评为优秀提案。“关注贫困学生，建设和谐校园”的提案在区政协全会作大会发言。谭

民盟送教下乡

峰、姜宏庆“青少年思想道德建设是构建和谐社会的基础工程”的提案、以及由林汉诚、赵军、邵军牵头负责的支部集体提案“加强精神文明建设，构建和谐富裕新农村”都得到上级有关主管部门领导高度重视。

【关心盟员思想学习生活】 关心全体盟员，特别是老同志的学习和生活，了解他们的需求，虚心听取他们对盟务工作的意见和指导。同时努力为在职的盟员营造宽松的工作环境。并加强与盟员所在年级，所在部门的联系，为他们的成长创造条件、提供发展的机会和舞台。结合春节、三八节、教师节和重阳节等重大节日，慰问老同志和女同志，并组织他们参加盟市委和统战部开展的各项集体活动。 (郭宗雨)

民主党派“六送三进”发放资料

中国民主建国会盐城市委盐都支部

Yandu Branch of Yancheng Municipal Committee of Chinese Democratic Founding Committee

【概述】 民建盐都支部在区委统战部和民建盐城市委的正确领导下，以邓小平理论、“三个代表”重要思想和科学发展观为指导，认真贯彻区委中心工作，切实履行参政议政职能，积极开展各项工作和多种形式的活动，为实现地区经济又好又快发展发挥应有的作用。

【参政议政，创建“调研型”支部】 支部会员有80%以上是市、区政协委员、人大代表，充分发挥民主党派成员在政协、人大中的重要作用，自觉履行参政议政、民主监督的职能，并注盐城、盐都的经济发展，关心社会热点、难点问题，利用业余时间，书写提案议案，反映社情民意，提出合理的建议意见。近几年来，支部中的各级人大代表、政协委员共提议案、提案40多件，其中很多提案被评为优秀提案，很多建议被政府重视和采纳。支部围绕经济建设和社会发展的重大问题，群众关心的热点、难点问题，认真组织会员深入基层、企业、乡村、社区，积极开展调查研究，书写调研报告，提出建议意见。年内，对国有企业改革和发展、“三农”问题、劳动保障、审计监督以及反腐倡廉、发展多党合作等问题进行调研，上报调研报告，为盐都经济发展、和谐农村建设，维护社会安定团结建言献策。“关于加强农民工职业安全保护的建议”获区政协2010年10件优秀提案，姜涛书写的“做好公共工程审计重在机制创新”和张梅书写的“加强农村劳动力转移，促进农民增资”等论文获区委统战部十佳诤言佳作奖。

【投身社会实践和公益活动，创建“服务型”支部】 积极开展创先争优活动，各位会员立足本职，真抓实干，在做好本职工作的同时，积极参与社会服务，投身社会福利、社会求助等六进社区系列活动。农技师仇广灿利用本单位的技术在农业测报方面做出了很大贡献，为全区农村50万亩农田准确测报病虫灾害，使全区农民增收3000多万元；企业家邵云霞热心公益事业，资助多名特困病人和特困学生就医就学，累计公益事业，资助多名特困病人和特困学生就医就学，累计公益支出达10多万元，律师蔡红和陆欣利用本职优势，为许多社会弱势群体免费提供法律援助工作；姜涛结合工作实际，形成审计局向政府的关于新区基础设施项目全部要进行跟踪审计和竣工决算审计的建议，得到了区政府领导的重视并加以落实，几年来审计核减工程价款达1600万元；会员张梅积极宣传劳动保障、城市建设方面的法律法规，把劳动保障方面的政策、信息通过参观、座谈等活动带到企业、镇(区、街道)。部分会员参加民建市委与市人口委联合组织在义丰镇举行的“思源工程——生活关怀行动”救助金发放仪式，会员郭子贤个人为“思源工程——生育关怀行动”捐赠了5000元。11月27日，组织全体会员到中恒宠物有限公司参观调研，并为企业管理人员和职工代表开设“劳动合同法”宣传座谈会，通过集中参观和座谈，了解经济又好又快发展的成果；调研企业管理和劳资双方的矛盾和困难，为企业做实事、解难事。 (张　梅)

中国民主促进会盐城市委盐都支部

Yandu Branch of Yancheng Municipal Committee of China Association for Promoting Democracy

【概述】 民进盐都支部在民进盐城市委的领导下，在中共盐都区委统战部的指导下，以邓小平理论和“三个代表”重要思想为指导，深入学习贯彻中共十七大和十七届历次全会精神，动员广大会

员认真履行参政党职能，圆满完成支部各项工作。

【积极参政议政】 支部以“改善农村医疗条件，保障人民群众健康”为专题进行调研活动，撰写《农村合作医疗调查与问题分析》调研报告被区政协收录编印，并在区政协会议上代表民进盐都支部在“政协论坛”上作大会交流发言（共27篇，大会交流7篇），得到与会的区委、区政府、区人大等领导的充分肯定。以“农村社区卫生服务体系建设”为主题进行调研活动并形成书面调研报告《加快农村社区卫生服务体系建设，保障人民群众健康》，再次在盐都政协“委员议政”作大会交流发言。

【支部、会员工作受省市表彰】 支部会员文化层次较高，大多数在单位中都是领导和业务骨干，他们在岗位刻苦钻研、不断创新，为市、区建设做出较大的贡献。支部被民进市委表彰为“先进支部”，省人大代表火旭东、朱文斓同志多次被表彰为省、市先进会员、优秀政协委员。火旭东获得市优秀科技工作者、市政府科技成果二、三等奖。童亚非同志获市科技进步三等奖。徐正洲的“推进教育公平，缩小贫富差距，促进社会和谐”论文获区委统战部2010年度“十佳诤言佳作奖”。

【发挥自身优势，服务社会】 充分发挥人才资源优势，开展一系列社会服务工作。民进盐都支部共有成员23人，有15人是医务界的白衣天使。有胸外科专家、主任医师火旭东，妇产科专家、主任医师童亚非，眼科专家、副主任医师孙琴，骨科专家、副主任医师郭宗信，都是市医务界的精英，他们在百忙之中仍然不忘帮助别人，7月31日，组织10名精干专家到龙冈、大冈等基督教堂点参加区委统战部组织的六进社区服务活动，为群众义诊500多人次。同时，连续几年组织医务界会员为市二小南校区师生进行健康咨询、测血压及眼睛保护的主题讲座，受到了师生的好评。近年来，新吸纳5名优秀人才充实到本支部中，壮大民进支部的团队力量。 （朱文斓）

中国农工民主党盐城市委盐都总支部

Yandu Branch of Yancheng Municipal Committee of Chinese Democratic Founding Committee

【概述】 农工党盐都总支部在农工盐城市委、中共盐都区委、中共盐城市三院党委的领导下，坚持从农工总支部自身特点出发，以邓小平理论和三个代表重要思想为指导，以科学发展观为统领，创造性地开展活动和工作，不断拓宽工作领域、创新工作方法，取得较好效果。

【积极投身医院医疗服务管理年活动】 农工党支部成员多为市三院的医疗管理骨干。支部活动的一个特色就是动员全体党员立足本职岗位，围绕医院工作中心，发挥自身优势、积极投入到医院管理年、医疗质量活动年中去，支部主任、区政协常委、麻醉科副主任吴登平，政协委员、外科主科王学斌、急诊科副主任顾铭忠以及眼科副主任严国民不仅医德高尚、医技高超，在社会上有较高声望和一定影响，同时也是科室医疗管理和行政管理的行家里手。在“以树人为中心、提高医疗服务质量为主题”的医疗质量管理年、创建三级医院工作中，发挥重要作用。农工党支部副主任，大内科副主任钟建国用“患者至上、医德至美、医术至精、服务至诚”的标准严格要求自己，积极参与提升医院整体管理水平、规范医疗服务行为，提高医疗服务质量，身体力行作表率，在创建医院管理年活动中，被授予市劳动模范称号，同时被提拔到医院的领导岗位。

【组织专家参加“六进社区”活动】 7月，农工总支部按照区委统战部的统一部署，组织10名医疗专家参加医疗“六进社区”活动，医疗到乡村、到企业，义诊各种疑难患者达千人以上。这次活动，时值配置高温天气，大家克服条件简陋，提前上班等困难、争着报名，抢着下乡热情为边远乡镇和企业的职工群众诊疗服务，耐心细致为病人查疾病，不厌其烦回答病者咨询，深受当地干群好评和赞誉。部分农工党员还积极参加卫生服务十进村活动，积极与学富镇江河村、义丰镇大范村、北龙港镇顺北居委会、葛武镇东塘村、北蒋镇江窑村、尚庄镇塘桥村等6个村结成对子：一是对村卫生室建设给予指导和帮助。二是定期送医进村，组织医疗专家骨干进行义诊、三是开展疾病预防知识宣教。

【倡导廉洁自律、强化医德医风建设】 年初，市三院党委在开展党员系列活动中，邀请民主党派支部负责人和要求进步的积极分子一起，参加主题为“我为党

旗增光辉，保持红色尊严，维护白色纯洁”的教育动员大会，根据动员大会安排，区政协常委、农工民主党总支副主任吴登平代表全院民主党派三十多名成员在大会上向院党委与会同志庄重承诺，非常赞同院党委安排的组织活动形式，号召广大民主党派成员积极参加这一活动，不断稳定医疗技术和服务质量，与共产党一样严格要求自己，做廉洁行医的模范，执行纪律的模范，不接受患者红包，不接受患者家属宴请，不接受药品经销商回扣和礼品，全年农工党员退出的红包和记入病人住院账号的金额达近万元以上。除此之外，农工党员还积极参加社会公益捐助活动、扶贫济困，济弱助残，捐资助学、共捐给红十字会和困难群众病员，累计近 2 万元。重大节日对退职的老同志进行慰问，关心他们的晚年生活。（吴登平）

九三学社盐城市委盐都支部

Yandu Branch of Yancheng Municipal Committee Of Jiusan Society

【概述】 九三学社盐都支社在区委及九三学社盐城市委的领导和区委统战部的指导下，紧紧围绕“双新”目标，积极参政议政，主动建言献策，强化科技服务，各项工作取得显著成绩，学社自身取得较大发展，为加快社会主义新农村建设、构建和谐盐都发挥积极作用。

【积极建言献策】 结合社员的本职工作，采取集中与分散相结合的形式，组织社员深入基层，开展调查研究，在调研活动开展之前，都进行集中会商，商定调研课题，以提高调研质量，保证调研效果。先后在市、区“两会”上，共提出提案和建议近 10 件。关于“节约土地资源，放大招商引资奖效果”的提案受到区政府的高度重视，并实际工作中得到有效落实；针对区农产品行业协会存在自身建设薄弱、正常工作难以开展等现状，提出“政府应加大对农产品行业协会的扶持”提案，区财政局对该提案非常重视，及时进行书面答复；关于“加强农村合作经济组织建设的建议”的提案，受到区农工办的高度评价。其中：潘永华“创新管理机制，强化功能建设，服务农村建设”，李秀玉“职业病危害现状及监管对策”均获区委统战部 2010 年度“十佳诤言佳作”奖。在迎中秋各界人士唱好上潘永华关于做好做大农业示范园的发言得到与会领导的高度评价。

【全力服务经济社会】 学社社员都是中高级以上职称，都有一定的专业技能和特长。学社以六进社区系列服务活动为抓手，全力服务全区经济发展大局。一是配合市九三在大冈镇举办“百名专家进乡村”开营活动，区委书记李纯涛到会讲话。二是开展送技下乡活动。结合秋播和农业结构调整，以及农村食品卫生和饮用水安全，在龙冈、大冈、郭猛等镇开展农业科技和生活卫生知识宣传咨询活动，组织栽培、植保、农林执法、卫生监督等 8 名高级农艺师和工程师，重点就水稻条纹叶枯病防治、经济作物新品种新技术、农业生产资料和食品卫生安全知识进行现场讲解答疑，发放技术资料 2000 余份，解答农民咨询 60 多条。适应高效规模农业发展要求，组织农业、水产、卫生监督及区内有关农资生产厂家，在大冈镇基督教堂点和光明村进行了专场技术讲课，并到养鸡专业大户现场指导。三是开展结对挂钩服务。结合本职工作，加强对种养大户技术服务。郭猛的绿发水产公司 70 公顷水产养殖，有南美白对虾、鱼蟹套养，楼王的王俊良 8.7 公顷鱼蟹套养、北龙港的王忠祥 13.3 公顷水产养殖等，社员郝玉凤与他们结成对子，定期上门服务，正常保持热线联系，把先进实用技术及时传送到位。积极帮助北龙港陶正生利用近 200 公顷养殖塘口四堆圩植树造林，发展林鱼复合经营，实现栽植意杨 16000 余株，成功破解鱼塘四周堆圩栽树的难题，在当地引起强烈反响，也起到较好的典型引路作用。

【积极组织创先争优】 动员社员在工作中以服务对象满意为出发点和落脚点，立足本职岗位，创新工作方法，优化服务质量，努力树创社员良好社会形象。学社开展“社员示范岗”活动，社员李安云、李锦秀积极实践尝试，以中共党员的标准严格要求自己，在本职岗位上全力做到热情服务、优质服务、高效服务，受到单

组织民主党派到企业视察调研

位领导的支持和肯定。社员刘咏华热情热心于律师职务，几年来共办理法律援助案件10多件，被授予“盐城市十佳青年律师”荣誉称号。 (潘永华)

盐城市盐都区工商联(总商会)

Yandu District Federation of Industry and Commerce

【概述】 盐城市盐都区工商业联合会(总商会)(以下简称区工商联)认真学习贯彻中共中央、国务院《关于加强和改进新形势下工商联工作的意见》的精神，充分运用工商联《章程》赋予的各项职能，团结广大会员特别是非公有制经济代表人士，坚持以发展为主题，以服务为中心，履行政治协商、民主监督、参政议政的职能，发挥工商联的桥梁纽带和助手作用，利用工商联的统战性，经济性和民间性的特点，服务经济建设中心，服务会员企业，为全区实现“双新”目标，进一步解放思想，深入开展学习实践科学发展观活动，为非公经济的健康快速发展和非公经济代表人士的健康成长作出积极贡献。年内，在全市各县(市、区)工商联综合工作考核中名列第一，被授予先进集体。

【服务全区大局工作成效明显】 大力开展“以商招商”活动。年内，先后4次组织浙江、福建、南通和盐城有实力的企业家，共50多人到盐都实地考察走访，推介项目。配合有关部门成功引进“神州河畔景苑”6个亿房产工程项目。积极引导非公有制经济人士参政议政。3月，会同民建、农工、民盟、九三、民进5个党派和新阶层联谊会，紧扣转型升级、提速增效这根主线，联合向全区发出“建设双新盐都、携手共同奋进”倡议。10月，为迎接2011年区“两会”的召开，组织各基层商会，在民营企业转型升级、促进中小企业发展、解决劳动合同纠纷，以及完善经济社会发展环境等问题上，积极建言献策。向大会提交《进一步为中小企业健康发展提供良好的发展环境》集体提案，工商联界别的委员个人提案20个，无论是数量还是质量都好于往年，受到广泛好评。认真完成民营企业统计调查任务。为分析民营经济发展趋势，民营企业发展规律提供依据；为区委、政府分析本地民营经济发展水平，制定民营经济发展政策提供参考。

【基层工商联(商会)组织全面组建完成】 4月，省委统战部、省工商联在南京召开全省县级工商联工作会议后，迅速召开区工商联主席(会长)会议，传达省会精神和学习《全国工商联关于加强县级工商联组织建设的若干意见》的文件，并向区委呈报《关于调整健全区各镇(区、街道)工商业联合会(商会)的实施意见》，主要领导亲自批示，以区委办名义转发到各镇(区、街道)党(工)委组织实施。针对镇(区、街道)撤并后的新情况，紧密结合区情实际，果断决定在农村中心社区一并组建基层商会组织，使全区20个镇(区、街道、社区)实现商会组织全覆盖，至年底，共有企业会员687个，其中新入会会员160个；基层商会会长20名、副会长120名，其中企业家担任会长的8名、副会长的91名；12个基层商会配备了工作人员。秦南镇商会被省工商业联合会(商会)授予2010年度全省工商联基层组织先进集体。

【非公企业创先争优活动有序开展】 年内，非公有制经济组织创先争优活动工作，以“深入解放思想、奋力进位争先，围绕‘双新’目标、建设小康盐都”为主题，认真开展非公有制经济组织创先争优活动，并取得阶段性成效。配合非公有制企业的党组织建设。至年底，全区现有非公有制经济组织14593个，其中非公企业1093家，从业人员6.9万人；全区非公企业中有中共党员6300多名，共建立党组织443个（单独建立党组织359家），其中建立党委5个，党总支23个，党支部415个。积极引导非公有制经济人士树立科学发展观。引导和鼓励非公有制经济人士按照科学发展观的要求，坚持走科技含量高、经济效益好、资源消耗低、环境污染少、人力资源优势得到充分发挥的新型工业化发展道路，切实增强规划意识、节约意识、环保意识和人文观念，在抓企业发展的同时注意做好技术创新、节能降耗、环境保护等工作，促进区域经济的又好又快发展。积极引导非公有制企业承担社会责任。区总商会副主席企业单位、江苏华兴投资集团在2004年“福布斯中国大陆捐赠排行榜”上名列前30名，成为全市首家也是唯一一家上榜的民营企业。6月25日，江苏华兴投资集团董事长朱成虎又向区慈善会捐赠1000万元设立助学基金，创下全市慈善史上单笔大额捐款之最。区总商会常委、江苏晋万置业有限公司董事长张学礼被授予“盐城市第二届优秀中国特色社会主义事业建设者”荣誉称号。会员企业华锐风电科技(江苏)有限公司、江苏华兴投资集团、江苏荣华纺织有限公司等3家企业，分别获省委统战部、省国税局、省地税局、省人资保障厅、省工商联联合表彰的2009年度江苏省民营企业纳税大户、江苏省民营企业就业先进单位。据不完全统计，全区全年非公有经济组织，向玉树地震、舟曲泥石流等灾区共筹集善款1442万多元。

人民团体

Mass Organizations

- ◆总　工　会
- ◆团　　　委
- ◆妇　　　联
- ◆科　　　协
- ◆文　　　联
- ◆红十字会
- ◆侨　　　联
- ◆残　　　联

盐城市盐都区总工会

Yandu District Yancheng Federation of Trade Unions

【概述】 全区各级工会组织紧紧围绕区总工会十三届九次全委扩大会议确定的目标任务，始终坚持"组织起来、切实维权"的工作方针，以"创新年"为总抓手，结合盐都实际，牢固树立科学发展观，大胆探索、勇于创新，宏观参与取得新进展，服务全局做出新贡献，维权机制建设创造新经验，工会工作再创新业绩，实现工会工作与维护社会和谐稳定、服务经济社会科学发展和自身科学发展的"共赢"。区总工会连续五年荣获全市工会工作考核综合奖，年内，再次被区委、区政府表彰为绩效考核综合奖。

【服务中心工作取得好成绩】 积极响应区委、区政府号召，大力推进"三服务"和招商引资工作。年内，引进投资8000万元的盐城市飞亚利机械制造有限公司、投资100万元的盐城益彩涂装机械有限公司分别在大纵湖镇和中小企业创业园落户。区总领导班子"三服务"和帮扶全民创业发展民营经济工作也取得明显实效。联系挂钩的盐城申源塑料公司、盐城市四成合金材料公司、盐城市华东置业有限公司全部完成年度各项任务。

【劳动竞赛活动掀起新高潮】 年内，全区各级工会在积极推进"双新"盐都建设的伟大实践中，以创建"工人先锋号"为载体，以优质、安全、高效、节能、环保为主要内容的节约增效竞赛、职工技能竞赛等劳动竞赛活动。积极参与盐城市重点城市建设工程劳动竞赛活动，在全市八大类307个重点项目和工业工程项目中的126项上开展重点工程劳动竞赛，形成上下联动、层层推动、典型带动的局面，有力地促进全区年度重点项目投资建设任务的完成。区总工会获得盐城市重点城市建设工程劳动竞赛优秀组织奖。组织职工参加市"十大工种技能大赛"和盐城市第四届万人职业技能大赛，15个工种500多名选手参加了区预赛，选拔参加决赛的21名选手在六个工种上获得较好名次，一系列技能竞赛活动，激发广大职工刻苦学习科学技术的热情，增强广大职工的学习能力、创新能力、竞争能力。

【科技创新活动结出新成果】 各级工会积极组织开展"六小"活动，参加职工达2.4万人次，近500家企业提出合理化建议1万多条，技术革新、攻关134项，推广新技术23项，小发明、小创造1273个，创经济效益570多万元。全区5000多个车间班组开展创建工人先锋号活动，为企业发展赢得较好的经济效益和社会效益。

【劳动争议调解工作得到新提升】 全区各级工会积极引导企业普遍建立劳动争议调解组织。全区全年共建立劳动关系预警机制302个，建立各级劳动争议调解

组织543个职工信访回复率达100%，其中90%以上的问题得到了解决。共接待职工来信来访62件（次），及时处理52件（次），10件（次）迅速转交相关部门处理，结案率达100%。

【和谐劳动关系企业创建取得新突破】 联合区人社局、经信委、工商局等部门，共同开展和谐劳动关系创建活动，全区规模企业参创面达98%。继潘黄镇总工会率先在全省开展“和谐园区我的家”创建活动后，区总工会提出深化活动的“四个一”工程，得到全总、省、市总工会领导的充分肯定，被市总工会表彰为和谐劳动关系创建工作先进集体。

【工会安全生产工作开创新局面】 始终坚持“安全第一、预防为主”的方针，时刻绷紧安全生产这根弦，重抓节日，着眼平时，长年与区安监局、社会保障局一道，通过健全组织机构，强化宣传发动，狠抓安全检查，重抓隐患整改等措施，全年未发生重特大安全责任事故和人身伤亡事故，有效地保障企业安全生产和职工身体健康。在参加全国职工安全健康知识竞赛活动中，区总工会荣获全国职工安全健康知识竞赛优秀组织单位。认真抓好劳动保护工作，在炎热盛夏季节，区总工会筹资5.2万元，由区四套班子领导带队慰问工作在高温一线的干部职工。联合区妇保所继续开展关爱“女职工健康行”活动，拨出专款为恒力公司等企业近500名困难女职工、女农民工免费提供妇女病检查，区女职工委员会被市总工会表彰为先进集体。

【扶贫帮困和送温暖工作取得新进展】 协助区委组织部和机关党委做好党员干部结对帮扶城市特困家庭工作，辖区内的67户特困家庭生活有新的转机。全面开展“春送爱意、夏送清凉、秋送助学、冬送温暖”活动，着力打造和谐盐都、人文盐都、慈善盐都，打牢困难职工帮扶工作基础。年内，共筹集助学资金128.9万元，帮助246名特困职工子女继续完成学业。在“两节”送温暖活动中，区总工会自筹资金近38万元，用于慰问困难职工、困难工会干部、困难劳模和困难职工家庭。全区各级工会组织共筹集慰问款物总额达570万元，慰问困难职工（含农民工）742户，慰问困难劳模342名。此外，帮助1300多名下岗职工实现再就业。

【工资协商工作取得新成效】 全区各级工会把推进工资协商作为实现区委提出的“富民”目标的大事、作为改善民生的要事、作为为职工办的实事，摆上工会工作重中之重位置。各企业工会普遍开展了“要约行动”，签订工资协商专项集体合同。着力推进“一、二、三”协商模式，扩大工资协商覆盖面。至年底，全区534家企业实行工资协商制度，覆盖职工3.2万人；5个行业签订工资协议，覆盖企业139家、职工近0.8万人。

【民主管理工作显现新特色】 从促进企业发展、维护职工合法权益出发，依法积极推进职代会、厂务公开、平等协商和职工董监事四项制度的建立，构建企业民主管理制度体系，拓宽职工利益诉求渠道，保障职工知情参与、协商共决、评议监督等权利。至年底，621家企业建立职代会制度，542家企业建立集体合同制度，425家规模企业建立厂务公开制度。医院、学校、机关等事业单位已普遍建立厂务公开民主管理制度。全区工会积极推行厂务公开制度，职工依法有序实行民主决策、民主管理、民主监督的渠道进一步畅通。盐都区厂务公开协调小组获省推动厂务公开先进单位、区总工会获和谐劳动关系创建工作先进集体。

【劳模管理工作步入新轨道】 年内，严格按照组织程序，认真做好各级各类劳模、先进人物的评选、管理工作。在层层推荐的基础上，全区共评选出全国劳模1名、市劳模18名、省“五一劳动奖章”7名、区“五一立功奖章”10名。并通过盐都电视台、《盐都报道》、座谈会等途径和形式大力宣传先进模范人物的先进事迹，进一步扩大新时代的劳模效应。着力做好劳模的管理和服务工作，8月，对全区劳动模范、先进工作者进行健康检查，安排参加疗休养。在国庆期间对各级劳模进行走访慰问，送上慰问金。春节期间省部级以上劳模都拿到了区总工会发放的慰问金。

【职工队伍素质有新提高】 结合社会热点问题开展职工思想状况和企业文化宣传教育阵地状况调查。组织开展青工读经典、读书演讲、书香家庭评比、读书征文等为主要内容的职工读书月活动和“读一本好书、写一篇心得”全区女职工读书活动，区总工会被市总评为女职工读书活动优秀组织奖。精心组织职工参加“古井贡杯”全市职工乒乓球赛、区总工会获优秀组织奖；省十佳文明职工推荐评选和第五届“盐城市文明职工”、“五一文明示范岗”、“五一文明班组”评选活动。按照“哪里有工会，哪里就有工会报纸”的要求，不断扩大工人报纸的覆盖面，认真组织开展读报用报活动。大力推进职工书屋建设，2010年全区已有省级职工书屋9家，市级职工书屋23家。

【企业工会组建取得新进展】 组织开展“广普查、深组建、全覆盖”集中建会行动，按照“双措并举、二次覆盖”要求，深入贯彻落实省委工会工作会议精神，结合各级党委“两新”组织党建工作的开展，重点抓好“两新”组织组建工会工作，做到同步进行。进一步推动区域性、行业性工会联合会建设。按照市总工会年初下达区工会组建和发展会员的目标任务，通过与各工委签订目标责任状，逐户落实责任，明确组建时限，实行跟踪等途径，全区非公企业工会组建率、职工入会率均实现了质的飞跃和量的扩展，在各级党委重视支持下，工会组建工作有较为宽松的环境。至年底，全区基层工会已达710家，其中独立基层工会548家，联合基层工会62家，涵盖了1851家基层企业，会员总数76490人，其中农民工会员29017人。完成省市总确定的组建目标任务。2个镇、2个街道工会通过“江苏省工会工作模范乡镇（街道）”的考核验收。

【工会各方面工作跃上新台阶】 全区工会干部的服务意识进一步增强，整体素质进一步提升，工作作风进一步转变，为基层工会开展工作创造有利条件。工会宣传工作力度空前，工会的声音和社会对工会的认可度明显加大。财务工作运

市总工会副主席张桂芹检查指导职工书屋建设情况

行规范，经费收入稳步增长，各项开支合理合法，为工会开展工作打下坚实基础。经审组织建设、制度建设增强，审计监督力度不断加大，为开展工会各项活动保驾护航。办公室立足高标准、严要求，努力提高服务质量和水平，全年筹备各类会议5次，撰写各类文稿近10万字，上报信息、调研材料68期，信息工作在市、区处于领先位置。（李　华）

共青团盐城市盐都区委员会

Yandu District Committee of the Communist Youth League

【概述】　全区各级团组织以实现盐都“双新”目标为中心，扎实推进服务青年工作，紧扣中心、突出重点、统筹安排、整体推进，以奋发有为的精神状态实现良好开局，在“全面奔小康、建设新盐都”的征程中作出积极贡献。

【开展第八届创新创业十大杰出青年评选活动】　为树立和宣传盐都青年中的先进典型，团区委联合区委宣传部、区青联开展盐都区第八届十大创新创业杰出青年评选活动，并在区文化艺术中心隆重举办“新都杯”激情年华·盐都区第八届创新创业十大杰出青年颁奖典礼，全区1000多名青年工作者观看节目演出，极大提高全区青年创新创业的热情。王晓春、江军、吴文杰、李正鑫、周万东、杨书琴、邹咏梅、徐大顺、崔海青、蔡春雷10人获得盐都区第八届创新创业十大杰出青年荣誉称号；王旭升、王新晖、周于忠、陈万庚、杨根、胡鹏、夏海燕、徐银贵、郭红、黄辉10人获得盐都区第八届创新创业十大优秀青年称号。

【召开促进青年就业专场招聘会】　3月13日上午，在盐城卫生职业技术学院体育馆召开促进青年就业专场招聘会，团区委共组织42家企业进场招聘，提供岗位近500个，组织近千名青年进场应聘。提供的岗位涉及营销、管理、文秘、技工等，适应区内不同需求的就业群体，帮助本地企业解决用工问题。

【基层团建工作创新方式方法】　针对区外来务工青年越来越多，流动团员管理难度大的实际问题，提出“盐都新市民”新做法。“盐都新市民”是指非盐都区户籍、在区内创业务工的青年，是盐都经济社会发展的重要生力军。积极组织、引导、服务好这一群体，对于推进盐都发展新跨越具有十分重要的意义。团区委在全区开展“盐都新市民”团组织建设工作，并先在潘黄镇进行试点工作。

【未成年人零犯罪社区（村）创建工作取得成效】　按照机构健全、机制完善、队伍齐备、工作扎实、阵地齐全、保障有力和效果明显7个方面工作积极开展创建工作，大纵湖镇北宋居委会、义丰镇骏马村、义丰镇迎阳居委会、郭猛镇西湖村、龙冈镇青龙居委会、龙冈镇新冈村、潘黄镇宝才居委会、潘黄镇仰徐村、新都街道娱乐社区、新区福才社区、新区裕新社区11个村（居）、社区被命名为盐城市首批未成年人零犯罪社区（村）。

【着力解决青少年民生问题】　进一步深化希望工程圆梦大学行动，2010年团区委共资助贫困大学生72人，资助资金总额26.5万元，为王慧等10名贫困大学生提供爱心助学岗位10个。

【少先队工作成绩喜人】　在全市开展的“百佳四好少年”评比中，刘佳琪、郭威、沈薇、陶晶、徐璐、蒋梦婷、孙鹏成、葛一宁、郑晖、顾芳芳获得市“百佳四好少年”荣誉称号。

【继续深化青年创业小额贷款工作】　加强农村青年创业小额贷款金融知识培训，继续与市邮储银行、市区信用联社等金融单位合作，以“信用团组织”为单位为组织内团员争取优惠利率。年内，共组织金融知识培训4期，培训人数达155人；为全区青年创业者江军等193人共提供小额贷款603万元，带动就业人数达790人。

【引导扶持大学生自主创业】　发挥大学生村官团委的作用，联系经济、农业部门有针对性地为大学生村干部提供项目论证、技术指导和市场信息等系列化服务。年内，共有11名大学生村官成功创业，创业项目6个，总投资2360万元，个人投资45万元，吸纳就业人数52人，带动创业23人，帮助32户农民脱贫致富。

【大学生村官带头致富工作初显成效】　在大力扶持大学生村官自主创业的同时，不断发挥他们带领村民致富的作用，大学生村官江军获得“江苏省农村青年致富带头人”荣誉称号,其实施的纳米管道增氧养殖大闸蟹项目,争取省级财政补贴2.2万元。当年亩均效益同比增加1200元,增幅高达80%,每户平均增收3万元;陆淦荣、周鸿飞获“盐城市农村青年致富带头人”荣誉称号,他们所建立的反季节蔬菜大棚和绿化苗木基地共带动致富100余人。

【召开十五届四次全委会】 2月25日,召开共青团盐都区十五届四次全体(扩大)会议,张云云作题为《坚定不移谋发展奋勇争先促提升团结带领全区广大团员青年为率先建成全面小康盐都而合力奋斗》的工作报告。大会全面总结2009年全区团的工作,研究和安排2010年全区团的工作任务,适应新形势,把握新要求,应对新挑战,以实施青春建功“双新”盐都行动为统揽,深入开展“服务发展年”、“团建巩固年”活动,切实履行团的四项基本职能,团结带领广大青年为全区在全市率先建设全面小康社会作出新的贡献。 (曾 慧)

盐城市盐都区妇女联合会
Yandu District Women's Federation

【概述】 全区妇女工作紧紧围绕党政工作大局,立足妇联工作实际,以“推进双新盐都,巾帼建功立业”为主题,创造性地做好组织妇女、引导妇女、服务妇女和维护妇女儿童合法权益的各项工作,进一步提升妇联组织服务大局、服务基层、服务妇女的能力和水平。4月初,贯彻实施《妇女权益保障法》工作接受省人大、省妇联联合执法检查,11月,完成省妇儿工委专家组对本区落实省妇女儿童实事项目及重点工作情况的专题督查。

【务实推进妇女创业小额担保贷款工作】 转发市《关于完善小额担保贷款财政贴息政策推动妇女创业就业工作的实施意见》,制定下发《盐都区妇女小额担保贷款需求调查表》,与区人社局、区财政局沟通协调,就各自职责范围和任务进行商讨。对申报贷款的农村妇女,采取先由镇级妇联初审汇总后送区妇联,所有项目经由区妇联牵头成立的项目办审核后,由黄海农商银行再次审查的方法进行筛选,确定贷款对象后按商业贷款方式受理发放贷款。区财政局提供50万元担保基金。全年已为15人发放共246万元贴息贷款。

【深入推动“两规”实施】 紧紧围绕规划终期目标任务,积极发挥协调作用,着力推动解决事关妇女儿童发展的重点难点问题,保证规划如期达标。3、4月,区妇儿工委办公室组织区妇儿工委各成员单位认真开展规划实施情况年度监测工作,组织参加全市优秀调研报告、论文评比表彰活动,进一步推动妇女儿童规划的实施和重点难点问题的解决。在全市2009年各县(市、区)实施“十一五”妇女儿童发展规划重点指标监测评估中,盐都以总分93.965排名第一,其中妇女儿童卫生保健工作更是重点突出,免费婚检工作得到强势推进,婚检率上升至95.84%,并以此为专题,在6月全市妇女儿童工作会议上做专项交流。

【不断强化依法维权工作】 1月,积极参与区“三下乡”活动,到北龙港镇开展“送法律、送温暖”活动,向当地群众发放《妇女权益保障法》、《艾滋病预防宣传手册》、《婚姻法》等法律宣传材料1200份。深化平安家庭创建活动,加强妇女维权岗建设,根据上级妇联要求,至10月底,推动全区所有镇(区、街道)建立妇女维权站、社区和村建立妇女维权分站,进一步推进本区妇女维权工作的社会化。认真做好妇联信访接待工作,把信访工作作为化解社会矛盾的第一关,为广大妇女儿童提供及时快捷服务,使矛盾化解在萌芽之中,减少恶性案件发生。全年全区各级妇联共接待信访案件127件(次),办结率100%。

【倾情关注弱势儿童群体】 5月26日,牵头协调区地税局每年捐资10000元创办区第13个春蕾班——“潘黄实验学校地税春蕾班”,使春蕾班乡镇全覆盖,春蕾儿童总数290人。同时全区已建的12个春蕾班的资助单位和个人也纷纷以不同形式与春蕾生共庆“六一”,送上新一年的助学金。捐资助学逐步成为全区上下的共识。5月中旬,有10名优秀“爱心妈妈”受到市妇联表彰。15名孤儿在开学前继续受到省儿基会、省慈善总会资助的每人1000元的资助金。认真贯彻落实省、市妇联关于创建“儿童快乐家园”要求,积极为留守儿童、贫困儿童健康成长拓展空间。区妇联在尚庄镇试点建立全区第一个“儿童快乐家园”,于7月16日上午举行授牌仪式,该园占地总面积500平方米,园内设有图书阅览室、电脑室、绘画室等。“儿童快乐家园”的建立,为留守儿童的健康成长营造一个良好环境,提供一个快乐新天地。

【认真落实为贫困妇女免费开展妇科病检查工作】 按照规范检查内容、提高普查质量、拓展普查范围的要求,采取有效措施,继续督促落实对特困家庭妇女进行免费妇科病检查的工作。区妇联会同区委组织部与盐城协和医院携手,组织开展“协力保民生、和谐奔小康”万名留守妇女免费体检和援助特困家庭活动,自7月起,为全区268个村(居)农村留守妇女开展为期一年的免费的乙肝和妇女病检查工作。检查期间,采取镇村联动、登门预约、专车接送、集中服务的方法,组织人员集中检查,对查出的患病妇女协和医院尽力提供医疗救助服务。

【隆重庆祝百年三八】 2月25日上午,在盐城宾馆亮月楼二楼会议室举行各界妇女纪念“三八”国际劳动妇女节100周年暨总结表彰大会,激励全区广大妇女高举“三八”旗帜,弘扬“四自”精神,在各自岗位上展示巾帼风采;在盐都电视台开设庆百年三八“巾帼风采”专栏,组织拍摄优秀妇女典型专题片,于“三八”节期间集中播放,大力宣传各条战线上涌现出的优秀妇女典型,激励更多的女性弘扬“四有”、“四自”时代精神,为推进盐都“两个率先”再作新贡献。她们当中有优秀创业女性代表盐城亚林制衣有限公司董事长吴晓玲、大冈镇双发织造有限公司董事长徐连芳、大冈镇坤鹏机械有限公司董事长张晓兰，有农村致富女能手、女经纪人代表郭猛镇锦绣冬枣园有限公司董事长蔡银秀，有机关女干部离岗创业代表盐城华盛变压器制造有限公司董事长葛玉华等10人，每集专题片长3分钟，自2月下旬起播放，持续时间近1个月；3月8日，在盐都报道上开辟“庆百年 三八”专栏，以“巾帼携手奔小康”为题，通过纪实的手法集中报道近年来全区妇女工作的创新做法，营造全社会关心妇女发展、支持妇女工作的良好氛围。

【省检查组肯定盐都区妇女权益保障工作】 4月1日，省人大常委会委员、内务司法委员会副主任委员柏志英一行到盐都区检查工作，对区妇女权益保障法执法情况给予肯定。市领导周古城、马成志，区领导李纯涛、崔浩、俞途、张瑞卿等陪同。在上午举行的座谈会上，区委书记李纯涛首先对省检查组到本区检查指导工作表示欢迎，并简要介绍近年来本区经济社会发展情况。副区长张瑞卿汇报全区实施妇女权益保障法的情况，区司法、民政、公安等部门分别作汇报发言。随后，部分镇(区、街道)妇女干部、企业负责人就妇女的劳动权益、人身权利等方面问题，与省检查组进行深入探讨和交流，并提出一些具有建设性的意见和建议。在听取本区相关情况汇报后，柏志英对盐都区妇女工作取得的成绩表示充分肯定，希望进一步提高认识，突出工作重点，加大宣传力度，不断开拓创新，努力把盐都妇女权益保障工作做得更好。下午，柏志英一行还视察新都街道娱乐社区，详细了解城乡结合部失地农村妇女权益保障工作等情况。

【抓住契机推进女性进村两委】 2010年，省、市妇联就推进女性进村“两委”工作提出明确目标，并做重要部署，区妇联积极响应，主动汇报，首先争取区委、区政府的政策支持。9月，联合区民政局，专门出台《关于进一步开展推进女性进村“两委”工作的通知》，明确提出农村女性参选的目标要求。同时积极展开调查摸底、宣传培训、分类指导工作。9月26日，在区委党校组织开展有120名妇代会主任、女村官、女骨干参加的全区推进女性进村两委工作培训班，邀请市妇联领导和区民政局相关科室负责人进行授课和辅导。依此为引导，展开“区、镇、村”三级联动培训模式，彻底实现培训全覆盖，全面提升村、社区妇女干部的整体素质，为女性进村“两委”的选举奠定良好基础。全区241个行政村支委改选产生女性支委243人，其中村女支部书记8人、女支部副书记33人，实现每村均有1名以上女支委的目标；村委会改选产生女委员211人，其中村女主任20人女副主任4人。换届后担任村党支部正副书记、村民委员会正副主任的女性比例较上届有明显提高，村妇代会主任100%进村两委，扩大妇女干部在村级班子中的比重。

【省妇儿工委督查组督查妇女儿童工作】 11月9日下午，由省民委副主任王在郑率领省妇儿工委督查组一行督查盐都区妇女儿童发展实事项目及“十一五”妇女儿童发展规划重点工作实施情况。区委常委、政法委书记穆芹，副区长张瑞卿等陪同。王在郑一行首先视察盐城东方女子医院和潘黄仰徐村妇女儿童之家，实地查看特困家庭妇女妇科病免费查治、妇女儿童活动阵地建设等工作的开展情况。

【创建妇女儿童之家】 坚持“抓基层，打基础，增实力，强服务”，启动“妇女儿童之家”建设项目，集聚区、镇妇联之力，整合基层组织示范点、巾帼示范村、基层妇女维权站等资源，运用项目化运作的思路和方法，共同打造“一个阵地多项功能”的“妇女儿童之家”，做强做实基层组织。区妇联在潘黄镇仰徐村探索建立省级“妇女儿童之家”，并推动全区各村全部挂牌成立“妇女儿童之家”，为基层妇女工作的开展提供新的阵地。

盐城市盐都区科学技术协会

Yandu District Science and Technology Association

【概述】 全区各级科协组织和所属团体坚持以科学发展观为指导，按照“三服务一加强”的工作定位，紧紧围绕全区工作大局，团结带领广大科技工作者，解放思想，开拓创新，发挥优势，扎实工作，圆满完成各项工作任务。

【组织建设得到加强】 及时传达学习省、市委《关于进一步加强新时期科协工作的意见》，充实调整科协领导班子。区教育学会、住建学会等部分区属学会按程序组织换届。新建村(居、社区)科普活动站12个，新组建农村专业技术协会27个，新建科普惠农服务站5个，其中楼王镇特种水产品养殖基地受到省科协的表彰。通过开展“创先争优”活动，各级科协组织注重强化自身建设，热心为科技工作者服务，努力建好“科技工作者之家”。

【科普宣传成效明显】 进一步优化科普

工作机制，建立“统分结合”的常态化运作模式，提高科普宣传成效。“统”，即以科协牵头组织重大活动。在第二十二届科普宣传周和全国科普日活动期间，组织全区科协系统围绕“节约能源资源、保护生态环境、保障安全健康”主题，开展丰富多彩、扎实有效的科普宣传活动。组织区属13个学会70多名专家和技术人员开展科技咨询、技术培训、送技下乡等活动50多场(次)，印发科普资料5万多份，受益人达7万多人次，受到较好效果。“分”，即以各镇(区、街道、中心社区)科协、区属学会深入村居(企业、基地、学校)，开展科技服务，宣传科普知识。重点实施三个对接：一是组织学会与重点村(企业)进行对接，开展“厂会协作”行动，新增“厂会协作”项目8个；二是组织科普志愿者与社区(学校)对接，开展科普宣传活动，开展各类活动20多场(次)；三是组织农技专家与农村科普示范基地对接，搞好科技培训，成功创建市级科普示范基地5个。

【学会工作再上台阶】 充分发挥区属学会的人才和技术优势，广泛开展技术服务和学术交流工作。深入扎实开展科技咨询服务活动。充分利用农业、环保、医疗、教育等机构专业人才，采取专家讲座、深入一线、发放资料等方式，搞好科技咨询服务活动。区医学会组织开展了“百名医疗专家送医到基层”活动。区水产学会在实施“渔业科技入户”工程中，充分发挥“渔技110”信息平台优势，及时为全区200多个养殖大户专门开通电话咨询热线，提供全天候的技术服务。广泛开展各类学术交流和研讨活动。主动搭建平台，加强学术交流。先后共举办学术交流和讲座12场次，交流论文130多篇。药学会3篇文章在省以上刊物刊载。区预防医学会、药学会先后组织疫苗临床研究项目工作经验交流会，预防医学论文评审活动。区农学会邀请扬州大学博士生导师张洪程开展“水稻精确定量栽培技术”学术讲座；区医学会邀请中国首席健康专家洪召光、南医大教授姜柏生等多名国内知名学者进行学术报告，进一步提升学术交流层次。在全市自然科学论文成果评选活动中，盐都区的论文申报数和获奖数均列全市第一。

【《纲要》实施有序推进】 坚持行政推动。区政府专题召开全民科学素质纲要工作推进会，并对相关人员组织培训；区全民科学素质工作领导小组年初制定下发工作要点，年中进行检查督促，年底组织考核，有力地促进全区面上的工作。坚持部门联动。采取印发简报、座谈交流、观摩学习等方式，重点抓好以区教育局、农委、人社局、组织部等牵头部门的工作，全力带动和推进全民科学素质工作的有效落实。坚持典型带动。4月，为迎接省、市全民科学素质工作组督查，组织各镇(区、街道、中心社区)科协和牵头部门分管领导，先后到潘黄实验学校、大冈镇、郭猛农业示范园、新都街道，相互观摩资料建设、制度建设、组织领导等内容，使大家学有榜样，赶有目标，进一步提升《纲要》实施工作的落实成效。5月上旬，新都街道娱乐社区成功接受省、市全民科学素质工作组的督查，得到省、市领导充分肯定。

【“科技兴农”取得实效】 实施“科技兴农富民工程”，组织50多名农技人员深入农村，挂钩项目，服务农民，取得明显成效。工作中做到“三有”：一是年初有目标。年初在深入基层了解、征求各部门意见的基础上，研究制定年度工作目标，确保工作有计划、按时序开展。二是工作有主体。重点依靠区农学会、林蚕学会、水产学会、畜牧兽医学会，采取分级负责，逐级落实的方式，加强督查，确保工作实效。三是实绩有形象。采取基层上报、组织考核、综合评定的方式，评选出优秀的项目进行表彰，并组织人员学习观摩，交流经验，进一步发挥辐射引领作用。

(马贤兵)

盐城市盐都区文学艺术联合会

Federation of Literary and Art Circles

【概述】 2010年，区文联团结全区广大文艺工作者，组织各协会，以高昂的精神风貌，坚持“二为”方向和“双百”方针，树立与时俱进的创新意识，围绕中心组织重大活动，扩大文艺的影响，有力地推动文艺的大发展大繁荣与和谐文艺建设。

【文艺活动开展有声有色】 全年共联合有关部门、协会开展各类公益性群众文化活动近百场次。承办、协办各类展览20多次。组织文艺家和各协会广泛开展“三送工程”，丰富农民群众精神文化生活，其中送戏入村68场，送电影3120场，送书6000多村次。配合有关部门承接各类大型演出24场，引进专业团体演出11场，协办各类颁奖演出活动5次。

【两部大戏入选省舞台艺术精品工程】由区文联主席、著名剧作家陈明创作的大型现代淮剧《二饼上城》（盐城市淮剧团演出）、大型现代扬剧《丹凤湖畔》（江苏省演艺集团扬剧团演出），双双获得2009~2010年度江苏省舞台艺术精品工程精品剧目称号。本年度评选仅有六部大戏入选，盐都剧作家就有两部，实属不易。

【多件作品入选市"五个一工程"奖】6月，盐城市第四届精神文明建设"五个一工程"奖评选结果揭晓，由区文联报送的舞剧《铁车畅想》、歌曲《义丰明天更风流》、戏剧《马代表进城》获此殊荣，在全市各县市区文联中领先。

【成立区摄影家协会】12月6日，盐都区摄影家协会正式成立并召开第一次会员代表大会，来自全区各行各业的70多名摄影家和摄影爱好者成为协会首批会员。会议听取并审议了协会筹备工作报告，制定并通过协会章程，选举产生第一届理事会和主席团。应晓山当选为区摄协主席。

【区音乐协会成功换届】12月13日上午，区音乐家协会召开第二次会员代表大会。会议听取并审议第一届理事会工作报告，修改并通过协会章程，选举产生第二届理事会和主席团。陆瑞海当选为区音乐家协会主席。

【广泛开展学习交流活动】采取"请进来"与"走出去"相结合的办法，不断加大各协会学习力度，组织区内协会间交流6次，请专家授课5次，尤其是12月6日至9日，联合市戏剧家协会邀请中国戏曲现代研究会的北京、上海、南京等地专家，举办的座谈会受到较高的评价。

（曾汉才）

盐城市盐都区红十字会

Yandu District Red Cross Association

【概述】认真贯彻《中华人民共和国红十字会法》，积极投身以改善民生为重点的社会建设，充分发挥政府在人道救助领域助手的作用，开展基层组织标准化建设，救助资金募集形成长效机制，应急救援能力显著增强，志愿服务特色鲜明，并推进红十字事业向农村延伸让更多困难村民得益，红十字青少年工作好中求精，增建三所省级红十字示范校；有效整合资源，打造博爱文化，红十字事业得到更大的社会认同，在全市系统综合考评中第五年蝉联第一，为成功建设小康社会，构建慈善盐都作出贡献，为十一五规划的完美收官划上句号。

【推行基层组织标准化建设】在全区基层组织体系健全之后，要求做到"全方位覆盖，全天候运行，全过程高效"，推动基层组织提高建设水平，以潘黄街道办事处创建成功全国百优镇级红十字会经验为样式，明确硬件设施、会务管理、常态事务、工作质量控制、台账资料等五大项、29个子项的基层组织标准化建设意见，全面推行标准化建设。同时加强分类指导，鼓励发挥各自的优势，注重同中育异，围绕"特"字创新，在创新中不断总结，在总结后形成机制，推动全区红十字工作在良性的互动中竞相发展。同时在大冈、学富镇首创镇红十字服务中心，在工商企业中将红十字工作纳入企业文化建设，使红十字社会化服务拥有更大的发展空间、更广的惠及面、更多的服务内容，全区红十字基层组织的建设水平得到大幅提升，基础工作产生质的飞跃。

【全方位推进博爱文化建设】按照建设社会主义核心价值体系的要求，坚持用文化来推动价值认同，积极整合有效资源，形成发展优势。继续为区四套班子领导及有关单位主要负责人、区红会理事会成员、社区和农村红十字服务站征订《中国红十字报》、《江苏红十字》和《博爱》杂志，构建以"两报一刊"为载体的红十字宣传网络；认真组织"5·8"、"6·14"、"12·1"等"涉红"纪念日宣传活动，发放《中华人民共和国红十字会法》、《初级卫生救护培训教材》、《艾滋病防治知识手册》均超过8000份；将公务员队伍、青少年群体、企业界成功人士作为博爱文化推进和传承的主体，通过向他们宣传红十字会工作开展情况，吸引他们参与到公益活动中来，构筑事业发展共同体；充分发挥红十字新闻与传播志愿者和系统内负责宣传同志的职能，加强与区内外媒体的联系，对全区红十字工作进行多层面、有深度的报道，年内，媒体报道慈善盐都建设进程中区红十字工作情况达200余次，社会各界对红十字会知晓率和参与度越来越高。

【强化应急反应灾害救援能力建设】全面完善各镇（区、街道）红会灾害应急预案，增建镇级备灾救灾应急小分队，形成系统的报灾网络，建立起协调统一、高效联动的救灾管理模式，加强红十字应急演练工作，组织10余所中小学校进行防火、防震逃生演练。同时根据省市红十字会文件精神和区委、区政府对“平安盐都”建设的要求，投入20余万元，对全区红十字急救绿色通道进行全面升级，添置医疗器械，加强辖区内9个红十字救护点的建设和管理，做到人员、技术、设备、应急预案四落实；在立足自筹资金的基础上，争取区财政20万元的支持资金，加强区级备灾救灾中心建设；与上级红十字会和区域外红十字会组织的沟通与联系，争取30多万元救灾物资储备，提高备灾救灾能力。同时以区卫生救护培训服务中心为依托，分期分批对机动车驾驶员、生产一线电工、消防官兵等高危人群和机关干部进行卫生救护技能培训，加强在三资企业员工中开展救护培训的力度，联合教育部门举办中小学老师现场救护技能培训班，定期在社区居民和中小学生中普及救护知识，全年特殊岗位受益达8000多人次，普及性培训超过2万人，使群众自救和互救的能力得以提高。

【扎实开展关爱生命工程】 充分运用报纸、电台、电视台等媒体，积极倡导以奉献博爱为核心的价值观，对无偿献血、造血干细胞捐献工作中涌现出来的典型人和事进行宣传，造浓“关爱生命、功德无量”的社会氛围，积极有效地促进了工作的开展。全年组织千名以上红会会员参加无偿献血活动，献血总量达25万毫升，招募造血干细胞捐献自愿者100多人次，使盐都区进入中华骨髓库的志愿者达508人次，目前已有1人成功捐献，另有4名志愿者初步配型成功，2名志愿者通过高分辨检测，有望实施捐献。

【壮大实力持续做优博爱品牌】 年内，根据市委、市政府在全市开展“博爱一日捐”的通知，争取领导和各有关方面的支持，募集160多万元救助资金。积极倡议动员盐都籍在外地的成功人士与困难群众结对帮，向工商企业宣传向红十字事业捐赠免税的政策，把博爱资金募集与红十字政策宣传结合起来，壮大救助实力。同时对来会求助的困难群众坚持“即到即办、急事急办、特事特办、分外事帮办”，做到“零拒绝、零障碍、零隔阂、零拖延”四零要求，另外在元旦、春节、国庆、重阳等节日期间大力开展以“博爱送万家”为主体的助医、助学、助困、助老、助残等活动，全年慰问救助区域内老党员、老劳模和重大病患者、特困家庭、贫困学生以及孤老麻残等弱势群体超过3000人，救助款物超过200万元，并接受市、区相关部门的审计和检查，得到一致好评。

【首创全省第一家共享阳光工作站】 考虑区域内精神病患者、麻风病人、吸毒人员、艾滋病感染者是容易被世人遗忘甚至遗弃而恰恰又最需要被关爱关注的人群，以通过发动志愿者进行社会调查、救助治疗、随访和康复指导来实现对这些人群的关爱，经省红十字会批准，自2月起区精神病防治院筹建全省首家共享阳光工作站，拨付专项救助资金，组织医疗志愿者用阳光般的爱温暖特殊人群。全年资助贫困精神病患者51人，救助善款102980元，发放免费体检卡43张，已有13名患者在区精神病防治院享受免费体检待遇。第二第三家共享阳光工作站已经在筹备之中，区域内所有的残障新生儿童、艾滋病感染者和病人、现存活71例麻风畸残病人、美沙酮维持治疗门诊中32例生活困难人员、45例特困孤寡结核病人都将得到相关的服务帮助。

【红十字青少年工作特色鲜明】 年内，以红十字示范学校创建升级活动为抓手，实施道德教育工程，将人道理念传播全面纳入学校德育体系，使红十字主题实践活动与学生的社会实践、红十字志愿服务相结合，促进学校红十字工作水平的整体提升，又创建成功3所省级红十字示范校；以“强理念渗透提志愿者素质，强骨干培训促队伍建设，强活动组织催校园文化，强资源整合走持续发展”的红十字志愿服务工作思路，使社会、社区、学校、个人“三处一包”的志愿服务常态化、人性化；指导各类学校有针对性地开展应急逃生演练、艾滋病知识宣传、救护培训技能讲座等富有特色的主题活动；定向开展资助博爱班、培智班、聋哑学校学生，结对帮助单亲和孤儿学生，学校实施“暖心”工程形成常规；无偿献血、骨髓捐献等关爱生命系列活动参与度再攀新高，对外联系交流面进一步扩大。

（吴玉林　陈国庆　王金海）

盐城市盐都区归侨侨眷联合会

Federation of Retruned Chinese and Relatives of Yandu District

【概述】 全区侨联工作围绕“双新”目标和“八代会”精神，不断开阔侨联工作视野、拓宽侨联工作领域、创新侨联工作内容、提升侨联工作水准，促进各项工作再上新台阶。在市侨联系统考核中列全市第一。

【积极参与招商引智】 围绕中心、服务大局，充分运用海内海外“两个平台”，积极发挥财力智力“两个资源”，主动配合区有关部门开展招商引资、招贤引智工作，在促进盐都经济社会又好又快发展中发挥积极作用。先后协助市侨联、区政府接待华商江苏沿海行考察团，为市高新区介绍德国凯恩工业自动化有限公司开发的领先世界的流量传感器项目，协助区文广局牵线新华社驻香港记者唐理奎先生引进英籍华人赵泰来先生藏品馆，协助区科技局引进海外高科技人才，吸纳海外先进技术和管理经验为我所用，牵线澳大利亚威斯登公司董事长柏冈到盐都前期考察工作，为区高科技中小企业上市作准备。

【不断拓展海外联谊】 坚持以亲情、乡情、友情为纽带，广泛开展富有“侨”特色的活动，以侨为桥，不断拓展海外联谊。利用中秋、春节传统节日，给盐都籍海(境)外重点代表人士道一份祝福、传一声问候，邀请重要侨团侨领、华侨华人新生代等回盐都参加经贸洽谈、学术交流、寻根访亲，先后接待回乡省亲的海外华侨华人、港澳同胞16人次，组织海外新生代与区侨眷子弟近百人参与华文作文大赛，同时，认真做好“请进来”的工作，与溧阳市侨联结成友好侨联。

【热心为归侨侨眷服务】 面对侨情变化的新形势，坚持树立以人为本的理念，提高服务意识，深入了解归侨、侨眷和海外侨胞所思所想，依法维护好他们的权益。2月，先后就侨眷王立飞借贷纠纷执行难、侨眷徐国平住院手术以及困难侨眷的生活补助等做了不少协调工作，特别是日侨王泉之子王鸣健车祸身亡赔偿，区侨联委员、区司法局党组书记刘弘立专程陪同其亲属赴中国侨联申诉，使此案在市中院得到妥善处理。

【努力提升建言献策水平】 发挥侨联界别作用，认真参政议政。不断强化界别的责任意识，主动、自觉、积极地参与政治协商和民主监督，支持他们为侨界群众的切身利益表达意愿，参政议政能力不断增强，建言献策水平和质量不断提高。区“两会”期间，侨界代表、委员向区人大提交议案2件，向区政协提交团体提案4件，多数提(议)案得到相关部门的督办落实。如《关于合力处理东干渠的建议》已被采纳，该项目已进入公示，《关于科学规划新区发展的建议》、《盐都在沿海开发大潮中几点优势》、《关于打造人才高地的建议》等提(议)案，部分内容被区委、区政府相关部门出台政策时采用。

【开展纪念《归侨侨眷权益保护法》颁布20周年活动】 8月，结合“五五普法”，认真开展侨法宣传活动，以纪念《归侨侨眷权益保护法》颁布20周年为契机，同区外侨办印发宣传资料，与区教育部门联合开展征文比赛，与区司法部门一起开展街头宣传咨询，在《盐都报道》刊登侨务问答，召开相关人员座谈会，通过系列活动，加大侨法宣传力度，增强广大归侨侨眷的法制观念和侨联工作者依法护侨的意识，努力营造全社会依法护侨的浓厚氛围。

【开展“百侨助百户、牵手共致富”活动】 为进一步弘扬光荣传统，激发广大侨界人士爱国、爱乡的热情，配合做好全区特困户脱贫攻坚工作，区侨联在市(区)侨联委员、侨界人大代表、政协委员、侨资企业家、在外创业成功人士、归侨侨眷等侨界代表人大中发出倡议，本着“自觉自愿、结对帮扶”的原则，牵手特困家庭、贫优学生、残疾儿童和其他因病致贫的弱势群体，着重以帮扶资金、技术、提供就业岗位，寻找致富项目，倡议发出后，得到侨界人士的积极响应，共有121位侨界人士参与此项活动，得到救助对象好评。

【组织“亲情中华世博行”活动】 为响应中国侨联“亲情中华世博行”活动的号召，更好地向广大归侨侨眷、海外侨胞宣传世博，动员更多侨界人士参与世博、支持世博，9月27~28日，区侨联主席陈荣山率归侨侨眷、市、区侨联委员、侨资企业家一行20多人组成区侨联世博参观团，前往上海参观世博园。参观团在沪期间，专程拜会上海市普陀区侨联，并进行工作交流，与普陀区侨联互赠礼品。 (宋莺萍)

盐城市盐都区残疾人联合会

The Cause of the Handicapped

【概述】 全区残疾人工作以保障残疾人生活、就业培训、文体宣传等为重点。开展“百万贫困白内障免费复明”、轮椅捐赠及精神病免费给药等活动；同时，按比例安排463名残疾人就业，全年收取残疾人就业保障金280万元，为残疾人“平等、参与、共享”社会生活创造良好条件。

【积极开展康复服务工作】 组织“百万贫困白内障患者复明行动”，实施免费复明手术319例；对178名贫困精神病人实施免费给药，给精神病患者家人带去希望；进行6周岁以下残疾儿童抢救性康复，有72名残疾儿童在康复机构进行免费康复训练，取得残疾儿童家长和社会的普遍称誉。

【大力宣传残疾人事业】 区电视台对“全国助残日”系列活动进行了详细报道，拍摄反映残疾人陈洪江身残志坚、艰难创业、自强不息的专题片，助残日期间在区电视台循环播放并送市电视台参加展播，营造有利于残疾人事业发展的舆论氛围。

【切实为残疾人办实事】 高度重视区级托养中心的建设工作，将其列入“政府2010年为民办实事”项目，在新区野丁村划拨土地30亩用于区建设残疾康复托养中心；加快镇(区、街道)残疾人托养中心建设。根据盐都实际情况，实行重残残疾人托养区与敬老院实行一体化管理，在张庄街道和大冈镇冈中社区敬老院建立两个镇级残疾人托养中心。

【增强经济补贴发放力度】 年内，切实落实并加大护理补贴和教育专项补贴发放力度，共向569名生活不能自理残疾人发放护理补贴36.06万元，向残疾学生发放教育专项补贴2.45万元。

(陈 权)

武装与安全

Armed Forces and Security

- 人民武装
- 武装警察
- 人民防空
- 民兵预备役

人民武装

People's Armed Forces

【概述】 坚持以"三个代表"重要思想和科学发展观为指导，按照年度工作部署，认真抓好以军事斗争准备为龙头的各项工作落实，全区人民武装工作取得一些成绩和发展。

【思想政治建设有新成效】 按照"三个紧贴"要求，认真抓好理论学习、专题教育、经常性思想工作和典型宣传。抓好党委中心组带机关理论学习。2月，组织全体机关干部职工进行"敬业奉献看我的、进退走留听党的"教育。4月，组织开展"深化巩固学习实践活动成果，不断提高党的建设科学化水平"学习教育。5月，人武部职工徐兆学被中央文明办评选为"爱岗敬业"好人典型，并被表彰为江苏省全民国防教育先进个人。6月，组织开展"强党性、干事业、树形象"教育。9月，组织全体机关干部职工参加省军区党委机关第三季度理论学习暨师团干部网上理论集训，进一步深化党的创新理论武装。同时，开展"坚定理想信念，自觉拒腐防变"专题教育，运用思想分析、负责人汇报、谈心交流、家庭沟通等方法，了解、掌握每个干部职工的思想脉搏，帮助干部职工明辨是非、理顺情绪、振奋精神。认真学习贯彻《政工条例》。新修订的《政工条例》颁布后，及时将新条例打印成册印发至全体人（专）武干部和职工，组织大家原原本本通读、逐章逐条理解；积极参加省军区、军分区网上集训，同时把有关民兵预备役工作的内容作为重点来学习。对照《政工条例》认真查找梳理部党委机关和民兵预备役政治工作落实上存在的问题，并及时进行整改规范，修订完善《部党委议事规则》等制度规定。注重实践运用，把学习贯彻《政工条例》与完成年底前各项工作结合起来，无论筹划工作、部署任务，还是检查指导、考核评估，都与条例对照，切实依条例开展工作。10月，《人民前线》报刊用学习活动的做法。

【军事斗争准备有新拓展】 坚决贯彻党中央、中央军委的决策部署，深入推进各项准备。狠抓日常战备工作落实，修订完善抗洪抢险、反恐维稳等各类战备方案。扎实抓好部机关的训练。1月，组织××名专武干部业务知识集训；2月，组织××名"四会"教练员集训；3月上旬，区人武部机关全体干部职工参加省军区战役理论网上集训；3月中旬，全员额完成"三实"训练任务；4月，组织××名新任民兵营长进行为期5天的业务集训，本着巩固深化民兵组织调整，优化组织结构，整合军地资源，抓好编制落实的原则，较好地完成民兵整组任务。根据新的《国防动员法》

等规定，调整充实国动委八大办公室成员，落实办公经费，设置集中统一的办公场所。5月，参加军分区首长机关训练，完成战术标图××份，战术作业××余份。积极组织专武干部和民兵训练，努力提高民兵遂行多样化任务的能力；同时，组织部分新任专武干部参加省军区、军分区集训。6月，组织全区抗洪抢险应急分队开展抗洪抢险训练，并抽调了部分人员参加军分区在阜宁开展的军地联合抗洪抢险演习，取得较好成绩。

【基层武装规范化建设有新进步】 狠抓基本队伍、基本制度、基本教育、基本设施，持续推进基层武装部和民兵营（连）建设。加强专武干部和民兵营（连）长队伍建设，采取进出交流、送上级培训、短期集训、以会代训、经验介绍等措施，努力提高专武干部和民兵营（连）长队伍素质。年内，先后有3名武装部长被提升到副镇长的岗位。建立健全工作计划制度、民兵营长例会制度、民兵活动制度、政治教育制度和军事训练制度，较好地规范基层武装工作。与区政府联合下发《基层民兵营(连)规范化建设实施细则》。3月，在大冈镇武装部、尚庄镇民营企业武装部和潘黄镇仰徐村民兵连召开现场观摩会，进一步规范基层武装建设标准。

【安全管理工作有新局面】 以学习贯彻新的共同条令为契机，认真贯彻落实上级关于做好“三防四反”工作的一系列指示精神，积极推进军分区“三律一化”教育管理新模式，坚持预防为主，综合治理，群策群防，有效地防止事故案件的发生。先后投资3万余元，对战备值班设施进行升级，对办公设施进行更新，对生活设施进行完善。制定《干部职工请销假规定》、《“两个以外”管理规定》等制度，有效地强化人员管理。在车辆管理上，认真落实“七个不准、一个严格”要求。在秘密载体管理上，严格落实《严密防范网络泄密“十条禁令”》等有关规定，杜绝失泄密问题的发生。在火、电、毒、汽、油等管理上，实行专人管理，经常督促检查，落实预防措施。

【后装综合保障能力有新提升】 坚持向管理要效益，着眼社会化保障新特点，把军事斗争准备急需作为后勤和装备保障的重点来抓，努力提高保障能力。严格落实党委理财制度，较好地坚持经费开支先报告后实施，按权限审批，双主官会签，重大经费开支经党委集体研究等制度。修订完善后装保障方案，抓好民兵勤务保障分队的结构调整和训练。修订完善《职工管理规定》，进一步规范管理内容和岗位责任，有效地激发职工创先争优的积极性、创造性。

【兵员征集工作力度有新加强】 紧紧围绕提高新兵质量这个核心，突出高学历应征青年征集和廉洁征兵两个重点，抓好征兵工作各个环节。及时调整充实征兵工作领导小组和征兵办公室成员，建立健全征兵工作责任制。广泛宣传发动，努力营造“一人参军、全家光荣”的社会氛围。严格按照规定的程序和要求，组织体检和政审，优先安排高学历青年、应届生和党团员参军入伍。认真学习贯彻总参、总政和国家监察部《关于加强廉洁征兵工作的意见》和省纪委、省军区纪委《廉洁征兵工作的规定》等指示要求和制度规定，层层签订廉洁征兵责任书。坚持征兵政策规定、指标分配、征兵人员、监督渠道和定兵名单“五公开”。先后与征兵办全体成员、基层专武干部进行一次廉政谈话，重申纪律要求。区、镇（街道）两级共设立纪检组17个，举报信箱和举报电话各18个，制作廉洁征接兵监督卡1200份，及时发放到每一个应征青年或家长手中。征兵工作开展比较顺利，确保××名新兵征集任务高质量完成。

【党管武装和双拥共建工作有新面貌】 以创建双拥模范城活动为契机，协调地方党委政府积极支持军事斗争准备，为部队办实事解难题。地方党委党管武装的意识进一步增强，社会关心支持国防建设、拥军优属的氛围进一步浓厚。年初，区委书记、区人武部党委第一书记李纯涛被省委组织部和省军区政治部表彰为“党管武装好书记”。8月，组织领导干部过“军事日”，强化各级领导的国防观念。在区委党校和中小学校开设国防教育课，区电视台、广播电台、《盐都报道》开设国防教育专题栏目；广泛开展“关心国防好领导”、“关心国防好公民”、“先进民兵营连”评比活动。协调解决2名随军家属进社区就业。积极开展拥政爱民活动，组织民兵参加地方植树造林、义务献血、捐资助学、扶贫帮困等公益事业。

【党委班子建设水平有新提高】 积极开展学习型党组织建设和创先争优活动，深化党委班子“一学四练”，扎实开展以胜任本级指挥、精通本职业务、争当一专多能尖子为主要内容的岗位练兵活动，不断增强党委班子“五种能力”。大力加强和改进领导作风，修订完善《党风廉政建设若干规定》等制度规定，用制度规范党委“一班人”的从政行为。5月，召开“严守党的政治纪律”专题党委民主生活会，较好地增强全体党委成员坚定理想信念，自觉拒腐防变的意识。认真贯彻落实民主集中制，党委班子团结、务实、学习、廉洁的形象比较好，发挥应有的核心领导作用。

【徐兆学被中央文明办评选为“爱岗敬业”好人典型】 盐都区人武部职工徐兆学参加工作以来，以强烈的事业心和责任感，干一行爱一行，钻一行，精一行，在平凡的岗位上做出优异的成绩，多次受到省军区、市委、市政府、军分区的表彰。特别是2002年1月不幸身患白血病后，他坦然面对死神，抱着“活着拼命干，死了不遗憾”的信念，以“我要向生命打一张借条”的大无畏精神，顽强拼搏，勤奋工作，用崇高的品质和一流的工作实绩赢得群众的敬佩，谱写一曲生命不息、战斗不止的奉献之歌。5月，被中央文明办评选为“爱岗敬业”好人典型，并被表彰为江苏省全民国防教育先进个人。9月，徐兆学参加中央文明办在扬州组织的“中国好人和道德模范”现场交流会。

（马大庆　李越山）

武装警察
Armed Police

【概述】 武装警察盐城市消防支队盐都

中队，盐城市盐都区消防大队，受武装警察盐城市消防支队和盐城市盐都区公安局双重领导，担负着全区《中华人民共和国消防法》和消防知识的宣传、公共场所的消防工作的督促检查指导以及关系到国计民生的灭火任务。

【区长崔浩节前慰问消防官兵】 2月1日下午，区委副书记、区长崔浩，常务副区长戴荣江，副区长单永红等领导在副区长、公安局长段学标，副政委王诗林的陪同下到消防大队，亲切慰问长期奋战在防火、灭火一线的消防官兵。消防大队全体官兵表示绝不辜负区政府和全区人民的厚望，将一如既往地做好防火、灭火工作，不断提高为民服务的本领，积极为地方经济建设和社会发展做出更大的贡献。

【召开构筑社会消防安全“防火墙”工程动员部署会】 6月8日，区公安局召开构筑社会消防安全“防火墙”工程动员部署会，分析研判上半年全区火灾形势，全面部署落实构筑“防火墙”工程的各项工作，并与消防重点单位签定《构筑社会消防安全“防火墙”工程责任书》。副政委王诗林到会就此项工作提出具体要求。消防大队及全区67家二级消防重点单位的消防安全责任人参加会议。

【成立综合应急救援大队】 为进一步提升应急处突的能力，区政府抽调各相关职能部门业务骨干，专门成立应急救援大队，下设防恐处突、校园保安、危险物品救援、综合应急等11个专业应急救援中队。7月28日，在消防大队隆重举行揭牌仪式，区委常委、常务副区长单永红，副区长、公安局长段学标为应急救援大队揭牌，并对应急救援工作提出具体要求。公安、卫生、教育等部门分管领导及应急救援大队队员代表共100余人参加揭牌仪式。

【区领导“八一”前夕慰问消防大队官兵】 7月28日下午，区人大常委会主任俞途，区委常委、政法委书记穆芹，区委常委、常务副区长单永红，副区长、公安局长段学标以及区委办、区政府办、区民政局相关负责人到区消防大队慰问消防官兵。消防大队全体官兵感谢区领导的关心和支持，并表示将继续立足本职岗位，以胡锦涛总书记“三句话”总要求为目标，踏实工作、热情服务，为全区安全稳定作出贡献。区领导充分肯定消防大队为盐都区的和谐稳定和社会发展所做出的贡献，并鼓励官兵继续发扬消防部队“特别能吃苦，特别能战斗，特别能奉献”的精神，继续保持艰苦奋斗、吃苦耐劳的优良作风，用实际行动保障盐都的经济社会建设和人民生命财产安全。

【举办“119”消防安全宣传活动】 11月9日上午，在中茵海华广场举办以“全民消防、生命至上”为主题的大型“119”消防安全宣传活动。消防大队早部署、早安排，准备上千份宣传材料，以“119”宣传为契机，进一步推进构筑社会“防火墙”工程、社会单位“四个能力”建设、冬防等专项工作。副政委王诗林到场指导宣传工作，消防大队教导员房峰介绍此次工作的开展情况，王诗林要求消防大队继续加强消防宣传工作和监督检查力度，确实提高社会面的消防安全意识，推进社会单位“四个能力”建设，全力构建稳定的消防安全环境，积极与相关职能部门加强沟通，为全区的经济建设和社会稳定保驾护航。

人民防空

People's Air Defence

【概述】 全区人防工作坚持以党的十七届五中全会和科学发展观为指导，认真贯彻“长期准备、重点建设、平战结合”的人防建设方针，创新思路，开拓进取，真抓实干，稳步扎实推进人防工作。全市人防年度考核第一，被省人社厅和省民防局表彰为省人民防空先进集体。

【人防工作步入正轨】 4月，政府机构改革，人防办由与原建设局挂牌合署办公转为在政府办挂牌独立办公，有独立的办公场所，同时调整领导班子，邢美山任人防办主任，配备专职工作人员。目前各项工作已正常有序开展，内部管理得到全面提高，加强人防工程的维护管理，保持人防工程完好；加强财务和人防资产的管理，严格落实人防经费收支两条线规定，严格执行财政制度和财经纪律，在人防大宗设备的采购上坚持通过政府采购途径进行，节约成本，提高经费的使用效益；加强安全保密管理，对涉密载体进行全面清理，采取措施，消除安全隐患；加强行政管理，巩固“准军事化”建设的成果，保持机关良好的战备训练、办公和生活秩序。

【镇级人防工程建设有所突破】 加大人防工程建设力度，坚持贯彻“以建为主”原则，动员和鼓励结建单位超面积建设防空地下室，取得明显成效，年内，高速圈外镇级人防工程实现零突破。××公司在××镇建设的海洋大厦工程，××公司在××镇开发建设的华美雅居工程，均已开工建设。

【加强人防专业队伍建设】 对2009年组建的7支人防专业队，重新进行整组，并对其中的3支专业队，进行一次集中培训、训练和演习，确保人防专业队应急防空、应急处突、应急抢险、应急救援任务的需要。

【人防教育成效显著】 开展形式多样的宣传活动，广泛宣传人防知识、人防法律法规等，人防知识普及工作有新拓展，年内，投入10多万元用于购买民防知识教材、器材，在全区21所中学开展中学生人防知识教育，征订发放中学生人防知识

课本6720册，开课率达100%，在区总工会、市桑力太阳能有限公司、新都、福才社区开展集中宣传活动，发放《人民防空100问》等宣传资料1000余册，开展人防知识普及教育工作，结合人防设立60周年，积极参加省民防知识竞赛活动，邮寄答卷15000多份。配合市人防办举办全区中学生民防知识竞赛，盐都代表队获得二等奖。

【搞好信息化建设】 加强防空警报维护管理，对现有的11个警报点进行一次全面维修，确保设施完好，11月20日试鸣音响率达100%。人防指挥中心视频会议系统已投入使用，运行状况良好，完成有线电路与市联网。 （许欣成）

民兵预备役

Militiaman' s reserve duty

【概述】 区民兵预备役部队，着眼有效履行新世纪新阶段军队历史使命，大力加强思想政治建设，紧紧抓住应急作战准备这根主线，坚持依法从严治军，各项建设保持协调发展、和谐发展、安全发展的良好势头。

【思想政治建设进一步加强】 始终坚持把思想政治建设放在首位，采取有效措施，不断加深民兵预备役人员对党的十七大精神的全面理解和准确把握，进一步坚定“高举旗帜、听党指挥”的政治信念，提高理论素养和理性思维层次，振奋了革命精神，为做好军事斗争准备提供强大精神动力。他们始终把加强理论学习作为强基固本之策，做到常抓不懈。坚持理论学习制度，按照上级统一部署，每季度利用7天时间有计划地、系统地组织以贯彻落实科学发展观、忠实履行新世纪新阶段军队历史使命、学习党的十七大精神为主题的理论学习，着力提高全区民兵预备役人员的理论素养、思维层次和决策水平。在学习贯彻科学发展观中，按照“学习理论、解决问题、推进发展”的要求，狠抓各个环节的落实，引导大家充分认识科学发展观是党的理论创新的最新成果，是指导发展的科学世界观和方法论，是部队和民兵预备役建设必须遵循的重要指导方针。学习中，大力弘扬理论联系实际的马克思主义学风，紧密联系部队和民兵预备役建设实际，学习运用科学发展观的立场、观点、方法，研究新情况、解决新问题、寻求新思路，切实做到学以致用，用以促学，学用相长。紧密结合国际国内的新形势、应急作战准备的新任务、国防后备力量建设的新要求，进行深入学习思考，注重思想观念转变，努力把科学发展观转化为对党的武装事业不懈奋斗的坚定信念，转化为发现和解决问题的科学方法，转化为指导工作、推进发展的行为准则，转化为高标准高质量完成好各项任务的强大动力。坚持在进入思想中提升层次，坚持在学用结合中指导实践，提高学习质量。在政治教育上，利用网络搭建政治教育新平台，提高教育效果。在队伍建设上，针对民兵预备役人员容易出现的精神滑坡、斗志衰退、标准降低等问题，教育和引导大家在任何时候、任何情况下都始终不渝地听党话跟党走，坚决反对思想上、政治上、组织上的自由主义，坚决执行上级的命令指示，确保政令、军令畅通。

【应急作战准备进一步推进】 紧密结合防区的实际，围绕参加防卫作战、组织动员支前保障、参加军事威慑行动3个重点，加强对军事斗争准备的领导，着力解决思想准备、人才队伍、设施经费等方面存在的问题，使应急作战准备在原有基础上有明显推进。严格落实战备教育、形势分析、战备值班等制度，元旦、春节、十一等重大节日前认真组织战备形势教育，进一步增强战备观念；始终保持良好的战备状态。组织预备役干部重点进行通用参谋作业系统、高科技知识、战术作业、计算机操作与应用、军用文书写作、外军研究、海上武装泅渡等课目的学习和训练。坚持“双月考”制度，细化强化硬化训练质量考核指标，所训科目经考核均在合格以上。预备役普通兵训练方面，突出专业技术兵、“四会”教练员和应急分队人员等重点对象和城市反空袭、反敌小股武装袭扰和抢险救灾、维护稳定等重点内容的训练，进一步提高整体遂行作战任务和应付突发事件的能力。先后分四期对民兵防化分队、工兵分队、电力抢修分队、“四会”教练员进行集中训练。6月初，组织全区抗洪抢险应急分队开展抗洪抢险训练，并抽调部分人员参加军分区在阜宁开展的军地联合抗洪抢险演习，取得较好成绩。

（马大庆　李越山）

政　法

Politics and Law

综　述

Summary

【概述】 全区政法系统紧紧围绕区委"全市争第一,全省争一流"的奋斗目标和"双新"盐都建设工作大局,认真履行稳定第一责任,主动服务发展第一要务,充分发挥政法工作职能,深入推进"社会矛盾化解、社会管理创新、公正廉洁执法"三项重点工作,努力加强政法队伍建设,全力保持社会大局稳定,为促进全区经济社会又好又快发展作出积极贡献。

平安创建和法治建设

The construction of safety and legal system

【概述】 认真贯彻落实市委、市政府的部署要求,在区委的正确领导和市委政法委的精心指导下,坚持一手抓发展,一手抓稳定,深入推进社会管理创新,大力加强打防控体系建设,紧扣依法行政、公正司法、法治惠民和法制宣传等重点,创新工作思路,完善工作机制,进一步强化政法综治基层基础建设,人民群众对社会治安的满意度不断上升,平安盐都建设和依法治区各项工作取得显著成效。全区政法综治、平安建设工作两次代表全市接受省检查组的明查暗访,得到充分肯定,被表彰为全省"平安县(市、区)",实现"七连冠"。全区15个镇(街道)被市委、市政府命名为"安全镇(街道)"。学富镇、张庄街道、区工商局、区住建局4个镇(单位)顺利通过市法治镇(单位)考核验收。20个村(居)被授予省级"民主法治示范村(社区)"称号,98个村(居)被授予市级"民主法治示范村(社区)"称号。

【维护社会大局稳定】 围绕每个阶段维稳工作重点,组织开展"农忙纠纷排查"、"涉法涉诉矛盾纠纷排查"等系列排查活动,区、镇(街道)两级调处服务中心共调处矛盾纠纷2450件,调解成功2411件,调处成功率为98.4%。7月份,按照"十有"标准,成立区涉法涉诉接访中心,共接待人员46人次,成功化解办结案件14件。积极开展涉法涉诉信访积案和热点难点问题排查化解,全区共排查出信访积案128件,已化解111件。区维稳工作领导小组研究制定《盐都区重大事项社会稳定风险评估试点工作实施方案》,共确定24个必须进行社会稳定风险评估的重大事项。在新区、新都、大纵湖等6个镇(区、街道)选择6个社会稳定风险项目进行示范性评估,并向全区进行推广;9月和11月分别接受省、市维稳办检查验收,受到一致好评,在全市年度工作绩效考核中荣获第一。

【增强综合治理质效】 制定出台《关于在全区配备副村级综治维稳专干的实施方案》,加强基层综治维稳力量,市委有关领导对此给予肯定,并在全市加以推

广。对严重暴力性犯罪、多发性侵财犯罪发起凌厉攻势，成功破获2009年以来发生在秦南、郭猛、龙冈及周边地区200多起盗窃“空关房”系列案件，成功破获侍东华系列强奸案等一大批重大恶性刑事案件，有效地震慑违法犯罪活动。党政机关和金融网点、水电气等要害部位、重点目标、重点单位全部建立与110联网的报警装置、监控设施及应急处理系统，全区建立视频监控的机关、学校、医院、住宅小区和企事业单位有1000多家；供电、金融等重点单位、要害部位的技防覆盖率达100%。在区教育局增设维护学校幼儿园安全稳定办公室，成立区校园安保大队，各镇（区、街道）成立安保中队，全区校园安保力量已达516人，全区校园安保工作得到省督查组领导的充分肯定。

【推进法治建设进程】 扎实推进行政权力网上公开透明运行，完善和优化运行环节及流程，7月底前覆盖区、镇（区、街道）各类行政事项的行政权力网全面运行并与省、市网链接。继续推行行政首长出庭应诉制度，全区39件行政诉讼案件无一败诉，10件行政复议案件无一确认违法。全面开展“法律六进”活动，在区直各部门设立法制宣传教育联络员，形成横向到边、纵向到底的组织网络。在新都娱乐社区建成法制宣传教育示范小区，在盐都法制宣传广场建成“法制宣传一条街”，在路灯杆上悬挂32块法制宣传牌。5月初，省“五五普法江苏行”专门到盐都拍摄区“夕阳红”法制宣传队的先进事迹。对老典型进行升级，引领新典型接轨，对已经命名表彰的潘黄镇、义丰镇、卫生局、药监局等法治镇（单位）进行星级评比，全面提升法治建设水平。组织实施2010年度“法治盐都建设关注民生十件实事工程”，将法治惠民工作落到实处。

【强化政法队伍建设】 从区人大代表、政协委员、综治干部中聘请60名代表作为公正廉洁执法监督员，对政法干警进行实时动态监督，随时通过电子信箱、电话、手机信息反馈监督信息。组织举行全国模范法官陈燕萍事迹报告会，并从全区政法系统中筛选9个来自基层一线的公正廉洁执法典型，在全区政法系统中进行集中宣讲，并将各类典型的平凡事迹认真加以挖掘，形成可信可学的事迹材料装订成册供全体干警学习。区公安局建立完善“等级化管理”、“日毕周清月结”、“快乐工作法”等工作管理机制，其经验在全市得到推广，市委分管领导和省委政法委领导给予充分肯定。

（周迎春）

公　安
Public Security

【概述】 全区公安机关坚持以科学发展观为统领，积极弘扬“忠诚、规范、争优、创新”的盐都公安精神，颁布施行《组织人事工作意见》、《推行“日毕周清月结”工作制度实施意见》等规范性文件，初步形成了“以规范化建设为统领，以信息化建设为支撑，以等级化管理为保障，以‘日毕周清月结’工作制度为推手”的工作体系，大力加强公安工作和队伍建设，完成区委、区政府下达的各项中心工作任务，通过规范化建设，不断提升队伍形象和工作质效的做法得到省公安厅、市委政法委、市公安局及区委、区政府的充分肯定，区公安局的规范化建设被省委政法委以简报形式向全省推广，年内在部门重点工作、三服务工作、招商选资、自身建设等方面都有了长足的进步和发展，先后荣获市委、市政府表彰为市区“三年展新貌”建设先进单位，被市文明委表彰为“全市精神文明工作先进集体”，被市委政法委、市人事局联合表彰为“公正执法先进单位”，出入境管理科被省总工会授予“工人先锋号”，“4·18”邪教“法轮功”宣传煽动案专案组被市委610办、市人保局记集体三等功一次，被市公安局表彰为“信访工作先进单位”等一大批荣誉称号，队伍形象和社会满意度明显提升。

【开展110宣传活动】 组织开展以“危难见真情、请拨110”为主题的110宣传活动，1月10日，在新高力国际家居港广场及各镇（区、街道）开展110宣传活动，悬挂过街宣传活动横幅26条、张贴标语5000余张，并在人员流动较大的地点设置“110”宣传咨询台，向广大群众宣传“110”知识，共接受群众咨询10000余人次，发放宣传资料20000余份。通过宣传，进一步加深社会各界和广大人民群众对110报警服务工作的理解和支持，为构建和谐警民关系打下良好的基础。

【召开领导班子述职述廉大会】 1月27日上午，召开局领导班子2009年度考核述职述廉会议。副区长、区公安局党委书记、局长段学标代表区公安局领导班子作述职述廉报告，区委组织部领导就组织开展年度测评工作提具体要求。党委全体成员，直属大队大队长、教导员，内设机构全体民警，各基层派出所长、教（指）导员，交巡警中队长对局领导班子成员和全局科级干部进行民主测评和评议。

【副区长、公安局长段学标深入辖区走访企业】 2月1日下午，副区长、公安局长段学标在副局长邹桂群的陪同下，走访西区北美污水处理厂，与企业总经理李祖中进行座谈交流，询问企业的建设进度、安全防范、员工管理等方面的工作情况和需要帮助解决的问题，并向企业负责人征求意见和建议。

【到东台市考察学习执法规范化工作】 2月2日下午，副区长、公安局长段学标，副局长沈恩山以及法制科相关人员一行7人到东台市局考察学习执法规范化工作，听取该局相关同志刑事、行政案件审核及信访等工作的经验介绍，实地观摩有关卷宗和台账，双方就深化执法规范化建设、建立大法制体系进行交流，实地察看东台市公安大楼的建设现场，东台市副市长、公安局长孙玉东，政委邱志刚、副局长梅继军等领导陪同接待。

【开展春节消防安全大检查】 为确保春节期间全区治安形势稳定，2月4日下午，副区长、公安局长段学标在副政委王诗林及消防大队负责人的陪同下开展春节消防大检查。检查组深入维海大酒店、家家爱家具广场、皇家名流会所等公共聚集场所，重点检查各单位应急预案准备情况，消防控制室值班情况，消防设施运行情况，疏散通道是否畅通等情况，检查组对检查中发现的隐患当场研究整改措施，下发责令整改通知书，限期整改到位，并要求相关单位进一步提高消防安全意识，强化消防监管力度，明确工作责任，落实整改措施，全力保障节日安全。

【召开老干部新春茶话会】 2月6日上午，区公安局召开老干部新春茶话会。副区长、公安局长段学标向离退休老干部介绍全区公安机关过去一年在扎实开展维护稳定、打击防范、安全监管、服务发展和队伍建设等方面所取得的成绩，并代表局党委和全体公安民警向离退休老干部及其家人表示感谢和慰问。希望离退休老干部今后给予公安工作更多的关心和支持。会上，老干部们畅所欲言，纷纷表态他们退休不褪色，将为维护盐都公安的荣誉、宣传盐都公安的形象贡献力量。全体局领导，各单位行政主官、新城区域派出所所长以及离退休老干部共100余人出席茶话会。

【组织民警清扫积雪维护春节期间交通安全】 2月10日夜，全区普降大雪，道路很快便被大雪覆盖，给车辆、行人出行带来极大不便。为了维护春节期间的交通安全，副区长、局长段学标、政委徐成文等局领导组织局机关民警、巡防大队特勤100余人从11日晨8时起就冒雪清扫局机关大院积雪和开元路段路面积雪。同时，区公安局各基层派出所也组织民警在当地清扫积雪，用实实在在的爱民实践活动有力地拉近警民距离，进一步融洽了警民关系。

【区委书记李纯涛到区公安局看望慰问公安民警】 2月11日上午，区委书记李纯涛，区委常委、常务副区长戴荣江，区委常委、副区长单永红，区政协副主席孙万青等领导一行到区公安局看望慰问公安民警。李纯涛充分肯定区公安局在维护全区社会稳定，严厉打击各类违法犯罪，全面服务经济发展方面取得的成绩，并送上慰问金，勉励区公安局在新的一年里，再接再厉，奋力开拓，再创佳绩。副区长、公安局长段学标代表区局全体民警感谢区领导对公安工作的关心和支持，表示在新的一年里将继续在党委、政府领导下，奋发努力，扎实工作，充分履行职责，为全区经济社会发展作出新的更大贡献。

区委书记李纯涛慰问公安民警

【召开新春团拜会】 2月20日，农历新年上班的第一天，区公安局在局三楼会议室召开新春团拜会，副区长、局长段学标致新春贺辞，通报春节期间全区治安情况及公安机关工作情况，对各单位严格值班备勤制度，落实各项打击防范控制措施，确保节日期间全区社会政治稳定等方面取得的成绩予以充分肯定，并要求各单位迅速进入工作状态，认真谋划，理清思路，誓夺公安工作首季"开门红"。会议由政委徐成文主持，全体局领导、内设机构和直属大队民警200余人参加会议。

【召开全区公安工作会议】 为认真贯彻落实全市公安工作会议和区委十二届六次全会、全区政法工作会议精神，总结上年工作，分析当前形势，研究部署新年度全区公安工作，2月26日上午，区公安局召开全区公安工作会议，区委常委、政法委书记穆芹，区委常委、常务副区长单永红等领导出席会议。大会共分两个阶段进行，第一阶段由区委常委、常务副区长单永红主持，副区长、公安局长段学标宣读表彰决定，并举行颁奖仪式，穆芹、单永红分别作讲话。第二阶段，由政委徐成文主持，副区长、公安局长段学标作题为《抢抓新机遇，迎接新挑战，在维护全区社会稳定建设"双新"盐都进程中再立新功》的工作报告，龙冈派出所、北龙港派出所、凤凰路派出所、刑警大队、法制科5个单位负责人表态发言，局领导班子成员、各单位负责人向局党委递交年度单位工作目标和党风廉政建设责任状。局领导班子成员、全体公安民警、消防官兵、保安联防队员、民警家属代表共300余人参加会议。

【全区法、检、公联席会议在区公安局召开】 3月12日上午，全区法、检、公联席会议在区公安局召开。会上，副局长沈恩山介绍区公安局《关于加强和改进刑事执法工作的意见》以及"大法制"运行模式，征询法院、检察院对区公安局开展执法规范化建设的意见与建议，对涉娼、涉毒类犯罪案件打处标准及证据要求提请讨论。区法院副院长陆鑫森、施彬，区检察院副检察长陆生众、赵萍以及区法院刑庭、行政庭，区检察院侦监科、公诉科负责人对区公安局执法工作提出具体意见和建议。副区长、公安局长段学标到会就公、检、法加强协作和联席制度提出具体要求，区公安局法制、刑侦、治安、经侦等部门负责人一同参加会议。

【公安部禁毒局领导检查指导禁毒工作】 3月26日上午，公安部禁毒局处长王向东、省厅禁毒总队徐伟华副总队长，在市公安局副局长吴柏林等陪同下，到区公安局检查指导禁毒工作，听取副区长、公安局长段学标，副局长于国成关于“部日标2010—023”非法买卖制毒物品一案进展情况汇报，对区公安局成功侦破此案表示肯定，并对下一步工作提出具体要求。

【开展“缅怀革命先烈，弘扬公安精神”活动】 4月2日上午，区公安局组织青年民警前往盐城市五条岭烈士陵园进行清明祭扫，开展缅怀革命先烈，弘扬“盐都公安精神”活动。祭扫活动结束后，组织青年民警座谈，全体青年民警对自己从警以来的思想、工作和学习情况，并结合“江苏公安精神大讨论”活动如何加强学习、做好本职工作分别进行交流发言。

【召开学习勤廉典型暨“创星级树品牌”活动推进大会】 为进一步掀起学习勤廉典型的高潮，以典型引路，扎实开展机关服务“创星级树品牌”活动，靠创树活动进一步推进江苏公安精神大讨论主题实践活动、规范化建设及提升打处绩效等工作，4月3日下午，区公安局召开全区公安机关学习勤廉典型暨“创星级树品牌”活动，会上，纪检组长王春泉宣读《全区公安机关服务“创星级树品牌”活动的实施方案》，副局长沈恩山对一季度绩效工作进行点评，副区长、局长段学标，就学习创树活动提出要求。会议由副局长邵益民主持，全体局领导，内设机构、直属大队全体民警，农村派出所、交巡警中队的行政、政工主官，新区、潘黄、凤凰路派出所各三分之一的民警代表参加会议。

【副市长、市公安局局长石为斌调研指导公安工作】 4月12日下午，副市长、市公安局局长石为斌深入区公安局调研指导公安工作，认真听取副区长、公安局长段学标一季度以来维护社会稳定和公安工作、世博安保、队伍建设的情况汇报，研究分析当前公安工作及治安状况，副市长、市公安局局长石为斌就如何做好下一步的公安工作提出明确要求。区委常委、政法委书记穆芹，副区长兼新都街道党委书记刘源，区公安局政委徐成文，副局长沈恩山陪同接待。

【组织开展“关城门”实战演练】 为进一步完善动态防控机制，检验提升打防“两抢”等突发案件精确指挥、快速反应和协同作战能力，确保世博会期间社会治安平稳可控，4月17日上午，区公安局组织开展“关城门”实战演练，以事先不打招呼的形式，模拟设置“一名女会计在西区黄海农商银行提取20万元现金后，被两名骑架子摩托车青年将钱抢走”的警情，副局长沈恩山在区局110指挥大厅，综合运用视频监控、警务通信、短信平台等指挥调度手段，实施扁平化指挥，指挥中心主任杨宏锦根据预案及实际情况迅速设置核心抓捕层，启动10个战术卡点，指令刑侦、治安、交巡、巡防以及新区、潘黄、凤凰路派出所等警种认真开展盘查工作，最终在新204国道和盐渎大道交界处附近成功将2名“嫌疑人”抓获。演练结束后，副局长沈恩山、于国成、刘玉生又召集相关单位负责人对实战演练进行点评，取得预期效果。

【召开维稳形势分析研判工作会议】 为分析研判当前维稳形势，深入排查可能影响上海世博会安全稳定的突出矛盾和问题，4月16日下午，召开维稳形势分析研判工作会议，各镇（区、街道）、区直有关单位分管负责人就本地突出问题、涉沪矛盾、工作措施作了交流发言；区维稳办主任、公安局副局长沈恩山通报一季度维稳工作情况，对做好上海世博会安保和维稳四项重点工作提出了具体要求；区委常委、政法委书记穆芹到会作讲话，就做好上海世博会期间社会稳定和反恐工作提出要求。会议由副区长、公安局长段学标主持，全区18家镇（区、街道）、10家区直有关单位分管负责人参加会议。

【召开中层干部竞争上岗、轮岗交流任职集体谈话会】 4月22日上午，区公安局召开中层干部竞争上岗、轮岗交流任职集体谈话会。会上，副局长、政治处主任薛启堂同志宣读局党委关于中层干部竞争上岗和轮岗交流的任免通知；副区长、局党委书记、局长段学标同志对此次竞争上岗和轮岗交流的中层干部进行集体谈话。会议由局党委副书记、政委徐成文同志主持。全体局领导、各单位负责同志以及此次竞争上岗、轮岗任职人员140余人参加会议。

【召开全区公安机关“三项重点工作”推进会】 为认真学习、深入贯彻省厅、市局“三项重点工作”推进会的部署要求，找准差距、明确方向，进一步动员全体民警埋头苦干、真抓实干、紧张快干，全面推进区局的“三项重点工作”，更加扎实地抓好上海世博会和校园安保工作，5月8日，区公安局召开全区公安机关“三项重点工作”推进会，副区长、公安局长段学标就推进“三项重点工作”提出要求。会前，与会民警观摩大冈派出所的人民调解室建设、郭猛派出所的说理执法、凤凰路派出所的110接处警规范、潘黄派出所的出租房屋协会式管理以及新区派出所的规范化建设、“三个”共建活动等工作现场，各单位行政主官向副区长、公安局长段学标递交《集中整治执法过程中涉案人员非正常死亡问题责任状》和《大平台数据质量责任状》。全体局领导，内设机构、直属大队和各派出所以及被区局确定为规范化建设、执法规范化建设试点单位及全部二级单位行政、政工主官120余人参加会议。

【市委政法委调研组调研规范化建设工作】 为落实市委常委、政法委书记丁宇批示精神，总结推广区公安局以规范化为统领加强队伍建设的做法，5月11日，市委政法委副调研员王正华、市委政法委政治部副主任施亚芳，市公安局政治部副主任崔开蕴在区委政法委副书记蒋映晖的陪同下，到区公安局调研指导规范化建设工作，副区长、公安局长段学标介绍在规范化建设、单位与民警等级管理、快乐工作等方面的具体做法和取得的成绩，并召集相关单位负责人、中层干部、民警参加座谈讨论。会后，调研组领导还深入新区派出所参观人民调解室、说理执法专栏等规范化建设的亮点，并给予高度的评价。政委徐成文陪同接待。

【召开学校、幼儿园安全保卫工作会议】

5月15日下午，召开学校、幼儿园安全保卫工作会议，会上通报全区各校、各园在全力做好安全保卫工作中取得的成绩和存在的不足，并决定从教育系统1000余名富余师资力量中选取300至400名年轻力壮的老师经教育培训后成立校园保安大队。政委徐成文出席会议，并提出各单位要以超常的认识、超常的手段、超常的措施，不惜一切代价全力做好学校、幼儿园的安全保卫工作。区委常委、政法委书记穆芹，副区长张瑞卿，政法委副书记、综治办主任蒋映晖等领导出席会议，全区各镇镇长、分管镇长、社会事务办公室主任、综治办主任、派出所所长及各校(园)的负责人、分管负责人300余人参加会议。

【在新区派出所举行驻所检察办公室揭牌仪式】 5月24日下午，在新区派出所举行驻所检察办公室揭牌仪式，区委常委、政法委书记穆芹和市检察院副检察长陈国华共同为驻所检察办公室揭牌，副区长、公安局长段学标致辞。在区委政法委的正确领导下，区公安局与检察院加强协作，在新区、潘黄派出所设立检察官办公室，各派驻一名检察官，主动介入派出所侦办的重大、疑难、复杂案件，讨论分析案情，引导侦查，加强对派出所的立案监督，及时纠正派出所在办理案件过程中存在的问题，并对侦查活动实行同步监督。

【到沭阳县公安局学习交流】 5月25日，政委徐成文、副局长薛启堂率指挥中心、法制科及新区、潘黄、龙冈、大冈、凤凰路、郭猛派出所等单位负责人到沭阳县局实地学习执法规范化建设和警务运作模式工作经验。双方就如何加强执法规范化建设和提升派出所警务运行效能进行座谈，实地考察该局南关派出所的“日毕周清”工作管理机制、驻街所警务、驻所调解室、电子警务等工作的开展情况。

【到南通市公安局崇川分局考察学习】 6月1日上午，副区长、公安局长段学标，政委徐成文、副局长薛启堂率政治处、指挥中心、督察队、法制科及潘黄派出所等单位主要负责同志，前往南通市公安局崇川分局考察学习标准化建设工作，听取该局执法规范化、标准化管理和绩效考评的经验介绍。下午，实地参观一级公安派出所和平桥派出所，学习了该所在执法标准化建设过程中，形成“以标准促工作，以标准强管理”的全国公安执法管理经验。该局局长陈兵、政委葛志祥等领导陪同考察学习。

【开展“安全生产月”宣传咨询日活动】 6月13日是全国统一的安全生产集中宣传咨询日，区公安局交巡警大队会同区安委会等部门，在中茵海华广场设立综合咨询服务点。副局长刘玉生到场参加咨询活动，活动中共展示各类宣传图板20余块，横幅5幅，发放各种宣传材料2000余份。同日，区公安局北龙港、郭猛、尚庄等派出所会同相关镇(街道、区)安委会、综治办、企管站、供电所等部门也开展“安全生产月”宣传咨询日活动，活动取得较好的宣传教育效果。

【开展反抢劫演练】 6月27日，区公安局会同市邮政储蓄银行新都支行在该行营业部开展处置持枪蒙面歹徒抢劫银行警情演练。该行营业部职工在遇到抢劫警情后，沉着冷静，巧妙与模拟犯罪嫌疑人周旋，并寻机按下报警器向区局110报警。区公安局快速反应，民警在3分钟内赶到现场，并在该行职工和保安的协助下，成功将2名模拟犯罪嫌疑人制服并带离现场，演练取得圆满成功。

【举办迎“七一”暨“江苏公安精神”大讨论演讲比赛、征文竞赛颁奖典礼】 6月26日下午，区公安局举办迎“七一”暨“江苏公安精神”大讨论演讲比赛、征文竞赛颁奖典礼，邀请团区委、区文明办、区文化馆的领导、副局长丁华以及区公安局抽调的相关业务骨干民警等7人担任评委，共有10名选手参加演讲比赛。比赛精彩激烈、亮点纷呈，选手们紧扣公安主业，紧扣警营生活，紧扣亲身感悟，用精彩的演讲诠释公安精神内涵，展示区公安局民警的良好精神风貌。团区委副书记顾善荣、副局长丁华对演讲比赛进行精彩点评。经过紧张激烈的角逐，新区派出所赵婕、指挥中心智玉超分获演讲比赛、征文竞赛一等奖，演讲比赛、征文竞赛还各产生2个二等奖、3个三等奖，新区派出所获演讲比赛组织奖，出入境管理科、张庄派出所获征文竞赛组织奖。政委徐成文致开幕词，副区长、公安局长段学标，邀请的领导以及局领导到会并参加颁奖，局机关、直属单位的全体民警，派出所的政工主官、1/3的民警代表100余人参加此次活动。

【公安部特邀刑侦专家吴大有、省厅陈金观指导“6·6”案件侦破工作】 7月9日下午，公安部特邀刑侦专家吴大有、省厅刑侦局副局长陈金观一行到区公安局指导“6·6”案件侦破工作。吴大有、陈金观等领导认真听取了副区长、公安局长段学标前期工作情况汇报，实地查勘案发现场。次日上午，吴大有、陈金观具体从案件的性质、作案时间、作案地点、作案工具、被害人个体识别、犯罪嫌疑人的刻画等方面给出指导意见，并就下一步侦查工作给出宝贵建议。

【“说理执法” 家家到暨执法规范化建设

推进会与会代表到新区派出所观摩】 7月17日上午，在市局副局长吴柏林的带领下，参加市"说理执法"家家到暨执法规范化建设推进会的与会代表到新区派出所观摩。新区派出所民警通过图板、演示文稿等形式，向与会代表介绍该所开展的"我们是一家人"主题教育、"深化说理执法，争创'四无'单位"创建、"树和谐理念，促案结事了"实践、开展"万人评警，征询建议"评议等活动。与会代表实地察看该所的相关台账资料，参观110接处警大厅及接处警全程录音录像设备和演示、人民调解室、驻所检察室等观摩点。副区长、区公安局局长段学标，政委徐成文等陪同接待。

【省维稳办考核组检查"维稳四项重点工作"】 7月20日上午，由省维稳办副处长杨广学、杨坚等同志组成的考核组，在市维稳办副主任陈玉龙等相关负责同志的陪同下，检查盐都社会稳定风险评估、社会矛盾和突出问题排查化解、维稳信息化建设和维稳组织机构建设等"维稳四项重点工作"。副区长、公安局长、区维稳领导小组副组长段学标汇报了上半年"维稳四项重点工作"开展情况以及下半年工作部署。随后，省维稳办考核组领导察看了相关维稳工作台账，对盐都区开展"维稳四项重点工作"情况给予充分肯定，并对下半年维稳工作提出指导性意见。区委常委、政法委书记穆芹，区维稳办主任、公安局副局长沈恩山，区政府办副主任、信访局长戴玉华等领导以及区维稳办相关人员陪同接待。

【开通"网上派出所"创新社会管理手段】 9月15日，区公安局新区"网上派出所"(www.ydga.gov.cn/xqpcs)、潘黄"网上派出所"(www.ydga.gov.cn/phpcs)开通运行并正式向社会各界和人民群众开放。网页由网上办公系统、警务公开、三警共建、治安管理、企业服务、安全防范、警情发布、倾听民声等模块构成，具备网上受理办公功能。"网上派出所"作为实体派出所在互联网上的延伸，依托虚拟社会管理做强做优实体派出所，实现了内网与外网互补、虚拟与现实互通、网上与网下互动、资源与信息互享，进一步放大警务效能，创新社会管理手段。区公安局将逐步开通各派出所"网上派出所"。

【全市社会稳定风险评估工作现场观摩交流会在盐都召开】 9月29日下午，全市社会稳定风险评估工作现场观摩交流会在盐都召开。副区长、公安局长段学标致欢迎词，并向与会人员介绍盐都社会稳定风险评估工作的成功做法。大丰市相关负责人作经验交流发言，其他各县(市、区)相关负责同志汇报各自工作开展情况，并作表态发言。市委政法委副书记、综治办主任兼稳评办主任徐龙波出席会议，充分肯定盐都在社会稳定风险评估工作中所取得的成绩，并就全市社会稳定风险评估工作提出具体要求，会议由市维稳办副主任陈玉龙主持。会后，与会代表观摩区社会稳定风险评估工作相关台账。

【组织开展实弹训练】 10月15日，区公安局在军分区打靶场组织实弹训练，治安部门负责人讲解装弹、上膛、瞄准、击发等射击的基本步骤及枪支简单故障的排除等知识，全区公安机关150余名未办理持枪证的民警紧绷安全弦，服从发令员的指挥，认真、虚心地参加实弹训练。通过这次实弹训练，全局民警的实战技能普遍得到提高。副局长于国成到场就如何进一步规范用枪、提高实战技能提出新的要求。

【省公安厅左锁粉到新区派出所视察调研工作】 11月14日下午，省厅党委委员、政治部主任左锁粉到新区派出所视察调研工作，听取副区长、公安局长段学标关于全区公安工作的情况汇报和政委兼新区派出所所长徐成文关于辖区治安形势、警力配备、警务运行机制建设、推进"三项重点工作"等方面的情况汇报，实地察看新区派出所接警大厅、办案场所、廉政励志文化走廊、"快乐工作法"专栏和驻所检察官办公室。左锁粉对新区派出所深入推进规范化建设、倡导"快乐工作法"、"我们是一家人"主题教育活动以及创建"网上派出所"等工作给予充分肯定，并要求区公安局在抓好公安业务工作的同时，更好地服从服务于地方经济社会发展大局，更好地抓好队伍建设，关心民警的学习、工作及生活，不断提升公安政治工作水平。副市长、市公安局长夏存喜，副局长鲁昌钊等陪同视察。

【省公安厅禁毒总队总队长陈辉一行调研指导禁毒工作】 12月21日下午，省公安厅禁毒总队总队长陈辉、副总队长徐新华一行到区公安局调研指导禁毒工作。副局长刘军就2010年区局深化禁毒机制和健全完善禁毒体制、禁毒专业队伍建设、禁毒基础工作建设及其他禁毒重点工作项目进展情况进行汇报。调研组肯定区公安局近年来禁毒工作取得的成绩，并就进一步提升禁毒工作水平提出了要求。市局副局长吴柏林、禁毒支队长朱长征，副区长、公安局长段学标、政委徐成文等陪同调研。

【召开党员民警冬学工作总结表彰大会】 12月25日下午，区公安局组织召开2010年度党员民警冬学工作总结表彰大会，市委讲师团团长王培、区文明办副主任蔡金宏等应邀出席。副区长、局党委书记、局长段学标作冬学工作总结报告。副局长沈恩山宣读对冬学工作中涌现出的2个先进党支部和16名先进个人进行表彰的决定。大会对在党员冬学班"学典型、争先进"主题演讲比赛中获奖的选手进行颁奖。最后，市委讲师团王培团长充分肯定区公安局冬学工作所取得的成绩，并对区公安局党员干部加强理论教育工作提出了新的要求。

(杨宏锦　智玉超)

检　察

Prosecution Work

【概述】 坚持以科学发展观为统领，秉承"理性、平和、文明、规范"的执法理念，突出"强化法律监督，维护公平正义"的工作主题，围绕"双新"盐都建设，认真履行各项检察职能，深入推进三项重点工作，大力加强检察队伍建设，为实现全区全面小康作出积极贡献。年内，获得"盐城市优秀政法单位"、"盐城

市文明行业”、“全市检察机关严格规范执法、确保司法公正先进集体”等多项荣誉称号，有30多名干警受到区委和上级院的各类表彰。

【积极服务经济社会发展】 牢固树立“紧贴中心、立足职能、维护稳定、服务发展”的工作理念，自觉把检察工作放在大局中去谋划、部署和推进，促进检察工作与中心工作的融合，有力地保障全区社会经济科学发展。全力服务全区重点工作。按照区委、区政府的统一部署，牵头组织“五治理、一查办”活动中的拆迁安置专项治理活动；紧紧围绕打造服务型、效能型政府的目标，积极查办发生在行政执法机关的贪污受贿、失职渎职等案件。努力追求执法办案最佳效果。坚持把执法办案作为维护全区社会稳定、服务经济建设的主抓手，同时把握办案时机，改进办案方式，优化执法效果。坚决落实执法为民各项措施。班子成员定期深入乡镇、企业调研，并及时提供各类服务；在镇村设立镇（区、街道）检察室和检察联系点，积极主动服务农村改革发展；完善“12309”统一举报电话接处程序，推行网上受理信访、法律咨询、案件查询，开展检察官“进社区、进园区、进企业、进校园、进村居”活动，开展特困刑事被害人救助工作，全面落实司法为民的各项要求。

【宽严相济打击各类刑事犯罪】 依法严厉打击各类严重刑事犯罪，确保人民群众的生命财产安全。全年共受理提请批准逮捕案件××件××人，经审查批准逮捕××件××人，同比上升7.6%，受理移送起诉刑事案件××件××人，经审查决定提起公诉××件××人，同比上升9.0%；同时，落实宽严相济政策，减少社会对立面，对初犯、偶犯、未成年犯、老年犯、过失犯等慎重批捕和起诉，全年共不予批准逮捕××件××人，附条件不起诉××人；结合办案，认真落实检察环节综合治理的各项措施，帮助发案单位建章立制，维护社会和谐稳定。

【质效并举深入查办各类职务犯罪案件】

坚决贯彻中央和区委关于反腐倡廉建设的各项决策部署，认真查办发生在征地拆迁、教育医疗、社会保障、安全生产等领域事关民生的各类职务犯罪案件。全年共立案查办贪污贿赂犯罪案件××件××人，同比上升78%，其中涉及正处级干部××件××人、科级干部××件××人、司法工作人员××件××人，为从源头上打击贿赂犯罪，立案查办了行贿犯罪案件××件××人，所立案件都是案值在5万元以上的大案，通过办案，追缴赃款赃物近300万元；立案查办渎职侵权犯罪案件××件××人。

【加大诉讼监督力度维护社会公平正义】

全年共对公安侦查机关立案监督××件××人，监督撤案××件××人，监督纠正漏捕××件××人，发出纠正违法通知书××份；依法追诉××件××人，成功抗诉××件××人，其中2名被告人由原先的缓刑被改判为有期徒刑4年。向刑罚执行机关发出检察建议××份，对××名脱管的监外执行人员依法收监；受理民事行政申诉案件××件，提请抗诉××件，建议提请抗诉××件，均被市院采纳。

【有效化解涉检信访】 控申部门充分发挥“全国文明接待室”的窗口作用，对信访人和信访事项遵循“效率比笑脸更重要，结果比承诺更重要”的工作理念，坚持“有理推定、小事放大、以诚服人”的工作方式，全面及时化解各类信访案件，全年共妥善处理各类信访××件；开展检察长下访巡访“金桥行动”，坚持下访巡访、带案下访、流动接访，实行“固定、流动、上门”相结合的全方位信访工作模式，院领导累计下访20余次，化解陈年积案近10件；深化检调对接工作，派员到区社会矛盾纠纷调处服务中心实行挂牌接访，聘任16个检调对接工作联络员，有效化解12起案件；严格落实执法办案风险排查预警机制，全年共对××件案件进行风险评估；深入开展社会稳定风险排查研判工作，全年共提出风险研判报告4份，均被相关单位采纳运用。连续7年保持涉检赴省进京零上访的记录，目前无一件涉检信访积案。

【积极延伸检察工作触角】 积极探索和完善检察工作触角向基层社区、镇（区、街道）、派出所延伸的新载体、新形式。在向三个镇（区、街道）设立检察室的基础上，4月，在全市率先向2个基层派出所派驻检察官办公室，打造贴近基层执法一线的协作制约新平台。驻所检察官办公室成立以来，提前介入各类疑难复杂案件35起，及时向派出所提出有效建议16次。

【不断强化青少年犯罪预防】 积极争创“全国优秀青少年维权岗”，成立“青少年犯罪办案小组”，依托“青少年法制教育基地”，进一步强化对涉案未成年犯罪嫌疑人的帮教、挽救工作；开展“巡回送法进校园”、“检校共建”等活动，增强青少年的法制意识。全年共受理青少年涉嫌犯罪案件××件，不予批准逮捕××人，建议公安机关撤回案件××件××人，对××名涉嫌盗窃罪的未成年学生作出附条件不起诉处理。

【进一步亮化职务犯罪预防品牌】 坚持侦查工作与预防工作的紧密衔接，结合个案深入剖析发案原因，查找管理和制度方面存在的漏洞，及时发出检察建议，帮助其建章立制，全年对17件职务犯罪案件全部建立“五个一”预防档案，个案预防率达100%；针对工程建设领域职务犯罪易发多发的情况，对工程建设项目的重点环节进行重点预防，全面推行行贿犯罪档案查询工作，为相关单位提供查询371次；参与重大项目招投标活动27次，对其中11个500万以上工程开展跟踪预防；深入热点部门开展预防调查。全年共形成调查报告30份，形成犯罪分析24份，开展预防咨询活动90次，向有关单位和部门发出检察建议书89份；与区纪委、组织部联合出台《关于在全区党员干部中深入开展警示教育活动的通知》，区检察院警示教育基地累计接待区新提拔的领导干部、新录用的公务员、相关镇（区、街道）单位党员干部等2300余人参观。

【突出抓好执法规范化建设】 严格落实党风廉政建设责任制，坚持“一岗双责”，层层签订岗位目标责任书和党风廉政建设责任状，建立横向到边、纵向到底的党风廉政建设责任制网络；建立干警执法档案，严格按照办案流程和质量评查标准，对执法办案的每个环节都作出具体规定，分解细化责任，实施量化考核；全面推行案件监督管理制度，加大对案件质量的监督、管理、督查力度，认真查纠问题，及时通报讲评；推行纪检监察部门办案回访制度，从事后监督扩展到事前监督和事中监督，确保干警规范执法、文明办案。全年所办案件实现“八个无”：即职务犯罪案件无错拘错捕、无撤销案件、无安全责任事故，侦查监督案件无错捕漏捕、无捕后不诉，公诉案件无错诉漏诉、无无罪判决，全院干警无因执法办案引起的社会投诉。

【自觉接受外部监督】 依法接受人大监督，主动向人大及其常委会报告工作，全面落实人大决议，认真办理代表建议和意见，经常性地邀请人大代表和政协委员视察检察工作，主动征询对检察工作的批评、意见和建议，先后开展省、市人大代表“看基层、议检察，人大代表盐都行”视察调研活动、向区人大常委会专题汇报民行检察工作情况，接受市人大常委会对区检察院查办职务犯罪案件工作质量情况的专题调研，承办在盐的全国、省、市人大代表视察评议检察工作等多项活动，各级人大代表和领导对区检察院规范执法、文明办案的工作情况都给予充分肯定；深入推进人民监督员制度工作，依法接受监督，主动邀请人民监督员参与信访接待、案件公开审查等执法活动。全年共组织开展人民监督员活动16次，其中监督评议案件3次，专题评议活动9次，有效促进各项工作的开展；积极开展“举报宣传周”、“检察开放月”等活动，进一步深化检务公开，增强检察工作的透明度；在互联网上设立检察网页及检察公务专栏，方便社会各界和公众举报、查询，主动接受人民群众的监督。

【切实加强检察队伍建设】 紧紧围绕“争创一流业绩，打造一流队伍”的目标，坚持不懈地把检察队伍建设放在突出位置来抓。充分发挥领导班子的示范引领作用，班子成员坚持做纪律作风的“标杆”，做勤政廉政的“标杆”，做公正执法的“标杆”，用无声的行动影响带动队伍；组织开展“恪守检察职业道德，促进公正廉洁执法”主题实践活动、“反特权思想、反霸道作风”专项教育活动和“纪律作风建设强化月”等活动，加强思想作风建设；制定完善各种奖励办法鼓励干警参加学历教育、司法考试以及各种业务技能学习竞赛活动，加强执法能力建设；通过制定《勤廉工作量化考核办法》、开展“检察之星”、“勤廉典型”评比等活动，对每个部门、每位干警的勤廉工作情况进行每月一评分，每季一评比，极大地激发干警干事创业热情。

【不断提高检务保障能力】 综合部门认真贯彻落实高检、省院经费保障会议精神，紧紧围绕“加大服务保障工作力度，提高执法办案质量”的总体要求，进一步更新服务理念，不断加强和改进工作方法，努力提高服务保障水平。大力开展检察调研、宣传、信息工作。年初重新修订了《2010年度调研、宣传、信息工作意见》，全院干警围绕三项重点工作和主题实践活动，结合工作实际，积极踊跃撰写调研、宣传、信息稿件，累计发表492篇，其中被省级以上报刊采用78篇，被市级报刊采用251篇。正常开展行政装备、检察技术和警务工作。积极争取区委区政府支持，清偿了“两房”建设的所有债务；严格车辆管理，实现了安全行车无事故；严格枪弹管理，对枪械库进行定期检查，确保枪械安全。有序开展保密、档案、统计、机要等工作。重视密码通信和保密工作，加强网络信息安全，高标准建成面积达50平方米的机要机房；重视检察档案工作，在“省特一级档案室”的基础上，对办公、办案中形成的各类文件卷宗材料及时形成电子档案，归档率、完整率、准确率达到100%；重视检察统计工作，全面开展统计数据质量日常检查，深化统计服务，检察统计质量和效率明显提高。

（丁玲玲）

审　判

Court Work

【概述】 盐都区人民法院深入学习实践科学发展观，认真贯彻落实党的十七届四中、五中全会精神，始终坚持“公正、廉洁、为民”的司法核心价值观，深入践行“为大局服务，为人民司法”的主题，以维护人民利益为根本，以促进社会和谐为主线，以加强审判监督管理为重点，深入开展“社会矛盾化解、社会管理创新、公正廉洁执法”三项重点工作，形成“抓进位、创佳绩、抓亮点、创品牌”的创先争优热潮，全年共受理各类案件6683件（含上年积存案件134件），审、执结6595件，为全面实现“十一五”发展目标提供优质的司法保障和司法服务。

【最高院副院长万鄂湘到区法院视察】

4月3日，最高人民法院副院长万鄂湘到盐都法院视察指导工作，省高院副院长李玉生、市委副书记李驰、市中院院长徐清宇、区委政法委书记穆芹陪同视察。盐都法院全体院领导参加了工作汇报会。视察期间，万鄂湘副院长实地了解该院的诉讼服务中心工作开展情况并和工作人员亲切交谈，参观院史荣誉陈列室。在听取盐都法院院长徐学坤的工作情况总体汇报后，对近年来盐都法院的工作给予充分肯定，指出该院工作思路清晰，工作措施扎实，工作成效明显。

【市委政法委书记丁宇、市政协副主席李长见视察】 8月24日上午，市委政法委丁宇书记、市政协副主席李长见一行领导莅临区法院院视察指导。丁宇、李长见参观立案大厅和诉讼服务中心后，高度肯定区法院的调解工作。随后，来到科技法庭，旁听一起刑事案件的庭审。

【开展“法官兼任村(居)法治教导员”工作】 为提高法官能动司法能力，进一步拓宽人民法院参与社会管理创新的渠道，于10月20日全面启动法官兼任村(居)法治教导员工作，安排60名法官到全区60个村(居)兼任法治教导员，深入开展农村纠纷调研，积极助推基层组织建设，提升农村社会管理水平，促进农村矛盾纠纷化解。

【为服务高新技术产业发展、经济自主创新提供司法保障意见】 积极响应区委关于推进高新技术产业区快速发展的要求，专门出台《关于为高新技术产业发展、经济自主创新提供司法保障的若干意见》，在园区设立巡回服务站，定期派员驻点办公，提供一站式服务。开展优秀法官与高新企业结对活动，定期走访企业提供法律服务，确保相关案件“快立、快审、快执”，为促进全区以风电设备、电子信息为龙头的高新技术产业快速健康发展提供了坚实的司法保障。

【“双抓双创”提升品牌效应】 专题开展以“抓进位、创佳绩，抓亮点、创品牌”为主题的“双抓双创”专项活动，扎实推进三项重点工作，全面提升“全国优秀法院”的品牌效应。为适应新形势的发展，“双抓双创”活动把着力加强领导能力建设确定为首要任务，围绕中院考核，要求对分管领导和部门负责人的具体管理职责和管理目标进一步细化，明确全年的重点任务和责任主体，确保各项工作抓好开篇，抓准重点，抓严落实。在各部门剖析和定标的基础上，明确落后部门抓进位，全体部门创品牌的全年总体思路，对各个部门的具体任务进行逐项分解，并成立监督检查机构，狠抓全年督查落实。

【开展“人民法官为人民”活动深入推进创先争优】 在创先争优活动中，紧贴执法办案工作实际，开展“人民法官为人民”活动，进一步改进司法作风、规范司法行为、提升司法能力、确保司法廉洁。以开展创先争优活动为主线，进一步加强法院党建。以开展革命传统和理想信念教育为核心，进一步加强法院队伍思想建设。以严格规范司法行为为重点，进一步加强司法作风建设。以教育培训和岗位练兵为载体，进一步加强司法能力建设。推进审判管理改革为抓手，进一步提高审判执行工作质量和效率。以“当群众贴心人，做平民法官”为品牌，进一步提高“全国优秀法院”品牌效应。

法官回访赡养纠纷案当事人巩固调解成果

【深入推进创新创优暨“三不三新”教育活动动员大会】 在全市会议结束后迅速开展“三不三新”教育活动，造浓创新创优氛围。强化干警创先争优意识，推进三项重点工作。继续以强化制度执行为抓手，将“三项重点工作”固定为法院常态化工作内容，将短期的司法应对能力转化为长远服务的能力。突出“矛盾纠纷化解年”这一重点，强化法官调解能力的培养。本院积极打造司法服务特色品牌，提升审判质效水平。在全院深入开展“树特色品牌、创一流业绩”活动，打造司法服务特色品牌。始终坚持司法为民的根本宗旨，完善司法便民服务措施，打造便民措施最优服务品牌。

【推行干部轮岗交流】 将推行干部轮岗交流作为加强法院队伍建设的战略性举措，日前，本院先后对立案庭、民一庭、民二庭、行政庭等部门的主要负责同志进行轮岗交流，进一步优化司法资源配置。在此次轮岗交流过程中，本院通过多种渠道，广泛了解拟交流对象的专业背景、工作特长、能力素质等情况，合理研究确定交流岗位。干部易岗交流犹如冬日里的一缕春风，给法院队伍增添了新的活力。至年底，所有易岗交流人员均顺利完成工作交接手续，开始在新的岗位上履行职责。

【注重“四联”推进“庭所共建”成效显著】 盐都法院在推进“庭所共建”过程中，注重机制固定化和载体有形化，通过联合建档、联合教化、联合调处和联合释疑，将过去单一的纠纷调处过程拓展为发现并解决社会管理新问题的完整体系，使“庭所共建”成为基层综治的中坚力量。一是“联合建档”构筑前沿防线。二是“联合教化”引导价值取向。三是“联合调处”协力止纷息争。四是“联合释疑”竭力消除后患。

【与人大代表互动，积极构筑沟通平台】 盐都法院一直以来都高度重视和人大的联系与沟通，并积极构建多项机制，实施多项举措，受到人大代表们的肯定和群众的支持。本院院与区人大建立定期的代表旁听制度。对群众普遍关心的热点、焦点问题，主动邀请人大代表旁听。一方面增强工作的透明度，向人大代表们展现了法院公正、公开的面貌；另一方面是对法官们提出更高更严格的要求。上年度邀请人大代表参与庭审近百人次；对人大交办和转办的案件，积极处理、做到件件有落实有反馈，去年共收到人大交办、转办及涉代表案件28起，办结28起，办结率达100%，满意率达100%。确保每个案件都得到圆满解决，无越级上访无矛盾激化。

【架起和谐共建“连心桥”】 组织干警走出法院、深入基层，主动与基层各组织协同配合，架起一座和谐共建的“连心桥”。在开展和谐共建活动中，成立和谐共建活动领导小组，明确各部门负责人为第一责任人，根据各部门的职能定位，分区域、部门确定指导法官，分片负责具体法律指导工作。为增强共建实效，与共建单位建立完善的例会制度。每季度深入镇（区、街道）、村（社区）、企业召开和谐共建活动工作例会，通报情况、分析原因、改进不足；每半年召开一次工作例会，对共建活动进行总结，表彰在共建中的先进单位和个人，并谋划全年共建发展大计。架构和谐共建“连心桥”，较好地打造多渠道、多层次、全方位化解纷争的平台，镇（区、街道）党（工）委及人民群众普遍反映，和谐共建对于加快辖区的经济发展，促进社会和谐以及社区矫正与帮教均起到较好作用。

【搭建“四个平台”深入推进司法公开】以司法公开宣传月活动为契机，积极探索推进司法公开的有效途径，不断创新工作思路，丰富公开载体，拓展公开内涵，完善“以公开促公正、以公开强监督、以公开求公信”的司法公开机制，提升司法公信度。一是搭建服务平台，拓宽公开渠道。二是搭建交流平台，创新公开形式。三是搭建宣传平台，丰富公开载体。四是搭建监督平台，保障公开质量。

【廉洁司法重实效】 开展“两节”教育深入扎实，注重实效。在传达最高人民法院召开的“人民法院反腐倡廉电视电话会议”精神的党组会上，院长徐学坤要求一班人要提高对开展好“两节”廉政教育重要意义的认识，即两节历来是腐败行为的高发时期，也是廉政建设的重要节点，搞好“两节”的廉洁自律教育，不仅能使大家过个廉洁文明的元旦和春节，而且为全年的党风廉政建设奠定良好基础，能更好地促进廉洁、公正司法各项制度的贯彻落实。要通过深入的“两节”廉洁自律教育，增强干警严格执行廉洁自律的自觉性，确保大家能过个廉洁文明的元旦和春节，并以此促进全年的党风廉政建设和反腐败工作再上新水平。

【推行廉政“六必谈”制度做细廉政教育】

始终把廉政教育作为队伍廉政建设重要环节，坚持正面教育、预防为主的原则，推行廉政“六必谈”制度，针对不同情况开展有区别的廉政谈话制度，着眼细微处抓好廉政教育，使干警时时、事事、处处紧绷廉政这根“弦”，筑牢拒腐防变的思想防线。一是新进人员必谈。二是职务变动必谈。三是提拔干部必谈。四是重点岗位必谈。五是出现苗头必谈。六是重大节日必谈。（王安然）

司法行政
Judicial Administration

【概述】 全区司法行政系统进一步发挥职能作用，为全区经济发展稳定大局做出积极贡献。法律援助、法制宣传、社区矫正、人民调解等重点工作年度考核在全市排名第二，调处矛盾纠纷6438件，调处成功率98.8%，办理各种案件1009件，避免经济损失近亿元；办理法援案件614件，法律援助满意率99%；社区矫正对象重新犯罪率为0.19%；“五五”普法考核验收得到省、市验收组的高度评价。葛武司法所长朱法监被司法部表彰为全国模范人民调解员。区局被省人力资源和社会保障厅、省司法厅表彰为全省司法行政系统先进集体。

【实现“五五”普法完美收官】 2010年是“五五”普法的最后一年，为保证完成全区“五五”普法规划，年初下发盐都区“五五”普法检查验收实施方案和区“五五”普法检查验收标准，制作反映盐都“五五”普法情况的电视片，并对2006年以来“五五”普法台账资料进行全面整理。6月11日，通过市“五五”普法考核验收。6月30日，省“五五”普法考核验收组对盐都“五五”普法工作进行检查，给予较好评价。

【法制宣传教育精彩纷呈】 按照“法律六进”的要求，根据不同对象，采取不同宣传形式，力求入心入脑。对于广大村（居）民，全面开展“六下乡”活动中，提供法律咨询、解答法律难题，代写法律文书，组织“学法守法善维权，促进和谐共发展”的农民工学法月活动和送法下乡、送法进教堂、送法进社区活动；下半年，组织律师，配合区工商局、个协，开展送法进企业活动，与100多名企业负责人座谈，现场解答法律问题50多个，帮助6家企业建立和完善规章制度；11月邀请省人大常委会人代委副主任孙庭兆作《代表法》、《选举法》的专场辅导；年底前，请区“夕阳红”法宣队的老同志到各中学作题为“增强法制观念，迈好人生之路”的辅导报告。

【民主法治创建稳步推进】 开展“民主法治村（社区）”创建活动，村居的依法治理工作逐步得到落实，村务管理逐步走上法制化轨道，群众反映比较突出的村务公开和财务管理、征地、土地流转、拆迁安置等方面矛盾纠纷，在一定程度上得到妥善解决。基本上做到“小事不出村，大事不出镇”。全年有41个村（居）通过了市级“民主法治村（社区）”的命名。8个村（居）申报省级“民主法治示范村（社区）”。至年底，全区有20个村（居）被授予省级“民主法治示范村（社区）”称号，有98个村（居）被授予市级“民主法治村（社区）”称号。

【大调解工作机制不断创新】 加快实施多调对接的进程。与区综治委联合下发《关于开展化解矛盾纠纷专项攻坚活动的实施方案》，对各部门挂牌专业性调解组织提出明确要求。7月，与环保、工商、卫生等部门共同拟订对接工作机制意见，对专业调解组织机构的设置及职能、涉及纠纷的受理范围、处理程序进行磋商。区、镇(街道)两级调处服务中心和各级各类人民调解组织共调解矛盾纠纷6438件，调解成功6360件，调处成功率为98.8%，未发生因调解工作不及时、不到位、不得力而引发的矛盾激化、“民转刑”案件和群体性事件。推进“三无”创建活动的深入开展，切实为“两节”、“两会”创造良好、和谐的社会环境，组织开展了社会矛盾纠纷专项大排查活动。4~5月，在全区组织开展了第九个“民调月”活动，5月底在全区开展化解矛盾纠纷专项攻坚活动，9月，开展社会矛盾纠纷排查突击活动月。

【实施法律援助为民办实事工程】 共办理法律援助案件614件，接待咨询2880人次，接听咨询电话2277人次，援助中心单独协调重大、疑难纠纷29起，完善法律援助联系点工作机制，对法律援助联络员进行培训。对部分法律援助案件进行回访。共进行大型法律援助知识宣传7场次，对全区的近600条墙体广告进行修补。配合党委、政府做好维稳工作，帮助弱势群体实现合理诉求，主动将法律援助工作纳入大调解服务机制。安排法律援助律师参与区信访接待工作，并组织参加全市信访法规宣传咨询活动。开展“关爱受援人、服务心贴心”活动，到受援人家里回访，送钱送物；进一步完善村、社区联系点制度，调整落实人员，全面加强全区所有村和社区法律援助联系点的建设。

【做好社区矫正和安置帮教工作】 在区农业干部学校建成区社区矫正教育矫正中心，落实公益劳动基地。11月初，省司法厅副厅长姜金兵专门视察区社区矫正教育矫正中心，肯定该中心所取得的成绩。认真配合人民法院对刑事案件未成年被告人进行审前调查工作。全区共接受审前调查案件35件，调查结果被法院采信率达98%。在全国两会和上海世博会前后，开展走访全区刑释解教人员活动，上年全区刑释人员219人，解教人员55人，安置率为98%，帮教率为100%，无一人重新犯罪。至年底，区司法局领导率职能部门及部分司法所所长赴洪泽湖监狱，对80名盐都籍服刑人员开展帮教活动。与教育、园林、劳动、企业、敬老院等部门单位共同建立社区矫正、刑释解教对象就业安置基地15家，公益劳动基地18家，学习教育基地14个。14家民营企业共安置35名刑释解教人员。

【全面推进司法所建设】 始终把创建“省优秀司法所”作为加强基层基础建设的重要抓手，作为完成基层司法行政工作任务的重要举措，在成功创建3家省优所的基础上，上年度将8家司法所申报创建省优所，通过走出区外，组织司法所长到杨州学习，区内观摩，学习已创建成的省优所的经验，申报创建省优所的8家相互打分，对面上情况定期通报，几次召开会议进行推动，8家司法所台账资料全都准备完善，并且各有特色。通过抓创建，使基层基础建设取得长足进步。村级司法站建设稳步推进，有效化解大量矛盾纠纷。

【公证、律师和基层法律服务全面服务社会民生】 提供全面法律保障。全区13家律师事务所全年共办理各类案件1009件，刑事辩护121件，民事行政代理821件，其他案件97件，常年法律顾问单位302家。为经济发展，维护社会稳定和构建和谐社会提供有力的法律保障。组织党员律师走进悦达汽车二厂和市现代农业、农业开发示范园进行法律服务。注重开展调解、仲裁等非诉讼业务，依法解决群众利益诉求，及时有效地缓解矛盾，解决纠纷，促进社会和谐稳定。公证服务重点工作。在城南片区改造、改善新区投资环境的工作中，克服任务重、人员少的矛盾，依法履行职责，监督公告张贴，监督评估单位、送达评估报告，全程监督强制拆迁听证会，每个环节都能依法办事。全年共办理各类公证事项3097件，其中国内民事公证1655件，国内经济公证1190件，涉外公证221件，涉港台4件，签发执行证书27件，有效预防社会矛盾纠纷的发生。规范管理基层法律服务。全区13家基层法律服务所，为“三农”提供优质、高效的法律服务和法律保障，积极办理法律援助案件，主动与大调解中心对接，服务企事业单位。扎实推进基层法律服务所集中整顿，规范管理活动。取得实实在在的效果。去年全区基层法律服务所进行诉讼代理590件，非诉讼案件194件，建立常年法律顾问单位375家，努力为当事人挽回和避免经济损失。

【加强队伍自身建设】 3月，积极参与区委开展的“创星级，树品牌”活动；4月份，参与省厅组织的“双促双助”活动，使机关作风、纪律效能等方面有明显改观，全系统人员工作热情倍增。区局被评为区级文明行业，兴时代、鼎盛湖、国磊律师事务所被评为区级文明单位。有力推动司法行政工作的提高，促进党风和工作作风建设的大发展。严格落实“五个严禁”规定。在办公区醒目位置和区司法行政网上公开“五个严禁”规定的内容、时间和基本要求以及举报电话号码，接受社会监督。开展创先争优活动和公正廉洁执法主题实践活动，提升支部建设水平。4月初，在律师行业党组织中开展争先创优活动；5月，开展公正廉洁执法主题实践活动；6月，在全区司法行政系统开展创先争优活动。不断加强党员教育管理，学习党的十七届四中、五中精神及党章、党内监督条例、纪律处分条例，组织党员干部收看相关媒体和录像。律师党建工作得到中央、省、市组织部门的肯定。11月初，中组部调研组到兴时代律师事务所党支部调研。

（许雪峰）

人口 资源 环境

Population, Resources and Environment

人口和计划生育工作

Population and Family Planning

【概述】 2010年，全区人口和计划生育工作认真贯彻落实党的十七大及历次全会和中央《决定》精神，坚持科学发展观，紧紧围绕和服务于经济建设中心和全局工作，以创建省“十一五”人口协调发展先进区为首要任务，全力以赴抓创建，扎扎实实抓基础，人口计生工作取得了新进展，实现“十一五”的完美收官。全区符合政策生育率达到99.4%以上，人口出生率7.31‰，人口自然增长率1.71‰，出生人口性别比107.47，较好完成上级下达的各项责任指标，综合排名保持全市第二名的好成绩，为全区经济社会发展提供良好的人口环境。

【“十一五”工作回顾】 刚刚过去的“十一五”，全区经济社会发展持续进位的五年，也是人口计生事业跨越争先的五年。五年来，全区人口计生工作坚持以科学发展观为指导，认真落实中央《决定》精神（中共中央国务院《关于全面加强人口和计划生育工作统筹解决人口问题的决定》），牢固树立抓计生就是抓发展、抓计生就是抓民生的理念，紧紧围绕人口协调发展先进区省优“三连冠”目标，加大改革创新力度，提升服务管理水平，统筹解决人口问题，全区低生育水平持续稳定，人口发展规划目标任务顺利完成。全区人口自然增长率始终控制在3.5‰以内，计划生育率一直保持在98%以上，连年荣获“全市人口计生工作先进奖”，先后获得“江苏省人口和计划生育科技工作先进集体”、“江苏省人口和计划生育信息化建设先进单位”、“全市创建省人口计生示范县（市、区）工作先进集体”、“全市人口计生工作创新奖”、“全市人口和计划生育工作先进集体”等称号，为全区经济社会科学发展、跨越发展创造良好的人口环境。

省先进区创建圆满完成。瞄准“九五”、“十五”、“十一五”省优“三连冠”目标，大力实施“基层基础年”、“推进提升年”、“协调发展年”等主题年行动计划，全面开展区、镇、村三级联创活动，各项创建指标及自查评估工作均达到省、市规范化要求，通过省验收，被市委市政府推荐为省“十一五”人口协调发展先进区。一是创建机制富有成效。把争创省人口协调发展先进区作为统筹解决人口问题的总抓手，纳入经济社会发展的整体规划，列入党委、政府重大事项督查范围，与中心工作同部署、同落实、同检查，并按照“指导在区、落实在镇、重点在村”三级联创的原则，建立“以组保村、以村保镇、以镇保区”联创机制，层层落实各镇（区、街道）和齐抓共管部门的创建工作责任，形成了政策协调、资源共享、综合治理的良好局面。二是创建水平整体提升。认真落实计划生育利益导向政策，在奖励扶助、生活保障、子女成才、社会救助、征地补偿、家庭致富等方面，对计生家庭优先优惠，使计生家庭政治上有荣誉、经济上得实惠、生活上有保障。全区计划生育奖扶特扶政策兑现率100%。切实加强出生人口性别比综合治理工作，全面落实宣传教育、利益导向、全程服务、规范管理、严查“两非”等综合治理措施，大力开展“关爱女孩行动”和“三整治一打击”（集中整治B超市场，集中整治人工终止妊娠手术服务机构，集中整治医药市场，严厉打击“两非”行为）专项治理活动，先后组织3次较大规模的“两非”集中整治行动，进一步优化生育环境，震慑不法行为。大力实施强基提质工程，将计生基层基础管理摆上更加突出的位置，扎扎实实抓基层、打基础，重心下移，关口前移，进一步推进“村为主”工作机制。特别是对工作难度较大的镇村，严格按照“定人、定责、定时”的要求，加强党政领导和计生干部分工责任，坐镇抓问题解决，抓管理服务到位，抓干部能力提升，促进创建整体工作的平衡发展。三是创建效应逐步显现。充分利用“7·11”世界人口日、“9·25”中央《公开信》发表纪念日等重大节日，通过电视、网络、报纸等传媒和文艺演出、手机短信、办班培训、展览活动等生动活泼、丰富多彩的形式，全方位、多层次开展宣教活动。推动计生政策法规及科普知识进社区、进楼道、进市场、进企业、进校园、进家庭，提高全社会对人口计生工作的关注度和支

人口及其变动情况统计年报表

表 4

乡镇	年末总户数(户)	年末总人口(人)									本年度人口变动(人)									
		合计	合计中:		性别		年龄				出生			死亡			迁入		迁出	
			非农业人口	未落常住户口人员	男	女	18岁以下	18–35岁	35–60岁	60岁以上	合计	男	女	合计	男	女	省内迁入	省外迁入	迁往省内	迁往省外
总计	269730	760590	411566	7627	396185	364405	115536	190738	321687	132629	9888	5132	4756	6842	3566	3276	18464	1536	12611	1140
大纵湖	5497	16435	16435	122	8713	7722	2459	3899	7039	3038	175	92	83	69	42	27	156	57	248	37
北龙港	12883	34679	16454	345	18268	16411	5084	8450	15140	6005	436	221	215	275	158	117	257	66	463	54
楼王	14232	38697	11282	498	20014	18683	4654	9174	16976	7893	449	228	221	526	269	257	338	77	565	65
学富	20900	54051	36719	743	28517	25534	6735	11596	24204	11516	369	195	174	640	304	336	341	42	817	58
义丰	16965	53629	15306	1354	27855	25774	9087	12171	22110	10261	686	363	323	378	211	167	478	182	1060	180
尚庄	14146	37866	9634	137	19939	17927	4960	8836	16491	7579	479	251	228	256	142	114	350	65	677	68
葛武	10838	29950	12341	303	15882	14068	4752	6643	12736	5819	556	299	257	273	138	135	309	57	407	45
北蒋	11903	32462	8663	197	17161	15301	4269	7350	14259	6584	455	227	228	590	300	290	416	76	397	48
秦南	21135	58063	12530	881	30608	27455	7363	13302	26297	11101	803	428	375	841	426	415	738	158	1099	113
龙冈	30098	76920	33103	390	39524	37396	10514	19099	33556	13751	721	371	350	673	345	328	837	116	943	107
潘黄	16818	45631	45631	270	23517	22114	9680	13974	17466	4511	680	335	345	216	128	88	5301	103	888	53
新区	22913	71164	71164	637	35989	35175	13804	23099	26241	8020	1200	627	573	395	191	204	6501	172	2579	116
郭猛	14780	48127	8684	293	25540	22587	7521	12429	20094	8083	714	359	355	572	310	262	670	107	410	44
大冈	31623	85743	36447	768	45147	40596	12242	19159	37345	16997	1025	528	497	554	279	275	709	118	1005	84
张庄	11176	30586	30586	205	15665	14921	5436	8851	12717	3582	486	244	242	255	130	125	379	63	708	41
凤凰路	13823	46587	46587	484	23846	22741	6976	12706	19016	7889	654	364	290	329	193	136	684	77	345	27

持率，形成“言必谈创建，行必为创建”的浓烈工作环境。坚持“走出去”宣传盐都在服务内容个性化、服务对象全覆盖及促进社会性别平等、青少年生殖健康教育、艾滋病预防等方面取得的新成绩和新经验，不断提高区创建工作的影响力和美誉度。

人口基金项目顺利实施。积极借鉴国际先进理念和成功经验，加强国际国内交流与合作，先后接受国家人口计生委社会性别组、规范服务组、艾滋病防治组专家的督导和评估，被评为“中国计划生育协会/联合国人口基金第六周期最佳项目县”。一是计生理念全面更新。全区各级党政干部，通过国际合作项目的引入与实施，学到了国际倡导的以服务对象为中心、充分尊重和维护群众计划生育权利的先进服务理念，增强与时俱进抓计生的信心和决心。专职人员通过“走出去”、“请进来”、“在岗培训”等方式，拓宽视野、更新观念、丰富知识。目标人群通过媒体宣传、培训教育、文艺演出、接受服务等途径，切身感受到国际合作项目带来的关爱和温馨，思想观念发生了很大的转变，从过去“躲着干部走”变为“围着干部转”，主动配合开展各类服务活动。二是点面结合互促共进。突破“就项目抓项目”的思维，将实施项目与开展正常工作有机结合起来，把项目的管理与评估改革融入人口计生综合改革，把维护公民权益融入推行村级自治，把促进社会性别平等融入出生人口性别比综合治理，做到不因开展日常工作而淡化项目实施，也不因突出项目而影响日常工作开展，两者相辅相成，相得益彰。三是对外形象显著提升。五年来，全国各地专家学者、党政领导、计生工作者到区内参观学习近百批次。特别是对联合国人口基金项目官员和专家的来访与督查，精益求精做好每一个环节和细节，努力让盐都走出国门，让世界了解盐都。

优质服务体系全面建成。以群众需求为导向、推进人口计生公共服务全覆盖的经验与做法，得到原全国人大常委会副委员长蒋正华的充分肯定，美国《华尔街日报》曾作专题报道，并被国家人口计生委作为唯一推荐单位接受美国《洛杉矶时报》记者专访。一是服务阵地率先实现全覆盖。按照国家和省市关于人口计生优质服务体系全覆盖的要求，强力推进区、镇、村三级世代服务阵地建设，专门出台村级服务场所建设方案，村级“六有”新模式得到省市的肯定和推广（队伍有保障、经费有来源、活动有场所、资料有规范、工作有章程、扶助有举措），世代服务阵地在全市率先实现全覆盖，初步形成以区站为龙头、中心站为骨干、一般站为依托、村服务室为基础、流动服务车为补充的覆盖城乡的服务体系。龙冈镇计生服务中心、区计划生育指导站等8个服务机构分别创成国家级、省级优质服务示范站。二是优生优育工作全市领先。积极推进“优生促进工程”，全面做好宣传倡导、健康促进、优生咨询、孕前筛查、均衡营养和高危人群指导等工作，强化出生缺陷干预，增强群众优生优育

的意识和能力，高度重视婴幼儿早期良好行为的培养和教育，在全市首家推行免费婚检，婚检率达到95%以上，遗传优生检测率列全市之首，出生缺陷发生率逐年下降。三是公共服务内容形式日趋丰富。挖掘服务潜力，拓展服务领域，计划生育技术服务项目从四项手术，发展到生殖道感染综合防治、艾滋病预防、男性生殖健康、青少年生殖健康教育、家庭健康营养和儿童保健等10多项，服务范围从以育龄妇女为主，发展到男性、青少年和老年人，最大限度地满足群众需求。创新计划生育配送工程载体，为基层计生技术服务人员配备“世代服务”专用电瓶车，开全市先河。加快信息化建设步伐，区、镇、村基本实现人口信息的互联互通，得到省、市充分肯定。

计生综合改革扎实推进。抓住人口计生综合改革试点区的契机，坚持整体推进、重点突破，全面推进综合改革，走出一条从优质服务到综合改革的成功之路，为全市跻身全国人口计生综合改革示范市作出积极贡献。一是依法治育工作进一步强化。全面彻查违法生育行为，对违法生育的党员干部和社会公众人物予以严肃处理，做到党纪政纪处分、社会抚养费征收和节育措施落实三到位。坚持依法行政和文明执法相结合，切实做到征收主体合法、征收程序合法、执法文书规范，社会抚养费征收到位率不断提高。按照“政策把关严格、适用条款准确、发证服务及时”的要求，严格做好照顾再生一孩审批工作，实行“阳光操作”，接受社会监督，群众满意率不断提高。二是考核评估体系进一步完善。优化人口计生工作考评指标体系和考核办法，加大优质服务、政策兑现等方面内容的权重和比例，实行调研督导和随机抽查相结合，提高人口基础数据的准确性和科学性，使人口计生工作评估方法和内容更为科学，更好地发挥工作导向、绩效评估、决策参考的作用。三是利益导向机制进一步健全。计划生育奖励优惠政策普遍落实，五年来，累计发放奖扶特扶经费1500万元、人口计生公益金150万元，兑现持独生子女父母光荣证退休的企业职工一次性奖励金360万元，为广大已婚夫妇提供生育保险入保服务100万元。

【召开系统总结表彰大会】 1月29日，区人口计生系统总结表彰大会召开。各镇(区、街道)计生服务中心班子成员、区直齐抓共管部门专兼职计生干部、区人口计生委全体人员参加会议。会议回顾总结2009年全区人口计生系统工作，对2010年工作进行动员部署，并对2009年度先进集体和先进个人进行表彰。龙冈、北龙港、义丰等镇计生服务中心和区公安局作交流发言。各镇(区、街道)计生服务中心主任、区直齐抓共管部门专兼职计生干部递交《2010年度人口和计划生育工作工作目标责任状》。

【举行生育关怀公益金发放活动】 2月4日上午，区生育关怀公益金发放活动在北蒋镇隆重举行。市人口计生委副主任高定、副区长张瑞卿、区委宣传部副部长、区文明办主任唐玲，区人口计生委班子成员、北蒋镇党委、政府主要负责人等领导出席。活动仪式上，市、区、镇领导向北蒋镇50户计生特困家庭每户颁发500元公益金。张瑞卿在活动仪式上致辞。

【全区人口和计划生育科技工作会议召开】 3月3日下午，全区人口和计划生育科技工作会议召开。会议总结回顾了2009年度人口和计划生育科技工作，对2010年各项目标任务进行了部署落实，并表彰了2009年度人口和计划生育科技工作先进个人。

【区人口计生系统开展“创星级、树品牌”优质服务活动】 3月29日委召开开展“创星级、树品牌”优质服务活动专题会议，成立以委主任为组长的“创星级、树品牌”优质服务活动领导小组，制定活动实施意见。

【召开全区人口和计划生育工作会议】 4月3日上午，召开全区人口和计划生育工作会议。区委书记李纯涛出席并讲话，区长崔浩作工作报告，区领导方仕德、武进甲、张瑞卿、孙万青出席会议。会议明确指出，2010年全区人口出生率控制在8‰以内，自然增长率控制在3.5‰以内，符合政策生育率保持在98%以上，出生人口性别比控制在正常值范围，其他各项指标达到或超过省、市规定标准，创成省“十一五”人口协调发展先进县(市、区)。李纯涛指出，近年来，人口计生工作呈现健康运行、和谐发展的态势，在全市人口计生目标任务绩效考核中，连续三年实现越位前移。李纯涛要求，要深入开展创建活动，确保圆满实现“九五”、“十五”、“十一五”省优“三连冠”目标；要狠抓责任落实，真正做到职责细化、投入硬化、协作强化、队伍优化，一以贯之为全区人口计生事业更好更快发展提供有力保障。会上，表彰了2009年度全区人口计生工作先进个人，各镇(区、街道)和区直计划生育齐抓共管部门递交工作责任书。

【西安交大人口与发展研究所到盐都调研】 4月13~14日，西安交通大学人口与发展研究所博士张群林、李亚东到盐都区，就中国/联合国人口基金第六周期计划生育/生殖健康项目最佳实践案例之“性别公平从这里开始——生殖健康中的社会性别公平促进”开展专题调研。调研组听取区人口计生委主任王正峰近年来在社会性别公平促进方面的工作实践；参观区计划生育指导站；举行社会性别视角座谈会，同区、镇人口计生工作者就育龄夫妇“十大权利”、夫妇双方共同参与生育、避孕、节育、生殖健康感染疾病预防以及政府及其相关部门理念倡导等方面进行了交流和探讨，盐都区关注外出务工人员留守家属、促进男性参与计划生育工作、在镇(区、街道)一级推广使用社会性别公平促进工具箱等做法得到专家充分肯定。

【中国/联合国人口基金第六周期项目专家到盐都调研】 4月18~19日，中国/联合国人口基金第六周期生殖健康/计划生育项目规范服务专家组组长吴尚纯研究员一行到盐都，对世代服务品牌建设、服务能力建设等课题进行调研。专家组听取盐都人口计生委负责人的专题汇报，与区、镇部分服务人员进行座谈交流，实地考察区、镇、村计划生育服务阵地。专家组对盐都依托国际项目、创新服务模式的做法给予充分肯定，表示将盐都经验作为项目实践最佳案例向全国项目县推广。

【举行纪念中国计划生育协会成立30周年暨世代服务车发放仪式】 5月22日，举行纪念中国计划生育协会成立30周年暨世代服务车发放仪式。市人口计生委主任季德荣，区委常委、纪委书记方仕德出席发放仪式。现场共向基层计生干部和技术服务人员发放服务车43辆，作为世代服务专用车，从而使计生服务人员走村入户开展服务有了便捷的交通工具。给村级服务人员发放“世代服务车”，首开全市先河。方仕德希望全区各级计划生育协会以此次活动为契机，切实提高计生服务装备水平，延伸服务触角，拓展服务范围，将服务送到户、送到人，切实增强服务的可及性和实效性，真正实现世代服务“零距离”。

【出台文件深化人口计生综合改革】 5月26日，区委、区政府下发《关于进一步深化人口计生综合改革的实施意见》。《实施意见》对今后一个时期人口和计划生育事业发展的指导思想、总体目标和基本原则进行安排部署，对建立“统筹协调、科学管理、优质服务、利益导向、群众自治、人财保障”等六大体制机制提出具体要求和明确规定。《实施意见》要求，在农村综合改革和机构改革中，要确保人口和计划生育工作机构、编制、职能和队伍“四稳定”，按照江苏省“一证三师”要求，切实加强人口和计划生育队伍职业化建设；建立以公共财政投入为主体的人口和计划生育事业投入机制，认真落实财政投入保障机制和计划生育转移支付资金，充分体现优先投资于人的全面发展；改革完善人口和计划生育工作目标责任制，完善考核评估方法，简化考核指标，减少考核次数，提高考核质量，增强考核效能，形成以统筹人口自身协调发展和统筹人口与经济、社会、资源、环境协调发展为导向的目标管理责任制体系。《实施意见》明确进一步深化人口计生综合改革的保障措施。

【淮安市人口计生代表团到盐都考察】 6月3日，淮安市人口计生工作考察团一行15人到盐都参观考察。市人口计生委主任季德荣、副调研员刘高英，区人口计生委相关人员陪同参观。考察团一行先后参观潘黄镇镇计划生育“世代服务”中心、杨坝村“世代服务”室和区计划生育指导站，观看区计划生育工作介绍短片，听取盐都近年来人口计生综合改革情况介绍。在参观现场、观看短片、听取介绍后，考察团一行对盐都在开展计划生育优质服务、实施联合国人口基金项目、打造“世代服务”品牌等方面取得的成绩给予充分肯定，纷纷表示将进一步加大合作与交流的力度，共同推进人口计生工作。

【组织计生服务者艾滋病预防知识与技能再培训】 6月10日，举办艾滋病预防知识与技能培训班，对28名县乡级计生服务者进行培训。培训的重点内容包括服务中的标准防护、促进安全套的正确使用、艾滋病咨询与转介等。本次培训全程采用参与式培训方法，取得较好的效果，培训前后的知识评估显示，艾滋病知识综合知晓率和标准防护知识综合知晓率均达到100%，安全套正确使用知识知晓率由96%提高至100%。

【国际合作项目接受国家专家督导】 6月10~12日，国家艾滋病预防项目专家刘鸿雁研究员、王晖副研究员、社会性别专家姜秀花研究员一行督导区艾滋病预防与计划生育/生殖健康相结合项目进展情况。3位专家先后现场观摩对县乡级计生服务提供者艾滋病预防知识与技能的再培训，考察区计划生育指导站、大冈镇计划生育服务中心、潘黄镇计划生育服务中心、潘黄杨坝村计生服务室，在考察过程中与项目管理人员、服务提供者、育龄群众进行了交流，并查阅有关资料、图片，比较详实地了解区的项目开展情况。3位专家对多年来盐都在该项目中体现出的踏实、进取、创新的工作作风和已取得的成效给予高度评价。

【召开创建省“十一五”人口协调发展先进区工作推进会议】 6月30日下午，召开创建“十一五”人口协调发展先进区工作推进会议。区委常委、纪委书记方仕德到会讲话，副区长张瑞卿作动员部署。会上，潘黄镇和区卫生局分管负责人作会议交流发言，同时下发《区委关于调整人口和计划生育领导小组的通知》和《盐都区关于“十一五”人口和计划生育目标管理责任制终期评估暨人口协调发展先进区评审自查工作实施方案》等文件。

【组织开展上半年人口和计划生育工作考核】 根据区委、区政府都发【2010】10号文件《关于2010年人口和计划生育工作考核评估意见》精神，8月10~14日区人口计生委组织对17个镇(区、街道)创建自查情况和上半年人口和计划生育工作进行评估考核。此次考核共组成16个调查组，每个镇(区、街道)考核2~5个村，主要调查人口出生数、计划生育率、期内节育措施落实率、群众接受服务、社会抚养费征收率和到位率、经费投入、信息准确率、计划生育合格村率、村级资料管理落实、流动人口管理与服务和出生性别比综合治理、镇村"十一五"人口协调发展创建情况、村级人口计划生育工作信息化工作进展等情况。此次考核积分占全年实绩的30%。

【扎实开展"十一五"人口和计划生育目标管理责任制终期评估及人口协调发展先进县(市区)评审自查工作】 按照省人口计生委《关于"十一五"人口和计划生育目标管理责任制终期评估及人口协调发展先进县(市区)评审自查阶段工作方案》精神,全面展开终期评估和争创评审工作。区人口计生领导小组召开专门会议,研究制定实施方案。区委、区政府及时调整区人口计生领导小组成员,召开创建省"十一五"人口协调发展先进区工作推进会。区人口计生委先后召开5次会议,对创建自查工作进行部署;组建专门办公室和实地督导、电话调查、资料完善三个班子,成立两个下镇督导组和一个区直督导组。7月14日至19日、8月10日至14日,对全区17个镇(区、街道)和25个区直领导小组成员单位进行"家家到",通过召开座谈会、个别访谈、查阅资料、实地考察、问卷调查等形式,对全区"十一五"人口计生创建自查阶段工作进行了两轮复核评估。8月底如期上报终期评估和争创评审各项资料。

【人口计生队伍职业化建设成果丰硕】 盐都是8个省级试点县(市、区)之一。按照国家人口计生委对生殖健康咨询师职业资格考试的进程要求,5月30日,组织85名村专干参加首批生殖健康咨询师考试,36人通过国家生殖健康咨询师考试,通过率达42%。

【甘肃省敦煌市人口计生工作考察团到盐都考察】 9月3日,以人口计生委副主任高莹为团长的敦煌市人口计生工作考察团一行7人到盐都参观考察。市人口计生委副主任房安银、调研室主任蔡祝法,区人口计生委主任王正峰及相关人员陪同参观。考察团一行先后参观区计划生育指导站、潘黄镇计划生育"世代服务"中心和大纵湖镇北宋居委会"世代服务"室。在参观现场后,高莹一行对盐都区在开展计划生育优质服务、实施中国/联合国人口基金项目、打造计划生育"世代服务"品牌等方面的经验做法和取得的成绩给予充分肯定,表示将进一步加大与盐城市、盐都区人口计生委合作交流的力度,共同推进两地人口计生工作。

【省人口计生委调研组到盐都调研工作】 10月11日,省人口计生委纪检组副组长、监察室主任刘正荣一行到盐都调研计划生育"政务公开、办事公开"制度执行和基层文明执法专项活动开展情况。副区长张瑞卿、市、区人口计生委相关负责人陪同调研。刘正荣一行听取区人口计生委工作汇报,与区、镇两级人口计生工作者进行交谈,实地查看了区、镇两级台账资料,对盐都两项工作取得的成绩给予充分肯定。

【"十一五"人口计生工作受市好评】 10月21日下午,省"十一五"人口和计划生育目标管理责任制终期评估暨人口协调发展先进区评审市级复核组到盐都召开座谈会。会上,副区长张瑞卿介绍"十一五"人口计生工作的主要进展与创建省人口协调发展先进区、人口计生综合改革示范区有关情况;区财政局、卫生局、民政局3个区直计划生育齐抓共管部门就如何抓好部门计划生育工作、搞好齐抓共管进行座谈发言;区人口计生委汇报"十一五"人口和计划生育目标管理责任制终期评估暨人口协调发展先进区评审自查工作开展情况。市复核组对区"十一五"以来人口计生工作和省"十一五"人口协调发展先进区创建工作取得的成绩给予充分肯定,并就如何抓好下一阶段工作提出建议和要求。

【区人口计生委调研社区计划生育运行模式】 区委、区政府借区划调整之机重抓农村中心社区,出台《关于加快农村中心社区发展的意见》。各中心社区实行"镇辖区管、财政单列、专项考核"。《意见》未能对中心社区计划生育服务机构的职能定位、管理范围等事项进行细化和明确。区人口计生委积极应对、提前介入,由主要负责人带队,深入各个中心社区和所在镇,对计划生育服务机构的现状和改革带来的冲击等情况进行较为全面的调查了解,并形成详实的调查报告。

【新疆伊犁州人口计生代表团考察盐都】 10月28日下午,以人口计生委党组书记孙辉为团长的伊犁州人口计生工作考察团一行11人到盐都参观考察。副区长张瑞卿,省人口计生委副巡视员洪浩、市、区人口计生委负责人等相关人员陪同参观。考察团一行先后参观潘黄镇杨坝村"世代服务"室和潘黄镇"世代服务"中心,详细了解区人口计划生育工作开展情况,对盐都在开展计划生育优质服务、实施中国/联合国第六周期人口基金项目、打造计划生育"世代服务"品牌等方面的经验做法和取得的成绩给予充分肯定。张瑞卿对伊犁州人口计生考察团到盐都考察表示欢迎,希望进一步加大与伊犁州合作交流的力度,共同推进两地人口计生工作,为各自地方经济社会持续快速健康发展营造良好的人口计生环境。

【认真做好中国/联合国人口基金第六周期项目终线调查工作】 在参加国家第六周期项目终线调查培训后,区人口计生委结合江苏省宣教中心采访第六周期项目开展以来的艾滋病预防工作和中国/联合国人口基金第六周期生殖健康/计划生育项目理念宣传活动,在创建全省"十一五"人口协调发展先进区进入验收阶段,抽出一周时间,组织对样本点相关人员和调查员进行培训,入户调查结束后又利用二天时间核对所填表格的逻辑关系和质量,提前完成各项表格的调查和上报工作。

【"十一五"人口计生目标责任制终期评估迎查工作会议召开】 11月9日上午,召开创建评估验收和推进信息化进程工作会议,动员各镇(区、街道)各部门认真做好全省"十一五"人口计生目标责任制完成情况终期评估以及创建人口协调发展先进区工作。副区长张瑞卿要求,在迎查时间紧、任务重、要求高的情况下,全区各级要避免盲目乐观,防止侥幸心理,消除厌战情绪,集中力量,夯实措施,迅速解决创建迎评的存在问题。要围绕指标找差距，围绕差距定预案，围绕预案抓落实。统筹兼顾，精心安排，切实加强创建迎评的组织领导。细化创建责任，强化部门协作，硬化督查考核。充分发扬“特别能吃苦、特别能战斗、特别能奉献”的精神，以更加饱满的热情、更加得力的举措、更加务实的作风，团结一心，奋力拼搏，为如期实现创建目标作出更大的努力，以优异的成绩向全区人民交上一份满意的答卷。

【盐都获最佳项目县称号】 从12月14~15日召开的中国青年网络项目终期总结会上传出喜讯，盐都区被评为“中国计划生育协会/联合国人口基金第六周期中国青年网络项目最佳项目县”，成为全国10个获得此项荣誉的项目县之一。

（陈志龙）

国土资源开发与管理
Land and Resources Development and Management

【概述】 盐城市国土资源局盐都分局（以下简称分局）认真贯彻落实国家宏观调控政策，按照“保护资源、保障发展、维护权益、服务社会”的职责要求，坚持依法行政、高效勤政、廉洁从政，充分履行职责，积极主动服务，严格规范管理，推进科学发展，组织实施“精细化管理、集约化利用”的一系列措施，始终坚持依法用地、规范用地、节约用地、集约用地，做到守土有责、护土有方、动土有据、用土有益，为盐都经济社会又好又快发展提供强有力的资源和服务保障。全系统被评为省级文明行业、市级文明行业、区级文明行业等，荣获全市耕地保护先进集体，全市国土资源管理工作综合先进集体二等奖，全市国土资源系统队伍建设综合先进集体，党风廉政建设先进集体，创建文明行业（单位）先进集体，国土资源信息化建设工作先进集体，建设用地管理工作先进集体，地政地籍管理工作先进集体等称号。

【千方百计争取用地指标】 面对土地供需矛盾，千方百计破解用地难题，尽心竭力争取指标，以沿海大开发深入推进为契机，积极主动与上级主管部门对接协调，努力争取政策支持，全力保证全区大项目、高科技项目以及基础设施等重点项目用地。全年共争取各类用地指标6400亩，其中国家指标1645亩、点供指标3个1139亩、独立选址指标1058亩、万顷良田指标458亩、挂钩指标2100亩，为秦川机床、钦达电子等一批重大项目顺利实施提供有力的资源保障。全区没有因土地批供问题而影响重要基础设施和重大产业项目的实施。

【全力服务保障用地】 紧紧围绕区委、区政府工作中心，诚心服务全区重点工程、民生项目、基础设施等用地。全年组织报批农用地转征收45个批次6818亩；组织供地152宗7172亩，其中出让用地137宗6701亩，收取出让金40.5亿元（含融资地块11宗826亩，融资金额达11.6亿元）；划拨及使用集体建设用地15宗471亩，工业用地挂牌出让18期68宗3309亩，出让金额达3.7亿元；经营性用地规划区内挂牌22宗1900亩，出让金额25.7亿元，溢价2.7亿元；规划区外挂牌15期35宗1572亩，出让金额8.6亿元，溢价3.8亿元。

【科学编制土地利用总体规划】 取积极措施，科学编制新一轮土地利用总体规划，将2009年底的二调现状图作为规划的基础图件，设计三套方案应对修编，想方设法增加规划建设用地的上图面积，最大限度拓展建设用地空间。目前，新一轮土地利用总体规划大纲和基本农田专项规划成果通过省政府和省厅批准。同时主动协调上级主管部门进行局部规划调整，帮助相关镇（区）调整衔接性规划修改8个批次73个项目，5252亩。

【全面强化耕地保护工作】 在加大坚守18亿亩耕地红线的同时，真诚服务地方经济社会的发展，正确处理保护资源与保障用地的关系，坚持保护推动资源在先，及时调整土地管理思路，努力实现保护耕地与保障用地共赢局面。年初，由政府层层签订基本农田保护责任状，进一步强化政府第一责任；以公开信的方式，向区、镇（街道）党政主要领导、分管领导及时传递省五部门联合下发的关于《党政领导干部违反土地管理行为责任追究暂行办法》的有关精神，进一步履行好部门职责；利用“6·25”土地日，与文化部门共同举办“土地情缘”文艺演出，设咨询台、派宣传车、播专题片，开展形式多样的耕地保护宣传活动，切实增强全区上下的耕地保护意识。

【扎实推进土地复垦整理】 在严格落实耕地保护责任制的同时，坚持把土地复垦开发整理作为耕地保护的重要途径。充分挖掘土地后备资源，切实推进土地开发整理，积极支持新农村建设。全年共组织实施耕地占补平衡项目库项目41个，新增耕地面积4685亩，按市、区下达任务的3100亩和3600亩分别超51%和30%，全部通过省、市验收，确保全区耕地总量动态平衡。新争取北蒋、郭猛2个省投项目，投入资金达4000万元。保质保量地推进在手的5个省级以上投资项目，年内，大纵湖——义丰国投项目、大冈镇和尚庄镇省投项目已实施完成；楼王镇省投项目已完成85%；北龙港镇省投项目完成80%。

【完善土地执法监察机制】 面对执法监察的严峻形势，不断完善执法监察新机制。针对大市区、高新区和基础设施加快建设的态势，一方面坚持有序的疏，在坚持“一符合、四到位”的前提下，对违法用地分类处理，组织规划、用地、监察三条线定期研究，通力协作，跟紧服务；另一方面实行坚决的堵，强化土地执法巡查，严格执行“三项报告”制度，完善建设用地批准书现场公示挂牌制度、建设用地施工全程跟踪巡查制度、建设用地竣工验收制度，健全区、镇、村三级巡查网络体系，做到全员介入、全程跟踪、全面监管。对违法违规用地建立“一宗一卷”，使土地执法监察工作有力更有效。全年组织巡查100次，制止各类违法用地73起，发送停工通知书70份，发放整改通知书32份，立案查处违法用地15宗，督促违法用地单位拆除违法建筑物、构筑物2000平方米，退还非法占用土地41亩。

【超前完成村庄调查】 村庄调查是一项

功在当代、利在长远的利国利民工程。举全局之力，于2009年8月率先在全市开展村庄调查工作。采取局统一部署、监理单位把关质量、各所负责实施的模式，既节约经费，又锻炼队伍。至年底，共调查宗地18.2万宗，涉及15个镇（区）235个村居、1300个街坊，完成村庄调查的外业勘丈、地籍调查、内业编图及图形套合、建库合库、公告发证等全部工作。顺利通过省、市验收，并成为全省首批、全市首家全面完成村庄调查工作任务的县（市、区），使全区地籍"数字化信息化"管理实现全覆盖，为对内"以图管地"、对外"以证管地"打下坚实的基础。进一步完善"二调"成果，补充上报"批而未用"图斑材料，及时进行可调整地类调查和基本农田补划。

【维护群众权益效果明显】 认真化解信访矛盾，全年接受群众来信168件次，来访32批59人次，全部按期办结，信访答复达到了事实清楚、证据充分、定性准确、程序合法、处理恰当、手续完备、信访人信服的要求。全年未发生进省集访和进京上访，信访量曾逐年下降态势，越级上访量在全市排名最低。认真执行被征地农民征地补偿的各项规定，严格落实"两公告一登记"和"补偿款预存"制度，进一步完善征地补偿制度，保证补偿安置资金及时足额到位，全面实现征地、补偿、保障"三同步"。积极实施留地安置办法，增强村组集体发展后劲。全年共征收补偿安置费1.2亿元，进入社保专项账户资金6869万元，新进入保被征地农民5100人，切实做到"应保尽保，即征即保"。

【土地登记发证速度加快】 注重信息支撑，将查封登记、注销登记、注销抵押登记等所有登记发证全部纳入网上审批，不再同步受理纸质材料，促进了登记发证更加高效、便捷。全年共发放国有证书11250份，集体证书64份，他项权利证书973份，抵押注销529份，发证量同比增长30%。积极帮助企业抵押贷款融资达59.4亿元。压缩审批流程，对所有审批项目再整合、流程再重组、时限再缩短。畅通绿色通道，本着"便民、高效、规范、廉洁"的服务宗旨，建立快速的行政审批工作机制。主动加强与项目主管部门、建设单位的衔接、协调和沟通，积极配合做好项目的前期工作。秦川机床原需30个工作日办理的农用地转征收批文，仅用4天时间就办结。推进特色服务，在继续推行周末、节假日等服务的基础上，不断创新特色服务，方便办事群众。由于施教区的划分，针对新区境内的成套住房分割发证、变更登记工作量剧增的情况，采取在变更双方到房产窗口签字后，预先到国土窗口签字，而在办土地证时不再需要对方重复签字，切实把便利带给群众。全年通过服务窗口受理报件12983件，办结率达99.7%。

【快建共享网络平台】 进一步加强基础硬件建设，超前完成机房标准化改造、网络设备更新、信息化办公设备更新等项目，实现各项硬件的性能提升和网络机房的自动监控报警功能，全面确保了网上办公、网上审批的硬环境达标。在信息化应用上，运行新的内网，大力推行网上督查，网上审批超时率、退件率分别从开始的26%、39%降至2%、11%。在市局组织的信息化督查考核中，名列前茅。

6.25 土地宣传活动

【精细保障财务运转】 严格财务收支预算，规范农民补偿、土地复垦等专项资金结算，全年分解落实支出指标1595万元，均做到按序时拨付，按规定支出。加强财务检查监督，不断丰富监督层次，完成对涉及所长职务变动的11个所离任审计。积极配合市局对系统的财务审计，全面推行民主理财、财务公开，保障队伍能干成事，又不出事。同时系统的财务预算、电算化和精细化水平进一步提升。

【党风廉政建设纵深推进】 年初，按照"谁主管，谁负责"的原则，层层签订党风廉政建设责任状，实行一票否决。形式多样加强廉政教育，组织中层以上干部赴盐城监狱接受警示教育，集中学习《廉政准则》、观看廉政教育专题片《真水无香》、执政教育真实片《第一书记》，严格推行干部个人重大事项报告、民主理财、财务支出四人签字等制度，从源头上铲除滋生腐败的土壤。以公开为原则，架设监督防线。纪检监察部门参与地价评估机构、土地整理和地图编制等项目招投标全过程。系统连续10年无一人在经济方面受到党纪政纪处分。

【严抓队伍建设树国土品牌】 始终把学习教育作为提升队伍素质的基本途径，制订并下发《盐都国土系统"三年"活动实施方案》，举办新一轮规划修编、土地执法监察等30余次系统或条线培训，提升大家的业务本领；"三八"节赠女员工《为自己工作》、《决定女人一生的密码》等书籍，系统读书活动赠干部职工《中国新政》、《人品比能力更重要》等书籍，拓宽大家的知识领域；在系统活动中，改奖金为奖书、变发物为发书，活动赠书、比赛奖书、节日送书；举行读书心得交流暨学习笔记展评活动，年内，分局被评为全市学习型机关。切实注重将文化建设和活动推进有机结合，认真组织赴湖南湖北考察、去上海世博园观摩，"八一"退伍转业军人为"国土献一策"活动，庆国庆红歌演唱会活动，"牵手致富工程"活动，中层以上干部和党员双"挂钩"活动，精心承办盐都区第八届农口系统老年运动会。通过形式多样、内涵丰富的活动，清晰展现国土文化风貌，提升振奋盐都国土精神，推促队伍建设向更高层次迈进。

（刘冬芹）

矿产资源开发与管理

Mineral Resources Development and Management

【概述】 认真贯彻落实国务院关于全面整顿和规范矿产资源开发秩序的通知精神，全面完成规范矿产资源开发秩序的各项任务。按照上级主管部门要求，结合全区实际，规范矿业审批权限和程序，完善矿业权申请、延续、变更、注销等管理制度。

【全面实行矿业权有偿制度】 年检、换证工作与征收矿产资源补偿费相结合。要求企业对照年检材料进行自查自纠，对核查出来的问题落实整改措施，限期整改。核查企业交纳矿产资源补偿费情况，做到应收尽收，及时收取。年检标准不降低，收费标准不照顾，对不按时交纳矿产资源补偿费的企业进行批评教育，保证年检工作的严肃性。年检、换证工作与采矿权市场化相结合。积极稳妥地推进粘土资源的挂牌出让，充分发挥市场在资源配置中的基础性作用。对全区现有符合条件并有一定生产能力18门以上的20座轮窑厂，全部实行砖瓦粘土有偿使用，并及时完成砖瓦企业的年检换发证工作。全年共挂牌出让8宗砖瓦粘土采矿权，收取资源补偿费和采矿权出让价款10万元，全区砖瓦用粘土采矿权市场正朝着健康有序的方向发展。

（刘冬芹）

农业资源开发与管理

Agricultural Resources Development and Management

【概述】 全区农业资源开发工作，紧紧围绕提高农业综合生产能力、发展现代农业和促进农民增收的目标，进一步加强高标准农田建设，大力扶持农业产业化经营，积极推广农业先进实用技术，切实保护和改善农业生态环境，不断提高资金和项目管理的科学化、精细化水平，充分发挥农业综合开发在发展现代农业中的示范带动作用，使项目区农民得到更多实惠。

【2009年度土地治理项目一次性通过省、市验收】 全区2009年度国家农业综合开发土地治理任务：一是改造中低产田1.9万亩，总投资1235万元，其中：财政投资950万元，群众自筹285万元；二是建设高标准农田1.4万亩，总投资1760万元，其中：财政投资1600万元，群众自筹160万元。项目涉及北龙港、尚庄、秦南、龙冈、大冈等5个镇，完成的主要工程有：疏浚渠系111.3千米，新建和修建防洪闸6座、排涝站8座、机耕桥118座，建成小沟级建筑物582座、防渗渠24千米，新建农田机耕路53.68千米，营造农田防护林0.15万亩(折实面积)，培训农民4850人次。另外，利用节余资金，增建桥梁8座，修建机耕路5.7千米。8月18日，省、市开发、财政部门组成项目验收组，通过听取汇报、查阅资料、勘察现场等形式，对盐都区2009年度土地治理项目进行检查，一致认为盐都项目建设要求高、质量好，达到建设要求，通过验收。

【2010年度土地治理和产业化经营项目顺利实施】 全区全年实施的农业综合开发土地治理项目为建设高标准农田1.3万亩，项目区设在秦南镇，总投资1716万元，其中：财政投资1560万元，项目区群众自筹156万元。7月，项目完成招标工作，9月正式开工，预计2011年4月前可完成各项建设任务。实施的产业化经营项目有7个，其中：财政补助项目3个(含2009年度结转项目1个)，贷款贴息项目4个。争取到财政补助资金440万元、贷款贴息资金319万元。

【2010~2020年度高标准农田建设规划编制完成】 根据省、市人民政府办公室有关文件要求，5月顺利完成2010~2020年度拟实施的高标准农田项目规划编制，项目规划面积为28万亩，计划总资金为36960万元，其中争取财政扶持资金33600万元。项目主要围绕区"一园四线"进行规划，重点打造步湖路沿线的农村经济开发区，力争通过这11年项目的实施，使全区基本农田达到省政府提出的旱能灌、涝能排、路能通、渠能连、地平整，效益高的标准。

（姜金龙）

自然资源与再生资源开发与管理

The Development and Management of Natural resources and Renewable Resources

【概述】 积极发展生态农业取得丰硕成果：开发无公害农产品、绿色食品和有机食品基地62万亩；建设沼气工程25处，生产有机肥料，畜禽粪便综合利用率达90%以上；推进生态渔业健康养殖模式，养殖水面达12.5万亩；加快林业建设，全区森林覆盖率达到11.14%；加强饮用水源地保护，全区98%以上城镇居民实现集中供水，95%以上农村居民饮用上安全卫生自来水；加强土地资源保护，开展测土配方施肥118.8万亩，着力提高耕地质量；小城镇和农村环境综合整治结合沼气建设，建成"一池三改"沼气池1200座；建设"清洁家园、清洁水源、清洁田园"，改善农村面貌，努力建设人与自然和谐的人居环境。推动"资源—产品—废弃物—再生资源"的循环经济模式，规划建设一批废塑料、废橡胶、废电池、废家电、废电脑、废手机、包装废弃物等资源化处理以及废旧汽车回收拆解等处置产业化基地；建设一批再生资源回收集散基地和规模化的再生资源交易市场，促进再生资源回收、加工、利用的规模经营和一体化进程，提高社会综合效益；推行城市生活垃圾分类回收和废旧物资回收，提高再生资源的综合利用水平。至年底，危险废物安全处置率达到100%，再生资源回收率达到60%。

废弃物资源综合利用

Comprehensive Utilization of Waste Resources

【概述】 全区共有耕地面积5.34万公顷，常年种植水稻、三麦面积共8万公顷，油料6667公顷，棉花3333公顷，年产农作物秸秆总量65万吨左右。至年底，全区生猪饲养量95.09万头，其中栏存31.14万头，现有百头猪场650个、千头猪场36个，规模化畜禽养殖粪便常年排放量8500吨左右。在废弃物资源综合利用上：深入开展秸秆禁烧工作，禁止露天焚烧或随意弃置秸秆，大力推广秸秆过腹还田、速腐秸秆制肥、秸秆制气等应用技术。全区秸秆综合利用率达到90%以上。提倡生态养殖，推进畜禽粪便的综合利用。推行畜禽养殖业清洁生产，发展大中小型沼气工程，采取先进工艺处理粪便污水，实现固液分离，实现农村废弃物资源化。到2010年底，全区建成大中型沼气工程25处，建成农村户用沼气池8700座，规模化养殖畜禽粪便资源化利用量5000吨左右，畜禽粪便综合利用率达90%以上。及时回收残膜，推广使用可降解地膜。

（吴德标）

水资源管理

Water Management

【概述】 抓好地表、地下水的管理工作。继续完善和巩固水资源的“四个一“管理，保证全区地表、地下水管理到位率达100%；继续完善地下水静水位监测工作，确保深层地下水监测工作按时、准确观测上报；加强地下水开采控制，将开采计划分解到每一个取水单位和每一眼深井，确保开采总量不超标。开展节水型社会建设工作。积极推广节水新技术和发展节水型产业，全年共创建了省级节水型企业、小区、学校各1家，完成省级节水技改项目1个，完成水平衡测试2家。积极推进水资源管理，为企业取水、用水提供便捷、优质服务。年初，区政府与各镇（区、街道）签定2010年水资源管理目标责任书，进一步明确水资源保护职责；同时，强化对企业的服务工作，对重啤集团盐城分公司搬迁新凿井、城南健身中心游泳馆深水井项目和盐城市交通技术学校深水井项目报批等重点项目进行全程跟踪服务，受到用水单位一致好评。

【饮水安全工程】 2009年饮水安全二期工程自9月17日正式动工以来，在做好设计、监理、审计等单位之间的协调工作的同时，深入施工一线，协调处理各类矛盾，解决施工中出现的技术难题，不定期对工程施工质量进行检查，对检查中发现的施工不规范，质量不达标的情况，坚决要求返工；目前道铺工程量已全部完工，共铺设供水管道480多千米。2008年一期饮水安全工程于2009年6月底全部结束，年内，根据实地测量结果，组织施工单位绘制完成工程竣工图的绘制，编制好竣工决算并通过审计部门审计。积极协助市自来水总公司确定全区自来水主管道路线，带领相关技术人员进行调研，掌握第一手资料，为市区域供水一期工程的前期设计工作提供有力支持。

供　电

Electriciy Supply

【概述】 盐城供电公司盐都营业部坚持以科学发展观为指导，认真贯彻落实上级的决策部署，在实施区级供电公司本部化工作，以及生产经营管理、工程管理和优质服务等方面，取得新业绩。

电力营销工作成绩显著。本部门辖区内全年完成供电量90931万千瓦时，同比增长24.4%；售电量83058万千瓦时，同比增长26.1%；线损率8.66%，同比下降1.23个百分点；完成业扩报装容量210293千伏安，同比增长22.53%。对上年超容用户进行集中整治，在春节前后进行为期3个月的超容违约集中整治，使全区超容违约用电得到有效遏止。在全市率先完成用电信息采集系统建设施工任务，共完成9043户安装任务，实现安装、建档、采集率均达100%的目标。

四化工作顺利完成。根据国家电网公司“集团化、集约化、精益化、标准化”的管理理念，按照省电力公司统一要求和部署，于5月1日正式撤销盐城市盐都供电公司建制。原盐都供电公司区域内城市电力客户服务业务由盐都营业部具体负责，农村电力客户服务业务仍由所在地供电所负责。按照“营配合一”的要求，对原区供电公司班组进行相应整合，设置配电运行（抢修）班、客户经理班、装表接电班、用电检查班及电费抄收班5个班组，负责区域内配电和营销相关业务工作。在体制改革过程中，所有涉改员工均按新的岗位序列到岗履职，使过渡期内做到队伍稳定、生产安全、各项工作井然有序。

安全生产大局稳定。实施区级供电公司本部化后，根据营业部人员调整情况，及时修订完善各级各类人员的岗位责任制，狠抓各项技术措施、安全措施的落实。在一系列安全生产检查活动中，共查出九大类54条缺陷和隐患，并按照要求逐一落实整改。全年督查各类生产现场65个，查处违章8起，记分14分，考核8人，整改问题30余条。在开展安全用电、电力设施保护宣传活动和保护区专项整治活动中，共发放安全宣传画400多张，张贴标语300多块，横幅30多条，资料5000多份，清理线下树木6000多棵、新增渔塘警示牌595块，渔塘警示牌补漆800多块。在迎峰度夏和防台防汛期间，开展“反违章、除隐患，百日安全活动”，对主设备、主通道、重要线路增加巡视检查次数，成立应急抢险队伍，备足备齐各类备品备件，保证全区配网设备的安全稳定运行。

生产管理和优质服务工作卓有成效。根据地方政府要求，完成204国道、步湖路、盐宁公路拓宽改造工程，西区秦川用电接入工程，潘黄仰徐工业园工程，职教园二期接入工程，大庆路西延工程，城南片区杆线入地工程，神州路杆线入地工程等线路施工改造任务。为了搞好线路运行维护管理，不断加强线路周期性巡视和重要节日、重大活动前的特巡工作，发现并消除各类缺陷165条，其中一、二类缺陷32条；共清除杆塔上鸟窝35处，补加电缆标志桩（砖）25处，修补电缆井10处，更新电缆标牌16块；重新编刷线路名称杆号109基，确保线路安全运行。为提高供电可靠性，完成带电作业163次，其中带电搭接和带电更换设备112次，并有计划地对低电压台区进行改造。不断加大农电优质服务督查力度，使优质服务督查工作进入常态化运行。按照《盐城供电公司农村供电所营销管理、优质服务与行风建设工作考核细则》，本部共考核了64人，处罚金额达3040元。年内，大纵湖、楼王、秦南、龙冈、潘黄等五个镇被验收为2010年度“新农村电气化镇”，完成了第三届海盐文化节暨经贸洽谈会等多项保电任务，开展了“绿色电能，创新

2010年全区用电结构变化表

表5　　　　计量单位:万千瓦.时

行业分类名称	本年累计	同期累计	增减%
全社会用电总计	93375	75345	23.93
A、全行业用电合计	73383	59410	23.52
第一产业	2143	1796	19.32
第二产业	60360	49669	21.52
第三产业	10880	7945	36.94
B、城乡居民生活用电合计	19992	15935	25.46
城镇居民	3012	2044	47.36
乡村居民	16980	13891	22.24
全行业用电分类	73383	59410	23.52
一、农、林、牧、渔业	2143	1796	19.32
二、工业	58993	48481	21.68
1.轻工业	28407	22800	24.59
2.重工业	30586	25681	19.10
三、建筑业	1367	1188	15.07
四、交通运输、仓储和邮政业	388	330	17.58
五、信息传输、计算机服务和软件业	942	879	7.17
六、商业、住宿和餐饮业	2840	2186	29.92
七、金融、房地产、商务及居民服务业	2328	1465	58.91
八、公共事业及管理组织	4382	3085	42.04

(韩桂信)

奉献”为主题的优质服务广场活动，积极参加全区“3·15服务三农大篷车、放心农资下乡进村”等活动，荣获区服务“三农”大篷车活动先进集体等称号。

【公司困难职工帮扶中心正式挂牌成立】为健全完善公司扶贫帮困的体制与机制，全面实施送温暖工程，进一步推动公司和谐发展，1月11日，公司困难职工帮扶中心正式挂牌成立。帮扶中心下设办公室作为办事机构，由公司办公室、思政部人员组成。同时，公司严格遵照省公司《系统困难职工帮扶中心标准化建设实施办法》的要求，建立帮扶中心三级工作网络。

【省电力公司工程建设综合检查组调研公司新址建设】 1月30日上午，省公司工程建设综合检查组专家一行6人到区供电公司，对该公司新址建设工程进行调研指导。在建的公司新生产调度综合楼毗邻西环路，主体建筑8层，建筑规模达7995平方米，由国有资产投资有限公司承建，预计这项工程将于2011年初建成。

【区长崔浩慰问供电职工】 2月11日上午，区长崔浩率区相关部委办局6位主要负责人冒雪来到区供电公司慰问供电职工，并对公司春节期间保电工作进行调研指导。崔浩对区供电公司为确保春节期间电网稳定所作的努力表示赞许，对广大供电职工在服务地方经济、保障工农业生产和人民群众生活用电，推动社会发展方面作出的重大贡献表示感谢，并希望供电公司能继续把工作做细做实，确保全区人民过上一个欢乐祥和的春节。

【公司同步启动“绿色电能创新奉献”活动】 3月3日上午，公司在401电视电话会议室组织收视“江苏省电力公司暨南京供电公司‘绿色电能创新奉献’优质服务主题活动启动大会”。区委常委、副区长冯明印及政府办、经贸委、优化办等职能部门领导应邀出席了这次会议。会议结束后，冯明印与相关部门领导到位于杏林大酒店门前的宣传展位，实地察看活动现场，翻阅供市民免费领取的《节约用电指南》、《安全用电指南》等宣传册，冯明印对公司工作人员现场接受市民业务咨询、免费提供维修服务给予充分肯定。

【参与“3·15服务三农大篷车、放心农资下乡进村”活动】 3月15日，区供电公司组织有关员工赴楼王镇参加全区“3·15服务三农大篷车、放心农资下乡进村”活动。据统计，仅半天时间，供电公司在活动现场就发放了宣传资料1000余份，接受客户咨询近200余人.次。为做到互动学习，现场还组织用电常识有奖问答。

【供电公司实施本部化管理】 为进一步加强盐都区电网建设与运营管理，提升供电服务水平，更好地服务于市委、市政府城市发展战略，4月26日，江苏省电力公司批准盐城供电公司对盐都供电公司实施本部化管理，撤销盐都供电公司，组建盐城供电公司盐都供电营业部（临时营业地点：盐都新区开元路与盘古路交界处，新区娱乐农贸市场对面），归口盐城供电公司电力营销部管理。按照省电力公司有关文件要求，盐城供电公司于4月29日上午召开盐都供电公司实施本部化管理启动大会，决定自5月1日零时起，原盐都供电公司营业区域内的电网建设与运营业务纳入盐城供电公司统一管理，城市电力客户服务业务由盐都供电营业部负责，农村电力客户服务业务仍由所在地供电所负责。

环境保护
Environmental Protection

【概述】 全区环保工作紧紧围绕“为促转型服务，为保环境把关”的工作大局，以生态区创建为载体、清水走廊建设为重点、农村环境连片整治为抓手、环保品牌服务为特色，一手抓服务、一手抓监管，科学应对、务实履职，年度环保各项目标任务全面完成，全区环境质量平稳向好，为推进全区经济科学发展作出积极贡献。

【服务发展创树品牌】 坚持“环境有限、服务无限”的理念，把“创先争优”和“创星级、树品牌”活动有机结合，以企业和群众满意作为根本追求，把为全区建设项目提供优质服务，作为环保工作的永恒主题。集中环保服务力量，集聚环保专业资源，集成环保政策法规，优化服务流程，为全区企业和建设项目提供环保集成化品牌服务。项目审批“一站通”。对全区三大新兴产业、六个特色产业、十个专业园区的项目，前移服务窗口，优化流程，确保让服务对象满意而归。项目监管“一盘棋”。加强内部职能集成与运作，压减工作人员到企业的频次，提升办事效率，减轻企业负担。项目服务“一把尺”。坚持依法行政，实行环保行政权力网上公开透明运行，规范服务行为，把责任和压力传递到全局每一个员工，健全考核体系，激励创先争优，提升服务效能。年内，对区内重庆啤酒集团盐城分公司新上年产20万千升啤酒生产线、江苏中联电气股份有限公司矿用电缆等11个报上级环保部门审批的重大建设项目，落实专人，负责对上协调，全程服务，解决项目建设过程中最棘手、最复杂的矛盾和问题，确保项目如期开工。全年共为全区162个项目提供环评服务，审批服务建设项目达145个，环评率达到100%；为企业提供环境监测报告133份，提供有效监测数据1277个，并对12个项目组织“三同时”验收，共接受企业和项目环保政策咨询329人次。

【生态创建勇唱主角】 继2009年11月区人大通过《盐城市盐都区生态区建设规划》后，区委、区政府对“十二五”时期生态文明建设的发展方式、战略布局、开发保护等方面作系统规划，郑重提出：在“十二五”期间，要在全市首批建成国家级生态区。环保局主动履行生态文明建设的应尽职责，勇唱主角，全力当好生态创建的“引导员”和服务科学发展的“勤务兵”，扎实推进国家级生态区创建。盐都作为全省首批16家、全市唯一开展连片整治的示范区，按照“一年打基础、二年全展开、三年见成效”的创建要求，全面启动农村环境连片整治工作。把大市区饮用水源源头保护区和现代农业开发区沿线的8个镇（街道）、100个行政村、224个自然村作为生活垃圾和生活污水连片整治示范区域。工程的总投入达2530.4万元、面积为4.3万公顷，受益人口有26万人，对上争取2000万元以奖代补资金。年内，楼王镇通过全市唯一国家级生态镇考核验收；潘黄等4个镇（街道）被评为省级生态镇，大冈民生等5个村（居）评为省级生态村，郭猛等3个镇（街道）被评为市级生态镇，学富三永等36个村（居）被评为市级生态村；市三院、华跃织布厂等5家企事业单位通过ISO 14000环境管理体系认证。市委、市政府表彰为全市十大类重点生态工程先进单位。

【水源保护担当重任】 按照省政府《关于盐城市新饮用水源地的批复》和《盐都区建设清水走廊三年行动方案》的要求，全市率先落实“清水走廊”河长责任制，并于1月26日在新饮用水源取水口，召开“清水走廊”河长履职仪式现场观摩会，水源保护区内的9个镇、52个行政村全部落实河长监管责任，建立联防联控网络。全年共编印《清水走廊建设手册》1000余册，树立水源保护区标牌、标识83块，并组织全区270名村（居）党支部书记进行农村环境保护知识专题培训。全面开展饮用水源保护区内污染源普查，狠抓水源保护区内的非化工企业专项整治工作，对144家企业进行逐一排查疏理、登记造册，实行一企一档，建立电子地图和电子档案，全区水源保护逐步进入规范化管理程序；对蟒蛇河水域的23家非化工类污染源进行专项整治，14家位于市区饮用水源上游二级和准保护区内从事化工经营的企业全部取缔到位，整治部分违法建设项目和违法排污企业，确保盐城大市区饮用水源的安全。

【环境监管认真履职】 坚持环保优先的方针，严把项目准入关口，锁定“十一五”主要污染物排放总量削减目标，利用环保倒逼机制，调结构，促转型，淘汰落后产能，有效劝退和否决了污染项目27个。10月，经国家环保部核实，全区累计削减化学需氧量2863吨、二氧化硫466.31吨，提前完成了“十一五”污染减排目标，为全区发展储备总量来源。强势推进环境执法，开展“三项隐患”排查、化工企业转经营单位专项整治、污水处理厂专项督查、小浴室烟尘治理、大理石加工企业专项整治、重点环境案件后督查和整治违法排污企业、保障群众健康等专项行动，对重点查出的19项环境安全隐患逐一落实整改措施。与此同时，对全区境内“两高一资”企业和群众反复投诉的问题进行重点排查和整治，共整治各类重金属污染企业35家。作为全省15个秸秆综合利用示范区之一，盐都秸秆禁烧和综合利用“全面发动到位、疏堵结合到位、政策引导到位、重点全禁到位、齐抓共管到位”等“五个到位”的成功经验，得到市政府充分肯定，夏季秸秆禁烧工作考核列全市第一。认真处理群众环境来信来访工作，通过局长接访、“金桥下访”、圆桌会议、信访调处和效能监察等方法，解决一批群众反映强烈的环境问题，切实维护群众的环境权益。全年共出动检查2600多人次，检查210余家企业，查处各类违法案件25起，处罚金额30余万元；处理各类环境投诉513件，结案率达98%。

【提升形象自我加压】 扎实开展“创先争优”活动，先后下发《盐都区环保局关于深入开展“创先争优”活动实施意见》、《盐都区环保局关于开展“环境保护优先、集成服务优质”活动实施意见》、《盐都区环保局关于服务全区特色园区、特色项目工作指导意见》、《盐都区环保局关于深入开展“四比四看”活动实施意见》等局系统“创星级、树品牌”工作意见，其中《盐都区环保局开展环境保护优先，集成服务优质活动实施意见》被市环保局转发至全市环保系统。年内，先后3次邀请区人大代表、区政协委员，参加环保工作座谈会和环保服务行风评议；先后4个批次组织局班子成员带领相关科室负责人到区内企业走访和调研，广泛听取和征求社会各界对环保工作的意见和建议。全力推行环保行政权力网上公开透明运行。积极利用区内外媒体，广泛开展环境保护宣传工作，大力营造全社会公众关心环保、支持环保、参与环保的浓烈氛围。全年共被区内、外媒体采用宣传报道稿件103篇，被省厅环保网站录用信息65篇，市、区政务信息录用环保信息90篇。盐都环保网站已成为环保行政权力网上公开运行、环保要闻、环保公示等省、市有影响、有特色的品牌栏目，连续第3年在全省环保系统参评网站中获得第3名。该局还印发《农村环保小常识》、《环保品牌服务宣传手册》、《环保品牌服务指南》等宣传手册5000余份；每月安排1~2天时间，组织干部员工参加法纪教育和环境监察业务培训；先后派出21人次，到省以上培训机构参加学习和培训；对全局14名中层干部进行轮岗交流，环保队伍的综合素质得到有效提升，全区环境平稳向好，社会各界对环保服务的满意度不断提高。

【举行新饮用水源保护区河长履责仪式】

按照《盐城市建设清水走廊三年行动方案》要求，对新饮用水源保护建立河长责任制，由区长担任河长，沿河9镇镇长担任分河长，蟒蛇河及朱沥沟沿线的居委会(村)主任为段长，并明确河长、分河长、段长的相关职责，全力做好新饮用水源的保护工作。1月23日上午，在盐龙湖取水口举行盐都区新饮用水源保护区河长履责仪式。市及各县(市、区)分管环保工作的领导、环保局长及盐都区相关部门主要负责人，新饮用水源保护区河长、分河长及段长，沿河居委会(村)主任和部分居民代表出席仪式，区环保局局长宣读河长责任段划分决定，区长代表盐都区人民政府向各分河长颁发任命状，各分河长向区长递交水源保护责任状。

【盐都污染源普查工作受国务院表彰】 根据《国务院办公厅关于印发第一次全国污染源普查方案的通知》(国办发〔2007〕37号)的精神要求，2007年6月~2009年1月，进行全区第一次污染源普查工作，共普查923家工业源、316家生活源和3家集中式治理设施，4687家农业源、14743台农机。3月，被国务院第一次全国污染源普查领导小组、环保部、国家统计局、农业部等单位联合表彰为第一次全国污染源普查先进集体。

【开展环保集成服务活动】 坚持以企业和群众满意作为根本追求，集中环保服务力量，集聚环保专业资源，集成环保政策、法规，优化服务流程，为全区企业和建设项目提供环保集成化服务。项目审批“一站通”。对全区三大新兴产业、六个特色产业、十个专业园区的项目，前移环保服务窗口，优化流程，确保让服务对象满意。项目监管“一盘棋”。加强内部协调与运作，压减到企业的频次，减轻企业负担。项目服务“一把尺”。坚持依法行政，实行环保行政权力网上公开透明运行，规范服务行为。全力化解环境信访矛盾，维护群众的环境权益。激励创先争优，提高服务效能，打造盐都环保“环境保护优先、集成服务优质”服务品牌，服务全区经济科学发展，助推“双新”盐都建设。

盐都区环境监察局各分局

盐都区环境监察局一分局
负责人姓名　葛存杭
地　　址　盐城市双元路17号
电　话　86012010
邮　编　224005

盐都区环境监察局二分局
负责人姓名　仇安军
地　　址　盐马南碧水豪宛北大门北侧
电　话　86024004
邮　编　224001

盐都区环境监察局三分局
负责人姓名　吴　平
地　　址　盐马南碧水豪宛北大门北侧
电　话　86024004
邮　编　224001

盐都区环境监察局四分局
负责人姓名　侍红彬
地　　址　龙冈凤凰南路
电　话　88706028
邮　编　224011

盐都区环境监察局五分局
负责人姓名　陈　刚
地　　址　尚庄镇人民路
电　话　88603166
邮　编　224023

盐都区环境监察局六分局
负责人姓名　王浩波
地　　址　尚庄镇人民路
电　话　88666000
邮　编　224023

盐都区环境监察局水源分局
负责人姓名　严　刚
地　　址　盐城市双元路17号
电　话　86012055
邮　编　224005

【成为全市唯一国家级农村环境连片整治示范区】 7月上旬，盐都区被确定为全省首批16家、全市唯一国家级农村环境连片整治示范区。根据中央关于农村环境连片整治示范工作的有关精神和《江苏省农村环境连片整治示范工作方案（2010~2012）》要求，确定潘黄、郭猛、葛武、尚庄、义丰、大纵湖、北蒋、秦南8个镇、100个行政村、224个自然村为连片整治示范区域，连片整治面积达42670公顷，受益人口259616人，工程计划总投入2530.4万元（其中，国家、省当年支持项目资金2000万元）。镇（乡）建设垃圾收集池1074座、设置垃圾桶2955个；配一级清运车辆100辆、自装卸式垃圾车10辆；建设移动式垃圾压缩站4座和垂直式垃圾压缩中转站3座；建设污水处理设施1套；装备车厢可卸式垃圾转运车2套、车厢封闭式垃圾转运车3辆、吸污车1辆。

【楼王镇顺利通过国家级生态镇初检】 8月18日，楼王镇顺利通过国家级生态镇初检，成为全市首家通过国家级生态镇检查考核的乡镇。

【组织环保专项行动】 先后开展“三项隐患”排查、化工企业转经营单位专项整治、污水处理厂专项督查、小浴室烟尘治理、大理石加工企业专项整治、重点环境案件后督查和整治违法排污企业、保障群众健康等专项行动，对重点查出的19项环境安全隐患逐一落实整改措施，对14家化工企业转经营单位予以取缔关闭并搬迁到位，对全区境内“两高一资”企业和群众反复投诉的问题进行重点排查和整治，共整治各类重金属污染企业35家。

绿　化

Greening

【概述】 全区上下紧紧围绕“绿色盐都”建设目标任务，科学制定规划，深入宣传发动，创新工作方法，强化组织推进，造林绿化工作取得了显著成绩。据核查统计，全区新造成片林2.87万亩，四旁植树398万株，其中经济树105.9万株，新建和完善农田林网18.68万亩，建设村庄绿化达标村66个，新建绿色通道216千米，完成造林折实5.96万亩。

【强化组织推进】 区委、区政府对“绿色盐都”建设高度重视，专门成立建设指挥部，进一步强化领导。2009年9月，先后召开专题会议8次，研究推进措施，落实目标任务，强化建设责任。在此基础上，区委、区政府主要领导、分管领导多次深入重点区域、地段、路段、圩堤进行现场督查，有力保证造林绿化工作的顺利推进。

【实行重点重抓】 全区围绕小康社会森林覆盖率指标和创建国家园林城市的总体目标，确立区级“2311”和镇级“321”两个重点工程和每镇建成一个5千米以上的绿色通道循环精品工程，实行重点重抓，发挥示范带动作用，以工程建设推动全区造林绿化的跨越式发展。通过努力，形成镇镇有亮点，处处有精品，家家有特色的喜人局面，呈现大冈、龙冈、楼王、葛武、义丰、学富等地近10千米的绿色通道循环精品工程。

【狠抓建设质量】 严把树塘、苗木、栽植三道质量关口。在树塘质量上，落实专门班子、人员严格把关，分村组、地段责任到人，包干负责，取缔小树塘、浅塘口。在苗木质量上，落实区、镇林业技干责任，跟踪苗源，保证全区新植苗木都是无病壮苗，为保证苗木成活率、保证造林效果奠定坚实基础。

【加大财政投入】 区财政安排1000万元专项资金，采取“以奖代补”的办法，对农村绿化的“2311”区级重点工程给予奖励。其中，公路用地界外两侧规划绿色通道建设的隔离沟按每千米5000元的标准补助；绿色通道新植林木占地按每亩1000元的标准对农户进行补偿，按“4、3、2、1”的比例分4年到位，对完成建设任务且苗木保存率达85%以上的，每亩补助苗木费100元；围村林合格村和区级林业示范村分别按每村1万元和2万元的标准奖励；百亩经济林示范方每亩补助各镇（区、街道）工作经费100元。各镇（区、街道）也加大财政对绿化建设的投入，划出专项资金“盘子”，保证造林绿化需要，以确保“绿色盐都”建设工作顺利开展。

【破解林地难题】 针对不同的建设实际，分类采取不同的办法破解林地难题。绿色通道建设用地，采取对农户占地补偿的方式；圩堤绿化用地，采取由“镇负责，村栽植，户管护”，收益归镇、村、户三方所有的运作模式；一般林地，专门出台界定公告，明确土地用途；其他宜林地，按照树苗免费提供的方式，鼓励农户应栽尽栽。葛武镇通过努力，将废弃场头收回，重新发包，每年每亩租金80元，一包15年；未发包的，采取由村集体统一栽植，收益归农户和村集体五五分成的办法。

城乡建设 交通

Urban and Rural Construction
Communication and Transportation

城镇规划
Programming of Town

【概述】 盐城市规划局盐都分局紧扣主攻"'三个提高'、加强'五项建设'、'打造双新盐都'"工作目标，全面落实区政府城建计划，围绕大市区城乡建设总体思路，扎实推进全区城乡一体化进程，进一步健全完善全方位多维性的规划管理制度体系，全方面推进城乡规划的实施和管理工作，以依法行政为主轴，以德行政为辅线，简化项目审批程序，提升服务质量，加强规划监察力度，使全区城镇规划工作有了长足的发展。

【科学引导城镇规划】 重点完成大冈镇、郭猛镇、龙冈镇、大纵湖镇、学富镇总体规划；张庄街道、郭猛镇、龙冈镇及高新区城市设计；西南片区商贸中心设计、台湾农民创业园中心休闲农业区建设规划等。先后组织编制完成城西南片区盐渎路北生活组团城市设计及神州路生活组团修建性详规、物流园区城市设计、高新区华锐风电产业园、电子信息产业园城市设计，高新区盐龙山规划将在12月底前完成规划方案及施工图设计。组织编制完成潘黄镇仰徐村村庄规划，已完成专家评审工作，修建性详规目前正在编制中，计划年前完成；郭猛镇城乡统筹规划初步成果已完成，现待市里组织统一评审。全年共组织专家评审工作5次，总编制经费达880万元。

【城镇规划管理】 按照《关于盐城市实施〈江苏省城市规划管理技术规定〉细则（试行）的通知》的要求，切实高效做好"一书三证"审批发放，严格规划批前批后管理。采用总平面规划审查"三张图"审查法，即建设单位报批总平面规划时，必须同时报送总平面规划图、绿地系统专项规划图、道路系统专项规划图、停车位分布专项规划图、建筑日照分析图、公共设施分布图、建筑面积及有关指标计算公式、建筑套型比例分布图，做到一目了然，审查有据。

【规划审批服务】 在区审批中心设立服务窗口，项目材料受理、收费和办事人员接待上，严格按照审批中心的规定要求，做到"一口清、一纸明"、"特殊项目特别办理"，在工作中推行6个工作日制度和预约办件制，受理项目审批在分局实行5个工作日内必须办结，我局预审后及时将项目材料上报周一、周四市局业务会办与技术会审，通过市局会办后第二天必须全部办结，切实做到制度化办公结合人性化服务。全年收件674件，办结674件，办件率达100%。共核发选址意

专项治理交流会

见书 34 份，约 593.63 万平方米，建设用地规划许可证 194 份，用地面积约 220 万平方米，建设工程规划许可证 108 份，建设面积约 123.48 万平方米。发放规划设计要点 80 份，答复意见 340 余份。

【规划执法监督检查】 加强城乡规划监督检查，建立和完善规划执法机制和民房违建查处机制，将各类建设用地和建设活动全部纳入城乡规划，服从规划管理。全年共查处各类违法建设案件 195 起，民建违建 84 起，面积 13026.2 平方米，公建 111 起，面积 772724.19 平方米。协助西区、潘黄、张庄等镇、办事处组织拆除整治行动共计 20 余次、600 人参加。在规范建设市场的同时，推动城市建设，维护规划法律法规的严肃性。

【规划宣传】 深入开展《城乡规划法》宣传，向市民普及法律知识，利用电视台、地方报纸、区政府网络信息公开平台、规划局网站等途径报道工作动态，在全区形成学法守法、科学规划、文明建设的良好氛围。

村居规划
Villagers Living Planning

【概述】 先后编制郭猛镇、潘黄仰徐村等城乡统筹发展试点示范镇、村规划，以及新一轮农村集中居住点规划、葛武郝荣村、郭猛三湾人家等特色村庄建设规划，实现城镇规划全覆盖。

城市建设
Urban Construction

【概述】 投入资金 15.2 亿元，重点实施南纬路、盐渎路、新都路一期等道路工程，新增道路 10 多千米；仅用 5 个多月时间，完成投资 5.5 亿元的市重点服务业项目——盐渎明城建设，接受省、市、区领导的观摩检阅，并得到市区领导的充分肯定；按照区委、区政府“二六十”工作要求，完成了中小企业园两幢厂房建设，新增建筑面积 3 万平方米，外资工业园、文化产业园全面启动建设，世纪大厦全面交付使用，09 庄园、如意首府、盐都专家公寓等项目有序推进；督促新都路 22 个单位和部分小区接入接通污水管网，主城区污水处理率达到 70%；综合整治前进公寓、新都花园、温馨花园等老旧小区，改善居住环境。同时加强市政管护，路面完好率达到 99%以上，路灯亮灯率保持 98%以上。

【创建国家园林城市】 按照“四城同创”的要求，突出打造“水绿盐都”，为创建国家园林城市添力助航。高品位建成三河子绿地、新建道路绿化、道路节点绿化、中小企业园绿化等工程，督促相关责任单位投入“绿化会战”，实施绿化建设项目，城市绿化覆盖率达到 40.6%，名列全市第一。国税局、康居路小学、都市豪苑等 12 个单位（小区）创建市级园林式达标单位（小区），市一中南校区、盐都检察院创成省级园林单位。

【依法征地拆迁安置】 按照国家和省市有关规定要求，规范建设项目征地，严格拆迁计划管理，加强专项资金监管，严格实施市场准入，保障征地拆迁规范有序进行。年内实施拆迁项目 40 个，拆迁农户 602 户，拆除房屋面积 11.24 万平方米，拆迁单位 4 家，拆除面积 1.11 万平方米，保障市、区两级城建重点工程顺利实施。同时，滚动安置动迁居民 3590 户，安置率达到 90%以上，构建和谐稳定的党群干群关系。

城市管理
Town Management

【概述】 2010 年，是全区城市管理体制更加完善、城乡统筹继续推进、服务效能不断提升的一年，城管系统干部员工围绕年初确定的“提高环卫保洁质量、打造最干净城区，提升城市容貌品位、塑造市容秩序最优良城区，提高行政执法能力、争创执法最规范城区，提升机关效能、打造办事最快部门”奋斗目标，团结协作、奋力拼搏、真抓实干，出色完成全年各项工作任务。在全市各县（市、区）综合考核中名列第一，连续第 6 年被表彰为全市城市管理工作先进集体，被省政府法制办公室表彰为 2010 年全省城市管理行政执法工作先进集体，执法队伍规范化建设创建成省三星级单位。

【“十一五”工作回顾】 “十一五”时期，是全区城市管理工作迅速起步、全面发展的重要时期。一是城市管理机构和机制逐步健全。2005 年成立区城市管理局，与盐城市城市管理行政执法局盐都执法大队合署办公，履行城市市容和环境卫生管理与执法职能。2009 年成立具有独立执法主体资格的区城市管理行政执法局，并组建城南、新区、高新区 3 个执法大队，对应于新都、新区和西区，实施相对集中行政处罚权。2010 年成立由区长担任组长的跨部门综合协调机构---区城市管理委员会，城管工作齐抓共管的局面初步形成。二是管理范围不断扩大。2005 年底，管理的范围仅限于区行政中心周边，约 5 平方千米左右，城市道路保洁面积 57.8 万平方米，环卫工人 54 人。至 2010 年底，管理的范围扩大到东至串场河、南至盐徐高速出口、西至高新区双新路，约 60 平方千米。纳入常规保洁的城市主次干道 68 条，总长 149 千米，保洁总面积为 426 万平方米，环卫工人总数达 350 人。城市生活垃圾从就地填埋到全部送发电厂焚烧，清运率和无害化处理率达 100%。积极启动农村生活垃圾集中处理。“十一五”末，农村 8 镇 109 个村居的生活垃圾采取“组保洁、村收集、镇集中、区转运处理”的模式实现集中处理。三是基础条件日臻完善。投入 100 余万元在大市区率先建成区级数字化城市管理指挥中心，使城市管理工作步入应用信息技术、推进精细管理的“数字化”时代。先后投入 500 余万元陆续建成压缩式垃圾中转站 1 座和 5 座星级公共卫生间投入使用。购置了压缩式垃圾运输车、垃圾收集车、扫路车和冲洗车共 10 多辆，改善了环卫作业条件，有效保证环卫作业的质量和效率。四是队伍建设成效显著。加强城管队伍教育管理，强化机关效能建设，努力打造城管服务品牌。城管执法队伍坚持人性化执法和亲民执法，创建成全省住建系统行政执法队伍规范化建设三星级单位和市级文明行业。

【城市管理机制体制日趋完善】 率先在大市区成立区级城管委，大城管格局初步形成。在市成立城管委并对各区实施城市管理专项考核后，迅速行动，于7月下旬成立由区长担任主任、分管副区长担任副主任的区城管委，城管委随即印发《盐都区城市管理工作考核办法》，将城市建成区的4个街道、新区和住建局、城管局纳入考核，从相关部门抽调专人组成考核小组，每月考核不少于3次，下半年共实施16次考核，印发考核通报4期，发出整改通知31份，督查解决重点问题18个，城市管理工作齐抓共管的局面初步形成。城管执法体制进一步理顺。按照市政府关于调整完善市区城管体制的部署精神，在组建具有独立执法主体资格的区城管行政执法局的基础上，积极争取区编委批准分别建立城南、新区和高新区三个执法大队，配备执法大队领导班子，健全组织架构，进一步理顺城管执法体制，提高执法管理效能。城管执法的司法保障得到加强。年初，区公安局成立并向执法局派驻城管治安中队，全年接处警187起，调处各类矛盾纠纷38起，立案查处违法案件3起5人，责令具结悔过、公开检讨、赔偿损失35人次，查处机动车乱停靠298辆，协助查处违章运输渣土车辆127辆，为城管执法工作顺利开展提供有力有效的司法保障。

【统筹推进城乡环卫事业发展】 继续抓好城市道路保洁市场化运作。近60平方千米的城市管理区域内68条主次干道总长149千米，道路保洁总面积为426万平方米，总清扫面积为237万平方米，由6家民营保洁公司承包保洁。环卫处进行日常督查考核，采取逐日考核、每周讲评、工资挂钩、每月结算的办法，确保保洁质量不断提高。积极推进城乡生活垃圾统筹处理。在有效组织城市生活垃圾清运，确保日产日清的基础上，将农村生活垃圾集中处理的范围扩大到8个镇，109个村居，受益人口达25万人。采取"组保洁、村收集、镇集中、区转运处理"的运作模式集中处理农村生活垃圾，先后指导新建龙冈、张庄、潘黄、郭猛、葛武5座镇级垃圾中转站，区购置专用运输车辆，区镇两级共投入近800万元。8镇累计配备348名村组保洁人员，新建376个垃圾池，从而初步建立起区、镇、村、组四级联动的城乡垃圾统筹处理体系。区政府拨出"以奖代补"专项资金50万元，在年底奖励兑现，这项工作的覆盖面和运作成效居全市领先。重视环卫基础设施建设。在世纪大道沿线新建2座星级公共卫生间，在盐龙街道黄刘村征地15亩，筹建环卫车辆停车场。

【开展建设工地、工程渣土和建筑装潢垃圾专项整治】 随着城南新区建设的加快，针对大量建筑工地争相出土、道路抛洒污染日趋严重的实际，一方面加大宣传力度，深入工地面对面宣讲相关法律规定及管理标准，签订建筑工地市容环境卫生责任书。另一方面加大巡查处理力度，建立24小时不间断处理机制，局领导班子成员全夜带班轮值，全年共查处违章渣土车160多辆，处罚78辆次，有效遏制渣土车带泥行驶、超载抛洒的势头。与此同时，高度重视媒体曝光和群众投诉多起建筑装潢垃圾随意倾倒行为，相继采取轮流值班、蹲点守候、尾随跟踪等办法，共查处10多起偷倒行为，并且组织力量对记者家园、再创路等多处积存散倒装潢垃圾进行集中清运。

【创建成全省三星级行政执法队伍】 12月27日，省住房和城乡建设厅发出《关于2010年全省住房和城乡建设系统行政执法队伍规范化建设星级单位验收情况的通报》，通过现场考核验收，区城管执法大队被评为全省住房和城乡建设系统行政执法队伍规范化建设最高等级——三星级单位，成为全市唯一获此殊荣的区级城管执法队伍。

【打造城管服务品牌】 在全系统开展"用心管理城市、真情服务市民"创牌活动，提出用真心、精心、爱心、耐心、恒心管理城市，在规范管理、严格执法的同时，要带着感情、倾注热情，为群众提供真情服务，全力打造人民满意的城管服务品牌。通过学习讨论，广大城管员工服务意识普遍增强，服务举措不断创新，从细节入手，做优服务。在行政审批方面，积极推进项目流程再造，梳理缩短办结时限，即办件比例达95%以上。对每例申请审批的广告店牌，工作人员都坚持到现场勘查，并聘请专家帮助把关，确保新设置的广告店牌与城市景观相协调。同时，根据企业和市民的意见，取消广告审批收费，虽然减少收入，但赢得很好的社会效益。围绕"5·18"和"11·18"等重大经济和社会活动做好市容环境保障，全年累计达80余次，为各级领导、来宾和中外客商展示了城市良好形象。"用心管理城市、真情服务市民"获全区"十大服务品牌"称号，区环卫处被区委、区政府表彰为"五星级服务科室"。 （卞　荣）

新农村建设
New Country Construction

【概述】 按照"做新城镇、做美农村"的总体要求，坚持"五个一体化"的发展理念，全力推进城乡建设基础设施先行。各镇(街道、中心社区)重点实施集镇建设"六个一"和镇区绿化"五个一"工程等136个城镇化项目，完成投入15.4亿元，着力在老街改造、道路建设、排水排污、绿化亮化、环境整治等方面完善集镇功能，提升集聚能力，促进城镇化与工业化、城市化与服务业良性互动发展。

【打造精品工程】 重点实施生态型园林绿化项目，彰显城镇建设个性特色。高品位建成龙冈干河绿带、楼王富昌河绿带、大纵湖湖滨绿地等滨河绿带，高质量建成荣泰大道、泽夫北路、武荣路等园林式景观道路，高起点建成大纵湖人民公园、学富幸福公园等公园游园，高水准建成金庭花园、宾达花园等园林式小区。培植龙冈黄庄、大冈杨韦等一批苗圃基地，有效提高适生树种苗木自给率。

【加大创建力度】 积极开展创建活动，

着力打造创业宜居环境。推进园林小城镇创建，大纵湖镇率先创成全市首家省级园林小城镇。推进城乡统筹试点镇、村创建工作，郭猛镇实施“四区联动”战略，重点建设绿色创业宜居镇区；仰徐村加大基础设施建设，改造村庄道路、自来水管网，建成污水处理系统，村民集中居住280户，集中居住率达到80%。推进省级康居示范村、环境整治示范村和规模中心村创建工作。郭猛杨侍村顺利通过省级康居示范村验收，获得省厅命名。大冈镇冈中社区同桂村、楼王镇丁马港村科学实施投入，有序整治村庄环境，顺利通过省住建厅验收。义丰镇骏马村、秦南镇泾口村精心实施生活污水处理项目，极大地改善人居生活环境，有效提高群众小康生活指数。

交通运输

Communiction and Transportation

【概述】 全区交通运输工作坚持以科学发展观统领全局，紧紧围绕策应沿海大开发的要求，以加快实现“双新”目标和各项工作争一流为动力，抢抓机遇，攻坚克难，交通基础设施建设、行业监管、服务发展、党建和精神文明建设取得一定成绩，全面完成年度工作目标，为全面科学规划“十二五”发展奠定坚实的基础。

提升区内路网结构，加快交通基础设施建设。231省道盐都段实现全线通车目标。231省道盐都段全面完成路基综合土、路面沥青施工，11月底实现初步通车目标。在建交通重点工程按序时推进。龙学线改造工程通过强势推进，实现按期通车的目标，方便沿线群众的出行。229省道扩建改造工程、步湖路拓宽改造二期工程郭猛段在顺利完成监理、施工标的招投标工作后，于7月22日举行开工仪式。桥梁全面动工，桥梁主体完工达80%，路面处理占任务的50%。积极做好交通项目的储备工作。组织人员，着手331省道改造、步湖路拓宽改造工程的前期工作，步湖路拓宽改造工程将借省道规划调整之际，挤入改造计划，实现全面改造。继续加快农村公路建设。全年完成农村公路项目98个，107.2千米，桥梁76座。继续加快航道疏浚建设。启动盐宝线龙冈段一期护岸、蟒蛇河航道大纵湖段二期护岸工程建设。完成冈沟河航道五期疏浚工程。总投入700多万元的盐宝线三期疏浚工程于5月21日开工建设，被评为市级优质工程。至年底，全区境内公路总里程达1766.17千米，公路密度达168.4千米/百平方千米，其中高速公路53.4千米，一级公路78.9千米，二级公路241.8千米，三级公路134.7千米，四级公路1257.37千米。航道总里程达365.50千米，其中三级航道36千米，四级航道34千米，五级航道9千米，七级航道87千米，等外级航道199.5千米。港口8个，码头泊位86个，码头总延长0.6万米。

突出质量、安全监管，行业管理水平显著提高。公路养护管理水平全面提升。以干线公路迎国检为契机，强化干线公路环境综合整治，全面加大公路生态管养，国省干线优良路率达99.1%，列全市前列。331省道全线整治成精品路段。全年，依法向法院申请强制执行案件27件，并积极探索民事索赔诉讼方式，制止各类违法行为200余起，查处农村公路超限车辆33起。农村公路养护管理逐渐步入规范化轨道，大冈镇建成全市乡村公路管养和安保工程示范镇。安全监管全覆盖得到加强。扎实开展“平安交通示范点创建”、安全管理提升年、“安全生产月”活动和安全生产拉网式大检查，有效推进平安交通创建工作。全年，共组织安全生产检查160余次，整改消除各类安全隐患320多项（起）。完成204国道、331省道路肩整治、干线公路道口标准化搭建，实施233省道非大中修路段的坑塘修补，保证了全区公路的安全畅通。策应上海世博会，努力做好环沪护城河及客运车辆入沪的安全监管工作。推广“1+3”安全监控体系建设，取得实效。春运期间共安全运送旅客77万人次。境内未发生一起交通安全责任事故，航道内未发生堵塞48小时以上的责任事故，系统内没有发生工伤及消防事故。依法行政能力得到强化。积极整合交通执法资源，整治重点路段的客运秩序，共查处“黑车”87辆，查处违章560多起。积极推进说理式执法，切实做到“五规范”，确保无“三乱”行为发生。圆满完成创建市法治示范单位任务，获市委市政府表彰。质量监管水平显著提升。实行质量监管关口前移，将纪检监察巡查制度延伸到交通工程建设全领域，严把质量控制关，认真把握每个环节、每道工序的质量监督，不留隐患。在省市组织的质量验收、中间检查中，质量控制水平得到提升。农村公路建设在省市组织的质量验收中，合格率达100%，优良率达85%以上，保持良性发展势头。

开展创树活动，服务发展的能力明显增强“创星级、树品牌”活动成效显著。开展“学习先进创星级，提升形象树品牌”活动，区运管处、区公路站、区航道站积极完善服务制度，改善服务态度，推行“一窗式”、“一站式”、“无障碍”、“零投

诉”的服务模式，主动参与区级服务品牌的创建、申报，机关服务效能显著提升。充分利用政务信息公开平台，畅通群众投诉渠道，及时回复率达100%，群众满意率达99%。全力推进“三服务”工作。挂钩服务人员定期深入企业，帮助解决发展难题，圆满完成区委、区政府下达的各项任务。完成与义丰镇陈庄村共建致富林任务、帮助秦南镇秦兴村完成农村公路计划申报、建设等工作。在大纵湖湖区设立专门的公交站台，为开通湖区公交提供了保证。高度重视招商引资工作。明确分管领导专职驻外招商，落实全员招商责任，引进投资2.5亿元的江苏诚洁置业有限公司成功落户；引进注册1.6亿元的江苏富海钢材市场已完成工商注册，土地征用正在协调之中；协议引进浙江骆氏集团投资3亿元的汽车配件项目；跟踪有效信息3个，圆满完成区委区政府下达的招商引资任务。倾力服务全区中心工作。积极帮助科教城、西区、阜宁高师、郭猛镇、张庄街道、龙冈镇申报交通工程建设项目，申请土地利用计划。区运管处、区航道站为华锐风电产业园区打通水陆运输通道，修建运输码头，支持经济主体区和支柱产业的发展；主动服务物流业发展，做好人员培训、品牌申报等工作，积极服务城西南物流区发展，寻求上级政策支持，促进物流业的快速发展；明确专人服务“台湾农民创业园”的项目入园工作，充分发挥交通部门的职能作用。着力创优服务环境。加强对运政、路政服务大厅等窗口服务人员的管理，切实兑现服务承诺；全面实行“两集中，两到位”，加大对交通行政许可项目的清理力度，方便办事人员；推行政务公开，编制行政许可流程图，推进行政权力网上公开透明运行，打造一流的交通服务平台。进一步畅通人大代表、政协委员议案办理渠道，全年办理人大代表议案20件、政协提议13件，满意率达100%。

突出创先争优活动，党建精神文明建设全面加强。着力强化理论学习。建立健全“三会一课”、机关学习培训制度，开展政治理论、职业道德、家庭美德、社会公德教育活动，交通新风新貌不断涌现。扎实开展创先争优和“双争”活动，突出“五个好”、“五带头”的标准，开展“双征询”，搞好“三承诺”，做好领导点评，并分层分类加强对基层单位创先争优活动的督查，注重将活动开展与承诺为民办实事、提升交通服务形象结合起来，使“双争”、创先争优活动起到进一步推进交通发展的目的。着力强化组织建设。坚持支部书记例会制度，定期交流通报基层党组织建设情况。在231省道指挥部设立工程建设管理临时党支部，优化基层组织设置，推进重点工程建设进度。积极重视和加强在基层一线发展党员，并不断强化系统内人才工作，从工作一线锻炼、提拔年轻干部，形成良好的选人用人导向。着力加强党风廉政建设。不断建立健全党风廉政建设的各项制度，加强《廉政准则》的学习教育，不定期开展“常提醒”活动，自觉提高拒腐防变能力。积极开展“五治理一查办”活动，规范临工使用，严格车辆管理，严控不合理支出。继续纠正部门和行业不正之风，防止“三乱”反弹。对“三重一大”事项，坚持广泛征求意见，集体会办研究，严格按照程序。加强工程建设领域专项治理，在交通重点工程，派驻纪检监察人员，并积极推广应用《交通基础设施建设项目廉政风险防控手册》，排查廉政风险，防微杜渐，规范交通项目建设行为。实行党务、政务公开，推行行政权力网上公开透明运行，增加办事透明度，从源头上控制和预防腐败的发生，保持交通事业的健康发展。着力强化文明创建活动。积极加强交通文化建设，系统内排练的《口碑》情景剧在区组织的清风盐都·廉政文艺演出下乡行活动中获优秀演出奖、优秀组织奖。加大文明行业创建力度，自觉提升创建标准，丰富创建内涵，区运管处、区航道站、区公路站继续创评区级文明单位，并申报省市级文明单位。倡扬关爱弱势群体的慈善互助之风，加大结对扶贫帮困力度，动员系统内职工向玉树地震和舟曲泥石流灾区捐款、积极参加“慈善一日捐”、爱心包裹捐助活动；主动加强与新闻媒体的沟通联系，建立了稳固的合作关系，交通宣传进一步加强，支持交通事业的舆论氛围逐步形成。

【“十一五”工作回顾】 “十一五”时期，是全区交通运输事业取得大发展、大变化、大突破、大跨越的五年。五年来，区交通运输局深入贯彻落实科学发展观要求，紧紧围绕全区“双新”目标，始终坚持交通基础设施建设先行方略，突出加快公路建设，强化运输行业管理，着力提升服务能力，全面完成“十一五”规划目标，为支撑全区经济社会和各项事业发展发挥重要作用。

过去的五年，是交通基础设施实现重大突破的五年。五年来，累计完成建设投资12亿元，为“十五”期间的2.4倍。重点实施了“四大工程”。一是干线公路内联外接工程。全区新增一级公路69.2千米，改建县乡公路38千米。开工建设盐徐高速南接线、231省道盐都段，拓宽改造229省道、步湖路一期、步湖路二期和县道龙学线。协助市新建改造204国道绕城段，全区“三纵两横”的一级公路路网结构基本形成。二是农村公路循环畅通工程。新改建等级黑（灰）色公路642.66千米，新建改建农村公路危桥217座，农村公路行政村通村率达100%，自然村通达率达98%以上。三是航道疏浚水运通畅工程。五年来，累计实施航道疏浚工程56.1千米，实施盐邵线秦南镇庙子至泾口段，盐宝线一、二、三期疏浚，冈沟河西区、新区段疏浚。新建盐邵线护岸、冈沟河新区段一期护岸、大纵湖蟒蛇河航道驳岸和盐宝线龙冈段驳岸3800米，争取省市航道部门建设补助资金4821万元。四是客运站亭便民服务工程。新建神龙、北龙港、葛武、秦南、尚庄等农村客运站5个，新建港湾式候车亭15对、农村公路招呼站牌100对，行政村通班车率达95.3%，基本实现路通车达，方便群众出行。

过去的五年，是交通体改变化最大的五年。五年来，始终坚持解放思想，大胆探索，不断顺应交通改革新形势、新要求。一是完成了新一轮管理机构改革。通过整合资源，优化配置，加强内部机构和职能调整，交通运输部门统筹城乡交通，协调为民的能力进一步强化。海事部门顺利完成交接任务，全部划归市管，设立港口办公室，规范全区港口、码头等装卸行为，较好地履行监管运输市场的新职责。二是顺利完成成品油税费改革。正常运行资金全部列入财政转移支付，人员实现平稳过渡和分流。三是不断创新交通建设筹融资机制。成立交通投资公司，搭建筹集交通建设资金的平台，并与国土部门建立互动运作机制，贷款 1.4 亿元，有效缓解交通投资压力。

过去的五年，是行业监管水平显著提高的五年。五年来，始终坚持依法行政，不断创新管理手段，实现行业管理全方位、全覆盖、全天候、全过程。一是安全监管得到新加强。始终坚持“安全第一、预防为主、综合治理”的方针，强化安全知识培训教育，注重安全大检查，突出事故隐患整改，重视安全生产责任制建设，交通工程、运输市场、生产企业安全形势稳定，五年内未发生一起陆上重特大交通责任事故，未发生 48 小时以上航道堵塞事故，未发生工伤死亡事故。二是质量管理迈出新步伐。注重将纪检监察巡查制度延伸到交通工程建设全领域，不断强化原材料进场、现场施工监督，交通重点工程、农村公路建设质量全面受控，所建工程合格率、优良率都呈逐年上升态势。三是运输市场、驾培市场呈现新活力。通过联合执法，加大专项整治，规范从业人员管理，运输市场秩序渐趋稳定，基本实现公司化经营；神龙公司实行联网售票，水运、货运企业信誉建设成绩突出；驾培、汽修行业较好了发挥市场补充作用，增添交通经济发展活力。

过去的五年，是交通运输队伍服务能力明显提升的五年。五年来，始终坚持“内强素质，外树形象”不动摇，大力实施“强基工程”，全面加强党建和精神文明建设。一是专题教育活动成效明显。先后组织开展“科学发展观主题教育”、“作风建设年”、“文明执法、规范服务、塑创形象主题教育”、“机关效能建设年”、“机关效能提升年”、“学习先进创星级，提升形象树品牌”、“创先争优”等一系列加强队伍建设、作风建设的专题教育活动，锻炼了交通干部职工队伍，提高队伍素质，涌现出多名市交通运输系统、区级机关服务明星。二是服务发展的能力得到加强。坚持把服务发展作为第一要事，集中精力、集中力量服务基层、服务群众、服务发展。先后投入资金 20 多万元，与经济薄弱村组建帮扶对子，扶持镇村基层脱贫致富；组建招商引资领导小组和专门

执法现场

工作班子，实行专职招商和全员招商相结合，共引进项目 9 个，其中亿元项目 3 个，实际投入资金 4.5 亿元，投产达效企业 5 家，所引进企业创税收 4000 万元；积极发挥交通部门职能作用，主动为基层化解项目申报土地难题，共为基层申报交通建设项目 30 多个，向上争取资金 2800 多万元。注重加强运输物流业发展，积极搭建发展平台，先后引进和培育壮大了江苏富海实业有限公司、神龙物流、华晓医药物流等重点物流企业，帮助城西南物流园区用足用活上级扶持政策，助推全区物流业的加快发展。三是党建和文明创建成效显著。大力组织实施“强基工程”，按《党章》规定完成了基层支部换届选举，优化了党组织结构；积极发展新党员，为党组织输送新鲜血液；组织开展党群牵手致富工程，帮助北蒋镇卢村 21 户困难家庭实现人均收入达 2500 元的脱贫目标。重视加强法制建设，区交通运输局被市委市政府授予“盐城市法治示范单位”。继续巩固文明创建成果，区公路站、运管处继续创建为市级文明单位；区运政服务大厅创建为区级巾帼文明岗；区航道站继续创建为省级文明单位

【“五个结合”推进创树活动】 3 月 31 日，召开“学习先进创星级，提升形象树品牌”活动动员会议，传达贯彻区委相关会议精神，掀起学习先进，争先进位，塑创品牌的热潮，具体做到五个结合：一是与学习《廉政准则》结合，以勤廉典型为榜样，着力营造风清气正的交通发展环境；二是与加快交通工程建设推进结合，将推进工程实施的班子组成对子，开展“四看四比”(看作风比服务、看进度比贡献、看创新比亮点、看廉洁比形象)，确保交通工程按时间节点要求，快速推进；三是与继续强化机关效能建设结合，从学习制度、请假制度、督查制度和会议制度等基本工作制度入手，真正解决“效”、“能”和“人”的问题，全面提升交通形象；四是与“五治理一查办”活动结合，深入排查“五治理”中存在的突出问题，做到令行禁止；五是与服务中心工作结合，进一步明确督查服务锐毕利二期厂房建设、绿色通道、葛武镇郝荣村建设、农村“三大会战”等工作责任，以争先进位的要求，确保各项工作按期推进到位，为机关工作作表率。

【“三个一线”服务锐毕利二期项目】 在区委、区政府服务项目建设要求下，区交通运输局结对服务锐毕利企业二期项目，为加快项目推进，提高服务成效，成立专门服务小组，由党委书记带队，按照项目施工总量和施工程序，编制“大干一

百天,确保按期完成重点工程项目"的专项施工计划,发扬"吃住在一线、工作在一线、服务在一线"的服务精神,主动放弃节假日休息时间,加班加点,尽心竭力做好施工筹备、电力保障、建筑材料运输等服务工作,全力服务锐毕利二期工程主体项目建设,细致周到的服务为工程推进和企业投产达效赢得时间。

【全力服务城西南新城区建设】 以创树交通服务品牌,全面提升交通形象为目标,着力为西南新城区建设提供坚强的运输保障,全力服务城西南片区经济发展。主动服务,帮助申报道路建设项目,充分发挥交通运输部门的行业优势,有效解决了道路建设项目立项、红线选址、申请建设用地等难题,帮助科教园区申报道路建设计划6项,推进西南片区的路网建设。靠前服务,加快物流园区推进,按照"四有三聚"要求,全力推进物流园区、商务商贸区、东方汽车广场三个服务业集聚区的开发建设,增强集聚效应,促进功能提升,会同相关部门研究制定跨区域、行业的现代交通物流业发展规划,加强与各种运输方式的衔接,引进和培育大型交通物流企业,并为已进入园区的苏宁环球物流、江苏华晓医药物流、盐城烟草物流等企业提供服务便利,帮助申报快货线路,组织完善资料,促进西南片区物流业快速发展。贴心服务,创新载体推进发展,结合创优争先活动,创新服务理念,创新服务载体,在局机关党支部组织实施"示范工程",突出转变观念、改进作风、提升效能;在事业单位党组织实施"满意工程",围绕加强行业管理,规范交通执法等,实现群众满意的目标;在窗口单位党组织实施"形象工程",以实现"优美环境、优良秩序、优质服务"为目标,创新服务理念,规范服务行为,提高服务水平,内强素质,外树形象,为城西南片区的发展创造良好的交通发展环境。

【力倡入沪客运驾乘人员做世博会文明使者】 为支持上海世博会顺利召开,全力以赴,努力做好陆路、水路的安全管理工作,着力营造安全、优质、高效、畅通的交通营运环境。并对全区有车辆入沪的运输企业,驾乘人员开展了"五个一"活动:制定一份世博会期间的运输方案、签订一份安全工作责任状、向驾乘人员赠送一本运输法规宣传手册、发一条慰问短信、争做一名合格的交通文明使者,全面树立盐都交通人的形象。

【"五大工程"推进创先争优】 在创先争优活动中,以"创先争优强党建、优质服务为人民"为主题,结合机关服务创树活动,创新工作载体,丰富活动内容,抓好"五大工程"建设,创造性地开展争创工作,进一步推进交通运输事业的发展。"五大工程"分别为:科学发展工程,大力推行"绿色、生态、环保、节约"的理念,加大高耗低能车船的淘汰力度,积极推广低碳节能的新材料、新工艺。满意服务工程,加大交通运输服务品牌创建力度,重点推出"诚信运管"、"阳光公路"、"保姆式航道"等交通服务品牌,主动帮助郭猛、西区、张庄等镇区街道做好交通建设项目的土地申报工作,解决了基层项目申报难题。素质提升工程,将建设学习型党组织贯穿活动全过程,健全完善理论学习制度,创新学习方式,完善中心组学习制度,加强干部队伍建设,选派干部、职工参加各类学习培训班,利用网络学习平台,为干部职工学习创造条件,拓展学习的深度和广度,推动思想解放,提升干部职工素质能力。形象提升工程,大力推进"青年文明号"、"每月一星"、"文明示范岗"创建活动,把行业文明向交通工程一线延伸,扎实开展交通文化建设,主动向社会传递交通文化信号,展示交通人的精神风采,提升交通运输系统的行业形象和社会地位。清风廉政工程,着重加强《廉政准则》宣贯,积极应用廉政格言、警句和廉政短信进行随机教育,重点抓好工程建设领域专项治理,推广应用《交通基础设施建设项目廉政风险防控手册》,推行行政权力网上公开透明运行,全面建立单位党风廉政内控机制,梳理权责,排查风险,细化流程,健全机制,推进交通运输系统惩防体系建设。

【省人大代表盐都组视察城乡交通建设工作】 12月21日,省人大代表盐都组一行视察盐都城乡交通建设工作。代表们先后视察龙学线、231省道盐都段、步湖路一期、步湖路二期及229省道扩建改造等工程现场,对盐都交通基础设施面貌的改变及交通大投入、大发展的形势给予充分肯定。同时表示将继续关注全区城乡交通建设工作,向省政府建言献策,积极履行好代表职责。

【盐都区港口管理办公室正式挂牌】 8月7日,区交通运输局举行仪式,正式挂牌成立盐都区港口管理办公室。该机构将全面负责全区港口及内河码头的规划、管理工作。

【231省道盐都段蟒蛇河大桥桥面实现合拢】 231省道盐都段蟒蛇河大桥是该线盐都区境内最大的一座桥梁,为5×35米预应力钢筋混凝土连续箱梁结构,斜交45度,全长183.112米,全宽24.50米,由江苏通达建设集团有限公司承建。通过江苏通达公司231省道盐都段施工2标项目部、工程队全体人员的共同努力,大桥桥面在5月6日实现安全、保质、顺利合拢。

【229省道扩建改造工程全面启动】 7月22日,229省道扩建改造工程在郭猛农业示范园区举行开工仪式。229省道(盐宁公路)扩建改造工程,项目起点从西区的凤凰路开始,南至盐城市与泰州市交界的共青大桥,全长15.2千米,按一级公路标准设计,路面宽度26米,设计时速100千米/小时,途经西区、郭猛、大冈三个镇区,投资概算12000万元。229省道拓宽改造后,将进一步改善区内"四纵三横"路网状况,通行能力将得到进一步提高。崔浩、顾其斌、武进甲、武炳光、张荣銮等区四套班子成员出席开工仪式。

信息化建设

Information Construction

- 电子政务
- 邮　　政
- 电　　信
- 移动通信

电子政务

E—government

【概述】 2010年，区委、区政府大力推进全区信息化进程，优先发展电子信息先进产业，加快推广应用电子政务，取得信息技术应用和信息技术产业全面发展的新成绩。

【成立区电子政务中心】 4月，区编委下发都编发[2010]12号文件，将区信息中心由区发改委划归区政府办公室管理，成立区电子政务中心。9月，区政府办印发经区机构编制委员会审核、区人民政府批准的《盐都区人民政府办公室主要职责内设机构和人员编制规定》，其中规定区电子政务中心承担全区政府系统电子政务的规划、管理和组织建设职责。

【成立区经济和信息化委员会】 4月，区委、区政府对部分区直部门进行职能调整，成立区经济和信息化委员会，统筹推进全区信息产业发展。

【区行政权力网上公开透明运行项目建成运行】 根据省、市对行政权力网上公开透明运行的统一部署，自5月起，全区启动行政权力网上公开透明运行项目，区政府出台《关于开展行政权力网上公开透明运行工作的意见》，成立区政务公开工作领导小组，印发《盐都区人民政府办公室关于开展行政权力清理工作的通知》，对34个部门单位进行行政职权清理，共清理出行政权力事项4128项(其中行政许可259项、行政处罚3228项、行政征收110项、行政强制122项、非行政审批129项、行政奖励5项、行政确认44项、行政给付20项、行政裁决1项、其他210项)。投资107万元，招标建设行政权力网上公开透明运行软件系统。经过半年的紧张工作，完成软件系统招标、行政权力事项清理确认及编码、行政权力事项办理内外部流程图编制上传和固化、软件系统开发运行、部门负责人和工作人员培训、数据录入整合、关联系统之间数据接口规范和数据交换等各项工作，行政权力事项网上公开透明运行实现行政部门、权力事项、电子监察3个全覆盖，10月25日顺利通过省、市验收。

【区行政中心电子政务培训教室建成投用】 按照一流的的技术标准，通过招投标，投资18.89万元建成区行政中心电子政务培训教室，全区机关工作人员以此为基地接受电子政务和信息化的常态化培训。

【获省信息系统资源共享平台先进集体、先进个人奖】 区电子政务中心获江苏省2010年度信息系统资源共享平台先进集体奖。中心工作人员施巍获江苏省2010年度信息系统资源共享平台先进个人奖。

【在全省信息系统工作会议作典型发言】 12月20日，区电子政务中心在江苏省2010年度信息系统总结表彰大会上作《做优核心业务创新服务模式》的发言，盐都区信息工作的成绩和做法受到与会人员一致好评。

【获中国·盐城网内容保障先进奖】 区电子政务中心获2010年度《中国·盐城》网内容保障先进奖，受到市政府办公室表彰，区委书记李纯涛签署意见表示祝贺。

【全区政府信息公开工作成效显著】 年内，全区各级政府机关累计公开政府信息15760条，其中区直机关公开政府信息7451条，各镇(区、街道)公开政府信息8309条，全文电子化率100%。区政府公开信息主要包括政府基本信息、政府文件、政府办文件、重点工作、重要会议、发展规划、工作报告、应急管理和统计信息等九类信息，区直各部门、单位按照《目录》的分类进行信息公开，主要包括机构设置、政策法规、规划计划、业务工作、行政权力事项及办理程序和其他等六类信息。“网上行政审批及电子监察系统外网大厅”、“行政权力网上公开透明运行系统外网大厅”，全年累计公开72840条办件信息，基本涵盖公民、法人和其他组织日常事务的办理及相关证照的申领事项。

【中国盐都网服务功能和社会影响进一步增强】 继续加大网站内容建设和功能完善工作力度，保持每周约200条左右的信息上传。加强与省市政府门户网站的联动，坚持每日报送信息，年度信息录用累计分值名列全市各县(市、区)第一。先后建成大纵湖传说、大山摄影、成春到收藏、慈善盐都、盐城市文化产业园、华锐风电等系列专题，增加文化盐都的表达，网站的文化品位进一步提升。

【"市长信箱"、"公众监督"办件多、办理快】 全年办结的"市长信箱"事项451件、"公众监督"事项4002件(次)，有效沟通基层群众与政府各部门的联系，推动民生问题的反馈和解决，受到群众好评和领导肯定。

【组织开展2009年政府信息公开工作年度检查考核】 4月，区政府办、法制办、监察局、电子政务中心组织全区2009年政府信息公开工作年度检查考核，这是《中华人民共和国政府信息公开条例》实施以来，全区第二次组织开展的年度考核。

【区行政中心局域网安全运行】 区行政中心大楼局域网内，基本上达到一人一机的电脑配置程度和整天挂网运行的网络应用程度。区电子政务中心从响应速度快、排除故障快、网速运行快的目标出发，调配力量负责日常管理维护工作。在电子政务新主机房落成、老服务器迁移后，面对新的设备和系统，该中心除了每天检查服务器的硬件运行状态，还密切关注服务器的应用系统运行情况，加强核心设备、关键系统的维护，尤其是对电子政务网络中的各个防火墙进行重点跟踪观察、重点维护优化，确保局域网安全高速运行。

【开展各部门单位网站域名实名制认证及备案现场核验工作】 2010年，国家工信部开展网站域名实名制认证改革，所有GOV及CN域名都要在5月份全部实行实名制认证及备案现场核验工作。区电子政务中心在最短的时间内完成服务器上54家网站备案、认证工作，确保各部门、单位网站的正常运行。

【省政府信息公开办调研指导工作】 8月10日下午，省政府信息公开办公室主任周庆祝一行到盐都调研指导工作。区委常委、常务副区长单永红详细介绍区政府信息公开工作情况。盐都区以打造法制政府、阳光政府为目标，认真贯彻执行政府信息公开条例，为提升机关行政效能，打造盐城办事最快地区，促进全区经济社会又好又快发展，营造公开透明、廉洁高效的政务环境。周庆祝充分肯定盐都区政府信息公开工作。

【盐城高新区电子信息产业园产业发展规划接受专家评审】 3月24日，《盐城高新区电子信息产业园产业发展规划》接受专家评审，副区长刘源出席评审会。参加评审的6名专家听取规划编制情况汇报，并现场进行质询。一致认为，《规划》结构比较完整，条理清晰，内容较丰富，对盐城市的电子信息产业发展具有一定的指导意义。

【世纪网通讯设备项目开工奠基仪式隆重举行】 10月29日上午，世纪网通讯设备项目开工奠基仪式在区通讯电子产业园隆重举行。副市长谷家栋代表市政府对项目开工表示祝贺，区委书记李纯涛出席并致辞，深圳世纪网通信设备有限公司董事长、总经理李涛介绍项目情况，区人大常委会主任俞途，区政协主席陈广平等区四套班子领导出席，区委常委、区纪委书记、高新区通讯电子产业园党工委书记方仕德主持仪式。该项目由深圳世纪网通信设备有限公司投资5亿元兴建，主要设计、研发和生产语音网关等通讯设备，占地80亩，总建筑面积5万平方米，一期工程建筑面积2万平方米。项目全部建成后，年可实现销售12亿元，利税1亿元。

【"服务企业信息化大篷车"开进潘黄】 12月2日上午，由市经信委牵头组织的"服务企业信息化大篷车"开进潘黄街道办事处，为当地企业送去网络营销知识。

盐都区主要网址

表 6

中国盐都网	www.yandu.gov.cn
盐都区人大	www.ydrd.gov.cn
盐都区政协	www.jsydzx.gov.cn
盐都区委办	www.ydqwb.com
盐都档案局	www.ydda.gov.cn
盐都区级机关服务中心	www.ydswj.gov.cn
盐都区廉政网	www.jsydlz.com
盐都区组织部	www.ydzzb.gov.cn
盐都区宣传部(文明办)	www.ydwmw.com
盐都统战部	www.ydtz.gov.cn
盐都总工会	www.ydgh.org
盐都共青团	www.ydyouth.com
盐都区妇联	www.ydwomen.org
盐都红十字会	www.ydredcross.org.cn
盐都发改委	www.ydfgw.gov.cn
盐都经贸委	www.ydjmw.com
盐都安监局	www.ydsafety.gov.cn
盐都建设局	www.ydjs.com
盐都城管局	www.ydcg.gov.cn
盐都交通局	www.ydjtj.com

续表 6

盐都招商总局	www.investyandu.gov.cn
盐都粮食局	www.ydls.gov.cn
盐都供销总社	www.ydgx.gov.cn
盐都农林局	www.ydagri.gov.cn
盐都水务局	www.ydwater.gov.cn
盐都财政局	www.ydczj.gov.cn
盐都地税局	yc.jsds.gov.cn
盐都物价局	www.ydwjj.gov.cn
盐都公安局	www.ydga.gov.cn
盐都人事局	www.ydrsrc.gov.cn
盐都劳保局	www.ydlss.gov.cn
盐都统计局	www.ydtjj.gov.cn
盐都环保局	www.jsydhb.cn
盐都房产局	www.ydfcj.gov.cn
盐都教育局	www.ydjy.net
盐都卫生局	www.ydws.gov.cn
盐都人口计生委	www.jsydjsw.gov.cn
盐都科技局	www.ydsti.gov.cn
盐都国土资源局	www.ydgtj.gov.cn
盐都司法局	www.ydsfj.gov.cn/
盐都民政局	www.ydmz.gov.cn/
盐都质监局	www.ydzjj.gov.cn
盐都老干部局	lgb.yandu.gov.cn/
盐都审计局	www.ydsjj.gov.cn
盐都审批中心	www.ydspfw.gov.cn
盐都检察院	www.yanchengyd.jcy.gov.cn/
盐都政法委	www.ydzfzz.com
盐城科教城	www.yckjc.com
各镇、区、街道	
大纵湖镇政府	www.dazonghu.com.cn
北龙港镇政府	beilonggang.yandu.gov.cn
学富镇政府	xuefu.yandu.gov.cn
义丰镇政府	yifeng.gov.cn
尚庄镇政府	shangzhuang.yandu.gov.cn
葛武镇政府	gewu.yandu.gov.cn
北蒋镇政府	beijiang.yandu.gov.cn
秦南镇政府	qinnan.yandu.gov.cn
龙冈镇政府	www.yclg.gov.cn
潘黄镇政府	www.panghuang.com
郭猛镇政府	guomeng.yandu.gov.cn

（项　涛）

邮　政
Postal Service

【概况】 认真贯彻落实省、市邮政工作会议精神，坚持科学发展观，紧紧围绕“转变发展方式、调整业务结构”的全年工作目标，以客户、市场、项目为抓手，不断提升邮政服务水平。紧紧抢抓发展机遇，积极实施项目经营和目标管理，邮政业务取得了快速的发展。

【邮政业务持续稳定发展】 全年累计实现邮政业务收入5507万元，业务收入绝对值在全市名列第二。全年完成函件业务收入359万元，比上年增长10.5%；完成2011年度报刊大收订一次性征订流转额761万元，比上年增长11.7%，提前超额完成区委下达的党报党刊发行任务。

【金融业务快速高效发展】 至年底，全区邮储余额达25.8亿元，全年累计发放小额助农贷款近亿元。同时代发全区新农保、农田补助、农电费代收等区政府惠民实事工程。

【服务“三农”工作取得新突破】 年内，将邮政服务“三农”工作为邮政的一项主要工作来抓，全年共组建“苏邮惠民”连锁加盟店116家，销售农资近500百吨，配送各类日用品、快消品近百万元。同时，通过技术革新等手段，将代收农电费、手机话费、固定电话费等业务叠加在加盟店平台，较好地解决农民朋友缴费难、排队难的困难。

【文明创建工作不断深入】 继续组织开展“创建文明单位”等活动。积极组织职工参加市局组织的各类竞赛活动。续抓好支局的“五小”建设，不断改善基层职工的生产生活条件。全年先后被表彰为“江苏省工人先锋号”，“亭湖区优质服务奖”，局长丁万富被国务院授予“全国劳动模范”荣誉称号。

电信
Telecommunication

【概述】 中国电信盐城分公司盐都分局全年净增管带用户7986户，净增电信手机(天翼)19320户；建成龙冈、潘黄、张庄、新区、西区等宽带镇(区)，建成龙冈、潘黄、张庄、西区义丰、北蒋等天翼镇(区)。2月，在全市率先建成盐都区蟒南村天翼村。

【实施网络优化工程】 新建新区恒盛都市豪庭、郭猛乔庄等3个接入网点，新增308个DSLAM或室外机柜进行宽带接入，新增接入网光缆350皮长千米，光缆长度达到3045千米；配套西城逸品等新建小区、结合市政道路建设，新增管道23沟千米，27孔千米，管道总长度达241.24沟千米，743.47孔千米。

【强化员工队伍建设】 转变方式，提升能力，强化执行，针对盐都的实际，强化基础管理。突出以人为本为本重点放在对人的管理上，从培训入手，努力提升一线销售能力和宽带装维技能。共送培262人次，内部培训971人次(其中送教下乡43场次，培训731人次)有效地提升一线销售能力和宽带装维能力，客户投诉有明显下降，投诉处理及时率达99.7%.建成实施农村支局“四小”建设，建成18个农村支局“四小”(小活动室、小浴室、小厕所)，改善员工生活、学校环境，增强企业的凝聚力和向心力，推动盐都三个文明建设。 (谢为群)

移动通信
Mobile Communications

【概述】 中国移动通信集团江苏有限公司盐城分公司盐都营销中心秉承中国移动“沟通从心开始”的服务理念，全力支持地方经济社会发展和信息化建设。至年底，盐都建成自办营业厅19家，合作营业厅136家；全年盐都移动用户累计完成收入1.85亿元，同比增长10.5%，移动用户规模突破30万；移动、电信和联通的三家市场占有率达62%，在全市各县区排名第一。其良好的经营态势多次获得省市级表彰，其中龙冈营销部获得江苏省2010年年度标杆班组。龙冈营销部主任穆海华被保障为2010年度省先进个人。

【推进移动通信网络建设】 全年累计投入8亿元，在全区范围内建有大容量交换机2座、智能基站控制器5座、无线基站180座，无线网络E用户容量达到80万，实现全区无线覆盖率99.98%、无线接通率99.90%，各项网络指标全面达到优秀标准。坚持将TD-SCDMA建设融入全区整体发展规划，大力推进TD-SCDMA民族自主知识品牌发展，成功完成盐都地区TD-SCDMA网络第二期建设，努力将TD网络建设成为精品3G网络，持续打造卓越通信网络服务。

【提高政企信息化水平】 全年推出多项科技含量高、应用程度深的信息化产品，为尚庄镇政府安装公安视频监控，通过高清摄像头的全天24小时监控，有力保障地区稳定；为楼王、北龙港、尚庄建设平安E家监控室，通过平安E家终端一键报警功能，实现3000户居民的十户联防的功能。联合区经信委开展“百万中小企业信息化推进计划”，为781个集团提供集团彩铃、集团通讯录、集团固定电话以及集团虚拟网的信息化解决方案，有效提升全区政企的整体信息化水平。盐都营销中心和区水务局协同，推进全区农机通业务推广，累计覆盖用户1150户，为广大农机手提供更加优惠便捷的综合服务。

【融入民生工程建设】 至年底，盐都营销中心建成村组便民店289家，社区便利店21家，服务网点延伸至所有村组、街道。与盐城铁通携手建成光纤宽带小区80个，其中龙冈、潘黄、大冈和秦南等镇营销部宽带小区40个，覆盖用户33000户。倾心开展服务“三农”工作，以信息化手段助推农民致富，“移动乡情网”覆盖全区全部行政村，3.36万户农村用户享受到便捷、实惠的通信服务。围绕“送手机下乡”活动，开展集市路演营销44场，吸引万余农村用户现场参与，丰富农村群众精神文化生活需求。与区卫生系统创新合作模式，在全市率先开展“充话费送合作医疗保险”活动，投入资金73.22万元，为4487户家庭、近16272农村居民免去个人应负担的合作医疗款，为人民群众生活带来更多便利。 (朱旭峰)

农　业

Agriculture

综　　述

Summary

【概述】 2010年，全区农业农村工作，坚持以科学发展观为指导，紧紧围绕“双新”战略，认真贯彻落实“多予、少取、放活”一系列方针政策，突出促进农民增收这个中心，统筹城乡发展，创新工作思路，加大工作力度，持续保持农业增效、农民增收、农村发展的大好形势，各项工作取得扎实成效。

农业生产实现增产高效。全年新增高效农业面积6.5万亩，其中设施园艺面积2万亩，覆盖率提高到45%。草莓、番茄、葡萄设施生产均超5000亩，已成为全区发展现代农业，促农增收的三个特色优势产业。畜禽规模养殖场1716个，年饲养量分别达90万头和2000万只左右，年总值达21.5亿元，生猪、家禽的规模养殖比重分别达53%和83%，家禽产业已成为全区10亿元农业主导产业。建成高效渔业面积11.5万亩，其中河蟹养殖面积6.5万亩，大规格河蟹占比35%，高效渔业比重位于全市第一。

农业产业化发展势头强劲。规模农业龙头企业发展到110家，其中省、市级农业产业化重点龙头企业发展到31家，全年实现销售47亿元，利税3.8亿元，分别比上年增长22%和20%。“三大载体”稳步推进，创新设立台湾农民创业园，并正式获农业部、国台办批复授牌；盐都农产品加工集中区规划面积16平方千米，已有6家重体量农产品加工企业入驻园区，投资10亿元的重啤集团20万千升啤酒项目即将投产达效。合作组织不断壮大，已发展到515家，总资产达3.47亿元，入社人数达8.36万人，实现年销售达19.75亿元。

城乡统筹发展迈出新步伐。扎实推进城乡统筹示范镇村建设，郭猛镇投入超亿元，实施老镇区整治出新和新镇区基础配套项目27个，“两纵两横”道路框架全面拉开；仰徐村现代农业园、工业集中区、居民集中区建设取得新特色，农民集中居住率已达到70%。创新推进统筹城乡发展试点模式，规划建设农村经济开发区，新设4个农村中心社区，均取得初步成效，24个市区级新农村示范村，持续投入建设，不断推陈出新，提升形象，放大示范效应。以农村“五件实事工程”为主要内容的农村社会事业持续推进，农村免费义务教育制度全面落实，开展农民实用技术和专业技能培训12万人次；实现村村通公路目标，全区共建成农村道路536.13千米、桥梁217座；郭猛、葛武等8镇(街道)“组保洁、村收集、镇运转、区处理”的农村生活垃圾集中处理试点全面启动，建造“一池三改”户用沼气池7500处；大力开展秸秆禁烧和综合利用，秸秆利用率达50%；农村文化广电等基础建设得到进一步加强，实现有线电视、互联网络村村通；铺设清水管道792千米，解决农村饮水不安全人口14.3万人；基本实现农村居民医疗保障全覆盖，农村合作医疗参合率达100%；基本实现农村新农保全覆盖。

农业综合生产能力明显增强。突出农田水利建设、农村土地整治、现代农机装备、小农桥建设和造林绿化5大重点，组织实施农村基础设施建设大会战，有效地改善生产条件，提高农业装备水平，增强农业的综合生产能力。全区农田有效灌溉面积达95%以上；购置各类农机具500多万台，农业综合机械化水平达80%以上；新造成片林2.87万亩，植树398万株，新建和完善农田林网18.68万亩，森林覆盖率达11.14%；争取1035万元省级财政“一事一议”奖补资金，用于农村各类基础设施建设；政策性农业保险试点实现基本全覆盖，主要种养业保费总规模突破1600多万元。

农民收入实现持续增长。2010年，农民人均纯收入达9554元，增长14.3%，增幅在全市县(市、区)中名列第一，达到省定全面小康指标值；新增农村劳动力转移6万人，农村劳动力转移就业率提高到80%以上；4250户“一有三缺”低收入农户和10个年集体经济收入20万元以下村全部实现脱贫。（陆德荣）

【“十一五”工作回顾】 大宗农产品保供增收。通过全面落实水稻直补、农资补贴、良种补贴、农机具购置补贴等粮食生产扶持政策，大力开展高产增效创建活

动，“十一五”期间粮食连年丰产丰收。全区粮食播种面积稳定在120万亩左右，粮食年总产60万吨左右，种粮效益逐年提高。盐都区2008、2009年先后被评为“全国粮食生产先进县”和“江苏省粮食高产增效创建先进县”。大力组织实施生猪、家禽规模养殖和科技入户项目，积极开展畜牧生态健康养殖示范创建活动，蛋禽、生猪生产虽受市场波动影响仍保持稳步发展的势头。“十一五”期间，全区新建畜禽规模养殖场1716个，其中生猪规模养殖场687个，万头以上猪场8个；生猪、家禽的年饲养量分别达90万头和2000万只左右，比“十五”期末年均增长20万头和500万只。预计2010年全区畜牧业生产总值达21.5亿元，比2005年增加5亿元以上，畜牧业产值年均增长6%以上。2007年以来连续三年获得财政部“生猪调出大县”奖补，家禽产业已成为全区10亿元农业主导产业。结构调整优势显现。通过大力发展设施园艺业、规模畜牧业和特种水产业，全区农业产业结构进一步优化。“十一五”期间，全区累计高效农业面积31.2万亩，其中设施农业面积9.3万亩，高效农业覆盖率已达40%。2006年盐都区被评为“全省高效农业规模化先进县”，2009年被市委、市政府表彰为“高效农业示范带建设先进县”和“现代高效农业先进县”。主要特点是：设施园艺业呈现多品种、宽区域、高收益发展的喜人局面，反季节鲜食草莓覆盖9个镇(区、街道)，短短两三年时间发展到5000亩左右，并保持亩均收益4000元~6000元的好水平，已被列为全省优势区域重点扶持；大棚番茄已由尚庄“一枝独秀”向步湖路、盐金路“两线并举”，5年已增加到万亩以上，单季亩收益一直稳定在6000元以上；设施葡萄新增百亩以上基地10多个，总面积5000亩以上，亩收益3000元~5000元，已成为都市观光农业发展的特色项目；北蒋、郭猛的千亩苗木基地既绿化、美化环境，也获得较高的经济效益和生态效益。畜禽养殖业呈现规模化、生态化、集约化发展的良好势头，“十一五”期间，申报创建省级畜禽规模养殖场38个，部级生态健康养殖示范基地1个，其中，正大泰和千头种猪场单体规模大、设施标准高，处于全省领先水平；盛丰农牧公司在大纵湖镇新建的百万只肉鸡养场，填补了全区大型肉鸡养殖的空白；生猪、家禽的规模养殖比重分别达53%和83%，比“十五”期末提高了25和13个百分点。特种水产业呈现精品化、标准化、高效化养殖的运行态势，“十一五”期间，全区建成高效渔业面积11.5万亩，比“十五”期间增加9万亩，2010年渔业总面积12.8万亩，高效渔业占全区养殖总面积的90%，高效渔业比重位于全市第一。绿色盐都成效显著。“十一五”期间，全区累计新造成片林8.24万亩，四旁植树1385万株；新建和完善农田林网58.68万亩，高标准农田林网控制率达75.2%；新建省级村庄绿化示范村25个、合格村180个，村庄绿化覆盖率达35%。至2010年底，全区造林折实面积、成片林面积分别为20.83万亩和14.16万亩，比“十五”期末分别增加12.84万亩和8.24万亩；林木总量达2708.59万株，是2005年的4.6倍；建成绿色通道952千米，是2005年的8.5倍；森林覆盖率达13.3%，比“十五”期末的5.1%，增长8.21%，年均增长1.64%。2008年盐都区被市政府表彰为绿色盐城建设先进县，2009年又被市政府表彰为成片造林、公路绿化、集镇绿化先进县。“三大载体”喜结硕果。“十一五”期间，现代农业园区、农产品加工集中区、农产品批发市场“三大载体”建设稳步推进。盐都现代农业产业园区起步早、发展快，已初见成效。2007年被认定为全省首批现代农业示范园区，2010年又被认定为全省现代农业产业园区，国家、省、市有关领导先后视察指导，并给予充分的肯定；江苏盐城盐都台湾农民创业园利用良好的郝氏人脉资源，加强苏台农业合作，2010年5月获农业部、国台办批复授牌；潘黄仰徐高效农业园区、张庄农业科技示范园、龙冈华都森林公园、郭猛绿发特种水产养殖现代农业园区认定。盐都农产品加工集中区坐落高新技术产业区内，规划建设面积16平方千米，天邦、邦尼、海亚、绿发、荣华5家农产品加工企业已入驻园区，重啤集团于5月中旬正式开工搬迁入园。初步建成的大纵湖水产品批发市场、尚庄番茄贸易货栈、大冈禽蛋以及饲料交易市场等，加快农产品物流体系的形成。强基工程配套保障。“十一五”期间，全区共完成农业综合开发项目总投资7943.6万元，扶持农业产业化项目12个，疏浚河道等排灌渠系175.74千米，新建和修建各类排涝闸站、机耕桥等中、小沟级别建筑物1299座，建造防渗渠53.5千米，建成机耕道11.14千米，改造中低产田8.9万亩，建立高标准农田2.7万亩。全区新增加各类大中型机械1000多台套，联合收割机拥有量达1530台，其中高性能收割机535台。全区共在186个村居建造“一池三改”户用沼气池7500处，集中适宜区域发展规模畜禽场沼气处理工程20处，新建生活污水净化处理池650处，相继在大冈镇民生、光明村建成秸秆气化站2处。科技创新倍增活力。“十一五”期间，区农科所相继自主育成“盐糯12”、“Ⅱ优650”、“盐粳9号”等水稻新品种5个，累计推广面积500万亩以上，并取得较高的社会经济效益。其中“盐粳9号”、“盐糯12”、“盐恢650”、“盐粳11号”先后获得农业部植物新品种保护权。区粮油站研制的《中粳糯新品种盐粳12原种生产技术规程》、《杂交中籼稻新品种Ⅱ优650繁育技术规程》、《扬麦14小麦栽培技术规程》等3项技术规程通过省级鉴定。“江苏省水稻条纹叶枯病防控关键技术的推广与应用”、“江苏省蔬菜主产区无公害生产关键技术推广”，“优质弱筋小麦标准化生产技术体系的推广应用”，“优质油菜品种史力丰推广与产业化开发”、“致灾性棉铃虫综合治理技术大面积推广应用”等5个项目分别获江苏省农业技术推广奖一、二、三等奖。“水稻丰产高效技术集成研究与示范”项目获2007年度盐城市科技进步三等奖、2007年度盐都区科技进步一等奖；“盐粳系列水稻优质无公害生产技术研究与推广”项目获2008年度盐城市科技进步二等奖、2008年度盐都区科技进步一等奖。“高毒农药替代品种安全使用技术”、“生猪发酵床生态养殖技术”和“大规格河蟹生态养殖模式”、“小龙虾苗种繁育与生态养殖模式”、“水稻—番茄(草莓)轮作模式”等一大批新技术、新模式的推广应用，有力提高农业科技贡献份额。2007年孙广仲、顾宏富分别被农业部授予“全国农技推广先进个人标兵”和

"全国测土配方施肥工作先进个人"光荣称号，2009年仇学平获全国农技推广中心先进工作者，孙广仲等5人获得推广研究员任职资格。两位同志得到省"六大人才高峰"项目资助。82人次获得市厅级以上的科技奖项。（丁　智）

农业机构改革
Agricultural Sector Reform

【概述】 4月16日，区委、区政府印发《盐都区人民政府机构改革实施意见》，文件规定：组建区农业委员会。将区农林局的职责、区农业资源开发局的职责、区水务局的农业机械管理职责，整合划入区农业委员会，挂区农业资源开发局、区水产局牌子。不再保留区农林局、区农业资源开发局。不再保留区绿化委员会、区农业机械管理局牌子。10月6日，盐都区农业委员会挂牌成立。（秦全余）

农业结构调整
Agricultural Restructuring

【概述】 全区农业结构调整以"农民增收、农业增效"为核心，以"扩张规模、优化结构、增加效益"为基本路径，策应"现代农业加快推进年"活动的部署要求，围绕重点关键环节，进一步创新工作思路，拓展服务路径，狠抓措施到位，全面推进高效农业，重点突破设施农业，为全区保增长、惠民生、促发展奠定坚实的基础。全年新增高效农业面积9.7万亩，其中设施农业面积2.17万亩，高效农业覆盖率提高到40%；规模养殖比重生猪为53.8%，蛋禽为88.5%；高效渔业面积11.65万亩，其中设施渔业覆盖率为6.4%。

【现代农业园区建设实现新突破】 依据现代农业产业园区的标准要求，着力在园区组织架构和运作机制上下功夫，在规模扩张和内涵提升上出实招，在产业发展和增收富民上求突破，促使全区现代农业园区科学发展。5月，盐都台湾农民创业园获农业部、国台办批复授牌，成为全省五家之一、盐城唯一的国家级园区。江苏盐都现代农业产业园区7月份喜获省政府认定授牌，并跻身全省23个产业园区行列。仰徐现代农业示范园区、张庄现代农业科技园、华都森林公园、绿发水产养殖示范园区等4个园区通过市级认证并授牌，另外还按照"镇镇建有现代农业园"的要求，通过示范辐射，加大行政推力，建成秦南径口、大纵湖振兴、龙冈鑫龙等一批县级现代农业园区。由于创牌工作成绩突出，区农委被区委、区政府授予"发展现代高效农业特别贡献奖"。（丁　智）

农业产业化
Agricultural Industrialization

【概述】 全区规模农业龙头企业发展到110家，其中，省、市级重点龙头企业已达31家（省重点龙头企业4家，市重点龙头企业28家）。规模龙头企业实现销售50.51亿元，利税4.18亿元，分别比上年同期增长23.52%和26.6%。肠衣、精细蔬菜、特水产品、蜂蜜等10多个产品已进入国际市场，并形成一定规模的出口生产基地，实现出口创汇5200万美元，比上年同期增长26.83%；农产品加工集中区稳步推进，区级农产品加工集中区规划面积16平方千米，集中区共规划为八大功能区，已启动建设面积4305亩重啤集团、天邦饲料、邦尼水产、海亚冷冻、绿发水产和荣华纺织等6家农产品加工企业入园投入生产；农民专业合作经济组织发展到515家，其中在工商部门登记注册取得法人资格的农民专业合作社443家。农民专业合作经济组织资产总额3.47亿元，入社人数8.36万人，实现销售19.75亿元，比上年同期增长13.2%。朱庄豆制品、花吉畜禽、张庄葡萄、大纵湖大闸蟹、康泰蔬菜等19家专业合作社被省、市认定为"四有"农民专业合作社；农民经纪人发展到2.26万人，实现销售24.85亿元。通过龙头企业拉动、示范基地带动、专业合作组织和经纪人推动，已辐射带动全区60万亩耕地和全区90%以上的农户，农产品订单收购率达80%以上。（陆全华）

【盐都被农业部认定为全国农产品加工业示范基地】 为进一步落实国家农业部《农产品加工业"十一五"发展规划》，加快农产品加工业发展，根据《农业部关于组织申报第二批全国农产品加工业示范企业和第四批全国农产品加工业示范基地的通知》（农办企[2010]15号）要求，盐都区以农产品加工集中区为平台，通过自荐、申报材料的组织以及省、市二级专家的论证，12月21日，在国家农业部《关于公布第二批全国农产品加工业示范企业和第四批全国农产品加工业示范基地名单的通知》（农企发[2010]5号）中，盐都区榜上有名，被认定为全国农产品加工业示范基地，这是当年全市唯一也是全省五家之一获得此殊荣的县（市、区）。（陆全华）

种植业
Planting

【粮食生产增产增效，实现历史性突破】 2010年，全区粮食生产喜获全面丰收，小麦、稻谷收购价格为历年来之最，实现了增产增效。全区全年粮食亩产量499千克，列全省县级粮食单产排名第五位，全市第二位。其中夏粮实收面积60.2万亩，亩产403.2千克，比上年增产14.5千克，增长3.7%；总产24.27万吨，比上年增产0.9万吨，增产3.8%；亩产值698元，比上年增加60元，增长9.4%。小麦上市价格每千克1.8元，以后一路上扬，高开高走，最高价格涨到每千克2.04元。上年红皮小麦每千克1.66元，白皮小麦每千克1.74元。小麦亩产值758.86元，比上年增加93.46元，增长14%；亩纯收入448.86元，比上年增加93.46元，增长26.3%。大麦综合价为每千克1.6元，比上年增加0.34元，增长27%。大麦亩产值566.24元，比上年增加128.01元，增长29.2%；亩纯收入266.24元，比上年增加128.01元，增长92.6%。水稻种植面积62.2万亩，比上年增加0.23万

亩。水稻单产呈恢复性增长，平均亩产607千克，比上年增加10千克；总产37.76万吨，比上年增加0.76万吨，增长2.1%。稻谷收购价格大幅度上扬，综合价格达到每千克2.6元，比上年同期提高0.7元。亩产值1578.2元，比上年增加423.36元，增长37.3%；亩纯收入927.66元，比上年增加455.36元，增长96.4%，接近两倍。

【盐都被农业部确定为病虫害专业化统防统治示范区】 开展农作物病虫害专业化防治，是保证农作物安全生长、提高农产品质量、解决农民防病治虫难题、减轻农业环境污染的有效手段。近几年，农业补、省政府对此项工作十分重视，2010年，农业部专门下发《2010年农作物病虫害专业化统防统治示范工作方案》(农办农[2010]31号)，并明确盐都区为江苏省43个病虫害专业化统防统治示范区之一，为认真搞好这项工作，区农委于5月24日印发《2010年盐都区推进植保专业化服务工作的指导意见》，同时在大冈镇佳富村建立由区植保站牵头，大冈民欢植保专业合作社、志祥粮食合作社、区农科所参加的水稻万亩植保专业化统防统治示范区，核心区面积3200亩，全部实行全程承包。为在全区全面推动该项工作，7月24日，区植保站又举办由各镇农业中心的植保技干、植保专业合作社负责人、农药销售人员、种田大户代表参加的植保专业化防治培训会，组织观摩潘黄长青植保专业合作社、水稻病虫专业化统防统治现场，同时邀请植保机械专家进行了新型植保机械培训，收到较好效果。通过大力宣传推动，政策扶持，考核奖励等措施，至年底，全区新注册植保服务专业合作组织16个，分别是盐城市盐都区宏彬、建明、锦明、永亮、长青、永益、丁马港、山林、禾丰、杨锋、大地丰收、大冈镇大林、好兄弟、华杏、红太阳植保服务专业合作社和志祥粮食种植专业合作社，新购置高效推车式喷药机械12台，背负式弥雾机200多台，全年植保专业化服务组织服务面积23800多亩，喷药面积197200多亩次，其中全程承包达72600多亩次，代治面积124600多亩次。

【小麦赤霉病大发生】 由于小麦感病品种种植面积大，加之小麦抽穗扬花期受阴雨天气影响，年内，小麦赤霉病区内大发生，为近十年除2003年外的第二个大发生年。在区委、区政府、区农委的正确领导下，在省、市植保部门的指导下，由于预报准确，发动及时，防治工作取得显著成效。据5月中下旬调查，全区小麦赤霉病发生面积54.5万亩，占种植面积100%，累计用药防治面积72万亩次，平均自然病穗率为46.3%，最高达95%，防治后平均病穗率为11.8%，病穗防效74.7%，病指防效79.7%。累计挽回小麦产量损失35500吨，平均每亩挽回小麦产量65.1千克。小麦最终亩单产399.4千克，接近历史最好产量水平。

【全面推行病虫害电视预报】 电视预报是植保信息发布的一种新模式，具有快捷高效的特点。年内，为更好地开展统防统治服务工作，区植保站在植保事业费较为紧张的情况下，投入技术宣传费6万多元，与盐都电视台合作，在4~10月水稻、棉花病虫防治重点阶段全面推行病虫害电视预报，共发布农作物病虫电视预报18期，每天第一次固定在晚上7时30~35分的黄金时段播放，每天3次，计183天549次。另外，在盐都现代农业网发布病虫防治情报、重大病虫防治意见等技术资料26期，在《盐都报道》发布防治信息18个，在《盐都电视台》播发重大病虫防治新闻报道8次，通过全方位、多渠道的信息发布和宣传发动及时把病虫的发生趋势、防治要求、技术措施送到农民手中，提高植保技术的到位率、新农药的覆盖率，深受广大农民欢迎。

【化学农药减量使用成绩显著】 示范推广物理技术防虫杀虫。主要应用杀虫灯杀虫和防虫网避虫，区植保植检站在大冈万亩有机米生产基地，安置30多台佳多牌频振式杀虫灯，控制面积1500亩，对防治水稻中后期稻纵卷叶螟、稻飞虱起到明显控制作用，同时通过与稻田养鸭技术集成应用，达到基本控制稻飞虱、有效控制稻纵卷叶螟危害的效果。为防治灰飞虱、烟粉虱，在水稻秧池、蔬菜基地大力推广防虫网，应用面积1200亩左右。建立统防统治示范区。在大冈镇富港村、义丰镇石庄居委会、龙冈镇兴隆居委会建立3个千亩病虫综合防治示范区，推广综防配套技术及绿色防控技术，全部按植保站病虫情报处方防病治虫。示范推广超高效、新剂型化学农药。主要推广了苯甲·丙环唑、吡蚜酮、氯虫苯甲酰胺、稻腾等4个高活性农药新品种，推广应用面积约18万亩次，由于具有高效、持效、低毒、低残留特点，推广应用后可减少单位面积农药使用量70%左右。同时在大面积防治工作中，优先推荐悬浮剂、微乳剂、水乳剂、水溶剂等新剂型农药品种，大大减少农药使用后对环境的污染程度。大力推广应用生物农药防病治虫。共推广应用甲维盐、阿维菌素、井·腊芽、井冈霉素、宁南霉素等生物农药268万亩次左右。五是推广高效助剂。主要推广有机硅和植物油两个助剂，使用面积20000亩次左右。由于科学测报，推广综合防治技术及绿色防控技术，今年化学农药减少使用量(商品量)约7%,圆满完成全年下降3%的减控目标。

【加强农业植物疫情监控工作】 为保证全区生态安全,在部、省、市的部署下,区植保植检站积极开展农业有害植物疫情监控治理工作。强化培训宣传与依法行政。先后在盐都电视台、《盐都报道》开展危险性外来有害生物科普宣传4次,使全区人民对外来有害生物的危害性有一个基本认识。同时对镇(区、街道)兼职植检员进行相关业务知识培训,提高兼职植检员的工作能力。在3月中下旬、9月下旬种子销售季节,对全区境内各种子生产、经营单位依法进行市场植检执法检查,重点抽查种子调入频繁和数量大的种子公司。4月8~10日,在全市植检巡回检查中,盐都区的植检工作得到市农委植保站的好评。规范繁种基地的产地检疫工作。全年共对2个夏熟作物繁种基地,11个杂交稻制种基地,2个常规稻繁种基地,计11792.4亩水稻制种田进行了产地检疫,产检率100%。加大外来有害生物监控和防除工作。区植保植检站共组织开展加拿大一枝黄花、香蕉穿孔线虫病、扶桑绵粉蚧、红火蚁、三叶斑潜蝇、小麦全蚀病、腥黑穗病、孢囊线虫等检疫性、非检疫性危险性病虫的调查和监测工作22次,其中组织大范围拉网调查活动6次。对发现加拿大一枝黄花发生的盐徐高速、盐靖高速两侧,新区、新都、潘黄、郭猛、大冈、大纵湖等镇区,全部落实人员进行清除,发现一处,清除一处,累计清除面积30亩左右,有效遏制加拿大一枝黄花在盐都区的扩散蔓延速度。

(仇学平　袁玉付)

畜牧业
Animal Husbandry

【概况】 全区畜牧业生产保持平稳增长,全年生猪饲养量80.1万头,比上年增加1.21万头,增长1.53%,其中出栏49.6万头;家禽饲养量2180万羽,比上年减少226万羽,减少9.39%,其中年末笼存970万羽。全年实现畜牧业产值20.87亿元,占大农业比重的31.75%。

【全区养殖户受惠国家政策】 生猪调出大县奖励政策。年内,兑现国家下达盐都区2009年生猪调出大县奖励资金360万元,按上级《生猪调出大县奖励资金使用办法》文件的规定,将奖励资金分配给全区规模养猪大户,受益规模养猪户168户;成功申报并实施生猪养殖小区项目、秸秆养畜项目、家禽标准化养殖场、科技入户、农技推广体系改革与建设示范县建设项目。2010年,向省农委成功申报生猪养殖小区5个,累计获得国家养殖小区建设补助资金155万元,目前,各养殖小区建设稳定有序,其中,大纵湖蒲周生猪养殖场和郭猛天篷生猪专业合作社生猪养殖场已基本建设完毕;我区成功申报省级秸秆养畜项目,获上级项目资金40万元、区财政配套资金4万元,;申报义丰镇盛丰牧业肉鸡标准化养殖场建设项目1个,已经上级验收通过;年内,我区组织实施两个科技入户(生猪、家禽)项目及一个农技推广体系改革与建设项目,顺利完成科技入户项目对60名技术指导员(其中镇(区、街道)36名,区本级24名)、1200名科技示范户及农技推广体系改革与建设项目50名技术指导员、500名科技示范户的遴选,与14个指导单位落实了项目责任。区本级在望海大厦、农广校举办4次大型"畜牧业规模养殖技术培训班",邀请省内外科研院所知名专家教授来盐都传授畜禽高效规模养殖技术。撰写调研报告3篇,盐都电视台专题报道2次,科技示范户户均养殖效益比上年提高15%,达到预期效果,顺利通过上级验收。

【创建畜牧生态健康及动物防疫规范达标示范养殖场】 畜牧生态健康标准化养殖示范创建。年内,大力开展畜牧业标准化养殖建设,建成省级畜牧生态健康养殖示范场8个、潘黄镇夏根红蛋鸡养殖场喜获农业部蛋鸡标准化养殖场验收通过、郭猛镇周安林种鸡养殖场申报农业部种鸡标准化养殖场获批,年初还申报5个生猪标准化养殖场。经过3年的努力,全区标准化养殖场建设从无到有,建成场数历史性地接近30个;动物防疫规范达标示范创建。为全面规范生猪规模养殖场科学防疫工作,显著提高生猪规模养殖场科学防疫水平,有效预防和控制重大动物疫病的发生,保障畜牧业健康稳定发展,努力争取3年内完成生猪规模养殖场免疫、消毒、监测、管理、人员、设施等防疫方面全面达到规范要求,有效防控重大动物疫病发生和流行。2010年,5%~10%生猪规模养殖场动物防疫工作达到规范要求;2011年,30%~50%生猪规模养殖场动物防疫工作达到规范要求;2012年,争取所有生猪规模养殖场全面达到规范要求。2010年全区13家生猪规模养殖场申报,全部通过市级验收。

【稳步推进高效规模养殖】 年内,通过建设标准化养殖场、举办规模示范户培训班、服务农民专业合作组织等多种方式,稳步推进畜牧业高效规模养殖。在走出去、引进来的大思路下,多次邀请省内外科研院所知名专家教授、本区及周边县(市)炕孵业主、养殖大户共谋高效规模养殖发展大计。经过畜牧系统的共同努力,全区规模养殖得到了迅速发展,生猪规模养殖比例达53.75%、蛋禽规模养殖比例达88.5%、肉禽规模养殖比例达82.08%、奶牛规模养殖比例达100%,规模养殖比例均比上年上升6%以上。

【加强禽流感等重大动物疫病防控工作取得实效】 年内,加大重大动物疫病防控力度,落实防疫、消毒、检疫等各项综合防控措施,全面开展重大动物疫病春季防疫突击行动、夏季补免及高温大消毒、重大动物疫病秋季防疫突击行动等活动。对规模养殖户实行重大疫病免疫效果和电子档案双重监管,并开展全区面上免疫抗体监测,全年共监测抗体7289份,其中开展禽流感检测2352份、新城疫检测2328份、病原学检测2609份。重大动物疫病各病种疫苗使用量超过全年计划指标,禽流感等重大动物疫病防控工作取得显著效果,全年全区动物疫情形势稳定,实现年初制定的"全区全年无重大动物疫情发生"的目标。

【组织开展全区村级动物防疫员培训及监测技能采样大比武活动】 年内,区畜牧兽医站在潘黄兽医站对全区254个村的防疫员和防治员进行村级动物防疫员岗位职责与职业守则、动物防疫法律法规、专业基础知识和操作技能等方面的培训。举办“免疫技术培训班”3期、“村级动物防疫员培训班”1期，到各镇(区、街道)开展免疫监测技能培训5次，组织全区动物疫情监测血样采集大比武活动1次，举办“全区村级防疫员及养殖大户科学防疫知识竞赛”1次，派遣技术人员参加全省各类培训25次。选派8人参加省市技能竞赛，成绩优异，其中，1人获省科学防疫知识竞赛第二名、1人被表彰为省重大动物疫病采样检测技能大比武乡级采样能手、1人获市级检测技能大比武二等奖、1名同志被表彰为全市动物疫病监测工作先进个人、区畜牧兽医站获盐城市动物防疫知识竞赛团体三等奖。区农委被表彰为盐城市动物防疫工作先进集体、张守伟等4人被表彰为先进个人。

(王玉良)

【徐海荣获省动物检疫技能操作大比武第一名】 11月15~16日，全省动物检疫员技能操作大比武在常州市众恒肉联有限公司举行，104名选手经过理论笔试、实验室检验、现场操作等综合评定，代表盐城市参加大比武的盐都选手徐海荣获第一名。盐城市获团体成绩第一名。

【参加市级动物检疫技能操作大比武获表彰】 10月28日，全市动物检疫员技能操作大比武在滨海县汇利肉类食品有限公司举行，盐都区有4名选手入选省竞赛资格，团体成绩名列前茅。

【动物卫生监督工作受市农委表彰】 动物卫生监督工作紧紧围绕确保不发生重大动物疫情和重大畜产品质量安全事故的工作目标，认真组织实施“强基础、抓规范、促提高”三年行动方案，扎实开展生鲜乳、兽药、饲料质量安全专项整治行动，齐心协力，攻坚克难，完善责任体系，加大工作力度，强化推进措施，做到对重大动物疫病的有力有效控制，实现了对畜牧投入品的有力有效监管，保障全区畜牧业的健康、稳定发展。4月中旬，市农委对全市动物卫生监督及畜产品安全监管工作进行表彰，区兽医卫生监督所荣获动物卫生监督先进单位综合奖，动物卫生监督执法先进单位单项奖。这是继盐都连续两年被省农委表彰动物防疫及畜产品安全监管工作先进县(市区)后，又获此殊荣。

【与商务局联合举办生猪经纪人培训班】 为搞好普法工作，提高生猪经纪人合法、守法经营意识，11月25~26日区农委、商务局在区农业干部学校举办生猪经纪人培训班。来自各镇(区、街道)110人参加培训。邀请市动物卫生监督所所长王军、市商务局市场处处长周斌，分别就《动物防疫法》、《生猪屠宰管理条例》等相关法律法规进行了专题讲座。通过培训，全区生猪经纪人的守法观念有明显提高，法律意识明显增强，动物防疫、食品安全责任感明显加强。同时，专门邀请盐城生物工程高等学校教授陆立才就新形势下如何搞好生猪市场营销进行专题辅导。

【开展畜牧投入品使用环节专项检查】 为履行畜产品质量安全监管职责，确保世博、亚运期间不发生重大动物疫情和重大畜产品安全事件，根据都农发[2010]55号《关于开展畜牧投入品使用环节专项检查情况的通知》的文件精神，区畜牧兽医站、兽医卫生监督所抽调8名同志，分成两个检查组，在8月23~28日用6天时间从8个方面对全区148户规模畜禽养殖场的畜牧投入品使用环节进行专项检查。针对检查出的问题，下发整改通知书12份，责令当事人在规定时间内达标。

【帮助兽药企业GSP升级改造，完善后GSP管理】 全区7家兽药经营企业申报兽药GSP，在10月29日一次性通过验收。从硬件设备投入、软件资料建立方面主动进行全方位跟踪服务，达到四个“统一”，即：统一组织企业认真学习有关兽药GSP的基础知识；统一邀请专家对兽药GSP试点企业进行现场指导；统一帮助试点企业编写有关资料；统一制度上墙。在后GSP管理上，落实3人按省、市出台的新要求，严格管理，规范管理，达到申办合格的兽药GSP企业规范经营。

【开展“强基础抓规范促提高”活动】 报检点规范化建设。在完善产地检疫报检制度的基础上，合理设置产地检疫报检点，以镇、分站为单位统一报检点建设内容，推进报检点规范化建设，将报检点通过盐都报道和电视台向社会公布，接受群众监督。屠宰点示范点建设。积极推广“动物屠宰检疫示范点”建设，潘黄、马沟、张庄按“示范点”要求于六月份改造到位投入使用。在屠宰场设立与检疫有关的“三室”，即检疫办公室、检疫员休息室和检疫实验室，并配备检疫工作所需设施设备。完善监管制度，落实责任。为全面提升动物卫生监督和畜产品安全监管工作，落实责任，确保动物源性食品安全，区所分别与相关单位、责任人签订四个层面的工作责任制。与所内监督员及动检人员签订动物检疫工作等3个责任状；与基层畜牧兽医站签订《产地检疫协议》等2个责任制；与生产经营企业签订《动物防疫责任状》等3个责任制；与养殖大户签订《畜牧投入品及动物防疫监督承诺书》。

(游　旭)

蚕桑业
Sericulture

【概述】 全区蚕业生产虽然遭受各种自然灾害的影响，仍走出低谷，进入全面复苏的良好势头。全区桑园面积稳定在247.9公顷，全年饲养蚕种7800张，比上年增加24%，生产鲜茧325吨，蚕茧产值1200万元，复合经营收入250万元，每0.067公顷桑园收入4400元，比上年增加2100元，生产一代杂交蚕种65000张。

【普及养蚕新技术】 重点推广省力化养蚕，小蚕共育电器化加温以及病虫害防治等适用新技术。大蚕室外大棚省力化养蚕推广率达70%，桑蚕新品种推广率达80%，小蚕电器化加温推广率达40%，桑园复合经营推广率达50%。通过新技术的推广，平均张单产达到41千克，春蚕达到44千克，比上年提高3.6千克，蚕桑生产创下三个历史之最，即张单产最高，茧价最高，亩桑效益最高。

【创新服务机制】 春蚕期发生连续低温、晚霜等自然灾害，为提高效益，区、镇、村服务部门及时指导蚕农，采取应对措施，在加强桑园田间管理的同时，推迟蚕种出库日期，5月1日蚕种出库比正常年份推迟一周，实现了种叶平衡。秋蚕饲养期间，龙冈镇徐庄、福留等村大面积桑螟暴发，为降低灾害损失，区、镇、村三级服务网络，立即跟踪服务，指导农户划片分区治虫，帮助徐庄村17户蚕农调剂桑叶3万千克，使100多张秋蚕全部上山结茧，挽回损失11万元。

【凸现规模效益新优势】 随着茧丝绸行情全面复苏，茧价迅速上扬，蚕农的养蚕信心倍增，促进了规模经营。全区10亩以上的桑园大户增加到28户；5亩以上的桑园专业户增加到150户。大冈镇自强村一组徐爱方，1.3亩桑园，全年养蚕6.5张，收入10536元，每亩收入8104元。大冈镇北杨村二组杨金田，0.3015公顷桑园，全年养蚕14.5张，收入32639元，每亩收入7253元。楼王镇花季村周长生，0.4757公顷桑园，全年养蚕36张，收入49771元，每亩收入7010元。 （陈智才）

农业科学研究
Agriculture Scientific Research

【概述】 区农业科学研究所紧紧围绕盐都"双新"目标和立足"三农服务"工作，加速农作物新品种选育研究进程，广大科技人员以创先争优活动为动力，不断转变发展理念，积极落实工作举措，增强科技创新能力，从而使单位各项事业取得较好成绩。

【育种科研工作势头强劲】 水稻育种研究围绕"优质、高产、多抗、广适"这一主攻目标，务实创新，继续加大选育研究攻关力度。与江苏田源种业合作育成的扬育粳2号参加省迟熟中粳生产试验，表现突出，预计2011年2月份通过省品种审定命名，盐优3号参加省杂交中粳区域试验，产量名列前茅，综合性状较好，2011年继续参试。同时，推荐9个新品系（组合）参加省水稻预备试验，其中，盐粳9029、川优065本年度参加省迟熟中粳、杂交中籼区域试验。三麦育种工作同样有了新进展，大麦新品种"盐008-6"参加省区域试验，小麦新品种"盐麦009-16"参加省淮南预备试验。全年水稻育种、三麦育种以及省区域试验工作任务，按照实施方案和时序进度，保质保量有序推进，整个育种研究工作在全省同行中继续保持较强的优势。并利用海南、昆明独天得厚的气候条件，加速水稻、三麦繁育进程，努力实现短周期、高速率推陈出新的目标，促进单位育种科研事业可持续健康发展。

【项目推进工作迈上新台阶】 积极参与国家、省、市项目的立项申报和组织实施工作，申报的中央财政农业科技推广示范项目《高产优质多抗水稻新品种及配套栽培技术示范推广》、国家、省富民强县项目《耐盐啤酒大麦新品种培育及配套技术集成推广》、省农业三项工程项目《优质高产多抗水稻品种盐粳11号良种繁育体系建设》均已批准立项，并已进入实施阶段。省科技支撑项目《优质高产多抗迟熟中粳稻新品种培育》，按照合同要求有序进行。《优质高产抗病杂交籼稻新品种Ⅱ优650的选育与应用》项目荣获市科技进步二等奖。积极参与的大冈镇万亩生态稻米基地项目建设，采取股份制合作，组建盐城市明都稻米专业合作社，经过艰辛努力，各项工作有序进行，并取得一定的成效，将逐步建成盐都现代农业的新亮点。

【成果转化和技术合作进一步强化】 为加快科技成果转化进程，使育成品种尽快服务于农业生产，通过不同途径，采用不同形式，在扩大品种宣传推介工作的同时，积极寻求合作伙伴，与省内种业企业强强联手，取得较好的社会效益和经济效益。"盐粳6号"、"盐粳7号"9月1日获国家植物新品种权，大面积种植表现较好，预计今年有较大的种植规模。"盐粳5号"、"盐粳10号"、"盐粳11号"、"盐糯12"推广种植势头较好，其中，"盐糯12"已成为苏中、淮北稻区糯稻主栽品种，"盐粳11号"被省农委列为2010~2011年江苏省35个水稻主推品种之一。

【"三农"服务工作不断提升】 以"江苏省农业科技综合展示基地"为平台，以"三农"服务工作为中心，着力开展新品种新技术的试验示范，通过对20个水稻品种、14个小麦品种、11项高产高效栽培技术的集中展示，探明了一批适合盐都推广种植的新品种、新技术，为农业增效，农民增收和粮食安全提供有力的科技支撑。 （李进永）

【农民科技教育培训工作成绩斐然】 全年区农干校实施省农民培训工程，进村开展三个轮次农业实用技术培训，729场次，受训农民达73960人次，推广农业新品种12个，农业实用新技术24项，发放科技明白纸65万多张；举办农民创业培训班9期，培训村干部、农民经纪人、农民专业合作组织负责人、种养大户1329人，培植100例农民科技创业典型，引导251名农民创业培训学员参加省农业行业职业技能鉴定；举办农民学电脑学上网"致福工程"培训班10期，培训农村种养大户、农民经纪人、农村党员远程教育中心网络管理人员441人。实施国家农业部、财政部农村劳动力转移培训阳光工程，开设沼气工、畜禽繁育员两个涉农专业，培训转移农民劳动力378人。农广校中等职业教育，开设设施农业专业，招收学员51人。为"双新"盐都建设提供人才和智力保障。因培训工作成绩突出，被国家农业部评为全国县级农广校办学水平评估A级校，被中央农广校评为全国农业广播电视教育先进集体。 （王受荣）

水产业
Aquaculture

【概述】 全区水产养殖面积12.5万亩，稻田养殖面积1.8万亩，水产品总产量9.94万吨，其中养殖产量8.96万吨，渔业总产值实现14.79亿元，渔业增加值5.83亿元。

【高效渔业建设全市领先】 充分发挥资源、技术、市场和交通优势，积极调整产业结构，大力发展高效设施渔业，以河蟹、鳜鱼、小龙虾、南美白对虾等为主导品种，全面推广蟹池套养名贵鱼类、无公害水产品健康养殖、池塘主养南美白对虾和小龙虾等养殖新技术，加快苗种基地、水产品加工、设施和休闲渔业建设力度，努力推进高效渔业规模化建设。全区新增高效渔业面积0.8万亩，设施渔业面积0.5万亩，全区高效渔业面积累计达11.65万亩，占养殖总面积93.2%。新增百万元养殖小区2个，新建千亩连片高效养殖基地1个，新建高效渔业镇2个，新建高效渔业村(场)5个。北龙港镇和楼王镇被评为十强高效渔业建设镇。

【渔业科技入户示范工程绩效全省领先】 区渔业主管部门紧紧围绕推广“三新”技术，服务渔业发展，促进渔民增产增收的宗旨，积极组织实施渔业科技入户工程。年内在13个镇，128个村(居委会、场)实施，培育示范户450户，示范面积29671亩，辐射农户6800户，面积72000亩，通过项目实施，渔(农)民累计增效4824.43万元。经省专家组考核验收绩效全省领先，区水产局分别被省、市海洋与渔业局评为“2010年度全省渔业科技入户工作先进集体”和“渔业科技入户工作先进单位”。

【水生动物疫病防治站实验室建成】 “县级水生动物疫病防治站建设”被列入第三批扩大内需中央预算投资计划项目获得批准建设。项目总投资210万元，其中中央财政70万元，省财政配套112万元，区财政自筹28万元。地点位于盐城市解放北路112号，2009年7月起开始建设，经过场地落实、电力设施配套建设、室内装修等工程，建成了信息处理间、档案管理间、预处理间、样品处理间、理化分析间、病原检测间、无菌间、组织病理间、PCR分析间、隔离处理间共190平方米的标准县级水生动物疫病防治站实验室，购置相关仪器设备59台(套)。

【河蟹养殖规模和效益创历史新高】 积极调整养殖业结构，发展高效特色渔业，着力打造“河蟹10亿元产业”，全区河蟹养殖面积达6.86万亩，占水产养殖总面积的54.88%，销售产值实现5.5亿元，获得亩均效益2580元，较去年增加30%以上，规模和效益创历史最高。打造了“陈长荣”、“大纵湖”、“渔淇”等河蟹品牌，其中“陈长荣”牌中华绒螯蟹获得江苏省名牌产品证书。 (宋长太　王　忠)

【举行人工放流启动仪式】 2010年投入人工放流专项资金8万元购置鲢、鲫、鲤、鳊等优良水产苗种150万尾，在区内腹部主要河道蟒蛇河、朱沥沟、东涡河进行本区水产史上的第25次人工放流，与往年相比本年度在放流品种的结构上进行优化，对专吃水中各种藻类的上层鱼“鲢”和杂食性的下层鱼“鲤”加大放流数量，以使其在自然水域生态系统中充分发挥净化水质的作用，据专家预测可增加百万元以上的经济效益，使全区捕捞渔民从中受益。人工放流工程是落实科学发展观，保护生态环境，为民办实事的一项惠民渔业生态工程，可取得良好的社会、经济、生态三大效益。2010年7月31日上午8时盐都区人工放流启动仪式在“省级优质水产良种基地”——区水产养殖场举行，区政府、区农委、市海洋与渔业局的领导和渔民代表及全体渔政人员100多人参加了现场放流启动仪式。

【坚持不懈查禁电鱼】 区渔政大队2010年度利用广播电视、报刊、印发《通告》、“公开信”，张贴悬挂标语、录音巡回宣传等多种形式，进行渔业法律法规的强势宣传，全年7次利用电视这个主媒体的形式，广泛深入宣传，每次《盐都报道》同期刊载宣传。在强势宣传的同时，区渔政大队坚持不懈查禁电鱼非法作业，白天巡查与夜间伏击相结合，与公安110形成联动机制；以教育为主，坚持“防范胜于打击”的管理新理念；对少数伺机电鱼者进行动态跟踪查处，充分发挥群众参与积极举报的作用；主动听取净言，邀请人大代表督导执法，请他们出点子想办法；不断探索电鱼查禁工作的日常管理方法，建立长效机制。全区全年共进行渔政执法检查242天，参与检查2395人次，查处电鱼47起，没收各类电鱼工具96件，没收电鱼船13条，执行罚款3.13万元，因电鱼行政司法拘留3人，判处6个月拘役1人，送交法院强制执行7起，遏制电鱼歪风。

(王洪涛)

农林执法

Law Enforcement of Agriculture and Foresty

【概述】 围绕“农民用上放心农资、城乡居民吃上放心农副产品”这一主题，积极组织开展打假护农保春耕行动、放心农资下乡进村活动以及种子执法年专项行动，加大国家明令禁止在农业生产环节中使用的高毒农药以及三聚指氰胺、孔雀石绿和“瘦肉精”的监管力度。加强农产品质量安全检测，严厉打击电捕鱼的违法行为。共出动执法人员986人(次)，检查农资及农产品生产经营企业672家，抽检农资212批次，送检农产品样品126个，检测“瘦肉精”1020批次，立案查处农资案件78起，挽回经济损失920余万元。查处非法电捕鱼47起，没收电捕鱼工具及配件96件、船13条。有力打击各种违法行为，提高农林综合执法水平和影响力。

【结合“3·15”开展“三送”活动】 结合“3·15”消费者权益日活动，在楼王镇与区文明办联合举办“大蓬车”暨放心农资下乡进村宣传周启动仪式，开展送放心农资、送农业科技、送法律活动。筛选10家品牌农资近10吨集中展示，发放宣传材料万余份，现场接受咨询达300多人(次)。活动期间，区委常委陈雷、副区长武炳光向特困户赠送放心农资。

【开展种子执法年活动】 2010年被农业部确定为“种子执法年”。根据省市会议精神，结合盐都实际，出台《开展“种子执法年”活动方案》，并成立活动领导小组，在各个阶段开展种子执法年活动，加大宣传力度。确定主要农作物主推品种18个，并及时发布春、秋季品种利用意见。根据市场出现违规的情况，印发《致全区广大农民的一封信》5万余份，同时利用区电视台在黄金时段进行为期一周播发。通过种子执法年宣传活动，提高种子经营者守法经营和诚信经营意识，使农民用上放心的种子。开展种子市场大检查。首先在春、秋种子市场抽取样品检验种子质量，全年共抽检种子样品59个，合格样品57个，合格率为96.6%。其次出动执法人员120人次，检查经营户299个，重点检查种子标签、种子经营档案、品种审定及授权情况。种子标签符合国家规定要求的占87.5%；种子经营档案符合要求的占85.6%；品种审定及授权情况，符合要求的占93.8%，未发现品种权侵权情况。清理不合格种子生产、经营企业。按照《种子法》、《江苏省种子条例》及《农作物种子生产经营许可证管理办法》中有关种子生产、经营许可的要求，对全区8家种子企业的注册资本、设施设备、品种、技术人员、企业行为逐一检查，注销不合格种子经营企业1家。（王守国）

林果特产业
Foresty,Fruit and Specialized Industry

【概述】 认真贯彻落实区政府《关于2010年推进绿色盐都建设工作的意见》精神，积极组织造林绿化会战，实施"2311"区级林业重点工程，打造林业特色产业区，"绿色盐都"建设全面推进。全年新发展特色苗木花卉面积52公顷；生产果品31600吨，产值19330万元；林特产业总产值增长达27.7%。

【特色苗木产业快速发展】 全区着力打造林业特色产业，将苗木花卉生产作为发展现代农业和致富农民的新兴产业加以引导和发展。年内新引入新海润、富邦等数10家绿化公司到盐都投资特色绿化苗木生产，特色林业产业不断放大，新增面积52公顷。全区花卉苗木面积累计达1016公顷。盐城市台湾农民创业园区特色苗木基地产业带已经显现，其苗木产品已享誉省内外。

【经济林果快速发展】 全区结合农业结构调整和"一园四线"高效农业建设，全力拓植经济林果，发展经济林果产业，增加农民收入。全年以盐城市现代农业园区、王庄、仰徐葡萄园为核心拓植欧亚系列葡萄40公顷；同时加快优质梨果的引进开发与更新换代，大力发展黄金梨、"三水梨"，扩大生产规模，初步形成以市果树良种场（龙冈）为中心区域特色明显、有一定知明度的果品生产基地。至年底，全区经济林果面积1093公顷，其中梨327公顷、苹果60公顷、葡萄450公顷、银杏140公顷。盐城市果树良种场被市科协、市经贸委和市发改委表彰为"日韩果树新品种引进及其配套栽培技术示范"厂会协作优秀项目成果二等奖。

【林业复合经营快速发展】 全区林业结构调整呈多元化态势发展，林经、林牧、林苗、林农等结构模式推广迅速。全区林业复合经营面积达1510公顷，占全区有林地面积的42.3%。盐城市果树良种场、尚庄镇古殿村林下养鸡、秦南镇林间培育食用菌等一批林业结构调整示范典型的带动和辐射作用已经显现。

【设施草莓生产规模不断扩大】 年内全区设施草莓种植面积达258公顷，建设规模居全市之首。郭猛、秦南和潘黄三镇面积列全区前三位，分别达87公顷、74公顷和51公顷。年内生产草莓总产量810万千克，产值5670万元，亩纯收益6000元。全区有"盐城市盐都区草莓专业合作联社"、"盐城市兴民草莓专业合作社"等草莓专业合作社9家；"张庄"、"采红"、"日佳"、"味可佳"等9个品牌草莓畅销市内外。（谢兆村）

水利建设
Water Resources

【概述】 全区水务系统以"三个代表"重要思想为指导，积极践行可持续发展的治水理念，以打造安全水利、民生水利、资源水利、环境水利为目标，把保障民生、服务民生、改善民生的作为工作重点，让每一个人都共享水利发展与改革成果，作为工作的出发点和落脚点，立足服务保障发展大局，着力解决影响经济社会发展和人民群众生产生活方面存在的有关问题，不断提高防洪保安、水资源保障、水环境保护和服务民生能力，水务事业呈现出建设加快、管理加强、改革深化、服务提升的良好态势。先后被省、市、区表彰为江苏省里下河湖区巡查管理工作先进集体、区脱贫攻坚工程先进单位、全区造林绿化先进集体、区文明标兵单位，荣获省物价诚信单位称号。

【农村河道综合整治工程】 实施农村河道疏浚工程，是发展现代高效农业、推进新农村建设的重要举措。区委、区政府高度重视，近年来都将其作为为民办实事的重点工程。年内，按照"统一规划、统一标准、统一验收"的要求，县级主要骨干河道由区组织实施；其余河道由各镇（区、街道）严格按照程序组织实施，区水务局派员督查指导；从土方测量、施工放样、清障除杂、施工机械配置到工程标准都严格把关，保证质量，共疏浚县乡河道42条233.8千米、346.8万立方米；完成村庄河塘整治50个村、118万立方米的任务，这些项目的实施有效地提高河道的排灌能力。12月中旬，顺利通过2003~2010年农村河道疏浚工程省级整体考核验收。

【推进水利基础设施建设】 完成2009年小型农田水利专项工程、2009年中央财政新增农资综合补贴资金项目工程和区内农田配套建筑物工程建设，共新(拆)建防洪闸33座，新(拆)建排涝站12座，维修防洪闸5座，维修排涝站4座，加固低标准圩堤18.16千米、33.7万立方米。按照盐城市城市防洪规划的总体要求，加快城市防洪工程建设的步伐，继续完善全区城市防洪工程建设，新建防洪闸15座，疏浚县级河道5条、42.5千米、95.3万立方米；3座排涝站春节前完工。所有工程均达到了汛时能防洪排涝的要求，保证主汛期发挥应有的工程效益，极大提升防汛排涝能力。

【农村河道长效管护工作】 农村河道长效管理是巩固河道浚疏整治成果的有效措施，也是发挥河道综合效益的重要保证。从着力构建"政府牵头、条块配合，责任明确、措施到位"的农村河道长效管理

新机制出发，切实把河道长效管理工作抓上手。专门成立由区长任组长的管护工作领导小组，定期会办和研究河道管护的相关事宜。相继制定出台《盐都区关于加强农村河道长效管理的意见》及《盐都区农村河道长效管理办法》。按照"属地负责"的要求，明确各镇（区、街道）为本行政区域内农村河道长效管理的责任主体，由水务站负责河道长效管理工作的具体组织实施。重点对"两纵两横两高速"沿线以及两侧目击范围内所有河道，新都、新区、西区、潘黄、大冈、郭猛、秦南等市级河道保洁重点镇的镇域范围内通村公路两侧河道进行全面保洁，共68条、428千米的河面初步实现河面清洁、河坡整洁、河道畅通的要求。

防汛抗旱

Flood Control and Drought

【概述】 加强汛前检查督查。自3月中旬起，区防指组成6个防汛督查组，对各镇（区、街道）的汛期准备进行全面检查，对查出的影响度汛安全的问题，区防指紧急下发《关于抓紧修复水毁工程确保安全度汛的通知》，要求各地抢抓时机，强化责任，筹集资金，明确措施，限期整改，全面清除各类隐患。完善各项防汛防旱责任制。全面落实以行政首长负责制为核心的各项防汛责任制，逐级签订防汛防旱工作责任状，做到一级抓一级，一级对一级负责，实行区四套班子领导挂钩重点工程和分工包镇，明确镇、村、组三级联防和包圩、包闸、包排涝"三包"责任，把防洪抗灾的责任落实到每一个圩区、每一座闸站和每一处重点圩堤。修订完善各类预案。区防指结合全区水情、工情变化实际情况，修订完善防洪、抗旱、防台等预案；各镇（区、街道）结合本地工情、水情的变化，修订完善防汛防旱预案；各相关部门结合自身工作实际，制定本系统的防洪预案。组建防汛抢险队伍、储备防汛物资。按照分级储备的原则，及时增储补足防汛物资，共储备三袋30万条，木材80立方米，抢排泵298台套，同时对重点险工险段增加现场储备，保证抢险需要；组建17支防汛抢险队伍，每支队伍都在30人以上，6月23~24日区人武部成功对9个镇（区、街道）组织点演。提高防汛应急处置水平。区防指分别于5月中、下旬举办各镇（区、街道）行政负责人、村支部书记培训班，让他们熟悉防汛形势，掌握抢险应急策略，确保发生汛情险情指挥得当，措施得力，成效明显。

农业机械化

Agricultural Mechanization

【概述】 全年实施农机购置补贴367.43万元，共有261户农民购买680台农机具享受财政补贴，新型农机装备的发展调优了农机结构，促进农机化作业水平的提高，同时也为机械化秸秆还田和秸秆综合利用提供物质基础。全区成立跨区机收接待服务站14个，组建跨区机收服务队95个，签订跨区作业合同210份，发放跨区作业证538份，投入作业联合收割机1150台次，跨区机收小麦35.7万亩，机收水稻74.5万亩，跨区作业为民增收7000余万元。全面开展农机安全检验、农机安全专项整治、农机安全隐患排查等一系列活动，共检验各类机具4350台套，其中拖拉机910台，新发牌191台，新办驾驶证105人，检验联合收割机572台，新注册55台，新办驾驶证39人。配套全区农业示范园区建设，推广鱼塘增氧设备、大棚作业机具、高效植保机械等400多台套，高效设施农业农机化装备稳步提升，示范基地建设初具规模。

【平安农机创建】 12月20日，区"平安农机"创建工作通过省农机局和安监局联合验收。在全省农机化工作会议上，荣获省级"平安农机"示范区称号，张庄街道办事处被授予江苏省 "平安农机"示范镇。至年底，全区成功创建7个示范镇和78个示范村，建成256个农机安全示范户，在服务全区农业增产增效、农民创收增收和农村经济繁荣等方面发挥重要作用。

【秸秆机械化还田】 年内，盐都区被确定为全省稻麦秸秆机械化还田及综合利用示范县之一。全年共完成秸秆机械化还田作业面积为47.8万亩，其中夏季27.63万亩，秋季20.17万亩，超额完成省下达的目标任务。全区建成120个秸秆机械化还田示范匡口。5月31日，全市夏季秸秆机械化还田现场会在大冈镇民生村召开，现场演示联合收割机秸秆切碎收获及秸秆还田机械还田作业的技术操作，并对秸秆还田集成机插秧技术进行现场演示。

【农机新机具、新技术推广】 全区全年新增各类精少量播种机240台；新增联合收割机32台，大中型拖拉机100台，大型秸秆还田机160台；新增加秸秆捡拾打捆机7台；全区机械化秸秆还田率达35%；三麦、水稻机械化收获水平分别达97%、95%，机耕水平达100%；推广各类渔业机械400余台套。获得2010年江苏省农机化科技示范基地称号。

【农机培训和职业技能鉴定】 全年培训大中型拖拉机驾驶员85人，联合收割机驾驶员29人，上道路拖拉机驾驶员56人，培训秸秆还田技术350人次。共发放职业技能鉴定证书251份。组织开展农村劳动力转移阳光工程培训活动，送教下乡，对高性能收割机驾驶员进行复训，举办机动弥雾机操作手培训班和农机使用维修人员培训班，累计培训人数达300人。

（徐　皓）

工　业

Industry

综　述

Summary

【概述】 全区工业经济紧扣“转型升级、特色赶超”主线，快增快转创特色，打造优势求突破，为工业经济步入总量和质量同步提升的快车道。全区420家定报工业企业实现工业增加值120亿元，同比增长19%；实现开票销售152.5亿元，同比增长50.5%；入库税金7.89亿元，同比增长35.6%。全区纳税超百万元工业企业121家，其中，超千万元企业15家，华锐风电税收突破2亿元；完成规模以上工业投资108亿元，增长26.5%，其中，工业技改投入69.5亿元，增长31%；工业用电量5.9亿千瓦时，增长21.7%。各项指标全面超额完成年度目标任务。

扎扎实实抓工业运行。强化目标管理。年初，将工业经济主要指标，新兴产业、传统产业、特色产业具体指标，按照季度和月份细化分解到每个镇区、每个企业，以目标管理推动产业发展。按照“做大重点企业、做强产业集群、做好产业集成”的新兴产业扩张目标，重点培育壮大风电装备和电子信息两大新兴产业，全年实现主营业务收入90亿元，占定报工业总量的18%以上；按照“以增量带动存量”的传统产业提升目标，推动纺织服装、高精机电、汽车配件等传统产业转型升级，全年实现主营业务收入381亿元，增长60.3%，占工业经济总量的70.6%。按照“四有三聚”的特色产业目标，大力发展鞋机、精密齿轮、化纤涂装、石油阀门、医疗器械、输变电等特色产业，全年实现开票销售58亿元、入库税收2.6亿元，分别占镇(区、街道)工业的77.8%、84.3%。强化工业运行调控。健全经济运行预警预测体系，每月组织发改、税务、统计、供电、金融等部门分析工业经济形势，重点分析增长不快或波动较大的行业、运行异常的重点企业、投产达效滞后的重点增长点项目，力争问题早发现、快解决。围绕工业经济运行，制定下发新兴产业、特色产业、创新创业载体、结对共建园区、工业发展、转型升级等方面的政策文件12个，组织工业项目、民营经济发展、特色产业推进、工业经济转型升级等会议10次，组织、承办各类观摩活动15次，推动园区、产业、项目、企业发展新跨越情况。强化要素协调。积极发挥金融办职能，组织银企对接活动4次；协调12家金融机构投放工业贷款余额52.09亿元，其中新增贷款余额19.07亿元；引进、筹建区创投风投基金、科技小额贷款公司；新引进昆山农商银行和盐都邮政储蓄银行。坚持招商与招工齐抓，协同劳保部门组织专场招聘会6场，帮助锐毕利、悦达纺织等重点项目和企业落实用工近千名。加大与电力部门衔接、协调力度，确保重点企业、重点项目关键时期的用电需求。

千方百计抓企业转型。加强品牌提升。引导企业制定品牌升级计划，通过创新创牌提高竞争能力，实现从贴牌向创牌转型。斑竹袜业3家企业新创省名牌产品，省以上名牌累计达到26件；大冈石油工具2家企业新获省著名商标，著名商标累计达到22件；恒力等3家企业新创省高新技术企业，累计达15家，居全市第2；新建恒力机床、剑桥涂装、锐毕利通讯、闵业机械等企业博士后工作站6家。加强节能降耗。紧扣节能责任目标，完善督查考核措施，加强节能宣传培训，加大节能降耗推进力度，组织悦达纺织等5家企业开展节能监察工作，新金威等5家企业被市认定为清洁生产合格企业，对金火炬等5家企业开展能源审计。不断加强电力调度保障供应，年内，全区工业用电量58993万千瓦时，同比增长21.68%，低于规模工业开票销售增幅29%，表明全区工业经济实现总量快增能耗下降的绿色发展。加强工业企业培育。突出对30强工业企业和30家成长型企业的培育指导，促其转型升级、提速增效。去年30强和30家成长型企业实现开票销售107.6亿元、税金5.69亿元，分别增长60.3%和41.9%，占定报企业总量的70.5%和80.3%。开票销售超40亿元的1家，超5亿元的9家，规模企业有力支撑工业经济快增快转。推动驰翔齿轮与秦川集团、中力齿轮与时风集团，华兴机床与秦川股份、新金威麦芽与重啤集团等企业合作重组、高端嫁接、新上项目；学富镇引进国内医疗器械行

业龙头金环集团，初步建成全国最大的医用刀、针、线生产基地；大冈镇与美国USM公司合作生产的产品在上海世博会产业链全程参展，鞋机产业占全镇总量80%以上。

全力以赴抓项目推进。强化招商选资。突出产业招商，出台《关于进一步推进新特产业招商工作的意见》，组建十二个产业招商工作组，采取“驻园办公、脱钩管理、权责共担”工作机制，进一步落实激励措施和工作责任，紧紧围绕新特产业开展链式招商，促进产业延伸。全年共已签约10亿元以上项目12个、5亿元项目28个，亿元项目以上161个。六个特色产业重点骨干企业主动与行业行业领军企业寻求合资合作，实施亿元以上项目51个。强化载体建设。新兴产业以华锐风电产业园、电子信息产业园、新材料产业园为重点，进一步提高园区承载项目能力和配套功能。特色产业完善园区1000亩启动区的基础设施工程，着力建设园区技术、金融、政策等公共服务平台。组织经济主板块和重点职能部门发挥优势，与特色镇和中心社区结对共建特色园区。硬化基建投入目标，经济主板块不少于3000万元，结对部门不低于1000万元，按照“3322”季度节点要求投入到位，形成占地3000亩左右的基础设施框架，承载企业集聚和特色产业扩张。强化项目推进。坚持拉长新兴产业链条，快引快建新特项目。全年完成新开工亿元以上项目68个，其中总投资5亿元以上10个，总投资10亿元以上4个。完成重点竣工项目52个，其中，竣工投资5亿元以上的项目5个，竣工投资10亿元以上的项目3个。

多措并举为企业服务。坚持依法行政。在为企业报项目、报资金、争政策过程中，坚持依法行政，建立并严格执行政务公开制度、责任追究制度、群众监督制度、监督检查制度、项目资金申报流程等系列制度，以严格的制度约束保证行政行为的公正、公开和公平，真正取信于企业。推动优质服务。区财政每年安排1000万元的新特产业发展引导资金，用于支持重点技改项目；设立3000万元技改专项引导资金，用于扶持企业技改，促进转型升级；为企业向上争取各类扶持资金1000多万元。同时，按照“指导不干预、服务不添乱”的原则，把解决企业运行、项目建设中的突出问题，作为“三服务”的重中之重，着力提高服务的效率和效果。全年共为工业企业解决各类问题150多个，协调贷款13.94亿元。

（徐洪顺　陈琪娟）

装备制造业

Trade built with equipped system

·江苏恒力组合机床有限公司·

【仲秋被评为省有突出贡献中青年专家】 8月28日，苏政发〔2010〕109号文《关于公布2010年度江苏省有突出贡献中青年专家名单的通知》，根据《江苏省有突出贡献的中青年专家选拔和管理办法》有关规定，经专家评审委员会评审，省人才工作领导小组审核，省政府批准，江苏恒力公司董事长、总经理仲秋等199人为2010年度江苏省有突出贡献中青年专家。

【仲秋赴美国斯坦福大学学习】 11月28日~12月12日，仲秋参加由省委组织部组织省内17名“双创”人才科技企业家，由省委组织部副部长赵永贤领队，到美国的斯坦福大学进行“江苏经济发展转型与科技创新”为主题的研修学习。

【江苏恒力公司被列为“团中央就业创业见习基地”】 江苏恒力公司随着企业的发展，积极接受应届大中专毕业生进公司就业见习，为其积累工作经验、提高就业创业能力创造条件，2008 年 2 月恒力公司被国家人事部批准建立国家级“高校毕业生就业见习示范基地”，每年接受上百名高校毕业生到基地参加实习，录用 50 多人，7 月，经团中央等有关部门考核认定，批准江苏恒力公司为“团中央就业创业见习基地”并授牌。

【江苏恒力公司被认定为省级企业技术中心】 江苏恒力公司加快建立以企业为主体、市场为导向、产学研相结合的技术创新体系，进一步推动企业技术中心建设，与清华大学、同济大学、江苏大学、东南大学、南京理工大学等著名院校，结成产学研联盟，不断提高企业的研发水平和创新能力，推动产业优化升级，中心现有工程技术人员 130 人，中、高级职称的 60 人，享受政府津贴的专家 2 人，先后承担 6 项国家、省部级科技项目，拥有国家专利 30 多项。7 月 20 日，江苏恒力公司技术中心被省经济和信息化委员会苏经信科技〔2010〕516 号文公布为 2010 年第一批省认定企业技术中心。

【江苏恒力公司设立省博士后科研工作站】 为加快引进、培养和使用年轻高层次专业技术人才，促进企业技术创新体系建设，江苏恒力公司积极创造条件申报博士后科研工作站，2 月，经省人力资源和社会保障厅苏人社发〔2010〕75 号文批准，在江苏恒力公司设立江苏省博士后科研工作站，并于 9 月 15 日举行揭牌仪式，同时引进 1 名博士后进站工作。

【TK6213A 数控落地镗铣床等通过省级鉴定】 10 月 30 日，由省经济和信息化委员会、省科技厅组织对江苏恒力组合机床有限公司开发的新品 TK6213A 数控落地镗铣床、BMC2500 龙门移动式加工中心进行鉴定，通过对这两只新产品的省级新产品投产鉴定、省级科技成果鉴定。认为两产品技术性能达到国内同类产品领先水平(苏经信鉴字〔2010〕319 号、320 号文)。

【江苏恒力公司 10 项专利获国家知识产权局受理】 恒力公司不断开展自主创新和科技创新，进一步提升企业核心技术竞争力，加强对主导产品组合机床专利技术的研究，在专利申请、保护、运用及管理方面，不断加大投入，积极推进“自主创新产权化、知识产权产业化”，专利申请与授权量不断提高，公司组合机床类产品专利已有 30 多项，其中发明专利 1 项，实用新型 7 项。已获国家专利的产品是：数控逆向加工组合机床、回转工作台、回转工作台的回转油缸缓冲机构、数控组合机床的三轴加工模块、一种数控龙门镗铣床 Y 轴拖板与横梁的导轨结构、回转工作台的回转分度定位机构、滑枕悬伸下垂分段变形补偿装置、回转工作台的回转分度定位机构等。其中发明专利“回转工作台的回转分度定位机构”在第六届国际发明展览会上荣获金奖。2010 年是公司发展专利技术，实施自主品牌战略以来，获得技术专利成果最丰硕的一年，共有 10 项专利申请获国家知识产权局受理，实用新型专利有：断电无泄漏平衡油缸、一种可独立自动消隙的动力传动机构、可卸荷的直角头套缸打刀机构、直联主轴打刀吹气机构、一种动态均衡补偿张紧力的传动带张紧装置，发明专利有：可卸荷的直角头套缸打刀机构、直联主轴打刀吹气机构、一种动态均衡补偿张紧力的传动带张紧装置、一种可独立自动消隙的动力传动机构、断电无泄漏平衡油缸。

锅炉
Boiler Industry

【概述】 锅炉公司紧紧抓住国家产业政策调整的机遇，大力研发适应节能减排需求的余热回收锅炉系列产品，先后投入研发资金 512 万元，全年共研发余热回收系列锅炉产品 44 个，获得授权实用型专利产品 3 个，实现销售收入 2 亿元，利润总额 1600 万元，入库税金 1330 万元，各项主要经济技术指标每年保持在 30%以上速度递增。余热锅炉产品凭其独特的设计、精湛的工艺、合理的结构、可靠的质量，使公司成为国内知名的余热锅炉专业设计、制造厂家，其生产建材行业水泥窑余热锅炉销售在全国同行业中排在第 2 位，冶金行业烧结冷却机低温废弃余热发电锅炉销售在全国同行业中排在第 3 位，成为全国主要的余热锅炉研发、生产基地。

(徐桂华)

纺织工业
Textile Industry

\

【江洲染整成为国内名牌保暖内衣坯布生产基地】 盐城市江洲染整有限公司是以针织坯布加工为主的生产企业，企业现有员工365人，其中大专以上学历、专业技术人员占全体员工人数的20%左右。企业生产坯布，不仅满足市内的外贸生产企业需求，还为小护士、北极绒、丫暖等品牌配套，成为国内名牌保暖内衣坯布生产基地。年内，企业年生产各类坯布4936吨，其中新产品占总数的30%，创产值4200万元，实现税收240万元，员工人均年收入48000元。 （李从江）

【江苏斑竹袜业有限公司】 江苏斑竹袜业有限公司位于秦南镇泾口工业园区，占地120亩，拥有员工1500人，是具有十多年发展史的民营织袜企业。现有台湾、韩国、意大利进口织机520台套及国产袜机180台套、五指袜机36台套，备有氨纶包覆纱、像筋、拼线等原材料的自产车间，及电脑绣花、缝制、点塑、印花、拉毛、染色、辅料等一条龙配套生产车间，日产各类棉袜12万双。公司先后通过了日本UNIQLO公司，美国Hanse、Walmart的验厂论证及ISO 9000质量管理认证。公司主要客户为：美国Walmart、Hanse、日本UNIQLO、Okamoto，总量：日本70%，欧美20%，内销（新1号品牌）产品10%。公司多年来一直保持国内外贸针织袜骨干企业位置。2010年公司技改投入5000万元，新上意大利进口织机500台套，全年实现销售收入1800万美元，税收445.8万元。

【江苏日升纺织有限公司】 江苏日升纺织有限公司成立于2001年5月，是一家集棉花收购、加工、经营、纺纱生产、针织织造、仓储物流、特种农产品种植为一体的国家中型股份制企业。总资产1.5亿元，现有员工1000多人，拥有棉纺纱锭6万锭，精梳设备8套，并拥有年收购加工2500吨皮棉生产能力的轧花生产线，下设“盐城日新棉业有限公司”、“盐城日盛纺织仓储有限公司”和“盐城日佳特种农产品有限公司”三个分公司。公司主营产品为各类纯棉纱、针织布和特种农产品，年产棉纱近万吨，针织布1000吨，特种农产品2000吨。生产的“都盈”牌棉纱为江苏省名牌产品，“都盈”商标被认定为江苏省著名商标。公司于2002年通过ISO 9001：2000质量体系认证，并拥有自营进出口经营权，先后被评为“中国棉纺织行业人均利税前五十强”、“盐城市十强私营企业”、“盐城市五星级企业”、“江苏省农业产业化重点龙头企业”、“江苏省十强农产品加工企业”、“江苏省纺织和谐企业”。2010年，受国际经济环境转暖、国内宏观经济稳健、内需市场持续旺盛等综合因素影响，全国纺织行业呈现出多年未遇的良好局面。但是，在全球经济缓慢复苏过程中，也同时面临着原料涨势凶猛、贸易壁垒不断等严峻的市场挑战。面对复杂的行业环境，公司适时抢抓机遇，围绕年初制定的工作思路与目标，以经济效益为中心，以管理为手段，优化要素配置，坚持生产为中心，狠抓质量工作、成本管理、营销管理，审时度势，灵活经营，增加各项经营收入，重视安全生产，全面提高企业的抗风险能力与核心竞争力。全年实现销售24425.79万元，比同期增长27.93%，税收1815.37万元，比同期增长32.7%，利润660.73万元，比同期增长255.23%。 （陈玉林）

【江苏宏大集团】 江苏宏大集团是集光伏新能源、纺织、房地产开发、国际贸易为一体的综合性企业集团，现拥有总资产5.2亿元，固定资产3亿元，8家子公司，其中3家股份公司，2家中外合资企业，员工605人。2010年实现销售收入1.65亿元，利税645万元。当年集团通过结构调整、引进技术、引进人才，与浙江湖洲晶能电子科技有限公司进行资产重组，设立江苏福瑞晶能光伏股份有限公司和江苏宏大晶能新能源有限公司，新上30台国内最先进的单晶炉和3台日本切片机，形成年产单晶硅棒500吨、单晶硅片3000万片，销售8亿元的规模能力，成为集团新的经济增长点。

粮食工业
Food Industry

【概述】 紧扣区委、区政府“稳增长、调结构”的要求，围绕粮工企业重点和难点，加大“三服务”工作力度，培大育强加工产业，有力地推进粮食产业化步伐进一步加快，全区粮食工业经济质态有效提升。全年5个定报工业企业完成工业增加值13150万元，占年计划的101%，同比增11.3%；销售收入60000万元，占年计划的103%，同比增12.4%；利税3460万元，同比增25.6%。新金威麦芽集团和重啤盐城公司、粮食购销总公司、秦达面粉、顶盛油脂、盐淮米业分别被省、市政府认定2010~2011年度农业产业化省、市级重点龙头企业。 （佘广华）

【20万千升啤酒项目开工建设】 4月28日，重啤集团盐城有限公司20万千升啤酒项目在区农产品加工园举行开工奠基典礼。重啤集团是中国啤酒行业领军企业和市值规模超过200亿元的上市公司。重啤集团5年前在盐都新区组建的盐城公司，已跨入纳税超千万元企业行列。随着盐城百万人口沿海中心城市

的迅速做大，重啤集团主动策应盐都区产业布局调整的需要，快速启动盐城公司搬迁扩能工程，以异地重建助推转型升级，以退城进园谋求跨越发展。该项目总投资10亿元，引进国际先进的德国设备，利用现有技术、人力、市场资源，建设成为科技含量高、经济效益好、资源消耗低、环境保护好的花园式新型啤酒工厂和利税超亿元企业。至年底，项目主体工程全部结束，进入设备安装调试。预计投产后，不仅将实现啤酒产能由5万千升向20万千升的攀升，成为江苏最大的啤酒生产企业，而且将带动15万亩啤麦生产基地建设，为农民持续增收开辟新空间，成为盐城农产品加工和农业产业化的领军企业。（余广华　冯荣章）

【江苏金山啤酒原料有限公司成立】 5月1日，江苏金山啤酒原料有限公司正式成立。该公司由江苏新金威麦芽集团和重庆啤酒(集团)有限责任公司分别出资45%和55%总投资12000万元注册，专业生产啤酒麦芽，占地66460平方米，现有职工163人（其中各类专业技术人员56人)，拥有劳斯曼、萨拉丁麦芽生产线各两条，年产麦芽80000吨。新公司成立后充分利用重庆啤酒集团现有的啤酒生产大型企业较多的优势，进一步做大做强全区乃至全市啤酒大麦种植、加工、销售的产业链，更好地推动农村产业结构调整，促进农民增收。（冯荣章）

【盐淮大米获“市信赖产品”称号】 盐淮米业公司利用本地粮源丰富的优势，加快建立无公害优质粳稻生产基地，并不断加大技改投入，发展稻米精深加工，积极实施5万吨稻米生产规模，壮大提升品牌效应，推进盐淮米业转型升级，市场占有率和知名度有效提高。产品销往沿海各大城市，并被上海高校集团、农产品交易市场和南京10所高校、沃尔玛(华东)超市等定为定点供应商，同时还先后被农业部认定为无公害农产品，中国粮食行业协会评为放心米和绿色食品称号。11月，盐都区盐淮米业有限公司生产的“盐淮”大米被盐城质量技术监督局、国家质量监督盐城信息中心评为“盐城市信赖产品”称号，为全市粮油食品行业唯一获此殊荣的产品。（余广华）

镇村工业

Town and Village Industry

【概述】 以科学发展观为指导，围绕区委“双新”目标要求，盐都镇村工业发展态势良好，继续保持强劲发展势头，主要指标和各项工作均得到全面推进。

【民营经济发展增势强劲】 全区全年新发展私营企业2675户，占市下达计划的178.33%。新发展个体工商户20759户，占市下达计划的180.51%。新增注册资本金119.13亿元，占市下达计划的324.60%。至年底，全区累计个体私营经济注册资本突破280亿元，累计发展私营企业达8814户、个体工商户达53400户，村镇民营经济发展走在全市前列。

【创业载体建设成效显著】 按照区委、区政府提出的“两大新兴产业、六个特色产业、十个专业园区”重点建设目标，全区规划建设10平方千米的风电装备产业园、6平方千米的通讯电子产业园、500亩的新材料产业园等园区，并按照“四有三聚”要求，进一步提升各类创业平台的建设水平，加大引企入园力度，实现量和质的突破。以研发创新、孵化创业、科技创造为主题功能，在高新区建设盐城中小企业(创业)园，构建楼宇工业、观光工业为主要特色的现代中小企业创业园示范区。启动建设台湾农民创业园管理服务中心、郝荣台湾生态农业集成区和盐都农产品加工集中区。台湾农民创业园获国台办、农业部授牌，郭猛现代农业示范园被省政府确定为省级现代农业产业园区，潘黄仰徐高效农业园、张庄农业科技示范园等4个园区被认定为市级现代农业园区。围绕现有产业优势和基础，加快退镇进园步伐，加强重点镇各类创业载体集聚发展。突出特色产业园区的规划建设和配套发展，全力打造制鞋机械、涂装机械、石油阀门、工业齿轮、医疗器械等六大特色产业园区，努力提高企业集聚度。年内，6个特色产业实施5000万元以上项目26个，特色产业占重点镇、特色镇税收的比重达到65%以上。大冈镇被命名为国家级鞋机制造产业基地，学富镇初步建成全国最大的医用刀、针、线生产基地，大纵湖镇化纤涂装机械集聚企业超百家，张庄街道齿轮融入高新区装备制造产业链，龙冈镇矿用变压器成为全国同行业“单打冠军”，初步形成特色产业鲜明、分工合理、互动发展的园区建设新格局。

【融资载体建设多元化发展】 全区共有各类融资担保机构88个，形成“区、镇”全覆盖。其中注册资本金超5000万元担保机构6个，注册资本金超亿元担保机构2个，注册资本超2亿元担保机构1个，各类担保机构总注册资本金超9亿元。全区各类担保机构全年累计完成担保额16.68亿元，占市下达计划的166.80%，超额完成全年目标。其中，区中小企业信用担保公司为全区中小企业提供各类担保6.20亿元，充分发挥政策性担保的主体作用。同时，一批农民资金互助合作社、小额贷款公司、村镇银行、投融资机构启动创立，有效地拓展了融资渠道。加快了内港湖和人民南路两侧金融机构建设，积极引进银行、保险、证券、期货、信托、基金和银行灾难备份中心、区域总部，打造成长三角北翼金融集聚地。今年已引进多家银行或担保机构，黄海农商银行、工商银行、建设银行、江苏银行盐城地区总部的落户，为民营经济发展提供强有力的经济支撑。

【服务体系建设逐步完善】 加快完善区、镇两级中小企业服务中心和工业集中区与中小企业园的服务平台建设，培育一批示范服务机构。盐都区中小企业服务中心、盐城中小企业园科技服务平台、国家级海上风电装备研发中心、省级轻工机械质量检测中心相继建成；各重点镇分别依托各镇工业集中区和中小企业园及特色产业，建立各类公共服务平台近40余个，整合社会各类服务资源，组建各类项目代理中心。设立服务窗口，主动帮助客商免费代理工商注册、税务登记、劳动保险等手续，提高了项目手续办理速度，为民营经济发展提供高效服务平台；积极建设提升各类专业服务平台。推进悦达摩比斯物流、悦达包装储运物流和苏宁电器苏北物流配送中心等三产服务建设速度，按期竣工投产。积极完善提升东方汽车广场。按照“完善建成区，拓展提升区”的总体要求，在加快品牌汽车4S店聚集的同时，积极拓展精品汽车展示、汽车装饰装潢、汽车文化体验、汽车休闲娱乐等功能，形成以开创路为轴线、基本完整的汽车服务产业链。

（顾炳洪　王　进）

私营个体工业
Private and Individual Industry

【概述】　全区上下高度重视全民创业和私营个体经济工业发展，认真贯彻落实国家和省市保增长、保民生、保稳定的决策部署，年内，全区新发展个体工商户20759户，私营企业2675户，个体私营经济新增注册资本119.93亿元，分别占年度目标的112.82%、118.89%和193.44%，在应对挑战中实现经济平稳较快发展。个体工商户、私营企业、注册资本总数分别达53400户、8814户、281.05亿元。

【区领导带头帮扶创业】　年内，从区四套班子领导带头做起，深入开展“三服务”活动，全面落实608名股级以上干部“两包一保”挂钩服务责任，出台减轻企业负担、稳定就业的实施意见，制定企业技改贴息政策，先后帮助企业解决资金、用工、征地等难题232个，保持企业平稳运行。各级党员干部尤其是领导干部按照“党员牵手致富”工程的要求，主动深入基层、进村入户，积极帮助有劳动能力、缺资金、缺项目、缺技术的农户创业致富，促进民营经济迅速发展。

【大力扶持现代农业】　新农村建设迈出新步伐，实现城市化与新农村良性互动。把创业致富和创业强村结合起来，全面实施党群牵手致富、村企结对创业工程。大力扶持农业，高效农业覆盖率达38%，规模农业龙头企业发展到98家，农民专业合作经济组织发展到390家，秦南康居示范村通过省验收，葛武郝荣村被省政府授予“生态村”称号。

【政策引导扶持创业】　全区上下按照“非禁即可”和省市委的“六放”要求，进一步清理并消除各种体制性、政策性障碍，放宽市场准入。区工商、经贸、劳动保障、教育等部门联动协作，采取订单培训、定向培训等多层次多形式的创业辅导，提高劳动力的创业技能。各镇（区、街道）充分利用职校、成人校以及各类社会办学机构，强化对创业者的技能培训。区和重点镇充分利用各自的创业辅导基地，为创业者提供创业辅导、创业咨询、创业服务、全区全年实施各类培训逾万人次。

【规划引领园区建设】　按照“规划科学、布局合理、特色鲜明、生态保护”的要求，全区统一部署盐城中小企业园和列入市重点镇的镇（区、街道），高起点、高标准编制占地10平方千米的华锐风电产业园、6平方千米的电子信息产业园总体规划和城市设计。坚持用规划指导园区建设，突出产业定位，集约利用土地，创业平台实现建设规模和建设水平双突破。龙冈、大冈、潘黄、郭猛、义丰等中小企业园一手抓启动，一手抓引企入园，全区目前新建标准厂房已超过50万平方米，新入园企业已超过120个。大冈镇被命名为国家级鞋机制造产业基地。

【打造综合融资平台】　新成立盐都交行，邮政储蓄银行进入行政审批中心放贷，组建江苏沿海高科技投资公司、盐城市风电产业投资公司、兴都投资担保公司，区中小企业信用担保公司注册资本金增至1.6亿元，各类担保机构为中小企业融资担保累计突破10亿元，增长近一倍；苏鑫农村小额贷款公司为“三农”累计发放贷款近亿元。

【推进民营经济跨越发展】　改革开放向纵深推进，资本运作取得突破，“中联电气”在深交所A股中小板成功上市，成为全市首家上市的本土民营企业。推动传统产业品牌化、规模化、集群化发展，中联变压器、桑力太阳能、盐电阀门获省著名商标，恒力、锅炉、驰翔等6家企业创成省高新技术企业，火电公司建成省级技术中心。

【积极鼓励企业创新】　以建立现代企业制度为目标，进一步完善法人治理结构，加快由传统管理向现代管理转变；督促企业加强与大专院校、科研单位联系合作，引进先进适用技术和人才，加强企业改造，尽快改变装备差、工艺落后、产品档次低的状况；引导民营规模企业创建省、市级技术中心，努力提高产品的品质档次，争创高新技术企业，增强市场竞争能力。中小企业园被认定为省级高新技术创业服务中心，大冈获得“省创新专业镇”称号。设立院士工作站、省级博士后科研工作站4个，盐城首家省级留学人员创业园在中小企业园挂牌。

【培育品牌争创特色】　全区改变传统工作思路，走进企业主动服务，区领导和相关部门负责人深入区风电科技产业园、通讯电子产业园，走访了华锐风电科技（江苏）有限公司、江苏锐毕利实业有限公司等风电设备和电子信息企业，了解企业在品牌建设、商标发展、广告宣传等方面的现状、存在的困难，向企业负责人提出大力实施商标战略、培育发展自主品牌的建议，并明确表示工商部门将加强行政指导服务，在申请认定市知名商标、申报省著名商标时，向战略性新兴产业和特色产业倾斜。年内，指导园区企业申请商标注册16件，帮助企业新申报市知名商标2件，为企业实施品牌战略做大做强奠定基础，有力助推全区新兴产业、特色产业规模化、品牌化、集约化发展。

（李　欣　顾正山）

建筑和房地产业

Construction and real estate

综　述

Summary

【概述】 积极贯彻落实国家宏观调控政策，抢抓房地产市场持续发展、基础设施建设投资拉动等发展机遇，不断加大政策引导和行政推动力度，促进建筑和房地产业稳定、健康发展。

建筑业

Building Industry

【概述】 全区全年完成设计建筑面积近30万平方米，实现设计、勘察收入近850万元。投入300多万元，新增计算机、PKPM设备等勘察试验配套设施。对城南新区、科教城、城西南片区、高新区及龙冈、张庄等重点镇镇区的重要地段编制勘察详规，实现勘察规划全覆盖。引进高资质、高知名度的勘察设计单位，对重点工程、重要项目设计方案进行优化选择，全面彰显单体建筑的个性特色。

【“十一五”成就回顾】 1.城市建设

“十一五”期间，全区城市建成区面积扩大到75.60平方千米（其中新都26.4平方千米，新区13.04平方千米，潘黄18.00平方千米，西区20平方千米），常住人口增加到19.37万人（不含外来流动人口），城市化水平提高到52.20%，城市绿化覆盖率达到40.6%，人均公共绿地面积达13.56平方米；建成城市主干道23条，道路总长94.3千米，建成次干道40条，道路总长109.2千米，人均城市道路面积20.02平方米，创建成省市级园林式单位（小区）39家。初步形成城南新区、西南片区、城西片区和高新区四大板块。

(1)坚持规划引领，绘就新城蓝图。按照大市区总体规划的要求，先后编制城南新区、城西片区、城西南片区、高新技术产业区等片区规划，编制市职教园、东方汽贸城、市文化产业园和科教城等控制性详规，城市规划实现全覆盖，推进盐都城市区与大市区融为一体，实现无缝对接。

(2)科学实施投入，持续推进建设。按照市委、市政府合力建城的要求，累计投入城建资金540多亿元，其中政府财政资金近140亿元，年均投入28亿元，重点实施道路桥梁、公园绿地建设、城市防洪工程、基础设施配套项目、社会公益及公共配套服务项目和住房建设八大类405项工程，推进城市建设速度不断加快，功能不断完善，品位不断提升。

(3)基础设施先行，完善城市功能。坚持“建城先造路”的理念，先后兴建世纪大道、西环路、南纬路、开创路、振兴路、神州路、双新路、新都路、惠腾大道、凤凰大道、华锐南路等骨干道路40多条，全面拉开城市发展框架，构筑纵横交错、相互贯通的城市道路体系。同时建设雨污水管网、地下管线、桥梁、路灯、绿化、公交站亭及数字城管等工程，提升城市基础设施配套功能；建成城市区排涝站、防洪闸等防洪工程，结束市区不设防的历史，全面提高城市防洪抗汛能力；建成市三院地下人防工程、压缩式垃圾中转站等公用事业工程，促进城市功能不断完善。

(4)规范征地拆迁，保障项目建设。先后拆迁许可世纪大道改造、西环路建设、盐都文化艺术中心等117个城建重点工程项目，累计拆迁10335户，征用土地近2000亩，兴建康乐小区、车苑华庭、前进小区、健仁小区、盐龙湖小区等20多个安置公寓，动迁居民安置率达到70%以上。同时为3万余名失地农民缴纳社保，安排1.65万人就地就业，构建和谐的党群干群关系，有力地维护社会大局稳定。

(5)打造精品工程，提升城市品位。突出民生工程，先后建成北美污水处理厂、垃圾焚烧发电站、市一中新校区、市三院南院和盐都文化艺术中心等一批社会公益项目；突出康居工程，先后开发建设桃源居、新日月、碧水豪苑、月湖花城、西城逸品、金品花园、盛世华城等58个规模住宅小区；突出商贸工程，先后兴建盐都汽车站、华晓医药物流、高力国际家具港、红星美凯龙、驿都金陵大酒店、永宁国际汽车城、盐渎明城等一批商贸流通服务业项目，为城市建设和发展注入生机活力。

(6)紧扣生态主题，彰显水绿特色。着力以世纪大道、西环路、南纬路、职教园景观大道、凤凰南路等主干道为干线，创建成一批园林式景观道路；以东干渠、马中河、三河子、第一沟等主河道为轴线，沿河两侧建成一批滨河绿带；以盐淮高速、宁靖盐高速出口等为窗口，建成一批公园绿地；以青年路、神州路、开创路等道路节点，建成一批街头游园；以日月路小学、新区实验学校、市一中、盐城纺织学院等为代表，建成一批花园式学校；以住建局、财政局、教育局等单位为主体，建成一批省市级园林式单位；以唐笑集团、韩国世钟等企业为代表，创建成一批花园式工厂；以宏都花园、翠洲嘉园等小区为代表，创建成一批省级园林式小区，在大市区创建省级园林城市工作中勇挑重担，作出突出贡献。

2.村镇建设

"十一五"期间，坚持把村镇建设作为加快新农村建设、推进城乡统筹发展的重大措施来抓，高起点规划，高标准建设，高要求管理，全区村镇建设取得长足发展。

(1)镇村规划全面覆盖。编制全区城乡发展规划、建设规划、产业规划及专业规划，编制各镇(街道)镇区控制性、修建性详规，郭猛镇、潘黄仰徐村编制城乡统筹发展试点示范镇、村规划，编制新一轮农村集中居住点规划，编制葛武郝荣村、郭猛三湾人家等特色村庄建设规划。

(2)小城镇规模迅速扩张。全区小城镇建成区面积扩展到现在的18.95平方千米左右，其中大冈、秦南、龙冈等重点中心镇已超过2平方千米。小城镇人口增长迅速，常住人口19.80万人，其中超2万人的有4个镇。全区13个镇和1个街道的城镇化率达到35.59%。

(3)城镇基础设施不断完善。年均投入8亿元用于小城镇道路交通、供电邮电、供水排水、环境整治等项目建设，其中年投6亿元，实施集镇建设"六个一"工程和镇区绿化"五个一"工程120余项，镇区绿化覆盖率达到30.40%，人均公共绿地达8平方米；自来水受益率近100%，排水管道镇均5千米以上；建成西区、龙冈等2爿生活污水处理厂，建有60座水冲式公厕，设有14座垃圾填埋场。

(4)镇村生态环境得到改善。全区小城镇年均新建住宅42万平方米，小城镇人均住宅面积达32平方米以上，新建住宅成套化率近87%。加大老镇改造、新镇扩建力度，涌现出龙冈、义丰、学富等一批典型。8个镇(街道)实行"村收集，镇运转，区处理"生活垃圾处理模式。新建潘黄仰徐村、大纵湖兴湖居委会等一批生活污水处理设施。

3.房产建设

"十一五"期间，随着全区国有土地使用制度和住房制度改革的不断深化，按照市场经济的要求，基本建立有利于房地产业发展的多元化投资机制、市场化资源配置机制、规范化行业管理机制，推动全区房地产业持续快速健康发展。

(1)房产开发快速增长。完成投资75亿元，年平均增长26%，占同期固定资产投资的13%。开发商品房390万平方米，年均增长20%。

(2)房产市场日趋活跃。销售商品房370万平方米，销售额年均增长23%，占同期社会消费品零销总额的21%。

(3)人居条件明显改善。新开发中远世纪城、城南印象、清华学仕园、恒荣世家等居住小区，新建康乐小区、瑞尔国际等安置小区，建成大冈育才小区、义丰丰盛花苑、大纵湖水润天成、郭猛宝林冠城等一批布局合理、设施配套、环境优美、居住舒适的集镇住宅小区。城镇居民人均住房建筑面积达到31平方米，住房成套率达到80%以上。

(4)管理水平明显提高。实施房产管理地理信息系统建设，管理服务日益规范，房屋产权管理、拆迁管理和市场监测监管能力得到进一步加强。住宅质量、小区配套设施、居住环境和物业管理服务得到明显改善和提高，6个小区被评为"省级园林式居住小区"。

4.建筑业发展

"十一五"期间，全区建筑业发展经历从改制转制到复苏崛起的特殊时期，克服金融危机等重大困难，保持着持续、稳定、健康的发展态势。

(1)主要经济指标稳步增长。建安产值从50.2亿元发展到100亿元，千人规模建筑基地从11个发展到20个，纳税超100万元的企业从11家发展到30家，职工人均收入从1.5万元提高到3万元。

(2)骨干企业立根本土市场。规模骨干企业坚持以盐城为发展基地，积极策应国家沿海开发战略，全力投身城建重点工程建设。天虹、国丰、四建、青云、苏亚等企业承揽一大批城建重点工程和房地产项目，在本土市场保持强劲的竞争力。

(3)外拓市场成效十分明显。不断强攻外埠市场，加大出市施工份额，山东、天津、宿迁、南京等市场均已超5亿元。建筑企业拓展大庆、北京、陕西、成都、青海等10多个省市，承揽一批面积大、层次高的建筑工程。疏浚打捞企业抢抓长江航道疏浚、跨江大桥建设、上海世博场馆建设等发展机遇，市场从江苏、上海拓展到浙江、福建、海南、辽宁等沿江沿海省市。钢结构企业跨市出省，承建青海科技展览馆和西宁立交桥等一批示范工程，在区域市场中具有较强的竞争力。承揽境外工程，境外建筑市场主要分布到阿联酋、文莱、蒙古、新加坡等国家和我国澳门地区。

(4)企业综合实力明显提升。全区有资质企业从73家发展到146家，其中一级施工总承包企业5家、二级51家、三级77家，劳务分包企业13家；建筑业从业人员达到6.4万人。

【建安产值突破百亿元】 建筑企业大力拓展市内、外埠及境外市场，新增千人规模市场12个，承建亿元以上项目19个，建安产值首次突破100亿元，实现增加值26.3亿元，利税6.2亿元，出国施工营业额2.1亿美元；实现10亿元以上产值企业2家，纳税超500万元企业11家。

【提升行业综合素质】 深入开展工程建设领域突出问题专项治理活动，坚持以施工许可、造价管理、资质动态管理、竣工验收备案为抓手，重点整治标后建筑市场，优化企业发展环境。组织建安企业参观学习中南集团，推进南北挂钩，签订战略合作协议，深化强强合作。组织100余人参加工程师考试，新增建造师81名，新申报有资质企业14家，资质晋级企业11家，国丰、双强等企业申报专利21项，新增AAA资信等级企业2家，为企业的发展提供了强有力的人才、技术和资本支撑。

【积极创建优良工程】 申报省市级文明工地48项、优质工程14项，其中盐城纺织职业技术学院科技实训楼获江苏省"扬子杯"优质工程奖,天籁华都一期1号、2号住宅楼工程、浙江桑乐数字化太阳能有限公司2号车间获江苏省省外 "扬子杯"优质工程奖,盐城汽贸广场会展中心获盐城市"盐阜杯"优质工程。

2010年度江苏省省内外"扬子杯"工程

表 7

序号	工程名称	施工单位	参建单位	监理单位	项目经理
1	盐城纺织职业技术学院科技实训楼	盐城市第一建筑工程有限公司		盐城科苑建设监理有限公司	王友祥
2	天籁华都一期 1 号、2 号住宅楼工程	江苏天虹建设集团有限公司			朱炳生
3	浙江桑乐数字化太阳能有限公司 2 号车间	江苏国丰建设集团有限公司			王锦森

2010年度盐城市"盐阜杯"优质工程

表 8

序号	工程名称	施工单位	项目经理	监理单位
1	盐城汽贸广场会展中心	江苏国丰建设集团有限公司	张玉亮	盐城科苑建设监理有限公司

2010年度盐城市优质工程

表 9

序号	工程名称	施工单位	项目经理	监理单位
1	秦南镇富民商业街 A/B 楼	江苏国丰建设集团有限公司	王锦森	盐城市成顺建设监理有限公司
2	盐城市一中教学楼 A 楼	盐城市天虹建设集团有限公司	倪大鹏	盐城科苑建设监理有限公司
3	韩国城韩商公寓 2-1 号楼	盐城市天虹建设集团有限公司	宗霞	盐城市成顺建设监理有限公司
4	韩国城韩商公寓 2-2 号楼	江苏盐南建设工程有限公司	蔡志东	江苏经纬建设监理有限公司
5	盛世华城 16.17 号楼	江苏华悦建设集团有限公司	侍龙海	盐城科苑建设监理有限公司
6	盛世华城 18 号楼	江苏金贸建筑工程有限公司	李洪金	盐城科苑建设监理有限公司
7	盛世华城 19 号楼	盐城第六建筑工程有限公司	杨群胜	盐城市华荣建设监理有限公司

房地产业
Real Estate

【概述】 投入开发建设资金 28 亿元,同比增长 24.4%;开发商品房 165 万平方米,同比增长 15.3%;商品房销售 127.5 万平方米,实现销售收入 47.16 亿元,同比增长 12.44%。城市区商品住宅销售均价 4203 元/平方米,增长 21.9%;镇(区、街道)住宅销售均价 2299 元/平方米,增长 19.32%。与此同时,协助市相关单位,建成 10 万平方米经济适用房、26 万平方米中低价位商品房,自主建设 16 万平方米拆迁安置房。

【完善房地产交易市场建设】 注重加强对房地产市场供求关系的研究,统计有关数据,适时进行同比环比分析,引导市民理性购房;完善房地产登记制度和操作,优化房地产交易登记程序,开设绿色通道,提供优质服务,做到交易登记模式、审核发证流程、操作技术规范和人员上岗统一,不断提高服务质量,积极促进房地产市场交易。全年办理商品房预售许可238件,批准上市面积140万平方米,受理办结房产类业务12124件。

省外"扬子杯"工程——天籁华都 2# 住宅楼

商贸服务业

Business Services Industry

综　　述

Summary

【概述】 2010年，全区商贸服务业发展取得良好成果。实现社会消费品零售总额107亿元，同比增长18.7%。实事工程优质惠民。全区3个农贸市场年内完成了投资计划并竣工开业，农贸市场食品安全监测体系初步建立。农村商品流通网络不断健全完善，2家龙头企业新办农家店85个，乡级农家店覆盖率达100%，村级农家店覆盖率达80%以上。推进“万村千乡”市场建设工程。指导和督促大冈镇好又多超市有限责任公司，根据农家店的地理位置、店堂规模、辐射范围等要求来布点；按照农家店的加盟申请程序，经过严格筛选，确定为日用品农家店；并依据商务部《农家店建设与改造规范》进行改造建设，顺利通过市商务局验收。

商业流通

Commercial Circulation

【概述】 开展家电下乡业务。全年销售产品5.56万件，实现销售额1.19亿元；家电下乡补贴资金兑付率99.97%，位列全市第二。以购物节和家电下乡为抓手，不断促进内需消费扩张。年内，全面推进家电下乡和家电、汽车以旧换新业务，进一步规范家电下乡网点，及时查处群众举报的案件，切实做好网点巡查工作，对不符合要求的网点坚决取消其经营资格；以便民、惠民为前提，积极推行家电下乡直补工作。酒类商品经营管理工作。以维护酒类消费安全、清理整顿酒类市场为宗旨，着力抓好酒类市场监管工作。酒管办开展为期2个月的“酒类流通随附单”专项检查活动，对没有执行和未按照要求执行的酒类销售商进行批评教育，并下达责令整改通知书。“3·15”期间，在繁华路段开展真假酒识别展示活动，并进行酒类法规和酒类知识现场宣传。组织一次假冒伪劣酒类商品现场销毁活动，并邀请新闻媒体进行现场报道，共销毁假冒“飞天茅台”、“五粮液”、“国窖1573”、“王朝干红”、“邵阳大曲”等21个品种300多瓶假酒，获得市民好评，保障全区酒类消费者的消费安全。

供销合作商业

Industry of Supply and Marketing Agency

【概述】 全区供销社系统以项目建设为基础，以为农服务为抓手，以改革发展为动力，争分夺秒抓推进，凝心聚力抓落实，在立足三农、面向市场、开放办社、多元发展等方面闯出了许多新路，全年完成销售26.1亿元，农副产品收购10.8亿元，分别比去年增长24%和52%，区社获得“服务业发展”、“脱贫攻坚工程”、“安全生产工作”等三个单项奖，日升公司荣获“先进工业企业”称号。在全市系统考核中，盐都位置连续前移，为农服务提升工程在全市考核中得分领先。

【新网工程获得财政支持】 农得利公司立足做大做强，全面提升农资经营服务水平，通过联营设点，委托代销等形式，在大市区及周边县（市）新增连锁网点50个，全年完成销售额达6150万元，配送率达85%；大纵湖旺湖水产品专业合作社不断自加压力，扩规模、扩市场、扩农户，积极调整养殖结构，捕捉市场信息，投入100多万元新建上百亩泥鳅养殖基地和冷冻仓库，开展冷链物流，提高养殖户效益。这两个企业获国家“新网工程”政策扶持，申报的农资扩网和水产品冷藏两个项目争取到中央和省财政补贴资金80万元，有力地推进了全区流通网络建设。

【三位一体架构网络体系】 围绕“三位一体”三年实现的目标，充分利用现有为农服务平台，不断扩大服务载体，对有效益、前景好的项目，各尽其力，积极参股控股，大冈、大纵湖、郭猛、北龙港四社主动与当地政府对接，将自己创办的专业合作社与当地其他合作社进行联合，并邀请分管农业副镇长，担

盐都区镇(街道)超市情况一览表

表 10

序号	所在镇区	超市名称	连锁方式（直营或加盟）	所属总部名称	备注
1	大纵湖	好人缘超市大纵湖店	连锁	盐城好人缘超市	
2		新世纪联华超市大纵湖店	连锁	江苏新世联华超市	
3		雅加乐超市大纵湖店	连锁	江苏雅加乐超市有限公司	
4	北龙港	新时代超市北龙港店	直营	新时代超市	
5		好人缘超市北龙港店	直营	盐城好人缘超市	
6	楼王	人民大超市楼王店	直营	盐阜人民商场	
7		农工商超市楼王店	直营	上海农工商超市集团	
8		泽园超市楼王店	直营	盐城市泽园贸易有限公司	
9	学富	苏果超市学富店	加盟	华润苏果超市	
10	义丰	新世联华超市	加盟	上海清远超市	
11		好人缘超市义丰店	加盟	盐城好人缘超市	
12	葛武	葛武亲亲超市	直营	盐城亲亲超市	
13	北蒋	雅加乐超市北蒋店	连锁	江苏雅加乐超市有限公司	
14		农工商超市北将店	连锁	上海农工商超市集团	
15	秦南	上海华联超市秦南店	加盟	上海华联超市	
16		盐城好人缘超市秦南店	直营	盐城好人缘超市	
17		中兴亲亲超市	直营	亲亲超市	
18	尚庄	人民大超市尚庄店	加盟	盐阜人民商场	
19	龙冈	雅加乐超市龙冈店	连锁	江苏雅加乐超市有限公司	
20		北京新世联华超市龙冈店	连锁	北京新世联华超市	
21	郭猛	郭猛泽园超市	连锁	盐城泽园超市	
22		郭猛新联超市	连锁	盐城新联超市	
23		郭猛沁园超市	否		
24	大冈	人民大超市大冈店	直营	盐阜人民商场集团有限公司	
25		农工商超市大冈店	直营	农工商超市集团有限公司	
26		雅加乐超市大冈店	直营	江苏雅加乐超市有限公司	
27		人民大超市冈中店	直营	盐阜人民商场集团有限公司	
28		佳佳超市大冈店	直营	佳佳超市有限公司	
29	潘黄	雅加乐超市	是	雅加乐超市有限公司	
30		文峰超市	是	文峰超市有限公司	
31		亲亲超市	否		
32		佳佳超市	是	佳佳超市有限公司	
33		得利超市	否		
34		登勇超市	否		
35		迎宾超市	否		
36		嘉乐超市	是	嘉乐超市有限公司	
37		马沟联华超市	否		
38		人民大超市盐马路店	是	雅加乐超市有限公司	

任“农合联”会长，极大提升专业合作社的自身实力和经营的覆盖面，这4个社三位一体“农合联”登记及实体的建设工作已全面完成，并通过市社验收。全系统全年新建“二星”为农服务社8个、“三星”为农服务社9个，超额完成省、市供销社下达的目标计划，提前半年完成区政府下达的为民办实事工程的任务。

【服务三农打响服务品牌】 始终坚持开放办社，在加强联合和合作方面取得可喜成绩。帮助农民解决秸秆处理难的矛盾，创建富华、净源、利环、宗伯、发生、爱群、中达7个秸秆专业合作社，其中龙冈的利环秸秆合作社全年收购秸秆超2万吨，受到当地老百姓的一致好评。同时，立足现有特色产业，组建姚顾水产品、中余生猪、顺北辣椒、新涛对虾、绿野荷藕等各类专业合作社10个。华丰畜禽、国源棉花、金蕾菊花获得省级示范社称号，星润西瓜、兴业畜禽、益农禽蛋3个专业合作社被认定为市级“四有”示范社，进一步提高专业合作社的知名度，到年底全系统各类专业合作社达到35个。同时还利用省、市举办的各类农产品展销会，积极推荐区农产品和农产品深加工项目，在省政府与台湾农会联合举办的海峡两岸农产品展销会上，纵宝蟹制品、嫩芽生姜片等系列产品，受到广大客商和消费者的青睐，销量十分可观，获得“海展会”优质产品称号。

【招商引资推进项目建设】 全年招商创办项目工作取得新的突破，引进投资2亿元的兴宇物流项目已经开工建设，引进投资5000万元全一塑胶已投入运营，超额完成区政府下达的重大项目招商任务。同时，各单位把招商引资与盘活资产结合起来，以招商为基础，着力引进新型业态，大冈供销社在与浙江客户联合建办的“好又多”超市基础上，整合资源，组建嘉百兴日用品有限公司，发展直营店2家、加盟店8家。再生资源有限公司、烟花爆竹有限公司、楼王供销综合门市整体改造等一批项目正在筹建之中，这些项目的兴建将成为全系统发展新的亮点和动力引擎。 （陈玉林）

粮食购销

Grain Marketing

【概述】 盐都区粮食购销企业在粮价波动加剧、农民惜售、政策性收购大幅减少的形势下，科学研判市场，克服资金瓶颈，创新购销方式，全年累计收购粮食3.65亿千克，销售粮食3.2亿千克，分别占市下达调控目标的229%和213%，购销总量再创新高，名列全市第一。粮食购销总公司、龙冈粮库、秦南粮管所被市粮食局表彰为优秀购销企业。

做大做强购销企业。年初，针对部分中小企业经营规模小、抗风险能力弱的现状，整合优势资源，打造强势企业，将原郭猛、鞍湖、义丰粮管所分别整体划转给具备国储省储资格、经营实绩好、规模相对较大的区粮食购销总公司、龙冈粮库和秦南粮管所。整合后，这3个骨干购销企业的库容均达5万吨以上，全区粮食产业分南、北、中三个片区的格局已基本形成。

建设优粮生产基地。为有效占领市场，掌握充裕粮源，区粮食购销企业大力发展订单粮食，通过土地流转、实施联合种植等措施，建立粮食生产基地，继续发挥主渠道作用。区粮食购销总公司在尚庄、葛武等镇联合种植高强筋小麦12000亩，采用统一规划、统一供种、统一管理、统一指导、统一收购“五统一”的办法，实行连片种植，把技术服务覆盖到粮食的产前、产中、产后所有环节，还及时向农民提供生产资料、种植技术、机械作业、病虫害防治等项服务。龙冈粮库在大冈镇建立万亩稻米生态基地。盐城江海收储公司（原楼王粮管所）在楼王镇推广订单粮食的基础上，跨区域到邻近的宝应县通过土地流转承租5000亩粮田，收购粮食3000多吨，取得明显成效。

大力加强产销合作。积极探索产销合作的有效方式，主动挂靠“国字头”、“亿字号”大型企业，与有一定规模实力、资信程度好的粮食贸易加工企业，加强多种形式的联合协作，建立互利互惠的伙伴关系。秦南、龙冈库主动挂靠中粮集团，全年为中粮收购小麦10万吨。总公司、城西库、大纵湖等库所还与上海粮食集团、省粮食集团、北大荒公司、浙江华金康公司等大型企业在经营贸易、代购代储、基地建设和产业链等方面建立稳定的合作关系。区粮食购销总公司、城西粮库与江苏新金威麦芽集团公司合作多年，年代购代储大麦均在2万吨以上。

稳步推进依法管粮。夏粮收购期间，区局联合工商、质监、公安等部门，重点在红九河、盐宝河、冈沟河等河段沿岸开展收购市场专项执法检查，共检查28家个体收购点，发出整改通知书26份，对7家无证照非法收购点出具停止收购的书面通知，并对4户影响较大的依具行政处罚，实现全区粮食行政执法处罚工作零的突破，有效遏制坑农、害农现象的发生，切实保护种粮农民利益，全区夏粮收购市场秩序较往年明显好转。秋粮收购根据国十六条精神，加大市场监管力度，重点督查收购资格、最高库存量等情况，依法打击非法收购、抬价抢购和囤积居奇等违法行为，力保市场粮价平稳。

（王树谦　余广华）

【圆满完成粮食库存检查任务】 根据国家和省、市粮食局统一要求，自3月10日~4月10日，认真组织全区粮食库存检查工作，严格按照“有仓必到、有粮必查、有账必核、查必彻底”的原则，先后对全区9个购销企业、19个收储库点、121个仓廒，重点检查粮食库存实物的数量、品种、性质情况，与保管账、统计账、会计账对应账实相符、账账相符的情况，与银行收购贷款挂勾情况，以及相关账务处理情况。按照库存检查的时序进度，先后完成单位自查、市局检查和省局复查，对检查中发现的问题及时进行整改，确保全区库存粮食数量真实、质量完好。全区共检查库存粮食36632吨，其中小麦13117吨、稻谷23515吨。 （余广华）

【科学保粮论文在全国粮油仓储节能减排专题技术会议上发表】 8月下旬，由国家粮食局组织的粮油仓储节能减排专题技术会议在山东济南召开，区粮食局鲍正国撰写的《控制简易房式仓粮温减少药剂污染初探》一文在会上发表。论文的主要论点是简易房式仓利用冬季初春低温低湿的地域性气候特点，采用自然和机械通风相结合的物理方法，将粮堆温度降至 10℃以下，并结合实际，选用设计的双层 PVC 膜密闭等四种控温方法，使其免受或少受夏季高温影响，确保度夏粮食平均粮温在 20℃以内，抵制虫霉的发生，减少药剂使用量，从而达到减少粮食在储存过程中受化学药剂污染和降低有毒气体向大气排放的目的。该论文是全市粮食行业唯一在大会上入选发表文章，其论点和做法，得到与会全国粮食仓储行业专家的认可和好评；市粮食局已在全市粮食仓储行业推广应用，收效颇丰。 （鲍正国）

【市区首家放心粮油直销店开业】 为充分发挥国有粮食企业的市场主渠道作用，着力推进放心粮油工程，区粮食购销总公司利用现有国有资产市区沿河路 7 号建筑面积 200 平方米门面房，新办了全市首家“放心粮油”直销店，于 12 月 15 日正式开业，填补在市区没有国企粮油直销店的空白，为全市居民购买放心、安全的粮油产品提供了保障，标志着全区放心粮油工作跨入一个崭新的阶段。 （冯荣章　陆鸿源）

【龙冈、尚庄粮库受表彰】 两粮库严格执行粮油仓储管理办法和储粮技术规范，大力开展科学保粮，注重粮油仓储队伍的建设，努力改善仓储保管条件，全面提高粮油仓储企业的管理水平。此前，两个粮库还先后被省粮食局授予“农民满意粮食收购企业”、被市粮食局授予“优秀粮食购销企业”、被市粮食局和农发行授予“诚信企业”。12 月 16 日，在全市粮油仓储管理工作会议上，龙冈粮库、粮食购销总公司尚庄粮库荣获市粮食局授予的“盐城市粮油仓储管理先进单位”称号。 （李　智）

【盐都区级储备粮增至 15000 吨】 确保粮食安全是各级政府和粮食部门一项重要职责。盐都区原有区级储备粮 6500 吨，规模小、数量少，近年来，盐城大市区快速发展、人口增多，粮食保供任务艰巨。为增强粮食宏观调控能力，确保市场稳定，进一步落实“米袋子”省长负责制下市、县长分级负责制，至年底，区政府会同财政、粮食等部门研究决定充实增加本级粮食储备规模，新增储备粮计划 8500 吨，区级储备粮规模达 15000 吨。 （余广华）

【龙冈粮库质量管理体系通过 ISO 9001 认证】 至年底，龙冈粮库收到北京联合智业认证有限公司颁发的质量管理体系认证证书，该库粮食收购、储存及大米加工质量管理体系通过 ISO 9001 认证。龙冈粮库是集粮食贸易、收储和稻米、饲料加工生产于一体的综合性国有粮食物流企业。质量管理体系建立工作启动于 2009 年 10 月。为适应粮食物流、储备的需要，在储粮管理和技术上实施“双低”、“三低”、防护剂防护和机械通风降湿、降温及环流薰蒸等较先进的科学保粮技术，粮情检查实现了计算机巡测系统管理，库存粮油科保率达 100%，达“一符、三专、四落实”的国家储备粮管理要求。实施科技兴企战略，生产的“盐淮牌”大米深受广大消费者的青睐，并成为盐城市军粮供应产品，先后被国家农业部鉴定为“无公害农产品”，被中国粮食行业协会授予“放心粮油”称号，被盐城市粮食行业协会授予“放心粮油示范企业”，被国家绿色食品发展中心鉴定为“绿色食品”。这次质量管理体系通过认证，标志着龙冈粮库的质量管理工作步入体系化、规范化轨道。 （孙　峰　余广华）

石油销售

Oil Sales

【概述】 2010 年，全区共有成品油经营企业 65 家，其中：加油站 36 家（中石化 9 家、中石油 3 家、社会加油站 24 家），加油点 29 家（中石化 1 家、社会加油点 28 家）。经营许可证参加年检的共有 44 家，其中加油站 36 家全部参加年检，加油点 8 家。在没有参加年检的 21 家加油点中，大部分是由于自身原因（经营不善等因素）；还有一部分是因为危化品经营许可证在换证过程中，安全评估不过关，无法领取新的许可证。由于受经济形势的影响，2010 年成品油销售比上年略有下降，主要是工业用油为主的柴油销量下滑，虽然汽车销售的火爆拉动汽油销量增长 10%，但也无法弥补柴油销量的下降。随着经济形势的回暖，成品油销售呈上升趋势，2011 年销量可望有所增长。

盐都区加油站（点）情况一览表

表 11

序号	批准证号	成品油经营企业名称	加油站地址	所在镇区	备注
1	#0008426	盐城市盐都区龙冈凤凰加油站	盐城市盐都区龙冈镇凤凰南路	龙冈	
2	#0008427	盐城市盐都区兴丰加油站	盐城市盐都区义丰镇石庄村	义丰	
3	#0008428	盐城市盐都区大冈镇冈中加油站	盐都区大冈镇冈中振冈东路 2 号	大冈	
4	#0008429	盐城市盐都区北龙港金龙加油站	盐城市盐都区北龙港潘刘村七组	北龙港	
5	#0008431	盐城市盐都区郭猛加油站	盐城市盐都区郭猛刘垛村 9 组	郭猛	
6	#0008432	中石油江苏盐都龙冈加油站	盐城市盐都区盐兴中路 101 号	龙冈	
7	#0008433	盐城市盐都区冈中农机加油站	盐城市盐都区农机站	冈中	

续表 11

序号	批准证号	成品油经营企业名称	加油站地址	所在镇区	备注
8	#0008434	盐城市盐都区北龙港兵华加油站	盐都区北龙港镇莘野村盐金公路	北龙港	
9	#0008435	盐城市盐都区郭猛刘东加油站	盐城市盐都区郭猛镇刘东村 1 组	郭猛	
10	#0008436	盐城市兴龙成品油有限公司	盐都区北龙港龙潭东路 9 号	北龙港	
11	#0008437	盐都区步湖路加油站有限公司	盐城市盐都区葛武路董伙村二组	葛武	
12	#0008439	盐城市盐都区龙冈镇元亨加油站	盐城市盐都区龙冈镇洪渡居委会	龙冈	
13	#0008441	盐城市盐都区学富镇振兴加油站	盐城市盐都区学富镇富康路 47 号	学富	
14	#0008442	盐都区潘鹏程盐宁路加油站	盐城市盐都区潘黄镇刘朋村七组	潘黄	
15	#0008444	盐城市盐都区大纵湖农机加油站	盐城市盐都区大纵湖镇车站	大纵湖	
16	#0008445	盐城市盐都区秦南镇亭湖恒丰加油站	盐城市盐都区秦南镇亭湖村	秦南	
17	#0008447	盐城市盐都区龙祥加油站	盐都区大冈镇抬头大桥河北	大冈	
18	#0008448	盐城市盐都区学富富康加油站	盐城市盐都区学富镇东汉村一组	学富	
19	#0008449	盐城市盐都区中兴石油供应站	盐城市盐都区中兴农机站东首	中兴	
20	#0008450	盐城市盐都区金海加油站	盐都区潘黄镇盐宁路福才村三组	潘黄	
21	#0008451	盐城市盐都区北蒋建信加油站	盐城市盐都区北蒋镇厉村 2 组	北蒋	
22	#0008452	盐城市盐都区尚庄利来加油站	盐城市盐都区尚庄镇新塘村六组	尚庄	
23	#0008453	中石化江苏盐城益民加油站	盐都区西区马沟益民居委会	马沟	
24	#0008454	中石化江苏盐城大冈加油站	盐城市盐都区大冈镇解放村二组	大冈	
25	#0008455	中石化江苏盐城楼王加油站	盐城市盐都区楼王镇	楼王	
26	#0008456	中石化江苏盐城秦南加油站	盐城市盐都区秦南镇张燕村	秦南	
27	#0008458	中石化江苏盐城尚庄加油站	盐城市盐都区尚庄镇南首	尚庄	
28	#0008480	盐城联孚油品经销公司大徐加油站	盐城市盐都区郭猛镇大徐村二组	郭猛	
29	#0008488	中石油江苏盐城西环路加油站	盐城市盐都区潘黄路港南居委会	潘黄	
30	#0008491	中石化苏盐城新河加油站	盐城市通榆路 119 号	大市区	
30	#0008492	中石化江苏盐城西环路加油站	盐城市盐都区潘黄镇前进村 8 组	潘黄	
31	#0008493	中石化江苏盐城建设路加油站	盐城市建设路娱乐村三组	大市区	
32	#0008497	中石化江苏盐城盐青路加油站	盐城市盐青路 149 号	大市区	
33	#0008499	中石化江苏盐城城西加油站	盐城市盐都区张庄镇东徐村	张庄	
34	#0008528	盐城市盐都区新冈加油站	盐城市西郊龙冈开发区	龙冈	
35	#0008548	中石油盐城开发大道加油站	盐都区开发大道北侧(刘朋村一组)	大市区	
36	#0008482	盐城市通安加油站	盐城市开发区建设路 2 号	大市区	
			加油点		
1	#0008305	盐都区尚庄顺意石油门市	盐都区尚庄镇水利路	尚庄	
2	#0008310	盐城市盐都区冈中凤楼桥加油点	盐城市盐都茶馆冈中凤楼桥北首	冈中	
3	#0008314	盐石石油有限公司光明柴油销售点	盐城市盐都区龙冈镇马永街 57 号	龙冈	
4	#0008317	盐都区大纵湖北西村达丰农机配件门市	盐城市盐都区大纵湖镇北西村	大纵湖	
6	#0008321	盐石石油有限公司坊桥柴油销售点	盐城市盐都区龙冈镇坊桥路 108 号	龙冈	
7	#0008324	盐城市盐都区龙冈镇仓勇石油经营部	盐城市盐都区龙冈镇太阳届巷 8 号	龙冈	
8	#0008436	盐都区大冈镇龙灯村希祥加油点	盐城市盐都区大冈镇抬头村	大冈	

茧丝绸经营

Silk Fabrics of Octopus are Managed

【概述】 2010年，国家继续实行蚕茧收购准入制度，虹达茧丝绸有限公司针对全区桑园面积缩小、行业风险增大、收购资金紧张等诸多新情况和新特点，认真贯彻落实国家商务部、工商总局商运发[2010]128号《关于做好2010年蚕茧收购管理工作的通知》精神，通过积极引导，精心组织，整合茧站资源优势，创新收购合作方式，保证全区春、秋二季的蚕茧收购。全年共收购蚕茧131吨，销售额1124万元。 (吴春玉)

医药经营

Medical Management

【概述】 至年底，全区共有药品生产企业1家，药品批发企业4家，药品零售连锁企业1家，零售药店156家；医疗器械生产企业11家，医疗器械批发企业27家；药包材生产企业1家。全年药品销售收入13.42亿元，医疗器械销售收入1.06亿元。

【江苏华晓医药物流有限公司】 江苏华晓医药物流有限公司积极开展第三方物流和代储代运，向现代医药物流企业推进，打造"全市第 ，全省物流50强"的目标，经省、市批准为哈药集团制药总厂所生产的药品在华东地区唯一指定配送商。年内。公司实现药品销售8.9亿元。

【江苏万佳药业有限公司】 江苏万佳药业有限公司是2007年7月份组建的药品批发有限公司，拥有一流的药品储存设施设备。公司成立以来，药品销售业绩一路攀升，年内，实现销售2.9亿元，比上年增长16%，2010年下半年被确定为盐都区基本药品定点配送企业。

【江苏克胜药业有限公司】 江苏克胜药业有限公司是全区唯一的药品生产企业，可生产9种剂型36个品种，11月，通过GMP复认证，公司设计年生产能力为滴眼剂1026万支、片剂1.1亿片、胶囊5233万粒、颗粒剂393万袋、糖浆剂41万瓶、口服溶液87万瓶、原料药品24吨、中药材前处理3.5吨、酊剂10万瓶。年度实现销售收入3200万元。

江苏华兴投资集团

Huaxing Ivestment Group of Jiangsu

【概述】 集团全体员工坚持以邓小平理论和"三个代表"重要思想为指导，深入贯彻落实科学发展观，有效应对国际金融危机的严重冲击，抢抓机遇，奋力拼搏，各项事业持续进步，主要经济指标再创新高，全年销售收入达16亿元，利税超2亿元，圆满完成新双昌一期建设、与秦川集团合资成立盐城秦川华兴机床有限公司等一批重点项目，在科学发展的道路上迈出新步伐，华兴事业站在一个新的历史起点上。

【成功重组"新机床"】 经陕西省国资委和盐城市政府批准，与秦川集团于11月共同出资成立的盐城秦川华兴机床有限公司成功揭牌。新公司全面收购盐城机床，完成新一轮的资产重组和资源整合。

【提前建成新双昌】 年底，历时不到两年的新双昌百万吨磷复肥项目一期工程如期成功建成、投产、达产。一期工程将年产12万吨硫酸、15万吨磷肥、10万吨颗粒磷肥和10万吨硫基氮磷钾复混肥。技术先进，设备一流，低碳环保，循环高效的现代化新双昌矗立在澳洋产业园区，已经成为集团跨区发展的经典案例。

【房产开发实现新突破】 在宏观政策趋紧，市场持续低迷的形势下，及时调整房地产开发的工作思路和营销策略，坚持一手抓在建项目的工程进度和资金回笼，一手抓储备项目的市场定位和优化设计，重点加快瑞都新城3号地块二期工程、腾飞新城一期工程等政府安居工程的建设。瑞都新城现已建成9.7万平方米安置房并交付860多套，腾飞新城4#~9#楼已基本建成，集团新的总部大楼也已全面封顶进行装修；完成瑞都新城2号地块的拆迁工作，解决拖延4年之久的拆迁老大难问题，为加快重点项目开发扫清障碍；大力推进企业退城进区、退城进园步伐，推动双昌老厂区、华星老厂区的退二进三，完成所在地块项目立项和国土、规划等各种前期手续，为启动水岸华庭、青龙华庄两大房产项目铺平了道路；强化房地产的营销举措，不失时机地抓好促销宣传，完成华兴汽配城沿街商铺的全面清盘，华兴汽配城、华兴商业街成功实现招商投运。全年销售各类商品住宅、商铺10万平方米，回笼销售资金3.13亿元，创历史最好水平。

【电气制造呈现新气象】 年内，在市场竞争不断加剧，产品价格大幅度下滑的不利形势下，华兴变压器的全体干部员工，解放思想，励精图治，埋头苦干，实现产值1.42亿元，生产变压器1103台套，同比增长10.8%；实现入库税收1028万元，利润1018万元，首次实现利税双超千万元。自集团托管重组起，连续四年成为龙冈镇纳税龙头企业；为推进产业升级，下半年在凤凰高新科技园区征地88亩、投资2亿元扩建新厂区。

【汽车贸易再创新纪录】 年内，在全国车市持续火爆，购车热潮只升不降的大好形势下，华兴汽配城管理公司品牌汽车供不应求。全年实现营业额3.9亿元，销售整车3744台，维修产值1680万元，利润710万元，入库税收400万元。刷新历史最好纪录。10月，根据汽车生产商的要求，集团董事会及时调整经营机制，在实现平稳过渡的基础上，推行集中管理、统一经营的新体制，进 步挖掘集团汽车、汽配产业经营的巨大潜力，激活新的经济增长点。

【党建工作有声有色】 集团党委围绕中心工作，切合实际抓好科学发展观教育、党员示范岗教育和"创先争优"等活动，鼓励党员干部战斗在集团发展的最前沿，发挥先锋模范作用。党委全年新发展党员8人，预备党员转正10人，增添党组织的新鲜血液。通过《华兴之窗》、集团网站和报社、电视台等信息平台，不断展示华兴的发展特色，营造浓烈的文化氛围，加大员工凝聚力、向心力。

【慈善事业赢得赞誉】 秉承“因德而华，以舍为兴”的发展理念，继续深入关注社会公益和慈善事业，关爱弱势群体。年内，集团一次性捐款1000万元，设立“华兴慈善教育发展基金”，创盐城市慈善捐赠史上最大的单笔捐款。积极组织参与盐都“慈善一日捐”和捐助玉树地震灾区等活动，赢得社会广泛赞誉。

【教育事业成绩斐然】 盐城多伦多国际学校在全市强手林立的初等教育领域，继续保持领跑的地位，2010年学校被评为“盐城市模范学校”和“平安校园”等称号，800名学生参加中考，有近600人被四星级高中录取。

旅　　游
Travel Industry

【概述】 全区旅游工作坚持以科学发展观为指导，紧紧抓住国家江苏沿海地区大开发，长三角区域经济一体化发展及上海世博会三大机遇，以建设游客更加满意的现代旅游业为目标，协调旅游产业要素，深入挖掘文化内涵，增加旅游设施投入，积极参与市场营销，全区旅游产业步入发展加速期，旅游经济指标实现大幅度增长。全年接待国内旅游者144.47万人次，境外旅游者1.74万人次。实现国内旅游收入1.77亿元，旅游创汇105万美元，旅游重点项目按时序进度完成了建设任务。2010年全市旅游工作综合考核中盐都区名列前茅，区旅游局获市委、市政府表彰的旅游业工作先进集体。

【华都森林公园获批省四星级乡村旅游点】 2月25日，华都森林公园被批准为江苏省首批四星级乡村旅游示范点，这是盐都加快旅游产业发展，提速打造“双新”盐都取得的又一殊荣。该公园依托自然生态优势，以果林场特色果品的开发为平台，融合苏北里下河民俗文化村、弥陀律寺的开发建设，突出乡村旅游的主题，通过内外并举的资金筹措方式，投入近2000万元，开发引进农家乐旅游项目，集观光、采摘、休闲、娱乐于一体，深层次打造华都森林公园品牌，让游客领略乡村旅游的特色风韵，为盐城乡村旅游增添新的亮点。

【驻沪外交官游盐都】 4月26日，受江苏省外事办公室的邀请，驻沪多个国家的外交官60多人，到郭猛镇现代农业示范园区，自己动手采摘草莓，进行“绿色建设，生态盐城”主题考察，对盐都的经济，文化发展和乡村旅游的资源留下深刻印象。

【首届大纵湖芦荡野蟹美食节】 10月16日，适逢传统九九重阳节，首届大纵湖芦荡野蟹美食节在大纵湖旅游景区拉开帷幕。来自上海，无锡，南通，浙江等地的游客观赏大纵湖地方腰鼓舞、魔术、水上婚礼和苏北杂技等表演，参与捆螃蟹和采野菱活动。在饱览大纵湖美景的同时尽情享受芦荡野蟹的美味。通过这次美食节，进一步扩大大纵湖景区的知名度，推进大纵湖旅游产业发展的步伐。

【大纵湖自驾游基地通过省级验收】 为适应自驾游市场的发展，进一步提升旅游配套服务，大纵湖景区自2月起启动创建自驾游工作。经过9个月艰苦努力，自驾游基地初具规模。11月25日，省旅游局自驾游基地考核验收组对大纵湖景区创建自驾游基地进行考核。通过实地考察、查阅台账，听取汇报，对软、硬件进行深入检查，对照《江苏省自驾游基地标准》进行现场综合评分，获得880分，顺利通过了验收。考核验收组对景区在创建过程中所做的各项工作予以充分肯定，要求大纵湖景区进一步完善配套服务设施，优化服务和管理，提升品质，为广大自驾游游客提供更具特色、舒适、安全的自驾游产品。

【驿都金陵大酒店优质服务获殊荣】 驿都金陵大酒店秉承“细意浓情”的服务宗旨，延续金陵的“以客为尊，精益求精”的服务理念，积极倡导个性化服务和情感服务，2010年主营收入同比增长18.8%，实现利润同比增长31%，接待入住客人数位居全省旅游星级饭店第7位。全年收到宾客留言18032条，满意率达98.6%，被盐城市放心消费创建办授予“江苏省放心消费示范点”称号，荣获中国饭店业协会授予的“2010年中国饭店金马奖·最佳商务酒店”荣誉称号。

【强化旅游企业安全生产监管】 按照“打造平安旅游，创建和谐企业”的要求，认真落实“安全发展，预防为主，综合治理”的方针，坚持把排查治理作为旅游安全专项整治的重要内容。强化两个主体责任，抓好基层基础性的源头管理，建立完善安全生产监管网络。通过数十次对旅游饭店，景区(点)和旅行社的安全检查，及时整改事故隐患4起，营造全区旅游企业稳定的安全生产形势，全年未发生任何责任事故。

【郝氏故里开心农场】 位于郝氏故里旅游区游客服务中心，三面环水。以“一分地”为单位划分，由市民认购，缴纳一定的租金后成为农场的场主，为城市人开辟现实版的QQ开心农场，由旅游公司提供春秋冬三季多品种应季果蔬苗、田间管理、农用工具、果实采摘、礼盒包装、实时监控、标牌标识等服务。场主借助网络全球电子眼，在家中可随时对自家菜地的生长、施肥、用药情况进行全程监督和照看。至年底，开心农场一期私家菜地租种率达90%。

【台湾农民创业园】 5月13日，经国家农业部，国台办(农办发〔2010〕6号)批准，盐城市首家国家级台湾农民创业园落户葛武镇。创业园依托步湖路、向阳路和葛郝路纵深展开，形成“一心四区”的布局结构，即创业园管理服务中心，郝荣生态旅游观光区，台湾高校农业集成区，台资农产品加工物流区，高效特色产业示范区。台湾农民创业园自5日建设以来，引导农民以转让、转包、互换、租赁等形式。走集约化、规模化、标准化经营之路，并在郝荣村试点“整村流转”工作。至12日已流转土地2530亩。围绕创建郝

荣国家级生态村、国家4A级风景区、国家级台湾农民创业园三个项目，开发建设“七星岛”7个自然岛屿，开辟水陆两条游览线路，入口服务区建成，标牌标识，公共设施配备到位，台湾果蔬种植园已种各类果蔬30亩，独具特色的乡村旅游观光景区已具雏形。已有华祺农水产食品和绿然食品之家台资农业加工企业落户，有泰国正大泰和畜牧实业公司、台湾农友盐城正亚种苗公司、大大猪场、杏林绿化、志高果蔬等一批项目入园。独具特色的乡村旅游观光景区已具规模。

沐浴休闲

Bath and Leisure Industry

【概述】 随着全区经济社会的发展，服务业的传统项目业态更新，经营兴旺。全区沐浴业已经从过去的“把身体洗洗干净”的传统生活习性，发展为现代生活的一种休闲享乐模式，普遍提供搓背、修脚、摩足、敲背、擦鞋等服务项目，并提供包厢自助餐等舒适环境和健身娱乐设施，完全融入休闲理念，不断推出桑拿浴、人工矿泉浴、足疗等新浴种，满足了不同层次消费者的休闲享受需求。镇(区、街道)的沐浴休闲业发展势头迅猛，城乡差距越来越小，规模档次越来越高，呈现追赶城市的态势。大冈镇卧龙假日酒店的沐浴设施和服务项目，堪与市区浴城媲美。

生猪定点屠宰管理

Pig Slaughtering Management

【概述】 按照国务院对生猪定点屠宰工作提出的“两个100%、一个95%”的要求，区屠管办加强对私屠滥宰以及市场销售非定点区域或非城关定点屠宰场出厂的生猪产品的稽查力度。全年共查处违法案件56起，其中报请法院处理11起，取缔私宰窝点3个，处罚金额4万余元，查处违规肉品560公斤，一次性销毁处理病害猪27头，每一宗案件的处理都严格按照办案程序进行，做到公开、公平、公正执法，促进定点屠宰量的稳步增长，保障城乡居民对猪肉的日常消费需求。

物流业

Logistics

【概述】 全区现有物流服务业30家，其中注册资金50万元以上的有8家；1000万元以上的有2家。货运车辆420辆，总吨2600吨；从业人员近700人；货运站场3个，站场面积18万平方米。为加快物流业向规模化、特色化、专化方向发展，区委、区政府在城西南规划建立城西南物流园区，引进大型物流企业进驻。当年新入驻的物流企业有：苏宁环球、悦达摩比斯等4家。同时农村物流也有一定的发展，初具发展展规模的有秦南越佳农村物流、龙冈禽蛋农村物流等2家。

（严　俊）

市场建设

Construction in a market

综　　述

Summary

【概述】　全区市场建设的指导思想是政府领导，统筹规划，合理布局，有利交易，方便群众。按照总体稳定、总量突破的发展思路，加强市场的规划与建设，引导各类市场逐步规范化、效能化、合理化、现代化。至年底，全区共有各类有形市场36个。其中农副产品市场27个，装饰材料市场6个，小商品市场1个，生产资料市场2个(钢材市场)。全区各类市场建筑总面积49.5万平方米，总投资8.73亿元，总成交额12.99亿元。

生产资料市场

Market of the Production Means

【概述】　全区共有生产资料市场（钢材市场)2个，分别是潘黄镇的明都钢材市场和马沟街道办的忠信钢材市场，共有摊点59个，年成交量1.4亿元。工商部门对生产资料市场进行专项整治，场内经营环境得到改善，经营秩序得到好转。

农副产品市场

Market of an Agricultural By-product

【概述】　全区共有农副产品市场27个，盐都工商局在日常规范化管理的基础上，全力打造放心“菜篮子工程”建设，在杨坝、新城、兆泉、新裕市场建设了检测室，由市场主办单位用食品快速检测仪，对上市食品进行检测，其他23个大中型农副产品市场由工商人员采取“一周一检”，“一月一品”的方式进行食品快速检测，形成两级检测网络。在全区开辟25个无公害蔬菜经营区、直销区，无公害摊位已发展到312个，放心肉、菜、粮摊位已发展到25个，与6个农副产品生产基地建立产销对接关系，与区内外8个生猪屠宰场建立产销对接关系。年内，在“食品安全盐阜行”活动中，盐都工商局市场管理工作受到省、市、区领导的好评。

小商品市场

Commodity Market

【概述】　全区现有盐城市佼隆招商场有限公司1个小商品市场，位于龙冈镇，内有摊位62个，建筑面积2457平方米，年成交量0.5亿元，该市场努力创建盐城市平安市场，做到创建平安市场与市场标准化管理、市场日常管理、市场创卫工作、市场消防安全、市场创星工作相结合。

装饰材料市场

Decoration Materials Market

【概述】　全区共有装饰材料市场6个，分别为盐城高力国际家居港经营管理有限公司、盐城市家家爱家居广场、盐城市丰盛装饰城有限公司、盐城红星国际家居有限公司、盐城红星美凯龙世博家居广场有限公司、盐城金太阳装饰材料市场有限公司。共有经营户823户，年成交量5.87亿元，在全区乃至全市，形成装饰材料行业群，为城市化发展提供保障。

(陆春阳　顾正山)

人才市场

Talent Market

【概述】　全区人才工作紧紧围绕“二大新兴产业”、“六大特色产业”、“十大专业园区”人才需求，把引进风电装备产业、电子信息产业、齿轮产业等新兴特色产业高层次紧缺人才作为重点，有力推动人才与项目对接、人才与产业互动，为全区经济和社会发展提供强有力的人才支撑。

【紧扣特色产业量身定招人才】　年初，通过上门走访、电话询访、召开座谈会等形式，摸清全区重点产业、支柱产业、特色产业等180多家用人单位人才需求情况，编制人才引进目录，并采取有效措施，强抓引才工作。组织江苏恒力组合机床有限公司、盐城市金峰石油机械有限公司、星宇科技汽车配件盐城有限公司等10多家单位参加全市“新兴产业特色产业人才招聘周”以及“新特产业人才引进高校行”活动。组织20多家企业到中国矿业大学、合肥工业大学、南京工业大学、江苏大学等高校，举办校园招聘会、科研项目对接会、人才合作洽谈会，为企业引进高层次人才。积极开展“接轨上海”活动，组织企业与高校、科研院所开展多形式、深层次的合作交流。全年共引进博士16人，硕士64人，本科生678多人。

（何正祥　王　俊）

劳动力市场
Labor Market

【概述】 全年共新增农村劳动力转移13712人，完成年度目标任务的195.89%。农村劳动力转移培训8400人，其中：转移前培训5155人，在岗农民工培训3245人，分别完成年度目标任务的161.54%，161.09%；全区20个镇（区、街道、中心社区）共举办微机、缝纫、家电维修、纺织、营销等专业培训班42期。

【架设求职洽谈金桥】 2月，在盐都车站举办“2010年新春企业用工信息发布暨现场洽谈会”，为农村富余劳动力、“两后生”、未就业的大中专及职技校毕业生等人群提供就业服务，共发放1万份用工信息。举办“千人出征”活动、“人寿杯”大型求职用工洽谈活动、下岗党员群众专场洽谈会、企业用工、就业援助万人招聘洽谈会暨小本创业项目推介会、帮助群众就业“牵手行动”、全区用工企业岗位信息发布会等各类求职洽谈会12场次，累计组织招聘企业662家，提供岗位55000个，达成就业意向40000人。

（何正祥　封月琴）

房地产市场
Real Estate Market

【概述】 2010年，面对宏观调控和房地产市场本身的诸多不利因素，区住房建设局注重加强对房地产市场供求关系的研究，及时统计有关数据，适时进行同比环比分析，积极引导市民理性购房；严格完善房地产登记制度和操作程序，优化房地产交易登记程序，开设绿色通道，提供优质服务，做到交易登记模式、审核发证流程、操作技术规范和人员上岗统一，不断提高房地产服务效能，积极促进房地产市场交易。全区全年办理商品房预售许可238件，批准上市商品房面积140万平方米，受理办结房产类业务12124件。

（住建局 供稿）

香城美地小区

◆财　政
◆国家税务
◆地方税务
◆审　计

财　政

Finance

【概述】 2010年，是区财税经济破解难题寻求又好又快发展的一年，也是区财政发展改革攻坚克难取得较大成绩的一年。全区财政部门紧扣年初奋斗目标，围绕区委“全市争第一、全省创一流”的要求，为实现扩内需、保增长、调结构、惠民生、促和谐作出积极贡献，实现财政“十一五”的完美收官。区财政局被市政府表彰为财税工作先进集体，再次获得全区目标任务绩效考核综合先进奖及7项单项奖，实现获奖数量在全区各部门中的“五连冠”。

【财政收入跃升新的高度】 重抓收入组织工作，建立并完善经济形势分析例会和收入督查制度，协调征纳矛盾，及时研究、解决组织收入中的问题，提升征管合力；分年度实施较大规模的税源调查，建立起完备的分镇区、分行业、分企业税源台账；依据省市考评机制，突出财政一般预算收入及序时考核，加大一般预算收入在各项主要经济指标中的权重，逐步构建富有区域特色的组织收入工作激励机制，有力促进全区财政收入的高幅平稳增长。财政收入一路高开稳走，全年有11个月的增幅高居50%以上，财政总收入在2009年突破30亿元的基础上一举跃升至50亿元的新高度，是“十五”末的7.6倍；地方一般预算收入继2008年首破10亿元大关后攀升至24亿元，再度延续两年翻番的态势，5年累计达63亿元，是“十五”期间的6.8倍。财政总收入占GDP的比重由“十五”末的6.8%提高到21.2%。一般预算收入的增幅、总量和税收比重等质量指标连年居于全市各县(市、区)前列，增幅和总量在全省排名不断前移，增幅连续5年高于全省平均水平，在市对区目标任务绩效考评中财政得分以全市唯一的满分而独占鳌头，再获市财税贡献奖。

【着力支持经济“快增”、“快转”】 围绕区委、区政府提出的“转型升级、提速增效”这根主线，财政部门科学整合和配置资源要素，加快全区经济转型升级步伐。新设高新产业人才引领基金和重点企业上市基金4000万元，突出支持两大高新技术产业发展和企业自主创新，提升高新技术产业和新产品对财税增收的贡献份额。通过政策扶持、信用担保和争取资金等措施，扶大育强齿轮、阀门、医疗用品、制鞋机械、输变电设备、化纤机械涂装等六大特色产业，特色产业占所在镇工业经济总量超过65%。全区纳税超千万元企业由“十五”末的5家增加到40家，其中华锐风电纳税超亿元，悦达摩比斯、世钟汽配超5000万元。以区中小企业信用担保公司为平台，多方寻求税务、金融部门的支持，在全市率先实施废旧物资回收企业退税担保，并为再生资源企业办理退税2000多万元。出台以“核定基数，差额定补，增量分成，超收奖补”为主要内容的新一轮区对镇财政体制，镇(区、街道)的内生动力进一步增强，重点镇、特色镇竞相发展，进入市50强的7个重点镇有5个超亿元，全区亿元镇(区、街道)达到8个，亿元村(居)达到7个。

【民生领域分得最大财政“蛋糕”】 深化民生预算编制改革，努力使财政资源更多地向民生领域的薄弱环节倾斜，“三农”、教育、社会保障、医疗卫生、文化和环保等事关民生的支出达27.2亿元，占财政一般预算支出的比重达86.2%，新增财力中用于民生的支出达2.6亿元，占当年新增支出的比重达93.3%。在区人代会财政预决算报告中，开列的2010年一份份“民生清单”对百姓关心的问题一一作出了有力回应，得到代表们的广泛赞扬。在这份清单中，投入9100多万元，将新型农村合作医疗筹资标准从人均130元提高到180元，区财政补助从人均48元提高到68元，医药费报销最高限额提高至10万元以上，连续5年保持全市领先位置；安排3000万元专项资金，对特殊困难人群实施节日生活救助，4.1万名困难群众在2011年春节前喜获“普惠红包”。投入3800万元，对全区实施基本药物制度基层医疗机构进行补助，并解决在岗、离岗村医生的养老保障问题；继续支持市三院新区医院建设，加大镇(街道)、中心社区卫生院建设力度，全区城乡居民普遍享有基本的初级卫生保障，百姓“看病难、看病贵”得到有效缓解。设立艺术精品工程专项奖励基金，巩固提升文化大区建设成果，区财政列支的文化投入项目增加到10项，总额达2300万元。同时，投入1673万元，实施农村一事一议财政奖补项目216个，惠及全区60%以上的村(居)。兑付汽车摩托车和家电下乡补助2660万元。全区家电下乡补助资金兑付率居于全市第一。

【财政监管精细化水平不断提升】 按照区委、区政府提出的预算安排“四不”原则编制财政预算；建立起部门预算执行定期分析例会制度，多科室联动运作，全面、细致分析实际支出与预算间的差异及成因，变预算执行事后监督为事中监控；重申各部门单位严格执行年初预算，统筹全年各项支出，确保在批复的预算盘子内完成各项工作任务，有效控制当年预算追加，增强预算约束力，促进预算较好运行。切实加强财政财务监督检查，组织开展社保、教育、卫生及国企、社团等重点部门、行业财政综合监督检查和“小金库”治理；加强各类专项资金监管，规范资金拨付、使用流程，确保专项资金的安全运行。实施强农惠农专项资金检查，对2007年至2009年各级财政安排的所有涉农资金的分配、使用、管理情况进行全方位的专项清理检查；配合实施工程建设领域突出问题、“五治理一查办”等专项治理和清查工作，对相关问题依据《会计法》和《财政违法行为处罚处分条例》等法律法规进行了处理。强化土地出让金和国有资产监管，制定出台了土地出让金结算办法，本着“快捷、高效、规范”的原则，对工业用地、经营性用地、融资地块出让金结算办法作出明确规定，简化程序，方便基层，受到镇(区、街道)的广泛欢迎。

【切实加强行政事业单位国有资产管理】 制定撤并机构资产管理办法，对机构变动单位的国有资产，明确转移、交接、处置程序、审批权限、单位责任及纪律规定，开展可移动资产，包括出租出借资产的清理工作，有效防止国有资产流失。按照财政部和省财政厅部署，全面建立行政事业单位资产管理信息系统，实现国有资产管理的科学化、信息化、动态化和规范化。对区直行政、企事业单位驻老城区房产、土地情况进行调查统计。同时，切实加强对区内融资平台的监管。

【财政文化建设亮点纷呈】 区财政局将勤廉文化建设列为全局年度20项重点工作之一，制定《勤廉文化建设实施意见》，开展勤廉警句征集、读书征文、书法、绘画、勤廉警示教育及“学习沈浩同志，我该怎么做”专题讨论等系列活动，编印勤廉文化作品选——《盐都财韵》，该作品集收录勤廉文化建设活动中的书法、绘画、诗歌和征集到的勤廉警句等。区委书记李纯涛对这项活动颇为赞赏，欣然为该书作序，认为区财政局开展的勤廉文化活动内蕴丰富、特色鲜明，对全区其他系统单位的机关文化建设和反腐倡廉工作不无启迪。以勤廉为主题的财政文化的创建，既形成了财政系统风清气正、干事创业良好氛围，又促进和带动财政部门各项工作，机关效能建设、基层党组织建设均取得新成绩，调查研究、信息宣传等工作再度位居全区部门前列。

(仓 勇 陈恒林)

国家税务

State tax matter

【概述】 认真贯彻省、市国税工作会议精神，以“三个代表”重要思想和十七大精神为指导，深入学习实践科学发展观，以“有效管理年”为主题，以“创互动服务品牌、树盐城国税形象”活动为载体，以构建和谐国税为目标，强化风险管理，狠抓工作落实，排难求进，扎实苦干，较好地完成各项预定的工作目标。

【国税收入实现大幅增长】 全年共完成工商税收收入(含市区)129760万元，比上年同期增长33.5%，占市国税局年度目标任务的110.7%；完成地方财政预算国税收入108420万元，比上年同期增长38.4%，占政府年度目标任务的107.24%；完成一般预算收入28593万元，比上年同期增长40.8%，占政府年度目标任务的109.05%。

【加强税收征管基础建设】 加强户籍基础管理。进一步完善与工商、地税部门的定期联系协作机制，定期召开联席会议，数据信息相互共享，共向地税移交主税种为营业税纳税人264户。开展工商登记信息比对工作，按季发布清查数据信息，分类开展调查、巡查，共补办登记9户，责令限改办理登记142户。按照“减少数量、扩大范围”、“盘活资源、人尽其才”的要求，将原先分乡镇、街道设定的15个责任区合理简并为7个；遵循“管户与管事相分离，属地管户与专业管事相结合”的原则，将税收管理员划分为“基础事项管理岗”和“专业税源管理岗”两大类，配备16名熟悉税收业务、责任心强的人员承担

提示提醒、调查、巡查、核查等一般日常基础事项。强化普通发票管理。推行普通发票网络开具，将具有电脑版工商业统一发票、出口商品专用发票、收购类发票、机动车销售发票和二手车销售发票使用资格的纳税人作为推广使用对象，层层宣传、详细解释、及时培训，已推行496户。规范个体税收征管。健全委托代征程序和机制，确保个体税收稳步增长，年内，区国税局入库个体税收3847.41万元，较上年同期增长41.44%，个体税收“扩面增量”工作达到预期目标。

【创新税收风险管理模式】 推行“五化工作机制”。以情报收集、分析识别、科学组织、纳税遵从、项目管理为着力点，建立“情报交换日常化”、“案源发布集中化”、“运作方式团队化”、“风险应对递进化”和“专业管理项目化”五项工作制度，深化风险联动管理运行机制。创新“应对任务分级集中管理”。依托税源管理平台，对区局业务部门、税源管理分局自选任务和稽查局日常、专项案源，实行分级集中管理，甄别、筛选、确认和分配两级风险应对任务，优化应对资源配置，避免重复下户应对。规范“风险管理流程文书格式”。在分析识别、任务分配、应对实施、后续管理等环节，设置《风险分析项目书》、《风险应对任务通知书》、《行业纳税评估报告》、《税源管理建议书》等文书模板，完善风险管理各环节的表证单书，实施过程节点的有效控制。

【强化数据信息情报管理】 明确区局风险联动管理领导小组统领全局数据信息情报管理工作，建立以统一信息平台为支撑，由信息情报处理团队专司信息情报采集、加工、分析和应用，各科室、各部门对口采集外部情报信息。完善乡镇协护税网络，充分发挥各镇（区、街道）综合资源优势，通过扩大范围、多方协作、实地调研等手段，即时收集企业生产经营动态信息，并定期传递至税源主管分局，有效拓展税收信息来源的广度和深度。以自行开发的“信息情报管理系统”为载体，载入内外部数据信息，完善信息分析方法，深化信息综合利用。全年通过信息情报管理系统，采集六类外部数据信息近1600条，经整理、加工形成价值情报157条；发布信息指标15个，共享价值情报362条。积极开展“税收数据信息情报年”活动，共选拔2篇普通发票情报案例、9篇“我与税收数据情报年”征文上报省、市局。

【发挥税务稽查职能作用】 稽查工作遵循“建设平安稽查、和谐稽查、效能稽查”的要求，深入开展税收专项检查，突出查办大案要案，狠抓各项基础建设，全年共检查46户次，检查出有问题户48户，查补入库收入1817万元，其中税款1660.74万元，滞纳金111.25万元，罚款44.71万元。完成协查案件34起、查处100万元以上重大涉税案件3起，有效整顿规范税收秩序，营造公平有序的税收环境。

【着力提升纳税服务质量】 以“创纳税服务品牌、树盐城国税形象”主题活动为载体，以办税服务厅建设为龙头，不断更新服务理念，创新服务举措，积极深化信息应用，大力整合服务资源，积极打造横向到边、纵向到底的即时互动、功能多样、便捷高效立体服务平台，最大限度提升纳税服务质量。率先在全市国税系统推行“一站式”全流程承诺服务、“一本通”资料综合受理、“一窗式”前台审批、“一机通办”全职能办税窗口，不断提高纳税人的满意度。区国税局创建的“纳税服务361”品牌，被评为区十大服务品牌之一。

【推进国税廉政文化建设】 制定《全区国税系统惩治和预防腐败体系2010~2012年目标任务分解意见》，着力从教育、机制入手，从预防着眼，把开展廉政文化“进机关”活动作为进一步加强党风廉政建设的有效载体，做到“思想认识、方案措施、组织领导”三个到位，通过搭建“大厅文化、楼道文化、桌面文化、网络文化、室内文化”五个平台，采取“制度督廉、干部述廉、家庭助廉、教育警廉、活动融廉、读书思廉、谈话劝廉、立身养廉”八项举措，结合主题教育活动，按照既继承又创新，既积极又稳妥，量力而行，循序渐进的思路，逐步推进，既丰富干部的文化生活，又形成“以勤为先、以廉为荣、以贪为耻”的良好氛围。全区国税系统有1个分局被市纪委命名为市级“廉政文化示范点”，2个分局被区纪委命名为区级“廉政文化示范点”，区国税局和4个分局申报市、区级“廉政文化示范点”。

【努力提高干部队伍素质】 加强和改进思想政治工作，倡导以爱岗敬业、公正执法、诚信服务、廉洁奉公为基本内容的税务干部职业道德规范，重点加强依法行政和廉政建设，构建和谐税收执法环境，搭建“两权”监督机制，切实治理损害纳税人利益的“吃、拿、卡、要、报”等不正之风。认真抓好干部教育培训工作。建立起在岗学习、分类培训、竞赛考试等管理制度，加强日常教育培训工作，努力打造“学习型”组织，为依法治税和科技兴税提供强有力的知识保证。在省局举办的“五员”达标培训中，区局四人荣获省“五员”岗位能手称号，并被省局表彰为“五员”能手竞赛组织奖。强化党风廉政建设责任制落实，开展“正风肃纪”教育，前移关口，以查办各类信访案件为主要抓手，严肃查处各种违法违纪行为。结合“勤廉双述双评”活动，认真组织开展执法监察、廉政监察、效能监察，提高源头防范工作的针对性和有效性。

（王凤海　王　凯）

注：“纳税服务361”品牌释义。“三项主体服务”（职能性服务、权益性服务、程序性服务）；“六项服务内容”（公开公正的执法服务；简捷高效的办税服务；及时到位的政策服务；促进发展的信息服务；文明礼貌的优质服务；奉献社会的延伸服务。）和“一套服务承诺”。

224055　盐城市盐都区国家税务局（盐都新区新都路612号）
局　长：高志荣
电　话：68660001　68660008

224055　盐都区国家税务局第一税务分局（盐都新区新都路612号）
局　长：周兰华
电　话：68660051　68660055

224055　盐都区国家税务局第二税务分局（盐都新区新都路612号）
局　长：任锦慧
电　话：68660058　68660061

224022 盐都区国家税务局第三税务分局(义丰镇建丰路7号)
局 长:杨维全
电 话:68660033 68660031
224011 盐都区国家税务局第四税务分局(龙冈镇盐兴中路4号)
局 长:朱龙章
电 话:68660035 68660037
224014 盐都区国家税务局第五税务分局(郭猛镇公园路1号)
局 长:唐中强
电 话:68660038 68660040
224043 盐都区国家税务局第六税务分局(大冈镇卧龙西路66号)
局 长:倪高林
电 话:68660048 68660050
224055 盐都区国家税务局第七税务分局(盐都新区新都路612号)
局 长:刘兆锦
电 话:68660069 68660072
224005 盐都区国家税务局稽查局(盐都新区新都路612号)
局 长:陈亚华
电 话:68660078
举报中心:88366982

地方税务
Local tax matter

【概述】 盐都地税局紧紧围绕服务发展大局，全力加快依法治税、信息管税、服务兴税、人才强税步伐，圆满完成上级下达的各项工作任务。全年累计组织各项收入225370万元，其中税收总量172090万元，完成一般预算收入160637万元。入库工商各税(含教育费附加)122424万元，占年度计划的110.2%，增长47.33%；入库契税、耕地占用税52967万元，占年度计划的106.21%，同比增收9022万元，增长20.53%；征收社会保险费49979万元，同比增收11688万元，增长30.87%；征收各类基金、费3614万元，占年度计划的130.52%。在市地税局年度综合考核中首次取得总分第一，保持"江苏省文明行业"、"盐城市文明标兵行业"称号，荣获全区"三个文明建设"综合奖，第一、第六税务分局荣获"江苏省文明单位"称号。

【"全员联动"模式织就税源控管"防护网"】 全面推行专业化管理，成立专司大企业管理的专职管理分局，初步形成税源分级分类管理布局。在此基础上，结合税源分布状况和特点，机关科室工作前移，对本地重点税源行业和特色产业实行区局、分局、管理员三级行业主管，并辅助于"税收管理员电子工作手册"、"联动管理工作任务派工单"和"联动管理工作任务报告单"等信息手段，实现责任区管理信息的实时查询和共享，初步搭建起融上级下达、分析整合、统一布置、督查考核、及时反馈为一体的税源联动管理机制。至年底，全局准期申报率达99.7%。当期申报率达99.38%，零申报户从2312户减少至1812户，减少32.5%，当期入库率达100%，非正常户占比从13.65%下降到8.3%。

【竞争上岗】 7~8月，在全系统开展中层干部竞争上岗活动，经过层层选拔，13人走上正股级岗位、11人走上副股职岗位、20人走上稽查局、基层分局和纳税中心中层干部岗位。这次竞岗活动是盐都地税建局历史上规模最大、参加人数最多、组织最为成功的一次，竞争上岗活动的成功实施，起到激励干部勤奋学习、爱岗敬业的积极效果，使全局干部的知识结构、年龄结构更加趋于科学合理，干部队伍的整体作战能力和活力得到显著提升。

【开发24小时自助办税区】 在全面推行一窗式、城乡通办等服务方式的同时，引入金融机构自助服务的理念，成功开发全省地税系统首家24小时自助办税区，自助办税区配备3台ATS服务终端，涵盖门临服务业、建筑业发票开具、补打转账完税凭证、个人所得税完税凭证、涉税信息查询、税收宣传视频播放等业务范围。自助办税平台的推出，实现真正意义上的全时段办税，有效分流前台业务量，落实"两个减负"的要求，开辟办税新空间，初步形成"传统办税、网络办税、自助办税"三足鼎立的全方位办税新格局。

【人事人才工作走上信息化】 紧跟时代发展步伐，在全系统人事人才管理工作中追求高质量、高标准和一体化。开发成功"人才库管理信息平台"。该平台基于对全局所有人才基本情况的整体把握，以强化队伍建设为目标，将人才库分为"后备干部管理、税收业务能手、三师管理、文艺体育特长、个人成长档案"等十个分系统，并设立强大的搜索和应用功能，每个人的业务需求、专业特长、培训课时，均能在系统中得到科学真实的适时反映，从而为人事人才管理工作插上信息化的"翅膀"。

【稽查小软件显现集体大智慧】 针对土地增值税清算工作量大、数据复杂、勾稽关系严密的特点，组织业务人员和技术人员，对相关税收业务政策进行整理，借鉴兄弟单位的成功经验，编写地方税收稽查标准化底稿，开发土地增值税清算计算软件，对可能存在的涉税问题进行归类和总结，通过表格的形式加以固定，实现数据的全面链接和自动更新。该软件极大地提高稽查实施环节的工作效率，得到使用者的高度好评。

【爱心基金成为弱势群体的保护盾】 注重以先进的团队文化引导人、凝聚人、激发人，有效诠释以人为本的深刻内涵。年内，针对干部职工思想状况和压力来源，采取集体每年出一部分、个人每年捐一部分的方式，设立盐都地税"爱心基金"，对内用于困难职工的帮扶，对外用于社会弱势群体的救助，据了解，此举在全省地税系统尚属首创。"爱心基金"的设立并成功运作，解决干部职工遭遇重大疾病、突发事故的后顾之忧，增强队伍的凝聚力和向心力。（于银顺 张 健）

224005 盐城市盐都区地方税务局（盐都新区新都路612号）
局 长：王龙祥
电 话：88436278

224005 盐都区地方税务局稽查局（盐都新区新都路604号）
局 长：李光辉
电 话：88580729

224005 盐都区地方税务局第一税务分局（盐都新区新都路604号）
局 长：程章红
电 话：88436368

224005 盐都区地方税务局第二税务分局（盐都新区新都路604号）
局 长：费传庆
电 话：88585360

224022 盐都区地方税务局第三税务分局（义丰镇建丰路9号）
局 长：颜建浩
电 话：88663398

224011 盐都区地方税务局第四税务分局（龙冈镇凤凰南路商业街1号）
局 长：王卫华
电 话：88535666

224014 盐都区地方税务局第五税务分局（郭猛镇人民中路20号）
局 长：李春龙
电 话：88480668

224005 盐都区地方税务局第六税务分局（盐都新区新都路604号）
局 长：陈万喜
电 话：88480668 88585309

审 计

Audit

【概述】 全面落实全国、省、市审计工作会议精神，以科学发展观为指导，坚持"依法审计、服务大局、围绕中心、突出重点、求真务实"的工作方针，认真履行审计监督职能，关注民生，进一步加大对重点领域、重点资金、重点违规问题的查处力度，取得显著成绩。全年完成审计项目42个，完成政府公共工程投资审核项目151个，查出各类违规行为金额5907万元，管理不规范金额51205万元，处罚上缴财政金额192万元，节省财政建设资金9000余万元，提交专题或综合性审计建议和工作报告23篇。审计工作在促进宏观调控政策措施落实、规范财经秩序，维护群众利益、推进党风廉政建设、构建和谐社会方面发挥积极作用。

【"十一五"工作回顾】 "十一五"期间，全区审计工作在区委、区政府和上级审计机关的正确领导之下，认真贯彻落实《审计法》、《审计法实施条例》等法律法规的要求，坚持"依法审计、服务大局、围绕中心、突出重点、求真务实"的工作方针，认真履行审计监督职能，取得了较好成绩。

1.审计监督效果成效明显。通过加强财政财务收支审计监督，充分发挥了审计在权力约束和监督中的作用，特别是逐步加大效益审计和专项审计调查的力度，进一步提升了审计监督工作的层次和审计成果质量。共完成了244项项目的审计，审计经济责任人35人，查处管理不规范金额3.77亿元，其中查处违规金额1.26亿元，核减相关工程投资额3500万元，为财政增收节支7574万元，查出并移送违规违纪人员10多人。

2.审计工作过程更加透明。民主决策在审计工作中得到很好贯彻，"阳光审计"得到充分的体现，审计结果公告制度基本建立。对群众关心、领导关注、涉及面广的公共项目的审计结果进行了公告，先后共公告26次。

3.审计工作程序更加规范。加强审计法制建设，完善各方面的审计制度，认真贯彻执行各项审计准则和审计职业道德规范，审计管理行为、审计业务操作行为、审计人员职业道德行为都能按照相关法律法规和准则的要求，规范化运作。五年来没有发生一起审计质量事故。

4.审计科技方法得到普遍应用。以计算机审计为代表的审计科技方法，正在各类审计项目中普遍采用，一批与计算机审计相关的审计成果不断涌现，共产生18项计算机审计案例或方法，其中有项获得市以上表彰。

5.绩效审计正在有序推开。认真贯彻执行省厅《关于开展"绩效审计推进年"活动的意见》和《省审计厅关于大力推进绩效审计工作的指导意见》两个文件精神，积极开展"绩效审计推进年"和"绩效审计普及年"的活动，进一步确立全体审计人员的绩效审计理念，努力推进绩效审计工作深入开展，形成绩效审计材料12篇，积累了不少绩效审计的经验，为绩效审计的全面在普及打下了必要的基础。

6.审计队伍整体素质明显提高。通过参加相关培训、加强后续教育和实践工作的锻炼，培养出一批有经验、有技术审计骨干，至目前全局共有4人获得高级审计师、9人获得中级审计师，6人获得计算机中级职称，有1人获得了十佳审计组长、2人获十佳审计能手的称号，先后有6人被提拔到科级工作岗位，受到区委区政府的重用。

【服务中心工作】 为充分发挥审计机关在区域经济和社会运行中的"免疫系统"功能，通过"审计要情"、"工作报告"和"审计建议"等服务载体，推出服务政府决策的一系列"套餐"。对所有项目都增加绩效审计内容，尤其是重大基础设施项目和为民办实事项目要单独出具绩效审计报告；在每份审计报告前加装"审计报告领导阅示卡"，把审计报告中需要领导重点关注的方面单列，形成摘要，并预留空白供领导批示。同时所有报送政府报告，既要揭示存在问题，更要反馈被审计单位对审计发现问题整改情况；定期对已审项目和审计资料进行汇总分析，从中揭示出区域经济带有规律性的东西，关注资源节约和环境保护等事项，促使政府部门提高效能，增强可持续发展能力，为党委政府查清事实真相、正确决策处理等提供第一手资料。

【加强审计队伍建设】 以“建一流班子，带一流队伍，创一流业绩”活动为载体，积极搭建创先争优平台，各项工作充满活力。连续第三年获得全区综合先进奖和全市审计系统优秀奖，连续获得“省文明行业”、“市文明行业”、“盐都区文明标兵单位”称号，获得省工会“优秀职工小家”称号、市“学习型机关”称号、“五好班子建设”优秀奖称号、党风廉政建设奖和区级“廉政文化示范点”称号；姜涛获“江苏省审计系统先进工作者”荣誉称号，卞国庆、嵇维广被评为市审计系统“十佳审计组长”、“十佳审计能手”称号。全年被市以上媒体采用信息宣传72篇，有的信息直接进入领导决策。

【预算执行审计】 以科学发展观为指导，总结历年审计工作经验的基础上，构建大财政审计理念，在预算执行审计中，做到“三个注重”：一是注重调整审计思路，把着力点放在促进加强财政管理和财政制度改革上来；二是注重突出审计重点，加强对财政部门内控制度、财政预算编制、财政资金分配的审计监督；三是注重审计调查，注重审计延伸、抓住重点线索、发现问题、由下向上各个突破转变。

【政府工程投资审计】 随着区域经济的发展和建设力度加大，投资审计越来越成为政府节省财政资金、减少损失浪费的重要关口，为保证区委、区政府大发展、大建设的政策实施，高度重视工程预决算审核工作，全力以赴完成任务。对于重大建设项目及重点部位，坚持审计人员亲临施工现场勘测、核实数据，全年共完成建设工程预(决)算审核项目174个，审核造价140370万元，其中预算审核151个，工程送审造价128961万元，审计核减2793万元，核减率为10.08%；结算审核19个，工程送审造价11409万元，审计核减766万元，核减率为6.72%。

【民生专项资金审计】 年内，审计工作更加关注民生问题，进一步加强对“三农”、教育、卫生、文化、社会保障等重点民生项目和资金的审计监督，跟踪检查相关政策贯彻落实情况，着力揭示和反映落实政策不到位、政策目标未实现以及资金分配、管理方面存在的问题，确保各项惠民政策取得实实在在的效果，实现保民生、保稳定、促发展的工作目标。

【经济责任审计】 全面启动全区“三责联审”工作，在初步构建起全区经济责任审计框架体系的基础上，将经济责任审计与部门预算执行审计、专项资金审计、固定资产投资审计等充分结合，对领导干部任期内的经济责任进行全面正确客观的评价，为区领导决策提供重要依据。经济责任审计工作在维护财经法纪、促进加强党风廉政建设和干部使用监督方面继续发挥一般审计无法替代的作用。

【绩效审计】 2010年是全省绩效审计工作推广年，区审计局调整工作思路，在打造绩效审计精品上下功夫。所有项目实施方案引入绩效审计内容，并且绩效审计工作量达全部审计工作量的80%以上。完成地方政府债务专项调查、省级重点产业调整和振兴专项引导资金绩效专项调查、扩大内需资金使用管理情况审计等项目，涉及各个镇(区、街道)和30多家区直部门，其绩效已初步显现，违纪金额逐年减少，社会效果越来越大。2010年绩效审计工作在全市考核中获得第一名，起到了领头羊的作用。

【内审指导管理】 区内审协会切实履行自身职能，积极发挥“管理、服务”作用，使全区内审工作在传统的基础上继续取得新进展。强化内审管理，印发《盐都区2010年内审工作指导意见》，进一步明确全区内审工作的指导思想和工作路数。在已经召开全区财税审大会的基础上，筹划召开近十年来首次内部审计总结表彰大会。加强业务培训，共组织12名内审人员参加省审计厅在苏州举办的内审岗位资格培训，使又一批内审人员实现持证上岗，继续组织部分人员参加市审计局在海口和西安组织的业务培训，进一步拓展内审人员视野。拓展内审工作路数，在镇党委、政府的支持下，在全区先后成立6家镇级内审协会，协会还在所辖村(居)和企事业单位聘请40名协会顾问和理事，共同负责全镇的内部审计工作，与纪检监察、财政、农经等部门一道，对聘请协会顾问和理事进行内部审计工作规定、协会理事工作职责等方面的业务培训，为各镇(区、街道)协会规范良性发展打下坚实的基础，区内审工作又迈上新的台阶。全区内审机构全年共完成审计项目328个，查出损失浪费金额3537万元，促进增收节支2489万元，区粮食局审计科审计工作受到省审计厅和省内审协会表彰。内部审计工作在促进建立内部约束机制，改进内部管理，加强廉政建设方面发挥积极作用。

金融 保险

Finance and Insurance

中国工商银行股份有限公司盐城新都支行

Xindu Branch of the Industrial and Commercial Bank of China joint-stock Ltd.Co ...

【概述】 中国工商银行股份有限公司盐城新都支行(简称盐都工行),认真贯彻落实省市行长会议精神,以科学发展观为指导,紧紧围绕年初确立的工作目标,全面推动“三新”营销战略,稳健经营、扎实推进,各项经营指标均取得较好位次,各项工作都取得了可喜的成绩。

【负债业务又有新突破】 至年底,各项存款余额达成148538万元,比年初净增52470万元;其中储蓄存款余额达成53986万元,比年初净增11997万元,完成市分行敲定任务目标的109%,对公存款余额94552万元,较年初净增40474万元,完成市行下达目标任务的163%。

【信贷有效投入稳步增长】 全行全年各类贷款总额达1.25亿元,较年初净增5.6亿元(如包含信托+理财,则净增4.1亿元),其中流动资金贷款较年初净增3.6亿元,小企业贷款较年初净增1.45亿元,个人经营贷款较年初净增0.55亿元。

【中间业务发展势头良好】 至年底,实现国内贸易融资额2900万元;实现代理保险502万元,完成市分行下达全年任务目标的110%;代理基金销售3.5亿元,完成市分行下达目标的116%;银行卡5113张,实现中间业务收入3540万元。

【经营效益大幅增长】 年内,实现经营利润6956万元,较上年同期4248万元增加2708万元,完成市分行下达目标任务的359%。 (董桂旭)

中国农业银行股份有限公司盐城盐都支行

Yandu Branch of Yancheng of the Agricultural Bank of China

【概述】 中国农业银行股份有限公司盐城盐都支行(简称盐都农行)以创建区域一流银行为标杆,以加快机制创新和经营转型为动力,以风险控制为前提,紧紧围绕“两领先,三提高”的新目标和“8652”全年工作任务,突出资产业务、突围负债业务、突破中间业务,加大营销力度,细化工作措施,抢占优质市场,争挖优良客户,实现“三个文明”建设同步发展。

【存贷规模突破50亿元】 至年底,存贷款规模突破50亿元,达52.9亿元,成为全市农行第3个超50亿元的县级行。其中,本外币各项存款余额37.3亿元,比年初净增5.74亿元,净增额列全市农行县级支行第3位,增幅达18.19%,比“十一五”期间增加21.51亿元,年均增长27.25%;本外币储蓄存款余额25.08亿元,比年初净增1.85亿元,增幅达7.99%,比“十一五”期间增加12.85亿元,年均增长21%;对公存款余额12.22亿元,比年初净增3.88亿元,增幅达46.51%,比“十一五”期间增加8.66亿元,年均增长48.65%。本外币各项贷款余额15.6亿元,比“十一五”期间增长10.79亿元(剔除剥离因素),年均增长44.86%,其中实体贷款余额15.07亿元,比年初净增5.43亿元,同比多增2.43万元。

【竞争能力逐步增强】 至年底,各项存款增量在市区同业(下同)的市场份额达9.46%,比上年同期上升4.56%;对公存款增量市场份额达9.16%,比上年同期上升3.86%;各项存款月均增幅比同业目标完成率达145%。本外币实体贷款增量市场份额7.47%,比上年同期增加4.18%,增幅达56.26%;其中本外币法人实体贷款净增4.24亿元,增幅75.45%。

【积极探索新业务】 积极探索贷款新方式和新品种,提高产品组合和创新能力,成功发放全市农行首笔动产质押贷款1450万元;进一步改善小企业融资的渠道、职责、授权、产品、资源等基础环节,以小企业“简式贷”业务新品为推手,助力扶持小企业发展壮大,解决融资难题,全年新增小企业贷款8户4300万元,小企业贷款余额比年初净增2110万元，完成全年目标的151%；大力推广利付通、信保押汇、保付加签等外汇新产品，锁定对公存款9125万元，实现国际业务中间业务收入181万元，同比多增112万元，增幅达162%，带动外币贷款比年初净增1370万美元；

【转型效应日臻彰显】 加快业务功能转型，按照"对公业务上移，零售业务下沉"的转型方略，本着"地位对等、信息对称、服务对口"的原则，对全行所有的法人信贷客户和对公大户全部上收支行集中维护；按照"先精品网点，后一般网点，先城区，后农村"的顺序，加快网点建设和改造步伐，完成支行本部南迁和营业部、中兴2个网点装修改造；大力推进网上银行、电子银行、自助银行等渠道建设，新增自助设备11台，年底，全行离柜业务占比达67%，比上年提高6%；通过完成所有网点规范化服务导入工作，配齐大堂经理和大堂保安，组建规范化服务督查大队，独立聘请美兰德公司服务测评等迅速提升农业银行品牌形象。

【管理水平完善提升】 进一步开展会计、信贷、安全保卫条线精细化管理"双十"工程，取得实在效果；深入开展全面风险排查和案件排查、"责任胜于能力"读书活动等，全行员工风险防范意识进一步得到增强，业务经营行为得到进一步规范；"龙头企业+规模养殖户+担保公司"的个人贷款新模式的有效探索得到省市分行充分肯定，并被农总行作为产品创新项目在系统内推广，同时《金融时报》、《中国城乡金融报》分别作宣传推广；利率定价工作在省分行举办的利率定价暨经济资本管理培训班上作专题经验介绍；年内，先后多次成功堵截结算诈骗和假身份证件冒领存单事件；"平安金融创建"工作经验做法被省、市人民银行总结推广；继续被省分行评定为信贷管理"三化"、会计管理"三化三铁"、内控管理"一类行"达标单位；继续保持市级文明行业和区文明单位的称号。（吴 惠）

注："两领先，三提高"：系统领先、同业领先，提高竞争能力、提高管理水平、提高员工收入

"8652"工作目标：确保各项存款净增市场份额达8%以上，各项贷款净增市场份额达6%以上，拨备前利润增幅达50%以上，员工人均收入增幅达20%以上。

中国建设银行股份有限公司盐城城南支行

South Branch of Yancheng of the Construction Bank of China

【概述】 按照市分行党委"加快转型，提升服务，推动创新，促进和谐，实现全行持续稳健发展"的总体要求，狠抓落实、奋力拚搏、进位争先。全行经营管理水平、市场竞争力、社会整体形象大幅度提升，较好地完成各项工作任务，全年实现账面利润5996万元，同比增加1449万元；实现中间业务收入2135万元，同比增加845万元；一般性存款余额21亿元，年新增3亿元；各项贷款余额19亿元，新增5亿元；一般性存款新增、各项贷款新增连续二年在盐城分行排名第一；贷款结构进一步优化，信贷风险防控扎实有效，新发放贷款无不良发生，超额完成市行全年控制计划。被市委、市政府表彰为文明行业，被市分行表彰为系统先进集体、五好党支部，被区政府授予社会经济发展综合奖、市三院南院建设突出贡献奖。

【项目营销成绩显著】 始终以支持地方经济建设为己任，及时与地方政府及经贸委、发改委、招商局等部门沟通和联系，以沿海开发项目、优质中小企业和符合政策导向产业三大板块为重点，着力服务好基础建设、优势产业和招商引资项目，在营销和服务过程中，注重协调政府要求、客户需求和信贷政策三者关系，尽力为本地区争取信贷资源，项目营销的效率和效益不断提高。年内成功营销市风电产业园、市三院南院、国强置业、盐都经济适用房建设等重点项目，全年信贷授信累计37亿元、实际投放累计12亿元，取得的较高的经济效益，在助力地方经济发展的同时共享的区域发展的成果。

【负债业务持续发展】 坚持把负债业务作为核心工程，全面部署、认真规划、扎实工作，一般性存款新增持续三年盐城分行第一，其中对公存款二年翻一番。加大考核力度。负债业务任务指标与单位的经营绩效挂钩，对负债业务排后垫底的单位负责人采取"逐月通报、季度问责、半年调整岗位"的制约措施。抓住源头，大力实施"扩户工程"。制定第一营销责任人制度，加强与工商管理部门、地税局、国税局、招商局等单位部门的联系，努力从源头上扩客户、争存款。加强贷款客户存款管理。制定贷款客户现金归行率和信贷资金托管管理办法，明确贷款客户现金流量不低于我行贷款余额的20%，保持负债业务与资产业务的协调发展。加强客户经理队伍建设，充分发挥

客户经理作用。重点抓好客户经理队伍人员队伍、营销机制、考核办法、费用分配四方面问题，构建全面的客户经理评价和激励兑现体系，形成以业绩论英雄、凭业绩拿奖励的激励机制，最大限度地调动客户经理营销积极性。

【服务管理更加科学】 根据建设银行总行“服务质量年”工作要求，通过深入调研、系统数据分析、神秘人检查等方式，建立服务质量和服务效果监控机制，促进网点转型效能固化和服务水平的提升。建立大堂经理监控考核机制。通过现场及后台数据两部分得分综合评定网点大堂经理的服务质量和服务效果。建立个人业务顾问岗位人员监控考核机制，定期发布监控考核通报。建立神秘访客多维度、多层面监督检查机制。委托外部专业人员按季度开展网点服务质量和客户满意度调查；同步组织开展月度服务质量专项检查，持续评价网点优质服务流程的执行情况。开展监控考核措施后，网点服务明显提高，大堂经理在岗率达96%；客户等候时间在8~10分钟之间，客户弃号率在14%以下；个人业务顾问岗位人员产品销售证券系统及基金交易量增长显著。在组织的神秘访客检查中，平均分数达到93.8分，较上年提高5.6分。

中国农业发展银行盐城市盐都支行

Yandu Branch of Yancheng of the Agricultural Development Bank of China

【概述】 认真贯彻落实十七届五、六中全会等中央重要会议的支农政策精神，持续强化基础管理和队伍建设，积极营造“人人是合规建设推动者，人人是效益增长贡献者”的浓厚氛围，着力推进精细化管理、集约化经营、合规化运行、科学化发展，努力扩大支农规模，全力防控信贷风险，尽力提升发展质量，为支持盐都新农村建设做出新的更大贡献。紧紧围绕“好字优先，稳中求进”这一工作目标，抢抓机遇、防范风险、清收不良、加快发展、提高效益，内部管理水平不断提高，努力推动经营绩效不断向上攀升，圆满完成上级行下达的全年各项经营目标任务。全年累放各类贷款90731万元，比上年同期增长24871万元。其中政策性贷款23017万元，准政策性贷款35594万元，商业性贷款32120万元。其中产业化龙头企业短期贷款32120万元，中长期项目贷款10000万元；各项存款增长幅度大，全年组织各项存款日均达30228万元，其中对公存款日均8481万元，同业存款日均21747万元，分别比上年增长28%和46%；中间业务收入超额完成任务。全年共取得中间业务收入达18.41万元；不良贷款清收实绩较大。全年现金清收不良贷款133万元；资金成本率由高到低，经过大力组织低成本资金和清降不良贷款及充分运用好申调资金等措施，使资金成本率由年初的3.03%降至2.59%；经营利润喜人。全年共实现利润1475.60万元，其中经营性利润1409.87万元，经营性利润比任务数增长12.15%，挂账性利润255.73万元，挂账性利润比任务数增长4.81%；积极营销存贷款客户，提高经营增长点。全年新营销存款客户7个，贷款客户1个，完成市行下达的任务。2010年度被省分行评为一级行，3名员工分别被市分行评选为年度考核优秀和优秀员工。被区委、区政府评为综合先进单位。

【谋求业务发展】 牢固树立发展是第一要务的经营理念，紧紧围绕“大力支农、优化环境、夯实基础、稳健经营”这个中心，在稳定发展传统业务的基础上，强化贷款营销意识，狠抓各项管理和服务措施的落实。理清思路找出路，突出重点抓难点。紧紧围绕全年营销指标和工作任务，将各项指标任务细化到人到岗，同时对全区范围内符合农发行贷款条件的新客户进行调查摸底，针对现有的客户资源情况，最大限度地发挥农发行支农、惠农优势，有步骤、有重点地对新客户进行营销。上半年，组织有关人员对盐城咏恒投资发展有限公司承建的自来水管网建设工程项目、日升仓储、悦达纺织和新阳春面粉集团项目进行营销。自来水管网建设项目是全区2010年重点建设项目，是盐都区发展盐城西大门，改善生态环境、提高居民的饮水质量和优化投资环境的重要举措，共投放项目贷款1亿元，有力支持项目如期实施。

【加大清收力度】 至年底，共有不良贷款余额4167.55万元，上级行下达该行不良贷款现金清收70万元，实际清收不良贷款133万元。不良贷款都是粮棉流通体制改革以前形成的，占用在4个企业，其中：1个企业维持生产、1个企业破产、2个企业停产，使得不良贷款清收工作步履维艰。为保质保量完成上级行下达的工作任务，明确专人，制定职责，成立清收和防范不良贷款工作领导小组，由“一把手”行长挂帅，2名懂法律事务、有不良贷款清收经验、有吃苦耐劳精神的同志组成，并制定工作职责、清收计划和具体措施。采取一企一策、一据一招，综合运用法律的、行政等手段，拓宽清收渠道，提高实战效果。重点关注、全程跟踪盐城市轧花剥绒厂有限公司依法破产全过程，多次与法院、管理人、工商局等部门进行沟通，规范破产程序和手续，2822万元呆账核销工作取得实质性进展。

【中间业务收入和存款稳步提升】 随着政策性银行的经营和管理方式向商业化转轨，全方位、多品种金融产品经营理念正逐步得到全行员工的认可。组织低成本资金存款和全面代理保险业务，已经摆在重要的位置。年初，该行领导班子在针对今年夏粮收购贷款投放多，上级行下达的任务较高的情况下，统一全行员工的思想，迎难而上，带领大家理顺与贷款企业、涉农部门、其他金融机构的关系，加大宣传和公关力度，通过以贷款促存、以服务引存、以关系揽存，取得重大突破，至年底，中间业务收入和日均存款都超额完成序时任务。

【强化服务水平】 服务是政策性银行永恒的话题。把服务质量和效率作为一个重要指标纳入绩效考评机制中来，以机制的力量来推动服务水平的提高。年初制定全行职工岗位责任制，将“搞好服务，从服务中争效益”的理念贯穿其中，把服务质量和效率指标纳入绩效考评体系中，使全员收入与银行服务建立直接联系，使服务质量好坏“立竿见影”地体现到全员收入中，通过制度，全年、全程考核员工的服务质量，提升该行的形象。加强服务创新，进一步提升服务品质，创新服务的手段、方式，努力满足不断增长的客户需求。采取细分客户群体，“量身打造”服务需求。客户的需求能否得到满足是衡量银行服务是否有效的标准，不同的客户由于其社会地位、文化层次、成长背景、经济状态等具有差异性，通过对客户需求的具体分析，进行服务定位，全程跟踪服务。建立柜面优质服务体系，全面提高柜面优质服务水平和质量，打造人性化、规范化、标准化和高效化的服务空间，树立农发行良好企业形象。做到环境卫生舒适、仪容仪表亲和、服务规范高效、用语规范热情。构建“大服务”格局，推行后勤服务一线、一线服务客户、全行服务社会的服务承诺制度。（谢玉玖）

中国银行盐城城南支行

South Branch of Yancheng of Bank of China

【概述】 至年底，实现拨备前利润3247.41万元，同比增加1048.98万元，增幅达47.71%；实现营业净收入4209.34万元，较上年同期新增1283.75万元，同比增幅达43.88%；实现各项中间业务收入1122.77总量列本考核小组第二名，较上年同期多增461.16万元，同比增幅为69.7%，远高于市辖41.59%的平均增幅水平；实现净利润2274万元，完成年度利润计划的137.05%，较上年新增866.62万元，增幅为61.58%；人均净利润为103.36万元，同比增加36.35万元，增幅达54.23%，列市辖第一。人民币各项存款余额为88990万元，较年初新增18530万元，增幅26.3%，净增列同类支行第一名。其中人民币企业存款新增12954万元，储蓄存款新增5576万元。人民币存款余额贡献率为4.16%，新增贡献率为5.56%。外币各项存款余额为271万美元，较年初新增60万美元，增幅54.03%，净增列同类支行第二名。人民币贷款余额76869万元，比年初新增19140达32.23%，其中纯公司贷款余额28425万元，主要投放于盐城市瑞都投资开发有限公司、盐城市盐都区住宅建设有限公司，盐城通达置业有限公司等企业。今年支行发放中小企业贷款5010万元(余额为2910万元)，主要支持年内新增客户盐城秦达面粉有限公司、江苏大田生态科技发展有限公司。零售贷款余额45034万元，在贷款规模指标受限的不利形势下，仍然新增13530万元，余额大大超过对公贷款规模，有效地化解公司贷款巨额投放风险，促进支行业务稳步、健康发展。

【坚持“强基础、扩规模”】 至年底，新增对公账户135，开户增长率141.07%，在本考核小组中处于领先水平，新增对公、对私VIP账户分别为3户和206户，新增人民币存款18530万元，国结业务保优势。全年累计办理国际结算量达1.4亿美元，完成时序进度的152%，列本考核小组第一。

【加快全功能网点建设】 10月，积极参加省行组织的全功能网点建设，成为市辖唯一家通过省行组织的服务销售流程验收的支行。对岗位设置、人员分工、服务销售的流程进行彻底疏理和改进，为网点客户群建设打下良好基础。

交通银行盐城盐都支行

Bank of Communications Yanchenc Branch YanDou SUB-Branch

【概述】 认真执行“跑赢大市，争先进位”发展战略，贯彻落实“倍增计划”工作思路，紧紧围绕“两轮驱动促倍增，狠抓2300、2468工程”的劳动竞赛活动要求，科学筹划，周密布署，群策群力，开拓市场，在统筹推进业务发展的同时，持续强化管理，创塑文明，被市人行授予“盐城市十佳金融服务团队”称号，荣获了盐都区“综合考核先进奖”，并在全区工业大会上作为创新服务典型、也是唯一的一家金融单位作代表发言，盐都交行的品牌形象不断提升。

【各项业务发展突飞猛进】 至年底，人民币各项存款余额达6.76亿元，较年初增长3.44亿元；人民币存款平均余额增量达4.92亿元，较年初增长1.59亿元，人民币储蓄存款余额达0.75亿元，较年初增长7500万元，零贷余额达4.03亿元，较年初增长2亿元，其中个贷增长1.2亿元。产品销售形成较高贡献。完成世博会门票的销售量达4132张，贵金属销售达287万元，基金销售达786万元，实现对私中收202万元，对私客户的发展数增加1086户，达标沃德增加28户，网上银行客户达1050户，手机银行客户为235户，都超额完成计划。

【优化结构，扩大零贷规模】 紧紧围绕结构调整这条主线，优化展业通客户结构，以绩优的中小企业为突破口，不断扩大有效信贷投放，实现信贷投放向重点优质客户及项目转移。克服困难，主动出击，营销支行没有开发贷款支持的优质楼盘按揭项目，通过卓有成效的努力，做大做强个贷业务。

【狠抓管理，促发展】 精心组织，加强领导。支行成立领导工作小组，根据分行的各项活动方案，结合支行实际将任务指标层层分解落实到位。加强调研，明确方向。在充分调查认证的基础上，摸排重点项目和重点客户，明确主攻目标，研究推进措施，有选择地进行攻关。服务优化，形象提升，对员工加强服务的培训，以情动人，做人性化的银行模式，想客户所想，尽员工所尽，保证客户满意而归。

江苏银行盐城新都支行

Xindu Branch of Yancheng of Jiangsu Bank

【概述】 认真贯彻落实总、分行工作部署，根据分行下达的各类目标计划，全行员工树立“发展是第一要务”理念，加大市场拓展力度，加强基础管理，严格控制各类风险，快而稳地推进各项工作的开展，在分行举行的各类竞赛、季度综合评分中成绩均名列前茅。至年底，各项业务完成情况较好，实现账面利润3038.27万元。

【负债业务增势明显】 至年底，各项存款余额77556万元，较年初新增14271万元。其中对公存款余额62151万元，较年初新增13128万元；储蓄存款余额15405万元，较年初新增1143万元(板桥支行撤并已流失储蓄存款近800万)；开立对公结算账户185户，其中基本账户76户。

【资产业务快速发展】 至年底，各项贷款余额62942万元，较年初增加10009万元。其中对公贷款余额53870万元，较年初增加5460万元；个人贷款余额9072万元，较年初增加4549万元，计划完成率338%。

【其他业务稳步推进】 至年底，企业网银开户58户，网银交易量近53亿元，个人网银大众版82户，专业版76户，成功发放信用卡360张，累计销售理财产品1109万元，代理保险198.8万元，国债645.77万元，基金304万元。

【开展考核竞赛活动】 围绕分行各项竞赛活动，结合支行特点，周密部署，加大考核激励，将指标落实到部门、细分到个人，根据分行的“五日报”、“红绿榜”，每星期召开业务发展会议，找差距、找原因、定政策，营造进位争先的浓烈氛围。“三户一网”专项竞赛考核名列分行第5名，支行周健华荣获总行优秀营销能手称号。在零售业务“争优夺冠”明星支行活动中，积极参与，将各项业务指标细分到个人，通过基金定投每人3户、“吉祥三宝”每人1户等集腋成裘方式，取得总行辖内第6名，分行辖内第1名的好成绩。

【加强资产管理，提高资产质量】 在做好贷款五级分类、贷款“三查”等常规管理工作的同时，把加强清贷收息、盘活存量作为优化资产结构的重要措施。针对不良资产、抵债资产，新都支行业务发展部总能面对现实，运用法律、行政、经济等手段，主动与分行相关部门联系，按照依法合规的清收方案，将任务落实到人，实行分门归类，一企一策，突出重点，加大清收不良贷款，全年共清收不良贷款137万元，其中工程机械、恒泰铸造等“老大难”贷款近80万元，至年底，支行不良贷款余额281万元。

中国邮政储蓄银行盐城市盐都支行

Yandu Branch of Yancheng of China Postal Savings Bank

【概述】 2010年11月18日，中国邮政储蓄银行盐城市盐都支行正式开业，该支行为全功能的商业银行，可办理居民存取款、小额贷款、商务贷款、小企业贷款等多项业务。至年底，盐都支行新增存款752万元。

【区委、市局领导参加庆典】 区委、区政府高度重视经济金融的协调发展，出台一系列政策措施，大力改善外部环境，不断优化金融生态，着力构建与盐都经济发展相适应的现代金融服务体系，基本形成功能齐备、分工合理的多元化金融组织体系。中国邮政储蓄银行盐城市盐都支行成立后，依托邮政金融遍布城乡的服务网点和先进的信息系统，在畅通城乡之间资金流通渠道、促进城乡金融协调发展、扩大基础金融覆盖面等方面发挥更加重要的作用，为全区经济和社会发展做出新的、更大的贡献。11月18日上午，区委书记李纯涛、盐城邮政局局长许定才、中国邮政储蓄银行盐城市分行行长徐要军等参加庆典。徐要军在致辞中说，盐都区不断加快地方经济建设和发展环境优化，为盐都支行开业和健康运行奠定基础，为邮政储蓄银行的新业务、新产品提供广阔的空间。中国邮政储蓄银行盐都支行的成立，一定能够为盐都城乡居民和广大客户提供全面的金融服务，有利于盐都银行业的发展和银行体系的完善，更好地支持盐都地方经济建设和新农村建设。

江苏盐城黄海农村商业银行股份有限公司(筹)

Jiangsu Yancheng Huanghai Rural Commercial Bank CO.,LTD

【概述】 黄海农商银行前身为盐城市区农村信用合作联社，注册资本5亿元，于2010年5月26日正式开业，以服务“三农”和中小企业为宗旨，以“规范，进取，诚信，和谐”为核心，全面创新服务、创新管理、创新理念，努力打造盐城具有影响力的现代化商业银行。共有干部职工560多人，下辖33个支行和7个分理处，网点遍布城乡。至年底，各项存款余额77.96亿元，比年初增加19.30亿元，增幅32.91%。各项贷款余额57.15亿元，比年初增加14.03亿元，增幅32.53%。存贷款增幅均超过30%，绝对值、增幅均创历史新高。

【组建银行圆满成功】 2010年5月18日，获《江苏银监局关于江苏盐城黄海农村商业银行股份有限公司开业的批复》，5月26日正式开业，成为全省第15家农村商业银行。

【抗风险能力显著提高】 至年底，按五级分类不良贷款余额1.65亿元，占比2.88%，比年初下降4374万元和1.95个%。贷款抵质押率53%，不良资产拨备覆盖率为152%，比年初提高67个百分点。进行增资扩股，按3.08元/股溢价募集股份28000万股，资本实力、股权结构进一步优化，资本充足率20%，达到银监会提出的“好银行”标准，真正实现又好又快发展。

【盈利能力大幅提升】 全行全年实现账面利润1.19亿元，同比增加2908万元，增幅32%，营业总收入4.74亿元，同比增加1亿元；总支出3.55亿元，同比增加7155万元。各项净收入3.56亿元，比上年增0.72亿元。全年净收入费用率34.27%。

【业务创新步伐加快】 年内，电子化建设水平显著提升，先后开办了“网上银行”及EPOS业务，新开发对账、事后监督系统，积分管理系统正在开办之中，圆鼎贷记卡业务已完成申报工作。

【立足“新银行”，做大各项业务经营】“发展突破工程”亮点多。各项业务经营指标完成情况充分体现新银行强劲的发展势头，存贷款增长、不良贷款率、资本充足率、利润总额都创历史最好水平。省联社等级考核达3A级，监管指标中的量化指标二级标准。

“阳光信贷工程”基础牢。“阳光信贷”工程在前期建档和授信的基础上，于三季度全面进入用信阶段。共计对19家支行261个村居16.16万农户进行授信，授信面达60.76%，授信额度58.15亿元。“金融创新工程”起点高。年内，陆续开办“网上银行”及EPOS业务，新开办5项电子银行产品，自身研发对账、事后监督系统，积分管理系统正在开办之中，电子化建设水平显著提升。

“网点优化工程”进展快。采用省联社形象设计及装潢标准对全辖所有网点进行改造，全行营业场所标准统一，光彩明亮。年内，按照《2010~2012年网点三年建设规划》，迁址新都支行，增设盐都亭湖营销服务中心，有序推进盐东、钟楼、五星、盐渎等支行筹建及开业工作，新设离行式自助服务区1个，新增ATM机6台，新增自动存取款机5台，形成大市区全覆盖的金融网络。

【确立“新机制”，做强各项基础管理】“内控规范工程”大发展。借助组建商业银行契机，建立健全有效的内部控制机制和经营运作模式；对事后监督中心和对账中心进行优化调整，充分发挥风险控制作用；开展“操作规范季”活动和会计岗位合规履职活动，加大对操作风险和合规建设的检查监督力度，确保业务经营安全有序。“机制转换工程”大转变。严格执行公司治理规范，贯彻落实股东大会和董监事会重要决策；完成增资扩股工作，使股本金总额达5亿股，增强资本实力；在用人和绩效机制上突出“员工能进能出，干部能上能下，收入能多能少”。在组建银行期间，引进他行优秀员工，对个别严重违规违纪的干部进行撤职处分，嘉奖业绩突出的支行行长。“素质提升工程”大提升。首届运动会和文化节，充分展示新银行、新机制、新形象，调动全行干部职工的积极性，弘扬“规范、进取、诚信、和谐”的企业文化精神；组织全行中层以上干部参加各类金融培训班、讲座等，全面深入把握经济金融形势，提升经营发展理念，提高经营管理水平，全行员工的整体素质得到提升。

【树立“新形象”，做优企业文化品牌】“开门红”期间，通过挂横幅、设立宣传咨询台、开设流动宣传车等方式，按市区和农村市场进行区别宣传；在组建银行之际，采取高炮、过街、楼宇、公交车辆、横幅、广播、电视等所有宣传媒介进行宣传，取得突出效果；独家冠名青年立业、创业之“奋斗”电视大赛，为树立青年立业创业典型，铺就青年创业成才、建功立业道路提供支持。

通过开展强化柜员服务绩效考核、开展服务礼仪培训和客户经理封闭培训、引进96008客服机制、外聘明察暗访中介评估机构、聘请行风监督员等一系列工作措施，大幅提升员工的服务意识和水平。总行在营业部先行试点“品黄海茶，论农商道”创意营销活动，以茶会客，提供特色服务，得到广大市民的认可。2010年，总行开展各类评优评先活动，取得省级“文明行业”称号，中华全国总工会授予“全国模范职工之家”荣誉称号，总行综合档案室创省三星级。

（贾军台　徐　敏）

中国人民财产保险股份有限公司盐城市盐都支公司

Yandu Branch of Yancheng of Chinese Insurance Company

【概述】 年内，公司三条产品线全面完成市公司下达的任务指标，公司队伍积极向上，团结奋进，员工们精神面貌也发生新的可喜变化，大力发展有效益业务积极性有了空前提高，内控制度建设取得显著成绩，公司整体盈利水平在逐步提升。纵观公司业务欣欣向荣，员工队伍蓬勃发展，公司运营健康稳定发展。

【加强队伍建设，公司销售能力明显提升】 员工队伍建设得到根本改变。年内，公司精简内勤管理人员，充实业务一线。积极引进和培养高素质、有学历、有能力、有人脉资源的个人代理人，为公司的长远发展储备优秀人才库。员工精神状态发生积极变化。员工发展业务的热情和激情得到充分调动，至年底，实现人均保费187万元，不含农险人均保费可达144万元；员工的风险意识和效益观念得到根本转变。员工主人翁意识显著增强，责任感显著提高，为盐都公司增光增彩的精神和意识已深入到每个员工心中。

【业务发展势头良好，三条线全面完成年度目标】 至年底，共实现保费收入3936万元（含农险906万元），完成全年计划的110.1%，实现利润271万元。其中：车险实收保费2312万元，完成年度计划的112.2%，非车险实收保费719万元，完成年度计划的104%，农险906万元，完成计划的119%。

【整体盈利能力趋好】 至年底，财产险和农险的盈利水平在全市平均水平之列，但车险亏损严重，主要是由于年内公司组织全体员工参与清理未决赔案，历史的赔案得到最大限度的释放，赔付的2009年及以前的赔案金额较高，达到900多万元，但车险财务未决并未彻底释放。

【重抓渠道建设】 年内，注重加强业务发展渠道建设，保持业务渠道建设通畅，展业环境良好。重新与车商建立感情，加强新车业务发展。仅下半年就签约8家车商合作伙伴，全年实现新车保费642万元。主动联系银行系统，拓宽银保合作空间，专门成立银保服务小组，做好业务承保服务工作，银保合作渠道畅通，环境良好。加强与政府相关部门的沟通，做好大项目大工程的跟踪服务。

【做好农险工作，服务地方经济】 抓好宣传发动工作，引导农民积极主动参加农业保险。按照上级要求并结合自身特点，认真做好农业保险的宣传工作，利用农村经管站和乡镇保险网络，深入到村组开展宣传保险条款精神，宣传政府支农惠政策措施，印刷《致农民朋的一封信》，对涉农保险新产品进行详细的解释和说明，分发到千家万户手中，正是由于农业保险工作宣传发动到位，措施到位，得到农民朋友的广泛欢迎和喜爱。理赔工作扎实服务好。为彻底改变理赔难的问题，公司专门抽调专人成立农险理赔查勘工作组，负责理赔工作，遇到大面积理赔时，为保证理赔时效和质量，联合农办和农林局专家，一起查勘定损，只要农民报案，理赔查勘人员立即赶到现场查核情况，进行理赔，想农民所想，急农民所急，真正把政府的支农惠农政策落到实处，正是由于保险公司的优质高效的理赔服务工作，才使得涉农保险产品更受农民欢迎。补偿及时标准高。为真实地为农民着想，公司要求凡是涉及农险赔案，只要材料一全，一天之内将赔案做好，三天之内将赔款送到农民手中，有时保险公司有关经办人主动和农经站沟通，协助农户办理材料，缩短理赔工作周期。在赔案相关标准的掌握上，从农民利益出发，为农民利益着想，努力树立政府和人保公司形象，坚持高标准，努力使农民损失低到最低。

中国人寿保险股份有限公司盐城市盐都支公司

Yandu Branch of Yancheng of Life Insurance Co Ltd Of PICC

【概述】 中国人寿保险股份有限公司盐城市盐都支公司（以下简称中国人寿盐都支公司）以开展“创先争优”活动为载体，紧紧围绕“最具价值、最具品质、最具魅力”发展主题。认真贯彻“坚决、坚定、坚持”、“四个转变”和“八个不动摇”的总体要求，稳增长、调结构、增效益、打基础、激活力、防风险，积极转变发展方式，用心用智用力战胜艰难险阻，取得经营业绩持续快速增长。全年共实现总保费达2.02亿元；长期首年保费达7658.73万元，长期首年风险型保费达2181.79万元，首年期交保费达2791.50万元，十年期及以上期交保费1263.76万元；短险保费突破千万大关达1026.53万元，同比增长37.06%。

省保监局领导视察

【依法合规经营】 中国人寿盐都支公司深入开展“反腐倡廉”等主题教育活动，组织干部员工和广大销售人员认真学习制度汇编、金融法律法规，进一步完善规章制度，加大风险预警系统建设力度，实行新单100%回访制度，严控风险入口关；加大责任追究制度，使销售督察工作前移，并介入销售流程的各个环节，实行离司人员每单必回访制度，确保事后不留风险隐患。8月，江苏保鉴局副局长朱金渭对中国人寿盐都支公司在新形势下依法合规经营的做法表示赞赏。

【丰富职工文化生活】 在大力发展业务同时，中国人寿盐都支公司积极倡导先进的文化鼓舞人，在全市系统第六届企业文化节中荣获拔河比赛第一名、歌咏比赛一等奖、女子乒乓球单打第二名、理赔案例第二名、扑克牌（掼蛋）比赛第三名，捧回了团体总分第一和组织奖；公司副经理孙华作为领唱代表盐城市分公司参加全省系统“绿色畅想”文艺汇演，并获得一等奖。

【塑造学习型企业】 大力组织学习、宣传沈浩的先进事迹和崇高精神，教育引导广大党员干部进一步坚定信念、振奋精神，牢记宗旨、心系群众，奋发进取、改革创新，充分发挥先锋模范作用和骨干带头作用，积极组织员工参与“金融职工宣传世博服务世博活动”有奖知识竞赛。向员工推荐《苦难辉煌》、《第五代时间管理》和《保险公司的运作》（LOMA290）等书籍，极大地丰富员工的精神食粮，拓宽员工的视野，提高员工的业务技能。

【加大投入改善环境】 为进一步提升企业社会形象，向广大新老客户提供温馨的服务环境，打造服务标准店，中国人寿盐都支公司积极向上级公司争取财务政策支持，5月，投入50万元对原服务大厅进行全面装修，增设客户等待区、客户填写区、VTP客户接待室。

（吉学文　戚　勋）

综合管理与监督

General management and supervision

招投标、政府采购管理

Tender recruitment, a tender and a government get management

【概述】 全区招投标、政府采购工作以树立高效、规范、廉洁的服务形象为目标，以构建公开、公平、公正的招投标交易市场和政府采购平台为主线，采取有效措施，加强招投标和政府采购交易秩序监管，进一步促进全区招投标市场和政府采购工作规范、健康、有序发展，为提高招投标工作质量、推进政府采购工作的不断规范作出积极贡献。招投标采购服务中心先后被授予“2009~2010年度江苏省建设工程招标投标工作先进集体”、省级“巾帼文明岗”等荣誉称号。

【各项指标又创新高】 年内，招投标和政府采购工作各项指标均创历史新高。招投标方面，全年共完成239个（计278标段）招标发包项目的监管和服务工作，累计预算金额47.11亿元，中标金额40.44亿元，比上年增长67.66%，共计节约建设资金6.67亿元，资金节约率达14.16%。进场项目应招标项目招标率、应公开招标项目公开招标率均达100%；政府采购方面，全年共完成政府采购预算金额2.56亿元，实际采购金额2.47亿元，共节约财政资金900多万元。

【招投标、政府采购工作进一步深化】 年内，招投标和政府采购工作得到进一步规范：招投标工作中好的做法和特色工作得到不断创新、提高和优化，进一步完善“经评审的最低投标价法”评标办法，采取有效措施遏制低价抢标，增加履约担保的额度，提高恶意压价的风险。在国有资金投资项目中全面推行资格后审制度，有效遏制串标、围标、哄抬报价等违规行为，为促进建筑市场的健康发展起到积极作用；继续完善房屋建筑、市政工程、园林绿化、建设监理和农村公路等类别的招标文件样本，有效提高招标文件的编制质量；继续严格执行标前审计预算价和最高限价程序，科学、合理地确定最高限价，有效遏制串标抬价现象的发生；灵活采用公开招标、邀请招标、询价、竞争性谈判等多种方式进行政府采购，以信息公开为基础，促进政府采购工作阳光、规范、有序展。 （闫春红）

国有资产管理

Centralized Acconnting Management

【概述】 全区行政事业国有资产管理工作，以科学发展观为统领，认真贯彻党的十七届四中全会精神，积极加强基础建设，强化监督职能，促进提高行政事业单位国有资管理精细化、科学化管理水平，取得一定成绩。

【建立行政事业单位资产管理信息系统】 为全面加强全区行政事业单位国有资产管理，推进行政事业单位资产管理信息化工作，实现对资产的动态监管，根据省市统一部署，8月，全区开始组织实施行政事业单位资产管理信息系统建设工作。加强领导，组织保障。市政府办《关于做好市区推广实施行政事业单位资产管理信息系统的通知》（盐政办发［2010］138号）文件下发后，及时研究和制定详细的工作方案，成立区行政事业国有资产管理信息系统建设工作领导小组，及时下发《关于做好全区推广实施行政事业单位资产管理信息系统的通知》（都政办发［2010］94号文件，同时组织各业务科室相关人员召开会议，对行政事业单位资产管理信息系统建设的各项具体工作进行分解落实。展开培训，提高效率。根据实施方案安排，9月初，联合软件公司在区电大举办为期3天的培训，共培训400余家单位，500多人次在培训班学习软件操作和日常管理等相关知识。培训结束后，及时将全区2006年行政事业单位清查备份数据，依次与各单位核对，尽量减少各单位工作量，减少数据的重复录入，提高工作效率。指导督促，确保质量。资产信息系统建设工作紧、任务重、要求高，为保质保量的按时完成任务，在工作中与各业务科室及时的对分管单位进行督促和指导，采取电话、通讯网络、派人到单位等方法，对各单位数据录入、卡片建立等工作进度和质量进行督导；自9月20日至10月20日分组、分部门进行，对全区400多个单位实地督导检查工作进度，现场解答相关政策和操作中的问题。

【切实加强机构撤并中的国有资产管理】 根据省市国资委等上级文件精神，结合全区机构改革进度，适时出台《关于加强机构改革中国有资产管理的意见》，对机构变动单位的国有资产，明确转移、交接、处置程序，审批权限、单位责任及纪律规定等，并特别强调对汽车、电脑、摄象机、电视机、照相机等可移动资产的清理，以及出租出借资产的清理，防止国有资产的流失。在下半年的镇、街道撤并中，区财政、审计、纪检、发改委等部门联合组成2个工作组，分别进驻大纵湖、秦南等镇，对相关的国有资产、债务进行清理核实，全程监督交接，保证各项资产平稳移交。

【不断加强国有资产日常管理】 规范资产处置行为。严格按照区国有资产管理的规定，各行政事业单位的资产处置必须向财政申报，由财政报政府审批后出据批复意见或直接批复。规范资产处置程序。除捐赠、无偿转让和报废资产外，资产出售、置换必须交中介机构进行评估后公开拍卖，资产出租必须公开竞租，均不能暗箱操作。通过公开比选的方式建立中介评估机构参与执业。年内，全部按规定程序进行公开拍卖浠沧巷10号办公楼出售。做好处置资产核实工作。对于申请报废的固定资产，全部实行实地查看，核对实物与账面是否一致，是否达到报废标准，对符合条件的批准 按规定程序处置。规范资产收入管理。对资产收入严格执行政府非税收入管理的规定，实行"收支两条线"管理。全年共处置国有房产3宗、闲置淘汰车辆23辆，处置资产的变价收入全部上缴财政专户。

【保证国有资产保值增值】 为规范加强全区行政事业单位国有资产管理工作，维护国有资产的安全完整，合理配置和有效利用，促进行政事业单位资产整合与共享共用，保障全区各项事业健康发展，建立适应全区经济发展需要和公共财政要求的国有资产管理体制，对区直行政、企事业单位驻老城区房产出租出借、土地情况进行调查摸底统计，对东方资产管理公司南京办事处提出的涉及盐都区不良金融债权情况也进行调查统计，为领导决策提供参考依据。4月，为原国债部在市商行的股权得到落实和确权，办理国有股权划拨等相关手续。

会计集中核算管理

Centralized Accounting Management

【概述】 区会计集中核算中心于2007年3月经盐都区编委办（都编发[2007]12号）文件批准成立，中心为财政全额拨款的事业单位，隶属区财政局管理，独立核算，副科级建制，核定编制30人。主要工作职责是：依法执行部门预算，办理资金结算，处理会计业务，监督资金使用。中心办公地址为：盐城市世纪大道619号世纪大厦A2幢二楼。中心成立以来恪守"热情、规范、高效、廉洁"的服务承诺，坚守"为政府当好家，为单位理好财"的服务宗旨。充分发挥会计核算监督职能，严密监管措施，区直行政事业单位财务管理的规范性和透明度进一步增强。四年来共累计支付财政资金67.41亿元，纠正、退回各种违规票据1574笔，涉及金额1845.14万元；拒付不合理支出794次798.67万元。被市文明委表彰为2008年度市级文明单位，被区委、区政府表彰为2008~2009年度盐都区文明单位、2010年度"五星级服务科室"，连续四年荣获财政系统先进集体。

【会计集中核算工作稳步推进】 区直72个部门214个基层预算单位的财务全部进入中心实施统一核算和集中支付。当年，区会计集中核算中心共实现支付3万多笔，审核支付财政资金近23亿元；同时，严格执行财政预算，切实加强财务监管，有效编织财政资金监管网络，严控行政运行成本，既规范了财务行为，又节约财政支出，提高财政资金的使用效益，维护财经法律法规的严肃性，成为从源头上预防腐败的有效平台。全区行政运行成本得到有效压降，为近年来的最低水平。近年来，区会计集中核算中心累计取得20多项市、区级荣誉，并连年在全区及区财政局的综合考评中取得位居前列的优异成绩，初步树立起"窗口"形象。

工商行政管理

Administration Control of Commerce and Industry

【概述】 全面推进服务发展优质化、市场监管法治化、队伍建设等工商行政管理各项工作都取得较好成绩。年内，盐都工商系统被省文明委评为2007~2009年度"省级文明行业"，被市文明委评为"市文明行业"，连续4年荣获区委、区政府"三个文明建设综合奖"，在社会评议机关活动中，连续五年排在先进行列，受到区委、区纪委表彰。10月，作为被市委宣传部表彰的全市12家之一、盐都唯一的"学习型先进基层党组织"，接受市级各新闻媒体的集中采访和联合报道。12月，荣获市政法委授予的"盐城市法治单位"荣誉称号。在全市工商系统"红盾杯"考核竞赛中，区工商局夺得"基础管理"和"服务经济发展"两个单项奖，新都分局被表彰为全市工商行政管理系统先进集体，2人被表彰为先进个人。在全省工商系统案件卷宗核审技能竞赛中，3人获奖并被通报表扬。新都分局被省文明委评为2007~2009年度"省级文明单位"。继楼王分局后，新都分局、秦南分局成功跻身省文明工商分局行列，尚庄分局被市局认定为市级文明工商所，实现基层8个分局市级文明工商所"满堂红"。

【服务特色产业和专业园区发展】 围绕全区两大新兴产业、六个特色产业和十个专业园区建设，研究制订《关于充分发挥工商职能作用服务新兴特色产业发展和专业园区建设的十条意见》，这个意见包括改革登记注册工作、拓宽企业融资渠道、提高行政服务效能等3个方面，具体措施共有10条，积极服务我区新兴产业和特色产业规模化、品牌化、集约化发展。

【服务经济主体快设立】 至年底，全区共发展个体工商户20795户，私营企业2683户，共新增注册资本115.18亿元，分别占目标数的112.8%、119.2%和185.8%，民营经济发展工作在全市名列前茅。新增外资项目40个，注册资本2.03亿美元。

【重抓品牌培育服务企业做大做强】 不断加强商标注册的引导，加强省著名商标和市知名商标的扶植。至年底，共指导企业申请商标注册210件，获评市知名商标10件、省著名商标2件，注册境外商标51件。本着由重数量转向重质量的原则，开展了"重合同、守信用"企业认定工作，共成功帮助1户企业认定为国家级"重守"企业、6户认定为省级"重守"企业、54户认定为市级"重守"企业、313户区级"重守"企业。在全区范围内建立动产抵押登记联系点制度，全年共办理各类抵押登记53件，融资2.3亿元，及时为企业化解燃眉之急。

【保护消费维权工作成绩突出】 区消协全年共受理投诉317件，已处理316件，为消费者挽回直接经济损失142.7万元。2010年，区消协获得省消协消费维权工作创新二等奖，还被省高级人民法院、省司法厅、省社会矛盾纠纷调解工作指导办公室表彰为诉调对接工作先进集体。

【服务发展好事实事屡创第一】 通过积极开展各项富有成效的工作，服务地方经济的好事实事屡创第一。促成苏北第一个外商投资合伙企业盐城秀城风景休闲中心诞生；帮助到国家工商总局办理全市第一家无行政区划的企业集团中恒环球控股集团，使全区无行政区划的企业达3家，位列全市各县区之首；开办了全国第一家外商投资企业联络员培训学校，定期开展培训；办理全市第一例个体工商户抵押登记，帮助郭猛个体户沈桂奇解决20万元的资金难题；境外商标注册量、著名商标和知名商标总量名列全市各县（区）第一，为企业提高产品知名度、增加市场份额、做大做强打下良好基础。

【强化执法监管法治化程度不断提高】 全系统紧紧抓住维护市场经营秩序、企业群众利益这个重点不放，不断强化巡查监管和执法办案工作，共查结各类经济违法案件289件，案值1365万元，罚没入库287万元，其中罚没万元以上案件105件，3~5万元案件8件，5万元以上16件，10万元以上2件，市场监管的力度不断加强，规范化程度不断提高，连续多年保持行政复议无改处、行政诉讼无败诉。

【强化食品安全为主的商品质量监管】 强化对基层发放食品流通许可的培训，将个体工商户的食品流通许可授权给基层分局，规范许可证发放的受理、现场核查、审核及发证等各个环节。全年共发放583份食品流通许可证，按计划对食品、农资等75个批次的商品依法进行了监测，对监测不合格商品依法及时处理。牵头开展"食品安全盐都行"工作，不断规范农贸市场经营主体资格，积极营造放心安全的消费环境。

【加强经济户口管理为主的主体监管】 组织开展全系统经济户口管理工作专项督查，形成强势推进、强制入轨的工作氛围。依托经济户口管理平台，扎实开展年检和验照工作。为全区82%的企业、99%的个体工商户办理年检和验照。在全区范围内组织大规模的无照经营整治活动，共检查无照经营户98户，其中疏导发照68户，取缔6户。

【开展各类专项整治】 年内，对全区从事烟花爆竹经营户进行专项整治，检查经营户338户，消除安全隐患9处；开展农资市场专项治理行动，共组织38个批次肥料送检，其中不合格21个批次，办理农资案件49件，总案值27万元，没收不合格肥料17吨。会同区有关部门，对全区食品市场开展了专项整治，检查各类经营户268户，查处食品安全案件11件。在全区范围内开展重热点行业安全生产专项检查，共检查市场主体282户，立案查处6户违法违规经营行为。开展电子游戏、网吧和娱乐场所专项整治，查处取缔新区1户无照游戏厅，尚庄1户无照KTV。开展传销治理行动8次，查获涉传窝点18个，查获遣散涉传人员104人。

【农贸市场管理探索新模式】 积极探索创新农贸市场管理模式，两次向区政府上报调查报告，提出将农贸市场管理纳入城镇市容、环境直接管理的范围，由镇城管负责农贸市场管理的建议，被部分镇、区、街道采纳和实施。

【加强投资担保公司的监管】 针对区内部分投资担保公司超出登记范围，擅自以"会员股金、受托资金、理财代理"等名义从事吸储放贷等银行业务的情况，局本着从加强违法个案点上的监管转移到加强全行业普遍存在的违法行为面上的预防整治这一指导思想，两次向区委、区政府上报调查报告，得到区委书记李纯涛和区长崔浩的高度重视，批示政府办、经信委、工商局等部门研究整顿意见。工商局专门召开投资担保公司负责人会议，传达区政府的意见精神，宣传国家的法律法规和金融管理政策，并提出四项整顿意见。年内，有8户公司主动注销、有7户变更登记从事其他经营项目，迁出登记5户，移送银监部门22户，投资担保公司吸储放贷的现象得到初步遏制。

【开展主题学习教育】 组织开展以"宗旨与责任"和"廉政准则"为内容的专题教育讲座。组织开展"服务争一流、满意看工商"活动，通过开展"红盾示范窗口"创建、实施商标品牌战略工程、合同帮扶工程、促进全民创业工程和党政纪条规学习教育等活动，扎实推进盐都工商"创品牌、树星级"工作的开展。组织开展以"最佳科长"、"最佳基层主官"等为内容的""八佳"争创评比活动，营造"树典型、学先进、争一流"的浓烈氛围。组织各类培训20余次，受训200多人次，组团参加全市工商系统"红盾杯"法律法规竞赛，并荣获团体三等奖，促进法律法规素质和业务技能。

【楼王分局被评为全区党风廉政建设示范点】 局长与各科室、各分局"一把手"分别签订《党风廉政建设责任状》，将党风廉政建设的责任落实到各个单位，落实到每一位领导。分局又采取同样的方式，将责任落实到每个干部职工。组织“510作风自警日”系列廉政教育活动，组织全员进行党政纪条规知识学习测试，开展了“学《准则》，谈体会”读书思廉活动，组织以反腐倡廉为主要内容的专题民主生活会。组织机关全体干部到市看守所实地接受廉政警示教育，进行“岗位廉政风险防范”自我承诺签名活动，不断强化廉政文化建设。7月，楼王分局被区纪委评定为“2009年廉政文化示范点”，这是全区首批廉政文化示范点之一。

（顾正山）

盐都工商局各基层分局的联系电话

新都工商分局　局长　邓正兵
邮编：224055
电话：88460116
地址：盐都区潘黄镇镇北路

龙冈工商分局　局长　陆阿宏
邮编：224011
电话：88700401
地址：盐都区龙冈镇凤凰南路

郭猛工商分局　局长　柏爱春
邮编：224015
电话：88481688
地址：盐都区郭猛镇盐金东路26号

大冈工商分局　局长　孙爱群
邮编：224043
电话：88802323
地址：盐都区大冈镇卧龙西路

秦南工商分局　局长　杨　根
邮编：224021
电话：88601303
地址：盐都区秦南镇光明西路

楼王工商分局　局长　夏　兵
邮编：224031
电话：88650139
地址：盐都区楼王镇开放路

尚庄工商分局　局长　季步洪
邮编：224024
电话：88460116
地址：盐都区尚庄镇人民路

大纵湖工商分局　局长　孙　勇
邮编：224034
电话：88681225
地址：盐都区大纵湖镇平湖南路

质量技术监督

Quality and Technology Supervision

【概述】　盐城市盐都质量技术监督局（简称盐都质监局）认真学习实践科学发展观，紧紧围绕全年质监工作目标任务，围绕政府中心工作，深入开展创先争优、争先进位活动，积极开展“三服务”工作，扎实开展机关服务“创星级、树品牌”活动，全力打造“用心服务、以质取胜”质监服务品牌，为服务“双新”盐都建设，为促进全区经济社会又好又快发展作出积极贡献。被省文明委表彰为“2007~2009年度江苏省文明行业”，被市文明委表彰为“2009年度盐城市文明行业”，被市政府表彰为2010年度全市品牌建设工作先进集体，被市安委会表彰为2010年度安全生产先进集体，被市质监局表彰为2010年度全市质监系统先进集体，在全区2010年度目标任务绩效考核中分别获得“区直部门、市属驻都单位综合先进奖”、“招商选资工作奖”、“文明标兵单位”、“节能减排和环境保护工作奖”、“十大服务品牌”、“食品药品安全工作先进单位”的荣誉。

【深入推进“质量提升”活动】　年内，深入开展“质量提升”活动。加强宣传，营造良好的社会氛围。围绕“两个安全”开展《食品安全法》、《特种设备安全监察条例》宣贯会，开展“3·15”和“5·20”世界计量日、安全生产月、质量月等宣传活动。强化推进，大力实施“质量提升”工程。该局及时成立了领导小组，制订“质量提升”活动方案，积极组织实施。制定年度名牌培育计划，广泛开展节能减排工作，深入重点耗能企业开展能源计量服务活动，指导企业做好能源计量器具的配备，实现节能降耗。落实责任，建立健全产品质量监管体系。强化企业的主体责任，召开食品生产加工企业主体责任宣贯会，向48家获证食品生产加工企业宣传《食品安全法》，签订食品安全责任书及质量安全承诺书。

【建立完善质监政风行风监督机制】　为推动2010年质监政风行风建设持续深入开展，自1月21日起，在全区18个镇（区、街道）分别聘请1名政风行风监督员，5月，进一步将全区质监员、安全员聘为质监行风监督员，明确行风监督员的六大职责：对部门政风行风建设进行监督；广泛收集群众意见、建议及时向部门反馈；督促部门对政风行风问题进行整改；帮助部门宣传行风建设的有关规定、目标

和任务；对部门政风行风建设工作提出积极性意见和建议；积极向区纠风办反映社会“热点”和“焦点”问题。通过建设一支质监政风行风监督员队伍，及时对该局政风行风进行监督反馈，了解基层的反映、评价及服务需求，促进质监事业健康发展。

【深入开展机关服务“创星级、树品牌”活动】 自3月底起，按区委统一部署，扎实开展机关服务“创星级、树品牌”活动，积极塑创“用心服务、以质取胜”质监服务品牌，做到对企业有爱心，对群众有热心，为基层办事有诚心，服务发展有真心，为企业和基层群众提供便捷、优质、高效服务，全力服务地方经济发展。6月，作为先进典型部门之一参加区机关服务“创星级、树品牌”活动先进典型巡回报告会。7月，在区优化办组织的全区机关服务专题评议中满意度列部门首位，盐都质监局“用心服务、以质取胜”质监优质服务品牌于年底还入选全区十大服务品牌。

【强化特种设备安全监察工作】 以保障特种设备安全为工作重点，进一步强化安全监察工作。强化组织领导。将全区特种设备分7个责任区域，实行分片包干区域监管责任制。每个责任区域明确一名分管领导具体负责，相关科室人员参加，各区域监管人员积极开展安全巡查，加强隐患排查整治工作，每个季度由各分管领导带队，对各自辖区的特种设备进行检查，检查后，集体交换检查情况，分析当前安全形势，及时通报每季度情况。全年各责任区域共检查特种设备使用单位408家，特种设备1165台，发现一般性事故隐患322条已整改322条，严重事故隐患23条，已整改23条。加大宣传力度。举办5期特种设备作业人员培训班，使586名特种设备作业人员接受培训。针对工学矛盾突出的企业，送教上门，先后深入到江苏闳业机械有限公司、盐电阀门有限公司、江苏双强管桩有限公司、盐城市同力新型材料有限公司举办起重机械和压力容器作业人员培训班，全区特种设备作业人员持证上岗率达100%。6月13日和6月18日，在中茵海华广场举行“安全生产月”宣传活动，制作2块特种设备安全宣传警示牌，向社会发放新《条例》等资料1000余份。会同区教育局，于6月10日，在全区中小学范围内开展一次以学生安全常识为主题的特种设备安全教育，发放特种设备宣传光盘，学校的宣传橱窗里张贴宣传画册，受到学校和同学们的欢迎。6月24日，会同潘黄镇政府在新日月小区开展“特种设备进社区”活动。加大督查力度，消除事故隐患，确保检验率。至12月底，共检验在用锅炉154台、压力容器421台、电梯352台、起重机械376台、厂(场)内机动车辆8台，确保全区在用特种设备检验检测率达100%。强化在用特种设备的现场安全监察检查，全年对全区189个特种设备使用单位和10个气体充装单位实施现场安全监察检查，发出特种设备安全监察指令书11份，移交稽查立案处理2起，严重事故隐患整改率达100%。突出重点，开展气瓶、冶金行业起重机械、压力管道元件专项整治。召开全区气瓶专项整治工作会议，10家气瓶充装单位和1家气瓶检验单位签订《安全质量承诺书》，进行自查自纠，并会同区燃气办等部门对全区所在气瓶充装、销售单位进行专项检查，取得明显效果。召开“一瓶一码”工作推进会，启动“一瓶一码”工作。组织对已经制定整改方案，用于吊运熔融金属的起重机整改情况进行了督查，对于列入整治计划今年还未整改到位在用起重机械，督促相关企业采取严格的监控使用措施，确保按时整改到位。对全区压力管道元件制造单位进行一次全面检查，至年底，仍在生产的4家压力管道元件制造单位已全部取证，其他处于停产或转产。

【扎实开展“安全生产月”活动】 2010年6月年是第九个全国“安全生产月”、江苏省第十七个“安全生产月”，以“安全发展、预防为主”为主题，以“减少一般事故，遏制较大事故，坚决防止重特大事故发生”为目标，采取扎实措施确保活动取得实效。开展特种设备安全法律法规宣传。通过广播、电视等新闻媒介，采取多种宣传形式和手段，掀起安全生产宣传的热潮；开展特种设备安全文化和科技普及活动。组织开展特种设备安全进企业、进社区、进校园、进乡镇宣传活动，提高全社会特种设备安全意识和安全素质。开展特种设备安全生产咨询服务活动。6月13日上午，在市中茵·海华广场举行“安全生产月”集中咨询日活动，向前来咨询的市民宣传《特种设备安全监察条例》等法律法规及特种设备安全使用知识，指导居民如何正确使用液化石油气。6月18日上午，在市中茵.海华广场举行特种设备安全咨询日活动，组织10家气瓶充装单位在“落实气瓶安全责任让百姓放心使用”宣传横幅上签名，向全社会作出安全承诺。开展安全隐患大检查。对全区特种设备生产、使用单位开展拉网式大检查，对发现的安全隐患问题及时进行整改落实。

【加强食品质量安全监管】 突出食品安全监管工作，努力保障百姓吃上放心食品。进一步落实食品生产企业质量安全主体责任，5月14日，召开获证食品企业落实质量安全主体责任宣贯会，宣传学习《食品安全法》和国家总局《关于食品加工企业落实质量安全主体责任监督检查的规定》，并同48家获证企业签订落实质量安全主体责任承诺书，使企业安全上心、责任上肩。落实“三分”要求做好安全巡查。对全区48家食品企业分等、分类、分级，制定目标落实任务，全年累计出动食品巡查人员150人次，检查食品加工企业120家次，小作坊210家次，发现存在需整改隐患23个，均督查相关企业整改。同时以节日期间消费量大和百姓普遍关注的粮油、肉制品、水产品、酒类和月饼等品种为重点，开展“中秋”、“国庆”期间食品质量安全大检查，情况较好。严厉打击非法添加违禁药物、非法使用食品添加剂违法行为，在对食品企业所使用的添加剂备案的基础上，进一步督促企业对照相关国家标准，严格食品添加剂的采购、查验和使用剂量等规定。开展含乳食品生产企业专项监督检查。分别在2月和8月对可能用乳粉作原料的11家食品生产企业开展特别检查，经检查，只有1家企业使用含有乳粉的“烘培专用粉”，索证索票手续齐全，没有发现问题乳品进入盐都食品生产加工环节。严厉查处食品违法案件。对举报在新区生产魔芋制品的一小作坊产品进行抽样检验，并对该企业生产不合格产品1000千克的违法行为进行依法查处。

【开展纯净水生产企业换用PC桶专项整治】 自6月19日起，在全区开展为期2个多月的纯净水企业换用PC桶专项整治工作，区内10家纯净水生产企业均已全部使用PC桶灌装饮用纯净水，对5家无证企业进行依法查处并责令停产，共淘汰PET桶82600只，淘汰率达100%。10月初，进行"回头看"，没有发现回潮现象。

【开展"质检邀你看企业食品安全大家行"】 11月24日，开展"质检邀您看企业，食品安全大家行"活动。这次活动邀请区安委会成员单位代表、消费者代表及媒体记者等一行9人，参加企业现场参观与座谈活动。工作人员向受邀代表介绍活动的目的意义，分送有关食用油及油脂制品、饮料、粮食(大米)加工品等《食品生产企业落实质量安全主体责任监督检查基本要点》手册，陪同受邀代表深入到盐城市百利达纯净水有限公司、龙冈粮库、盐城市顶盛油脂有限公司，组织听取企业负责人关于落实质量安全主体责任、确保产品质量安全的工作汇报；深入生产车间现场检查企业工艺流程、关键控制点、质量安全措施、原材料进货、产品质量检验、成品库房管理等情况；与企业负责人交换了看企业、查食品的情况和建议，让各位代表对企业食品安全工作有全面的体验和了解。受邀代表对邀请社会各界代表参观企业、共同关注食品质量安全的活动形式给予高度评价，对参观的3家企业高度重视食品安全、严格质量过程控制等做法给予充分肯定。

【积极实施名牌战略】 制定2010年度名牌培育计划，召开名牌工作推进会，为创牌企业开展个性化服务，指导帮助企业夯实质量、标准、计量等基础工作，建立健全先进的质量管理体系与保证体系，创牌工作受到积极成效。在江苏省名牌战略推进委员会公示的2010年度江苏名牌产品名单中，全区8家企业的10个产品获得江苏名牌产品称号，其中新增1个江苏名牌产品是江苏中力齿轮有限公司的"中齿牌"柴油机齿轮，另有7家企业的9个产品通过了江苏名牌产品的复评，分别是江苏日升纺织有限公司的"都盈牌"精梳棉本色纱，江苏中联电气股份有限公司的"德瑞奇"牌矿用隔爆型移动变电站，江苏华辰磨料磨具有限公司的"华扬牌"砂轮，盐城市华鸥实业有限公司的"华鸥牌"实验室玻璃仪器，江苏悦达纺织集团有限公司的"悦达牌"针织服装、床上用品、棉纱线，江苏秦圣制鞋实业有限公司的"秦圣牌"皮鞋，江苏克胜药业有限公司的"三可牌"复方硫酸软骨素片。至年底，全区拥有中国名牌产品1个，江苏名牌产品29个、盐城名牌产品27个，名牌产品总量名列全市第一。

【强化质量监督工作】 积极履行质量监督职能，不断提高监管工作的有效性。策应沿海开发战略，充分调研，制订全区节能、环保、纺织三大支柱产业75个企业共243个产品的国家级产品质量定期监督检验计划，并及时上报由国家质检总局付诸实施。加大对机动车安全技术检验机构的监管力度，积极帮助盐城大吉机动车辆检测有限公司建立和完善计量检测与计量管理网络体系，建立完善机动车安全技术检验机构质量检测保证体系和质量管理网络体系。组织盐城大吉机动车辆有限公司有关检测人员与监管人员进行法律法规培训，不断提高检验工作质量。通过努力，该公司已获得省质监局颁发的实验室计量认证证书、机动车安全技术检验机构检验资格许可证。加强对机动车安检机构的巡检工作，及时受理安检机构检测过程中消费者的投诉，规范安检机构内部管理，促进检验公平、公正、公开，提高检验质量。开展家电下乡产品跟踪服务。帮助家电下系中标企业江苏桑力太阳能工业有限公司建立完善质量保证体系和质量安全管理体系，督促企业建立产品质量追踪制度和售后服务体系，对企业产品现场抽查，确保产品符合质量安全标准和节能减排要求。加大产品质量监督抽查不合格产品后处理力度。对省、市局移送的紫荆花纯净水有限公司等5个企业生产不合格产品质检报告，帮助企业查找造成不合格产品的原因，制定切实可行的整改措施，并及时申请复检。

【扎实开展标准化工作】 积极实施标准化战略，鼓励企业标准创新，提高标准话语权。积极组织标准化项目的申报，全年上报1个高新技术标准化试点，1个自主创新标准化试点，1个循环经济标准化试点，1个标准化良好行为试点，3个知识产权标准化示范单位，7项农业地方标准，1个设施番茄农业标准化示范区。积极开展区行政审批服务标准示范单位的建设工作，盐都审批中心是省服务标准化示范单位的第二家，指导帮助该中心完成组织机构体系的建立和相关标准体系的建立工作，完成所有标准收集、制定、转换工作，并全面运行实施。积极做好企业产品标准监督管理工作。2010年到期产品标准企业数合计45个，通过发文、电话联系、上门督查等方式，督促企业对到期的产品标准重新备案，同时登记发放新版执行标准证书600余家，及时更新江苏省产品标准信息网的相关信息。全面推进采标工作，指导4家企业6个产品获得采标证书。在省局组织的江苏省地方标准的评审中，盐都区通过3个省级标准的验收。

【指导4家企业6个产品采用国际标准】 结合区内企业产品生产经营现状，积极鼓励帮助企业产品采用国际标准和国外先进标准。江苏中联电气股份有限公司、盐城华星变压器有限公司、江苏闪奇电器有限公司、盐城威达变压器制造有发公司4家企业的6个产品获得采用国际标准产品标志证书，有力地提高这些企业产品在国际、国内市场上的竞争力。

【组织企业参加全省第四届农业标准化成果展示会】 10月15~17日，由省质监局主办、省标准化协会承办的"江苏省第四届农业标准化成果展示会"在南京城市规划建设展览馆隆重召开。为宣传、展示盐都区农业标准化成果，提升该区农业标准化示范区产品的知名度和市场竞争力，加快实现标准、质量和品牌的有机统一，盐都质监局牵头组织盐城市花美蜂蜜有限公司、盐城市顶盛油脂有限公司、盐都区楼王利民淀粉包装厂、盐都区秦程蛋制品厂、盐城四海香食品公司、盐都区大纵湖供销醉蟹厂6家农业龙头企业和农业标准化示范区单位参加此次展示，参展产品有菜籽油、蜂蜜干粉、醉蟹、海蜇头、淀粉、糯米粉、熟咸蛋、醉螺、麻虾酱等12个品种。展示期间，参展单位以精品展示、产品销售、发放宣传资料、现场品尝以及咨询等方式广泛宣传该区农业标准化成果。展会期间，省委常委、副省长黄莉新前往盐城展厅盐都展区参观指导，对盐都区农业标准化工作取得的成果给予充分肯定。

【"两免费"活动扎实推进】 年内，继续实施"计量惠民"工程，组织技术机构对全区基层医疗机构及乡镇集贸市场在用的计量器具实行"两免费"检定活动，深入全区18个医疗机构，免费检测在用血压计等医疗计量器具1058台，为全区18个集贸市场免费检定天平秤等计量器具1567台，共减免检定费用50多万元，取得显著成效，受到基层欢迎。

【强化执法打假规范市场经济秩序】 采取拉网式检查摸线索，群众举报寻案源，舆论宣传造氛围的办法，突出"四查四保"。即：查食品，保安全；查市场，保节日；查农资，保民生；查建材，保建设。一是抓重点，专项整治。结合元旦、春节、"3·15"、"五一"、中秋节、国庆节等活动，加大宣传力度，对食品生产加工企业加大监管力度，对区内部分食品生产企业和小作坊加强巡查力度，确保节日食品市场的安全。继续加大实行强制性产品认证管理产品的查处力度，有力地打击各类违法行为。联合盐城质监局出动执法人员50余人次对辖区内所有农资生产企业进行执法检查，按标准抽取多个样品送法定检测机构进行检测。抓难点，重拳出击。将"查建材、保建设"作为打假工作的重点之一，特别加强低压电器、电线电缆、建筑钢材等重点产品的巡查，加强对建筑工地尤其是学校建筑工地的检查力度，重点巡查交通技术学院、学富中学、阜宁师范学校等在建工程。开展"家电下乡"产品专项整治，对家电下乡产品进行检查，出动多人发放100份家电下乡产品群众意见征求表，通过调查，有效掌握家电产品质量信息。抓大案要案查处取得突破。先后查处3起不合格钢筋案，5起不合格电缆案，特别是常熟某公司生产销售不合格电缆案，货值金额近140万元。至年底，共出动行政执法人员1000多人次，立案查处违法行为23起，有力地规范市场经济秩序，优化全区经济发展环境。

【"3·15"开展五项维权行动】 "3·15"期间，以保障群众健康安全、保护消费者权益为己任，紧扣"关注质量关爱民生"活动主题，开展五项维权行动：一是组织开展农资执法打假保春耕专项行动，出动执法人员30多人次，对辖区内的3家农资企业生产的磷肥、复混肥等产品进行现场抽样送检，提高农资产品质量；二是开展"家电下乡"质量行活动，开通"家电下乡"产品12365打假维权热线，督促生产企业落实质量安全主体责任，维护农村消费者合法权益，保障"家电下乡"扩大内需政策的有效实施；三是加强食品、特种设备、消费安全监管，落实安全监管责任，消除安全隐患，维护社会和谐稳定；四是开展送标准进企业、送知识进农村、送检验进社区等"三进三送"服务活动；五是开展"3·15"广场大型咨询服务活动，将服务重心向农村、基层延伸，分别在大冈、楼王等镇开展现场咨询检测服务，接受投诉举报，发放宣传资料，现场解决消费者投诉的质量问题。

【"质量月"开展系列行动促进质量提升】 9月，紧紧围绕"抓质量水平提升、促发展方式转变"的质量月活动主题，精心组织开展四项行动，促进全区企业产品质量提升，受到企业及百姓的欢迎。一是组织悦达纺织、日升纺织等10家企业开展以"查质量意识，查质量水平，查保证体系，查标准执行情况，查计量检测保证，查现场管理，查质量损失和访问用户"为主要内容的"七查一访"活动；引导对比国内外优秀企业，开展"质量标杆对比"活动，引导企业在质量控制、标准水平、计量手段、自主创新等方面找差距、查原因、定措施，提升管理水平。二是推广诚信体系。全面开展企业质量信用评价工作，对省级名牌产品生产企业进行质量信用等级评价，组织开展"企业质量诚信倡议"活动，提高全区工业产品质量信誉水平。三是组织"质量专家企业行"活动。质量月期间，根据企业需求，组织60多人次质量专家深入中联电气、中力齿轮、闵业机械等20多家企业生产一线，开展质量调研与攻关活动，为该企业提供了质量、计量、标准、特种设备等方面的现场指导与服务，对推行先进的质量管理方法、实施名牌战略等方面提出合理化建议，引导企业走"质量兴企"道路。四是组织开展建材、农资、食品、家电下乡产品等质量专项整治行动，查处无证生产销售强制性认证产品，打击冒用和伪造3C标志行为，打击伪造、假冒能源效率标识行为，惩治制假售假等违法行为，保障消费者合法权益。

【服务化工企业专项整治工作入选全市质监系统服务企业十件新事】 1月25日，2009年度盐城质监系统"保增长，促发展"服务企业十件新事评选结果揭晓，盐都质监局特监科帮助市区自来水取水区域化工企业搬迁确保特种设备安全的先进事迹入选。

【在全区评议机关中荣获垂直管理部门第一名】 年初，盐都区2009年度基层评议机关结果揭晓，盐都质监局在全区18个实行垂直管理的部门中位列第1名，在81个区直部门排名中列第5名，并被评为区"效能建设十佳单位"。

【国家风电设备质检中心获国家质检总局批准】 11月16日，国家质检总局国质检科[2010]615号文批复同意在盐城质检所的基础上，筹建国家风电设备质量监督检验中心。这样，国家风电设备质检中心正式落户盐都，将为盐都风电设备新兴产业的发展提供有力的技术支撑，同时也实现盐都国家质检中心零的突破。 （徐士良）

统计管理

The Statistics Management

【概述】 坚持以科学发展观统领全区统

计工作全局，紧紧围绕区委区政府提出的“全面奔小康、建设新盐都”奋斗目标，继续解放思想，推进改革创新，突出抓好人口普查、统计信息服务，统计执法大检查，基层统计基础建设工作重点，较好地完成全年各项统计工作任务。

【统计制度方法改革取得新进展】 坚持做到年初有计划安排、年中有检查考核、年终有评比奖惩，从而保证统计调查工作的正常开展。精心组织好正常统计年定报工作。年报有24个专业、106个表种、数据处理量180万笔，定报有20个专业、109个表种、数据处理量35万笔。年定报工作面广量大，加之局机关人员力量不足，任务显得更为艰巨，为加强对年报工作的组织领导，专门成立年定报工作领导小组，制定工作方案和考核办法，克服人手少、任务重的困难，圆满地完成年定报工作任务。年终有8个年定报专业在全市评比中获得前三名表彰。改进和完善GDP核算制度。结合本地统计工作，加强区级核算资料的采集和核算方法的完善工作，制定GDP核算细则，并积极探索对镇(区、街道)、中心社区GDP核算途径和方法。初步建立全社会能源消耗统计监测制度。按照省、市文件要求，建立全区能源统计制度。全面担当能源的生产、流通、消费、库存统计工作任务，健全能源统计核算资料，完善能源统计管理制度，夯实能源统计基础，确保及时、准确、完整地提供全区的能源数据。加快推进基层统计报表联网直报工作。为积极稳妥地推进基层统计手段现代化建设，提高统计报表上报的时效性，年内，在30家规模以上大中型工业企业和劳资统计等专业实行联网直报，取得圆满成功，为全面实行各行业统计报表联网直报奠定基础。

【启动城镇住户调查】 4月，区编委批准成立区城市经济调查队，为区财政全额拨款事业单位，股级建制，隶属区统计局管理，核定编制3名，设队长一名。调查队主要职责是开展城镇住户调查，提供全面小康建设监测中人民生活水平所需相关统计资料。这项工作初期在潘黄镇、新都街道各抽二个社区(居委会)，各个社区按抽样调查原则各抽取10户城镇居民为记账户，共40户，其余60户暂用市统计局大市区数据，盐都区城市区做大后，逐步增至100户调查户。新点调查户记账工作从5月份正式开始。

【统计服务水平得到新提升】 始终坚持把为区委、区政府和社会各界提供优质服务作为统计工作的出发点和归宿，努力拓展统计服务领域的广度，挖掘统计服务内涵的深度，提高统计服务的层次和水平，收到较好的效果。2月，在全省统计工作会议上就开展统计优质服务特色工作作典型交流发言。加强全区经济实力分析研究。结合全区2010年总体发展目标、任务和要求，确定统计工作重点，加强经济活动的统计、分析和监测。重点对全区的综合实力在全省和全市的位次和发展潜力进行了分析，查找不足，提出建议，为区委、区政府提供决策参考依据。抓好经济进度分析。围绕全面奔小康、建设新盐都这一主旋律，对全区经济发展情况进行实时分析，做到既有专业分析又有综合分析，重点做好季度经济运行综合分析，从不同角度对全区经济发展中的成绩和存在的问题进行分析，为领导做好参谋。努力做好统计资料编印。及时、准确地为区委、区政府和有关部门按时提供《2010年盐都区国民经济月度主要指标快报》，及时发布《2009年盐都区国民经济和社会发展公报》，向社会公布区2009年经济发展、社会进步和改革开放的喜人成果，及时编纂印刷《2009'盐都统计年鉴》。搜集并提供盐都全面小康监测资料。首先，把涉及到全面小康监测中的相关指标明确到局分管领导、专业科室和具体业务人员，要求大家抓好每项指标的收集、审核；其次，加强上下之间、部门之间业务工作协调，使各项指标调查规范、来源可靠、数据准确；再次及时发布全区2008年全面小康监测报告，反映进度，分析问题，提出对策。积极参与市、区各种考核工作。着重配合做好市三个文明考核工作，认真收集审核数据资料，主动搞好与市局对接，适时提供分析报告，方便领导优化决策；同时配合区里相关部门做好对镇(区、街道)、部门的各项考核工作。认真开展结对帮扶和企业“三服务”工作。在开展城市特困职工结对帮扶活动中，定期走访2户特困家庭，帮助解困，捐款2600元；同时开展科级干部挂钩企业“三服务”活动，在服务中坚持做到为企业送信息、出良策、解难题、促发展。

【统计工作法制环境有新改观】 将统计法制建设工作纳入统计工作重要内容，同部署、同落实、同检查、同考核。抓好统计法律法规的培训宣传。在各专业统计年报业务培训会上，先宣讲统计法律法规知识，然后再讲年报业务，布置年报；利用统计年鉴，开辟专门版面，宣传《统计法》、《统计违法违纪行为处分规定》。特别是在“9·18”法制宣传日活动中，在市区主街道盐都法制广场设点宣传解读一法一规和关系民生的主要经济指标。抓好日常统计依法行政工作。创新工作思路，实现统计执法的“三大转变”，即由法规科专业人员执法向全员统计执法转变，由局部抽样执法向抓统计报表起报率和数据质量的转变，由集中一次性执法向经常性执法转变。进一步完善统计报表“发、送、收、催、查”制度。每月对个别企业不能按时上报统计报表的给予寄发、送达、签收、催领、催报、查询等统计执法文书，进行严格的跟踪管理，以确保统计数据及时、准确。认真开展统计执法大检查活动。根据国家、省、市关于开展统计执法大检查的通知要求，6、7月，在全区范围内，认真组织开展统计执法大检查自查自纠，查纠镇（区、街道）统计“一合三统一”运行机制中存在的不到位问题，查纠镇（区、街道）、村（居）及企事业单位统计基础工作方面存在的薄弱环节，查纠各类统计制度执行中的虚报、瞒报等统计违法行为，由于组织周密、查纠认真，省市两级督查组先后4次进行专项督查，对区统计执法大检查的组织领导、宣传发动、自查自纠工作都给予较好评价。

【基层统计手段现代化有新突破】 按照《江苏省统计信息化2008~2010年发展意见》和省、市统计局年初下发的《关于2010年统计工作要点》，在2009年全区16个镇（区、街道）率先在全市实现统计信息网络的互联互通基础上，着重抓信息网络的管理和使用工作，取得新突破。管理上侧重建立和完善各项管理制度，抓规范化建设；使用上侧重信息发布频率和多专业统计报表工作，抓网络平台的综合利用率。目前，这一平台优势得到进一步发挥，凸显三大优越功能：每家统计站可以依托这一平台，利用省统计局的腾迅通，实现办公无纸化、网络传输信息化；可以依托这一平台，连接到省、市（区）和其他地区市、县的内部网站，方便查阅资料和信息交流；可以依托这一平台，在各类调查项目网络环境下进行数据处理，为进一步推行多行业、多专业统计调查网上直报工作提供必要的硬件支撑。

【全面小康建设迈近目标值】 经初步测算，至年底，全面小康实现程度得分达到97.47分，比上年增加1.49分。从全面小康指标评价体系四大类构成看：经济发展类23.78分，比上年增加0.05分；生活水平类33.56分，比上年增加0.36分；社会发展类27.9分，比上年增加0.5分；生态环境类12.24分，比上年增加0.56分。从全面小康25项具体指标看，全区共有21项达标、4项未达标。这4项指标分别是二三产业增加值占GDP比重（目标值92%，实现值86.8%）、居民文教娱乐服务支出占家庭消费支出比重（目标值18%，实现值15.4%）、R&D经费支出占GDP比重（目标值1%，实现值0.98%）和森林覆盖率（目标值20%，实现值11.2%）。 （宋达尧）

·全区第六次人口普查工作扎实推进·

国务院和省、市政府《关于做好第六次全国人口普查工作的通知》下发后，立即行动，精心组织，顺利完成前期的“五落实”、“两员”培训、区划绘图、人口基础台账建立与完善、普查摸底和经费保障等多项基础工作，取得阶段性成果。

一是成立普查机构，强化组织领导。2月，成立由分管副区长任组长的人口普查工作领导小组，并与各镇（区、街道）签订人口普查目标责任书，各镇（区、街道）也相应与各村（居）委员会签订目标责任书，构筑起自上而下、层层落实的目标责任体系。二是深入宣传发动，营造普查氛围。投入3万多元在区行政中心大厅设置LED大屏幕人口普查标准时点倒计时牌1块，调用宣传车18辆，发放宣传画6000张，全面开展中小学生人口普查一堂课活动、发放一堂课折页88000份，发放致普查对象公开信30万份，城乡街道悬挂横幅435条。同时，在全区范围内发表专题电视讲话，定期播出人口普查电视专访，并在不特定时段内打出滚动字幕进行宣传；《盐都报道》刊载专题宣传10余次，在全区上下基本形成家喻户晓、人人皆知的良好局面。三是组建普查队伍，提高人员素质。（1）区普查办在人口普查领导小组成员单位中选调学历层次高、业务能力强、富有敬业精神的12人到区人普办集中办公。各镇（区、街道）普查办也能坚持条件，选好普查指导员、普查员。全区共选调普查指导员475人、普查员3126人。（2）9月中旬，对所有普查指导员和普查员连续组织5期培训班，每期培训都实行考试通过制。各镇（区、街道）在区级培训结束后立即组织开展普查员培训，使普查人员明晰工作职责，掌握工作流程，讲究工作方法，熟悉访问技巧。（3）落实普查经费。区政府专门召开区长办公会，明确区镇两级将人口普查经费全部纳入同级财政预算。在普查期间，区镇两级都能及时将调查补贴足额发放到“两员”手中。四是市区联动预演，开展绘图摸底。（1）5月下旬，潘黄街道跃进社区承担市级普查综合试点工作，为大市区

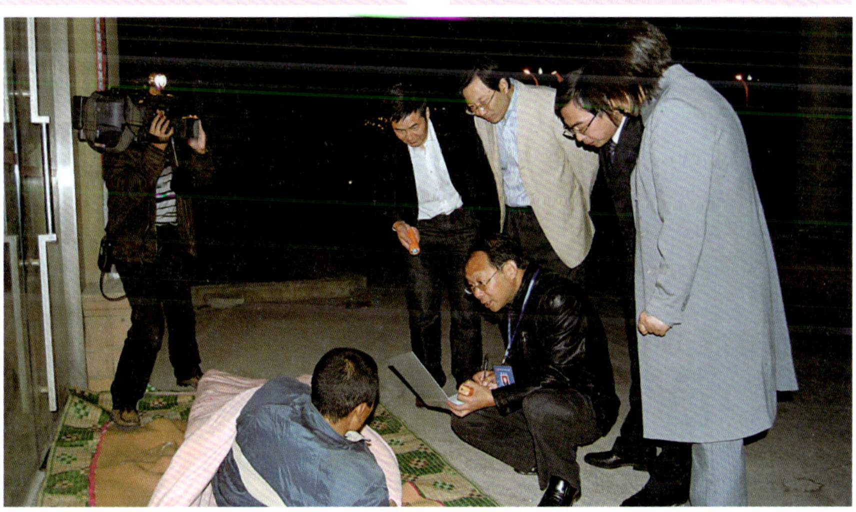

人口普查不遗不漏

全面开展人口普查工作积累经验。区、镇两级普查办多渠道、全方位收集资料，全面建立户籍人口、出生人口、死亡人口和流动人口基础台账，摸索出一套通过基础台账与实际走访情况相对比，保证基础资料准确性的有效方法。(2)利用电子地图绘制全区人口普查概况图1张，镇(区、街道)行政区划普查示意图17张，并在此基础上，进一步细化绘制以村居为单位、以各居民小区为单位的村居级普查区域图216张和普查小区示意图2526张。(3)10月上旬对全区面上的基本情况进行全面普查摸底。根据小区示意图入户核查，编制《户主姓名底册》，核实《人户分离台账》，保证摸底资料按时保质上报。同时对义丰、大纵湖、秦南和学富等涉及区划调整的镇(中心社区)，认真做好人普资料的移交对接，并专门发文限时整体移交，保证行政区划调整背景下人口普查工作的平稳过渡。五是全区上下会战，展开入户登记。(1)11月1日零时是人口普查标准时点。10月31日区人口普查领导小组下发了《关于切实做好全区第六次全国人口普查登记阶段工作的通知》。要求加强领导，确保入户登记工作顺利开展；突出重点，保证入户登记工作一次成功；依法普查，实事求是查准区人口情况。当晚，人口普查领导小组组长单永红带领区公安局、统计局、人普办、潘黄镇人普办组成的“零点行动”小组，对市区盐马路和西环路范围内居无定所的流动人口进行“拉网式”寻查登记。(2)11月1~10日是人口普查入户登记时间段。区普查领导小组抽调骨干力量，成立4个督查小组，对全区16个镇(区、街道)入户登记工作进行全程督查。(3)11月11~15日是人口普查复查工作时间段。区人普办采取“四查”、“四审”的方法，严把普查登记数据质量关。“四查”即：查房、查户、查人、查项。“四审”即：自审、初审、复审、会审。

食品药品监督管理

Supervision and Management of Medicine and Food

【概述】 按照区委、区政府的总体部署和省市食品药品监管工作会议的要求，盐都食品药品监督管理局围绕年初确定的“坚持科学监管理念，抓住改革机遇期，以服务优化促工作升级”的指导原则，全面落实食品药品监管责任，创新抓实各项监管措施，为保障民生、科学发展、推进“双新”盐都建设作出积极贡献。全区食品药品安全工作被市政府评为“食品药品安全工作先进单位”，盐都食品药品监督管理局荣获区政府经济社会发展综合奖、市局综合先进奖和“省文明行业”称号，为“十一五”划上完美句号。

【全面落实食品安全工作责任】 年初，区食安办牵头组织各镇(区、街道)、区食安委成员单位对2009年食品安全任务目标完成情况进行综合考评，表彰奖励成绩突出的10个先进集体和20个先进个人。2010年食品安全工作继续纳入全区“三个文明”考核体系。4月，组织召开全区食品药品监督管理工作会议，部署全年的食品药品安全工作。区政府与各镇(区、街道)及相关职能部门签订年度食品药品安全工作责任书并使之常态化，大多数镇(区、街道)都能落实专人负责食安办日常工作，龙冈、潘黄、大冈、义丰、尚庄、新都等连续多年把食品药品安全工作列为年度考核指标。全区已建成12个市级食品药品安全示范镇，创建率达75%，列全市前列。建成食品放心店303家，全面完成食品放心店“村村有”区政府实事工程。

【扎实开展食品安全专项整治活动】 制定下发《盐都区食品安全整顿工作实施方案》、《节日期间食品安全工作的通知》等文件，对元旦、春节、五一及端午节期间食品安全工作进行部署安排。为加强世博会期间食品安全保障工作，4月30日，区政府领导带队督查全区“五一”及世博期间食品药品安全工作。严格落实高考、中考及重大活动期间食品安全保障措施，先后承担市、区“两会”、开发区春季招商、中高考等重大活动食品安全保障任务，并落实专门人员驻点进行全程监督。开展问题乳制品全面清查行动，严厉查处餐饮服务无证经营行为，重点对全区92家学校食堂、建筑工地食堂等单位进行整顿。

【进一步加强药品医疗器械监管工作】 以实施基本药物制度为契机，将药品“两网”建设纳入本地经济社会发展规划和为民办实事项目。切实落实药械质量企业是第一责任人的责任，召开“全区药品医疗器械安全监管工作会议”，企业负责人签订“药械安全质量承诺书”，实施企业药械质量授权人制度。出台《盐都区药品零售企业药师管理办法(暂行)》，使质量负责人规范履职有章可循。全力实施医疗器械生产质量管理规范，认真履行医疗器械企业换发证初审工作。进一步推进药品现代物流发展。促进华晓医药物流公司、万佳药业现代物流实现更大规模、更大区域的集中配送。年内，新申办医疗器械批发企业5家，注销许可证过期的医疗器械批发企业1家。

【深入推进药品医疗器械安全专项整治】 强化药械安全监管专项检查。重点对疫苗、含可待因复方制剂经营、麻黄碱复方制剂经营、互联网药品信息服务、中药饮片质量管理、药品购销票据管理以及零售药店处方药管理情况等热点问题进行检查。全年出动执法人次2462人次，检查涉药单位468家；立案查处各类违法违规案件65起，案值26万余元。深入开展药品、医疗器械广告专项治理活动。与多部门建立联合治理违法药品广告的协调机制和联动机制，共上报市局提请省局采取行政强制措施的严重违法广告品种1个，提请工商部门查处违法广告10个，现场收缴并销毁违法广告牌70余张。认真做好药品抽验工作。全年完成药品抽验250批，其中基本药物评价性抽验102批；加强药品不良反应检测。全年药品不良反应参与呈报单位134家，网上呈报率达88.16%；医疗器械不良事件上报22份。

【打造“药监服务365”品牌】 围绕“创星级、树品牌”活动，盐都药监局亮出“药监服务365”的牌子：表示天天在线，日日服务。“365”还包含创树工作的“三大目标”、“六项重点”和“五条措施”。2009年在全省率先成立镇级“服务站”，服务学富医疗用品特色镇；2010年在大型企业江苏华晓医药物流有限公司、江苏万佳药业有限公司成立“工作站”。寓服务于监管中，在监管中提升服务质量，全力冲刺“把盐都打造成食品药品最安全地区”、“盐都医药经济领跑全市”和“机关服务力全区站排头、全市争一流”三大目标。该项工作在全区“十大优质服务品牌”创建中处于领先位次，得到区创树办高度评价，并在全区“创星级、树品牌”推进工作会议上作经验交流。

【扎实推进文明行业创建工作】 10月12日，参加区文明创建工作推进现场会，作为三个先进现场点之一，接受全区各创建单位的观摩，并作经验交流。开展文明和谐创建活动。扎实开展“结对共建”和“服务‘三农’大篷车”活动，积极参与“大篷车”月月行，家家到活动，以促进社会主义新农村建设与和谐社会建设。开展文明创建主题系列活动。制作文化墙，印制《文明创建手册》、《印象盐都药监》、《文明创建专题片》。开展“五好基层示范党支部”、“省级青年文明号”、““盐城市法治单位”、“廉政文化示范点”、“工人先锋号”、“巾帼文明岗”创建，与妇联合作在义丰小学开办“药监春蕾班”，与区团委联合在楼王共植“药监青年林”，推进文明创建向纵深发展，丰富群众性文明创建活动。开展经常性的社会捐助活动，持之以恒地开展“关爱援助”、“爱心包裹”、“送温暖工程”等公益活动。举办“庆五一计算机操作技能竞赛”、“演讲比赛”、参加市局庆祝建国六十周年歌咏比赛、参加市政府“五五”普法文艺汇演等活动，激发党员干部大力弘扬药监文化的热情，凝聚全局职工的共同意志和力量。年底，盐都药监局顺利创成2007~2009年度省级文明行业。

价格管理

Price Management

【概述】 全区价格工作按照“抓调整、促转型、稳价格、惠民生”价格工作思路，围绕区委、区政府中心工作，突出服务发展主题，积极运用价格杠杆，促进经济发展方式的转型升级；大力清费治乱减负，优化经济发展环境；加强市场价格监管，着力解决群众关心的民生价格问题，维护群众利益，为促进全区经济建设和社会事业又好又快发展、加快“双新”盐都建设作出积极贡献。年内，区物价局被省物价局表彰为全省价格工作先进集体，被省、市文明委授予文明行业称号。

【“十一五”工作回顾】 市场物价总水平保持基本稳定。稳妥实施国家、省、市调价项目，从严出台区管商品和服务价格项目，加大对“米袋子”、“菜篮子”等价格的调控力度，积极运用价格杠杆，采取有力措施，促进粮食、食用植物油、肉禽蛋、蔬菜等基本生活必需品和其他紧缺商品的生产、储备、供应，实现物价总水平调控目标。解决民生价费问题成效突出。城乡义务教育阶段全部免除学杂费和课本费，对农村义务教育寄宿生住宿费进行贴补，加大对特困家庭学生生活费补贴力度，第一初级中学和树人外国语学校由民办转为公办，与其他公办学校执行同样收费标准。普通高中严格执行“三限”政策，盐都被评为全省教育收费规范化县区；全面执行《江苏省医疗服务项目价格》，统一医疗收费项目和标准，大幅度降低磁共振扫描、CT等大型医疗设备检查费，全面执行基本药物制度，基层非营利性医疗机构药品一律零差率销售，切实解决群众看病难、看病贵的问题。清费治乱工作成果显著。每年都对行政事业性收费逐项进行清理和年度审核，汇编行政事业性收费目录，实行正公布，编印涉企、涉农、涉居收费册子，免费发放有关部门和广大企业及群众。通过五年的治理，收费项目和收费总额大幅度下降，2009年与2006年相比，收费项目下降61.64%，收费总额下降42.25%。价格服务工作基层满意。开展农村价格致富工程和价格服务进万家活动，为企业、三农、为基层提供优质高效价格服务。落实价费优惠政策，为企业办实事。2007年和2008年，分别为符合条件省级开发区100个企业向省物价局申请电价综合补贴计3390万元。价格诚信体系初步建立。有21家企事业单位荣获省级价格诚信单位，公开有序、诚信透明价费秩序逐步建立。

【加强商品和服务价格管理】 积极运用价格杠杆，稳妥地调整商品和服务价格。根据省物价局、省交通运输厅关于印发《江苏省汽车运价规则》的通知要求，重新核定29条农共线路客运票价；根据省物价局关于《江苏省旅游参观点门票价格管理办法》文件精神，对大纵湖景区门票价格进行调整；按照《江苏省定价目录》和《江苏省农作物种子价格管理办法》有关规定，制定全区水稻种子销售价格，在政策允许的范围内，让农民利益最大化；针对全区农村自来水厂经营实际情况和相关价费矛盾情况，依据《盐城市农村自来水价格管理办法》的相关规定，组织镇(区、街道)自来水厂经营情况和供水价格成本调查，为召开全区供水价格调整听证会做好准备；根据市政府印发《关于对市区商品住房实行价格备案制度的实施办法》，自4月起，对市区和镇(区、街道)商品房价格实行备案管理，共对市区和镇(区、街道)33个楼盘商品房进行42轮次价格备案，涉及建筑面积48.7万平方米，控制商品房价格过快上涨，促进房地产业健康发展。

【整治收费秩序】 贯彻实施新增、完善2009年第二批医疗服务项目及价格、规范有线电视收费有关问题等10种文件，核准学富卫生院等医院新病房大楼病房床位费标准，审批紫薇幼儿园、盐都体校、泽夫中学等学校住宿费收费标准，下发《盐都区有线电视配套工程费用标准的通知》，对区属市第一初级中学和树人外国语学校二所民办学校，按程序转为公办学校收费，对13个部门39个中介收费标准进行压降。5月、10月两次对全区涉企、涉及项目的行政事业性收费进行逐项清理核对。11月编印1500余册《盐都区涉企收费目录》简明读本，分送区四套班子领导成员、各部门负责人和企业、项目投资对象，既起到政策宣传作用，又提升物价部门服务经济的形象，受到基层的普遍欢迎，得到社会各界的普遍认可。

【民生价格实时公示】 4月，按照市场变化和镇(区、街道)区划调整的情况，积极优化农村民生价格监测网络，选择楼王、

区物价局局长吴金翥率领价格检查人员到盐城红星美凯龙指导经营户搞好明码标价工作

大冈、潘黄农贸市场作为居民主副食品价格监测点，选择秦南、龙冈农资销售点作为农资价格监测点，确定区粮食购销总公司沿河路批发市场作为粮油价格的监测点，实行价格"日报制"动态化管理。各类监测数据报送市物价局，在盐都电视台《致富万话筒》每周二、四、六，盐都广播电台调频98《我爱生活》栏目中播报，起到稳定居民消费心理，引导居民理性消费的良好效果。特别在国务院发布稳定物价"十六"条措施后，发挥重要作用。

【强化价格监督检查】 按照"服务、监督、疏导"并举，"重预防、轻处罚"的原则，采取正常工作日常巡查、重点项目及时督查，重点行业或领域集中检查的方法，建立正常的市场价格检查巡查机制，整治市场价格秩序，着力规范行政事业性单位的价费行为，做到医疗、教育领域价格收费检查平常，重大节日期间市场价格检查经常、重要商品服务价格检查正常，开展涉农、涉企、行业协会收费等专项检查活动，全年共查处各类价格违法案件18件，实施行政处罚99.50万元，其中：退还消费者和用户66.17万元，上缴财政罚没款33.33万元。

【积极化解价格纠纷】 把化解价格纠纷维护社会稳定放在价格工作突出位置，建立畅通举报的绿色通道，为群众维护价格权利提供一切方便。重大节日和重要突发事件期间，专人值守举报电话，局领导轮流带班，成立价格举报应急检查分队，全体人员通讯工具24小时畅通，保证重大紧急价格举报事件得到及时有效地处置。高度重视"12358"举报电话和网上投诉咨询事项，均在第一时间内予以答复。全年共立案受理各类价格举报18件，查处价格违法案件10件，在规定期限内全部办结回复，办结率、回复率和满意率均达100%。

【拓展价格认证业务】 积极引入市场竞争机制，引导中心工作人员认清形势，明确方向，理清思路，研究和把握政策，在巩固原有认证阵地的基础上，在政策和行政许可的范围内创造性地延伸价格认证业务，在为全区司法和行政执法工作提供价格认证服务的同时，不断提高自身经济实力。全年办理价格认证案件385件，鉴证值7.6亿元。

【推进明码标价和价格诚信创建】 大力推进明码标价和价费公示工作，组织第二十一个明码标价检查月活动，开展"市场价格行为行"和"市场价格行为规范周"活动，重点加强特色市场和重点街道市场价格行为的规范，加大两大市场（家居装饰市场、东方汽车市场）、两大街道（世纪大道两侧、开元路与解放南路交叉口）明码标价推进力度，将两条街和两大特色市场打造成全市明码标价示范品牌。加强价格诚信体系建设，继续开展价格诚信单位创建活动，盐都区供排水管理处、盐城市紫薇幼儿园等五家单位被省物价局授予省级价格诚信单位。

【加强机关科学化管理】 切实加强学习型机关建设。固定每周六为机关业务学习日，及时学习有关价格方面的政策和上级最新价格方面的通知和要求，同时安排局领导班子成员及科室负责人轮流对分工范围内的有关业务知识进行解读、讨论，营造好浓烈的学习氛围。加大科室干部交流力度。对连续在同一岗位任职五年以上的中层干部全部实施换岗交流。积极向区委组织部推荐一名35周岁跨部门提拔任职，通过干部交流轮岗，优化干部队伍结构，激发了工作活力。大力推进政务公开工作。按照行政权力网上运行的要求，编制价格管理非行政许可和价格处罚等21项价格权力内外部流程图表，实行所有价格收费审批和价格违法案件行政处罚一律在《中国盐都》政府门户网站内网上运行，使价格权力公开、公正在阳光下运行，推动党风廉政建设，提高全局价格服务工作勤政廉政水平。

房地产管理

Real Estate Management

【概述】 认真贯彻落实国发[2010]10号、国办发[2010]4号、住建部[2010]53号文件等房产调控政策，出台了都住建[2010]67、68号关于规范商品房预售和合同备案管理的文件，切实加强商品房销预售的规范化管理，有效杜绝了期房转让行为，有力维护交易双方的合法权益。下发都住建[2010]7号文件，加强对房地产开发企业经营行为的监管，对37个在建、20多个在售商品房项目情况进行了检查，并责令相关企业认真落实整改。通过查管结合，进一步净化房地产市场运营环境，促进全区房地产业稳定健康发展。

安全生产
Safety Production

【概述】 坚持"安全第一、预防为主、综合治理"的安全生产方针，深入开展"安全生产年"活动，以全面落实安全生产各项防控措施为主线，扎实开展监察检查、认真推进专项整治、切实加强基础建设，保持全区安全生产形势持续稳定的态势。全年共发生各类事故124起，同比下降7.46%，死亡46人，占市政府目标控制值的95.83%；亿元GDP死亡率0.18，低于全市平均指标14.29%。其中：工矿商贸事故2起，死亡2人。道路交通事故62起，死亡44人。火灾事故60起。各项指标均在市政府下达的目标控制值以内。区安全生产工作全市考核优秀等级，市委、市政府绩效考核全市第一。

【狠抓安全生产责任落实】 按照新形势、新情况、新特点、新要求，细化安全生产具体工作内容，进一步完善责任体系，真正从组织上、制度上、措施上、细节上把安全生产责任落到实处。年初，区政府第一次常务会议上，区长崔浩与各分管副区长签订《2010年安全生产目标领导责任书》，与各镇(区、街道)、各部门和单位签订《2010年度安全生产目标责任书》，促进安全生产责任落实。各镇(区、街道)、各部门、单位也都层层落实安全生产责任制，层层签订安全生产年度目标责任书，全区层层级级共签订安全生产责任书近7万份，将安全生产责任落实到基层、落实到企业、落实到一线。国务院《关于进一步加强企业安全生产工作的通知》(国发〔2010〕23号)下发后，于8月2日召开各镇(区、街道)、各相关部门负责人会议，区政府主要负责人在会上，对《通知》的重点责任条文作详细讲解，并提出更为严格的要求，进一步严明各层各级的工作责任、管理责任。

【坚持把安全生产工作摆在突出位置】 认真贯彻落实"安全第一、预防为主、综合治理"的方针，做到抓经济工作绝不放松安全生产，切实把安全生产贯穿日常工作的各个环节之中，部署各项工作绝不忽视安全生产，形成安全生产反复抓和抓反复的长效态势。年内，区委扩大会议、区政府常务会议经常听取安全生产工作情况的汇报，会办研究安全生产问题；区安委会坚持每月召开一次工作会议，了解基层工作情况，部署阶段性重点工作。特别是重要时段，区委、区政府领导对安全生产工作更是紧抓不放，7月29日，召开全区维稳工作会议，传达市委书记赵鹏讲话精神，吸取无锡"7·4"班车起火事故、苏州"通安事件"、南京"7·28"事故教训，对具体工作进行部署；8月2日，区政府专门召开全区夏季安全环保工作保障会议，贯彻落实省、市会精神，以省内外重特大事故为警示，深入分析当前区安全环保工作中存在的突出问题，研究部署做好夏季安全环保工作的关键举措；8月5日，召开相关部门负责人会议，贯彻落实省、市安全生产电视电话会议精神。8月6日，区政府转发《盐城市人民政府关于在全市立即开展拉网式安全生产大检查的紧急通知》，在全区又组织开展拉网式安全生产大检查。8月23日，区委常委扩大会议上，专门听取夏季高温期间安全生产工作情况及拉网式大检查情况的专项汇报，区委书记李纯涛再次强调，做好社会稳定、安全生产和环境保护工作至关重要，各层各级要深入研究落实安全生产工作的各项措施，扎实推进全区拉网式安全生产大检查，确保不放疑点、不留死角、不走过场。

【扎实抓好事故预警应对】 为检验和完善预案，提高对重大事故的应急处置能力，开展应急救援演练。6月30日，区政府组织有关部门，出动300多名专业人员，在得利来烟花爆竹有限公司开展全区突发重大火灾事故应急救援演练活动。7月20日，住建局开展液化气突发事故应急救援专项演练；各镇(区、街道)2010年也开展不同形式的应急救援演练，通过应急救援演练，检验应急救援队伍的协同作战水平和实战能力，确保在突发事故的初期能迅速、有序地处理和控制事故。

【狠抓专项整治，强化重点领域监督管理】 区安委会组织相关部门，在重点行业、重点领域继续开展道路交通、消防安全、危险化学品、烟花爆竹、建筑施工、职业危害、内河水上交通、农业机械、气瓶、接送学生车辆10个方面的安全生产专项整治，4月、7月、10月区领导，分别对10个方面的专项整治方案、整治工作推进进行督查，研究会办重点问题，各牵头部门都能按照各自的职能，着力推进专项整治工作，全区安全生产状况有明显改善。烟花爆竹方面。专门成立烟花爆竹安全管理办公室，并根据烟花爆竹销售淡旺季的不同特点，加大"打非"工作力度，落实"打非"责任体系，保持"打非"高压态势，安监、公安等部门与镇街道的密切协作、联合行动，持续进行"地毯式"清查，全年依法收缴非法储存烟花爆竹7000多箱，组织5次销毁，将处理结果公开曝光，以达到查处一起震摄一方的效果。危险化学品方面。关闭企业回头看、危险化学品交通运输、经营单位规范化管理为抓手，结合全区实际和世博会危险化学品安全管理要求，全力开展以严禁"三违"(违章作业、违章指挥、违反劳动纪律)和"四查"(查隐患、查制度、查培训、查应急预案)为主要内容的安全大检查，督促经营企业加大安全投入，加强安全设施检查，严格操作规程，规范职工安全行为。作业场所职业危害方面。根据全区实际，有计划地逐步推进职业危害防治工作，3月，部署接触危害职工的体检工作，全年体检人员达4480人，应检人员全部参加健康体检；4月，部署全区所有工业企业职业危害普查，要求凡存在职业危害的企业全面调查填报；5月，部署存在职业危害的企业，按规定进行强制性申报和作业场所危害因素的浓(强)度检测，全年企业申报达272家，完成市下达指标。消防和人群密集场所方面。区消防部门针对这类场所易发生火灾事故的特点，在重点时段、节假日前后，定期开展公众聚集场所检查活动，督促业主落实消防安全责任制，做好防火巡查工作，先后组织力量对一些大型网吧、娱乐厅、宾馆饭店、洗浴中心等重点场所的人员在岗在位情况、防范措施落实情况、疏散通道和安全出口畅通情况、设施设备和应急照明配备有效情况以及用火(电、油、气)安全制度执行情况进行全面检查。道路与水上交通方面。针对公路里程长、水上交通点多面广的特点，制定科学的工作方案，完善、落实各项应急保障及安全防范措施，确保交通运输安全和畅通。把落实道路交通安全“五整顿、三加强”工作措施作为当前的工作重点，严厉查处超载、超限、超速行驶、酒后驾驶、疲劳驾驶、违章载客等交通违法违规行为。建筑施工方面。区建设主管部门积极围绕“事前控制”做文章，突出建筑施工工地的高支模、高悬作业、临边作业、临时用电的安全隐患治理，有条不紊地组织开展建筑安全专项整治，确保不发生重特大生产安全事故。其他专项整治牵头部门在各自领域也开展专项治理，收到较好成效，未发生重特大事故。

【强化督促检查，抓好各类事故隐患治理】 年内，开展元旦、春节、“两会”期间、“五一”及“5·18”和世博会前、夏季及拉网式排查、国庆等六次全区安全生产大检查，全区共组织检查组900个，出动检查人员3942人次，检查生产经营单位8811个(次)，发现隐患10055条，投入整改资金2232.56多万元，已整隐患10045条。

【加强宣传教育，提高安全生产工作意识】 抓好基层安全培训。本着服务企业、服务基层的原则，继续采取基层办班的形式，既节省参培人员的时间、节约费用，又能结合基层企业存在的问题，进行现场指导，受到企业广泛好评，提高企业参培的积极性，拓展了培训面，全区全年共举办安全生产培训班50期，培训7655人。着力抓好宣传工作。2010年“安全生产月”，全区组织22项活动，共悬挂横幅标语6912条，张贴宣传画208张，刊登黑板报165期，开展安全文艺宣传15场次、电视讲话5次，举办演讲比赛12场，出动宣传车85台次，发放宣传资料5万多份；其中组织参加市安委会安全生产文艺汇演的2个节目全部获奖，区安监局荣获组织奖。6~8月组织32000人，参加国家安监总局、全国总工会组织的全国应急知识竞赛，区安监局获得优秀组织奖，被国家安监总局、全国总工会联合表彰为优秀组织单位。

【严格监察执法，打击非法违法违规行为】 自3月起，按照区政府批准的安全生产监察执法计划，加强对各生产经营单位的监察执法检查，严格查处各类非法生产经营单位，《国务院安委会关于集中开展严厉打击非法违法生产经营建设行为专项行动的通知》(安委〔2010〕5号)下发后，自8月底起，全区又进一步加大非法违法行为的打击力度。区安监局对6起非法违法行为进行立案查处，实施行政处罚。区公安、安监、工商等部门对全区所有烟花爆竹销售单位进行专项检查和联合执法，取缔无证经营户113家，查出事故隐患208条，当场整改206条，对其他2条发出限期整改通知书，依法查处非法运输2起。建设领域共检查85个在建项目，共查出事故隐患185条，发出整改通知书45份，停工通知书15份。人员密集场所大检查期间，共出动警力110人次，检查各类单位196家，发现火灾隐患225处，督促整改216处，下发法律文书12份，对9家单位进行消防违法行为处罚。燃气安全检查中，取缔非法液化气销售点2个，暂扣不合格钢瓶15只；对存在安全主体责任不落实，管理状况较差的秦南镇石油液化气供应站当场发出《特种设备安全监察指令书》，责令该站停止气瓶充装行为，制定整改措施，及时消除事故隐患。

【着力推进创新，抓好基层监管队伍建设】 推进基层监管队伍建设。2010年，在压缩行政、事业编制的形势下，区政府专门调剂编制，成立区职业卫生安全监督站。市政府办“盐政办发〔2010〕148号”通知下发后，区政府多次召集相关部门主要负责人，对通知精神进行研究；区政府于11月19日转发市政府办通知，对全区基层安全生产监管机构和人员的现有配备情况进行调查统计；11月29日，区政府常务会议对基层安全生产监管机构、监管人员问题进行专题会办，确定各镇(区、街道、中心社区)单独成立安监站，人员、编制内部调剂使用，一周内组建配备到位。探索村居安全监管新模式。年初，在张庄街道全面推广村居安全生产管理员工作模式。给街道安委办配备电脑等现代办公设备，各村居明确一名村居副主任兼任安全生产管理员，负责本区域内的安全生产日常巡查、安全检查、信息通报、隐患整改督查等工作，签订专门专项的安全生产管理员目标责任书，落实管理责任。给所有村居安全生产管理员配备电动自行车，配发统一的工作服装，使安全生产管理员当天能将辖区内的各生产经营单位巡查一遍，提高村居安全生产管理员的工作效率。同时，根据各村居的安全生产监管工作量，确定村居安全生产管理员能效考核奖励标准，实行工资挂钩加绩效奖励的办法，各村居安全生产管理员的工资拿出三分之一作为考核工资，另加每年8000元、6000元2个档次的绩效奖励，进行考核奖惩，制订考核标准和考核细则，对各村居安全生产管理员的工作绩效进行考核；严格规定凡发生事故或辖区内重大隐患不按期整改且长期存在的，除全部扣除安全生产能效奖励外，根据情节轻重追究其相应的责任。

(李　戎)

市领导来我区检查安全生产工作

科学技术

Science and Technology

综　　述

Summary

【概述】　紧扣“双新”目标，大力推进创新平台建设、科技项目申报、高新产业发展、知识产权保护，加快推进产学研合作和科技成果转化，用辛勤的汗水换来科技之火燎原的喜人局面。科技工作年度综合考核名列全市第一，全省县(市、区)创新能力综合评估盐都排名全省第十七位，在全区目标任务绩效考核表彰大会上，区科技局喜获综合先进奖，同时获得脱贫攻坚工程、精神文明建设、机关效能建设等3个单项奖和1个综合先进个人奖。

主动响应决策，平台建设亮点纷呈。6月，区委、区政府作出重大决策，在高新区建设新特产业创新创业平台，以进一步推进产学研合作，集聚和壮大科技资源，促进战略性新兴产业和特色产业发展。同时明确，筹建工作由区科技局总牵头，区住建局、西区管委会及相关部门共同负责，盐城市中小企业园安排两幢、面积约两万平方米的大楼用于创新平台建设。区科技局主动响应区委、区政府的决策部署，迅速组织人员到先进地区科技创新平台学习考察。同时，以区政府名义出台《盐都区新特产业创新创业载体建设实施方案》和《关于鼓励和促进科技创新的实施意见》等文件，明确创新平台建设的思路、措施及研发项目、人才引进的优惠政策。按照“全市争第一、全省创一流”的目标定位，区科技局全程谋划，综合协调，推进和服务项目建设。区住建局、西区管委会对创新平台建设工作给予全力支持，投入大量的财力和物力。高新区创新平台总投资8000多万元。经过严格的招投标程序，苏州金螳螂公司胜出，负责工程的设计、施工，科技成果展示与交流平台、公共技术服务平台、创新研发平台、科技创业平台四大平台建设同时推进实施。经过48天的紧张施工，创新平台一期工程于10月15日如期竣工。进入高新区创新平台一楼科技展示大厅，其高品位的设计理念和独特的布局风格格外引人注目。突出展示盐都风电装备、电子信息两大新兴产业及六个特色产业和十个专业园区的规划布局、创新创牌情况及发展远景等，三楼的公共技术服务平台，由科技信息、标准检测、人力资源、投融资担保、研发协作、创业孵化和工业设计等七个服务中心组成，主要为新特产业提供科技信息咨询及项目申报、产品检测及标准制定、人才引进及培训、投融资担保、产学研合作、产品策划及工业设计等服务。高新区科技创新平台成为全市率先建成并投入使用的创新平台，为全市新特产业和服务业发展推进会提供观摩现场，得到市委、市政府和区委、区政府的充分肯定。

瞄准目标定位，项目申报硕果满枝。对自主创新水平高、产业化带动能力强

华锐风电3MW风电机组项目获得2010年度江苏省科技进步一等奖

的高新技术项目，积极组织申报科技计划项目。2010年区科技局共组织企业申报市级以上各类科技项目126项，正式立项110项，争取科技项目无偿资金7500万元。重点项目立项数、争取资金数超前三年总和，列苏北县（市、区）之首。新立国家级科技项目21项。以重庆啤酒、金威麦芽和天邦饲料为主体实施的“优质啤麦标准化种植及深加工技术研发与集成示范”项目被科技部确定为2010年科技富民专项行动计划，争取资金284万元。2010年科技部认定盐都区以华锐风电、秦川机床等企业为龙头的风电装备集聚区为国家海上风电及装备高新技术产业化基地。华鸥实业、金峰石油、康杰机械等10个企业获得科技部国家科技型中小企业创新基金项目的立项，共争取国家资金710万元的支持；神泰科技、都盛科技、闳业机械3家企业得到国家火炬项目的立项，泽田机械、华谊石机、盐电阀门等6家企业得到星火立项。新立省级科技项目68项。包括：省重大科技成果转化专项资金项目1项（华锐5MW风电机组研发及产业化，争取项目资金2200万元）；省级重大研发机构项目1项（江苏省华锐海上风电研究院，争取项目资金4000万元）；省创新资金、苏北专项、科技支撑、基础研究等项目20项；省创新型乡镇1个（大冈）、省科技产业园1个、省高新企业3个（百斯特、步高汽配、中联电气）、省高新产品24个、省自主创新产品7个。盐都高新技术创业园被省科技厅确认为省级高新技术企业创业服务中心，江苏华锐风电装备产业园被省科技厅认定为首批江苏省科技产业园。华锐风电公司3MW风电机组项目获得2010年度江苏省科技进步一等奖，填补全区此类项目历史空白。

集聚科技资源，产学研合作频传捷报。把推进政产学研合作作为发展高新产业、促进产业转型升级的重要举措来抓，引导企业加大研发投入，加快建设研发机构，提升自主创新能力，初步形成了以市场为导向、企业为主体的区域科技创新体系。围绕全区“二六十”产业定位，积极开展“招商引智”和产学研活动。区科技局主要负责人带领招商人员先后赴清华大学、中科院、东南大学、东华大学等高校、科研院所开展产学研对接活动，引进研发项目，达成项目合作意向6个，正在全力跟踪落实之中。在盐城市与东南大学合作共建新能源汽车研究院仪式上，区政府与东南大学签订科技全面合作协议，并共同组建“东南大学科技成果转化盐都工作站”。与此同时，东华大学、复旦大学等高校纷纷到盐都建立研发机构，进一步服务和推进盐都科技成果转化和高新技术产业化。在东华大学盐城高性能纤维及装备研究所，以王依民教授为首的科研团队正全身心投入高分子材料研究活动，已帮助江苏神泰科技公司攻克省重大科技成果转化项目“高强高模聚乙烯纤维生产线成套装备研发及产业化”中15项关键技术难题，有效推进项目实施。2010年，全区新增省级企业工程技术研究中心6个、市级企业工程技术研究中心20个，全区已拥有国家级研发机构1家，省级研发机构23家。国家能源海上风电技术装备研发中心得到认定，实现全市重大研发机构零的突破。帮助企业与清华大学、中科院、东南大学、同济大学、上海交大等50多所高校和科研机构建立产学研合作关系，成功推进60个产学研合作项目的实施，新签产学研合作协议56份。帮助华锐风电联合上海交通大学、中国科学院工程热物理研究所、上海勘测设计研究院开展产学研合作，共建海上风电装备设计开发中心、海上风电装备测试实验中心和江苏省风电设备质检中心。

坚持重点重抓，专利申请再创佳绩。以创建“江苏省知识产权示范区”为契机，扎实推进知识产权工作，促进专利申请、授权、实施同步增长，企业知识产权保护意识和自主创新水平显著提高。全区专利申请量达650件、授权量达241件，其中发明专利申请达155件。强化宣传教育。先后组织举办知识产权培训班4期，邀请专家授课，为全区科技工作者、专利申请大户进行专利申请、知识产权保护等方面的业务知识培训，全区500多人参加培训。同时，推荐具有专利优势和达标的20家企业技术科负责人参加省知识产权工程师培训班，利用盐都知识产权网，设立法律法规、知识问答、纠纷案例、数据统计等栏目，着重宣传知识产权工作。坚持重点重抓。把知识产权工作的重点放在高新企业和定报企业上，放在帮助企业申请申报专利上。组织开展“消除零专利企业突出月”活动，帮助50多家零专利企业申请专利。积极培植专利大户，闳业机械、中恒宠物、康杰机械、双强管桩等6家企业成为专利优势企业，驰翔齿轮、江苏火电等20家企业成为专利达标企业。重点围绕华锐风电、中联电气、神泰科技、康杰机械、恒力机床、中恒宠物等重点企业和高新企业，搞好专利申请服务。全区拥有专利20件以上的企业已达100家。围绕重大科技项目，抓好专利申请。全区申报省重大科技成果转化专项资金的10个项目，每个项目都拥有专利5件以上，其中至少有1项发明专利。注重政策激励。区财政安排专利专项资金50万元，对全区450件专利申请和授权项目进行资助，对发明专利、重点实用新型专利进行扶持，促进专利申请和专利转化实施。

树创服务品牌，机关效能不断提升。从提高机关整体服务水平和工作效率入手，扎实开展“创优争先”和机关服务“创星级、树品牌”活动，始终不渝推进全区科技工作，“科技助推器”被评为“全区十大服务品牌”之一。积极宣传国家、省、市、区制定的激励和促进企业科技创新的若干政策规定，进一步推进重大政策的落实，企业研发投入力度明显加大。利用政策引导、政策约束来提高企业自主创新的积极性和主动性。积极做好对科技创新成就和科技创新创业典型的宣传，在全区营造起鼓励科技创新、支持科技工作的良好氛围。区科技局班子成员全部挂钩镇（区、街道）、挂钩企业，帮助企业开拓市场，落实政策，争取资金，化解矛盾，解决问题。坚持把工作的思路落实在见诸行动的措施上，把工作的成效反映在科技招商、项目申报、资金争取、产学研合作、平台建设的实绩上，建立健全岗位目标责任制，全力推进全区科技工作上水平、登台阶。星火项目申报立项、产学研合作、科技成果转化、专利申请申报等指标完成数均列全市各县（市、区）之首，圆满完成年度目标任务。科技进步对全区经济社会发展的贡献率显著提高。

科技活动
Scientific and Technological Activities

【概述】 全区上下以加快建设创新型盐都为契机,扎实开展各类科技活动,促进和带动各项科技工作的顺利开展,有效推进全区科技创新和经济社会的又好又快发展。

【认真贯彻国家、省、市科技工作会议精神】 区委、区政府十分重视对国家、省、市科技工作会议精神的贯彻落实,区委常委会、区政府常务会定期研究会办科技工作。区委书记李纯涛、区长崔浩等区主要领导经常深入企业调研科技工作,并定期听取区科技部门科技工作情况回报。区政府进一步加大对企业科技研发投入的引导力度,有效激发企业科技投入的积极性。

【召开全区科技工作会议】 3月31日上午,召开全区科技工作会议,传达省、市科技工作会议和全市社会事业工作会议精神,总结2009年工作,部署新的一年工作任务。会上,区科技局局长肖刘蕊作工作报告,对科技进步工作先进单位和个人进行表彰奖励,3家单位作交流发言,各镇(区、街道)及相关部门向区政府递交科技管理目标任务责任书。会议要求,新的一年,全区科技工作要以科学发展观为指导,按照"全市争第一,全省创一流"的工作目标,围绕转变经济发展方式这条主线,突出重大科技成果转化项目申报、创新载体建设、企业品牌创建等重点,锐意进取、开拓创新、扎实工作,全力推动科技与经济的紧密结合,为率先建成全面小康社会、推进"双新"盐都进程再作新的更大贡献。

【组织开展"消除零专利企业突出月"活动】 4月,组织服务小分队深入基层,深入企业,开展专利申请服务。先后深入到龙冈、义丰、大冈、秦南等镇(区)零专利企业开展专利申请专项服务活动。在摸清企业机构、人员、产品等状况的基础上,积极帮助企业排找专利项目源,申请专利,先后帮助50多家零专利企业申请专利。

【与东南大学签订科技全面合作协议】 11月8日,在盐城市与东南大学合作共建新能源汽车研究院仪式上,盐都区政府与东南大学签订科技全面合作协议。市领导赵鹏、李强、冯永农、陈正邦、周福莲、丁宇、周古城、陈云华,区领导李纯涛、单永红出席仪式。为进一步加强与东南大学的全面合作,探索新的校地合作运行模式,加快科技成果转化和高新技术产业化步伐,决定与东南大学签订科技全面合作协议,并共同组建"东南大学科技成果转化盐都工作站"。区委常委、常务副区长单永红代表与东南大学签订合作协议。

【盐都农业与省内外知名高校和科研院所金陵"结亲"】 11月30日下午,在南京举行的盐城市沿海现代农业科技创新战略合作联盟签约仪式上,盐都区与四家省内外知名院校、科研院所结成"亲家",围绕"科教兴农,创新驱动"这一目标携手合作,充分发挥农业科技在盐都现代农业发展中的引领和支撑作用。区长崔浩、副区长武炳光出席签约仪式。本次活动吸引省内外50多个知名高校、科研院所和盐城市120家企业参加,85家单位签订12个产业技术联盟协议,旨在通过技术结盟,集聚省内外科技创新资源,联合开展攻关,实现产业链整体突破和发展。4家省内外知名院校、科研院所与盐都区签订合作协议。分别是盐都区人民政府与省农业科学院签署的农业科技合作协议;江苏呈祥花卉园艺与上海交通大学农业与生物工程学院签署的新型鲜切花生产技术和果蔬新品种培育研发项目;盐都区农业科学研究所与南京农业大学农学院签署的品种研发、栽培技术指导、人才培养农业科技合作协议;重庆啤酒集团盐城有限责任公司与江南大学签署的无醇啤酒反渗透法酿造技术研发及产业化科技创新合作协议。

【组织参加国家知识产权试点城市(盐城)授牌仪式】 11月24日下午,盐城市举行"国家知识产权试点城市"授牌仪式暨科技创新与知识产权战略报告会。国家知识产权局局长田力普、市委书记赵鹏分别在仪式上致辞。民进中央常委、天津市知识产权局局长何志敏,省政府副秘书长朱步楼等出席。市长李强代表盐城市接牌。国家知识产权局办公室副主任韩秀成宣读国家知识产权试点城市批复文件。市委常委、副市长周福莲主持仪式。国家知识产权局专利局副书记张志成,国家知识产权局专利局初审及流程管理部副部长何越峰,省知识产权局局长朱宇等出席仪式。参加仪式的还有,各县(市、区)主要负责同志,市国家知识产权试点城市领导小组全体成员,各县(市、区)分管县(市)长,各县(市、区)开发区、科技局(知识产权局)主要负责同志,省、市知识产权优势企业和达标企业

负责人。盐都区组织50多名企业负责人及科技工作者参加授牌仪式暨报告会。

【"送科技下乡"活动有声有色】 8月15日，以"三服务"活动为契机，联合农林、工商、环保等部门深入农村，开展"送政策、送法律、送科技下乡"活动，为基层群众送去法律常识、无公害种植、绿色生活、科技致富相关知识和技术，现场解答和指导基层群众在生产和生活中遇到的技术难题，为全区经济发展和建设和谐社会提供服务和支持。活动中，共向过往群众发放科技宣传资料12000余份，接受群众咨询6000余人次。

科技成果
Scientific and Technological Achievements

【概述】 科技成果是科技创新能力的重要体现。区委、区政府十分注重提高企业的科技开发水平，采取一系列措施促进企业多出成果、快出成果、出好成果。积极组织企业申报省、市科技进步奖，以促进企业技术创新能力的进一步提高。全区全年共有2个项目获"江苏省科技进步奖"，其中一等奖1项、三等奖1项，有19个项目获得"盐城市科技进步奖"，其中一等奖5项、二等奖7项、三等奖7项，获奖总数列全市(县、市、区)之首。

【3MW海上风力发电技术装备与工程实践】 风力发电是当前清洁能源领域中技术最为成熟、最具大规模开发条件的新型可再生能源。该项目全球首创、自主研发解决了海上风电机组风浪载耦合分析、海上风电机组的自维修技术和装备、台风条件下安全运行控制成套技术、多桩承台型海上风电机组基础研发、以及大型海上风电机组批量运输和整体安装技术等。同时，研发具有国际先进水平的紧凑型风电机组驱动链及载荷分流技术、海上风电机组防盐雾腐蚀技术、海上风电机组电网友好型低电压穿越技术等，并将这些领先技术成功应用于3MW海上风力发电机组，机组的整体技术指标均优于国际主流的海上风电机组。项目研制的3MW海上风电机组及海上风电成套装备已在全球欧洲之外的第一个海上风电场——上海东海大桥风电场安装并网运行，其运行实践表明，机组的发电量优于国际同类产品10%~20%。开发的3MW海上风电机组已实现规模化、批量化生产。项目成功解决海上风电关键核心技术和装备，经过工程实践的考验，标志着我国海上风电技术已进入全球领先行列。该项目完成单位是华锐风电科技(江苏)有限公司、国家能源海上风电技术装备研发中心，被评为2010年度江苏省科技进步一等奖、盐城市科技进步奖一等奖。

【大直径铸铜钢线连续热浸锡的制备方法】 大直径铸铜钢线连续热浸锡的制备方法项目属于新材料领域，是一种新型金属复合材料的制备方法。本研究开发出的多金属冶金复合的新材料，取代国外纯铜接地和国内镀锌刚接地，保证覆层厚度，铜、钢之间不存在电解液、残留杂质等任何电化学腐蚀因素，100%冶金分子结合，既可以节约铜资源，而且性能优于铜接地材料和镀锌钢接地材料，大大延长复合接地材料的使用寿命，实现防雷接地装置免维护，保证电气设备的安全可靠。实现锡铜钢三种金属冶金分子结合，弥补铸造热压法、电镀法、铜带压接法、套管包覆法等加工工艺的不足，完全满足高导电、耐盐碱，提高接地材料的表面抗氧化能力。此工艺国际先进、国内首创，达到安全、节能、环保的目的。该产品用途极为广泛，在机场、铁路、航天城、石化、电力、风电、核电、通信等领域。该项目完成单位是江苏金合益复合新材料有限公司，被评为2010年度江苏省科技进步三等奖、盐城市科技进步奖一等奖。

【液压式不压井修井机组合装备】 项目主要科技内容：研究开发液压式不压井修井技术，通过新型防喷机械结构系统实现井口的动静密封；研究开发液压提升与反加压同步技术，通过共用一个动力源，实现对运动速度的有效控制；研究开发反加压控制技术，通过独特的液压油缸和滑轮组合系统实现加压能量回收续存再利用；研究开发双保险防喷锁紧密封技术，通过防喷器系统、安全卡瓦系统和双向凡尔密封系统集成创新为一种新型机械结构系统，实现井内压力异常时有效锁紧密封井口；在线检测压力系统控制技术，通过PLC控制系统实时监控负荷压力状况，实现反加压作业过程的自动控制。项目创新点为：全液压式不压井修井技术；液压提升与反加压同步技术；双保险防喷锁紧密封技术；在线检测压力控制系统技术。项目主要适用于石油气行业油水气井在不释放井筒内的地层压力(不井喷)的情况下对油水气井进行修井作业施工，也适用于无压油水气井作业施工。该项目完成单位是江苏省金峰石油机械制造有限公司、江苏省机械研究设计院有限责任公司，被评为2010年度盐城市科技进步奖一等奖。

【心尖肥厚型心肌病心电图特征性改变的诊断意义及临床研究】 心尖肥厚型心肌病由日本学者Yamaguchi等于1976年提出。病因至今仍不明确，研究表明本病属常染色体显性遗传疾病。男性发病为多，在我国发病率也较高，占肥厚型心肌病的2%~5%，且是中青年猝死的重要死亡原因。因此早期诊断是心尖肥厚型心肌病治疗该疾病的关键。因本病临床症状常不典型，常规检查阳性率较低，较容易误诊漏诊。因此，有必要对AHCM的临床特征特别是心电图、超声心动图等检查以及误诊原因和预后进行研究。从资料研究分析显示，AHCM病人的心电图异常发生率100%，充分提示心电图是筛选AHCM的较敏感又经济使用的方法。心电图及超声心动图在心尖肥厚型心肌病诊断中的应用地位与前景已经得到同行的共识，特别是窦性心率震荡的研究是近年是心血管领域的重要研究热点，省内有关的详细资料较少，而且盐城目前只有市三院一家长期开展，且检出阳性率较高，并以得到国内许多专家学者的认可，所以开展这方面的工作非常迫切。此种检查方法无创且安全可靠，简便经济实用，对心尖肥厚型心肌病患者能够进早得到诊断和治疗具有较高的临床意义。该项技术通过临床验证可行性及实用价值得到认可，目前已在盐城市范围内推广应用。该项目完成单位是盐城市第三人民医院，被评为2010年度盐城市科技进步奖一等奖。

【数控精密连续式火焰复合机】 本项目产品为工业产品，属于光机电一体化中先进制造技术及其装备，为纺织机械产业领域，主要适用于制鞋、制帽、服装、汽车、装潢等行业中布与布、无纺布、人革、海绵、EVA及其他类似材料的复合，尤其适合毛绒、麂皮绒的复合。项目主要采用电气自动控制系统，将燃气的混合方式改为管道混合；采用双火口，三合一同步复合一次性完成；设定数模自动调节燃气和空气量，可对不同材质的人造毛皮底布的毛绒烧烤，利于不同材料的复合。项目创新点：智能控制技术，创新设计采用圆锥型半螺纹火口结构，通过智能控温和自动给料系统，设定参数使整个火烧复过程通过智能控制，克服了人工操作的误差；张力控制技术，应用角度传感器及恒张力控制技术，保证三层面料与海绵放卷的同步及张力自动控制；连续性复合工艺技术，采用前后自控储料结构和多火口复合工艺，实现连续性复合，生产效率成倍提升。项目是在广泛深入市场调研的基础上自主研制开发的，具有广阔的市场前景和良好的经济效益。该项目完成单位是江苏闳业机械有限公司、南京航空航天大学，被评为2010年度盐城市科技进步奖二等奖。

【用于大功率柴油发动机的节能型6B机油泵】 本项目是设计一种机油泵，属于机械设计技术领域；产品用于大功率的柴油发动机，属于汽车产业领域。项目创新点：项目由于在壳体穿装泵轴的孔中设有带台阶的轴套，且其台阶位于壳体的内侧工作时，高速转动的齿轮仅与轴套接触，而不与壳体直接接触，这样，大大延长了协同体的使用寿命；项目由于在齿轮中心孔的两端设有与轴套一端台阶相配的凹凸部，这不仅消除了现有技术中靠近齿轮中心孔端面处形成的中凸结构，也有效防止泄漏现象的发生；项目由于采用鼓形齿（使用K形图）设计方案，共轭磨削加工方案，实现了齿宽方向受载均匀，提高齿轮的受载能力，大大地减少齿轮传动的噪音，提高齿轮的使用寿命。随着汽车市场的开放，柴油发动机将以其优异的品质打入国际市场，这也会增加需求量，因而机油泵需求量的增加势在必行。本项目产品已被山东潍坊柴油机有限公司和中国重汽集团（杭州）汽车发动机有限公司、四川柴油机有限公司的柴油发动机采用。项目完成单位是江苏驰翔精密齿轮有限公司，被评为2010年度盐城市科技进步奖二等奖。

【优质高产抗病杂交籼稻新品种Ⅱ优650的选育与应用】 Ⅱ优650是用优质不育系Ⅱ-32A与自育强优恢复系盐恢650配组育成的杂交中籼稻新品种，2006年通过江苏省品种审定（苏审稻2000603），该品种集优质多抗高产于一体。于2007年7月1日获国家植物新品种权。截至2009年，已累计推广应用306.8万亩，产生显著的社会效益。主要创新点：培育集优、丰、抗于一体的杂交水稻新品种；在目前国内育成的同类品种中居领先水平；采用"一交二圃"亲本提纯法。该项目完成单位是盐城市盐都区农业科学研究所，被评为2010年度盐城市科技进步奖二等奖。

【AAG方案治疗难治急性淋巴细胞白血病的临床研究】 AAG方案中3种药物的药理基础是：阿糖胞苷是S期特异性药物，进入细胞后其活性形式通过与三磷酸脱氧胞苷竞争，显著抑制DNA聚合酶活性从而干扰S期细胞的DNA合成，还可使细胞同步化处于S期，低剂量时还有诱导白血病细胞分化的作用，是治疗急性髓细胞白血病的首选药，对急性淋巴细胞白血病也有效；阿克拉霉素通过嵌入DNA双螺旋导致其理化性质改变，抑制核酸合成，使细胞阻滞于G1期和S晚期，在血液系统恶性肿瘤中用于急性白血病和淋巴瘤的治疗，疗效显著；G-CSF与白血病细胞表面的相应受体结合后提高细胞DNA的合成率，促进静止的白血病细胞进入S期，并可以增加这些细胞对某些化疗药物如阿糖胞苷的敏感性。本方案国内外研究较少，处于领先水平，更填补盐城市空白。该项目完成单位是盐城市第三人民医院，被评为2010年度盐城市科技进步奖二等奖。

【体外循环心脏直视手术抗凝与凝血管理的临床研究】 临床上传统的对体外循环心脏直视手术抗凝与凝血的管理存在许多不当之处包括肝素鱼精蛋白的使用、术后出血的不恰当的治疗等，而本研究中提出的肝素鱼精蛋白个体化与Sonoclot分析仪的联合应用能够弥补现有管理的不足，起到减少术后出血、避免不恰当的血制品输注、降低患者费用的多重效果，为规范心脏直视手术抗凝与凝血的管理提供依据。该项目研究成功标志着盐城市体外循环心脏直视手术血液保护技术又上一个新台阶，同时推动相关技术的发展，为本地及外地的广大患者服务，使患者得到顺利康复，提高生活质量，减少社会负担，具有良好的社会效益与经济效益。该项目完成单位是盐城市第三人民医院，被评为2010年度盐城市科技进步奖二等奖。

【彩超在产前胎儿畸形筛查中的应用价值研究】 本项目研究积极引进国内外最先进技术，使该类患者得到及时、有效的诊断，减少他们的精神负担和经济负担。本项目开展以来，共检出各类胎儿畸形50余例，减少缺陷儿的出生，对本地区优生优育事业的发展起到积极的推动作用。本研究发现，其关键技术问题是如何克服胎方位、羊水过少及母体腹壁厚度等不利因素，提高胎儿细微结构的超声显示率及罕见胎儿畸形的诊断率，这是该项目的特色和创新之处，在国内具有先进水平，且具有无创、安全、快捷、无损伤、准确性高、可重复检查等优越性。通过临床验证，该项技术可行性及实用价值高，并可在全市超声界推广。该项目完成单位是盐城市第三人民医院，被评为2010年度盐城市科技进步奖二等奖。

【产ESBLs阴沟肠杆菌临床分布与耐药性迁的研究】 本课题的研究内容是通过检出临床标本阴沟肠杆菌，以观察其在临床分布、耐药及变迁情况，诊断中的价值。该研究在国内的报道鲜见，由此认为该研究可达国内领先水平，从而可有助临床诊断和治疗。本研究的创新之处在于：通过连续培养鉴定出临床标本中阴沟肠杆菌及耐药和变迁，指导临床用药有着十分重要的意义。在检测中增加底物 FEP(头孢吡肟)，可大大提高阴沟肠杆菌 ESBLs 检测的灵敏度和特异性。此研究在省内鲜有报道，其方法科学合理，结果真实可靠，观点独特，临床推广意义较大。取得良好的社会效益和经济效益，同时扩大市三院临床微生物检验技术在全市同行中的影响。该项目完成单位是盐城市第三人民医院，被评为 2010 年度盐城市科技进步奖二等奖。

【智能型多功能压花机开发与产业化】 智能型多功能压花成型机是已立入为国家级星火计划项目，并获得自主研发的五项知识产权，该机自动化程度化，属集成创新，采用计算机闭环控制技术，机械、液压、气控、光控一体化高新技术产品，具有高效、节能、环保、安全、操作简单方便，提高生产效率，填补我国鞋机与服装机械的一项空白，其技术水平达到我国同行业的领先水平。具有一定社会效益和经济效益，适用于绣花业、服装业、鞋帽业、包装业、箱包业、汽车及室内装饰等行业，对皮革、EPE、橡胶、塑料、纸材、纺织品、混纺及复合材料的成型作业。关键技术该机采用计算机闭环控制技术，集机械、液压、气控、光控于一体，由电脑控制柜装置、卷材自动送料装置、片材自动送料装置、一机多模装置、废料收集装置组合而成，实现卷材和片材自动送料、自动定位、自动裁断(冲花、冲孔)、自动退模、自动收集废料、实现全过程智能化连续式作业，达到高效、节能、环保、安全、操作方便。中试样机已通过省级权威部门技术鉴定，关键技术指标符合国家规定的技术要求。环保评价该机噪音低于国家规定环保噪声指标，生产无“三废”。该项目完成单位是盐城市坤泰勇杰机械有限公司，被评为 2010 年度盐城市科技进步奖三等奖。

【先张法预应力混凝土空心方桩及其成型模具】 离心成型的先张法预应力砼空心方桩是一种新型的预制混凝土桩，其具有承载力高，生产周期短，节约材料等优点。本发明涉及砼桩及其成型模具，特别是预应力砼空心方桩及其成型模具。先张法预应力混凝土空心方桩已开始在国内建设行业的一些基础工程中得到使用，主要特点：离心方桩为外方内圆形结构，运输中容易捆扎、固定；由于离心方桩截面为方形，外表面平整，采用抱压施工时很少出现桩身抱碎事故；离心方桩在软土地基施工后，在基抗开挖时出现桩位倾斜情况大大小于管桩；离心方桩基础的承台较管桩小，可能降低基础工程量和工程成本等。根据目前市场行情，离心方桩具有较好的市场前景，并一定能取得较大的经济效益和社会效益。该项目完成单位是盐城市双强管桩有限公司，被评为 2010 年度盐城市科技进步奖三等奖。

【在胃-贲门癌外科快速康复流程中临床护理路径制定及研究】 快速康复外科(fast track surgery ,FTS) 的研究始于1990年代初，美国、德国，丹麦等多个国家都对其可行性进行研究并取得理想效果。目前国内 FTS 理念应用于胃癌，结、直肠癌研究也取得满意疗效。纵观快速康复流程的要点排除麻醉、医疗，围手术期的健康宣教、少用鼻胃管和引流管、适当输液、有效止痛、术后早期经肠进食、早期活动等。这些治疗计划的有效实施需制定严格有序、科学合理的流程，而临床护理路径是以时间为横轴，以入院指导、诊断、检查、用药、治疗、护理、饮食指导、活动、病人家属教育、出院计划等为纵轴，制订计划表，实施临床护理干预措施。该研究发现，FTS 临床护理路径组较传统护理组缩短平均住院日期、减少术后输液时间，降低医疗费用但术后并发症并没有增加。观察组肛门通气时间、下床活动时间亦较传统护理组提前。观察组的生理健康和心理健康都有提高。该项技术已通过临床验证认可该项技术的可行性及实用性，目前已在盐城市第三人民医院外科系统内推广应用。该项目完成单位是盐城市第三人民医院，被评为 2010 年度盐城市科技进步奖三等奖。

【循证护理在防治化疗药物外渗护理中的应用】 该项目创新之处：运通过循证护理建立了规范的化疗药物使用流程。首先选择血管弹性好的血管，静脉使用化疗药物前采用 2%利多卡因 5ml+硫酸镁 10ml+VB121ml 外湿敷，达到预防外渗；药物外渗要及时处理，发泡类化疗药物外渗时使用 2%利多卡因 5ml+地塞米松 5mg+生理盐水 5ml 菱形或环形封闭，再进行硫酸镁冷湿敷；此研究在省内鲜有报道，其方法科学合理，结果真实可靠，观点独特。目前肿瘤患者的发病率居高不下，循证护理在防治化疗药物外渗护理中的应用有广大的适用人群和应用空间，它的推广应用可以为广大患者带来福音。该项目完成单位是盐城市第三人民医院，被评为 2010 年度盐城市科技进步奖三等奖。

【急性脑梗死患者血浆同型半胱氨酸浓度与预动脉狭窄的相关临床研究】 临床收集脑梗死患者 92 名，采用美国 GE 公司 Lightspeed VCT 64 排螺旋 CT 机进行对其颈动脉截面积的测量，在美国雅培 Abbott AXSYM 免疫分析仪进行荧光偏振免疫分析(FPIA)对其测定 Hcy。颈动脉狭窄率≥30%为狭窄组，低于 30%为对照组，并就脑梗死传统危险因素：患者性别、年龄、吸烟史、高血压、糖尿病、冠心病史、总胆固醇 (TC)、甘油三酯(TG)、高密度脂蛋白(HDL)、低密度脂蛋白(LDL)、载脂蛋白 A(Apo- A)、载脂蛋白 B (Apo- B100)、血糖、纤维蛋白原(FIB)进行记录。比较统计学差异，若无统计学差异，用 Logistic 回归分析血浆同型半胱氨酸与颈动脉狭窄之间的关系。该项目完成单位是盐城市第三人民医院，被评为 2010 年度盐城市科技进步奖三等奖。

【不停跳冠脉搭桥手术中临床护理路径的制定及应用体会】 根据不停跳冠脉搭桥手术的特点，手术室护理从以下几方面着手研究：首先，对手术室护理人员培训，派出项目负责人到上海中山医院进修半年学习，能够熟练配合中山医院搭桥手术，然后负责组织全科人员系统学习，要求人人熟知、掌握，苦练基本功，各项操作要求动作到位、轻柔、娴熟。其次，对病人及家属进行临床路径的宣教，让患者和家属了解，临床路径是通过保证患者良好的生理基础来达到减少并发症和缩短住院时间和住院费用的目的。体现人性化服务，提高满意度，实现高品质护理，减少护理差错，提高工作效率，缩短住院天数，降低医疗总费用，在盐城欠发达地区，医疗资源相对紧张，因此这一理念的研究和应用更有其特殊的意义。该项目完成单位是盐城市第三人民医院，被评为2010年度盐城市科技进步奖三等奖。

（吴卫红　陈加强）

盐都区获省级2010年度科技进步奖一览表

表12

序号	成果名称	完成单位	获奖等级
1	3MW海上风力发电技术装备与工程实践	华锐风电科技(江苏)有限公司	一
2	大直径铸钢钢线连续热浸锡的制备制备方法	江苏金合益复合新材料有限公司	三

盐都区获市级2010年度科技进步奖一览表

表13

序号	成果名称	完成单位	获奖等级
1	3MW海上风力发电技术装备与工程实践	华锐风电科技(江苏)有限公司	一
2	大直径铸钢钢线连续热浸锡的制备制备方法	江苏金合益复合新材料有限公司	一
3	组合机床智能化快速设计系统	盐城工学院江苏恒力组合机床有限公司	一
4	液压式不压井修井机组合装备	江苏省金峰石油机械制造有限公司江苏省机械研究设计院有限责任公司	一
5	心尖肥厚型心肌病心电图特征性改变的诊断意义及临床研究	盐城市第三人民医院	一
6	数控精密连续式火焰复合机	江苏闳业机械有限公司南京航空航天大学	二
7	用于大功率柴油发动机的节能型6B机油泵	江苏驰翔精密齿轮有限公司	二
8	优质高产抗病杂交籼稻新品种Ⅱ优650的选育与应用	盐城市盐都区农业科学研究所	二
9	AAG方案治疗难治急性淋巴细胞白血病的临床研究	盐城市第三人民医院	二
10	体外循环心脏直视手术抗凝与凝血管理的临床研究	盐城市第三人民医院	二
11	彩超在产前胎儿畸形筛查中的应用价值研究	盐城市第三人民医院	二
12	产ESBLs阴沟肠杆菌临床分布与耐药性迁的研究	盐城市第三人民医院	二
13	智能型多功能压花机开发与产业化	盐城市坤泰勇杰机械有限公司	三
14	先张法预应力混凝土空心方桩及其成型模具	盐城市双强管桩有限公司	三
15	膀胱粘膜下注射化疗药物在经尿道膀胱肿瘤电切术中应用	盐城市第三人民医院	三
16	在胃-贲门癌外科快速康复流程中临床护理路径制定及研究	盐城市第三人民医院	三
17	循证护理在防治化疗药物外渗护理中的应用	盐城市第三人民医院	三
18	急性脑梗死患者血浆同型半胱氨酸浓度与预动脉狭窄的相关临床研究	盐城市第三人民医院	三
19	不停跳冠脉搭桥手术中临床护理路径的制定及应用体会	盐城市第三人民医院	三

盐都区2010年度国家火炬项目一览表

表14

项目名称	单位名称	投资计划(万元)				预期年新增效益(万元)			
		合计	银行贷款	自筹	其它	产值	销售	利润	流转税金
HYFM-1型聚四氟乙烯与特种纤维覆膜联合机	江苏闳业机械有限公司	2000	800	1200		3800	3650	350	250
聚酯纤维聚合原液着色炭黑工程成套装备	江苏都盛科技发展有限公司	2500	1300	1200		4800	4650	450	350
高强高模聚乙烯纤维生产线成套装备产业化	江苏神泰科技发展有限公司	2000	800	1200		3800	3650	350	250

盐都区2010年度国家星火项目一览表

表15

项目名称	单位名称	投资计划(万元)				预期年新增效益(万元)			
		合计	银行贷款	自筹	其它	产值	销售	利润	流转税金
SQB-9智能液压绷邦机	盐城泽田机械有限公司	3000	900	1200		3500	3500	510	320
HYFZQ-19-Ⅲ防偏磨钢球扶正器	盐城市华谊石油机械有限公司	2500	900	900	700	4500	4500	370	200
高速树脂重负荷磨钢坯砂轮产业化	江苏华辰磨料磨具有限公司	3000	900	1200		3800	3650	350	250
三翼式多功能热采防喷器	江苏省金峰石油机械制造有限公司	2500	800	1200		3800	3650	350	300
金属硬密封全焊接固定锻钢球阀	江苏盐电阀门有限公司	1000	400	600		2300	2300	350	120
全自动电脑控制捆条机	盐城市坤鹏机械厂	2500	800	1200		3800	3650	350	300

盐都区2010年度国家科技型中小企业创新基金项目一览表

表16

序号	项目名称	承担单位名称	争取资金(万元)
1	个性化鞋楦建模系统及装备的研发与产业化	盐城泽田机械有限公司	70
2	混合离子液体应用于烟气脱硫的工程研究及产业化	江苏百斯特环境工程有限公司	90
3	液压式不压井修井机组合装备	江苏省金峰石油机械制造有限公司	70
4	铜钢复合构件的间歇式气体保护高效钎焊炉的研制	盐城市康杰机械制造有限公司	60
5	人工砂石风选脱粉机产业化	江苏吉能达建材设备有限公司	80
6	Ti6Al4V/TiC+TiB双相增强复合材料研发	盐城市鑫洋合金材料有限公司	50
7	高精度往复式全自动裁断系统及设备	江苏航天鸿鹏数控机械有限公司	80
8	电熔法3.3硼硅玻璃仪器的研发与产业化	盐城市华鸥实业有限公司	70
9	差别化聚酯纤维原液着色炭黑浆料的成套制备装置	江苏都盛科技发展有限公司	60
10	槽帮铣削数控专用机床	盐城市超越组合机床有限公司	80

盐都区2010年度省级科技项目一览表

表17

序号	项目类别		项目名称	承担单位名称	争取资金(万元)
1	省创新资金	盐城市盐都高新技术创业园	轻化工固体废弃物利用技术及设备产业化示范	盐城市佳诚机械有限公司	25
			电熔法3.3硼硅玻璃仪器的研发及产业化	盐城市华鸥实业有限公司	25
		江苏省盐城风电装备科技产业园	无线多参数环保事故应急毒害气体监测系统	中智环保科技江苏有限公司	25
2	苏北科技发展计划	科技型企业技术创新	聚酯纤维纳米级着色浆料关键设备的研发及产业化	江苏都盛科技发展有限公司	25
			鞋材数控裁切技术装备研发及产业化	江苏航天鸿鹏数控机械有限公司	25
			多功能材料冲切成型设备开发与应用	盐城市坤泰勇杰机械有限公司	20
			智能型制鞋捆切条机关键技术开发与应用	盐城市坤鹏机械厂	25
		科技富民强县	优质啤麦标准化种植及深加工技术研发与集成示范	国家富民强县项目(7个项目集成)	284
3	科技支撑计划(农业)	面上引导项目	鲜食草莓设施栽培配套技术研究及产业化开发	盐城市威肴农业科技发展有限公司	30
4	科技成果转化专项资金	招标项目	5MW海上及潮间带风力发电机组研发及产业化	华锐风电科技(江苏)有限公司	2200
5	科技基础设施建设计划	重大研发机构	江苏省海上风电研究院	华锐风电科技(江苏)有限公司	4000
6	基础研究计划(自然科学基金)	人才培养项目(企业博士)	非金属材料智能裁切技术装备	江苏航天鸿鹏数控机械有限公司	20
			智能型柴油发电机组自启动、自动并车及远程监控控制系统	盐城发电设备有限公司	20
			多视角三维激光扫描测量技术	江苏锐毕利实业有限公司	20
			超高分子量聚乙烯/等规聚丙烯/环氧树脂复合膜的设计、制备及工艺研究	江苏神泰科技发展有限公司	20

(吴卫红　陈加强)

教育　体育

Education and Sport

综　述

Summary

【概述】 2010年，全区有中小学64所，其中小学39所，初中21所（含实验学校），普通高中4所，在校学生63309人，其中小学生31083人，初中生19661人，高中生12565人。另有特殊教育学校（班）1所，在校学生197人，幼儿园23所，在园幼儿21121人，教师进修学校1所、成人技术培训学校15所。在区委、区政府的坚强领导下，全区教育体育各项工作都取得显著成绩。学生阳光体育、盐都教育网建设获得全国表彰，省年度教育工作考核积分全市第一，被确定为全市唯一首批创建省义务教育优质均衡改革发展示范区，被表彰为省义务教育均衡发展先进区、师资队伍建设先进区，“两项工程”建设、红十字工作被表彰为全市先进集体，喜获全区目标绩效考核综合先进奖和九个单项奖。

教育公平推进步伐不断加快。市第一初中和树人外国语实验学校规范为公办学校，组建市第一初中和市二小教育集团，安排104名校长教师进行集团内校际交流，安排302名城镇学校教师到农村学校支教，实现区域内教师的合理流动。毓龙路、神州路实验学校和神州路幼儿园建设全面展开，学校布局调整基本到位，校安工程加快推进，教育信息化建设不断加快，学校办学条件显著改善，困难学生助学体系更加完善。

素质教育实施水平稳步提高。出台学校“四名”工程（名在减负、名在特长、名在名师、名在文化）攻坚年、特色塑创年、有效教学突破年行动计划，严格执行“五严”规定（严格禁止下达高（中）考升学指标；严格控制学生在校集中教学活动时间；严格执行国家课程计划；严格规范考试和招生管理；严格制止义务教育小学中的违法行为），省市历次明查暗访无违规、无通报。学生德育活动丰富多彩，获省“我爱我们的节日”主题征文优秀组织奖。课程改革稳步推进，市第一初中和局教研室被表彰为省基础教育课程改革先进集体。组织义务教育阶段学校校长赴山东、南通实地考察学习课堂教学模式改革成功经验，推动有效教学课堂教学模式的探究。市一中《“三性五要素”主体性课堂教学模式》课题研究获得省首届“基础教育教学成果奖”。深入开展有效教学研究，组织星期六集中学习研讨日活动，建立学科教研基地69个，实现教学质量的全面提升，获得全市小学教学管理优秀奖和中学有效教学综合考核一等奖。成功与台湾芦洲国民小学民俗体育文化代表团进行互动交流，有1000多名学生在各级各类竞赛中获奖，有632名学生被评为省、市、区优秀学干和三好学生。

两支队伍综合素质明显提升。出台处置有偿家教“三挂钩”规定，组织教师深入学习教育法律法规和师德典型，实现了师德水平的新提升。健全人才培养选拔机制，交流轮岗机关中层干部15人，选派5名同志到基层学校任职，选派15名校长后备人选到局机关挂职锻炼，公推公选教研员10名，提拔、任用和交流校长57人。名师队伍建设取得新成绩，1人被评为教授级中学高级教师，2人获省特级教师称号，教师节期间，有16人获得市表彰，80人获得区表彰。安排2789名中小学教师参加各级各类业务培训。有34名教师获省市优质课评选或教学基本功大赛一等奖，有424名教师在省、市论文竞赛中获奖，区教育局获得省第十一届“五四杯”论文评选优秀组织奖。

群众健康幸福指数继续攀升。高标准完成国民体质监测样本采集。成功举办全民健身月启动仪式、首届教职工运动会和各类常规赛事，全民健身场地设施长效管理机制更加健全，全民健身实施水平进一步提升。组队参加全国特奥会获得6金3银2铜，参加省十七届运动会获金牌8.5枚，列全市首位。全年在市级以上比赛中共获奖牌184.5枚，其中金牌78.5枚。全面推行《国家学生体质健康标准》，实行大课间体育活动制度，深入开展阳光体育活动，有4所学校被表彰为省“冬季三项”锻炼活动先进单位。学校食品卫生、传染病防治、健康教育等工作更加扎实有效，没有发生食品安全和公共卫生责任事故。

安全稳定防范工作更加扎实。在全

盐都区2010年度中小学基本情况

表18

类别	学校(所)	班级数(个)							学生数(个)							教职工数(人)	专任教师(人)
		小计	一年级	二年级	三年级	四年级	五年级	六年级	小计	一年级	二年级	三年级	四年级	五年级	六年级		
合计	64	1280	307	324	326	110	106	107	63309	18269	14895	15962	5179	5093	5113	5687	4820
普高	4	227	74	75	78				12565	3871	3916	4778				1018	880
初中	21	413	128	143	142				19661	5848	6843	6970				2315	1944
小学	39	640	105	106	106	110	106	107	31083	5319	5176	5203	5179	5093	5113	2354	1996

省率先成立校园保安大队，构建区、镇、校三级校园安全防范网络，配备专兼职保安580人。投入资金160万元，安装校园监控系统和周界报警系统，为学校保安统一服装，配备应急工具，购置安全巡查专用车。健全学校安全管理制度，分期分批对安保人员进行培训，加大安全检查频次和力度，有效保障校园的安宁和师生的安全，全年没有发生一起校园安全责任事故。省教育厅副厅长胡金波在盐都调研时，对盐都强化学校安全防范，创建平安和谐校园工作给予高度评价。积极做好信访稳定工作，健全工作体系，落实工作责任，加强政策宣传，开展"金桥行动"，没有发生涉及世博和进京去宁的上访事件。积极配合相关部门做好因施教区划分参与集访群众的思想工作，较好地维护社会的稳定。

党风行风作风要求落实到位。组织学习《廉政准则》和"510"全区廉政大会精神，制订全区教育系统党员干部廉政谈心、诫勉谈话等制度，健全惩治和预防职务腐败工作体系。出台《关于加强对"三重一大"事项监督管理的实施意见》，加强校务公开工作，保证教职工的知情权、监督权和决策参与权。认真做好行政权力公开透明运行工作，实现权力事项网上运行全覆盖。正常开展学校财务收支审计和校长离任审计，推进学校财务管理的规范化、制度化。规范做好各类考试组织工作，实现安全规范无差错。深入开展机关服务"创星级、树品牌"活动，推出驻点督导和片区巡视制度，优化机关服务，强化工作落实，被评为全区五星级服务机关，《中国教育报》等主流媒体报道盐都的特色做法。深入开展创先争优活动，广泛开展承诺践诺和领导点评活动，基层党组织先进性更加凸显，党员的先锋模范作用得到更大发挥。全面加强教育宣传工作，举办全区中小学开放周活动，扩大盐都教育的影响力，赢得社会各界对盐都教育发展更多的关心、更大的支持。

服务经济社会发展再创佳绩。向楼王镇汉张村捐赠苗木2万株，向郭猛镇袁绍村提供帮扶资金4万元，提供技术服务与培训150人次。帮助"三服务"结对企业解决实际问题12个，5家企业年实现销售6.23亿元，入库税收达5260万元，同比增长达25%以上。狠抓招商引资，全年招引项目5个总投资2.75亿元，其中亿元项目1个，同时实现注册外资到账21.5万美元。积极发挥成人校和社区教育中心作用，开展农民实用技术培训、"两后双百"培训和退伍士兵、下岗职工、返乡农民工培训，实现劳动力转移3600余人。指导秦南镇创建成省社区教育示范镇、楼王镇成人校创建成省社区教育中心、北蒋镇创建成省农科教结合示范基地。

【十一五工作回顾】 "十一五"是全区教育体育事业发展速度最快、成效最为显著、人民群众得到实惠最多的时期。全区教育系统坚持以科学发展观为指导，不断优化发展环境，加大教育投入，深化教育改革，强化教学管理，全面完成规划目标任务，先后被评为省幼儿教育先进区、普及高中阶段教育先进区、规范教育收费示范区、首批全面实施素质教育先进区，获得省"县级体育工作进步奖"和"全民健身月优秀组织奖"。2010年5月被确定为全市唯一首批创建省义务教育优质均衡改革发展示范区。区政府连续多年获得全市社会事业发展奖，连续两次在省政府三年一轮的县级政府年度教育工作综合考核中得分列全市第一，获省表彰。主要成绩表现在：教育指标继续攀升。学前三年幼儿入园率达96%；义务教育阶段入学率、巩固率、毕业率均达100%；高中阶段教育入学率达99.04%；残疾儿童入学率达99%；农村在业劳动力受教育年限达11.4年。教育投入不断加大。2006∽2010年政府对教育的拨款分别为31449万元、37940万元、41727万元、57726万元、61224万元，年教育经费拨款增长率分别为20.6%、10 %、38%、6.1%，均高于财政经常性收入增长速度。重点工程进展迅速。高标准完成“四配套”和农村教育“两项工程”；撤并农村学校35所，组建九年一贯制学校3所；新建煤渣和塑胶田径场22片；建成现代化的市一中新校区和日月路小学；组建盐城市第一初级中学和盐城市第二小学2个教育集团。教育改革有效推进。义务教育经费保障机制得到全面落实；义务教育阶段学校教师绩效工资落实到位；新教师“凡进必考，择优录用”制度健全；校长公开竞聘、教职工全员聘任、岗位绩效考核等制度初步形成。教学质量全市领先。多次获得全市高中、初中教学质量综合考核优秀奖，2009年获得全市“有效教学”综合质量考核一等奖。队伍建设成效显著。涌现出全国优秀（模范）教师3人，教授级中学高级教师1人，省特级教师6人，市名校长、名教师21人。体育事业持续发展。区运动员参加市级以上各类比赛共获奖牌866枚，其中金牌373枚、银牌238枚、铜牌255枚。新都街道被命名为“第六批全国城市体育先进社区”，所有镇都创建成省体育强镇，创建国家级体育俱乐部1个，省级体育俱乐部3个。全区经常参加体育活动人数达总人口的50%。盐都体校培养输送的运动员骆晓娟荣获奥运击剑冠军，吴超梅获得全国自行车赛冠军，顾盼盼获得全国少年击剑冠军。

幼儿教育
Pre-school Education

【概述】 认真贯彻落实《关于幼儿教育改革与发展的指导意见》，严格执行区政府下发的《关于进一步加强和改进全区农村幼儿教育管理工作的意见》，强化幼儿园招生、保教、安全管理，办园行为进一步规范，全区学前三年人园率稳步提高，达97%以上。

【创省优质幼儿园5所】 6月，省教育厅专门发文确认盐都区西区、潘黄、楼王、郭猛、学富五镇（区）中心幼儿园为省优质园。11月，张庄街道钱庄幼儿园接受省优质幼儿园评估验收。

【区幼儿园组织开展家园互动活动】 3月25~26日，区幼儿园举行小班亲子活动和中班半日开放活动，让家长走进幼儿园，了解幼儿教育，增强家园合力，促进幼儿成长。

【区幼儿园举行幼儿绘画、唱歌、拍球比赛活动】 4月下旬，区幼儿园利用3个半天组织大班幼儿绘画比赛、中班幼儿唱歌比赛和小班幼儿拍球比赛活动，整个活动体现全体参与原则，促进幼儿全面素质的发展。

【区幼儿园举行幼儿运动会】 5月31日，区幼儿园以“阳光运动，健康快乐”为主题，举办庆“六一”运动会，设“抗旱总动员”、“小螃蟹学走路”、“蚂蚁搬豆”、“拍球”、“跳绳”等项目，吸引幼儿的广泛参与，有效培养幼儿良好的参与意识、竞争意识和合作意识。

【区幼儿园组织消防疏散演练活动】 9月28日，区幼儿园举行消防紧急疏散演练。全园400多名幼儿和老师参与消防疏散演练，对应急疏散的程序，逃生和灭火知识有了切身的体会，进一步增强全体师生的消防安全意识和遇到突发事件时的安全自救和互救能力。

【义丰幼儿园开展“端午粽香飘”活动】
端午节前夕，义丰幼儿园开展“端午粽香飘”系列活动，老师和孩子们一起说故事、看碟片、包粽子，帮助孩子们了解端午节的文化。

九年制义务教育
Nine-year Compulsory Education

【概述】 2010年，全区小学适龄儿童入学率、巩固率、毕业率、升学率均为100%，适龄残疾儿童少年入学率达99%；初中在校生年巩固率达100%，毕业率达99.98%。全区义务教育呈现出均衡发展的良好态势，被确认全省首批创建义务教育优质均衡改革发展示范区。

【全市教育均衡发展座谈会在盐都召开】 9月9日上午，全市教育均衡发展座谈会在盐都召开，市委书记赵鹏，市委常委、秘书长戴元湖，区长崔浩、副区长张瑞卿出席会议。赵鹏在讲话时要求，全市教育工作要从盐城实际出发，从实实在在的工作做起，向着教育均衡发展目标迈进。

【市长李强视察市二小】 9月8日，市长李强在市、区相关领导的陪同下到市二小视察工作，慰问广大教育工作者。李强详细询问学校发展的情况，对学校近年来所取得的成绩表示肯定，对耕耘在一线的老师表示慰问，勉励学校再接再厉，扎实提高教学质量，为全市义务教育均衡发展作出新的贡献。李强还就学校发展中遇到的问题当场和相关部门的领导进行会办，并作出重要指示。

【省教育厅副厅长胡金波到盐都视察指导】 5月10日，省教育厅副厅长胡金波、省教育督导室主任王国强到盐都区视察指导教育工作。市教育局局长常逢生、副局长郑英舜和副区长张瑞卿等领导陪同视察。胡金波一行先后参观紫薇幼儿园、日月路小学和市一中，充分肯定盐都教育近年来取得成绩。希望盐都区坚持教育优先发展不动摇；坚持育人为本，德育为先不动摇；坚持推进教育公平不动摇；坚持提高质量不动摇；坚持强区惠民不动摇，早日把盐都办成全省义务教育优质均衡改革发展的示范区。

【规范义务教育改制学校】 根据《省政府办公厅转发省教育厅等部门关于进一步做好义务教育阶段改制学校清理规范工作的意见的通知》和《市委办公室、市政府办公室〈关于推进市区义务教育优质均衡发展的意见（试行）〉》，区政府办转发区教育局、区监察局、区财政局、区审计局、区编办、区人力资源和社会保障局、区物价局七部门《关于进一步做好义务教育阶段改制学校清理规范工作的意见》(都政办发[2010]69号),决定于8月底前将两所改制学校全部规范为公办学校,执行公办学校办学政策,纳入公办学校经费保障范围。秋学期开学前,改制学校规范到位,教职工录用和安置、资产审计和处置、招生收费和经费保障等各项工作全部按时序推进到位,教育教学秩序稳定。

【组建两大义务教育集团】 根据《市委办公室市政府办公室<关于推进市区义务教育优质均衡发展的意见>》,8月,组建成立盐城市第一初级中学教育集团和盐城市第二小学教育集团。盐城市第一初级中学教育集团成员校包括盐城市第一初级中学、盐都区实验学校和潘黄实验学校。盐城市第二小学教育集团成员校包括盐城市第二小学、盐城市第二小学北校区、盐城市日月路小学、水上学校。各教育集团建立理事会,实行总校长负责制,各成员校行政隶属关系不变,法人、校园、人事、财务独立,集团内实行统一师资调配、统一设施装备、统一教学管理、统一考核奖惩。8月16日上午,隆重举行盐城市第一初级中学教育集团和盐城市第二小学教育集团揭(授)牌仪式。区领导顾其斌、单永红、武进甲、张瑞卿、孙万青参加仪式。

【隆重召开庆祝第26个教师节暨创建教育示范区动员大会】 9月8日下午,全区庆祝第26个教师节暨创建省义务教育优质均衡改革发展示范区动员大会在盐都文化艺术中心隆重召开。区委书记李纯涛出席并作重要讲话,区委副书记、区长崔浩主持会议,区领导俞途、陈广平、顾其斌、陈雷、武进甲、张瑞卿出席。区委书记李纯涛在讲话中高度评价全区教育工作者为盐都教育事业发展作出的重要贡献,并向全区8200多位教育工作者祝贺节日。会上,获得省、市表彰的教师和受到区政府表彰的教师代表登台受奖;龙冈镇、楼王中学、获奖教师代表先后发言。

【召开全区教育体育工作会议】 2月27日上午,在市一中召开全区教育体育工作会议,总结回顾2009年盐都教育工作,对2010年工作作出具体部署。各镇(区、街道)、相关部门分管负责人和各学校校长(园长)参加了会议,副区长张瑞卿出席会议并讲话。会上,颁发2009年度盐都区教育工作先进单位奖,潘黄镇、秦南镇、大冈镇、市一中和大纵湖小学做了交流发言。

【省督查组检查指导校园安全防范】 6月22日上午,省司法厅副厅长周红养率省学校幼儿园安全防范工作督查组一行5人,在市委政法委副书记、市综治办主任徐龙波,区委常委、政法委书记穆芹,副区长张瑞卿的陪同下,检查指导区学校幼儿园的安全防范工作。周红养一行先后察看市一中、日月路小学、紫薇幼儿园的校园面貌,听取各学校幼儿园安全防范工作汇报,检查学校幼儿园保安的到位、视频监控的使用,周界报警系统的装置等人防、技防、设施防的情况,对区学校幼儿园安全防范工作予以高度评价。

【组团赴如皋考察学习活动单教学模式】 10月19~21日,区教育局组织全区小学、初中、实验学校校长以及局机关相关科室一行60人赴南通如皋考察学习"活动单导学"课堂教学模式。在如皋期间,考察团先后走访考察首倡"活动单导学"课堂教学模式的如皋市吴窑镇金盛初中,代表"活动单导学"课堂教学模式最高实践水平的如皋实验初中、如皋师范附属实验小学,通过课堂观摩,参观校园硬件设施,考察隐性课程开发,聆听如皋教育局领导以及相关学校校长的教改经验介绍,为基层学校在课程改革向纵深推进方面作观念和操作层面上的准备。

【举行中小学"开放周"】 12月20~26日是2010年全区中小学"开放周"。12月20日在市一中举行"开放周"启动仪式,区领导陈雷、武进甲、张瑞卿、孙万青参加启动仪式,副区长张瑞卿作动员讲话,区委常委、宣传部长陈雷宣布开放周开幕。开放周期间,区教育局专门组织教育集团交流教师教学展示、送教下乡、教学改革讲座、邀请人大代表、政协委员评议教育工作等活动。各学校同时将教育教学设施、课堂教学、教育管理的各个环节全部向家长开放。区教育局专门制作"盐都教育优质均衡新跨越"单页宣传单,盐都电视台专门开辟全区中小学"开放周"巡礼专栏,盐都教育网专门开设"盐都教育新华章——全区中小学'开放周'巡礼"专题,集中宣传展示全区各学校教育教学成果和学校建设成绩。

【吹响学校特色建设"冲锋号"】 4月,区教育局专门出台《盐都区学校"特色塑创年"行动计划》,明确学校特色建设的目标任务,基本原则、工作措施和行动步骤,吹响全区学校特色建设的"冲锋号"。

【第13个春蕾班揭牌】 5月26日上午,由区妇联牵头,区地税局捐资创办的"潘黄实验学校地税春蕾班"正式揭牌,这是全区创办的第13个春蕾班。市妇联主席杨爱华,区委常委、政法委书记穆芹及相关部门负责人出席揭牌仪式。仪式上,区地税局向春蕾班捐赠2010年助学金10000元,区妇联向春蕾班学生们赠送学习用品。

【举行"书香校园"小学教师读书竞赛活动】 1月18日,全区"新华杯·书香校园"小学教师读书竞赛活动在日月路小学举行。来自各小学的22位教师参加现场决赛。市教科院副院长、教育学会秘书长马群仁应邀担任评委,并对教师读书活动进行点评。朱晓芳、陆彩莲、刘粉红、王蒙、朱建国5位教师获得一等奖。

【区人大慈善会、红十字会向聋哑学校献爱心】 在区"两会"期间，义丰镇人大代表团、区慈善会和红十字会于1月11日上午联合到市聋哑学校举行爱心助残捐赠，共向聋哑学校学生捐赠人民币6万元。这是区人大代表连续第四年利用"两会"间隙到该校进行捐赠。

【义丰初中参加全国足球冬令营满载而归】 1月28日，义丰初中参加全国青少年足球冬令营的队员载誉归来。全国青少年足球冬令营活动由全国青少年校园足球办公室主办，在广州清远市清新县足球训练基地举办，来自全国17个城市的450多名足球小球员参加了本次活动。义丰初中校园足球队是全市唯一获邀的代表队，在为期7天的冬令营活动，队员们体验阳光体育、快乐足球的乐趣。活动期间，队员们除接受国足教练的指导外，还参加初中组七人制足球赛、英语演讲比赛、歌咏比赛、清新论坛、校园文化展示等活动，共获得最佳管理奖、精神文明奖、足球征文奖等9项表彰，充分展现盐都学子的风采。

【《中国教育报》等媒体报道区教育局创树活动】 7月12日，《中国教育报》创新栏目专门报道了区教育局驻点督导和片区巡视特色做法。4月5日，《江苏教育报》以《推行驻点督导，加强片区巡视，盐城市盐都区教育局开展服务创星级树品牌活动》为题，在3版头条刊登教育局创树活动新举措，在省市产生深远影响。4月6日的《盐阜大纵报》，4月1日的《盐城晚报》，《东方生活报》和4月3日的《盐都报道》相继报道活动开展情况。

【省市媒体关注盐都教育均衡发展】 7月26日、27日江苏教育电视台分别以《实施"四名"工程　加强内涵建设》和《扩大优质教育资源　创设公平入学机会》为题介绍区创建义务教育优质均衡发展示范区的举措。10月2日江苏卫视教育强省栏目介绍区组建教育集团推进教育均衡发展的做法。12月1日江苏教育电视台以《盐城市盐都区加大投入打造硬件均衡》为题报道区推进义务教育均衡发展的特色做法，区教育局局长先后多次接受电视采访。

【市二小学生柏宇成为全国少代会代表】 中国少年先锋队第六次全国代表大会于6月1日至2日在北京举行。市二小柏宇作为全市唯一学生代表参加全国少代会，受到胡锦涛总书记等党和国家领导人的亲切接见并合影留念。

【区素质教育实践中心挂牌】 5月28日，区中小学生素质教育实践中心揭牌仪式在市素质教育实践中心举行。市教育局纪委书记吴清镭和区教育局局长宋金洪共同为中心揭牌。市、区教育部门相关领导和部分学校校长参加揭牌仪式。

【区教育学会召开第三次会员代表大会】 12月17日，区教育学会第三次会员代表大会在区教育局召开。市教育学会秘书长马群仁，区科协副主席成兴祥，民政局社会组织管理科科长叶会仁等领导出席会议。会议审议通过区教育学会第二届理事会工作报告和《盐城市盐都区教育学会章程(征求意见稿)》，选举产生新一届理事会理事、常务理事、会长、副会长、秘书长、副秘书长。

【三学生在"美好江苏"素质展示活动中获奖】 12月4日全省中小学生"美好江苏"素质展示系列活动颁奖仪式在江苏教育电视台落幕。尚庄小学学生张琦、蒋丽分别获得绘画类一等奖、二等奖，市二小罗盛铭获得DV比赛二等奖，尚庄小学老师胥传翠获得优秀指导奖。

【区教育局召开系统行风建设座谈会】 12月24日，区教育局邀请部分区人大代表、政协委员和教育系统行风监督员参加行风建设座谈会，广泛征求社会各界对教育工作的建议。同时，与会人员视察市一中、日月路小学和区实验学校。

全区中小学校、幼儿园、成人校一览表

表 19

中小学

名　　称	地　　址	电　话	邮　编	网　　址
盐城市第一中学	盐城市西环南路	88579199	224005	www.jsycyz.cn
盐城市龙冈中学	盐都区龙冈镇	88710126	224011	www.longzhong.com.cn
盐城市时杨中学	盐都区学富镇	88772168	224035	www.ycssyzx.com
盐城市大冈中学	盐都区大冈镇	88804960	224043	www.ycdgzx.cn
盐城市大纵湖小学	盐都区滨湖社区	88681436	224034	
盐城市北龙港小学	盐都区北龙港镇	88670179	224033	
盐城市楼王小学	盐都区楼王镇	88650403	224031	www.yclx.cn
盐城市学富实验学校	盐都区学富镇	88772304	224035	
盐城市义丰小学	盐都区大纵湖镇	88661324	224022	www.yfxx.net
盐城市尚庄小学	盐都区尚庄镇	88621263	224023	www.ycszxx,net

续表 19

名　　称	地　　址	电　话	邮　编	网　　址
盐城市肇基小学	盐都区葛武镇	88641223	224024	
盐城市北蒋实验学校	盐都区北蒋镇	88613153	224025	
盐城市秦南小学	盐都区秦南镇	88601319	224021	
盐城市中兴小学	盐都区中兴社区	88781211	224013	
盐城市龙冈小学	盐都区龙冈镇	88700123	224011	
盐城市鞍湖实验学校	盐都区鞍湖社区	88730503	224012	
盐城市潘黄实验学校	盐都区潘黄街道	88460128	224055	www.ycphzx.con
盐城市马沟小学	盐都区盐龙街道	88451239	224056	
盐城市郭猛小学	盐都区郭猛镇	88491153	224014	
盐城市大冈小学	盐都区大冈镇	88802609	224043	www.yddgxx.com
盐城市冈中小学	盐都区冈中社区	88869159	224042	
盐城市张庄小学	盐都区张庄街道	88720111	224015	
盐城市第二小学(北)	市区育红巷 2 号	88327126	224001	www.spe.net.cn
盐城市水上学校	城西水上新村	88379109	224001	
盐都市日月路小学	盐都新区日月路	83093900	224005	
盐都体育学校	盐城市区盐南路	88433005	224001	
盐城市聋哑学校	盐城市区海纯路	88334668	224001	
盐城市第二小学	盐城市区前进村	88151900	224001	www.srwx,net.cn
盐城市大纵湖初中	盐都区滨湖社区	88682055	224034	
盐城市北龙港初中	盐都区北龙港镇	88673388	224033	
盐城市楼王中学	盐都区楼王镇	88651234	224031	www.lwzx.net
盐城市义丰初中	盐都区大纵湖镇	88661142	224022	
盐城市尚庄中学	盐都区尚庄镇	88622100	224023	
盐城市葛武初中	盐都区葛武镇	88641244	224024	
盐城市泽夫中学	盐都区秦南镇	88601705	224021	
盐城市中兴初中	盐都区中兴社区	88781210	224013	
盐城市龙冈初中	盐都区龙冈镇	88700139	224011	
盐城市马沟中学	盐都区盐龙街道	88451411	224056	
盐城市郭猛中学	盐都区郭猛镇	88491596	224014	
盐城市大冈初中	盐都区大冈镇	88802187	224043	
盐城市冈中初中	盐都区冈中社区	88869335	224042	
盐城市张庄初中	盐都区张庄街道	88720115	224015	
盐都区实验学校	盐都新区开元路	88435869	224005	www.ydsyxx.cn
盐城市第一初中	盐城市区解放北路	88182822	224001	

幼儿园

名　　称	地　　址	电　话	邮　编	网　　址
盐都区幼儿园	市区毓龙西路	88396656	224001	
大纵湖中心幼儿园	滨湖社区	88683028	224034	

续表 19

名　称	地　址	电　话	邮　编	网　址
北龙港中心幼儿园	北龙港镇	88670209	224033	
楼王中心幼儿园	楼王镇	88651411	224031	
学富中心幼儿园	学富镇	88772373	224035	
义丰中心幼儿园	大纵湖镇	88661750	224022	
尚庄中心幼儿园	尚庄镇	88621223	224023	
葛武中心幼儿园	葛武镇	88641118	224024	
北蒋中心幼儿园	北蒋镇	88613461	224025	
秦南中心幼儿园	秦南镇	88601107	224021	
中兴幼儿园	中兴社区	88781214	224013	
龙冈中心幼儿园	龙冈镇	88702322	224011	
鞍湖中心幼儿园	鞍湖社区	88730557	224012	
潘黄中心幼儿园	潘黄街道	88460506	224055	
西区中心幼儿园	盐龙街道	88451155	224056	
郭猛中心幼儿园	郭猛镇	88491649	224014	
大冈中心幼儿园	大冈镇	88801801	224043	
冈中中心幼儿园	冈中社区	88869070	224042	
张庄中心幼儿园	张庄街道	88072973	224015	
新都希望幼儿园	新区新都花园内	88429961	224005	
机关紫薇幼儿园	紫薇花园内	88037058	224005	
机关新日月幼儿园	新日月小区内	13401782121	224005	

成人校(社区教育中心)

名　称	地　址	电　话	邮　编	网　址
大纵湖成人校	滨湖社区	88681162	224034	
北龙港成人校	北龙港镇	88672686	224033	
楼王成人校	楼王镇	88651405	224031	
学富成人校	学富镇	88771421	224035	
义丰成人校	大纵湖镇		224022	
尚庄成人校	尚庄镇	88621283	224023	
葛武成人校	葛武镇	88641129	224024	
北蒋成人校	北蒋镇	88611844	224025	
秦南成人校	秦南镇	88601549	224021	
龙冈成人校	龙冈镇		224011	
潘黄成人校	潘黄街道	88448106	224055	
郭猛成人校	郭猛镇	88491349	224014	
大冈成人校	大冈镇	88802359	224043	
张庄成人校	张庄街道	88722126	224015	
新都社区教育中心	新区伍冈村	88819233	224005	

高中教育
Senior High School Education

【概述】 坚持内涵和特色发展并举的策略，强势推进普通高中教育发展。加强高中阶段教育招生的引导与指导，放大普及高中阶段教育示范区创建成果，正确引导初中毕业生报考普通高中和职业学校，全区高中阶段教育入学率达99.04%，普职比大体相当。

【召开普通高中教学工作会议】 10月12日，全区普通高中教学工作会议在龙冈中学召开。各高中校长、分管校长、年级主任，教育局班子成员和职能科室负责人参加会议。市一中、龙冈中学、时杨中学、大冈中学作交流发言。

【获得省高中作文竞赛优秀组织奖】 12月4~5日，全省第十届中学生作文大赛高中组现场决赛在南京举行。盐都区选送的6名高中学生全部获得一等奖，区教育局获得省教育厅颁发的优秀组织奖。

【全省高中语数外有效教学观摩研讨会在市一中举行】 4月23~24日，2010年江苏省高中语数外课堂有效教学观摩研讨会在市一中举行，来自全省各地的近700名领导和老师参加本次活动。著名教育家吴松年教授作《有效教学新概念》专题讲座，梁丰高级中学姚冬芬、如皋中学薛钧、镇江市第一中学司马凌云、盐城市第一中学高萍、周绘、潘龙生6位优秀青年教师分别开设语数外各两节、共6节观摩课。黄厚江、石志群和杨炳奎3位特邀专家分别对语数外观摩课进行点评。

【举办困难大学生资助金发放仪式】 8月12日下午，由区慈善会、团区委和教育局联合举办的“献爱心·圆梦想”盐都区2010困难大学生资助金发放仪式在市一中举行。区四套班子主要领导和社会各界爱心人士出席发放仪式。49名盐都籍困难大学新生获得金额20万元的资助。

【龙冈中学接受省首批四星级高中素质教育督导】 11月29日，省首批四星级高中素质教育督导专家组一行8人对龙冈中学进行为期2天的督导检查。在此期间，专家组听取学校工作汇报，随机听课15节，实地考察校园环境，查阅全部督导资料，访谈了20人，发放问卷345份。督导组对龙冈中学执行“五严”规定，规范办学行为；强化情感教育，开发德育课程；建设教师团队，促进专业成长；改革课堂模式，切实减负增效等推进素质教育方面的成绩和亮点作充分的肯定，获得优秀等次。

【盐城一中评选表彰“巾帼十佳”】 为隆重纪念“三八”国际劳动妇女节100周年，进一步激发广大女教职工的工作积极性，市一中学开展“巾帼十佳”评选活动，胡雪梅等10位教师获得学校“巾帼十佳”称号。

职业教育与社会教育
Vocational Education and Social Education

【概述】 全区职业教育与社会教育坚持以科学发展观为指导，紧紧围绕“双新”盐都建设目标，坚持优质、实效、服务的原则，大力发展职业教育，不断加强成人教育，积极发展社区教育，着力规范民办教育，在服务“三农”、服务社区、服务社会经济发展方面取得新的成绩。

【召开全区成人教育工作会议】 10月12日，全区成人教育工作会议在秦南召开，会议要求各成人校协助区教育局职社科抓好各镇的民办幼儿园的安全管理工作，确保农村幼儿园安全、安宁、无事故；切实加强自身建设，力争在2~3年内实现由镇（区、街道）成人校向社区教育中心转轨；认真制定好成人教育“十二五”规划，为全区成教事业的发展进言献策；强化成人教育中心校的内部管理，制定好成人校工作人员考评细则，迎接市、区对各校的评估；要加强社区教育辅导站的建设，尽心尽力，主动作为，为全区青少年的校外教育尽职尽责。

【北蒋成人校首届“涉农专业”中专培训班开学】 12月9日下午，北蒋成人教育中心校与盐城市高级职业学校联合举办的“涉农专业”中专培训班隆重开班，来自全镇13个村居和各企事业单位近300学员报名参加学习并参加开学典礼，市、区教育局领导和盐城市高等职业学校领导班子成员到场祝贺。

【成人教育创建工作喜获丰收】 全区成人教育和社区教育得到较快的发展，全年创建省级社区教育示范镇1个（秦南镇），创建省级社区教育中心1个（楼王镇），创建省级农科教结合示范基地1个（北蒋成人校），创建市级社区教育中心1个（北龙港镇），创建数列全市上游，加快成人教育向社区教育的转型。区教育局在市教育局成人教育与社区教育工作年度考核评比中荣获“先进单位”称号。

【扎实开展各类成人教育技术培训服务】 全年实现劳动力转移培训2800人次，农业实用技术培训48000人次，退役士兵、下岗职工创业培训2200人次，“两后双百”培训910人次，返乡农民工创业培训3000人次，其他培训20000人次，圆满完成各项培训任务，积极服务地方经济社会发展和“双新”盐都建设。

【楼王镇接受省社区教育中心考核验收】 11月30日，省级社区教育中心考核验收组对楼王镇成人校创建省级社区教育中心工作进行考核验收。考核组一行对楼王镇成人校创建省级社区教育中心工作给予充分肯定。

高等教育
Higher Education

【概述】 区电大是隶属于区政府的科级建制事业单位，2009年3月经批准增挂“江苏广播电视大学盐都学院”校牌。是一所融本科、专科、中专（中职）等多层次、多形式学历教育于一体，集学历教育、专业培训、继续教育为一身的地方成人高等学校。全校师生践行科学发展观，

高举现代远程开放教育旗帜，发扬“严谨、务实、团结、奉献”的精神，围绕“创新工作思路、强化招生服务、稳定办学规模、提升管理水平”的总体要求，坚守电大阵地，全面加强内涵建设，不断提高办学水平和层次，培养和输送大批合格适用性人才，为地方经济社会事业发展作出贡献。

【党建工作再次受到表彰】 电大党支部以科学发展观为指导，以创先争优活动为载体，全面加强组织建设，注重党员队伍教育管理，致力增强党员的荣誉感、使命感和党组织的凝聚力、号召力，将“五个好”、“五带头” 要求落实到日常工作中，使党员干部的思想理论素养、工作活力、廉政建设水平都有新的提升，各项工作取得明显成效。年内，被上级党委表彰为“五好”基层党组织。

【办学水平不断提升】 区电大视教学质量为学校的生存线，一如既往地严格按照中央、省、市电大的文件精神，加强教学过程管理，提高支持服务水平。在教学中，特别注重入学教育、网上学习交流、辅导教师与学员的互动、形成性作业的完成及考核、学习小组活动等关键环节的教学。教师充分开发和使用多媒体教学资源，采用面授辅导、小组学习、网络浏览、BBS讨论、电话答疑等多种助学手段，让学员获得相关课程的辅导和教学信息，为学生的学习提供捷径和指导，提高学员的学习兴趣，提高教学质量。在11月全省电大教学工作检查中，受到省校有关领导的高度赞扬。

【开放教育招生工作再创佳绩】 面对普通高校和民办高校的迅速发展和激烈的生源竞争，区电大视招生工作为生存线，把招生工作作为阶段性重中之重的工作来抓，通过取得上级领导的支持，下发都政办[2010]3、60号文件，专门就开放教育招生工作作出部署，通过大力宣传、与市区有关部门联合系统内招生、利用师生的人脉关系、制定目标责任及激励政策等，招生工作取得较好成绩，全年招收新生800多人，列全市电大系统之首，被省电大表彰为招生工作先进单位。

【服务水平有新的提高】 服务是办好现代远程教育的重要支柱，优质的服务可使电大事业持续健康发展。区电大在日常教学管理中，要求教职工把严格管理与人文关怀结合起来，将“为了一切学员，一切为了学员”的宗旨贯穿于办学的全过程，把满足学生的个性学习需求和促进学员全面素质提高作为学校进行一切教育活动的出发点和归宿，用优质服务为学员营造一个良好的学习氛围，受到学员和社会的好评。

【非学历教育培训有新扩展】 充分利用电大平台的资源优势，多层次、多形式开展培训工作，在继续与区人社局、财政局、中小企业管理局等部门合作进行非学历教育培训的基础上，又与新都、新区、潘黄等镇(区、街道)联合开展多层次培训教育工作，全年参训人员近千人，为学习型社会建设提供智力平台支持。

【闲置资源利用取得新成效】 在电大系统普专班停招、与盐城技师学院不再联办的情况下，学校部分校舍闲置，造成资源浪费，为盘活现有存量资产，在充分调研的基础上，区电大用部分闲置资产与盐城兴达中学等单位合作，取得50万元收益，对改善办学条件增添财力支持。

(夏　军)

教师队伍建设
The Construction of Teachers Rank

【概述】 以增效减负、进位争先为目标，强化队伍建设，突出有效管理，着力提升校长、教师队伍的整体素质和教育管理实践能力，积极推进教育人事分配制度改革，积极稳妥实施义务教育学校教师绩效工资，为打造教育强区，促进教育公平，推动教育均衡发展作出积极贡献。

【实施校长教师交流和“城镇学校支援农村教育工程”】 专门印发《关于进一步加强校长教师交流促进义务教育优质均衡发展的意见》，全年共有302名城镇学校教师到农村学校(村小)支教，市第一初中和市二小教育集团内部有104人进行交流，同时派出44人次到农村学校支教，推动全区教育和谐均衡发展。

【实行“三挂钩”从严治理有偿家教】 把严肃查处有偿家教作为2010年师德行风建设的重点之一。对参与有偿家教的教师，坚决做到“三挂钩”，即与师德考核挂钩，实行一票否决；与工资分配挂钩，取消奖励性绩效工资；与工作变动挂钩，一律调离原工作单位。“三挂钩”处理意见有效控减教师的有偿家教行为，让学生得到充分休息。

【华师大教授作学术报告】 3月27日，特邀华东师范大学教授文新华到盐都讲学。全区学校中层以上管理干部、班主任和教师代表400余人聆听报告。

【培养校长后备人选出新招】 为构建民主开放的干部选拔任用工作新机制，加强学校校长队伍建设，促进管理水平提升，推进教育事业持续健康发展，区教育局注重人才选拔，加强实践锻炼，先后安排15名校长后备干部到教育局机关进行跟班挂职锻炼。

【获省“五四”杯教师论文大赛优秀组织奖】 5月16日，由省教育厅和江苏教育报刊社联合组织的全省中学青年教师第十一届“五四杯”论文颁奖活动在江阴英桥国际学校举行。区教育局获得省教育厅颁发的优秀组织奖，另有12名教师获二等奖，20名教师获三等奖。

【举办首期班主任任职资格培训】 为全面提升中小学班主任队伍的政治思想素质、专业能力和管理水平，充分发挥班主任在学校教育和未成年人思想道德建设中的突出作用，促进学生德、智、体、美、劳全面发展。区教育局决定，分批对全区中小学列入班主任培养对象的教师进行全员培训。5月22日首期小学班主任任职资格培训班正式开班，来自全区的121名小学班主任参加为期六天的培训。

【组织教育系统第十次无偿献血活动】 为隆重纪念第63个“世界红十字日”，区教育红十字会组织开展教育系统第十次无偿献血活动。全区800多名教育工作者参加献血活动。

【组建校园保安应急机动队】 8月3日，区校园保安大队在全区范[illegible]分片区组建6个校园保安应急[illegible]选91名校园保安为兼[illegible]校幼儿园突[illegible]进行[illegible]卫

体教师聆听本次讲座。

【参加省、市操作技能大赛和教师基本功比赛获奖】 区内8名教师参加2010年盐城市中小学音乐、美术教师基本功比赛全部获奖。仓晓丽、宗杰获得音乐学科一等奖，高荣、黄玉萍分获二三等奖，仓晓丽、宗杰和高荣还分别获得舞蹈、器乐和声乐的单项奖。顾凤鸾和张凤获得美术学科一等奖，孙振东、茆丹丹分获二三等奖。5月29日，学富实验学校老师吴剑飞在全省初中化学实验操作技能大赛中，喜获一等奖。

【组织开展消防安全“四个能力”培训】 7月29日，组织开展消防安全“四个能力”培训，全区各学校、幼儿园安全保卫处主任、专职保安接受培训。“四个能力”即：提高发现和消除火灾隐患能力，切实做到“消防安全自查、火灾隐患自除”；提高组织扑救初起火灾能力，切实做到“火情发现早、小火灭得了”；提高组织人员疏散逃生能力，切实做到“能火场逃生自救、会引导人员疏散”；提高消防宣传教育培训能力，切实做到“消防设施标识化、消防常识普及化”。

【组织2010年教师读书教育考核】 为深入开展教师读书教育活动，激发广大教师的学习热情，引导教师不断学习教育理论，更新教育观念，提高教师队伍整体素质。11月20日，组织2010年教师读书教育活动考核工作。2011年拟申报中、高级职称的952人参加集中考核，4000多名教师在各学校参加考核。

【面向全区选聘首批教研员】 9月25日，举行首批教研员聘任仪式，向经过公开报名、资格审查、能力测试、组织考察、研究公示等程序选拔聘任的10名教研员颁发聘书。

【面向社会聘用新教师224人】 根据省、[illegible]区有关文件精神，经考核、考试、体检、[illegible]等程序，聘用改制学校教师213人，[illegible]聘用义务教育学校新教师11人。

[illegible]强】 全区全年共有2789名中小学教师参加各级各类业务培训：其中4名教师出国培训，456人参加省级培训，306人参加市级培训，2023人参加区级培训，成效明显。组织省教育厅“送培到县”初中思品学科300人培训。继续对53名转岗教师进行脱产培训，通过培训，所有转岗教师都能胜任转岗学科的教学，有力地缓解区学科教师紧缺的矛盾。

【组织高中和幼儿园教师新课程综合能力考核】 组织895名小学教师参加市高中和幼儿园教师实施新课程综合能力考核，实际考核870人，其中A等206人，B等435人，C等199人，D等49人。

【区教育局对学校安全保卫人员进行培训】 5月22日，区教育局对全区学校幼儿园安全保卫人员进行培训。来自全区各学校幼儿园的391名安全保卫人员参加培训。区公安局巡防大队大队长和区治安大队经文保中队负责人进行了专题辅导。区校园保安大队大队长戴军作动员讲话。培训班上，还下发了《盐都区加强校园安全保卫工作十项基本要求》、《企事业单位内部治安保卫条例》和《江苏省中小学幼儿园治安保卫工作规范》等文件。

【召开重阳节老干部座谈会】 10月16日上午，区教育局召开2010年重阳节离退休干部茶话会。局领导和40名离退休干部参加座谈会。各位离退休老干部为教育体育“十二五”发展规划提出建设性意见。

教育经费与办学条件改善

Funding for Education and Improvement of School Conditions

【概述】 2010年，全区教育经费总投入7.37亿元，其中，财政预算内拨款58522万元，省市专项补助资金3073万元，教育附加5235万元，预算外收入6882万元。

【“两项工程”建设获得市先进集体称号】

2月，盐都区喜获全市农村教育“两项工程”建设先进集体称号。盐都是全省农村教育“两项工程”建设试点县区之一。区政府高度重视农村教育“两项工程”的建设、管理与使用工作，倾力打造优质工程、民心工程和惠民工程，取得良好的社会效益。2009年8月底，8所学校9个食堂、宿舍项目和14所农村公办中心幼儿园教学楼、食堂、晨检室、塑胶跑道的建设任务全部完成，并投入使用，2009年10月份一次性通过省验收。2010年全省教育工作会议上，盐都区围绕两项工程建设、使用与管理作书面交流。

【教育惠民政策落实】 义务教育阶段学校全部免收学杂费，小学每生每年370元、初中每生每年610元公用经费按时序进度全部拨付到位，向53371名义务教育阶段学生发放了免费教科书，金额总计590万元，补助1120名贫困寄宿生生活费94万元，补助1523名普通高中贫困生助学金152万元，补助148名中职贫困生助学金22万元，333名贫困大学生助学贷款190万元。

【校舍安全工程实施水平全市前列】 根据校安工程鉴定结论，制定全区2010~2012年三年规划方案，校舍安全工程共实施17所学校24个项目，其中：加固项目8个，加固面积8165平方米；新建项目16个，新建面积32889平方米。所有加固及新建的工程无论在数量上还是在质量上都名列全市前茅。

【学校布局调整再撤7所学校】 严格执行区政府对农村小学布局调整的意见。秋学期撤并蒲周、沙东、孙伙、储巷、王港、西顾、陈祁7所村小和教学点。

【12所学校新建塑胶田径场】 年内，大纵湖初中、大纵湖小学、北龙港小学、楼王中学、义丰小学、尚庄中学、秦南小学、中兴初中、龙冈镇中、龙冈小学南校区、大冈小学、冈中小学等12所完成塑胶田径场建设工程。

【盐都再添2所省级绿色学校】 4月，省教育厅、环保厅联合发文确认全省第九批绿色学校（幼儿园），泽夫中学和义丰初级中学榜上有名。至年底，全区已有市级绿色学校（幼儿园）31所、省级绿色学校8所。

【7所学校被评为省平安校园】 6月，省教育厅、综治办和公安厅联合发文表彰省平安校园。龙冈中学、时杨中学、大纵湖初中、日月路小学、义丰小学、大冈小学、秦南小学7所学校榜上有名。至此，全区共有8所学校被评为省平安校园。

【扎实做好“龙芯”电脑推广应用工作】 3月9日，区教育局召开全区“龙芯”电脑推广应用工作会议，传达省市相关会议精神，对“龙芯”电脑推广应用项目实施工作作具体的部署，35所中心中小学每校配备互动教学系统1套（含45台“龙芯”电脑、投影机、电子白板等设备），年内所有学校项目全部实施到位。

【“送温暖、献爱心”活动传承十五年】 1月25日，区教育红十字会2010年“送温暖、献爱心”活动启动仪式在市二小教育集团举行，这是连续第15年开展“送温暖、献爱心”活动。2010年春节前夕区教育红会共对500多名困难学生和励志少年进行了资助，总计安排资助经费15万多元。

【5所学校创建成市红十字示范校】 1月，市教育局对时杨中学、冈中初中、泽夫中学、龙冈小学和水上学校5所学校创建红十字示范校工作进行评估验收，经过察看学校红十字青少年活动中心、观看创建专题片、查阅创建有关台账资料等途径，确认5所学校全部为市红十字示范校。

【盐都教育网获“全国优秀教育门户网站”称号】 8月8~9日，第十届中国教育信息化创新与发展论坛在北京举行，论坛同时对“首届全国教育门户网站评比”活动获奖单位进行颁奖，盐都教育网喜获“全国优秀教育门户网站”称号，并获得组委会颁发的奖牌。

教育督导

Education Steering

【概述】 全区教育督导工作坚持“高效、低耗，和谐、进步”的盐都教育发展主题，以创建省义务教育优质均衡改革发展示范区为契机，以大力实施学校“四名”工程为抓手，以强势推进课堂教学改革为着力点，深入贯彻“五严”规定，切实规范办学行为，全面落实管理规范，不断提升素质教育实施水平，稳步推进教育现代化建设，圆满完成年初制订的各项目标任务，区政府教育督导室被表彰为2010年全市教育督导工作先进集体。

【区政府2009年度教育工作获省表彰】 根据《省委组织部省教育厅省政府教育督导团关于建立县级人民政府教育工作督导评估和考核制度的通知》，省督导考核组依据《江苏省县级人民政府教育工作督导评估和考核标准（试行）》，于5月12~13日对盐都区人民政府2009年度教育工作进行督导考核。考核结果为优秀，得分列全市第一，区政府被表彰为全省教育工作先进集体。

【区政府表彰8个教育工作先进单位】 年初，区政府制订出台《盐都区2010年度全区教育工作先进单位考核办法》。年底，在精心组织年度考核的基础上，区政府表彰新区、秦南、盐龙、潘黄、尚庄、龙冈、大纵湖、郭猛等8个镇（区、街道）为教育工作先进单位。考核工作成为促进乡镇政府履行教育职能的重要手段，有力地调动了乡镇政府做好教育工作的积极性、主动性和创造性。

【稳步推进区域教育现代化建设】 以促进义务教育优质均衡发展为主要目标，紧紧围绕省定教育现代化16条标准，步推进教育现代化区创建工
局、各镇、校上下联
案”、“一校

修，实现全面达标。以创建为抓手，全区办学条件明显改善，教育水平大幅提升，办学内涵不断丰富，创建各项任务基本完成。

【举办全区义务教育优质均衡发展专题培训班】 5月，被确定为全省首批、全市唯一的义务教育优质均衡改革发展示范区创建单位。8月，在市一中举办全区义务教育优质均衡发展专题培训班。全区各学校校长、幼儿园园长、局机关全体工作人员，共340多人参加培训。培训班上，区教育局局长宋金洪解读建设方案，邀请国家督学成尚荣、溧阳市教育局芮火才等专家作精彩报告，培训班学员分组进行沙龙式的论坛。

【构建实施素质教育长效机制】 创新工作举措，严格执行"五严"规定，努力构建规范办学行为、实施素质教育的长效机制。严格执行"五严"。全区中小学统一作息时间，初一新生统一均衡编班，各学校课表在盐都教育网统一公示，星级高中学生每天作业全部上网接受审核监督。强化专项督查，5月，开展全区规范办学行为专项督查，对被举报和存在问题学校定期跟踪回访，确保整改落实到位。积极开展随机督查，发现不规范办学行为，及时发出整改通知，限期整改到位。全区教育系统对执行"五严"规定，认识一致，行动统一，措施扎实，营造了实施素质教育的良好环境。

【强势推进规范管理】 按照"校园清清爽爽、质量响响当当、队伍团结向上、四季平平安安"的盐都区学校常规管理基本要求，对照《江苏省中小学管理规范》，切实加强常规管理督查，先后组织3次拉网式大检查，有力地推进全区中小学规范管理。大力开展全区中小学落实管理规范星级达标评估活动。年底，对各学校规范管理情况打分评级，作为学校工作综合考评的重要依据，提升全区中小学规范管理水平。

【开展全区小学、初中综合督导】 创新督导思路，大力推进有效督导，在春、秋两学期，先后组织对全区21所小学、20所初中开展综合督导评估。督导采用"听、看、查、谈、访、测、馈"等方式，重点检查办学行为规范情况和课堂教学改革推进情况，多方采集信息，综合分析评估，认真督查指导。在11月份开展的初中督导工作中，采取分时段、分类别督导的形式，放大优质教育资源的示范辐射效应，强化督导的指导功能。

【开展四星级高中实施素质教育工作督导评估】 根据省教育厅、省政府教育督导团《江苏省普通高中进一步推进素质教育督导评价标准(试行)》，正式启动四星级高中素质教育督导工作，区政府教育督导室认真指导各四星级高中做好自评各项工作。9月，配合市教育局对市一中、龙冈中学两所四星级高中素质教育工作进行督导评估，督导现场评定为优秀等次，督导结果向社会公示。

【开展中小学教育技术装备工作专项督查】 3月，召开全区教育技术装备工作动员会。10月，组织专门人员根据《江苏省中小学教育技术装备工作督导细则》，对全区所有中小学教育技术装备工作进行专项督导，重点强化教育技术装备管理和使用的督查。11月，召开全区中小学教育技术装备工作现场推进会。通过督查整改，各学校全部达良好以上，其中优秀学校达35所。

【接受市教育技术装备工作督查】 全区中小学对照《江苏省中小学教育技术装备工作督导评价标准》，认真梳理本校教育技术装备工作在建、配、管、用等方面的情况，在规定时间内高标准、高质量地完成自评和自查自改工作。12月，区中小学教育技术装备工作接受市级督导检查，市督查组察看7所学校，对盐都区加强组织领导，加大装备投入，完善管理机制，强化创建督查等工作给予高度评价。

【"五五"普法工作圆满收官】 围绕"五五"普法，认真做好教育系统法制宣传教育工作。春秋两学期开学初，要求各学校进行为期一周的法制宣传教育活动。4月、9月和"12·4"在全区教育系统开展法制宣传月(日)活动。1月，组织各学校开展寒假百万学生带法回家活动，拓展学法的外延。6月，重新聘请40名兼职法制副校长。6月、11月和12月，先后三次举行大型法制广场宣传活动。12月，联合区司法局邀请区"夕阳红"法制宣传队深入全区24所中学开展主题为"增强法制观念、迈好人生之路"的专题巡回宣讲活动，35000名中学生接受法制宣传教育。4月，"五五"普法工作接受市、区检查验收，获高度评价，区教育局被推荐表彰省"五五"普法工作先进集体。

【市一中等8所学校创建省依法治校示范校和市依法治校先进校】 市一中、龙冈中学、潘黄实验学校、北蒋实验学校、北龙港初中、中兴初中、郭猛中学、北龙港小学8所学校切实加强法制建设，积极推进依法治教，取得显著成效。其中，市一中、潘黄实验学校、北蒋实验学校、北龙港初中、中兴初中、郭猛中学、北龙港小学7所学校创建成市依法治校先进校；市一中、龙冈中学被推荐申报创建省依法治校示范校。

【建立驻点督导和片区巡视制度】 围绕机关服务"创星级、树品牌"活动，按照"三服务、一落实、两确保"("一落实"，即紧扣全年目标任务，强化学校"落实"之功，狠抓督查指导，扎实推进目标任务、重点工作和重要项目按时落实到位。"两确保"即夯实关键措施，强势推进有效教学与管理，及时发现并化解矛盾纠纷，确保质量提升，确保安全稳定)的机关服务工作目标，以落实管理规范和"五严"规定为抓手，在全区推行驻点督导和片区巡视制度，制订驻点督导和片区巡视人员工作职责。按区域将全区义务教育阶段学校划分为大冈、龙冈、学富、城郊等4个片区，在4所星级高中和4个片区各安排2名兼职督学每周驻点3天，加强规范办学行为督查。组织义务教育、民办教育等3个片区巡视组对全区中小学每周一巡，如发现不规范办学行为，及时发出整改通知，限期整改到位。《中国教育报》等主流媒体报道盐都区的特色做法。

【全市教育督导工作会议在盐都召开】 3月23日，全市教育督导工作会议在盐都区召开。省政府教育督导团苏北地区总督学徐恒菊、市教育局局长常逢生到会并讲话。副区长张瑞卿出席会议并致欢迎辞，各县(市、区)教育局分管局长，政府教育督导室主任参加会议。会上对获得全市2009年教育督导工作先进单位的盐都区、东台市、响水县人民政府教育督导室进行表彰。市一中在会上介绍办学经验。

【40名中小学法制副校长聘任上岗】 6月，向大纵湖派出所陈增年所长等40人颁发聘书，聘请他们担任各中心中小学、区直各学校法制副校长。本次聘任的法制副校长，全部由基层派出所所长、指导员，法庭庭长、检察院科长等骨干干部担任，任期为2年。

【组织法制宣传教育活动】 11月18日，区教育局在盐都法制广场设立法制宣传点，利用咨询台、展板、悬挂标语、散发宣传资料等多种形式向过往行人宣传《义务教育法》、《未成年人保护法》、《预防未成年人犯罪法》、《教师法》等教育法律法规，现场气氛热烈，咨询者不断，受到良好的社会效应。

体　育
Sports

【概述】 全区体育工作坚持以科学发展观为统领，推进全民健身运动，大力实施素质教育，促进身心健康，培养全面发展学生，较好完成全年各项目标任务。被教育部、国家体育总局、共青团中央授予第三届全国亿万学生冬季长跑活动优秀组织奖。全区有9个健身站点被评为江苏省优秀群众体育健身站点，区教育局被表彰为江苏省全民健身先进单位。尚庄小学、郭猛中学、市二小、第一初中诚信校区被省教育厅、省体育局表彰为“冬季三项”百日锻炼活动先进单位。9支代表队参加市绑腿跑总决赛，获8个一等奖、1个二等奖，区教育局获优秀组织奖。创建国家级体育俱乐部1个，省级体育俱乐部3个。部分优秀运动员代表市参加省十七届运动会，获金牌8.5枚，列全市之首。全年参加市级以上各类比赛共获奖牌866枚，其中金牌373枚、银牌238枚、铜牌255枚。在第16届广州亚运会中骆晓娟获击剑比赛女子重剑个人第一名，吴超梅获自行车个人追逐赛第三名。张馨予在省十七届运动会游泳比赛中一举夺得四枚金牌三枚银牌。国家学生体质健康标准测试施行面达100%，合格率达98%。

【获全国学生阳光体育长跑活动优秀组织奖】 认真贯彻落实《中共中央国务院关于加强青少年体育增强青少年体质的意见》，采取各种措施，积极组织学生参加活动，为增强学生体质，促进学生健康成长作出了积极贡献。再次获得国家教育部办公厅、国家体育总局办公厅和共青团中央办公厅联合发文表彰的第三届全国阳光体育冬季长跑活动优秀组织奖。

【“冬季三项”比赛在潘黄实验学校举行】 3月20日，全区“冬季三项”比赛在潘黄实验学校举行，来自全区小学、初中的40个代表队参加了比赛。马沟小学、盐城第一初中诚信校区分获小学组、初中组第一名，潘黄实验学校获优秀组织奖，金晓红等10名同志获优秀教练员。

【举办区直学校教职工篮球赛和中小学篮球教练员培训班】 由区教育局、区教育工会主办的区直学校教职工篮球赛于4月17~18日在市二小举行。来自区直学校的7支代表队参加了12场比赛，最终龙冈中学、盐城第一初中和大冈中学代表队分获比赛前三名。4月24日，全区中小学篮球教练员培训班于在盐城市多伦多国际学校开班。来自全区各中小学的75名篮球教练员参加培训。

【举办首届中小学教职工运动会】 5月29日，盐都区首届中小学教职工运动会在区实验学校举行。来自各镇(区、街道、中心社区)中小学和区直学校的32支代表队的1059名运动员参加了拔河、象棋、中长跑、跳绳、踢毽、两人三足跑等项目的比赛。最终，尚庄镇获得拔河乡镇组第一名，龙冈中学获得拔河区直组第一名；郭猛镇、葛武镇分获两人三足跑乡镇男、女组第一名；市二小囊括两人三足跑区直男女组两个第一名。另有94名运动员获得单项奖表彰。

【参加市中小学生篮球比赛喜获佳绩】 在5月14~16日举行的2010年盐城市阳光体育运动联赛——市中小学生篮球比赛中，盐都代表队在全部四项比赛中，夺取女子少年组、女子儿童组、男子少年组三个项目冠军和男子儿童组亚军，团体总分遥遥领先于其他各参赛队，再次名列全市第一。

【隆重举行国家第二个全民健身日庆祝活动】 8月8日上午，在市一中隆重举行庆祝国家第二个“全民健身日”暨2010年全民健身月活动启动仪式。区领导陈雷、武进甲、张瑞卿、孙万青等参加启动仪式。副区长张瑞卿致辞，区委常委、宣传部长陈雷宣布庆祝国家第二个“全民健身日”暨2010年盐都区全民健身月活动

开幕。启动仪式上，市二小的威风锣鼓、健身操，新都街道的双龙舞，市一中的广播操，张庄街道的扇子舞，潘黄镇的广场健身舞，楼王小学的莲湘及校园保安操等项目，充分展示盐都群众体育与全民健身活动的风采。

【承办市四星级高中乒乓球比赛】 12月18日，2010年全市四星级高中乒乓球比赛在龙冈中学落幕。来自全市17所四星级高中34支代表队近140名男女运动员参加男、女团体比赛。经过一天紧张激烈的角逐，盐城中学男女代表队分获男、女团体冠军，市一中男女代表队分获男、女团体亚军，龙冈中学女队获团体第三名，男队获团体第五名。

【举办区第九届"新华杯"乒乓球比赛】 12月25日至26日，由区教育局主办，市新华书店有限责任公司盐都分公司协办的全区教育系统第九届"新华杯"乒乓球比赛在市全民健身中心乒乓球馆举行。来自全区各镇(区、街道、社区)社事办、中心中小学、区直学校、教育局机关和区新华书店的34支代表队共136名运动员参加比赛。经过激烈角逐，龙冈中学、市一中和聋哑学校代表队获得区直组前三名；秦南镇、尚庄镇和郭猛镇代表队获得镇(区、街道、社区)组前三名。

【举办全区中小学生秋季运动会】 2010年盐都区中小学生秋季运动会于11月6~7日在潘黄实验学校举行。本届运动会共有46支代表队700多名运动员参加短跑、长跑、跳远、跳高、前抛实心球、负重接力、垒球等项目的比赛，最终市二小北校区、市二小、郭猛小学获得小学组团体总分前三名；大冈初中、北蒋实验学校、郭猛初中获得初中组团体前三名；市一中、时杨中学、龙冈中学分获高中组团体前三名。北龙港小学等10所学校获得体育道德风尚奖，潘黄实验学校获得优秀组织奖。本届运动会还增加负重接力和开火车等趣味竞赛项目，提升竞赛的趣味性，得到参赛学校与运动员的欢迎和好评。

【举办区级机关运动会】 由区委办、区政府办、区机关事务管理局和区教育局联合主办的2010年区级机关运动会11月26日至27日举行。经过紧张激烈的比赛，区教育局获得拔河、篮球"三对三"和负重接力三项冠军，区公安局获得乒乓球男子团体冠军。

【参加市中小学生幼儿三棋比赛】 组队参加全市中小学生幼儿三棋比赛，市一中获高中组象棋团体第一名，第一初中获初中组象棋团体第二名，树人外国语实验学校获小学组国际象棋第三名，希望幼儿园获幼儿组国际象棋第三名，12名选手分别获各单项前八名，5位教师获优秀教练员称号，区教育局获优秀组织奖。

【举行第四届中小学生阳光体育冬季长跑活动】 12月28日下午，区教育局、体育局和团区委联合在市一中举行盐都区第四届中小学生阳光体育冬季长跑活动。阳光体育冬季长跑活动是由教育部、国家体育总局和共青团中央联合发起的一项活动，2010年是第四届，旨在引导广大青少年学生走向操场、走进大自然、走到阳光下，积极参加体育锻炼。盐都区高度重视学生阳光体育冬季长跑活动，2009年、2010年连续两届获得国家级表彰。

【积极开展健康教育促进学校创建工程】 积极创建省级"健康促进学校"，全区有22所学校参加2011年"健康促进校"的申报工作。认真参加江苏省第十届中小学生健康教育知识竞赛活动，参与率达到90%以上。

【艺术教育硕果累累】 全面规范学校艺术教育工作，严格落实课程标准，开足上好艺术教育课，并推动艺术特色学校的创建工作。市二小于2010年5月通过省级艺术特色学校创建验收，获"江苏省艺术教育特色学校"荣誉称号。在2010年盐城市中小学生独唱、独舞、独奏比赛中，全区参赛选手获得了12个一等奖、17个二等奖和8个三等奖的好成绩。

【全区小学生乒乓球比赛在龙冈小学举行】 7月29-30日，2010年全区小学生乒乓球比赛在龙冈小学隆重举行，来自大纵湖、北龙港、学富、张庄、葛武、北蒋、中兴、龙冈、鞍湖、冈中、潘黄、马沟等12所小学的运动员参加了比赛。龙冈小学乒乓球队获得男、女团体冠军，包揽男、女单打的冠、亚军。

【举办中小学生"阳光伙伴集体绑腿跑"比赛】 10月23日，全区2010年中小学生"阳光伙伴集体绑腿跑"比赛在潘黄实验学校田径场落下帷幕。市二小、义丰小学获得小学男子组一等奖，楼王小学、北龙港小学获得小学女子组一等奖；义丰初中、学富实验学校获得初中男子组一等奖，泽夫中学、义丰初中获得初中女子组一等奖。

2010 年盐都籍运动员参加市以上比赛成绩

表 20

姓 名	项 目	成 绩	比赛名称	时 间	地 点
程 悦	女儿甲组 32kg	第一名	市中小学生举重比赛	2010.5	市体育中心
叶湘湘	女少乙组 69+kg	第一名	市中小学生举重比赛	2010.5	市体育中心
朱 萍	女少甲组 58kg	第一名	市中小学生举重比赛	2010.5	市体育中心
卢林玲	女少甲组 63kg	第一名	市中小学生举重比赛	2010.5	市体育中心
施 静	女少甲组 69kg	第一名	市中小学生举重比赛	2010.5	市体育中心
韩大龙	男儿乙组 36kg	第一名	市中小学生举重比赛	2010.5	市体育中心
熊泽鹏	男儿乙组 48kg	第一名	市中小学生举重比赛	2010.5	市体育中心
谭兴新	男儿甲组 56kg	第一名	市中小学生举重比赛	2010.5	市体育中心
刘凯冬	男少乙组 47kg	第一名	市中小学生举重比赛	2010.5	市体育中心
王 超	男少乙组 52kg	第一名	市中小学生举重比赛	2010.5	市体育中心
蔡 彬	男少乙组 56kg	第一名	市中小学生举重比赛	2010.5	市体育中心
司正楠	男少乙组 69kg	第一名	市中小学生举重比赛	2010.5	市体育中心
潘元超	男少甲组 69kg	第二名	市中小学生举重比赛	2010.5	市体育中心
薛飞龙	男少乙组 62kg	第二名	市中小学生举重比赛	2010.5	市体育中心
戴 兴	男少乙组 56kg	第二名	市中小学生举重比赛	2010.5	市体育中心
黄 威	男儿甲组 40kg	第二名	市中小学生举重比赛	2010.5	市体育中心
成 菲	女少甲组 53kg	第二名	市中小学生举重比赛	2010.5	市体育中心
邵小忆	女少乙组 69kg	第二名	市中小学生举重比赛	2010.5	市体育中心
夏海燕	女少乙组 40kg	第二名	市中小学生举重比赛	2010.5	市体育中心
徐玉梅	女儿甲组 48kg	第二名	市中小学生举重比赛	2010.5	市体育中心
马丹露	女儿甲组 44kg	第二名	市中小学生举重比赛	2010.5	市体育中心
岳芬云	女少甲组 63kg	第三名	市中小学生举重比赛	2010.5	市体育中心
张旭花	女少甲组 69+kg	第三名	市中小学生举重比赛	2010.5	市体育中心
徐荣基	男儿甲组 36kg	第三名	市中小学生举重比赛	2010.5	市体育中心
商永华	男儿甲组 48kg	第三名	市中小学生举重比赛	2010.5	市体育中心
冯 杰	男少乙组 43kg	第三名	市中小学生举重比赛	2010.5	市体育中心
戴照军	男少乙组 52kg	第三名	市中小学生举重比赛	2010.5	市体育中心
凌 杰	男少乙组 56kg	第三名	市中小学生举重比赛	2010.5	市体育中心
曹国栋	男少乙组 62kg	第三名	市中小学生举重比赛	2010.5	市体育中心
吴 磊	男少甲组 62kg	第三名	市中小学生举重比赛	2010.5	市体育中心
李振涛	男少甲组 77kg	第三名	市中小学生举重比赛	2010.5	市体育中心
陶 金	男少甲组 77kg	第四名	市中小学生举重比赛	2010.5	市体育中心
吉 成	男少甲组 62kg	第四名	市中小学生举重比赛	2010.5	市体育中心
孙 锐	男少乙组 43kg	第四名	市中小学生举重比赛	2010.5	市体育中心
张 磊	男儿甲组 56+kg	第四名	市中小学生举重比赛	2010.5	市体育中心

续表 20

姓　名	项　　目	成　绩	比赛名称	时　间	地　　点
绍　森	男儿甲组 56kg	第四名	市中小学生举重比赛	2010.5	市体育中心
朱中奎	男儿甲组 36kg	第四名	市中小学生举重比赛	2010.5	市体育中心
叶媛媛	女少甲组 69+kg	第四名	市中小学生举重比赛	2010.5	市体育中心
周　丹	女少甲组 53kg	第四名	市中小学生举重比赛	2010.5	市体育中心
孙　昊	男少乙组 47kg	第五名	市中小学生举重比赛	2010.5	市体育中心
蒋旭秋	男少乙组 52kg	第五名	市中小学生举重比赛	2010.5	市体育中心
李　强	男少甲组 52kg	第五名	市中小学生举重比赛	2010.5	市体育中心
马健雄	男少甲组 62kg	第五名	市中小学生举重比赛	2010.5	市体育中心
刘　盼	男少甲组 69kg	第五名	市中小学生举重比赛	2010.5	市体育中心
金　铖	男少甲组 77kg	第五名	市中小学生举重比赛	2010.5	市体育中心
张　严	男少甲组 77+kg	第六名	市中小学生举重比赛	2010.5	市体育中心
胥　翔	男少甲组 52kg	第六名	市中小学生举重比赛	2010.5	市体育中心
孙　楠	男少乙组 43kg	第六名	市中小学生举重比赛	2010.5	市体育中心
曹恒峰	男儿甲组 56+kg	第六名	市中小学生举重比赛	2010.5	市体育中心
程雨凡	100 米蛙泳	第一名	市中小学生游泳比赛	2010.8	市游泳池
程雨凡	200 米混合泳	第一名	市中小学生游泳比赛	2010.8	市游泳池
程雨凡	400 米自由泳	第一名	市中小学生游泳比赛	2010.8	市游泳池
程雨凡	100 米自由泳	第一名	市中小学生游泳比赛	2010.8	市游泳池
许苏倩	400 米自由泳	第一名	市中小学生游泳比赛	2010.8	市游泳池
许苏倩	50 米自由泳	第一名	市中小学生游泳比赛	2010.8	市游泳池
许苏倩	100 米自由泳	第一名	市中小学生游泳比赛	2010.8	市游泳池
杨　钦	50 米蛙泳	第一名	市中小学生游泳比赛	2010.8	市游泳池
丁　鑫	50 米自由泳	第一名	市中小学生游泳比赛	2010.8	市游泳池
丁　鑫	100 米蝶泳	第一名	市中小学生游泳比赛	2010.8	市游泳池
丁　鑫	100 米自由泳	第一名	市中小学生游泳比赛	2010.8	市游泳池
丁　鑫	100 米蛙泳	第一名	市中小学生游泳比赛	2010.8	市游泳池
夏馨雨	50 米仰泳	第一名	市中小学生游泳比赛	2010.8	市游泳池
孙　叶	100 米自由泳	第一名	市中小学生游泳比赛	2010.8	市游泳池
孙　叶	100 米蝶泳	第一名	市中小学生游泳比赛	2010.8	市游泳池
孙　叶	400 米自由泳	第一名	市中小学生游泳比赛	2010.8	市游泳池
孙郑毅	100 米蝶泳	第一名	市中小学生游泳比赛	2010.8	市游泳池
孙郑毅	50 米蝶泳	第一名	市中小学生游泳比赛	2010.8	市游泳池
刘　念	400 米自由泳	第一名	市中小学生游泳比赛	2010.8	市游泳池
刘　念	50 米仰泳	第一名	市中小学生游泳比赛	2010.8	市游泳池
刘　念	100 米仰泳	第一名	市中小学生游泳比赛	2010.8	市游泳池
刘　念	50 米蝶泳	第一名	市中小学生游泳比赛	2010.8	市游泳池

续表 20

姓　名	项　　目	成　绩	比赛名称	时　间	地　　点
张馨予	50 米蛙泳	第一名	市中小学生游泳比赛	2010.8	市游泳池
张馨予	100 米蛙泳	第一名	市中小学生游泳比赛	2010.8	市游泳池
张馨予	100 米蝶泳	第一名	市中小学生游泳比赛	2010.8	市游泳池
张馨予	200 米混合泳	第一名	市中小学生游泳比赛	2010.8	市游泳池
卓　娅	100 米自由泳	第二名	市中小学生游泳比赛	2010.8	市游泳池
卓　娅	50 米自由泳	第二名	市中小学生游泳比赛	2010.8	市游泳池
许苏倩	50 米蝶泳	第二名	市中小学生游泳比赛	2010.8	市游泳池
杨　钦	200 米混合泳	第二名	市中小学生游泳比赛	2010.8	市游泳池
杨　钦	100 米仰泳	第二名	市中小学生游泳比赛	2010.8	市游泳池
杨　钦	100 米蛙泳	第二名	市中小学生游泳比赛	2010.8	市游泳池
魏　璐	50 米蛙泳	第二名	市中小学生游泳比赛	2010.8	市游泳池
夏馨雨	100 米仰泳	第二名	市中小学生游泳比赛	2010.8	市游泳池
夏馨雨	50 米蝶泳	第二名	市中小学生游泳比赛	2010.8	市游泳池
夏馨雨	200 米混合泳	第二名	市中小学生游泳比赛	2010.8	市游泳池
孙　叶	200 米混合泳	第二名	市中小学生游泳比赛	2010.8	市游泳池
孙郑毅	100 米自由泳	第二名	市中小学生游泳比赛	2010.8	市游泳池
孙郑毅	200 米混合泳	第二名	市中小学生游泳比赛	2010.8	市游泳池
魏　璐	50 米自由泳	第三名	市中小学生游泳比赛	2010.8	市游泳池
魏　璐	100 米自由泳	第三名	市中小学生游泳比赛	2010.8	市游泳池
许浩芙	50 米自由泳	第三名	市中小学生游泳比赛	2010.8	市游泳池
罗　彬	50 米蛙泳	第三名	市中小学生游泳比赛	2010.8	市游泳池
罗　彬	50 米仰泳	第三名	市中小学生游泳比赛	2010.8	市游泳池
魏　璐	100 米蛙泳	第四名	市中小学生游泳比赛	2010.8	市游泳池
卓　娅	50 米仰泳	第四名	市中小学生游泳比赛	2010.8	市游泳池
罗　彬	100 米蛙泳	第五名	市中小学生游泳比赛	2010.8	市游泳池
卓　娅	100 米仰泳	第五名	市中小学生游泳比赛	2010.8	市游泳池
许浩芙	50 米蛙泳	第六名	市中小学生游泳比赛	2010.8	市游泳池
刘钰杰	少年男子乙组	第六名	省第十七届运动会青少年部比赛	2010.3	常州
陈　静	少年女子乙组	第七名	省第十七届运动会青少年部比赛	2010.3	常州
蒋昌红	少年女子乙组	第七名	省第十七届运动会青少年部比赛	2010.3	常州
陈雨心	少年女子乙组	第七名	省第十七届运动会青少年部比赛	2010.3	常州
林　洁	男少 10 米气步枪 40 发个人	第八名	省第十七届运动会青少年部比赛	2010.3	常州
林　洁	男少 50 米普通步枪 3×10 团体	第五名	省第十七届运动会青少年部比赛	2010.3	常州
林　洁	男少 50 米普通步枪 30 发卧射个人	第二名	省第十七届运动会青少年部比赛	2010.3	常州
林　洁	男少 50 米普通步枪 3×10 个人	第一名	省第十七届运动会青少年部比赛	2010.3	常州
杨雯惠	女少气手枪 40 发个人	第一名	省第十七届运动会青少年部比赛	2010.3	常州

续表 20

姓　名	项　　目	成　绩	比赛名称	时　间	地　　点
杨雯惠	10 米气手枪 40 发团体	第四名	省第十七届运动会青少年部比赛	2010.3	常州
杨雯惠	25 米手枪 15+15 个人	第四名	省第十七届运动会青少年部比赛	2010.3	常州
吴玲钰	女少 50 米普通步枪 3×10 团体	第八名	省第十七届运动会青少年部比赛	2010.3	常州
匡　玲	女少 50 米普通步枪 3×10 团体	第八名	省第十七届运动会青少年部比赛	2010.3	常州
匡　玲	50 米普通步枪 3×10 个人	第七名	省第十七届运动会青少年部比赛	2010.3	常州
孙冬芹	女少 50 米普通步枪 3×10 团体	第七名	省第十七届运动会青少年部比赛	2010.3	常州
陈晓丹	女青 50 米步枪 3×20 个人	第五名	省第十七届运动会青少年部比赛	2010.3	常州
陈晓丹	50 米步枪 60 发卧射个人	第五名	省第十七届运动会青少年部比赛	2010.3	常州
吴修远	男青 25 米手枪速射(8 秒、6 秒)60 发个人	第七名	省第十七届运动会青少年部比赛	2010.3	常州
吴修远	25 米手枪速射 60 发个人	第五名	省第十七届运动会青少年部比赛	2010.3	常州
胡　震	男少 10 米气手枪 40 发团体	第七名	省第十七届运动会青少年部比赛	2010.3	常州
胡　震	50 米手枪 30 发团体	第五名	省第十七届运动会青少年部比赛	2010.3	常州
崔其鹏	男少 50 米普通步枪 3×10 团体	第五名	省第十七届运动会青少年部比赛	2010.3	常州
张玉所言	女少 10 米气手枪 40 发团体	第五名	省第十七届运动会青少年部比赛	2010.3	常州
汤旭东	男少甲公开级 8000 米单人双桨	第五名	省第十七届运动会青少年部比赛	2010.3	常州
汤旭东	公开级 2000 米单人双桨	第五名	省第十七届运动会青少年部比赛	2010.3	常州
姜明煜	儿童组，男子，男子单打	第八名	省第十七届运动会青少年部比赛	2010.3	常州
周秋楠	古典式男少乙组 84 公斤~100 公斤级	第三名	省第十七届运动会青少年部比赛	2010.3	常州
陶　金	古典式男少乙组 84 公斤~100 公斤级	第七名	省第十七届运动会青少年部比赛	2010.3	常州
朱慧敏	儿童组，女子，重剑个人	第四名	省第十七届运动会青少年部比赛	2010.3	常州
马建雄	少年乙组，男子，重剑个人	第六名	省第十七届运动会青少年部比赛	2010.3	常州
黄雪梅	少年乙组，女子，重剑个人	第七名	省第十七届运动会青少年部比赛	2010.3	常州
黄雪梅	少年乙组，女子，重剑团体	第六名	省第十七届运动会青少年部比赛	2010.3	常州
祁　俊	少年甲组，男子，重剑个人	第七名	省第十七届运动会青少年部比赛	2010.3	常州
李娜娜	少年乙组，女子，重剑团体	第七名	省第十七届运动会青少年部比赛	2010.3	常州
胡德梅	少年乙组，女子，重剑团体	第七名	省第十七届运动会青少年部比赛	2010.3	常州
杨玉倩	少年乙组，女子，重剑团体	第七名	省第十七届运动会青少年部比赛	2010.3	常州
顾永春	儿童组，男子，重剑个人	第八名	省第十七届运动会青少年部比赛	2010.3	常州
沈　鑫	男少甲 85 公斤级	第一名	省第十七届运动会青少年部比赛	2010.3	常州
李振涛	男少甲 69 公斤级	第五名	省第十七届运动会青少年部比赛	2010.3	常州
王继根	男少甲 56 公斤级	第二名	省第十七届运动会青少年部比赛	2010.3	常州
严　超	男少甲 52 公斤级	第五名	省第十七届运动会青少年部比赛	2010.3	常州
刘　盼	男少乙 69 公斤级	第七名	省第十七届运动会青少年部比赛	2010.3	常州
卢林玲	女少甲 58 公斤级	第四名	省第十七届运动会青少年部比赛	2010.3	常州
周媛媛	女少甲 53 公斤级	第五名	省第十七届运动会青少年部比赛	2010.3	常州
朱　萍	女少乙 53 公斤级	第八名	省第十七届运动会青少年部比赛	2010.3	常州

续表 20

姓　名	项　　目	成　绩	比赛名称	时　间	地　　点
成　菲	女少乙 54 公斤级	第七名	省第十七届运动会青少年部比赛	2010.3	常州
张馨予	女子,13~14 岁组 100 米蛙泳	第一名	省第十七届运动会青少年部比赛	2010.3	常州
张馨予	200 米蛙泳	第一名	省第十七届运动会青少年部比赛	2010.3	常州
张馨予	200 米蝶泳	第一名	省第十七届运动会青少年部比赛	2010.3	常州
张馨予	200 米混合泳	第一名	省第十七届运动会青少年部比赛	2010.3	常州
张馨予	400 米自由泳	第二名	省第十七届运动会青少年部比赛	2010.3	常州
张馨予	100 米蝶泳	第二名	省第十七届运动会青少年部比赛	2010.3	常州
张馨予	400 米混合泳	第二名	省第十七届运动会青少年部比赛	2010.3	常州
刘　念	女子,13~14 岁组 200 米蝶泳		省第十七届运动会青少年部比赛	2010.3	常州
刘　念	200 米仰泳	第四名	省第十七届运动会青少年部比赛	2010.3	常州
刘　念	100 米仰泳	第四名	省第十七届运动会青少年部比赛	2010.3	常州
刘　念	800 米自由泳	第六名	省第十七届运动会青少年部比赛	2010.3	常州
刘　念	400 米自由泳	第六名	省第十七届运动会青少年部比赛	2010.3	常州
刘　念	100 米蝶泳	第八名	省第十七届运动会青少年部比赛	2010.3	常州
刘　念	50 米、100 米自由泳	第八名	省第十七届运动会青少年部比赛	2010.3	常州
许苏倩	12 岁组 50 米、100 米自由泳	第七名	省第十七届运动会青少年部比赛	2010.3	常州
周　颖	儿童甲组,女子,女子团体	第三名	省第十七届运动会青少年部比赛	2010.3	常州
周　颖	女子双打	第二名	省第十七届运动会青少年部比赛	2010.3	常州
周　颖	女子单打	第五名	省第十七届运动会青少年部比赛	2010.3	常州
吴　琳	女子单打	第三名	省第十七届运动会青少年部比赛	2010.3	常州
吴　琳	女子团体	第三名	省第十七届运动会青少年部比赛	2010.3	常州
沈小存	女少甲 800 米	第一名	省第十七届运动会青少年部比赛	2010.3	常州
沈小存	1500 米	第二名	省第十七届运动会青少年部比赛	2010.3	常州
严立诚	男少甲 200 米栏	第五名	省第十七届运动会青少年部比赛	2010.3	常州
严立诚	4×400 米接力	第七名	省第十七届运动会青少年部比赛	2010.3	常州
李　健	男少乙标枪	第七名	省第十七届运动会青少年部比赛	2010.3	常州
李　彤	男儿 400 米	第一名	市田径比赛	2011.11	体育场
李　彤	男儿 200 米	第一名	市田径比赛	2011.11	体育场
张　磊	男儿立定跳远	第一名	市田径比赛	2011.11	体育场
唐晓桐	女儿 100 米	第一名	市田径比赛	2011.11	体育场
唐晓桐	女儿 200 米	第一名	市田径比赛	2011.11	体育场
王友聪	男乙 100 米	第一名	市田径比赛	2011.11	体育场
周雨健	男乙跳远	第一名	市田径比赛	2011.11	体育场
潘　唯	女甲三级跳远	第一名	市田径比赛	2011.11	体育场
陈　萌	女儿 800 米	第一名	市田径比赛	2011.11	体育场
乐彩悦	女乙三级跳远	第一名	市田径比赛	2011.11	体育场

续表 20

姓　名	项　　目	成　绩	比赛名称	时　间	地　　点
乐彩悦	女乙跳远	第一名	市田径比赛	2011.11	体育场
刘　楠	男甲 800 米	第一名	市田径比赛	2011.11	体育场
钱振东	男儿后抛实心球	第一名	市田径比赛	2011.11	体育场
徐瑞妤	女甲铁饼	第一名	市田径比赛	2011.11	体育场
潘　榕	女乙铅球	第一名	市田径比赛	2011.11	体育场
高　鹏	男乙标枪	第一名	市田径比赛	2011.11	体育场
周雨健	男乙 100 米	第二名	市田径比赛	2011.11	体育场
赵雨雯	女儿 60 米	第二名	市田径比赛	2011.11	体育场
陈　萌	女儿 400 米	第二名	市田径比赛	2011.11	体育场
徐梅宝	女甲 400 米	第二名	市田径比赛	2011.11	体育场
徐　静	女儿立定跳远	第二名	市田径比赛	2011.11	体育场
卫仁越	男甲跳高	第二名	市田径比赛	2011.11	体育场
戚瑾秋	男乙跳远	第二名	市田径比赛	2011.11	体育场
高　莲	女甲 800 米	第二名	市田径比赛	2011.11	体育场
蔡　晨	男甲 3000 米	第二名	市田径比赛	2011.11	体育场
秦　露	女甲标枪	第二名	市田径比赛	2011.11	体育场
徐瑞妤	女甲铅球	第二名	市田径比赛	2011.11	体育场
朱雨桐	女儿 400 米	第三名	市田径比赛	2011.11	体育场
朱雨桐	女儿 800 米	第三名	市田径比赛	2011.11	体育场
陈文龙	男儿 100 米	第三名	市田径比赛	2011.11	体育场
刘　楠	男甲 1500 米	第三名	市田径比赛	2011.11	体育场
朱伟煜	男乙跳高	第三名	市田径比赛	2011.11	体育场
李永辉	男乙 100 米栏	第三名	市田径比赛	2011.11	体育场
高　莲	女甲 1500 米	第三名	市田径比赛	2011.11	体育场
尹楠楠	女儿立定跳远	第三名	市田径比赛	2011.11	体育场
潘　唯	女甲 200 米	第三名	市田径比赛	2011.11	体育场
尹楠楠	女儿垒球	第三名	市田径比赛	2011.11	体育场
李　萍	女甲标枪	第三名	市田径比赛	2011.11	体育场
沈启浩	男甲标枪	第三名	市田径比赛	2011.11	体育场
李　萍	女甲铁饼	第三名	市田径比赛	2011.11	体育场
高　鹏	男乙铅球	第三名	市田径比赛	2011.11	体育场
吴婷婷	女甲铅球	第三名	市田径比赛	2011.11	体育场
高艳秋	女乙 100 米	第四名	市田径比赛	2011.11	体育场
陈　霞	女甲 400 米	第四名	市田径比赛	2011.11	体育场
张　雯	女儿跳高	第四名	市田径比赛	2011.11	体育场
徐　静	女儿跳高	第四名	市田径比赛	2011.11	体育场

续表 20

姓　名	项　　目	成　绩	比赛名称	时　间	地　　点
陈文龙	男儿 60 米	第四名	市田径比赛	2011.11	体育场
许亚军	女儿 200 米	第四名	市田径比赛	2011.11	体育场
李　月	女儿 800 米	第四名	市田径比赛	2011.11	体育场
张　浩	男儿 200 米	第四名	市田径比赛	2011.11	体育场
朱伟煜	男乙 100 米栏	第四名	市田径比赛	2011.11	体育场
张　诚	男甲跳远	第四名	市田径比赛	2011.11	体育场
李祥星	男儿 100 米	第四名	市田径比赛	2011.11	体育场
张　诚	男甲三级跳远	第四名	市田径比赛	2011.11	体育场
吴婷婷	女甲标枪	第四名	市田径比赛	2011.11	体育场
卢春霖	男甲跳高	第四名	市田径比赛	2011.11	体育场
潘权诗	男乙铅球	第四名	市田径比赛	2011.11	体育场
姜　峰	男乙标枪	第四名	市田径比赛	2011.11	体育场
王精成	男甲 100 米	第四名	市田径比赛	2011.11	体育场
戚瑾秋	男乙 100 米	第五名	市田径比赛	2011.11	体育场
许亚军	女儿 400 米	第五名	市田径比赛	2011.11	体育场
蔡　蕊	女儿 100 米	第五名	市田径比赛	2011.11	体育场
李　星	女儿后抛实心球	第五名	市田径比赛	2011.11	体育场
李正勇	男甲 800 米	第五名	市田径比赛	2011.11	体育场
宋　瑶	男儿 1500 米	第五名	市田径比赛	2011.11	体育场
袁　军	男甲标枪	第五名	市田径比赛	2011.11	体育场
钱振东	男儿垒球	第五名	市田径比赛	2011.11	体育场
王精成	男甲 200 米	第五名	市田径比赛	2011.11	体育场
张　雯	女儿 400 米	第六名	市田径比赛	2011.11	体育场
程炳艳	女乙 400 米	第六名	市田径比赛	2011.11	体育场
张　磊	男儿后抛实心球	第六名	市田径比赛	2011.11	体育场
卫仁越	男甲三级跳远	第六名	市田径比赛	2011.11	体育场
李祥星	男儿 60 米	第六名	市田径比赛	2011.11	体育场
姜　峰	男乙铅球	第六名	市田径比赛	2011.11	体育场
孙喜超	男乙标枪	第六名	市田径比赛	2011.11	体育场
郑巍杭	男乙 100 米	第六名	市田径比赛	2011.11	体育场
骆晓娟	女子重剑个人	第一名	16 届亚运会	2010.11	广州
骆晓娟	女子重剑个人	第二名	亚洲锦标赛	2010.7	首尔
骆晓娟	女子重剑个人团体	第一名	亚洲锦标赛	2010.7	首尔
吴超梅	女子个人追逐赛	第三名	16 届亚运会	2010.11	广州
顾盼盼	女子重剑个人	第一名	省击剑个人冠军赛	2010.11	南通

文化 新闻

Culture and News

综　述

Summary

【概述】 全区文化广电新闻出版工作坚持以科学发展观为指导，紧紧围绕“文化盐都”建设目标，着力构建全区公共文化服务体系，切实保障广大群众文化权益，保持了文化广电新闻出版工作发展的良好势头。

广电宣传显著提升。盐都广电台重抓创新创优，为服务区委、区政府中心工作作出应有贡献。系列报道《危机中的奋进》获省广电新闻一等奖。累计获得市级以上奖项23个，继续位居全市县级台前列。

文化活动精彩纷呈。2010年盐都文化活动以日常活动为重点，推动了全区文化活动数与质的提升。深入实施“三送四进”工程，较好地满足了基层群众的文化需求。

艺术创作成果丰硕。坚定不移地实施精品战略，市淮剧团创作演出的大型现代淮剧《二饼上城》获得2009~2010年度江苏省舞台艺术精品工程精品剧目称号。

文物工作成绩斐然。“郝氏宗祠”作为第七批省级文保单位已报省政府批准。非遗保护方面，三人花鼓、打莲湘、北龙港剪纸、大纵湖渔民婚俗礼仪被列入盐城市第二批非物质文化遗产保护项目。

文化市场健康有序。保持高压态势，坚持“扫黄打非”，全区新闻出版市场逐步净化。整治广电违规行为。盐都区被省广电局命名为省级“无小耳朵社区先进区”。

大力推进文化设施建设。区博物馆主体建筑已完工，“文化信息资源共享工程”实现区镇全覆盖。“农家书屋”在全覆盖的基础上全面提升。有线电视“进组入户”加快推进。网络干线环路建设圆满成功。

深入推进创先争优。紧紧围绕中心工作推进创先争优活动，在系统形成学习先进、争当先进、赶超先进的生动局面，队伍建设不断加强。区文广新局连续3年列市绩效考核前3名，连续五年获区绩效考核综合奖，促进全区文化广电新闻出版事业大发展大繁荣。（苏万才）

文化场馆建设

Cultural Venues Construction

【概述】 年内，全区着力推进区、镇、村、户四级公共文化服务体系的文化阵地建设工作。构建了以区图书馆、博物馆、文化馆、文化艺术中心，镇综合文化服务中心（文化站），村文化活动室，文化中心户阵地建设为主体，以企业文化、校园文化、广场文化阵地建设为补充的覆盖全区公共文化服务体系，切实保障广大群众的基本文化权益，取得喜人成绩。

【盐都区博物馆主体工程竣工】 2010年盐都区委、区政府在城南核心区“盐渎明城”投入1.2亿元，建设明清仿古建筑，建筑面积一万平方米、主体三层局部四层的盐都区博物馆。2011年12月主体竣工验收，随着该馆的建成开放，必将提升文化盐都的建设内涵。

【文化阵地服务功能全面提升】 2年内，在全区13个镇（区、街道）建成建筑面积不少于500平方米的省标准化文化站的基础上，区文广新局投入50多万元集中采购一批电脑、照相机、投影仪、音响、广电宽带等现代办公设备，配发到17个镇（区、街道）；采购100万元书架、图书、报刊、杂志配发到260个村文化室（农家书屋），有效提升了文化阵地的服务功能。

【镇级文化信息资源共享工程服务点实现全覆盖】 文化信息资源共享工程是广大群众享受方便、快捷“数字文化”，满足求知、求富、求美需求的重要途径。年内，采取集中采购、统一配发、因地制宜、以奖代补的方法在全区实现镇（区、街道）文化信息资源共享工程基层服务点全覆盖。尚庄、龙冈、潘黄等五个镇（区、街道）建成加强型文化信息资源共享工程服务点。

（苏万才）

戏剧创作及演出
Drama Creation and Performance

【概述】 积极贯彻落实科学发展观，围绕精品剧目生产、服务中心大局、发展多业并举、开展“送戏下乡”，戏剧创作及演出工作继续保持领先全市、争先全省的良好局面。

【大型现代淮剧《二饼上城》获省舞台艺术精品剧目称号】 由市淮剧团创作演出的大型现代淮剧《二饼上城》获省2009~2010年度舞台艺术精品工程精品剧目称号。在入选的6个剧团中，盐城市淮剧团是唯一获此殊荣的县级剧团。该剧从创作到接受省专家组验收仅用6个月的时间，较之其他入选剧目加工打磨两到三年时间，堪称奇迹。

《二饼上城》剧照

【举办《春从心上来》演出季】 1月10日，区人代会在盐都文化艺术中心召开。市淮剧团推出获奖小戏专场《春从心上来》。绝佳的演员搭配、独特的艺术形式、新颖的舞台呈现、清新的喜剧风格赢得区各级领导和代表们的高度赞誉。

【举办纪念毛泽东《在延安文艺座谈会上的讲话》发表68周年演出季】 5月23日，为纪念毛泽东《在延安文艺座谈会上的讲话》发表68周年，市淮剧团在区文化艺术中心又举办第二个演出季，演出该团获奖小戏专场。整场演出精彩纷呈，演员演出认认真真。《大凤进城》、《村官上门》、《移样靶》、《特殊来客》四部获奖剧目以其曲折的故事情节、细致的人物刻画、诙谐的喜剧风格、精美的舞美组合，让在场的每一位观众回味无穷，深刻感受到淮剧艺术的无穷魅力。

【成功举办“江苏财政惠民行——走进潘黄”大型综艺演出】 5月27日，《江苏财政惠民行——走进潘黄》在潘黄镇隆重举行，省财政厅副厅长王正喜，市财政局局长崔爱国，区委书记李纯涛，区长崔浩等领导观看演出。市淮剧团以财政惠民为主题，量身定做了京歌联唱《大爱无疆》、音乐快板情景剧《公媳赶大集》、淮剧联唱《惠民政策暖心田》、歌伴舞《收获希望》等节目，深受好评。

【复排上演系列古装戏】 4月上旬起，根据群众迫切需求，市淮剧团新排《三杯酒》、《江边遇盗》、《打神告庙》、《千里送京娘》等古装戏节目，在基层演出，老百姓看之后，反响强烈，好评如潮。

【成功举办“星期戏曲广播会”盐城市淮剧团专场演出】 7月4号下午两点对华东六省一市现场直播“星期戏曲广播会·淮剧故乡行”盐城市淮剧团专场演出，在盐都文化艺术中心激情上演。为确保演出质量，5月下旬，多次与上海东方电视台、上海广播电台、中国联通上海分公司、盐城电视台、盐城广播电台商洽演出细节。专场演出向华东六省一市同步直播，在盐城尚属首次。 (曾汉才)

电影放映
Film Screenings

【概述】 盐城电影院多年来一直使用的是胶片放映，随着数字化电影的普及和盐城电影市场的日趋激烈，4月自筹资金140万元，购置3台目前最先进纯进口的2K(3D)和1.3K全数字电影放映设备。同时，对3个放映厅和票房、门厅进行改造装潢。全年票房收入达86万元。 (卞金国)

社会文化
Social and Cultural Construction

【概述】 社会文化活动以日常活动为重点，节庆活动为突破，城乡联动为手段，部门联办为补充，充分调动广大群众踊跃参与文化活动的热情，全年共举办各类大、中型文化活动近百场，推动全区文化活动数与质的提升。节庆活动常办常新。春节期间，各镇(区、街道)组织丰富多彩的送春联、踩街、卡拉OK比赛等文体活动，尚庄镇民胜村和古殿村举办村级民间艺术节。“五一”、“七一”、“国庆”等节庆活动常年组织文艺团队进社区、军营、企业开展各种庆祝活动；盐都文化馆在盐城体育馆广场开展“魅力新盐都·激情大舞台”活动常年坚持，吸引广大群众积极参与。精心策划重大文化活动。2月9日，在盐都文化艺术中心举行“晋万之春·2010年盐都区迎新晚会”。5月9日，由区纪委、区文广新局联合举办的清风盐都·2010年廉政文艺下乡行首场汇报演出在义丰镇举行。5月17日，尚庄镇民胜村的湖船队，学富镇花担表演队，秦南镇舞狮队以及新都舞龙表演队参加在水街举办的全市民俗民风文化表演活动开幕式。6月28日下午，参加在盐都文化艺术中心举办庆祝中国共产党成立89周年“华兴杯”·“双十佳”颁奖典礼。9月28日，市三院南院开业庆典举办大型综艺晚会《跨越》。“文化三送工程”成绩明显。全年送戏68场、送电影3120场、送科普图书、书架100万元、巡回送收516个村次，文化进社区58场，文化进校园35场，进企业65场。落实“2131工程”，全年共放映电影3120场，“影教育人工程”放映710场。电影院实现放映和票房收入110多万元。文化活动广泛的开展，为广大群众提供了丰富的精神食粮，满足了广大人民群众的精神文化需求。文艺创作成绩斐然。2010年全区业余创作突出时代性、多样性、创造性，戏剧、音乐、舞蹈、美术、书法、摄影作品取得令人振奋的好成绩。区文广新局在组织业余文艺创作人员参加培训学习的同时，让他们深入生活，体验生活，共创作各类文艺作品100多件(篇)，其中舞蹈、小品、曲艺类作品80余件(篇)，美术、书法、摄影类作品30余件。小品《没事找事》获中国戏剧家协会主办的第四届“中国戏剧奖·小戏小品奖”复赛一等奖。区文化馆、大纵湖镇文化站创作并演出的广场舞蹈《泽国龙腾》获第九届江苏省“五星工程奖”铜奖。文化馆老年舞蹈团演出的舞蹈《鼓舞》获省“莲花奖”舞蹈大赛创作金奖、表演银奖。美术作品《城市·鸟》系列获全国工笔名家邀请展一等奖。《梦幻青春》入选省“五星工程奖”摄影作品展。

【“晋万之春”盐都区迎新晚会隆重举行】 2月9日，区委、区政府在盐都文化艺术心隆重举行“晋万之春·2010年盐都区迎新晚会”，区四套班子领导与全区各界人士代表欢聚一堂、共贺新春，来自上海歌剧院、上海京剧院、上海歌舞剧团、上海杂技团的130位演职人员与区文艺工作者，联袂奉献精彩纷呈的文化盛宴。

【“清风盐都”文艺汇演拉开序幕】 5月9日，清风盐都·2010年廉政文艺下乡行首场汇报演出在义丰镇举行。该场演出先后到大冈镇、学富镇、新区管委会巡回演出。文艺工作者们通过歌舞、小品、快板等丰富多彩的节目，歌颂廉洁，鞭挞腐败，弘扬清风正气。精彩的演出赢得观众阵阵掌声，收到良好的效果。

【盐都民俗节目亮相市海盐文化节】 5月17日，全市民俗民风文化表演活动在水街开幕。作为'2010中国盐城经贸洽谈会暨海盐文化节的一部分，来自盐都4支地方艺术表演队参加展演。他们分别是来自尚庄镇民胜村的湖船队，学富镇的花担表演队，秦南的舞狮队以及新都的舞龙表演队。表演过程中，演员们以极具民俗特色的表演吸引广大参观者和外宾们的注意，让参加经贸洽谈会的宾客们感受到盐城深厚的文化底蕴。

【市文博会推出盐都文化产业大餐】 5月6日上午，盐城市第二届文化产业博览会暨第三届文化产业招商推介会在盐城市文化产业园举行。市委常委、宣传部长周德祥出席会议并宣布文博会开幕，副市长朱传耿及各县(市、区)分管负责人出席开幕式。在市文化产业园举行的文博会上，共有44个项目参加展览、展演、交易，盐都区省级首批非物质文化遗产保护项目盐城老虎鞋、北龙港剪纸，艾斯特乒乓器材、中恒宠物、潘流通收藏字画参展，取得较好的社会效果。

【区图书馆举办文化共享工程与基层公共文化服务之发展讲座】 为加强社会主义新农村文化建设，提高全区农家书屋服务水平，4月17日下午盐都区图书馆特邀研究馆员、南京图书馆副馆长许建业作《文化共享工程与基层公共文化服务之发展》专题讲座，全区258个行政村(居)农家书屋管理员听取讲座。举办如此规模、规格层次如此之高的农家书屋管理员培训班，在盐都基层文化建设史上是第一次。接受培训并经考核合格后，所有农家书屋管理员将持证上岗。

【举行李晓明中国画展】 5月1日上午，盐城市品艺轩画廊开业仪式及李晓明国画展在盐都区隆重举行。市委常委、宣传部长周德祥，区委常委、宣传部长陈雷等市、区领导出席仪式并剪彩。该展出的近百幅国画作品，都是由龙冈中学教师李晓明精心创作的。作品既有浓郁的地方特色，又具有较强的时代感，充分展示出盐城市国画创作的成果和水平，突出反映了地域文化特色。

【隆重庆祝中国共产党成立89周年】 6月28日下午，庆祝中国共产党成立89周年“华兴杯”·“双十佳”颁奖典礼在盐都文化艺术中心隆重举行。区委李纯涛书记到会致辞，俞途、周健云、顾其斌等出席。来自上海歌剧院、上海歌舞团、上海杂技团、区教育局、文广新局的演员们为现场观众献上一场精彩的文艺演出。著名艺术家童自荣的配乐诗朗诵《献给七一的歌》，京剧名家王小砖演唱的《红灯记》，中国戏曲梅花奖得主、国家一级演员王书龙和陈澄表演的淮歌《唱你爱你我的盐都》等，都赢得全场观众阵阵热烈的掌声。

【举办文化馆(站)工作人员培训班】 7月21~24日，为期3天的全区文化馆、站人员培训班在龙冈镇卧龙假日宾馆开班。各个镇(区、街道)的文化站站长及工作人员参加培训，系统学习非物质文化遗产保护、文化活动的策划和组织、戏剧(音乐、农家书屋管理、文化政策法规、摄影艺术等)方面的知识。举办这个培训班旨在解决部分基层文化工作人员没有专业特长、农村文化资源短缺等问题，进一步帮助群众文化干部人员改善知识结构，提高工作技能，从而适应新形势对文化工作提出的新要求。

【著名爱国华侨赵泰来先生到盐都考察】 11月2日，世界杰出华人、著名爱国华侨赵泰来先生一行到盐都考察赵泰来藏品馆。11月12日区领导在广州与赵泰来先生签订捐赠协议，赵泰来藏品馆的建成将大力提升盐都的文化品位。

(苏万才)

演映市场
Video Market

【概述】 全年共放映3120场。学生爱教片放映180场。组织送电影下乡、到广场、进社区放映320场。 (卞金国)

文化市场管理
The Cultural Market Management

【概述】 全区文化市场管理稽查力度不断加大,共出动执法人员770余人次,检查经营单位510余家,先后开展"查处无证照电子游戏经营场所集中执法专项行动"、网吧专项整治、暑期文化市场专项整治等多次专项行动,重点查处网吧、游戏厅违规经营行为。在加强对网吧、游戏厅日常监管的同时,联合公安、工商等部门联动执法,行政强制取缔无证游戏厅3家、无证照网吧2家,无证照电子游戏经营人员自行关闭场所3家,收缴游戏机109台,盗版光盘近万张,从而有力打击文化市场领域的无证经营行为,净化全区文化市场。

【全区"扫黄打非"工作明显成效】 区文化市场行政执法部门本着净化出版物和文化娱乐市场,保护知识产权,维护意识形态和文化安全的宗旨,采取宣传与打击相结合,日常监管和集中治理相结合,全面整治和重点整治相结合的办法,大力整顿和规范出版物市场秩序,严厉打击侵权盗版行为,全区新闻出版物市场得到进一步净化。2010年,全区未发生新闻出版领域重大案件。"文峰传媒"在全市县(市、区)民营书商中,首家获省批图书、期刊批销资质。 (陈卫红)

文博工作
Heritage and Museum wor

【概述】 区博物馆始终贯彻"保护为主、抢救第一、合理利用、加强管理"的方针。扎扎实实开展工作,文物工作五纳入到位;积极开展文物普查工作、文物宣传周活动;加大文物执法力度,加强文化遗产保护工作;收藏协会工作有声有色;民间藏品进农村展览等系列活动影响较大;征集民俗文物486件,为文化盐都建设做出应有贡献。

【馆藏珍贵文物数据库建设】 积极开展馆藏珍贵文物数据库建设工作,对汉代玉璧、唐代长沙窑青釉执壶等5件国家二、三级文物进行数据采集、拍摄工作已完成并报省。

【文物保护工作有序推进】 文物是不可再生的珍贵资源,在第三次全国文物普查中,全区共普查不可移动文物点85处,其中年内新发现55处,公布郝氏宗祠、郝柏村旧居、沈拱山墓、宋泽夫故居等28处第二批区级文物保护单位。郝氏宗祠、薛氏宅院等5处被列入第三批市级文保单位。郝氏宗祠、薛氏宅院入选《江苏省第三次全国文物普查新发现》。为加大市、区级文保单位保护工作力度,与住建、土管、水利相关人员组成联合测绘组,对全区32处市、区级文保单位的保护范围和建设控制地带进行划定、测绘。同时,对每个文保单位的文字资料、照片、GPS位置图、责任单位、责任人都进行电子录入,完成所有文保单位的数据库建设,自此全区32家市、区级文保单位四有全部到位。

【利用文物资源,开发文化产业】 利用32家市、区级文保单位资源,与旅游、宗教部门联手开发,现已形成大纵湖旅游度假区、龙冈华都森林公园、新区世纪公园、大纵湖清代书法家宋曹祖居、北龙港明代翰林院大学士朱升墓、龙冈胡乔木故居、葛武郝柏村旧居等文化旅游带。

【节庆活动有声有色】 每逢重大政治活动和重要节日区博物馆都及早筹划,在元旦、春节、元宵、端午、中秋、国庆等节日,以及"世界遗产日"、"中国文化遗产日",举办展览、讲座、座谈会等系列宣传活动。2006年5月举办的民间藏品进农村展览已持续5年多,20多万农民在村头品尝民间收藏精品大餐,展览每到一处,文物专家为农民免费鉴定家藏宝物,展览期间发放文物法宣传资料3万多份,《中国文物报》、《中国收藏拍卖报》、《人民政协报》等十多家媒体进行报道。

【成春到收藏文集《藏梦成真》在全国获奖】 10月8日,盐都收藏协会副会长、盐城市收藏家协会副秘书长成春到,收到全国秘书学论文论著评审委员会颁发的"荣誉证书",他所撰写、出版的收藏文集《藏梦成真》,在10月30日~11月1日召开的第十届中国秘书科学论坛中,经专家评定,荣获第十八届全国秘书学论著一等奖。

【成春到收藏作品研讨会】 10月12日,举办成春到收藏作品研讨会,影响较

大。区收藏协会不但活动搞得有声有色，学术研究也硕果累累，会员连续出版四本收藏专著，会员在《中国文物报》、《收藏》等报刊发表收藏文章200余篇。会员还向区博物馆捐赠文房用具，区博物馆专门设立以捐赠者命名的文房用具陈列厅，会员陆续创办老报纸、钱币、玉器、古瓷器、珍品邮票等民间收藏馆。

【成春到第四本收藏文集《藏缘再续》出版】 10月，区退休干部、中国收藏家协会会员成春到的第四本收藏文集《藏缘再续》，由中国文化出版社出版。这本收藏文集，由中国收藏家协会会长阎振堂题写书名，盐城市委原副书记、江苏省人

大常委会人事代表联络委员会主任葛绍林作序。书中共收录成春到发表在《新民晚报》、《收藏快报》、《大众收藏报》和《收藏》、《收藏界》、《中国收藏家通讯》等报刊上的收藏文章80篇，以及“成春到收藏文集研讨会”的材料和近两、三年媒体介绍成春到收藏业绩的文章，共20多万字，图文并茂，通俗易懂，很适合收藏爱好者阅读、参照。

【成春到收藏一枚西汉“五铢”金币】 继大丰发现春秋时期楚国“郢爰”金币，被博物馆收藏以后，10月，区收藏协会副会长、中国收藏家协会会员成春到，也成功收藏一枚西汉时期的“五铢”金币，成为全市个人收藏古金币的第一人。这枚西汉“五铢”金币，是西汉宣帝时期（前

73~前49年）铸造的，距今已2000多年；其直径2.5厘米，重4克；面文“五铢”二字，分列穿右和穿左，其笔画纤细颀长；“五”字交笔弯曲，上下两横偏长，与交笔相连处呈直角；“铢”字中的“金”字，头呈等腰三角形，“朱”字头则作方折，两侧对称；钱背无文；钱面、钱背外廓坚挺匀称；钱面穿上有廓，为一横，穿下和左、右无廓，钱背方穿四周均有廓。其包浆虽然老旧，但仍露出黄金色泽。经市质检局黄金饰品产品检验站检测，含金量为91.73%，含银量为5.25%，含铁量为2.78%，含铜量为0.17%，含锂量为0.07%。据有关资料记载，在西汉时期，“五铢”金币为皇帝的赏赐币，均被获得人员贴身珍藏或死后陪葬，极少用于流通。

【民间收藏工作有声有色】 与国内及海外200多家收藏协会及收藏家建立交流关系；全年开展活动10多次；举办民间藏品进农村展览。在展览现场，文物鉴定专家现场为农民鉴定家藏宝物，并发放盐都收藏协会会刊《盐都收藏》。

（王登佐　蒋英姿）

名人展馆
Celebrity Gallery

【董加耕事迹展览馆】 董加耕事迹展览建筑面积1800多平方米，分“热血青春厅”、“激情岁月厅”、“金色人生厅”、“璀璨群星厅”、“书法艺术厅”、“影视厅”6个厅室，再现董加耕不同时期的光辉业绩，有20世纪60年代董加耕务农时用

董加耕事迹展览馆

过的生产工具、生活用品等，老照片、信函、全国各级媒体40多年有关董加耕的报道及音像资料，有关宣传报道董加耕事迹的通讯、报告文学、诗歌、回忆录、连环画、照片；董加耕创作的诗歌、论文；以董加耕事迹为题材创作的歌曲、戏剧等；各级领导为董加耕事迹展览题词，书画艺术家为董加耕事迹展览题赠的书画作品等，1000多件史料实物中不少是第一次面世。

【赵泰来艺术藏品馆】 英籍华人赵泰来捐赠的艺术藏品共展出赵泰来捐赠的瓷算盘180把，其他艺术藏品73件，这些展品具有较高的艺术价值、研究价值、历史价值。这些藏品是新华社香港分社摄影记者唐理奎先生(原籍盐都区尚庄镇)热心牵线促成的，赵泰来先生还将向盐都区博物馆捐赠更多更有价值的藏品。该馆开展以来受到各级领导和参观者一致好评。 (王登佐 蒋英姿)

非物质文化遗产保护工作
Protection of Intagible Cultural Heritage

【概述】 自2009年起，全区非物质文化遗产普查工作共收集"非物质文化遗产"线索1462条，调查项目205个，涵盖17个门类，100多个种类，整理出版《全国非物质文化遗产普查盐都区成果汇编》，印制一套非遗宣传邮册，2009年盐都区非遗普查工作被江苏省文化厅表彰为"江苏省非物质文化遗产普查工作先进集体"。淮剧列入国家级"非遗"保护名录，八桅立式大风车制作技艺、盐城老虎鞋制作技艺、沈拱山的传说列入省级"非遗"保护名录；义丰龙舞等10项列入市级"非遗"保护名录。王书龙被列入省级非遗传承人；王柏林等9人被列入市级非遗传承人；王红专等25人被列入区级非遗传承人。盐都区在加强对非遗保护项目保护的同时，更加注重非遗保护项目的传承工作，通过民间艺术进校园、开办培训班、区域性交流等手段，进一步推动和加强非遗保护工作。 (黄小莉)

图书工作
Book work

【概述】 区图书馆积极探索，大胆开拓，勇于创新，采取动静结合，在正常运转的前提下，以会展造声势，抓特色，创品牌，取得喜人的成绩。图书管理实现规范化、自动化，群众性读书活动开展有声有色。全年接待读者10万余人次。

【网络资源开展特色服务】 利用卫星技术接收、通过VPN技术专线及时向镇、乡基层服务点传播接收到的内容。以"资源共享、协调发展"为目标，建立起统一的服务网络，努力为城乡居民提供文献信息和文化休闲服务。

【构建区镇村三级图书馆服务网络】 构建以图书馆为中心，以镇(区、街道)图书馆为支柱，以村图书室为服务点的三级图书服务网络，区级图书馆是全区文献、辅导和网络中心，是服务网络的龙头。镇(区、街道)图书馆是服务网络的纽带，它联系着区图书馆和村图书室。盐都区建成以区图书馆为龙头，镇(区、街道)图书馆为骨干，村图书室及一批农家书屋、个人书社、图书流动点为网点的多层次、多渠道、多领域的图书馆服务网络体系。

【"红读"征文活动再创佳绩】 开展红读活动。由省文化厅举办，各市、县(市、区)文广局、图书馆联合开展的"走进世博，走向世界"红领巾读书征文、演讲比赛于8月24日、25日在扬州市少儿图书馆举行。来自全省13个地级市的39名选手参加比赛。参加本次征文演讲比赛的选手都是经过层层选拔，从各市征文比赛中脱颖而出的佼佼者。区图书馆参赛选手柏悦、高玲子同学演讲的《在书中等你》等分获省文化厅、省教育厅分获二、三等奖。另有10多篇征文在省市获奖。

【开展军民共建活动】 区图书馆拓展服务范围，与市武警支队开展军民共建活动。为部队官兵举办知识讲座；开展"送图书到军营""送文化到军营"，开展读书演讲活动，在官兵中持续开展多读书、读好书活动，举办知识竞赛，活跃学习气氛，增强学习效果。为活跃战士的业余文化生活，在市武警机动队等单位设立流动图书室，丰富战士业余文化生活。

【举办农家书屋图书管理员培训班】 10月20日，对各镇(区、街道)农家书屋管理员进行培训，保证农家书屋规范有序运转。"农家书屋"建设工程是服务农民先富脑袋再富口袋的民心工程之一，主要是为解决农民群众"买书难、借书难、看书难"的问题，保障农民群众基本文化权益，提高农民素质并在此基础上，完善250个基层流动图书点。

【举办中秋、国庆灯谜活动】 9月22日，为让广大城乡群众过个文化中秋、国庆节，区图书馆在苏果超市举行中秋国庆灯谜有奖竞猜活动。

(王登佐 蒋英姿)

图书馆区(镇)藏书籍数一览表

表 21

单 位	图书(册)	单 位	图书(册)
盐都区图书馆	116387	滨湖社区	13510
龙冈镇	41000	大纵湖镇	13260
潘黄镇	32500	北龙港镇	12000
大冈镇	31500	北蒋镇	12000
秦南镇	24419	郭猛镇	11000
葛武镇	16000	尚庄镇	10080
学富镇	15500	张庄镇	9000
楼王镇	15246		

新闻出版管理

Press and Publication Administration

【概述】 区文化市场管理科严格执行新闻出版(版权)管理法律、法规,遵循加快发展、加强管理的工作思路,对全区印刷企业、书刊经营点等坚持常态化管理,并积极做好证照年审等服务工作。年内,还适时进行突击检查,吊销一批不符合规定标准的印刷企业经营许可证。

【集中整治印刷行业】 根据《盐城市盐都区2010年“扫黄打非”集中行动方案》,坚持标本兼治,重在治本的方针,针对印刷市场小、散、滥的状况,集中人力、物力先后30多次对全区新闻出版行业进行清理检查,全年共收缴非法出版物(教辅、教材)、“口袋本”图书等非法书刊2180册。对全区30家印刷企业进行年检换证工作。

【区内部资料准出版物管理规范】 2010年,全区按照新闻出版总署和公安部第19号令《印刷品承印管理规定》的要求,共审批、发放内部资料准出版物准印证4份,有效地控制和规范全区内部出版物市场。

【建设“农家书屋”,落实惠民工程】 2010年,区镇两级通过实物捐赠、财政扶持等形式,累计拨付资金22万元,用于已建“农家书屋”的完善和图书的更新。9月底,完成2010年省“农家书屋”出版物达标建设和图书更新的相关政府招标采购和实物分配发放工作,共采购10万余册图书、11000余张音像制品、2580套期刊、272座书柜。省财政厅、省新闻出版局下达的100万元资金全部用于全区260个行政村农家书屋的出版物达标、图书更新及书柜添置等,采购物资全部配送到位,农家书屋建设工作也顺利通过省新闻出版局的检查验收。

【规范印刷市场,推行正版软件】 年内,新闻出版执法人员多次到企业协调沟通,做好宣传解释工作。企业负责人对企业软件正版化工作表示了理解和支持。目前,江苏宏大集团、江苏华星电气实业有限公司、星宇科技汽车部件(盐城)有限公司和江苏中科电站设备实业有限公司等4家重点企业的软件正版化工作,得到较好的推进。 (陈卫红)

新闻信息中心

Press Information Center

【概述】 区新闻信息中心成立于2006年11月,系区直副科级事业单位建制,区委宣传部主管。主要任务是承办区委、区政府主办的《盐都报道》。《盐都报道》内设总编室、办公室、采访部、编辑部、专版部等5个职能部室,15名工作人员,其中在编9人,聘用6人;在区行政中心有办公用房6间;有采访车1辆,专业编辑排版设备2套,电脑14台。《盐都报道》为新闻信息综合类内部报纸,4开4版,原为单面彩印,四季度改为双面彩印,一周三刊,正常逢周二、四、六出版,重大活动适时增刊。《盐都报道》高举党报旗帜,追求晚报风格,突出盐都特色,在指导性、可读性、必读性上下功夫。坚持正确的舆论导向,坚持团结、鼓励和正面宣传为主的办报方针,紧紧围绕区委、区政府中心工作,大力宣传推广全区四个文明建设的新成就、新经验和新典型,及时反映全区各条战线的工作动态,促进全区经济社会又好又快科学发展。《盐都报道》2006年11月试刊成功,2007年1月1日正式出刊,至2010年底,累计出刊568期。

【版面分工】 一版:要闻版。力争多发基层新闻稿件和图片,围绕区委、区政府工作中心配发言论和新闻述评,办好“盐都快讯”栏目来保证信息量。二版:综合新闻。定期开设事关百姓住房、就读、就医等方面的民生新闻栏目,一周开设一期村组园地、高效农业、园区建设、重点项目及企业之窗等方面的专栏。三版:副刊。分为文学副刊、生活副刊、民生副刊等。采用合办、联办、独办的办法和冠名特约刊登以及征文比赛的形式,增强副刊可读性,扩大读者面。四版:各种专版。努力使月末版达到经常化,不定期出版画刊,为全区书画、摄影爱好者提供作品发表平台,聚集人气,提升报纸文化品位和美誉度。

【报纸质量】 坚持对内鼓劲导向，对外塑造形象的办报宗旨，强化精品意识，注重新闻改革，编校质量不断提高，差错率基本达到万无一失。加强质量监督，更换印刷厂家，改由盐阜大众报印刷厂印刷后，印刷质量有明显进步，报纸图像清晰、墨色平整、版面干净。

【报纸发行】 2009年前，《盐都报道》平均发行数为10000份，免费赠阅。原先由盐城邮政局负责投递，后随盐阜大众报同步发行，2010年发行数为13500份。

【经营创收】 《盐都报道》只有专版创收。2007年专版创收20万元；2008年专版创收35万元；2009年专版创收40万元；2010年专版创收45万元。

【注重外宣】 《盐都报道》除办好自己的报纸外，还主动承担盐都区外宣任务。2010年，在《新华日报》、《盐阜大众报》等省、市主流媒体的头版或重要版面上，推出《盐都答卷，一年更比一年好》、《人才高地托起实力盐都》、《盐都：把财力变成民生保障力》、《"国家战略"提升"盐都分量"》、《盐都工业经济"报春之花"红艳艳》、《盐都：转型升级连年跨越》、《盐都新特产业——强劲助推新型工业化进程》、《盐都：倾力打造研发创新之都》、《爱心善举叫响盐都慈善品牌》、《"短腿"拉长看盐都》等宣传盐都经济社会发展的各类重点稿件近200条。

【加强策划】 紧扣转型升级、提速增效这根主线，围绕"全面小康实现年、城乡统筹推进年、高新产业链攻坚年、农业产业化突破年"四大主题，宣传盐都以重大项目为支撑，主动抓好产业转型，倾力突破风电装备、电子信息高新产业，彻底淘汰小化工等落后产能，走出一条新城区退二优三、高新区龙头带动、重点镇特色赶超、城乡互促并进的跨越发展之路；宣传盐都以"双新"引领统筹城乡发展，策应沿海开发打造高新产业链，创新运作机制推进农业产业化；宣传盐都在园区开发、高新产业、高效农业、特色经济、民生改善和党的建设新突破等等。

【突出重点】 围绕"两大新兴产业、六个特色产业、十个专业园区"建设，精心组织策划一批重点稿件。同时，借助上海举办世博会的契机，对外推介盐都的大纵湖风景区、华锐风电产业园等重要旅游景点和特色园区建设等情况。5月1日，世博会开幕当天，在《新华日报》刊登《"双新"盐都·风声水起》宣传专版，在世博会上发放。

【特色栏目】 服从、服务区委、区政府中心工作，凸现经济报道的主导地位，开设"学习勤廉典型，深化创树活动""加快转型升级，奋力提速增效"、"媒体聚集看盐都"、"三月芳菲绽，盐都春更浓"、"献爱心. 圆梦想"、"盐渎时评"、"领导访谈"、"紧扣时间节点，加快项目推进"、"对台招商引资"等一系列特色栏目和子栏目，形成品牌效应和拳头产品。

广播电视
Radio and TV

【概述】 2010年，区广电台按照"高举旗帜、围绕大局、服务人民、改革创新"的总要求，坚持正确的舆论导向和"三贴近"原则，重抓选题策划，强化宣传管理。全年本台电视用稿3600多篇，制作播出电视节目500多期(档)，拍摄制作电视专题片近30部，制作播出广播节目1000多期(档)，累计采用经济稿件1000多篇，三农稿件500多篇，在市广电局组织的新闻抽查中获得好评。

【重点重抓，造浓舆论氛围】 围绕区委、区政府中心工作，营造抢抓沿海开发机遇、加快经济转型升级的舆论氛围，全面展示盐都经济社会建设的新成就、新典型、新举措，围绕中心、服务大局的能力和水平明显提高。先后推出"盘点惠民实事工程"、"廉洁过年话党风"、"只争朝夕抓开局，力夺首季开门红"、"巾帼创业竞风流"、"造林绿化，美化家园"、"创星级，树品牌"、"加速促转型，力夺双过半"、"开展创先争优，建设双新盐都"、"携手慈善，共创和谐"、"服务转型升级，展示委员风采"、"聚焦新特产业，抢占发展前沿"、"科学发展，活力三农"、"卫生惠民谱新篇""科学发展社区行"等系列主题策划。

【外宣稳步推进】 年内，制作拍摄专题片近30部，累计时长超过270分钟，外宣片报送11条。在江苏国际频道和中国黄河电视台用稿8条，位列全市中游。制作完成电视形象片《印象盐都》，为宣传推介盐都发挥很好的作用。

【节目评优捷报频传】 在一年一度的广播电视优秀作品评选中，系列报道《危机中的奋进》荣获省一等奖，全国三等奖。共获得省级奖3个，市一等奖2个。累计获得市级以上奖项23个，继续位居全市县级台前列。

【广播改版圆满完成】 广播从延续几十年的一天三次播音，改为全天播音，播出时长从6个半小时延长到17个小时。广播节目由原来的6个增加到现在的15个。产生良好的社会效益和经济效益。

【经营创收有新增长】 区广电台面对新的形势，振奋精神、开拓进取、迎难而上，进一步树立正确的广告经营理念，大力提高节目质量，合理开发利用频道、频率资源，用优秀的节目、精良的广告和到位的服务，争取社会效益和经济效益双丰收。全年广告收入达500万元，比上年增长10%。

【事业技术有新发展】 区广电台紧跟广播电视技术发展的步伐，针对工作中的实际问题，在资金紧张的情况下，投入100多万元继续加大老旧设备的更新改造，提高技术保障能力，目前全台设备基本实现数字化、网络化。加强安全播出管理，完善各类应急预案和防范措施，年内各类重大活动，重要时期没有发生安全播出事故。8月8日按照区里统一部署，电视台顺利搬迁至区文化艺术中心，制播条件和办公环境有了质的飞跃。

(宋宏楼)

卫　生

Health

综　述

Summary

【概述】 全区卫生工作开拓创新，抢抓机遇，锐意进取，圆满完成“十一五”规划和2010年度目标任务，卫生事业实现大步跨越。基本药物制度全面实施，“以药补医”机制得到扭转，群众药品费用负担明显减轻；新农合人均筹资水平苏北领先，支付方式改革有力推进，群众受益水平明显提高；疾病预防控制绩效体系通过省评估，卫生监督体系达省示范标准，公共卫生服务水平明显提升；市三院南院建成投运，区、镇、村卫生机构面貌焕然一新，基层卫生服务能力明显增强，创成全国社区中医药工作先进区。区卫生局在全市卫生工作年度绩效考核中荣获特等奖第一名。

医药卫生体制改革取得新突破。全面实施基本药物制度改革，自2月7日起，全区所有镇、村卫生机构全部配备使用基本药物，实行零差价销售。遴选、确定基本药物品规1334个，全部由省网集中采购，统一配送。创立财政补偿、绩效考核和合理用药三项机制，确保基本药物制度良好运行。基本药物制度实施后，基层医疗机构门急诊总人次同比上升11.32%、次均费用下降21.69%，住院人次同比上升2.8%、次均费用下降21.43%，药品价格平均下降36%，群众就医费用明显减少。

新型农村合作医疗实现新超越。主要表现为“四提高一突破”。参合率进一步提高，全区参合人口51.84万，农业人口参合率100%；筹资标准进一步提高，人均筹资标准从上年的130元提高到180元，全市第一，苏北领先；补偿比例进一步提高，基层医疗机构门诊、住院医药费补偿标准分别从30%、65%提高到35%、70%，住院医药费实际补偿比达45%以上；监管水平进一步提高，将基本药物全部纳入补偿范围，完善补偿方案，强化基金监管，规范定点机构行为。积极推行支付方式综合改革，实行单病种限额付费、住院费用结报比下限控制、大额医药费用二次补偿，补偿封顶线达农民年纯收入10倍以上；信息化建设实现新突破，投入400多万元，完善区、镇、村新农合信息化网络，实现省、市、区、镇、村五级联网管理，建成新农合与农村医疗救助“一站式”结报系统。全面实现新农合“一卡通”，参合群众持卡就诊、划卡结算、及时结报，信息查询一目了然，新农合信息化全区覆盖、上下联通、方便群众。全区有156.5万人次得到医药费补偿8985万元，其中补偿金额超万元的1002人，最高补偿额为10万元。

卫生服务能力得到新提升。重抓基础设施建设，充分利用中央投资、省扶持奖补等政策机遇，争取国债、省扶持项目18个、资金1750万元，固定资产投资突破5.95亿元。市、区重点工程市三院南院建

盐城市第三人民医院南分院

成投运，总投入5.5亿元，建筑面积10万平方米，开放床位800张，设施、设备、服务处于全市先进行列；市三院被省规划为三级医院，创建工作成效显著。卫生院建设更进一步，秦南、潘黄、北蒋等10个卫生院新建、改扩建病房或门诊楼，区政府实事工程学富镇卫生院整体搬迁重建投入使用，新都社区卫生服务中心即将运行，尚庄镇卫生院创成省示范乡镇卫生院，潘黄镇卫生院创成省示范城市社区卫生服务中心。全区243个村卫生室全部创建成省示范社区卫生服务站。卫技人员素质快速提升，全系统共引进硕士23名、中高级职称技术骨干40多人，本科生55名、大中专生200多名，定向培养大专生3名。规范化培训镇级卫生院院长3人，全科医师25人，社区护士20人，乡村医生169人。613名乡村医生参加在岗乡村医生中专学历补偿教育。出台政策，落实乡村医生养老待遇，办理在岗乡村医生养老保险、退职乡村医生养老补助，提高“四统一”人员养老待遇，解决多年来一直悬而未决、影响乡村医生队伍稳定的“老大难”问题。

公共卫生服务均等化取得新成效。基本公共卫生服务特色更特，坚持“完善运行机制、打造项目精品、增强服务能力”，着力强化项目工作目标管理、质量控制、绩效考核，及时修订镇、村“公共卫生服务项目管理手册”，充实项目管理基本信息、子项目季度进展、重点专业指标月度信息等，强化区直防保单位项目质控职能，为基层人员高质量完成项目进一步完善了科学、实用、有效的工作和管理平台。10月，专题召开全区基本公共卫生服务项目工作现场推进会，落实推进健康档案信息化管理、老年人健康体检、慢病专科门诊建设、免疫接种数字化门诊建设等重点工作措施，全区基本公共卫生服务项目实施进入全新发展阶段。重大公共卫生服务有力实施，实施农村妇女补服叶酸预防神经管缺陷5963人，农村孕产妇住院分娩补助15000人（含2009年回补7500人），15岁以下人群乙肝疫苗补种303人次，贫困白内障患者免费复明手术315例，完成农村改厕14160座。疾病预防控制水平明显提高，以优异成绩通过省疾控第一轮绩效考核评估。坚持机制创新，“计划免疫示范镇”创建机制在全市率先形成，“8+1”式计免票据化管理、“9改3”接种日模式实施、数字化接种门诊建设成效明显。坚持项目引领，积极争取、实施中盖结核病管理、全国艾滋病防治示范区、高血压社区规范化管理示范区、省糖尿病综合防治示范区等项目，建成防治结合模式慢病专科门诊6个，慢性病人电子健康档案建档率、65岁以上老年人体检率均在95%以上。坚持重点重抓，先后召开专题会议11次，开展专题督查、质控9轮、172镇次，重点现场结对帮扶22镇次，重点疾病防控“35项指标”位于全市前列，全区甲乙类传染病发病率110/10万，控制水平在全省前列。碘缺乏病防治全市首家通过县级评估。在全市急性传染病防治、计划免疫、结核病控制三项综合大检查和卫生应急桌面推演比武活动中，盐都区均名列第一，先后代表市接受国家（省）结核病防治、艾滋病综合防治、疟防、寄防、计划免疫、麻苗强化免疫、农村饮用水监测等工作验收考核，均以良好成绩获领导、专家们的一致好评。卫生监督执法有力，成立秦南、楼王等5个监督分所，建立“以条为主，条块结合，包干负责，综合执法”运行模式，卫生监督体系建设通过省“达标示范”评估。认真实施食品卫生安全工程，推进餐饮单位和学校食堂卫生量化分级、“五常法”管理，扎实开展问题乳、地沟油、一次性餐具、建筑工地餐饮卫生等系列专项检查，圆满完成世博会、中高考、市区“两会”等重大活动食品安全保障任务18次，全市餐饮具集中消毒工作现场会在盐都召开。加强水质监测，建立监测档案，全区水厂加氯设施安置率95%以上。大力开展医疗市场整治，巩固医疗服务监督示范区成果，查处非法行医案件24起，移送公安部门追究刑事责任10起。全面开展职业危害因素普查和职业卫生示范单位创建活动，创成示范单位10家。卫生监督所被表彰为“全省卫生监督工作先进单位”。妇幼爱国卫生成效突出，全区孕产妇和7岁以下儿童保健管理率稳步上升，分别为99.32%和99.09%；婴儿和5岁以下儿童死亡率降幅明显，分别为2.50‰和3.07‰。18所卫生院助产技术执业许可工作全部通过市级评审，17所卫生院通过市级儿童保健合格门诊评审。启用婚检服务网络管理，免费婚检9537人次。新生儿疾病筛查工作继续保持全市领先位置，出生缺陷发生率2.27‰，低于市、区控制指标。中国/联合国人口基金生殖健康/计划生育第六周期项目工作通过国家终期评估。健康素养促进行动有力开展，发放健康教育宣传材料78万份，举办巡回讲座216场次，播发“每周话健康”电视专题片16期，村级标准化宣传栏覆盖率、宣传资料入户率均达100%。大力开展环境卫生综合整治，卫生城、镇、村创建工作成效明显，大冈镇通过省卫生镇复审，3个村通过省卫生村评审。饮用水放心工程、除“四害”工作进一步强化，受到省、市检查组的充分肯定。

医疗服务水平又有新提高。深入开展医疗质量提升年、医疗质量万里行和平安医院创建活动，医疗质量管理、院内感染控制、医疗安全管理措施扎实。医疗废物全部集中处置，15所卫生院污水处理设施建成使用，一级以上医疗机构全部参加医疗责任保险，全区未发生等级医疗事故。中医事业发展取得重大突破，组织“中医中药中国行”宣传巡讲，开展中医基本现状调查，发放中医养生保健手册2000册。举办镇、村中医药适宜技术培训班4期、400余人次，推广中医药适宜技术56项。12月盐都区顺利通过国家中医药管理局评审验收，创成苏北首家全国社区中医药工作先进单位。科教工作深化提高，大力实施“卫生科教人才工程”，全年市科研立项19项，市科研成果鉴定14项，申报市科技进步奖12项，获市新技术引进奖一等奖3项、二等奖1项。发表省级以上学术期刊医学论文500多篇，举办省市级继续医学教育项目20个。加强市三院4个市级医学重点学科、12个市级临床重点专科和2名“省333高层次人才”、2名市“突出贡献中青年专家”、5名市医学领军型人才、11名市医学重点人才的建设和培育，在工作环境和专项经费等方面给予大力支持。完善特色专科建设方案，集中人力、财力、物力，树名医，建名科。楼王中心卫生院疼痛专科、碎石专科，秦南中心卫生院糖尿病专科，北龙港镇卫生院眼科建设成效明显。健全卫生支农体系，实施“卫生下乡村村到、周周有工程”，区直单位对口支援基层单位，医务人员晋升职称前到镇（区、街道）、中心社区服务，区镇两级医疗骨干分别挂钩支援镇、村医疗机构，实施“传、帮、带”，促进优质卫生资源下移，受到基层和群众的普遍欢迎。

党风行风建设取得新成效。深入开展创先争优活动，把活动要求落实到“全面改善医疗服务、推进医德医风建设”的专项行动之中，落实到“创星级卫生服务、树一切为了人民健康品牌”的创树活动之中，落实到“健康服务进万家”的具体行动之中，卫生党风行风建设有力加强。职业道德建设强势推进。大力开展典型示范教育，评选十佳“医德标兵”、十佳“青年医务工作者”，组织先进事迹报告会4场次，在《盐都报道》开办“创星级卫生服务，树一切为了人民健康品牌”专栏26期，以身边人、身边事示范激励，倡导爱岗奉献、比学赶超；大力开展警示教育，组织观看警示教育片、典型案例通报会，做到警钟长鸣；大力开展党纪教育，推行新时期医德医风规范，开设清廉卫生讲坛，组织《廉洁准则》专题辅导、知识测试；广泛开展“四风”教育，在全系统大力倡扬学习之风、规范之风、高效之风和进取之风，全面提升医务人员职业道德修养。内控监管机制更加有力。健全反腐倡廉体系，建立医务人员廉洁行医责任制，层层签订责任书，实行量化考核；建立挂购联系点负责制，区卫生局机关挂钩联系基层单位，共同负责重大问题、重点环节、重大事项的指导和督查。着力制度创新，健全内控机制，编印《内部管控制度》等六大类内控制度；强化权力公开，编印《职权目录、流程图》和《行使依据》。加强监督监管，邀请区有关部门参与，主动下访巡访，开展涉农资金审计，对工程建设等重大事项进行全程跟踪管理，二级以上医疗机构药品全面实施网上集中采购，下发严禁公款旅游、违规“统方”等新规；健全考评制度，建立医德医风“德能勤绩廉”考评档案1126份，13个医疗单位达到“无红包”医院标准；聘请卫生行风社会监督员23名，开展满意度调查，接受社会监督。服务品牌创树成效突出。大力开展“一切为了人民健康”卫生服务品牌创树活动，以“四优五服务一提升”为核心，全力改善服务态度，全面提高服务质量，促进技术优良、服务优质、行风优秀、环境优美。优质医疗服务进万家、公共卫生服务进万家等活动惠及千家万户，受到群众广泛欢迎。无陪护理、患者俱乐部等便民惠民举措创新推行，典型做法得到省市有关部门充分肯定，受到群众一致好评。致力服务经济中心，不折不扣完成“三服务”、招商引资工作任务，推行“客商医疗服务一卡通”、“百名医疗专家送医到基层”、“进企业、送医疗、保健康”等服务，受到社区群众和服务企业普遍欢迎。加强信访稳定，及时处理来信来访，维护群众合法利益。加大卫生新闻宣传报道力度，全年政务信息被区以上录用179篇以上；新闻宣传稿被区以上新闻媒体录用630多篇，着力营造促进卫生事业发展的良好舆论氛围。发扬“慈善盐都”精神，关爱弱势群体，结对帮扶贫困家庭，改善麻风残老病人生活，减免贫困群众医疗、办证费用，捐助灾区群众。市三院6名医务人员代表国家参加援助非洲，表现出色，受到援助国高度评价，得到省市领导充分肯定，健康盐都、和谐卫生建设迈出新步伐。

（孙颖春　陈海高）

【“十一五”成就回顾】 医药卫生体制改革取得突破。2010年，盐都在全省率先实施基本药物制度，实行零差率销售，并创立财政补偿、绩效考核、合理用药三项机制，群众药品费用负担明显减轻，被市政府表彰为“深化医药卫生体制改革工作先进集体”。

新农合保障水平有力提升。“十一五”期间，不断加大财政投入，新农合人均筹资标准全市第一，苏北领先，农业人口参合率达100%，住院医药费实际补偿比提高到45%以上；建立区、镇、村新农合信息化网络，实现新农合省、市、区、镇、村五级联网管理，并与农村医疗救助“一站式”结报，参合群众持卡就诊、划卡结算、及时结报，信息查询一目了然。盐都区被表彰为省“新型农村合作医疗管理工作先进单位”。

卫生服务能力显著增强。“十一五”期间，共争取国债建设项目、省扶持建设项目近40个、资金4500多万元，新建、改扩建门诊楼、病房楼和卫生室等业务用房18万平方米，区、镇、村三级医疗机构面貌焕然一新。市三院南院建成投运，学富镇卫生院实现整体搬迁重建，建成城市区第一家新都社区卫生服务中心，全区18个卫生院全部转型为社区卫生服务中心，243个村卫生室全部建成省示范社区卫生服务站。楼王中心卫生院通过二级乙等综合医院评审，秦南中心卫生院通过二级中西医结合医院评审，盐都创成省中医药特色社区卫生服务示范区，成为苏北首家全国社区中医药工作先进单位。

公共卫生服务均等化成效突出。“十一五”期间，全区投入公共卫生经费5883万元，免费为群众提供计划免疫、健康教育等九大类22项基本公共卫生服务和农村孕产妇住院分娩补助、贫困白内障患者免费手术复明、农村厕所无害化改造等10项重大公共卫生服务。建立健全传染病疫情监测网络和突发公共卫生事件应急机制，科学处置防控甲流感、手足口病、问题奶粉、“2·20”水污染事件等重大事件。全区甲乙类传染病报告发病率控制在110/10万以内，控制水平位于全省前列，区疾控中心被卫生部表彰为“全国结核病防治先进集体”，全区疾病预防控制工作年度综合考核连续五年位列全市第一，年内盐都以优异成绩通过省疾控首轮绩效考核评估。成立秦南、楼王等5个监督分所，全区卫生监督体系建设通过省“达标示范”评估，并被省表彰为“医疗服务监督示范区”，区卫生监督所被市政府确定为“全市依法行政示范点”，被表彰为全省“卫生监督工作先进单位”。党风行风建设得到加强。“十一五”期间，围绕致力便民惠民、构建和谐卫生，不断加强党风廉政建设和职业道德建设，建立健全部门内控监管机制，全力创树卫生服务品牌，健康盐都、和谐卫生建设迈出新步伐。区卫生局被区委、区政府表彰为机关效能建设“五星级服务单位”，区卫生系统先后被授予省市文明行业、省基层卫生单位学习实践科学发展观活动先进集体。

卫生改革
Health Reform

【概述】 实施基本药物制度是2010年卫生改革的重点。盐都作为省首批基本药物制度改革试点区,强化宣传发动,认真调研测算,制定出台方案,健全机制体制,全力推进改革工作。自2月7日起,全区所有镇(区、街道)、中心社区、村卫生机构全部配备使用基本药物并实行零差价销售。3月底全面完成目录外药品清仓化解工作,全部停用非基本药物。遴选、确定基本药物品规1334个,全部由省网集中采购,统一由省确定的两家医药公司配送。

【财政补偿机制初步建立】 按照“核定人员、核定任务、核定收支、绩效考核”补助的原则,出台全区实施基本药物制度财政补偿方案,确定2010年全区镇、村两级医疗卫生机构经常性收支差为3261万元,纳入财政预算管理,实行月度预拨、年底结清制。

【绩效考核机制启动有力】 制定出台《基层医疗卫生机构绩效考核办法》、《基层医务人员绩效考核指导意见》,明确以“服务功能、服务质量、服务数量和群众满意度”为主要指标,建立基层卫生机构、医务人员绩效考核补助机制。区财政下拨的镇级补助资金,85%平时定额补助,15%年终绩效考核补助。村级补助资金,以镇为单位,由卫生院每月考核发放。

【合理用药机制有效创建】 印发基本药物制度宣传手册,组织基层全员学习研讨,提升医务人员的政策执行力;举办基本药物用药指南、处方集培训8期,指导医务人员规范用药;加强临床用药异常情况监测,对各位医生每月用药情况进行统计,对药品收入下降不明显的进行解剖,对销售异常前三名的药品予以停药,组织专项督查11次,杜绝违规行为,确保政策严格执行。基本药物制度实施呈现“两升四降”态势:镇村卫生机构门急诊人次上升11.32%、住院人次上升2.8%,门急诊次均费用下降21.69%、住院次均费用下降21.43%、药品价格下降36%、药占比下降15%,减少患者支出2620万元,有效缓解群众“看病难、看病贵”问题。 (徐玉国)

妇幼保健
Maternal and Child Health

【概述】 全区妇幼卫生工作坚持保健和预防为主的妇幼卫生工作方针,以贯彻实施新医改政策和重大妇幼卫生项目为载体,以降低孕产妇、婴儿、5岁以下儿童死亡率和婴儿出生缺陷发生率为重点,扎实推进和巩固基层合格儿童保健门诊建设,全面规范合格产科、爱婴医院规范化管理,进一步提升婚前保健、孕妇产前筛查、孕妇HIV抗体检测、新生儿三项疾病筛查等重点工作水平,新生儿疾病筛查工作连续六年领先全市,中国联合国人口基金生殖健康/计划生育项目工作顺利通过终期评估。全区孕产妇和7岁以下儿童保健管理率分别为99.32%和99.09%,孕妇两种疾病产前筛查率达82.24%以上,孕妇艾滋病抗体检测率达100%,新生儿两项疾病筛查率99.58%,新生儿听力筛查率99.90%,婴儿和5岁以下儿童死亡率分别为2.50‰和3.07‰,出生缺陷发生率为2.27‰,均低于市、区控制指标。区妇保所年内举办产科人员、妇保、儿保等各类培训11期,参加培训709人次,组织全区保健人员参加省、市级业务培训班12期、80人次。全区妇幼卫生事业取得新进展,母婴健康水平有新提高。

【重大妇幼卫生项目顺利开展】 实施重大妇幼卫生项目是促进基本公共卫生服务均等化的核心内容,是近期医改五大重点工作任务之一。为确保项目工作按上级主管部门的要求顺利实施,成立全区重大妇幼卫生项目工作领导小组和项目工作技术指导组,制定下发《盐城市盐都区农村妇女增补叶酸预防神经管缺陷项目实施方案》和《盐都区农村孕产妇住院分娩补助项目实施细则》,明确各医疗卫生单位的工作职责和任务。区项目办组织编印“补服叶酸始于孕前—免费叶酸等你取”和“盐都区关于对农村孕产妇住院分娩补助的公告”宣传单3万份,制作重大妇幼卫生项目宣传展板,并在《盐阜大众报》、《盐阜卫生报》及市、区电视台等媒体深入宣传报道,提高群众对重大妇幼卫生项目的知晓率和相关工作人员对实施重大妇幼卫生项目重要性的认识。区卫生局于1月23日、3月13日召开全区农村妇女增补叶酸预防神经管缺陷和农村孕产妇住院分娩补助项目工作启动会,对项目工作进行动员部署;6月10日、11月18日两次召开项目工作推进会,对各单位的项目工作情况进行通报,督导进展、各镇卫生院的分管院长、产科主任和妇保医生等相关人员参加会议。区政府将配套补助资金全部纳入财政预算,并及时、足额拨付到位。区卫生局印发《盐城市盐都区重大公共卫生项目资金

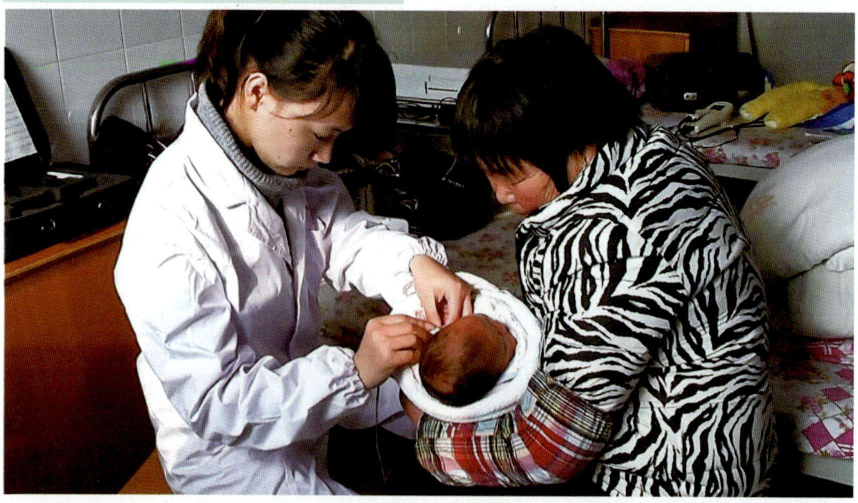

区妇保所的工作人员在为新生儿做听力筛查

管理暂行办法》，确保经费的规范使用。区妇保所逐一审核各接产单位上报的住院分娩补助申报材料，完善相关审批手续。区项目办在制定考核评估细则的基础上，积极开展项目工作培训与督导，年内召开项目例会、培训4次，组织项目实施情况督导3次，并将督查情况在全区公共卫生会议上通报。全年累计向6063名农村妇女发放叶酸片，服药依从率达85%以上；全区有7500名农村孕产妇领到住院分娩补助资金。

【实现妇幼保健服务计算机管理网络全覆盖】 在上年底顺利完成全区20所医疗卫生单位妇幼保健信息系统软件安装调试和现场操作培训的基础上，全区妇幼保健信息网络自1月1日起全面进入正式运行状态。利用这个平台，一是实现群组成员之间工作信息的快速传递；二是通过管理权限窗口，实时监控、动态了解各成员单位孕产妇和婴幼儿保健服务情况；三是实施“一卡通”服务，大大缩短出生证明集中办理时间；四是有助于推行卫生服务量化考核工作。另外，区妇保所于3月初启用婚前保健服务网络管理，婚检人员只需提供身份证瞬间扫描，即可进入婚检各相关科室的无纸化服务模式。

【孕产妇HIV抗体检测工作全区覆盖】 年内，全区各医疗卫生单位严格执行《盐都区预防艾滋病母婴传播工作实施方案》，将预防艾滋病母婴传播工作与妇幼保健常规工作相结合，在婚前保健、孕产期保健、妇女病查治、计划生育技术等服务过程中，主动为接受医疗保健服务的妇女及其配偶/性伴侣提供预防艾滋病的健康教育和咨询，并动员其接受艾滋病病毒抗体检测，努力减少育龄妇女的艾滋病感染和传播。2010年全区实现孕产妇HIV抗体检测卫生院全覆盖，共有8729名孕产妇接受HIV抗体检测，初筛率达100%。

【新生儿疾病筛查工作连续六年全市第一】 全区严格执行《孕妇产前筛查实施方案》和《新生儿疾病筛查管理办法》，通过强化人员业务培训和指导督查管理，实行产筛和新筛的全过程质量控制，加大出生缺陷的干预力度，全区出生缺陷发生率再创新低，为2.27‰。年内，全区共为8752名新生儿进行先天性“甲减”和苯丙酮尿症两项疾病筛查，筛查率为99.58%；8780名新生儿接受听力筛查，筛查率99.90%，确诊“甲减”6例、先天性耳聋8例。新生儿疾病筛查工作连续6年位居全市第一。

【全区托幼机构规范化管理得到强化】 全区基层幼师体检和《健康证》发放一直由同级卫生院负责，体检质量不高、传染病管控不严等现象普遍存在。为提高幼师体检质量，保障在园儿童的健康，年内，区妇保所在广泛征求意见的基础上，借鉴其他地区的经验和做法，认真计划、周密安排，全区29所幼儿园653名幼师到区妇保所接受年度健康体检，并进行体检情况反馈、处理和健康证发放，体检质量和服务态度得到幼师的一致认可和高度评价。因病建议离岗治疗4人，顺利完成幼师健康证管理由镇级向区级的过渡。年内区妇保所与教育局两次联合对全区各幼儿园的卫生保健工作进行督查指导。

【合格儿童保健门诊创建得到巩固和发展】 年内，全面推进合格儿童保健门诊创建工作，除张庄卫生院因房屋受限外，其余17家卫生院均通过市级评审。积极组织区、镇两级儿保医生到市妇保院参加DDST儿童保健适宜技术培训班和体弱儿管理培训班，要求各镇级卫生院儿保医生充分利用儿保门诊，开展儿童生长发育咨询指导、健康体检、体弱儿管理和DDST适宜技术应用等基本公共卫生服务。区妇保所年内组织技术人员到基层幼儿园开展口腔保健16349人次，视力筛查27100人。

【生殖健康/计划生育第六周期项目工作通过国家终期评估】 全区各医疗卫生单位严格按照中国CDC妇幼保健中心印发的《项目管理信息系统手册》的要求，扎实推进生殖健康/计划生育第六周期项目工作，经过全区上下5年多的艰苦努力，圆满完成中国/联合国人口基金第六周期生殖健康/计划生育项目工作任务，顺利通过国家终期评估。9月26~28日，卫生部妇幼保健中心罗荣教授、汪金鹏研究员、黄爱群博士在盐都就“青少年生殖健康保健服务提供和利用情况”开展调研。专家组一行先后在市三院青少年保健门诊实地考察，在市一中、西区中学和新都社区分别对300名校内初、高中学生和200名校外青少年开展问卷调查，与30名青少年家长作专题讨论，与4名学校管理者和教师作个人深入访谈。整个调研活动得到区政府及各相关部门的大力支持和协同参与，调研工作进展顺利，完成预定调研任务，专家组予以高度评价。

（张秀春）

疾病控制
Disease Control

【概述】 主动、连续、真实地开展区域和机构绩效评估工作，以优异成绩通过全省第一轮绩效考核评估，有力提升全区疾控规范化及能力建设新水平。基本公共卫生服务目标管理体系进一步完善，镇级疾控工作已建立各专业分册；率先在全市建立“计划免疫示范镇”创建机制，试行“8+1”式计划免疫票据化管理，推行数字化接种门诊，实施接种日安排“9改3”新模式。中盖结核病管理、全国艾滋病综合防治示范区等项目扎实开展，重大传染病防治整体水平进一步提高；“全国高血压社区规范化管理”、“江苏省糖尿病综合防治”示范区项目向纵深推进，已建成防治结合模式的慢病专科门诊6个，慢性病人电子健康档案建档率和65岁以上老年人体检率均达95%，慢性病人动态管理模式得到省、市专家的充分肯定。紧扣重点疾病防控“35项指标”，先后召开专题会议11次，专题检查与质控9轮172镇次，重点专业现场结对帮扶22镇次。严格“月查季公布积分制”，印发4次书面通报，有4个卫生院（次）被亮“黄牌”警告，有两个卫生院重点专业年度工作不达标，确保今年重点疾病防控“35项指标”保持全市前列。全区无甲类传染病发生，报告乙类传染病11种共754例，发病率110/10万，控制水平在全省前列。疾控业务综合考评取得全市“五连冠”；在全市急性传染病管理、免疫规划、结核病防治三项综合大检查和卫生应急桌面推演比武活动中，均名列全市第一；全市首家通过碘缺乏病县级评估；代表盐城市接受国家（省）结核病控制项目、艾滋病综合防治示范区项目及麻疹疫苗强化免疫、计划免疫、基本消灭疟疾、重点寄生虫病防治规划、农村饮用水监测等达标验收活动，均以较高质量得到国家、省市卫生主管部门和疾控机构领导专家的一致好评。

【顺利通过省首轮疾控绩效考核评估】

严格按照疾控绩效考核指标要求，建章立制，科学管理，提升内涵，整合目标，全面履职，规范操作，认真收集整理佐证资料，真实反映全区疾控工作绩效。5月20~21日，由省卫生厅组织的专家组对盐都区进行第一轮疾控绩效考核验收，省考核组充分肯定区疾控工作取得的成绩，高度赞扬区疾控中心对指标内涵理解到位、数据准确可信、资料全面系统、归档理念创新。经现场考核评价，2008、2009年全区疾控工作绩效考核机构指标和2009年区域指标均达优秀水平。省内外10家县（区）疾控中心先后到盐都参观学习，《健康报》记者对区疾控中心绩效考核工作进行专访。

【基本公共卫生服务项目工作全面提升】

细化要求，强化质量，注重规范，全面提升基本公共卫生服务项目实施科学化管理水平。完善项目运行手册，提高项目实施的科学性；强化培训与督导考核，保证项目实施的规范性；严格公示制度，努力营造良好的项目工作氛围。10月，专题召开全区基本公共卫生服务项目现场推进会，对居民健康档案信息化管理、老年人体检、慢病专科门诊和数字化接种门诊建设等重点工作目标任务进行部署，基本公共卫生服务项目实施进入全新发展阶段。

【中盖结核病防治项目稳步推进】 作为中国卫生部—盖茨基金会（中盖）结核病防治项目实施地区之一，全区于1月10日、6月20日分别开展两次中盖结核病防治项目患者管理子项目预试验，均提前完成纳入任务，项目工作质量领先。11月1日顺利启动社区试验试运行，实施工作运行良好。盖茨基金会项目组官员、卫生部及中国疾控中心专家于1月、3月、7月、8月、11月先后5次来现场督查调研，均给予高度评价。

【国家艾滋病综合防治示范区项目运行良好】 以全国艾滋病综合防治示范区项目为龙头，整合全球基金项目，加大宣传教育、政策倡导和监测检测力度，积极落实暗娼、吸毒和男男性行为者等高危人群综合干预措施，开展病人治疗管理和关怀救助，努力探索防治新模式，项目工作稳步推进，各项指标完成良好；美沙酮维持治疗门诊良性运行；高质量完成孕产妇和性病门诊男性求诊者艾滋病哨点监测任务，以优异成绩通过国家哨点监测检查；积极扶持本地非政府组织"爱馨家园"开展全球基金社会组织针对本地吸毒人群干预工作。

【免疫规划工作实现全市"五连冠"】 全年共接种一类疫苗158444针次，基础"五苗"覆盖率98.12%。9月，对30550名适龄儿童进行麻疹疫苗接种，接种率达98.33%；顺利对1996~1999四个年龄组的303名儿童开展乙肝疫苗查漏补种工作，补种率达99.67%；9月份对幼儿园至初中三年级的56499名学生开展预防接种证查验工作，并对其中933名学生开展疫苗补种工作，补种率达100%；12月，顺利完成第一轮消灭脊灰强化免疫活动，共对571名儿童进行脊灰疫苗查漏补服，服苗率达100%。加大数字化接种门诊建设力度，学富建成数字化门诊并正式投入使用。11月，在全市重点疾病防控工作综合大检查中，盐都区免疫规划取得全市第一，实现"五连冠"。

【被确定为"全国慢性病综合防控示范区"创建区】 全面推进居民健康档案信息化管理和65岁以上老年人体检工作，积极争创"全国高血压社区规范化管理"项目标杆县和江苏省糖尿病综合防治示范区，建设以糖尿病为主的慢性病防治结合专科，进一步完善全区"查、治、管、转、报"五结合的慢性病管理模式。全年共建成6个慢性病防治结合专科、2个糖尿病综合防治示范镇、60个高血压规范化管理示范村。5月份被卫生部心防中心表彰为"全国高血压社区规范化管理项目优秀集体"，11月份被确定为"全国慢性非传染性疾病综合防控示范区"创建县（区）。

【关爱麻风残老病人】 1月29日，世界麻风病防治日和春节到来前夕，开展"消除麻风歧视，共享和谐文明"为主题的关爱活动，区人大、政府及财政、民政、卫生、红十字会等部门领导专程到麻风残老村与村民一起欢度节日，并送去慰问品和慰问金。6月28日，区疾控中心青年党、团员到村为下肢溃疡麻风残老病人进行创面的清洗、消毒和换药处理，减少伤口感染的机会，并对麻风病人进行心理疏导和沟通，讲解麻风病防治知识和生活常识，使他们树立生活的信心。区慈善会、残联、红十字会及热心网友与社会公益人士分别以不同方式向麻风村和病人捐物捐款，全年累计收到各种物品和现金折合人民币约20万元。 （胥加耕）

卫生监督
Health Supervision

【概述】 紧紧围绕"一切为了人民健康"服务宗旨，放大卫生监督"五零"服务品牌效应，扎实开展食品卫生、饮用水卫生监督和医疗市场整治等各项卫生监督工作，强基固本、依法行政，卫生监督体系建设顺利通过省"达标示范"评估。区卫生监督所被省卫生监督所评为"全省卫生监督工作先进单位"，连续5年荣获市文明单位称号，卫生监督综合工作获得全市第一名，被区委表彰为"十佳基层党组织"。

【卫生监督体系建设获省达标示范】 及早启动，周密部署，精心组织，全面推进卫生监督体系建设。不断加大投入，改善卫生监督设施、设备等硬件条件，建立秦南、楼王等5个监督分所，充实基层卫生监督队伍，修订完善制度手册、运行手册，提高卫生监督工作运行质量，10月底，区卫生监督体系建设顺利通过省"达标示范"评估。

突发公共卫生事件应急处置演练

【开展"地沟油"等食品安全专项整治】 组织开展建筑工地食堂食品安全专项整治、世博期间餐饮消费环节安全专项督查和两次问题乳品、问题乳粉等专项整治行动。针对新闻媒体高度关注的餐饮消费环节使用地沟油、不合格的一次性筷子、餐盒等问题，迅速行动，成立五个督查小组，对全区所有餐饮单位开展拉网式检查，发出整改意见书126份，立案查处5家。在春节、中秋节、端午节等重大节日期间，开展以餐饮业为重点的食品卫生检查，进行食品抽检和餐具监测，全力保障食品卫生安全。

【建立打击非法行医联动机制】 与公安、工商联合下发文件，建立公安部门依法追究刑事责任，卫生部门依法行政处罚和工商部门依法查处出租房屋"三位一体"的打击非法行医联动机制。开展一系列的打击非法行医行动，查处非法行医案件34起，查处率100%，共罚款127000元，查封药品、器械10余箱，其中10起行政处罚两次以上的案件移送公安机关追究当事人的刑事责任。

【开展职业危害企业普查】 建立监管档案和职业病危害情况基本数据库，全面掌握盐都企业职业病危害现状，采取有效对策和措施，预防和控制职业病发生，切实保障广大劳动者身心健康和生命安全。自4月5日起，联合区安监局在全区范围内开展职业病危害普查工作。普查分动员部署、全面调查、资料汇总三个阶段，调查对象为全区范围内所有登记注册的2779家生产企业，并对具有粉尘、毒物、噪声、高温等职业危害的企业和作业场所进行重点调查，并建立由企业法人和当地政府法人签字的调查摸底档案。

【成立稽查科】 经区编委批准，成立稽查科，履行卫生监督执法稽查职能。制订稽查工作制度和工作方案，对卫生行政许可、日常工作质量、卫生监督员执法行为、"六条禁令"执行情况等组织2次专项稽查，稽查情况形成书面通报，及时反馈相关科室、分所和卫生院，并落实整改措施。稽查科独立办案42起，稽查工作名列全市前茅，被区卫生局表彰为"先进科室"。 （周广海）

卫生保健
Health Care

【概述】 以加强基层卫生服务机构能力建设为重点，以规范乡村医生执业行为为抓手，以提高医疗卫生服务质量为依托，以推进基本公共卫生服务均等化为载体，农村基层卫生服务管理水平和服务质量不断提高，确保为广大群众提供连续、综合、规范的基本医疗和公共卫生服务，有效地保障人民群众健康水平。

【尚庄镇卫生院创成省示范乡镇卫生院】 2010年，尚庄镇卫生院积极开展省示范乡镇卫生院创建工作。按照《江苏省示范乡镇卫生院评估标准(试行)》(苏卫农卫〔2010〕4号)，围绕功能合理、规模适度、服务规范、健康运行等重点目标，投入400多万元，新建1600平方米病房楼，完善规章制度，强化内部管理，改善服务流程，11月，顺利通过省卫生厅专家组评审，创成省示范乡镇卫生院。

【潘黄卫生院创成省示范城市社区卫生服务中心】 潘黄街道卫生院紧紧围绕"保基本、强基层、建机制"的原则，积极开展省示范城市社区卫生服务中心创建工作。投入600万元，加强基础设施、基本设备建设，新建3000平方米病房大楼，完善"六位一体"服务功能，扎实开展人事分配制度、绩效考核等运行机制改革，规范内部管理，在加强标准化建设、完善服务功能、规范内部管理、提高服务质量和效率、提升群众满意度等方面取得显著成绩，被省卫生厅确认为"江苏省示范城市社区卫生服务中心"。

【示范服务站全面建成】 先后争取省扶持资金330万元，总投入1300万元，严格标准，强化督导，全区243个村卫生室全部创建成省示范社区卫生服务站。

【开展乡村医生执业重新注册工作】 根据《乡村医生从业管理条例》、《江苏省乡村医生考核实施细则》和江苏省卫生厅《关于抓紧做好乡村医生再注册工作的通知》的相关规定，经卫生院组织考核，区卫生局确认，并报省市卫生主管部门同意，全区在岗乡村医生1290人通过再注册。 （张　林）

新型农村合作医疗
New-type Rural Cooperative Medical Care

【概述】 全区新型农村合作医疗工作通过加大财政投入，完善补偿方案，紧扣核心指标，改革创新，强化管理，实现新的超越。

【筹资标准进一步提高】 2010年，区财政新增投入1000万元，人均筹资标准从上年的130元提高到180元，全市第一，苏北领先。

【参合率进一步提高】 大力宣传惠民政策，动员各方力量筹资，实现了应保尽保，全区全年参合人口51.84万，农业人口参合率100%。

【补偿比例进一步提高】 基层医疗机构门诊、住院医药费补偿标准分别从30%、65%提高到35%、70%，住院医药费实际补偿比达45.27%以上。

【监管水平进一步提高】 坚持住院统筹兼顾门诊统筹，将基本药物全部纳入补偿范围，完善补偿方案，强化基金监管，规范定点医疗机构服务行为。积极推行支付方式综合改革，实行单病种限额付费、住院费用结报比下限控制、大额医药费用二次补偿。对全区定点医疗机构每季必查，发现违规检查、治疗、用药、报销等行为，严格按照新农合《服务协议》进行处罚。

【信息化建设实现新突破】 投入400多万元，完善区、镇合管办硬件，重抓村级联网建设，加强培训指导，实现省、市、区、镇、村五级联网管理，建成新农合与农村医疗救助"一站式"结报系统。全面实现新农合"一卡通"，参合群众持卡就诊、划卡结算、及时结报，信息查询一目了然，新农合信息化全区覆盖、上下联通、方便群众。

【参合群众受益水平有力提升】 全区全年有156.5万人次得到医药费补偿8985万元，补偿金额超万元的1002人，最高补偿额10万元，群众满意度和受益水平有力提升。 (顾奎成)

爱国卫生

Patriotic Health

【概述】 全区爱国卫生工作坚持政府组织、部门协调、全民动手、科学治理、社会监督、分类指导的工作原则，以开展城乡环境卫生整洁行动为平台，以实施健康教育素养监测项目为基础，以农村改厕为抓手，城、镇、村三级联动，不断改善城乡环境卫生面貌，提高城乡居民卫生意识，形成健康的生活方式，为建设社会主义新农村和"双新盐都"作出积极贡献。

【农村改厕工作扎实推进】 年内，省、市下达区农村改厕任务14000座，任务分解落实到13个镇(街道)、23个项目村，列入年度目标考核。3月，区政府在楼王镇召开农村改厕工作会议，签订改厕目标责任书，进一步明确改厕目标任务及要求。采取多种形式，广泛宣传改厕的好处和意义，使广大老百姓了解、支持、参与改厕。省、市财政共下达全区农村改厕专项经费616万元，区政府将配套经费140万元列入年度财政预算，并安排10万元工作经费，为全区顺利完成改厕年度任务提供经费保障。全年共改建无害化卫生厕所14160座，超额完成省市下达的任务。

【扎实开展城乡环境卫生整洁行动和卫生镇村创建工作】 9月，省、市联合启动开展城乡环境卫生整洁行动。10月，根据省、市工作要求，结合全区实际，制定出台《关于开展全区城乡环境卫生整洁行动(2010~2012年)实施方案》，明确全区开展城乡环境卫生整洁行动的具体目标任务。按照区《实施方案》要求，成立开展城乡环境卫生整洁行动工作领导小组，对照任务目标制定工作计划，明确专人负责，广泛宣传发动，组织广大群众清理河道，整治集镇市场环境，修筑城乡道路，清运处理垃圾，城乡环境卫生整洁行动有序开展，全区城乡环境卫生面貌明显改善。在开展环境卫生综合整治的同时，根据省市卫生镇、村创建标准，扎实开展卫生镇、村创建工作，大冈镇通过省卫生镇省级复审，大冈镇戴伙村、杨韦村，秦南镇泾口村建成省卫生村。

【大力开展除四害活动】 按照灭鼠、灭蝇工作方案和技术方案要求，认真抓好春、秋季除四害活动，巩固灭鼠、灭蝇成果。区爱卫办召开市建成区的11个社区负责人和消杀员会议，组织业务技术培训，布置灭鼠、灭蚊、灭蝇工作。区卫生监督所组织人员深入重点行业、重点单位进行现场技术指导、督查灭鼠工作的开展情况。全区共安放毒饵宅近3000个，投放鼠药约1.5吨，公共地段及居民小区喷洒消杀药物近1吨，市建成区盐都范围内投药率、覆盖率达90%以上，较好地完成除四害年度工作任务。

【认真开展水质监测工作】 全区共有109个集中式供水厂，其中地面水厂2个、深井水厂107个，分布在13个镇(街道)。年内，按照《江苏省农村饮用水安全工程卫生学评价和水质监测工作方案》要求，结合盐都实际，制定详细的监测工作计划，明确除省下达的40个水质监测点之外，其余69个全部作为区监测点，监测覆盖率达100%。根据年度工作计划，对各监测点枯水期和丰水期的水质实施监测，强化质量控制措施，取得科学准确的监测数据，圆满完成年度监测任务。

【健康教育工作水平有力提升】 实施健康素养监测项目，印发《盐都区2010年度城乡居民健康素养干预及监测工作实施方案》，成立盐都区农民健康素养促进行动巡讲团，开展健康素养巡回讲座216场次；新建健康教育标准画廊233个，村级标准宣传栏覆盖率100%；下发各种宣传材料78万份，入户宣传率达100%；与盐都电视台联合举办《每周话健康》16期；推广省健康素养学习系统，参与人数全市第一。在全区卫生系统开展控烟工作，制定《盐都区创建无烟医疗卫生单位实施方案》，与全区各医疗卫生单位签订创建无烟单位目标责任书，8个单位被市卫生局命名为无烟单位。在大冈中学开展"遏制结核，健康和谐"主题教育，在盐城卫生职业技术学院承办"红丝带——情系大学生，防艾滋——我们共承诺"大型签名活动，着力改善目标人群健康行为。 (邵德培)

医　疗

Medical Treatment

【概述】 全区有区、镇两级医疗机构20所，区直有市三院、区精神病防治院，镇

(区、街道)有楼王(盐都区二院,二级医院)、秦南(盐都区中西医结合医院,二级医院)、大冈3所中心卫生院和15所卫生院。村级社区卫生服务站243个。厂矿企业医务室(所)30家。辖区内有民办医疗机构1所(东方女子保健医院)。区、镇两级有卫技人员2149人(其中高级职称187人、中级职称621人、初级职称1019人),内有从事中医药工作的112人。村级有乡村医生1129人。区镇两级医疗机构共开设病床2329张。2010年,区、镇两级医疗机构门诊134.28万人次,住院54228人次。

【市三院在全市率先开展分层护理】 为进一步加强基础护理,提升护理水平,为广大住院患者提供更优质的服务,市三院在全市率先开展分层护理。市三院护理部以神经内科(九病区)为试点,结合院情及科室实际情况,合理进行护士人力资源调配,实行护士长—责任组长—责任护士—助理护士四层立体管理框架,为患者提供无缝隙、连续性的护理,满足患者的多方位需求。

【市三院心内科成功开展高危急性心肌梗死急诊冠状动脉介入治疗】 2月5日,市三院心内科主任吴春阳率领医护人员成功完成一例高危急性心肌梗死患者的急诊临时起搏、主动脉内气囊反搏、冠状动脉介入治疗,此项技术的开展为我市填补一项空白。市三院心内科于2001年在全市率先开展冠心病介入治疗(冠脉支架术),且不断创新、快速发展,至年底已填补全市空白10余项,其开展数量及技术水平均处于全市领先地位。

【市三院开展"患者至上、服务争先"主题实践活动】 市三院坚持"以病人为中心",在注重医疗技术提高的同时,积极开展人性化服务,受到社会各界和广大患者的好评。2010年,市三院推出"患者至上、服务争先"主题实践活动,积极倡导广大医务人员深入贯彻落实科学发展观,提升服务能力,转变工作作风,提高服务水平,改善服务态度,打造服务品牌,为患者提供高效、价廉、方便、优质的医疗服务。

【市三院王淑芳获"省优质护理服务标兵"称号】 市三院王淑芳注重把每一项规章制度和操作规程都落到实处,切实做到"三抓"、"四到",即抓易出差错的时间、易出差错的环节、易出差错的人员;责任到人,任务到人,措施到人,带教到人。为不断提高服务质量和水平,她提出"病人在我心中,质量在我手中"的服务宗旨,要求科内护士始终以病人为中心,努力践行"塑造护士形象,应该从心做起"的诺言。年内,被省护理学会表彰为"优质护理服务标兵"。

【市三院荣获江苏省首批医保"AAA"信用等级医院称号】 市三院医保工作始终坚持"因病施治、合理检查、合理治疗、合理用药"的原则,自觉规范内部服务管理机制,在全院弘扬遵纪守法、严格自律、优质服务、诚信合作。2010年,市三院在管理机制上求创新,准确把握履行协议和自律管理的契合点,努力获得"医、保、患"三赢效果,以诚信品牌吸引参保人员,以精湛的医疗技术留住参保人员,以高效优质服务回馈参保人员,荣获省首批医保"AAA"信用等级医院称号。

【市三院积极开展与基层卫生院结对共建活动】 根据市、区卫生局党委统一部署,积极与秦南中心卫生院、张庄街道卫生院党支部开展结对共建活动。通过结对共建,促进优质卫生资源下移,实现城乡医疗机构党组织融合互动、资源共享、优势互补,共同提高为民服务的能力和水平。

【市三院神经内科成功开展小脑后下动脉瘤栓塞术】 市三院神经内科成功为一名小脑后下动脉瘤、蛛网膜下腔出血的患者实施Onyx胶栽瘤动脉及动脉瘤栓塞术,这标志着市三院神经介入治疗水平又上一个新台阶。小脑后下动脉瘤临床少见,开颅瘤颈夹闭困难,微弹簧圈栓塞治疗微导管导到位困难,且有撑破动脉瘤的风险。Onyx胶栓塞载瘤动脉及动脉瘤术,是最佳的治疗方法。

【市三院普外科成功开展腹腔镜下巨脾切除术】 7月30日,市三院普外科经过近三个小时手术,将重达4000多克的脾脏摘除并分块取出,出血仅50毫升左右,本例腹腔镜下脾切除术是全市首例。市三院八病区腹腔镜的手术范围已经从胆囊切除、甲状腺叶切除、肝囊肿开窗、胆总管结石手术扩展到甲状旁腺全切除、脾切除、贲门癌及结、直肠癌根治术等范围,手术范围及手术数量在全市处于领先地位。

【市三院启动"百名专家送医到基层"活动】 9月28日,在潘黄街道卫生院举行全区"百名医疗专家送医到基层"启动仪式,市三院近百名医疗专家参加仪式。开展"百名医疗专家送医到基层"活动是盐都区卫生系统深入学习实践科学发展观,积极稳妥地推进医药卫生体制改革,扎实开展创先争优活动的有效举措,市三院广大干部职工积极响应,全员参与,努力拓展服务内涵,增强服务能力,改善服务态度,提升服务水平,打造具有盐都卫生特色、

在全市有影响力的医疗服务品牌。

【市三院南院建成开业】 9月29日上午，市三院南院开业庆典隆重举行。市长李强、国家卫生部科教司司长于修成，省卫生厅副厅长黄祖瑚，市人大常委会副主任陈卫国，副市长朱传耿，市政协副主席孙长春，市卫生局局长许松柏，区委书记李纯涛、区长崔浩等领导出席庆典。新开业的市三院南院占地66亩，共投资5.5亿元，设有床位800张，开业后将与北院形成两翼齐飞、齐头并进的发展格局。

（张孟君 徐海涛）

医政管理

Medical Affairs Management

【概述】 以开展医疗质量提升年和平安医院创建活动为载体，以质量、安全、服务为切入点，切实加强医疗机构内涵建设，努力提高医疗质量，保证医疗安全。依法加强医疗机构监管，严格医疗准入。加强医疗质量管理，组织门急诊明查暗访、麻醉精神药品管理互审、病历书写竞赛、"三基"考试和病历评审等质量管理活动；加强核心医疗制度的落实，不断提高医疗机构内涵质量；坚持以病人为中心，切实加强科室规范化建设，开展消毒供应室、检验科规范化建设达标复审，加强重点科室院内感染管理，实行医疗废物分类收集、集中贮存、集中处置。加强继续医学教育工作，承办省、市继续医学教育项目21项，对全区2100名卫技人员继续医学教育进行验鉴证，合格率99.57%。加强农村卫生技术人员培训，开展在岗乡村医生中专学历补偿教育工作；加强农村中医药工作，创成全国社区中医药工作先进单位。2010年市卫生局综合目标考核，医政、科教、中医工作均列全市第一名。

【开展"医疗质量提升年"活动】 为进一步加强全区医疗质量控制体系建设，建立和完善质量管理长效机制，促进医疗质量的提升与持续改进，4月27日，区卫生局召开专题会议，对开展"医疗质量提升年"活动进行工作部署。制定下发《盐都区卫生局"医疗质量提升年"活动实施方案》，与各医疗单位签订"医疗质量、医疗安全管理目标责任书"。7月，对全区各医疗单位医疗质量安全管理组织明查暗访，重点对运行病历、门急诊处方、护理质量、院内感染及卫技人员的实践技能进行考核，对检查中发现的存在问题及时进行内部通报，下达整改通知书限期整改。10月，组织医院门急诊工作检查，对各单位上半年检查中发现的问题进行重点复查，以达到持续整改、全面提高的目的。年终，区卫生局对"医疗质量提升年"活动进行检查评比，对成绩显著的楼王、秦南、郭猛、龙冈、潘黄5所镇(中心)卫生院进行表彰奖励。

【组织《医疗安全与规范执业》专题讲座】 4月27日，区卫生局邀请南京医科大学医政学院姜柏生教授为全区100多名卫生管理干部作题为《医疗安全与规范执业》的专题讲座，对即将实施的《侵权责任法》进行详细解读。结合实例，重点讲解病历在保护医患双方合法权益中的作用、如何与患者进行有效沟通、如何保护患者隐私权、知情权、保护患者知情权与保护医务人员正当权益之间的关系等重点、热点问题。本次讲座的举办对于进一步提高全区卫生管理干部和广大医务人员卫生法律知识水平，增强医患纠纷的防范意识具有重要意义。

【开展"五服务一提升"活动】 为切实解决群众看病就医中反映的突出问题，努力为广大人民群众提供微笑、热情、规范、快捷、优质的医疗服务，不断提升人民群众对医疗卫生行业的满意度，年内在全系统组织开展"五服务一提升"活动。制定下发《"五服务一提升"活动实施方案》，刊出活动简报7期，加大活动的宣传、推介力度。针对医疗卫生服务中存在的突出问题，认真落实各项医疗服务改进措施，创新工作内容。市三院开展的"无陪护理"、"护心行动"、"瓣友之家"、"一卡通服务"等做法得到社会的广泛好评。

【开展基层医疗机构特色专科创建活动】 制定《基层医疗机构特色专科建设工作实施方案》，认真开展特色专科创建工作。按照创出特色、形成优势的要求，集中人力、财力、物力，确保专科建设的高起点、高标准、高水平和高效益。年内，区二院泌尿碎石专科、区中西医结合医院糖尿病专科、肛肠专科和北龙港卫生院眼科等4个特色专科通过区级特色专科评审。

【举办"创星级护理服务，树卫生特色品牌"演讲比赛】 为继承和发扬南丁格尔精神，深化护理内涵，改善护理服务，促进护理工作"贴近临床、贴近病人、贴近社会"，展示白衣天使的良好形象，"5·12"国际护士节期间，区卫生局举办"创星级护理服务，树卫生特色品牌"演讲比赛，以身边人、身边事教育和引导广大护理工作者立足岗位，敬业奉献。市三院陈婷婷等6人分获一、二、三等奖。

【组织实施"百万贫困白内障患者复明工程"项目】 根据国家卫生部、中国残联《关于实施2010年"百万贫困白内障患者复明工程"项目通知》的要求，与区残联密切配合，相互协作，精心组织我区贫困白内障患者的筛查和复明手术工作，充分发挥防盲技术指导机构和基层防盲治盲工作网络的作用，确保目标人群真正获益。全年完成315例白内障患者复明手术任务。

【创成苏北首家全国社区中医药工作先进单位】 以创建全国社区中医药工作先进单位为抓手，坚持政府主导、卫生主抓、部门协作、齐抓共管，不断优化中医药事业发展环境，强势推进社区中医药服务规范化建设，突出中医药简、便、廉、验的优势，发挥适宜技术在社区常见病、多发病、慢性病防治中的作用，推进中医药服务全面进入医疗、保健、康复、防病领域，不断提高中医药服务质量和效益效率，努力实现社区中医药工作全覆盖。先后召开专题会议5次，开展专题培训10期，800多人次接受了创建标准、中医适宜技术和西学中的培训。组织创建工作检查督导7次，及时发现和解决创建中遇到的困难和问题。12月中旬，顺利通过国家中医药管理局的创建验收，创成苏北首家全国社区中医药工作先进单位，实现区卫生系统国家级品牌新突破。

（祁 俊）

人民生活 社会事务

People' s lives Social Affairs

劳动和社会保障

Labor and Social Security

【概述】 全区劳动和社会保障工作按照“全市第一，全省一流”的要求，紧紧围绕“保增长转方式、惠民生促发展”工作大局，内强素质，外塑形象，着力塑创“阳光保障、造福民生”服务品牌，提前一个季度超额完成市政府年初下达的70项指标任务，各项工作在全市处于领先位次。实现社会保险总收入8.43亿元，其中征缴收入7.58亿元，完成市目标任务的155.3%，区目标任务的148.6%。同比增长1.55亿元，增幅达22.4%。其中：企业职工基本养老保险征缴收入首次突破3亿元，达到3.2亿元；城镇职工基本医疗保险、农村养老保险征缴收入双双突破1.5亿元。

【推进“四有”村建设绩效斐然】 对全区20个镇(区、街道)、中心社区的263个村居劳动保障站建设情况、村民家庭信息库建设宣传工作开展情况、“八环节工作法”(建立平台、摸清情况、宣传发动、自愿申报、对应衔接、筛选初审、公示确定、跟踪落实)实施情况及“四有”建设情况进行“村村到”检查摸底。全区所有村居劳动保障平台“五个一”(一间房、一台电脑、一部电话、一台传真机、一台打印机)已全部到位，站牌和制度均已全部上墙，“四有”情况调查已完成，“四有”台账全部建立，数据录入全部完成。

【塑创“阳光保障、造福民生”服务品牌】 积极开展“创星级、树品牌”活动，坚持把服务发展、服务企业、服务基层作为部门工作的基本职责和首要任务，坚持把提高企业和群众的满意度作为服务工作的最高准则和不懈追求，大局意识、发展意识和服务意识进一步增强，服务质量显著提升，品牌创建工作成绩突出。“阳光保障”服务品牌理念是：要如阳光般温暖，坚持耐心细致，热情周到；要如阳光般透明，坚持公平公正，公开透明；要如阳光般普照，坚持统筹城乡，覆盖全民；要如阳光般夺目，坚持争先创优，勇夺第一。品牌标识采用太阳、云朵、绿叶为设计元素。“绿叶”构成英文字母r，云朵构成英文字母s，合起来寓意为人社部门。红日既体现人力资源和社会保障事业的蒸蒸日上，各项工作与服务广泛、有效、深入地开展，也寓意人力资源和社会保障部门为社会大众服务的热情与活力。绿叶，体现部门工作服务民生的特点。白云，体现部门工作的崇高和神圣。红色象征热情、黄色象征和谐、绿色象征希望、白色象征圣洁。品牌创建工作受到区优化办的充分肯定。

【深入开展创先争优活动】 紧紧围绕“保增长转方式、惠民生促发展”工作大局，以“推动科学发展、促进社会和谐、服务人民群众、加强基层组织”为总体目标，以创建先进基层党组织、争当优秀共产党员为主要内容，以“当服务明星，创一流业绩”为主题，以开展“学知识、争当学习模范，学业务、争当业务模范，学先进、争当效能模范”为主要内容的“三学三争”活动为载体，结合局系统“创星级、树品牌”活动，充分发挥党支部战斗堡垒作用和共产党员先锋模范作用，不断加强党的思想建设、组织建设、作风建设、精神文明建设和党风廉政建设。

（何正祥）

就业再就业工程

Employment and Re-employment Project

【概述】 全年共新增就业10240人，完成年度目标任务的160%；城镇下岗失业人员再就业3408人，完成年度目标任务的126.2%；就业困难人员实现再就业2895人，完成年度目标任务的579%；城镇登记失业率为2.04%，列全市第一；创业培训1530人，完成年度目标任务的510%。

【进一步落实再就业优惠政策】 为1100名符合再就业援助条件人员贴补养老、工伤、生育、失业、医疗五项保险550万元，发放小额担保贷款812万元，完成年度目标任务的203%。

【服务企业用工助推经济发展】 8月，在悦达纺织集团召开服务企业用工座谈会，邀请悦达纺织、锐毕利、华兴集团、恒力机床、秦川机床、驰翔齿轮等30家企业负责人参加。会上，向企业介绍政府人才引进优惠政策，并通报近期开展用工服务的情况和下一步服务打算。悦达纺织、华兴集团、恒力机床、秦川机床、驰翔齿轮等企业针对用工实际，提出服务企业用工建议和要求。搭建校企联合办班、委托培训、冠名办班的交流平台，方便校企对接。组织企业赴陕、甘、宁等西部地区进行劳务用工和洽谈，建立近30个外地用工交流基地，为企业用工拓宽渠道。

（何正祥　封月琴）

劳动工资
Labor Wages

【概述】 劳动工资各项工作得到全面落实，全年共审核批准36家单位的调资方案，1626名职工得益。审核批准39家单位申请的综合计算工时工作制及不定时工作制，使职工的工作、休息时间得到合理安排。审查集体合同591份，审查工资协议154份。以货币形式安置2008年军转干家属2名。

【发布2010年度企业职位工资指导价位】 发布《2010年关于调整全区最低工资标准的通知》、关于转发市人社局《关于公布<盐城市特色产业部分职位工资指导价位>的通知》的通知、关于转发市人社局《关于发布盐城市2010年度企业工资增长指导线的通知》的通知、关于转发市人社局《关于公布〈盐城市直部分职位工资指导价位〉的通知》的通知。

（李蓝天　何正祥）

劳动监察
Labour Inspection

【概述】 全年共受理劳动保障投诉举报案件169件，结案率100%。主动监察用人单位402户，人均数为80户，劳动保障书面审查700多户。开展农民工工资支付、大市区劳动力市场秩序整顿和整治非法用工、打击违法犯罪等专项检查活动5次，补签劳动合同3000多份，督促参保3000人，追发劳动者工资近100万元。

【组织实施各类专项行动】 组织开展“农民工工资支付”、“整顿清理人力资源市场秩序”、“春暖行动”、“整治非法用工打击违法犯罪”、“维护职工合法权益促进企业稳定发展”等专项检查活动。对112户重点单位的规章制度、劳动合同、工资支付、社会保险和劳动保护等方面情况进行检查，对检查中发现的问题主动与用人单位进行交流沟通并督促改正，对拒不改正的依法作出行政处罚。

【创新推进“两网化”工作】 以全区8人以上企业信息录入率100%为目标，落实专人到各镇（区、街道、中心社区），分块包干，跟踪服务，指导帮助一、二级网格完善信息库，并与“执法维权”和“专项行动”相结合，以服务提高企业守法意识，以维权促进企业规范用工。全年共录入企业信息1560条，通过一、二级网格规范运行，实现劳动监察关口前移、重心下沉，提高服务效能。（宋传标　何正祥）

劳动人事争议仲裁
Arbitration of Labor and Personnel

【概述】 按照“应收尽收、快速介入、积极调解、按期裁决”的工作要求，积极稳妥处理各类劳动人事争议案件，年内，调解结案率达70%以上，按期结案率达100%，有力地维护劳动者和用人单位的合法权益。全年共受理各种劳动人事争议案件397件，立案处理343件，案件结案率100%。

【情理法并重提高仲裁工作实效】 以诚待人，诚心诚意为当事人着想，设身处地为他们分忧解难，引导双方当事人换位思考；以情感人，用真情实意感化人、教育人；以理服人，不厌其烦向当事人讲通、讲透道理，分析矛盾的症结所在和相关的法律法规，力促争议双方达成和解，保证“案结事了”；以法治人，对经说服教育仍固执己见、不守法经营的用人单位和不守信用的劳动者，运用法律武器给予适当的惩治，确保全区劳动人事关系和谐稳定。全年共立案处理案件343件，其中调解结案246件，裁决97件，分别占结案率的72%和28%。

【指导用人单位规范劳动合同】 9月，向全区近1100家用人单位印发一封《公开信》，介绍近年来全区发生的劳动人事争议案件的特点，提醒用人单位规范用工、依法用工，防范用工风险。全年向各类用人单位和劳动者发放各种宣传资料、手册达12500份以上。指导全区各级各类用人单位按照劳动合同法的要求签订劳动合同42000份，促进全区劳动人事关系的和谐稳定，增强劳动人事争议工作的前瞻性、主动性、针对性和有效性。

（陈云林　何正祥）

职业技能培训
Vocational Skills Training

【概述】 全年共对4659人进行考核评定，其中初级工3767人，中级工892人。发放职业资格证书3852本，其中初级工3118人，中级工743人。

【正常开展培训学校审批】 年内，审批盐城市盐都区新世纪职业培训学校、盐城市盐都区机电技术职业培训学校、盐城市盐都区农业机械职业培训学校3家培训机构，审批换发新的办学许可证。全区现有职业技能培训学校10家。

（宋大成　何正祥）

企业职工养老保险
Enterprise Employees Pension Insurance

【概述】 突出社会保险扩面和基金征缴两条工作主线，切实加强社会保险稽查，切实推进社会保险向镇(区、街道)、中心社区延伸，广泛覆盖个体工商户和自由职业者。养老保险新增参保12611人，完成区目标任务的126%；基金征缴31660万元，完成市目标任务的125%。

【强化目标管理，落实工作责任】 专门下发文件，明确扩面工作重点，落实扩面目标和缴费任务，与各镇(区、街道)、各部门签订目标责任状，按季进行时序考核，并将考核结果纳入目标绩效任务考核，有力推动全区社会保险工作驶入健康发展的快车道。

【统筹城乡发展，提升覆盖范围】 坚持把个人缴费作为扩面的重中之重来抓，努力将有条件的农民和乡镇村企业职工纳入养老保险覆盖范围。特别是加强对回乡退役士兵、女性年龄在45~49周岁、男性年龄在50~55周岁这部分人群宣传，动员其参保补缴，对经济欠发达的镇(区、街道)，要求参保率达60%。同时，把餐饮、旅馆、超市、大型集贸市场等列为扩面重点，简化办事手续和程序，对个体工商户，只要业主出具相关手续即可补缴；对于单位职工，只要单位出具相关证明材料即可补缴，提高工作成效，有效推动社会保险扩面工作的深入开展。

【稳步提高退休人员养老待遇】 按照国家、省、市统一部署和要求，做好2010年度企业退休人员养老金调整工作。1月，为19891名退休人员进行工资调整，人均增加130.8元。7月，为1210名退休人员进行工资调整，人均增加65元。

（何正祥 刘亚琴）

机关事业养老保险
The Old-age Insurance of Institutions

【概述】 围绕基金征缴这一工作核心，加大征收力度，主动登门服务。同时，加大陈欠养老保险费清收力度，会同欠缴大户及长期欠费单位的主管部门，想法设法帮助他们制订解决问题的方式方法。全年共征收保险基金2736.67万元，征缴率100%。

【全力推进“差改全”工作】 已有449个单位实行全额结算，全额结算单位比例为97.8%，养老金社会化发放1235人，社会化发放率91.3%。

【为实运转事业单位离退休人员免费体检】 8月，排定两周时间，为区直实运转事业单位666名离退休人员进行免费体检，并及时建立健康电子档案。12月，对部分因年龄大或身体差未能参加体检的，组织人员登门慰问。

【保险基金财政专户存储】 为加强全区机关事业养老保险经办机构管理、监督，规范业务经办行为，防范运行风险，在银行专设收入户和支出户，每个月底将收入余额全部转存至区财政专户，由财政专户存储，确保基金安全运转。

（何正祥 陈 琳）

农村养老保险
Rural Old-age Insurance

【概述】 按照“广覆盖、保基本、多层次、可持续”的要求，围绕“全区新农保全覆盖攻坚年”的目标，强势推进新型农村养老保险。年内，新增参保60859人，累计19.8万人参保；征收基金1.08亿元，基金积累2.89亿元；8.27万符合条件的农村居民领到了基础养老金，发放率100%。区农保中心获2010年全市人力资源和社会保障系统农村养老保险单项工作考核第一名，这是继2003年以来连续八年蝉联此项冠军。

【8万多人如数领到基础养老金】 3月，根据市政府出台的《盐城市市区新型农村社会养老保险制度实施办法》(盐政发【2010】82号)文件精神要求，制定详细工作计划，按照准备、宣传登记、公示上报、审批发放四个阶段分步推进，严把初审、核对、导入、比对、发放、归档六环节，发放工作井然有序。6月，全区符合条件的8.27万老年居民基础养老金直发全部到位。

【委托邮储银行代收续保保费】 为适应新农保工作不断发展的新形势，不断改进和完善新农保的管理模式，积极与有关金融机构磋商，探索运用金融系统的网络资源，让参保群众直接到所在地的金融机构服务网点持证缴费，为参保群众提供更优质、快捷、高效服务。8月，各镇(区、街道)、中心社区邮储银行网点全部代收续保保费。

【新农保省级系统数据成功上传】 根据省新农保信息系统建设全省统一、全省集中、全省覆盖的要求，抓紧做好全区新农保信息采集、上传工作。8月，成功将2007年6月以来的219725条数据上传至省系统数据管理库，在全市率先完成新农保省级系统上线运行准备工作。

（何正祥 王 慧）

失业保险
Unemployment Insurance

【概述】 全年共新参保51973人，征收失业保险金1879.63万元，完成全年市目标任务的142.4%。

【发放失业人员基本生活消费补贴】 10月，根据苏人社发【2010】478号和苏财社【2010】272号文件精神，全面启动全区失业人员基本生活消费价格上涨动态补贴发放工作，发放补贴对象为以全市当季度低收入居民消费价格指数或居民消费价格指数(CPI)超过3%(含3%)时在册发放失业保险金的人员，补贴按照区当季末月城市最低生活保障标准的25%确定标准，盐都实行75元/人·月按月计算按季发放。

【超额完成失业保险征缴任务】 宣传、扩大《失业保险条例》影响，制定失业保险扩面征缴专项行动方案，挖掘有扩面潜力127家企业，采取分组包片的办法，主动协调财政、地税等部门及缴费单位，充分利用现有的征缴手段，如发放催缴告知书、上门征收、媒体暴光、冻结缴费单位银行账户等措施，确保缴费单位按期缴纳保险费，有力推动全区失业保险扩面工作深入开展。（何正祥　封月琴）

医疗保险
Medical Insurance

【概述】 全年共实现基金征缴收入1.55亿元，完成年度目标任务的184%，基金继续保持“收支平衡、略有结余”的良性运行态势。参保人数持续增长，新增参保7352人，完成年度目标任务的122%。

【全市率先试行依法核征】 在全市率先试行医疗保险依法核征工作，对拒不参保的企业先行下达征缴计划，由地税征缴部门直接征缴，并责令单位限期报送人员名册，为职工办理参保手续。全年共对全区18家未参保重点单位下发核征通知书、告知书，通过核征，计新增1000多名职工参保。

【强化基金征缴工作】 为确保全年基金征缴目标任务的圆满完成，把基金征缴和陈欠款催征工作列为“大事”来抓。重点监控粮食系统、轻工系统、供销系统等欠费大户，发现拖欠，及时催征。对拖欠基金比较严重的单位进行逐一上门协调征收。6月，对全区所有参保单位下发基数调整通知书，通过书面审核和实地稽核相结合的办法，对单位缴费基数进行认真核定，及时纠正瞒报、少报、漏报医疗保险费的行为，确保医疗保险缴费基数稳步增长和基金征收总量逐年提升。

【加强基金规范管理】 进一步完善医保基金财务管理制度和会计制度，严格支出审批程序，对基金实行财政专户储存、收支两条线管理。同时加大医疗督查、现金住院费用、外伤住院费用督查力度，共走访定点医院58人次、定点社区卫生服务站112人次、定点药店235人次，对检查中有违规行为的10家定点药店实施暂停医保联网结算处理、扣减4家定点医疗机构及药店的违规费用并按协议规定进行处罚，核退不符合医保规定的医疗费用计12人次，约18万元。

（何正祥　徐　静）

工伤、生育保险
Industrial Injury and Maternity Insurance

【概述】 全年工伤、生育保险分别参保12136人、41488人，分别完成年度目标任务的121%、104%。实现基金征缴收入731万元、433万元，分别完成年度目标任务的126%、155%。

【积极落实老工伤人员待遇】 对2004年1月1日《工伤保险条例》施行之前，已按规定参加工伤保险和已破产用人单位，遭受事故伤害或患职业病属于工伤保险覆盖范围，且被鉴定为1~4级（破产企业1~6级）老工伤人员，纳入工伤保险统一管理，切实解决其“伤有所治”问题。

【生育保险待遇支付】 7月，按市区标准提高全区生育保险待遇，生育保险保持与市同等待遇。全年共有335人享受生育待遇，累计支付生育医疗费用186万元。

（何正祥　刘亚琴）

人民生活
People's Lives

【概述】 随着全面小康建设进程的加快，人民生活水平明显提高。全区全年在岗职工平均工资29767元，比上年增加4192元，增长16.39%。其中国有经济单位在岗职工平均工资35932元，城镇集体经济单位在岗职工平均工资25207元，其他各种经济单位在岗职工平均工资22030元。全区全年城镇居民人均可支配收入18032元，增长13.9%，农村居民人均纯收入8360元，增长11.7%。

【城镇居民生活质量不断提高】 全区全年城镇居民人均消费支出11934元，比上年增长12.9%。其中人均食品消费4385元，衣着消费1627元，文教娱乐用品及服务支出1659元，交通、通讯支出达983元，医疗支出545元，生活耐用品支出达577元。人均生活居住面积达37.2平方米。全区百户城镇居民家庭拥有彩色电视机173台、家用电脑75台、家用汽车10辆、空调器157台。

【农村居民生活水平不断改善】 全区全年农村居民人均生活费支出6405元，比上年增长16.2%。其中农民人均食品消费2136元，比上年增长4.4%。农村人均消费原粮272千克，人均消费肉禽及制品14.8千克、鲜蛋及蛋制品5.2千克、鱼虾8千克。农村居民人均衣着支出299元，比上年增长4.1%。农村居民户均住宅价值52599元，人均生活居住面积达40.64平方米。农民生活日益丰富多彩，不单单是电视机普及，很多农户已经意识到知识和信息对发家致富的重要性，重视并加大对文化教育的投入。全年农民人均文教娱乐用品及服务支出1095元，人均交通、通讯支出达410元，人均医疗支出406元，人均耐用品支出为226元。全区百户农民家庭拥有彩色电视机113台、黑白电视机9台、电冰箱45台、洗衣机91台、摩托车31辆、固定电话93部、移动电话131部。

（任琳琳　曹雪芹）

社会救济
Social Relief

【概述】 全区社会救济工作围绕“加大资金投入，提高保障能力，扩大保障范围，推进规范建设”目标，在认真落实救济标准自然增长机制的基础上，区别对待困难群体，实施科学分类救济，全力保障困难群众的基本生活，全区社会救助体系得到进一步完善，基本实现困难群众基本生活标准与社会发展进程的同步。

【重点推进低保工作规范化建设】 通过三级公示、进村入户、群众评议、年度复审等多种途径，全年新增低保对象452户833人，核销298户655人，全区城乡低保

户总量为4156户7528人。全面落实低保标准自然增长机制，城镇低保标准由每人每月260元提高到300元，农村低保标准结合"脱贫攻坚计划"，由每人每月160元提高到180元。并重点推进分类施保，对低保户中的重度残疾人、70岁以上人员和一般残疾人在分别补差的基础上，按低保标准的120%、20%和15%分别提高待遇。

【五保供养工作取得新突破】 区民政局共向省民政厅争取敬老院"关爱工程"项目2个、床位100张，附属设施项目5个，全年新增建筑面积3006平方米，争取省补资金179.2万元，落实配套资金228万元，全区集中供养率在原来基础上新增4%。全年新审批五保供养对象180户182人，核销185户201人。加大对五保老人的关爱力度。重阳节前，筹措资金30多万元，共向各镇（区、街道）敬老院赠送电视机100台。尤其是参与各级文明敬老院创建工作成绩斐然，义丰敬老院创建成全国农村模范敬老院，龙冈、大冈冈中敬老院创建为全省文明敬老院。

【新一批重度残疾人享受基本生活救助政策待遇】 全面落实重度残疾人基本生活救助制度，全年分两批共对全区1224名一级、二级肢体、视力、智力、精神四类重残人员落实基本生活救助制度，城市人口按每人每月300元、农村人口按每人每月180元的标准落实基本生活救助政策。全年共发放重度残疾人救助金291.1万元。

社会救助

Social Assistance

【概述】 全区社会救助工作坚持以构建完善"政府主导、民政牵头、部门协作、社会参与"的社会救助格局为重点，多渠道筹措资金，多途径向上争取补助，全面实施助医、助学、助困、助老、助残、赈灾等系列救助工程，科学创设救助项目，努力推进社会救助工作的常态化和规范化建设，大幅提高社会救助科学化水平。

【福彩营销创历史最高水平】 全年共完成福彩销售3160多万元，募集公益金超300万元。其中电脑票销售2500多万元，即开型票销售550多万元，"中福在线"销售110万元。"中福在线"于10月中旬恢复开通营销系统，日均销售1.37万元。

【扎实开展"5·12"防灾减灾日宣传活动】 紧紧围绕"减灾从社区做起"主题，切实提高全民防灾减灾意识和应急避险、自救互助能力，在5月12日全国第二个"防灾减灾日"到来之际，全区通过举办专题展览、组织街头咨询、张贴海报标语、印发科普读物、培训讲座、观看科普影视作品、开展知识竞赛以及组织开展形式多样的防灾减灾应急演练活动等方式，大力宣传党和政府以人为本的防灾减灾工作理念，切实增强广大群众对各类突发事件的防范意识和自我保护能力。

【开展"千万资金惠民生，真情温暖送万家"活动】 春节前，区委、区政府围绕"提标扩面、增进福祉、变'特惠'为'普惠'"社会救助工作目标，筹措资金3000万元，开展"千万资金惠民生，真情温暖送万家"活动，各级领导干部深入困难群众家庭走访慰问，共救助各类社会弱势群体41000余人，救助总额是前10年的总和。其中，救助标准最多的5000元，最少的也有500元。这是盐都历史上单次筹资和惠及人数最多的春节救助和慰问活动。

【全面启动居家养老服务机构建设】 筹措并投入资金近千万元，全方位推进镇（村）居家养老服务中心（站）建设。其中，潘黄街道阵地建设实现全覆盖。争取财政投入180万元，启动区居家养老一级呼叫信息服务平台建设，落实区居家养老服务机构事业单位性质和20名人员编制计划。年底，首批建成的74家居家养老服务中心（站）中有部分站点进入试运转状态。

【严格兑现各项老龄政策和制度】 年内，全区共投入30多万元，为全区老年人办理优待证45000份，办理数量和质量位列全市第一。同时，进一步规范高龄老人尊老金和百岁老人长寿金发放工作。对年满90岁以上、户籍在盐都区或在区机关企事业单位离退休的老年人，都作为享受长寿慰问和"尊老金"对象。凡年满100岁以上的老年人，按每人每月不低于300元的标准发放"尊老金"；凡年满90岁以上100岁以下的老年人，在每年重阳节期间，每人享受不低于300元的长寿慰问金。至年底，全区年满100岁以上的老年人24人，年满90岁以上100岁以下的老年人1600人。农历九月"敬老月"活动期间，全区共发放各类长寿慰问金和"尊老金"57.6万元。尤其是区社会福利院建设工程被列入市、区为民办实事工程之一，该工程计划新征土地100亩，总投资1.2亿元、床位300张。

【启动医疗救助统一结算平台建设】 下半年，积极与卫生、财政部门沟通，着力推进新型农村合作医疗与医疗救助的无缝对接，在为所有五保、低保对象参加合作医疗的同时，构筑统一结算平台。至年底，工程的软件研发和人员录入基本到位。年内，先后为500多人次实施医疗救助，发放救助金250多万元。

慈善事业
Charity

【概述】 全区慈善事业紧紧围绕“加强自身建设，广泛募集资金，实施有效救助，提升公益形象”总体要求，对慈善会进行换届选举，召开第二届慈善会员大会，举行现场募捐活动，开展慈善救助活动，慈善事业的社会影响力、社会救助的公信力得到进一步增强，慈善事业的公益形象得到进一步彰显。

【募集千万元成立华兴慈善教育发展基金】 6月25日下午，区慈善会第二届会员代表大会上，江苏华兴投资集团董事长朱成虎现场捐赠人民币1000万元，在区慈善会设立“华兴慈善教育发展基金”，用于资助全区贫困学子完成学业，创下盐城市慈善史上单笔大额捐款之最。区委、区政府特授予朱成虎“慈善之星”终身荣誉奖金质奖章。

【区慈善会选举产生新一届组织机构】 6月25日，在区慈善会召开的第二届会员代表大会上，区委书记李纯涛被聘任为慈善会名誉会长，区长崔浩当选为区慈善会会长，并选举产生新一届组织机构，这是继2004年9月成立以来区慈善会召开的第二次会员代表大会。

【举行“献爱心，慈善助学圆梦想”活动】 8月12日下午，区第四次“献爱心·圆梦想”——困难大学生资助金集中发放仪式在市一中举行。区四套班子部分领导和华兴集团、中联电气等企业负责人，以及集中受助的困难大学生共60余人参加仪式，每位困难大学生分别获得3000元至5000元不等的慈善救助。4年来，全区共有480名困难大学生得到慈善会的援助，累计发放善款近200万元，有效保证全区困难大学生“零失学”。

【倾情关爱残疾人】 1月11日，在召开第十四届人民代表大会第三次会议之机，区慈善会会同区红十字会，以及义丰镇代表团的人大代表到市聋哑学校进行慰问，并举行简短的捐赠仪式，向聋哑学生捐赠6万元。 （姜亚林）

双拥优抚安置
Double-support Special Care and Placement

【概述】 认真落实《江苏省实施军人抚恤优待条例办法》，按照“落实政策法规，创新双拥形式，优化安置模式，落实优抚政策”思路，全力维护优抚对象合法权益，巩固和谐社会建设成果，尽心服务国防建设。

【不折不扣落实各项优抚政策】 加大统筹协调力度，按各项政策制度落实各类优抚对象的定补、补差和优待金，有效保障优抚对象的合法权益，全年发放各类优抚经费2200万元，做到按时足额、不折不扣社会化发放。按照以人为本、公开透明、公正公平原则，规范有序地完成年度评调残工作，为23人开展年度评调残工作。

【巩固扩大退役士兵社会化安置改革成果】 动员和组织350名城乡退役士兵参加生物工程技术学院、盐城高级职业技术学校、机电工程学校的职业技能培训，巩固扩大城乡退役士兵“学历+技能”社会化安置改革成果。对6名荣立二等功、符合安置条件的退役士官全部安置到事业单位就业。

【创新载体营造浓厚双拥氛围】 深入开展“结对子、办实事，我为双拥作贡献”主题实践活动，共筹措资金120万元，扎实开展科技、法律、文化、技能、智力拥军等专题活动，高标准、高质量为部队做好事、办实事37件。完成484座分散安葬烈士墓的调查摸底和集中安葬协议签订工作，为推进散葬烈士墓集中安葬工作奠定基础。

社会行政管理
Social Administration

【概述】 瞄准“夯实基层基础，提高民主管理水平，推进城乡一体，实现公共服务均等”目标，科学谋划城乡统筹发展，推进基层群众自治进程，全面加强社会行政管理工作，不断提高服务社会建设的水平和质量。

【扎实完成第九届村（居）委员会换届选举工作】 认真做好第九届村（居）委会换届选举的各项组织准备和督查指导工作，梳理存在问题，制定应对措施。通过精心组织，规范实施，科学推进，实现选民登记率达100%、选民参选率达95%、一次性选举成功率达100%的目标，全区村（居）委会班子结构得到进一步优化和改善。

【村民自治工作取得显著成绩】 全区筛选10个村务公开和民主管理“薄弱村”作为整顿对象，通过强化组织领导、开展培训指导、完善财务制度、督促自我整改、加强审计监督、严格责任追究等途径，被整顿的薄弱村在日常工作规范化和村务公开制度化建设等方面都有新起色。继续开展以“四民主、两公开”为主要内容的“民主管理示范村”、“和谐示范社区”创建活动，共争创省级民主管理示范村4个、省级和谐示范社区2个。按照全区“管理架构社区化、社区居民市民化”发展要求，推进“村改居”工作，顺利完成经济主体区的新都、新区、西区、潘黄范围内村庄的“村改居”工作。

【统筹做好城乡社区建设工作】 积极推广新都街道“四化一加强”（社区服务项目化、社区管理网格化、居民自治规范化、基础设施标准化、加强党对社区建设领导）社区建设新机制，推进了城市社区服务阵地建设和公共服务均等化、一体化进程。同时，挖掘整合社区资源，建设社区文化，指导新都、新区、潘黄的住宅小区相继成立小区管理工作委员会，为推进社区管理规范化进程创造条件。按照“一村一社区”模式，不断扩大农村社区建设覆盖面，50%以上的村（居）通过新建、改建和扩建，达到了“四中心、二室、二栏、一校、一场”（社区行政受理中心、社区卫生服务中心、社区文化娱乐中心和社区便民服务中心，图书阅览室、警务室、宣传栏、村（居）务公开栏、社区居民学校和体育活动场）和总面积不少于400平方米的阵地建设要求，实现农村社区建设全覆盖。

【大力培植发展各类社会组织】 全年新发展农村专业经济协会12个，新登记备案社区民间组织17个，实现社区服务协会零的突破，新登记备案民办非企业单位8个，助推新农村建设，不断满足社会不同人群的不同诉求。

【完成殡仪馆改扩建二期工程】 全年新增投入300万元，自筹配套资金近百万元，按计划实施殡仪馆改扩建二期工程，主要是完善主体工程和部分附属设施工程，年底进入试营业阶段，春节后全面对外开放使用。

【乱埋乱葬坟墓专项整治活动取得阶段性成果】 制定出台《关于在全区开展乱埋乱葬坟墓专项整治活动的实施意见》，组织新建公益性公墓近万座，利用大寒和清明期间，对全区主要国、省道公路和沿步湖路农业示范园区观光带两侧500米以内的16640座坟墓实施搬迁计划。

婚姻家庭

Marriage and Family

【概述】 围绕争创国家和省婚姻登记规范化建设窗口单位目标，加大资金投入，完善软硬件设施建设，加强行风建设，注重内部规范管理，开展优质服务，制定重大节日和特殊假日婚姻登记高峰应急预案，为婚姻登记当事人提供人性化、亲情化服务，以一流的设施、一流的服务、一流的管理水平顺利通过全国婚姻登记规范化建设窗口单位争创目标的检查验收。

【积极争创省级以上婚姻登记规范化建设窗口单位】 3月，实施婚姻登记处搬迁工程，全面突破创建省级以上婚姻登记规范化建设窗口单位因面积不足、分区模糊而带来的软肋，达到设施齐全、功能完善、分区明显的要求。同时，投入40多万元，更新办公设备，完善内部管理制度，全市婚姻登记规范化建设工作现场推进会、全区文明创建工作流动现场会相继在该处召开。年底，创建工作顺利通过上级民政部门的检查验收，被命名为“全国婚姻登记机关规范化建设窗口单位”。

【婚姻登记总量创历史最高记录】 年内，全区共办理婚姻登记9529例，其中，结婚登记7932例，补领婚姻登记902例，离婚登记695例。出具无婚姻和有婚姻登记记录证明分别为1842例和369例，合格率皆为100%，登记总量创历史最高记录。 （姜正林）

消费者权益保护

Consumer Protection

【概论】 区消费者协会以科学发展观为指导，“消费与服务”年主题，全面履行《中华人民共和国消费者权益保护法》赋予的各项职能，在促进全区经济发展，构建和谐消费，提升消费信心、推进消费维权，宣传消费政策方面取得可喜成绩。1~12月，全区共受理处理各类投诉317件，为消费者挽回损失142.7万元。共接受消费者咨询7256人次，发布《消费警示》12次，计48条，编发《消费简报》12期，召开消费维权新闻发布会1次，消费者座谈会2次，组织年主题和消费指导宣传教育活动10场次，向相关经营者发出整改建议函16件，支持消费者诉讼维权4件。3月，在全市2010年“电信杯”消费与服务年主题演讲比赛活动中区消协代表队获得集体三等奖，个人三等奖。”3·15”期间，区消协代表盐城消协参加了省工商局、省消协、江苏广电总台、”3·15 “特别策划——我们在行动江苏城市频道《新闻夜宴》录制。9月，区消协作为全市唯一一家县区消协被省高院、省司法厅、省社会矛盾纠纷调解工作指导办公室、省社会综合治安管理办公室等四个部门表彰为诉调对接工作先进集体。10月，区消协被团市委、市消协确定为2010-2011年青少年维权示范岗创建单位。年底，区消协被市消协表彰为条线工作先进集体。

【精心策划“消费与服务”年主题活动】 “消费与服务”是2010年中消协确定的年主题，在全区范围内开展以“消费与服务”为主题，以“宣传消费政策，服务消费环境，构建消费和谐，促进经济发展”为主要内容系列活动。开展形式多样的大型广场宣传活动，在全区营造共创和谐消费环境的良好社会氛围。全区共印发年主题问答12000张，年主题专刊15000份，张贴宣传横幅标语135条，制作简报4期，印发380份，发布消费警示27期，计186条。新都分会组织辖区装饰材料市场开展诚信承诺签名活动，高力装饰材料市场向社会发布价格诚信宣言，楼王分会开展送法到乡进村活动。郭猛、秦南、大纵湖等分会开展大型广场咨询等形式多样的宣传活动。召开区协会四届三次理事会，对部分名誉会长、常务理事、副秘书长进行变更、增补，向新闻媒体公布一批消费维权典型案例。引导和推动行业自律，先后多次与市消协、亭湖消协、区物价局召开相关行业组织推动自律座谈会，开展企业承担社会责任承诺活动，不断增强企业自觉履行社会责任的意识，更好地维护消费者的合法权益。健全青少年消费教育基地。建立老年消费教育基地。组织各分会开展形式多样的青少年、老年消费教育活动，并组织辖区青少年积极参加2010年盐城市“中国电信天翼杯”青少年维权知识有奖竞赛活动，全区有3名学生获纪念奖。

【盐都区2010年度消费维权十大案例】

1.水稻“减产”起民愤消协“维稳”巧调

解。2009年10月，盐都区郭猛镇新星、西湖、大李等村10余户农民投诉称，他们先后从盐城市某种子公司销售部，购进数量不等的“镇稻99”水稻种子，该部负责人口头承诺，此稻种具有不倒伏、早熟、抗虫害等特点。但在临近收获时，不少农户发现，其水稻出现大面积倒伏现象，且比过去使用过的“镇稻99”迟熟20天左右，经初步估计，每亩损失约400元左右。在索赔无果的情况下，上百名群众带着家人，先后7次到郭猛镇政府集体上访。消协郭猛分会接此投诉后，一方面立即召开农村“一会二站”负责人会议，就如何稳定群众情绪提出针对性的安抚措施。另一方面会同镇农技、综治办、信访等部门走村串户了解实际情况，并与区消协联系，请区农业事故鉴定委员会给予支持。郭猛消协分会放弃节假日休息时间，多次督促经营者孙某主动承担社会责任。最终经销商孙某公开向所有购种农户致歉，对造成较重损失的15户农户每亩补偿损失100元~150元，累计补偿2万元。

2.小麦减产农民急，消协给力解难题。2010年6月9日，楼王镇王某等12户农民投诉在楼王镇某种子站购买了“润麦998”小麦种子，到收割时预测产量仅在50千克/亩·150千克/亩，严重减产已成事实，请求消协出面调查处理此事。经调查，“润麦998”小麦种属于中抗赤霉病，适宜在江苏北部的中高肥水旱中茬地种植。但该种子站在销售与相关资料宣传中，宣称其为高抗赤霉病麦种，且在2009年已试种没有问题，可以在盐城的里下河地区种植。楼王消协会会同政府有关部门在调查了解农民减产的原因及明确投诉双方的责任后，对投诉双方做大量的调解及说服工作，最终使双方达成一致处理意见，即由被投诉人对12户农户的30亩减产麦田每亩作150元的补偿，合计补偿4470元。

3.喜中大奖难兑现，消协调解践承诺。2010年7月3日，盐城家居建材领袖联盟盐城国飞尚城大酒店举办有奖销售活动，告示公众凡当日购买建材领袖联盟商品的消费者可凭购货发票号码参加摇奖。家住亭湖区的马女士购买200元灯具，当日公布的一等奖的中奖号码就是马女士购货的发票号码，奖品是一台西门子冰箱。马女士高高兴兴去领奖，主办方承诺半小时后给马女士送货上门，可半个时后主办方又对马女士说要消费满5000元后才能领走奖品。马女士认为主办方出尔反尔，不兑现承诺，便到盐都消协投诉。接诉后，工作人员经了解情况后指出主办方在举行有奖销售时未明确规定要购货满5000元方能参加摇奖，而在消费者中奖后，口头附加要购货满5000元才能兑奖的条件，违反《中华人民共和国消费者权益保护法》第二十四条规定：经营者不得以格式合同、通知、声明、店堂告示等方式作出对消费者不公平、不合理的规定，或者减轻、免除其损害消费者合法权益应当承担的民事责任。格式合同、通知、声明、店堂告示等含有前款所列内容的，其内容无效，故应当履行告示中的承诺兑现奖品。经协调，主办方主动向消费者道歉并无条件将奖品西门子电冰箱送到消费者家中。

4.昧良心赚黑心钱，猪肉冒充牛肉卖。2010年10月上旬，刘女士到某农贸市场购买600克牛肉，回家煮熟后发现牛肉像变魔术一样全都变成碎末，且不是牛肉是猪肉，于是找到牛肉经营户牛某讨说法，要求退款，并对其作出赔偿，牛某却拒不承认。龙冈消协分会接到投诉后，立即到刘女士家进行实地查看，并会同农林、卫生等部门一起，找经营户牛某，对其进行教育，宣传有关法律知识，最终牛某承认为牟利将猪肉冒充牛肉销售的错误做法。在分会工作人员的主持下，双方达成一致意见，由被投诉人退还货款并按货款的8倍进行赔偿。

5.婚介有欺诈，应征需谨慎。家住射阳盐场的周某在电视上看到某婚介公司的征婚广告，电话联系该公司，该公司很快为他介绍一位20岁左右的美貌姑娘，小伙子很满意，立即按婚介公司的要求交报名费120元、广告费500元、服务费900元等计2520元。可这个姑娘初次见面就提出吃饭、买手机等要求。周某感到很失望，将此情况反映给该公司要求退出。该婚介公司先后又介绍几个姑娘与周某相会，但一次一次都无功而返，情节与第一次情景大同小异。周某便怀疑该婚介公司存在欺骗，要求退款。婚介公司不同意，万般无奈的周某便来到消协新都分会投诉。投诉后，消协工作人员立即组织人员进行调查，通过对多名与周某相同遭遇的当事人了解，掌握该公司服务存在不规范的事实。便组织双方进行调解，指出婚介公司服务存在不规范性且存有欺诈的嫌疑。经协调，该公司主动退还周某2000元。消协新都分会还就该公司的不规范行为向有关行政部门反映，建议给予查处。

6.品牌沙发无标牌，消协受理快调解。2010年8月12日，盐都区消协接到消费者陈某投诉，反映在某装饰城依照样品订购的一套全额付款36660元的“欧迪堡”品牌沙发及茶几，收货后发现既无商标品牌，质量与样品又不符，怀疑是假冒产品，交涉退货未果，遂投诉要求退货并承担相应责任。盐都消协审查材料符合受理条件后，当即展开调查处理。首先与生产商联系要求其提供商标使用证明材料，以确认是否冒牌，经查证排除冒牌或侵权嫌疑。随即于次日赶赴家住射阳的投诉人家中现场查验，发现价值三万余元的品牌沙发、茶几确实存在很多问题，如无任何标牌和生产厂家名称，接口开裂，脱胶，多处皱折，无弹性等问题，并做详细的现场勘验笔录和拍照取证。回来后，即组织双方进行调解，指出被投诉人实物与样品不符存在严重的质量问题，最终达成一致意见，对所购价值36000余元的沙发、茶几等全额退货，费用由被投诉人承担，双方均表示满意，为消费者挽回经济损失36000余元。

7.标价收银不一致，消协维权讨公道。消协秦南分会接到投诉人许荣在某超市秦南加盟店购买标价为8元/千克的糖果1千克，回家后家人无意从购物小票上发现该糖果却按16元/千克的价收款16元，整整多付一倍钱。于是，到该超市找他们负责人问个说法，超市销售人员推说老板不在，始终不肯出面解释，并一再把责任推给收银员，认为是他们的疏忽，坚持不承认错误。接到投诉电话后，秦南分会二名工作人员当即来到现场，了解情况，商场经理在工作人员教育下，承认错误，表示一定要加强对员工的业务技能教育，保证今后不再犯类似的错误。并电话联系上海负责人，说明情况后，商场负责人在电话中表示回来后一定当面道歉，承认错误。经现场调解，由超市返还多收价款8元，并赔偿消费者损失50元，为消费者讨回公道。

8.商家空调销售存欺诈，消协快速处理促调换。2010年7月19日，楼王镇福中村王某称其在楼王镇人民路某家电门市处购买的格力牌空调，不是自己所订购的型号与规格的空调。经与商家交涉，未能就更换事宜达成共识。消协楼王分会接到投诉后，立即派人随王某到其家中进行实地查看。经核实，王某原订单上所订购的是型号为KFR-35GW/K(35566)K1C-N1（一级能耗），单价为2400元的格力牌（美满如意系列）空调。但在安装时，安装人员发现室内机与室外机规格型号不一样（挂机五级彩色能耗标志与铭牌上的说明不一样），怀疑是冒牌货。经消协楼王分会工作人员进一步调查发现，该家电门市于6月8日，购进了5台N2、N3能耗的同品牌空调，在王某不知情的情况下，将N2能耗的空调发货给王某安装，存在欺诈行为。经消协楼王分会调解，由该家电门市在二日内，免费为王某更换其所订购规格及能耗的KFR-35GW/K(35566)K1C-N1型格力牌空调，所有杂支费用由被投诉人承担，双方均表示满意。

9.电动车前叉断裂，供货商全额赔偿。2010年11月25日，在盐城市尚庄砖瓦厂工作的张先生到盐都区消费者协会尚庄分会投诉，2010年11月3日，在尚庄镇胥某开设的电动自行车门市购买一辆新的上海"丽都"牌电动自行车，在11月24日，张先生骑着电动自行车上街不慎碰到树上，居然把车的前叉刮断了，他认为该车存有质量问题，遂将电动车推到胥某门市，要求其退货，并归还全部购车款。经调查，张先生购买的电动自行车是库存货，出厂日期为2008年4月12日，该车的实际进价为1620元，胥某认为以1500元的价格卖给张先生，自己亏本买卖，不愿意赔偿。分会工作人员检查了前叉断裂处的痕迹，发现断裂处平整光滑，判断前叉断裂是由于质量问题引起的。按《消费者权益保护法》第十八条第一款之规定："经营者应当保证其提供的商品或者服务符合保障人身、财产安全的要求。"胥某应当按张先生要求全额退款。随后，消协工作人员与其一起与供货商进行沟通，供货商同意全额赔偿，随即，胥某将全额赔偿1500元交给张先生。

10、电视机自爆毁物，消费者投诉得赔。2010年7月27日，盐都消协秦南分会接到义丰镇人民西路居民杨某投诉，反映其当日上午在家中看电视时，使用两年多的熊猫21M16型彩电突然着火并发生爆炸，家具等受到不同程度的毁坏，遂投诉厂家要求赔偿。秦南分会工作人员在勘查现场后，确认反映情况属实，立即与电视机生产厂家南京熊猫电视股份有限公司取得联系，要求其派员协调处理。生产商代表于28日对现场进行仔细的检查，确信实属自爆，分会工作人员组织双方积极进行有效沟通，本着既对消费者负责，又要维护生产商声誉的原则，在双方的积极配合下，达成一致意见，由生产商按原价赔偿消费者1870元，其他不予追究。

（顾正山　仇业东）

民族宗教工作

Ethnic and Religious Work

【概述】 全区民族宗教工作全面贯彻落实党的民族宗教政策，围绕中心，服务大局，扎实推进民族工作，依法管理宗教事务，积极引导宗教与社会主义社会相适应，取得良好的社会效果。全区呈现出民族团结进步、宗教和谐稳定、经济快速发展的良好局面。

【成立盐都区少数民族联谊会】 随着经济社会的发展，迁入区内的少数民族人数逐年增加，据统计，全区现有21个族别，少数民族人口近千人，他们大多是弱弱结合，致富无门、生活困难，针对这一现状，通过深入基层调查摸底，按照"两个共同"的民族主题，经过4个多月的紧张筹备，8月份在全市首家成立"盐都区少数民族联谊会"，为各民族之间和睦相处、共同致富、共同发展搭建了新的载体和平台。

【开展"创星级、树品牌、进教堂、促和谐"活动】 紧紧围绕"塑创特色、进位争先"的工作要求，转变思想观念、拓宽工作思路，改善工作方式、创新工作举措，提升服务星级，树创服务品牌，以面对面的、心连心式的服务感化、引导宗教界人士及信教群众走社会主义道路，为实现全区宗教领域和谐稳定、经济社会又好又快发展作出积极贡献。先后组织党派成员中的精英骨干和专家在龙冈、大冈等堂点为信教群众免费体检500多人次，发放各类科技、政策资料1500份，举办法律知识讲座3次，受训人数达400多人。教育引导广大信教群众要遵纪守法、爱教爱国、崇尚科学、勤劳致富、走共同富裕的道路。

【积极培植少数民族致富项目典型】 年内，着重帮助潘黄街道以土家族农民张长秀为首的当地少数民族群众发展"少数民族三千致富工程"，即：千亩草莓、千亩葡萄、千亩景观苗木。同时，根据实际情况，因地制宜，重点投入，继续对大棚果蔬、花卉苗木、畜禽加工、清真食品、水产养殖等民族项目进行跟踪培植，许多少数民族家庭新上短、平、快小型种、养、加工项目，找到致富门路，逐步向小康迈进。

【深入推进宗教工作"1113"工程】 按照《宗教事务条例》要求，深入推进"1113工程"，即各镇（区、街道）民宗助理每月到所辖宗教活动场所走访1次、每季度召开所辖宗教活动场所负责人会议1次、每月上报民族宗教信息1条，确保全年辖区内"三无"，即无宗教渗透事件、无宗教活动场所安全事故、无新增基督教私设点。不断强化宗教三级管理网络、两级责任制，加大人、财、物的保障力度，健全工作台帐。积极开展"平安宗教场所"创建活动，完善"平安盐都"、"法治盐都"基础台帐，做好市、区综治部门的检查考核验收。积极实施五好堂点创评计划，达到无邪教渗透、无私设堂点、无安全隐患的三无要求，确保宗教领域稳定和谐。

【郭猛镇基督教堂顺利拆迁】 4月29日，区民宗局、郭猛镇政府和郭猛基督教活动场所经过一整天的多次反复协调商洽，郭猛基督教活动场所堂务组与镇政府达成拆迁协议，同意搬迁。至此，历经半年多时间的郭猛基督教活动场所搬迁工作顺利拆迁。为区农业经济开发区建设和步湖路拓宽改造创造条件，维护全区民族宗教领域安全稳定工作，确保社会大局稳定。（吴成奎）

老龄工作

Ageing Work

【概述】 全区老龄工作通过各涉老部门和全体老龄工作者的共同努力，坚持邓小平理论和“三个代表”重要思想为指导，认真学习实践科学发展观，深入贯彻省委、省政府2009年5号文件和盐城市委2010年11号文件精神，开拓进取，不断创新，全面落实“六个老有”目标，使全社会的老龄化意识有新的提高，基层老龄组织建设有新的延伸，养老社会化有新的进展，老龄问题研究有新的拓展，老年优待有新的成效，有力地推进老龄事业的向前发展。至年底，全区60周岁以上老年人口12.9万人，其中60~65岁4.23万人，65~70岁3.04万人，70~75岁2.4万人，75~80岁1.88万人，80岁以上1.35万人。全区老龄化率达17.06%。

【大力开展关爱老年人的各项活动】 按照省、市委文件精神，组织专门人员，深入调研，出台《盐都区委区政府关于加快推进全区老龄事业发展的实施意见》（都发〔2010〕56号），其中着重对以下几方面进行部署要求：(1)提高老年人社会保险待遇。加快推进新型农村社会养老保险制度建设，争取参保率达到60%以上。继续完善企业职工养老保险制度，探索事业单位养老保险制度改革，为没有纳入基本养老范围；无固定收入的城乡老年人发放生活补助金。(2)年内，对百岁以上老人按每人每月300元标准发放长寿补贴。做好“优待证”的发放工作。(3)建立健全以社区卫生服务为基础的老年医疗保健服务体系。(4)认真落实农村“五保”。(5)加快建立以居家养老为基础，社区服务为依托，机构养老为补充，城乡一体化，投资多元化、管理规范化、队伍专业化的养老服务体系。(6)积极引导社会力量兴办养老机构。(7)进一步加快公办养老服务机构的建设，并推动养老服务规范化。(8)大力发展老年教育。丰富老年人文化体育活动，对现有老年活动中心，老年文化活动室要加强管理，提高服务功能。

【着力打造盐都老龄工作新特色】 (1)老年优待工作。全年完成《江苏省老年人优待证》制作发放45000份。全区各级医院对70岁以上老年人凭“优待证”免收门诊挂号费、注射费。对五保老人、低保老人，因家庭突遭变故老人，由村（居）、单位出具相关证明，民政部门审核、减半收取床位费。对百岁以上的老年人，由区老龄部门合同卫生部门组织医务人员每年免费进行一次登记健康检查。(2)完善“尊老金”制度。2010年为24位百岁老人按每人每月300元标准、1600位90岁以上老人按每人每年300元标准发放“尊老金”共51.64万元。(3)加大节日慰问力度。去年重阳和春节期间，除正常“尊老金”发放外，专门组织人员对百岁老人及90周岁以上老年人进行节日慰问，慰问标准为百岁老人每人1000元，90岁以上老人每人200元，两项合计支出34.4万元。(4)居家养老工作。区政府成立以常务副区长为组长，民政、公安、国土、建设等相关责任单位为成员的居家养老工作领导小组，召开有各单位主要负责人、镇（区、街道）行政正职参加的居家养老工作推进会，会上下发《关于推进居家养老和社会助残工作的实施意见》（都政发〔2010〕138号）。全年超额完成居家养老阵地建设任务。筹措并投入资金近千万元，按照《江苏省居家养老服务评估指标体系》要求，新建居家养老服务中心（站）95家，其中达省4A标准的20家，3A标准的22家，省2A标准的57家，签订服务外包协议书1330份，社会工作者协议书560份，结对帮扶协议书320份。全年共完成147家。潘黄、盐龙街道实现全覆盖。全区投入180万元启动居家养老“一键通”信息服务平台建设，明确事业单位性质和人员编制计划，并向国家，省争取到“12349”民政服务专线。

【规范三级老龄组织机构】 在区政府老龄工作成员单位会议上，区领导就省委5号文件、市委11号文件精神的贯彻落实提出明确要求，区老龄委组成人员、区居家养老领导小组成员单位要认真学习领会省、市文件精神，结合盐都实际，制定本单位工作计划，要各司其职，切实做好本职工作。区老龄办要至始至终抓好督促与协调工作，认真解决落实省、市文件的有关重要问题。

关心下一代工作

Work of Caring About Next Generation

【概述】 区关工委围绕中心，服务大局，认真贯彻落实科学发展观，广泛动员和组织老同志，积极开展活动，坚持为青少年的健康成长办实事、做好事，使全区关心下一代工作，整体推进有成效，不断创新有发展。全区现有关工委组486个，参加关心下一代工作的“五老”志愿者7039人。

【开展“学双百、争三好”主题教育活动】 在开展“学双百、争三好”主题教育活动中，全区共组织和培训宣讲员440人，编写宣讲材料264篇，听讲的学生、青年达18.5万人次。8月，区关工委、教育局在龙冈中学组织中小学生参加英模报告会，邀请省“双五十”英模徐兆学作“学英雄模范，塑美好人生”的报告。北龙港镇关工委组织中、小学通过开班会，出专栏，广泛宣讲英雄事迹，许多学生深受感动，写出学习心得946篇。秦南镇关工委请老红军龚桂林对中、小学生进行革命传统教育，忆长征、讲传统。号召广大青少年向革命前辈学习，向建设新中国的模范人物学习。全镇每个学生都写一篇学“双百”的文章，张贴在学校墙报栏内，有的向报社投稿，有多篇被盐城晚报选登。大冈镇关工委利用在镇革命烈士园陵，大冈布厂，老干部活动室等地创建的革命传统教育基地，组织带领未成年人参观瞻仰，由老同志宣讲本镇《群英谱》的英雄事迹，让他们接受革命传统和爱国主义教育。

【加强对青少年法制教育】 5月11日，与区综治办等部门联合转发《盐城市未成年人零犯罪社区（村）创建工作方案》的通知。各级关工委紧紧围绕建立未成年人零犯罪社区，开展许多法制教育活动。先后配备法制副校长59人，成立法制宣传队51个，报告员227人，全年共报告152场，听讲达13.3万人次。区"夕阳红"法制宣传队（区关爱工作团）以"增强法制观念，迈好人生之路"为主题，分成4个组，在全区24所中学巡回宣讲。张庄街道关工委坚持实施"关口前移"积极开展"法制进校园"活动，暑假前请派出所指导员到中小学讲法制课，用青少年犯罪案例教育青少年。各中小学法制副校长结合学校的实际情况定期开展法制讲座，引导学生认真学法，正确用法，做一个遵纪守法的好学生。新都街道关工委在年初，专门召开8个社区关工委主任会议，各社区关工委落实专人对"三类群体"、"三无人员"、"四种对象"进行逐一排查，做到"楼不漏户、户不漏人、人不漏项"，对排查出的对象，进行分类管理，跟踪服务，结对帮教，每月汇报。使青少年守法意识明显增强，连续几年实现未成年人零犯罪，该街道关工委2010年受到市委、市政府的表彰。

【参与社区矫正工作】 全区成立矫正帮扶小组242个，参加帮教活动的"五老"1285人，帮教对象376人，转化313人，转好率83.4%。楼王镇关工委发挥"五老"作用，对全镇31名矫正人员（其中35岁以下的17人）。根据老同志实际情况明确分工，采取一帮一、二帮一的办法，结成对子，从思想教育入手，多方关心、感化，至目前已有14人解除矫正，以新的精神面貌融入社会，走上劳动致富之路。

【组织"五老"志愿者义务监督网吧、游戏厅】 全区现有"五老"网吧义务监督员80人，配合区文广新局先后开展"查处无证照电子游戏经营场所集中执法专项行动"和网吧专项整治等行动，重点查处网吧、游戏厅违规经营行为。取缔无证照游戏厅1家，无证照电子游戏经营人员自行关闭场所3家，立案查处4家，使网吧业主经营行为进一步规范。进一步发挥网吧义务监督员的作用，秦南镇关工委针对不少未成年孩子迷恋网吧，影响健康和学习的情况，制定四项举措：一是向业主加强宣传，要求他们守法经营，不准未成年人进入网吧；二是和迷恋网吧的孩子交流、谈心，指出迷恋网吧的危害，使其迷途知返；三是星期假日，配合派出所、文化站、学校老师联合检查；四是对个别屡教不改的孩子，深入家庭，与家长一起做孩子的思想教育工作。使上网的孩子消除"网瘾"，专心致志投入学习。

【重抓校外辅导站建设】 3月，省文明办、关工委、教育厅、财政厅等10部门联合下发《关于进一步加强全省城乡社区校外辅导站建设的意见》之后，认真进行贯彻落实，召开相应会议，根据盐都实际情况起草下发校外辅导站的实施意见。在校外教育辅导站建设过程中，因地制宜，区别对待，注重抓典型，创特色，增强品牌意识。冈中社区民生居委会、郭猛镇三湾社区、新区福利村关工委善于整合资源，使校外教育辅导站不断完善、提高；潘黄街道关工委利用社区教育中心的教室、图片、电脑、健身、娱乐等培训设施，已成为资源共享的综合性校外辅导站。新都街道关工委租用区文化馆闲置房屋，充分利用文化馆的活动设施，成为一所功能齐全的校外辅导站。北龙港镇关工委创建独具特色的剪纸文化校外辅导站，先后培训数百名青少年剪纸爱好者。尚庄镇姚伙村关工委乐绍琪是位农民，他自筹数万元，购买数千册图书，办起"农家书屋"，方便青少年看书学习。北龙港镇关工委把校外教育辅导站建设工作作为今年的主要工作，按照"八个有"的要求，采取以点带面，以点促面的方法，先办好镇中心辅导站，接着抓好重点村居，然后推向全镇各个村（居），基本实现全覆盖。至年底，全区已建立校外辅导站172个，辅导点126个，其中，龙冈、北龙港等镇，基本达到村居、社区全覆盖。

【关爱青少年弱势群体】 全区现有留守儿童8634人，已寄宿的4498人，占52.1%。全年扶贫助学1326人，帮助孤残弃青少年儿童537人，筹集助学助困资金44.5万元。龙冈镇关工委对全镇青少年中的孤残对象，外出务工人员的子女一一登记，因人而异，落实帮扶措施。该镇毓龙居委会关工委，对留守儿童建立"三知、三多、三沟通"制度，"三知"即：知道留守儿童的基本情况，知道留守儿童父母外出务工地点与联系方式，知道"留守儿童"在家监护人的基本情况；"三多"即：与留守儿童多交心，多到留守儿童家中进行家访，多开展一些关怀留守儿童的集体活动；"三沟通"即：定期与外出务工父母沟通，定期与留守儿童的监护人沟通，定期与学校老师沟通，通过多方面工作基本上达到外出务工父母安心，留守儿童定心，学校、家庭放心。新区关工委认真做好该区25名留守儿童调查摸底登记，并聘请9名爱心家长，每名爱心家长结对帮扶1~2名留守儿童，他们不定期与留守儿童交流感情，为留守儿童提供心理疏导、作业辅导、生活帮助等服务，真正做到留守孩子“离开父母不乏亲情，留守在家不乏关爱”。秦南镇关工委在秋学期开学初，集资8000元帮助部分中小学贫困生解决开学困难。对大学生学费有困难的，动员有经济能力的个人结对资助8人，每人2400元，单位结对资助6人，每人3000元，使14名困难大学生顺利开学。年内，新都街道关工委今年对贫困生、特困生逐一进行巡查走访，筹集5.5万元帮助4名家庭贫困学生重新回到校园，帮助3名特困生圆了大学梦。

【积极开展民企关工委工作】 至年底，全区已建民企关工委162个，占规模民营企业81%，在民企关工委建设中，龙冈镇30个规模民营企业全部成立了关工委，市工商管理局在该镇专门召开了全市现场推进会，民企关工委努力做好三方面工作、开展七项活动。三项工作：一是抓好制度建设，做到“六有”即有组织、有牌子、有工作职责与活动制度、有青年职工花名册、有活动阵地、有开展关工活动记录。“三上墙”即：组织网络上墙、学习活动制度上墙、工作任务上墙。二是抓好阵地建设，做到寓教于乐有场所。三是开展形式多样的关爱活动，不断提高广大青年职工的综合素质。七项活动：是学习、宣讲、座谈、参观旅游、科技竞赛、娱乐健身、献爱心送温暖活动。

【召开全区关心下一代工作第五次“双先”表彰会】 12月10日，区委、区政府联合召开全区关心下一代工作第五次“双先”表彰会、区四套班子领导出席，表彰35个先进集体和52个先进工作者。区关工委主任刘廷文作工作报告。

【启动NIME工程】 8月19日，区NIME工程启动仪式在区行政中心举行。区文明办副主任乔立群主持，区委宣传部副部长、文明办主任唐玲解读工程计划。区委常委、宣传部长陈雷到会讲话，强调开展NIME工程的重要意义，并提出“高度重视，形成合力，强化领导，责任到人”的四点要求。NIME是Newspaper In Moral Education的缩写，即报纸参与未成年人思想道德教育。NIME工程工作领导小组，陈雷任组长，刘廷文等任副组长。下设一办两部，即综合办公室、编辑活动部、督导部。

【出版发行青少年教育乡土教材】 年内，为进一步加强青少年思想道德教育，培养他们热爱祖国，热爱家乡，热爱社会主义的情感，区关工委副主任倪尧编著的青少年教育乡土教材《盐城俗语选》、《盐城农家岁月》出版发行。

【参与纪念中国关工委成立20周年活动】 2010年，中国关工委成立20周年，区关工委深入调研，积极参与，刘廷文撰写的《关工委特有的组织文化与中华民族优秀文化传统一脉相承》一文发表后，在社会上产生广泛的影响。 (徐文彬)

老促会（扶贫协会）工作

Elderly Association (Association of Helping the Poor) Work

【概述】 区老促会、扶贫开发协会（以下简称“两会”）以邓小平理论和“三个代表”重要思想为指导，以贯彻落实科学发展观为统领，以服务“三农”为重点，充分发动区、镇、村三级“两会”组织和广大会员，积极投身全区新农村建设。至年底，全区共有“两会”理事412人、会员单位92个、特约研究员106人、村（居）会员小组261个、会员7432人。

【情暖特困群众】 1月，区“两会”和市扶贫协会联手、协调，争取到市李凤祥助学扶困基金会资助金5万元，于春节前在全区开展情暖慰问活动，共惠及125户孤、鳏、寡、独、残等特困户，每户平均400元。

【扶贫到户工作】 全区“两会”和镇村共帮助筹集扶贫资金约210万元，采取信息指导、技术辅导、帮助立项、帮销产品等方法，在全区人均纯收入2000元以下的贫困户中，共对1050户、3689个贫困人口进行帮扶。经调查统计，年内，已脱贫871户、3136人口，分别占总帮扶户数和人口的83%、85%。如区“两会”在联系点尚庄镇塘桥村，以帮助引进制种新品和科技扶贫为内容，与镇“两会”共同帮扶10户贫困户、32个贫困人口，发展扶贫项目4个，经年底验收全部脱贫，人均纯收入5575元。

【加强调查研究】 4~5月，区“两会”专门组织力量，对自身五个（村、居）联系点5年来的建设和发展情况进行认真调研，其形成的《以创业增收为落脚点努力推进联系点工作》调研材料，受了省、市老促会的肯定，6月，被省老促会选定在灌南召开的全省联系点工作座谈会上作为现场发言材料；10月，又在阜宁县召开的全市老促会系统“两带”工作先进集体和先进个人表彰大会上，介绍以联系点为载体、开展“两带”工作的做法。12月，区政府办公室内刊《盐都情况》全文登载，发至全区各镇（区、街道、中心社区）和区直单位。

【搞好自身建设】 年内，因全区部分镇（区、街道、中心社区）行政区划进行新一轮的调整，一些“两会”人员有变化。对此，区“两会”领导十分重视，及时与当地党政领导研究，很快将相关人员落实到位。全区各镇（区、街道、中心社区）“两会”原有正副理事长（会长）54人，经过调整充实，现在增加到71人，大都是由退居二线的镇党委副书记或人大主席担任；261名村（居）会员组长，重新调换充实的有95人，其中近80%由原支部书记或现任村主任担任，确保各项活动正常开展。 (袁　辉)

老年人体育协会工作

Sports Association for the Elderly

【概述】 区老年人体育协会认真贯彻省委、省政府《关于加快发展我省老龄事业的意见》（苏发【2009】5号）文件，坚持“促进城市、发展农村、重在基层、面向全体”

的方针，以促后进，抓平衡为重点，以提前一年实现老年体育人口达50%为抓手，努力提高基层分会的工作水平，紧紧围绕全省老年人体育节“科学健身、你我同行”这一主题，认真组织，精心安排，加强各项老年体育赛事和体育健身展示的密度，不断提升老年体育健身的影响，吸引更多的老年朋友加入到体育健身的行列中来。不断完善组织网络建设，及时调整各级老体组织班子，保持班子的活力。

【积极开展创建工作】 认真组织学习苏老体【2009】33号《关于开展老年人体协工作“七好”和“示范乡镇”、“示范社区”创建活动的通知》，根据通知中试行办法修订区老体工作计划，同时把试行办法和创建标准及时传达到各分会，各分会对照标准，自找差距，有力促进基层工作水平的提升。张庄、楼王、大冈、龙冈等分会创建工作扎扎实实，有声有色，卓有成效。张庄分会被省授予首批“示范社区”称号，并赴省交流工作经验，楼王分会被市首批授予“示范乡镇”称号。对全区老年体育先进、合格村（居）的创建工作，加大考核力度，年终第二次为20家先进村（居）授牌，为20家合格村（居）颁证。

【组织竞赛活动和体育健身展示】 首次与区教育局（体育局）联合制定2010年全区老年人体育节的活动方案。区老年人体育节的启动仪式与区全民健身的启动仪式同时举行，张庄、龙冈、北龙港、大冈等分会也同时举行启动仪式，各有数十支老年体育健身队伍登场展示、表演，党政领导到场讲话、致词，吸引上千群众观摩、喝彩。潘黄、张庄分别派出150人和60人参加市组织的千人柔力球表演。自4月至10月底，各种赛事不断，区里有乒乓球、象棋、围棋、扑克牌、钓鱼等比赛，各分会也加大比赛的密度。区直机关第三届运动会比赛项目达到了7项，几乎月月有赛事。分会之间还组织友谊赛、对抗赛、邀请赛、表演赛。

【组队参加省市比赛】 区组队参加全市每年仅有的三项比赛，即门球、象棋、围棋。全部夺得团体冠军，并代表市参加省比赛，均取得较好成绩，围棋队取得第八名的好成绩，实现盐城市老年人围棋在省赛上的历史性突破。（杜建豪）

退休干部协会工作

Association of Retired Cadres

【概述】 退休干部协会是自我组织、自我教育、自我管理、自我维护、自我服务，具有法人资格的社团组织。是党委和政府联系广大退休干部的桥梁和纽带，退休干部称之为“娘家”。退协工作坚持以十七大精神为航向，以科学发展观为指针，以人为本，以“六个老有”（老有所养、老有所为、老有所医、老有所学、老有所教、老有所乐）为目标，站在新起点，探索新形势，谋求新发展，再上新台阶。

【开展创先争优活动】 抓住中共中央在全党开展创先争优活动的新机遇，专门印发退休干部协会《关于开展创先争优活动意见》，规范内容要求和百分考核办法。开展“创新学习方法，比学习效果；创新活动形式，比丰富多彩；创新老有所为，比先进典型；创新组织建设，比服务质量”的“四创四比”先进退协分会，和争当“勤奋学习好，思想素质高；遵纪守法好，言行规范；老有所为好，对社会奉献大；带头活动好，赛事获奖多；崇尚科学好，不愚昧迷信”的五好优秀退休干部活动。11月下旬，组织区退协理事、各分会理事长等35人，历时4天，对各分会进行一次百分考核评比，12月25日，召开全区总结表彰大会。会上，对21个先进退协分会、6个老有所为先进分会和103名优秀退休干部、35名优秀退协工作者给予表彰奖励。区委常委、常务副区长单永红到会并作讲话。

【举办收藏研讨会】 10月12日，在盐都文化艺术中心举办了“成春到收藏文集研讨会”。参加会议的收藏爱好者100余人。退休干部成春到，10多年来潜心研究文物收藏，先后在报刊上发表近500篇收藏文章，出版《藏海拾贝》、《藏苑足迹》、《藏梦成真》三本收藏文集，第四本收藏文集也即将出版。先后向社会捐赠文房用品等文物20多件，书籍、杂志4600多册。

【著书立传】 著书立传是退休干部传世后代，高尚、文明之举。退休协会精心组织，充分发动，成果丰硕。退休干部、区政协原副主席倪尧，先后为农民代言，编写出版2部书。年内，将耳闻目睹农村往事编著《农家岁月》，发行1700余册，成为争相传阅的力作。交通局退休干部徐治，创作和编辑诗词20余本，作品享誉全国，适逢其80大寿，全国各省市百名书法家，惠赠“寿”字墨宝上百幅，区退协和诗书画社为其编辑出版《仁者寿》一书，发行全国，成为传世之珍、传家之宝。原区劳保局局长邵玉田，退休后热衷于文学创作，在各类报刊发表文学作品300余篇，年内，由中国文艺出版社出版《此岸彼岸》散文集，成为中国散文作家。区直退协分会王洪武出版《喷发激情》杂文集，深受广大读者的欢迎。教育退协分会，热心为农民写作的王淮东，退休后创作大量反映农民心声的戏剧、曲艺、散文、小说，多次荣获大奖，报刊、电视等媒体，多次专题报道他《农家人写农家事》先进事迹。

【纪念延安文艺座谈会68周年】 5月23日是延安文艺座谈会召开68周年，区退协召开文艺工作者座谈会，出席会议的老年文艺工作者30余人，国家一级作家李有干、全国著名诗人徐治及有关方面的文艺工作者，争相发言，重温文艺工作的发展，激励老文艺工作者为盐都文艺发展奉献余热。全区老年文艺活动丰富多彩。区住建局分会精心组织排演《沙家浜》、“珍珠塔”选段等10多个文艺节目，为退休协会会议和尚庄镇文艺活动服务；龙冈镇分会组织800名老年人，观看退休干部演出的大型淮剧《赌博风波》；楼王镇排演的腰鼓、竹板舞、小品《晚年红》、快板《好内助》等，巡回各村组演出。

【组织“看新貌、话发展”的参观考察活动】 5月27日，组织区退协理事、顾问、各分会理事长、退休教师代表70余人，参观上海“世博会”、“中共一大会址”和如皋开发区。秦南、张庄、龙冈、教育、交通、住建、民政、政法等分会，先后组织老同志赴上海等地旅游观光。区直机关分会有的同志游览台湾、香港、澳门地区和韩国等，扩大老同志视野，愉悦身心，振奋精神。（邵家宽　杨文亮）

盐都诗书画社

Yandu Poetry Betrieb

【概述】 紧紧团结广大诗书画爱好者，遵循文艺“为社会主义服务、为人民服务”的方向，按照“贴近生活、贴近实际、贴近群众”的要求，搞好诗书画创作，积极参与各种诗书画活动。

【注重发展和壮大诗词创作队伍】 年内，经盐都诗书画社推荐、中华诗词学会批准，侍翔、魏法宜、郭乃英、杨效成、何庚春、吴登玉6人被吸收为中华诗词学会会员，至年底，共有中华诗词学会会员28人。在市诗词协会召开第一次社员代表大会时，盐都钱宗纯、郭乃英、张晓珠、卞峰等4人被选为市诗词协会理事。同时，经理事会一致同意，增选郭乃英（女）为副社长，柏松春为副主编，张晓珠（女）为常务理事，周文品、卞峰为副秘书长。

【加大国内重大事件的宣传力度】 2010年是不平凡的一年，神州大地呈现出许多令人激情飞越的重大事件，广大诗友引吭高歌，创作一大批与时俱进的诗篇，盐都诗书画社及时遴选诗刊刊用。上海世博会举办期间，诗刊设“世博赞歌”专栏，运用大量诗词作品，热情讴歌“百国风光”、“东方之冠”；宣传“人与自然共处，和谐生态平衡，城市生活更美好”，祝贺世博会“成功、精彩、难忘”。嫦娥二号发射成功，诗友们又欣然命笔，创作诗词，讴歌中国高新科技创造的惊人奇迹。在玉树发生特大地震、舟曲发生泥石流的灾害之后，诗刊先后开辟“情系玉树”、“情系舟曲”专栏，大力宣传“万众一心，众志成城”的抗震、抗灾精神，讴歌军民团结、奋力抗灾的动人事迹，讴歌天灾无情人有情、一方有难八方支援的高尚风格及灾区人民自力更生、重建家园的坚强意志和决心，讴歌“风雨见证的伟大精神”。在广州举办亚运会时，又运用诗词宣传广州亚运会开幕和闭幕盛况，讴歌亚运健儿、特别是中国健儿奋战赛场、勇夺冠军的拼搏精神。

【坚持组织采风活动】 6月4日，社长徐春延和诗社成员，应邀赴郭猛镇采风，与郭猛诗社成员一起，参观西湖国际垂钓中心、杨侍和三湾的新农村建设以及现代农业示范区，大家深受鼓舞，并激发灵感，创作出40多首动人诗篇，其中出现不少警言佳句。如参观西湖垂钓中心后，感悟到“啖鱼那有取鱼乐，钓得新诗满篓还”、“时人注目垂钩钓，你钓鱼儿我钓诗。”描写杨侍、三湾新农村建设：“生态园林草木萋”、“此村未必逊华西”。参观现代农业示范园区的得句有：“喜看农民新一代，科研谱出满田诗”、“园区采得芳菲韵，四季如春遍地诗”等等，不仅描绘出新农村建设的画图，也抒发了诗人的情感。阔别家乡60余年的老诗人王怀看到《盐都诗词》上“郭猛采风”专栏之后，更加激起思乡之情，迅即令其子（旅居英国的大学教授）陪同返里，看家乡的巨大变化，深有感触，主动邀约诗社成员晤面，畅叙乡情，以诗联谊。除此，在初春、中秋和重阳时节，诗社几位同仁，先后赴便仓镇尧塘村和城南新区等地，举行几次小型雅集，传笺联句，互相唱和，也别有风趣，充满热烈气氛。

【积极参加全国性诗会】 7月12~15日，全国第二届丁芒诗词艺术研讨会在陕西省麟游县九成宫宾馆开幕，在宝鸡市万利大酒店闭幕，出席这次会议的专家、学者和诗人有130余人。徐治、郭乃英、张晓珠、杨效成4人应邀参会。诗会期间，安排学术交流、名家笔会、诗词朗诵和考察采风等活动，在诗词朗诵会上，登台朗诵的23名代表中，盐都有徐治、郭乃英、张晓珠3人，徐治的朗诵，铿锵有力，受到与会代表的高度评价。值得一提的是郭乃英即席创作的一首自由曲，内容是“淮歌一路赴三秦，麟游雅集摘彩云。竹叶青青风送爽，池荷捧露笑迎人。醴泉碑下，师生共谱自由曲，体式创新。和鸣雷起，轻拂丝弦大雅音。飞珠溅玉，翰墨芳馨。山作吟笺松作笔，千峰万岭诗留痕。”全国著名诗家丁芒读后，欣然挥笔，作出点评：“个性高扬，抒发情兴，意象丰富，词采可诵。希望继续研作。”在陕西省三秦出版社出版的《九成宫雅集》、《诗路未来》二书中，选用徐治、郭乃英、张晓珠、杨效成和钱宗纯的诗词35首，选用徐治的论文1篇。

【努力提高诗刊和诗集的编辑质量】 诗刊是广大诗友发表诗词作品的阵地，也是诗社对外交流的窗口，只有办好诗刊，才能把诗词爱好者凝聚在诗词组织的周围，才能繁荣诗词创作、促进诗词这一文化事业的发展。因此，把办好《盐都诗词》作为一项重要任务，精心编、校，提高质量。共编辑4期，印发1800份，用稿近千首。为支持校园诗教，专设《校园雏音》栏目，选用学生诗词作品26首。为欢庆义丰中学建校50周年、百草园诗社成立10周年，协助该校编辑《百草园》诗词专辑，由社长徐春延作序，印发1500册，充分显示义丰中学校园诗教成果。除此，协助柏松春出版《傍竹斋吟草》，由中华诗词学会顾问梁东先生题写书名，徐治以“簪菊陶潜骨，持莲李白魂”为题写序言，何玲龙又以“老‘干’著花无丑枝”为题写诗评为跋，中华诗词出版社出版，其作品质量和印刷质量都比较好，得到诗友们一致好评。

【积极参与各种诗书画大赛并有多人获奖】 在淮安市举办的“韩信杯”全国诗词大赛中，徐治的作品荣获奖金200元。在南京市举办的桂花鸭诗词大赛中，曹保荣、卞峰的作品各获奖金100元。在淮安市举办的“人口计生杯”诗词联全国有奖竞赛中，曹保荣的作品荣获三等奖，获奖金300元。徐治、徐春延、陈昌、杨效成的作品均被评为佳作奖。在东台市举办的庆祝建国60周年的诗词大赛中，徐治、曹保荣、邵家宽的作品亦获得物质奖励。92岁高龄的徐林为世博会撰写的楹联书法、高鸿安和陈昌讴歌世博会的诗词作品，均收到上海世博会事务协调局来函，表示感谢，给予鼓励。在中国国学研究会举办的建国60周年中国文学艺术最高成就奖评选活动中，徐林的书法作品被评为金奖，并授予“当今中国艺术界最具影响力人物”的荣誉称号。丁东晨的书法作品，被入编《中国书画展年鉴》和《国际知名文艺家大辞典》等5种经典，先后荣获4个金奖，并被中国著名书画家协会和中国名家书画院等单位授予“中国艺术领域书画先锋人物”、“讲团结促和谐艺术功臣”等荣誉称号。特别感人的是，在“星光杯”全国艺术名家书画摄影诗文大赛中，丁东晨的书法作品荣获特别金奖，并于9月23日，被邀请到北京现场登台领奖，受到中央电视台新闻一套记者采访，连续播放三次。在颁奖会上，应邀现场挥毫泼墨，得到与会人员的一致赞扬、喝彩。朱楷曾的绘画，被中国书画艺术家协会、中国书画研究院等单位评为1个特等奖、2个金奖，其作品被入编《盛世艺术经典》和《世界华人美术名家大典》，并授予“世界华人艺术名家”、“中华民族杰出艺术家”、“中华文化名家大师”等荣誉称号。金富銮的书法作品，在文化部和中外文化交流中心联合开展的第七届中国文化艺术政府奖文华评选活动中，荣获最佳创作奖；在世界教科文组织联合协会首届非物质文化遗产杰出成就评选中，荣获杰出成就奖；他的书法还被文化部文化市场发展中心和文化艺术研究院作为中国文联出版社出版的《中国文化复兴代表人物档案》一书的封面和封底。并被中国艺术产业促进会、中国现代文艺学会选为“中国当代艺术之星”。杨飞的筷子书作品，在东方艺术家协会和中国书画创作院举办的第一届“华夏情”全国书画家、诗词家、摄影家作品邀请赛中，荣获金奖。丁萍的摄影作品“龙舞迎国庆”和“凌波仙子”，在江苏省老年摄影展中入选并获奖，应邀创作的书法，在庆世博“悦达纺织杯”民间博览会展出，荣获一块金牌。在诗书画的大赛中，其作品能荣获奖金、奖牌或物质奖励，既是创作者的光荣，也为诗书画社增添光彩。

【运用诗词和书法为三老祝嘏】 2010年，盐都诗书画社顾问陈鸿源九十高寿，常务副社长徐治欣逢八十华诞，常务理事、副秘书长钱宗纯年届七十，成员纷纷作诗填词，分别为3位老者祝寿，并发表于诗刊。特别是徐治退休20年来，一心扑在诗书画事业上，不计报酬，义务服务，奉献大量精力和时间，为诗书画社做了许多有益工作，在诗词界颇有影响。在他八十寿辰到来之际，四海知音，闻讯而起，纷纷挥毫泼墨，寄来“寿”字墨宝。为不致散失，退休干部协会和诗书画社联合为其汇编了《仁者寿》集锦。披阅全编，具有三大特点：一是范围很广，层次较高。全国有24个省、市、自治区近百位书家惠赐的“寿”字墨宝，长者年逾90高龄，少者只有20多岁，其中不乏大师、名家之作；二是风格多样，各有特色。入编的“寿”字，诸体兼备，形式多样，或以百印组“寿”，或以绘画成“寿”，或以人舞为“寿”，都具有一定的艺术特色；三是笔力厚重，充满活力。不少“寿”字在遵循体法的前提下，能与时俱进，体现出时代气息和青春活力，发挥自身所长，彰显个性风采。这本“集锦”，为诗友、墨客架起了一座“心桥”，通过交流翰墨，增进了友谊，对书家来说，可作传世之珍，对徐治来说，可作传家之宝。更可喜的是，这一“集锦”还被清华、北大、复旦、南大、重庆、西安等高等学府图书馆收藏。

（徐　治　郭乃英）

防震减灾

Earth Precautions and Disaster Reduction

【概述】 全面贯彻落实“预防为主，防御与救助相结合”的地震工作方针，大力宣传《防震减灾法》、《江苏省防震减灾条例》，建立健全监测预报、震灾防御和地震应急三大工作体系，认真履行防震减灾职责，圆满完成市政府与区政府年初签订的目标任务，在全市年度考核中盐都名列第一，在全省年度考核中盐都名列县级组第二名，区地震局被评为省防震减灾工作先进集体。成功创建全市唯一的省级地震安全社区——翠洲嘉园防震减灾安全社区。

【领导高度重视防震减灾工作】 坚持把防震减灾列入政府的重点工作，区委、区政府主要领导、分管领导定期听取防震减灾工作专题汇报，研究会办防震减灾工作。8月20日，区政府召开全区防震减灾工作联席会议，邀请市地震局领导和相关处室的负责同志作震情形势分析报告，会议对当前及今后一阶段防震减灾工作进行全面部署。区政府与防震减灾联席会议成员单位、各镇、区、街道签订《防震减灾目标责任书》。区地震局工作人员全部申领江苏省行政执法证，局长、分管局长申领江苏省行政执法监督证，为及时正确行使防震减灾执法职能提供法律保障。6月份，区地震局会同区住建局、发改委、规划局、建筑设计院等部门，对2009年以来新建的工程项目进行抗震设防执法检查，至2010年底全区没有发生一起防震减灾违法违规事件。区政府将防震减灾经费列入财政预算，并逐年大幅度增加。2010年投入防震减灾专项经费18万元，超出《目标责任书》规定20个百分点，列全市县(市、区)之首。同时，区科技三项经费对防震减灾项目加大投入，安排防震减灾项目经费10万元，其中6万元用于地震安全示范社区建设、4万元用于市第一中学省科技示范学校创建。

【增强地震监测预报能力】 对原有的5个宏观测报点的分布和人员进行调整和充实，分东部、中部和西部进行设置。根据《目标责任书》的要求，上半年，在尚庄镇新增1个宏观测报点。全区的宏观测报点共达6个。在测报点管理上，出台《地震宏观测报设置和管理方案》(试行)，对测报点的设立、测报人员的选用、岗位职责、测报资料的记载分析、保密纪律、年度考核奖惩都做明确具体规定。在人员选用上，对新选用的宏观测报点人员，实行先培训、再聘用，确保每一个测报人员都能担负起自身的工作职责。在信息收集上，每半年召开1次震情会商会议，通报省、市震情分析会议精神，分析当前及今后一个时期的地震形势，牢牢掌握防震减灾工作的主动权。

【提高地震灾害预防水平】 积极开展对重大建设工程和可能发生严重次生灾害的建设工程进行地震安全性评价工作。年内，地震窗口共接待来客1200多批次，办理审批事项287件，其中重大建设工程审批事项6项，在全市位列第一。为方便和服务群众，地震窗口还专门印发《服务指南》，明确服务内容、办理程序、收费标准。高度重视地震安全示范社区创建工作，7月份接到省、市通知后，就开始申报。新日月翠洲嘉园社区是全区2010年创建的全市第一个省级地震安全示范社区。该社区是盐城市目前实际居住人口最多的一个居民小区，抗震设防基础好，干部居民防震减灾意识强。12月24日省地震局副局长张正亚一行视察盐都区的创建现场。进一步加大示范村建设的力度，要求每一个镇、区、街道都要设立1~2个农村民居地震安全示范村，并将这一要求列入《防震减灾目标管理责任书》，年终进行考核。

【完善地震应急救援体系】 按照新修订的《中华人民共和国防震减灾法》的要求，利用近3个月的时间修订和完善《盐都区地震应急预案》、《盐都区震情监视和短临跟踪工作方案》。各镇(区、街道)、防震减灾联席会成员单位、所有中小学、医院、液化气站、加油站都制订地震应急预案。目前，全区17个镇(区、街道)、268个行政村居、33个部门、44所中小学、10所医院、9个液化气站、15个加油站全部建立地震应急预案，实现地震应急预案全覆盖。新增防震减灾队伍3支，目前全区已建立防震减灾队伍12个，总人数已达1500多人，人员覆盖社会各个阶层。7月28日，成立应急救援大队，下设地震应急救援分队。在防震减灾宣传月期间，区地震局与时扬中学联合开展突发地震应急疏散演练。龙冈中学、大冈中学、郭猛初中等6所中小学校开展突发地震应急演练，近万名学生参加活动。通过演练提高全社会防震减灾意识，培养应急避险能力。

【强化防震减灾宣传教育】 在“三网一员”建设工作上，全区各镇(区、街道)、防震减灾联席会议成员单位都明确防震减灾助理员名单，各村、居、社区都明确灾情速报联络员。在防震减灾科普示范学校创建方面，牢固树立“巩固老阵地，开辟新阵地”的工作理念。龙冈中学是全省首批防震减灾科普示范学校。该校经常开展防震减灾科普活动，真正做到“教育一个孩子，带动一个家庭，影响整个社会”的“小手拉大手”作用。与此同时，积极开辟新的科普教育基地，2010年市一中主动申请创建省科普示范学校，专门成立创建班子，学校筹备20多万元的创建经费，并组织人员赴无锡市北中学学习。重视防震减灾宣传教育工作，自5月1日起，在全区开展“防震减灾宣传月活动”。活动期间，举办宣传版展、知识咨询、发放资料等多种活动。5月11日，在行政中心大楼举行了防震减灾宣传版展，市地震局领导、区四套班子领导出席仪式。活动期间，全区共组织版展8场次，开展地震知识、法律法规巡回咨询12次，分发《防震减灾法》40000余份、《防震减灾科普知识》18000份、其他宣传资料150000份。 (吴卫红 陈加强)

气象服务
Meteorological Services

【概述】 区气象局认真贯彻执行《中华人民共和国气象法》、《江苏省气象管理办法》、江苏省气象灾害防御条例》，坚持“观云测天为人民，优质服务创一流”的方针，积极做好日常各项气象服务工作，在春运春播、夏收夏种、防汛抗旱等工作中，及时主动向区领导及有关部门提供重要天气信息。年内，被市文明委授予2009年市文明行业称号，被省文明委授予2007~2009省文明行业称号；获区直部门、市属驻都单位综合先进奖，“五好”基层党组织，春运先进集体，被市气象局表彰为优秀达标单位。

【气象灾害防御条例施行】 1月20日，国务院第98次常务会议通过《气象灾害防御条例》，自4月1日起施行。4月1日上午，春风送暖，“学习宣传和贯彻落实《气象灾害防御条例》”主题宣传咨询活动在高职园学校进行。宣传咨询台上《条例》单、气象灾害预警信号指南、如何防御气象灾害等宣传材料吸引的过往行人纷纷驻足。工作人员为行人发放宣传材料并就《条例》制定实施的重要意义进行讲解。《条例》的颁布实施意义重大而深远，关注气候变化，积极应对气象灾害，需要全社会的共同努力，气象工作者更应为此做出坚持不懈的努力。区气象局多举措打造学习宣传平台，多渠道、全方位向社会宣传《条例》内容，避免、减轻气象灾害造成的损失，保障人民生命财产安全，得到广大群众的好评。

【强化决策气象服务】 气象服务工作永远是气象部门的立足之本，决策气象服务更是各项工作的重中之重，始终把气象服务工作放在首位，加强应急管理工作体系建设，制定应急值守班和突发事件信息报送等制度，并在年初就根据系电话全天畅通，传真机等正常连通。坚持重大天气过程领导带班和亲自向政府领导服务制度，进一步明确汛期值班制度。紧紧围绕政府重大工程、重大活动、重要节日、重要农时季节和重大灾害性天气过程展开服务，对元旦、春节、五一和春播、夏收夏种及春运、高考、中考等发布滚动预报和全程保障服务，重大天气过程都及时通过“重要天气报告”“气象信息传真”及短信平台、电视字幕等形式多渠道的广泛开展，及时进行灾害预警信号发布和灾后调查评估工作。特别是9月份7号台风“圆规”超强台风的天气过程，区气象局主要领导坚持一线带班，密切监视台风动向和上级最新预报意见，切实做好预报工作。并加强与新闻媒体合作，及时召开新闻发布会，发布重要天气信息和防御建议；多次接受电视台采访，宣传盐都气象工作。切实加强气象为新农村建设服务工作，注意做好农业科技示范园和特色农业项目的服务工作，不断探索新形势下的服务方式和方法。

【加强气象信息员工作】 12月21日下午，举办气象信息员培训班，来自各镇(街道)20余名气象信息员参加培训。首先由区气象局局长吕道洲做动员讲话，要求充分认识加强气象信息员队伍建设的重要意义，不断强化工作措施，认真落实农村气象信息员队伍建设的要求，不断巩固和扩大气象信息员队伍，努力形成自上而下、协调统一的防灾减灾体系，有效扩大气象信息在农村覆盖面，并由副局长贾云河为信息员详细讲解《气象信息员培训教材》；盐都气候特点、主要气象灾害及防御；天气预报及气象知识；气象要素及特殊（灾害）天气现象的观测、记录；天气预警信号、气象灾害预警信号；气象灾情调查收集、评估以及气象预警信号的等级与发布、镇(区、街道)自动站日常维护等相关知识。培训班上，还为气象信息员发放《江苏省气象灾害防御条例》等。

【人工增雨作业取得成功】 针对全区的干旱天气，区气象局高度重视，密切关注天气情况，及时发布天气预报，并根据预测到的降水天气过程，于7月2日适时开展大规模的人工增雨作业，缓解旱情。7月1日人影装备到位后，于7月2日早晨6点开赴位于尚庄镇朱沥沟大桥的作业点，7点40分开展人工增雨作业，共发射火箭弹4枚，测得作业点降水量1.3毫米。于下午17点35分再次开展人工增雨作业，共发射火箭弹4枚，测得作业点降水量36.7毫米，作业效果明显。

【业务目标继续全面达优】 狠抓业务目标任务的分解落实，明确责任，细化考核，完善各项规章制度和工作流程，业务质量稳定提高，气象测报工作总错比为0，报表审核全年无错，各种报文、资料、相关信息传输及时率和准确率均达100%，在全市同行中名列前茅。

(孙　莹)

镇、街道(区)、中心社区

Town, Sub-district and Central Community

◆大纵湖　◆鞍　湖
◆滨　湖　◆郭　猛
◆北龙港　◆大　冈
◆楼　王　◆冈　中
◆学　富　◆潘　黄
◆中　兴　◆张　庄
◆尚　庄　◆新　都
◆葛　武　◆盐　龙
◆北　蒋　◆新　区
◆秦　南　◆职教园
◆龙　冈

大纵湖镇

Dazonghu Town

【概述】 大纵湖镇土地面积9489公顷，其中耕地面积3977公顷，有16个行政村，4个居委会，人口53629人，地区国内生产总值12.24亿元，财政收入7961万元，农民人均纯收入10319元，同比分别增长31.8%、57.5%、17.3%。

经济结构持续优化。一、二、三产业结构比重由23.7:40.9:35.4优化为21.5:41.9:36.6，二、三产业比重分别增加1%和1.2%，其中化纤机械涂装设备特色产业在二产中比重已达87%，形成税收占全镇工业税收比重已达86%；完成全社会投资18.2亿元，其中规模以上投资16.85亿元，分别同比增长62.1%和63.8%，工业技改投入占规模以上工业投资已超86%；引进签约千万元以上工业项目27个，其中亿元项目5个、5000万元以上项目10个，年内启动实施11个，建成投产11个。众多项目的引进，有力地提升工业集中区的层次，直接催生富民路特色工业带的诞生，成为全区发展特色产业的成功典范。

承载能力明显增强。坚持规划引领推进工业化，在原有框架基础上，先后启动实施富民路、振兴路工程。富民路、振兴路与231省道、鹏程路已经全部打通。年内开工的11个超千万元项目、征地近150亩的项目全部开工建设，成功地打造富民路工业带，为争创双A级工业集中区奠定基础。全年工业集中区实现销售收入18.8亿元、入库税金4900万元，占全镇总体比重达83.9%和85.7%。坚持规划引领推进城镇化，集镇"六个一"和绿化"五个一"得到市区领导的高度评价，成功创建"省级园林小城镇"。年内，镇党委先后提出"862"工程和"四大会战"任务，其中专门设立基础设施建设和集镇管理两个组织领导机构，拉开"做靓新镇区"的序幕。231省道、振兴路、富民路的建成通车，村建中心、规划展示馆、派出所、供电公司、计生中心等一批行政事业单位正在规划的引领下，积极做好迁建新镇区的各项准备工作。作为新镇区的内核——"800亩"规划将在年内全部实施到位。届时，迎阳小区小高层住宅、大纵湖国际大酒店、新镇标的落成等一批重点工程的实施，为拉开新镇区建设序幕开好头。一支河改造、人民西路改造、健康路亮化、朝阳河整治等重点工程实施，为完善老镇区配套功能办实事。

民生事业大为改善。年内，成功创建省园林小城镇，成为苏北首家获此殊荣的乡镇，进一步提升集镇层次。民政工作全市领先，镇敬老院被评为"国家级示范单位"，在全社会进一步造浓居"家"养老的浓烈氛围。造林绿化全区领先，改厕、沼气建设、新农村示范村建设难中求进，农村基础设施建设投入不减。努力改善医疗救助环境，卫生院新病房楼建成投入使用，新农合参保率达95%。文化艺术中心的使用，大大激发大纵湖文化发展新活力。积极整合资源，计生服务有了新阵地。平安法治建设扎实推进，安全生产进一步得到高度重视。完善工作机制，实行领导干部包案和接访，有效解决群众诉求。

党的建设不断加强。以深入开展"创先争优"活动为契机，结合区划调整的实际，强化机关效能建设，推广机关服务"创星级、树品牌"活动，通过学习提高、查摆问题、落实整治、强化督查等措施，切实加强对全镇党员、干部思想作风建设，顺利实现区划调整的平稳过渡，党风、政风和民风得到根本好转。党员冬训影响广泛，取得实效，成功加入全市试点行列。全面组织实施固本强基工程，坚持能者上、庸者下的用人导向，抓住区划调整与村级党组织换届、村民委员会换届的契机，不断加强对党员干部的党性党风党纪教育，及时调整充实部分村居单位领导班子；快速推进党群服务中心建设，先后新建村部9家，至年底，实现所有村部新建目标全覆盖。

【跻身亿元特色工业重镇】 以"实现亿元特色重镇，打造盐都西部新城"为目标，全力推进全年财政收入突破亿元大关，通过财税大会战的努力，成功跻身亿元镇行列，实现历史性突破，圆满实现跨越发展；坚持"以规划为引领，走以工兴镇，科技强镇之路"，全力推进招商引资，加快工业经济发展步伐，为实现工业发

大纵湖镇舞龙队荣获国家舞龙大赛银奖

展提速增效，侧重招大引外、招特培强的招商模式，做大做强涂装机械设备特色产业，主攻高新技术、新材料和创新型项目，全年引进实施各类项目43个，其中亿元项目5个、5000万元以上项目10个，千万元项目27个。其中，倍受关注的总投资5亿元的高新技术项目——六甲高分子材料项目，一期工程2010年已正式投产，同时二期工程正式开工。全力打造特色工业园区，特色产业园区面积超千亩，建成千米富民路特色工业带，新建厂房10余平方米，入驻企业83家。园区内富民路、振兴路与231省道接线工程全部建成通车，园区服务中心、规划展示馆等平台顺利投入使用，全面启动231省道东侧沿线特色产业创业园建设，规划两年内建成面积200亩。

【城镇化建设靓点纷呈】 以“做靓新镇区”为总体要求，坚持规划引领，在坚持总规不变和广泛征求意见的基础上，对部分控制性详规进行完善。年内，提出“862”工程和“四大会战”任务，其中专门设立基础设施建设和集镇管理两个组织领导机构，全面启动实施“三年内建成800亩新镇区”项目，231省道、振兴路、富民路全面建成通车，村建中心、规划展示馆、派出所、供电公司、计生中心等一批行政事业单位正在筹划迁建新镇区。重点重抓，稳步推进。以组织实施好“五个一”(通村林荫大道——人民西路，园林式街道——建丰西路，街头绿地——阳光小区南侧、新街路南侧、文化中心南侧，精品水景——一支河，森林绿地或苗圃——人民公园苗圃)和“六个一”(一条园林式景观干道——建丰西路，一座标志性建筑群体——人民西路改造工程，一个有特色的休闲广场、公园、游园——人民公园二期，一个上规模的住宅小区——迎阳新区，一条滨河绿带——一支河，一条亮化美化的主街——振兴东路)工程为重点，以创建省级园林小城镇为重要载体，稳步推进集镇城镇化建设。完成18个重点项目，投资1.3亿元。年内，顺利通过省级园林小城镇创建验收，成为全市第一家、苏北首批获此殊荣的乡镇。

【大力发展社会民生事业】 民政工作全市领先，全国有影响，镇敬老院被评为“全国模范敬老院”，在全社会进一步造浓居“家”养老的浓烈氛围。造林绿化全区领先，改厕、沼气建设、新农村示范村建设难中求进，农村基础设施建设投入不减。努力改善医疗救助环境，卫生院新病房楼建成投入使用，新农合参保率达95%。文化艺术中心的使用，大大激发大纵湖文化发展新活力。平安法治建设扎实推进，安全生产进一步得到高度重视。完善工作机制，实行领导干部包案和接访，有效解决群众诉求。改善民生是工作的出发点和落脚点，广听民意、从问计于民做起，顺应民意、从小事实事做起，真解民难、从难事急事做起，使民生问题得到系统化解决、长效化推进、项目化落实，让发展成果惠及百姓。完善社会保障。加大对低收入群体的帮扶力度，落实好、发放好低保户、五保户等困难群众的生活补助。抓好社会保障体系建设，积极推行企业职工养老保险和新型农村养老保险，分别新增500人、3000人。

【信访维稳工作成绩显著】 年内，原大纵湖镇和义丰镇合并成立新大纵湖镇，面对诸多社会不稳定因素，镇党委、镇政府始终把处理好来信来访工作，作为三个文明建设的一项重要工作牢牢地抓在手上，着力抓好“社会矛盾纠纷调处服务中心”建设，投入5000元规范中心建设并从建立“三项制度”入手，为构建大信访格局建立一个有效的平台。全镇全年通过完善各项措施，落实各项责任，共消除2起可能发生群体性上访事件的隐患，消除一起可能进京上访的个案，一起可能进沪上访个案，妥善解决信访难题3件；全年镇调委会共受理各类矛盾纠纷28起，调处28起，调处率达100%，纠纷发生率同去年同期相比呈下降态势，越级上访大幅减少，全镇信访工作水平有明显提升。效维护社会政治稳定，促进社会经济和谐发展。 （王 峰）

该镇新材料六甲高分子成功下线，填补市内空白

各村(居)负责人及主要经济指标

表 22

村(居)名	村(居)书记	村(居)主任	经济总收入(万元)	农民人均纯收入(元)
兴　湖	徐　峰	卞根成	12972	10009
鱼　范	宋从武	鱼　浪	6040	8773
向　阳	陈　超	季美春	7114	10013
振　兴	刘居标	徐建军	10063	11132
陈　捷	许定标	单永田	7896	12191
兴　盛	倪元福	郭余良	4276	10230
晨　阳	杨步清	姜奎章	8869	10117
胥　仇	祁科华	仇从祥	6798	9368
三　官	吕汉书	耿晔成	7336	9013
花　陇	朱荣华	朱荣华	5244	9287
双　官	刘景勇	王中海	3920	9008
于　任	郝春兵	姜珍	4431	9017
三　庄	童福广	张玉华	6951	9331
石　庄	王　林	胥爱灿	19086	12110
双　龙	王金根	宋金奎	6254	9682
迎　阳	王同明	朱玉明	14247	12586
骏　马	陈洪明	杨加山	4063	9402
永　新	乐元洪	郭冬祥	7065	10123
红　星	严正林	严志华	9514	11472
大　范	王志贵	聂庭海	7955	11457

滨湖社区

Binhu Community

【概述】 滨湖社区土地面积 4301 公顷，其中耕地面积 999 公顷，下辖 4 个村，2 个居委会，人口 16434 人；地区生产总值 8.1 亿元，增长 16.2%，实现财政总收入 2200 万元，财政一般预算收入 1628 万元，农民人均纯收入 9800 元，与上年同比分别增长 25.5%、21.3%和 12.1%。

工业经济运行平稳。深入开展“三服务”活动，督促兴宏化纤等企业主动适应市场需求，加大技改投入，提升产品科技含量，拓展市场空间，较好地完成了既定的生产和销售计划。全年社区完成工业增加值 2.2 亿元，实现利税 6200 万元，利润 1950 万元，分别比去年增长 21.5%、22.3%和 20.6%。

服务业稳步发展。旅游开发进程加快，重点实施自驾游基地、景区绿化、游步道等工程建设，增强旅游接待能力；大力开展宣传推介活动，共接待游客 12.1 万人次，旅游团队 403 个，营销收入超千万元。三产服务业发展迅速，在旅游开发的带动下，餐饮、住宿、商贸等三产服务业呈现良好发展势头，全年实现三产增加值 2.6 亿元，社会消费品零售总额 2.1 亿元，分别比去年增长 32%和 23.4%。服务业重点项目顺利实施，水润天成度假村二期、大纵湖商贸城按时序推进。

农业经济成效明显。高效农业项目顺利实施，社区新增高效农业面积 6000 亩；造林绿化工作实现新突破，完成成片林 1800 亩，农田林网 1.3 万亩，四旁植树 32 万株，均超额完成区下达任务；农村环境整治顺利开展，进一步明确责任，细化措施，推进农民环境连片整治工作，农村生产生活环境明显改善。

招商引资成效明显。围绕旅游资源和农产品优势，紧扣时间节点，大力度开展一系列招商引资活动，有力地推动招商引资工作，全年社区共签约各类项目 16 个，其中，5000 万元以上项目 3 个，亿元以上项目 1 个。外资工作取得进展，顺利实施猪场外资增资计划，实际外资到账 101 万美元，超额完成全年任务。总部经济发展迅速，先后新办各类载体 12 个，纳税总额达 200 多万元，为完成全年财税任务发挥了积极作用。强力推进全民创业工作，新增个体工商户 634 个，私营企业 23 个，注册资本 1.8 亿元。

社会事业全面进步。积极发展文化广电事业，新增有线电视用户 200 户，入户率已达 80%，继续位于全区前列；人口与计划生育工作水平进一步提高，继续在全区保持先进水平；社会保障覆盖面进一步扩大，新型农村养老保险参保人数超额完成全年计划，农村基础养老金领取人数已达1000多人；新型农村合作医疗参合达98%。实事工程顺利推进。年初确定的省级环境优美镇创建、农村基础设施建设等十项为民办实事工程均顺利实施。集镇建设得到加强，推进敏春房地产、大纵湖商贸城等项目，拆除231省道接线工程中两幢别墅、金平聚酒店，绿化宋曹路，进一步改善集镇面貌；强化集镇管理，进一步明确工作责任，对集镇主要街道实行全天候保洁，集镇环境进一步改善。

民主法制建设和精神文明创建得以提升。完善社会治安大防控体系，健全社会矛盾纠纷大调解机制，深入推进平安社区建设。继续深入开展信访“金桥行动”和领导干部信访接待日制度，努力将矛盾化解在基层。坚持“安全第一，预防为主”方针，全面落实安全生产各项举措，没有发生一起安全生产事故，为社区经济社会发展创造良好社会环境。通过文明单位、文明村居、文明人、文明新事等一系列的创建活动，广大干群的整体素质和社会文明程度进一步提升，年内，社区新增市级文明集体2个，区级文明集体5个。

党的建设得到加强。深入开展“三服务”活动和“村企”结对、党员牵手致富工程，社区各级干部广泛深入村居、单位和企业，累计解决各类问题50多个，进一步密切党群关系，有力促进经济社会发展。根据上级统一部署，开展机关服务“创星级、树品牌”和“五治理一查办”活动，有力提升服务效能，促进各级干部“不办无原则的事，不办虎头蛇尾的事、不办留后遗症的事，不办劳而无果的事”，群众满意度不断提高；积极发展党内民主，大力实施“强基工程”，成功实现由镇向社区的平稳过渡，顺利完成村居“两委”换届。

【行政区划作出调整】 9月，根据省、市政府批复精神，结合区情实际，设立大纵湖镇滨湖社区，下辖北宋、平湖、镜湖、迎湖、陈庄、倪杨6个村(居)；将原有的兴湖、兴盛、陈捷、鱼范、向阳、晨阳、振兴7个村(居)划归新大纵湖镇管理。区划调整后，社区土地面积4301公顷，下辖4个村，2个居委会，人口16434人。

【《大纵湖传说》出版发行】 由中国小小说学会会员、省作协会员、大纵湖小学教师刘庆宝搜集、撰写的《大纵湖传说》于2月25日由吉林出版集团出版发行。《大纵湖传说》由国家AAAA级大纵湖风景区景点彩照、66篇大纵湖民间故事和32幅地方渔具渔法彩照组成，由华东师范大学历史系教授、博士生导师谢俊美作序，国家一级美术师(教授)、联合国“2002年世界和平艺术作品优秀奖”获得者蒋义海题词，省政协委员、市书法家协会副主席郭列平封面题字。《大纵湖传说》属国内乡镇级民间故事第一集。

市、区领导视察新材料六甲高分子生产线

【千亩生态农业园初步建成】 由盐城市润禾农业发展有限公司投资开发，面积1000亩、总投资5000万元、以富硒有机蔬菜种植、高效渔业养殖、特色果树栽培、观赏花卉培育等为主导产业，集种植、科研、观光多功能于一体的振兴村生态农业园该项目初步建成，300亩钢架大棚已建成，樱桃、大枣、栗子等20多种5000多棵果树全部栽植，与当地60多名农民工签订长期用工合同，月工资超千元；该项目计划到2011年全部建成，分别建成钢架大棚富硒有机蔬菜种植区、特色水产养殖垂钓区和生态农业观光旅游区。润禾农业发展有限公司组织人员到上海对接销路，签订合同，与乐购、欧尚、好又多、沃尔玛等上海各大连锁超市建立良好合作关系。

【1.1亿元海王水产品深加工项目开工】 4月29日，由江苏海浩兴业集团投资1.1亿元的海王水产品深加工项目在大纵湖镇工业集中区正式开工建设。该项目建成后是集养殖、收购、加工、销售、对外贸易于一体的省级一流水产品加工标准化企业，可安置当地劳动力1200多人，预计可实现年销售2亿元，自营出口500万美元，利税1500万元。

【大纵湖旅游景区开发建设工作全面启动】 6月4日，大纵湖风景区开发指挥部首次召开全体成员会议，标志着大纵湖旅游景区开发建设工作全面启动。会议明确围绕区委“打造湿地旅游之乡”总体部署，拟定旅游景区开发建设实施意见，全面体现“一年见形象、三年展新貌”工作要求；坚持规划引领，立足科学性，体现前瞻性，结合大纵湖旅游度假区发展实际和开发现状，编制完善旅游景区开发战略规划和实施详规；紧扣重点工程，加快推进步湖路拓宽改造、生态农庄等项目建设。

【通过省级环境优美镇验收】 7月4日，创建省级环境优美乡镇验收专家组对大纵湖镇创省级环境优美镇情况进行考核验收。专家组听取创建相关情况汇报，实地查看大纵湖镇的镇容镇貌、医院医疗垃圾收集与医疗废水处理设施、生态农业示范基地等环境设施建设情况，一致认为大纵湖镇的各项创建指标均达到《江苏省环境优美乡镇考核标准》。

【召开全市开发旅游资源重点提案督办会】 8月26日，全市积极开发旅游资源重点提案督办会在大纵湖镇召开。市委常委、纪委书记、副市长周福莲，市政协副主席、悦达集团董事局主席陈云华，市政协提案委员会主任吴玉楷，市旅游局局长史学健，区委副书记、组织部长顾其斌，区委常委、纪委书记方仕德，区政协副主席孙万青等市区领导出席。会议期间，与会人员视察大纵湖旅游度假区，听取市旅游局、发改委、文广局等承办单位关于沿海旅游资源开发工作及重点提案办理情况汇报，听取提案人及相关方面意见，听取大纵湖旅游度假区开发建设情况汇报。周福莲就相关工作及重点提案办理情况作讲话。

【外资外贸超额完成全年任务】 1~7月份，大纵湖镇实现利用外资101万美元，外贸自营出口额48万美元，分别占年度计划的101%和240%，提前五个月超额完成全年目标任务。

【首届大纵湖芦荡野蟹美食节开幕】 九九重阳节，首届大纵湖芦荡野蟹美食节在大纵湖风景区拉开帷幕。为了让广大游客品尝到正宗的大纵湖芦荡野蟹，进一步宣传推介大纵湖，大纵湖风景区从9月16~31日举办“首届大纵湖芦荡野蟹美食节”，在当天的美食节上，近2000游客在饱览大纵湖美景的同时尽情享受芦荡野蟹的美味，这次美食节，进一步推广大纵湖景区的知名度，为推动大纵湖旅游发展起到积极作用，为国家AAAA级景区搭建发展平台。

【盐城、淮安、连云港三市作家诗人赴大纵湖采风】 9月19日，盐城市、淮安市和连云港三市作家协会组织的36名作家诗人来到大纵湖AAAA级风景区采风。这次活动由全国著名青年诗人姜桦牵头组织，作家、诗人们在市作协副主席张晓惠、盐城师范学院文学院院长陈义海、淮安作协主席沙克、连云港作协副主席潘姗姗带领下，欣赏大纵湖具有鲜明水乡特色的街貌和大纵湖风景区独特的自然风光，参观建安七子之陈琳墓、明末清初的大书法家宋曹故居和郑板桥教书馆，听取风景区对大纵湖建成国家4A级风景区的规划及建设情况介绍。活动中，姜桦与大纵湖风景区签署“盐城市作家协会诗歌创作基地”的协议。

【大纵湖湿地旅游度假经济区研讨“三规”方案】 11月20日，大纵湖湿地旅游度假经济区在大纵湖风景区开发建设指挥部召开《大纵湖旅游度假区总体规划》、《东晋古镇修建详细规划》及《大纵湖水系规划方案》研讨会，市、区旅游局，区规划、住建、水务、国土、文广等部门及有关专家参加此次研讨会。会上，大纵湖旅游度假区总体规划设计单位香港智业集团——南京尔目策划设计研究机构从综合分析、战略提升、规划开发、保障实施4个方面对旅游度假区总体规划进行介绍，对总规中涉及的规划理念和原则、开发定位和空间布局、项目规划和产品设计等进行详细阐述；东晋古镇修建详细规划设计单位同济大学规划设计院分析东晋古镇修建的优势，详细解读东晋城的开发设计理念、功能分区和空间分析规划等方面的内容，通过三维影像将建成后的东晋古镇一览无余的展现在眼前。区水务局对大纵湖水系整治方案作详细介绍。与会单位和相关专家听完介绍后，积极发言，发表建议和意见，一致认为大纵湖旅游度假区的开发建设应突出“度假”理念，积极培育新型产业，加强湖、社区、村的紧密联系，理顺开发项目间的关系，处理好大纵湖开发利用和保护的关系，促进旅游度假的低碳、环保，实现可持续发展。同时，建议大纵湖度假区的规划要认真提炼主题，突出度假核心，精心打造景点，科学合理利用邻湖岸线，将大纵湖打造成为集旅游度假、餐饮娱乐、商务会议、养老休闲一体的旅游度假经济区。

【“创先争优”活动注重“四个结合”】 在“创先争优”活动中，通过“四个结合”，助推创先争优活动的深入开展。一是注重与提高思想理论水平相结合。按照建设学习型党组织、学习型机关、学习型党员的目标要求，对全镇党员干部分批进行一次集中学习党的理论知识活动，提高广大干部的思想理论素质。二是注重与推动当前工作相结合。加大招商引资工作力度，着力推进在建项目建设进度，全力做好海王水产加工、振兴生态农业园和大纵湖华东商贸城等一批一、

各村(居)负责人及主要经济指标

表23

村(居)名	村(居)书记	村(居)主任	村及村以下现价产值(万元)	农民人均纯收入(元)
北　宋	宋传勇	刘顺志	12318	13338
平　湖	张龙宝	徐德华	15330	13406
迎　湖	高洪华	高洪华	8003	13431
镜　湖	宋本山	向中海	4411	9472
倪　杨	郝正国	宋孝亮	7671	10800
陈　庄	郝亚中	王顺余	7923	9476

二、三产项目的服务工作;始终把安全稳定工作摆在突出位置，做到常抓不懈,使安全稳定工作稳步推进。三是与“创星级、树品牌”活动相结合。在活动中,从努力转变干部作风、提高工作效率入手,着力解决职能部门存在的不作为、乱作为、不尽责、效率低的问题,进一步强化机关效能建设,营造风清气正的干事创业氛围。四是注重与党的建设工作相结合。各基层党组织在开展“创先争优”活动时,结合本单位、本部门党的建设的实际,把解决党内存在的主要问题、加强党支部自身建设作为重点,把加强对党员的管理教育,严密党的组织生活抓好思想政治工作,同时把各党支部委员会自身建设等列入创先争优活动之中,从而达到全面提高党员素质和党支部战斗力的目的。

·大纵湖旅游度假区·

大纵湖旅游度假区地处苏北里下河腹部，位于盐城市盐都区大纵湖镇滨湖社区,规划建设面积16平方千米,首期开发核心区面积3.5平方千米，现已初步建成入口广场、水上风情、历史人文、佛教文化、芦苇迷宫、渔业观光等六个功能分区50多个景点及设施,度假区内有世界最大的芦荡迷宫,湖水清冽甘甜,水草丰茂,野鸟翔集,各种植物多达120多种,野生动物50余种。大纵湖自古为盐城名胜,“纵湖秋色”列入盐城新十景之一,她以宁静致远的意境、恬淡秀美的风光、清雅绮丽的魅力吸引着众多游客前来观光。大纵湖旅游度假区自2004年10月1日对游人开放以来,以自然的生态湿地风光、厚重的历史人文底蕴、温馨备至的服务赢得了广大游客的一致好评,取得了良好的社会效益和经济效益,累计接待游客40多万人次,实现旅游总收入超亿元。2009年,大纵湖旅游度假区创建成国家AAAA级旅游景区。

北龙港镇
Beilonggang Town

【概述】 全镇土地面积8440公顷,下辖8个行政村,3个居委会,人口34756人,国内生产总值8.8亿元，财政收入2840万元,农民人均纯收入9390元,与上年同比分别增长20.5%、30.5%、12%。

经济社会实现协调增长。财政总收入达2840万元，比上年增长30.5%;实现一般预算收入1575万元，比上年增长31.1%;实际利用外资100万美元,比上年增长233.3%；地区生产总值完成8.8亿元,比上年增长20.5%;定报工业增加值完成2.7亿元，比上年增长33.7%;固定资产投资完成3.4亿元,比上年增长29.8%。农民人均纯收入实现9390元,比上年增长12%。年初确定的目标任务全面完成,实现经济和社会事业又好又快发展。

发展后劲进一步增强。招商引资项目推进保持强劲态势。按照上半年完成全年招商引资任务，下半年储备来年的工作要求，全年共签约千万元以上项目18个,其中亿元项目1个。新引进欧奇机械、昌德机电、昂岭新型建材三个铸造项目入驻铸造特色园区，为打造铸造特色镇打下坚实基础。聚焦“四有三聚”,按照“布局新、设施全、环境美、服务好”的要求和“总体规划、标准设计、分步实施”的思路，全面加强工业集中区基础设施建设,实施入口段绿化,高标准建设园区入口标志牌,对主干道南延进行南延;对北任大桥以北为镇全民创业园，继续按照“一年打基础、二年见效益、三年大变样”的思路,对规划继续完善。

三产服务业在三大产业结构中比重进一步提高。加大集镇基础设施投入。依托国投集镇基础设施建设项目，各项工程全面建设。对集镇段实施了亮化工程,总投资达50万元,对中心河桥和卫生院桥面和栏杆按照高规格的要求进行修复；龙潭路新铺设沥青；加快房地产开发。新上文华家园二期和龙胜家园而二期两个房地产项目，总建筑面积达17000平方米。集镇商气人气两旺。全年共新办私营企业81家,新发展个体工商户805户,新增注册资本2.1亿元,分别占年任务的104%、100.6%、131.2%。雅欣茶楼、明箐休闲中心等一些项目的落户为集镇的三产服务业注入强劲发展动力,各种超市、服装门市激活三产服务业的良性发展,集镇人气明显升温。加强集镇管理。对集镇环境进行综合整治,对景观大道加强日常维护和管理，对集镇沿途道路做到卫生整洁，对集镇沿途河面按照“面清、底洁、岸净”的要求,达到河面无漂浮物;加强环境卫生,保证垃圾收集、清运及时、彻底,做到生活垃圾日产日清;出台集镇管理规定,集镇段公路两侧单位和门市实行“门前三包”,对外形象明显改观。

新农村建设步伐明显。加强农村基础设施建设。对果林、风南二个村实施村庄河塘整治,累计整治河道19条,整治土方5.6万立方米；完成镇级河道疏浚任务3条，长9.4千米，计11.1万立方米；区级河道疏浚完成疏浚任务3条、长20.2千米、计44.5万立方米；完成省水利专项工程龙兴四泵闸站，总造价150多万元；植树造林完成栽植总量达40万株，新建成片造林2000亩，新建和完善农田林网1.3万亩，区级林业示范村1个，合格村3个，新增集镇街道公共绿地4公顷，林改工作代表全区接受市检查验收、年终考核。不折不扣落实好国家惠农政策。全年合计惠农资金286.3万元，已按照相关要求通过一折通已全部发放到各相关农户，全镇没有一起因惠农政策的落实而引发投诉和上访事件。一事一议筹资筹劳、抗洪排涝经费收取通过一周突击，一季收足全年；高度重视防汛防旱工作。工作超前准备，防汛防旱会在4月18日在全区第一家召开，由于准备工作充分，实现了安全度汛。加强人口计生工作，瞄准更高目标，加强常规管理，完善好村级世代服务阵地，做好各项基础工作，共有5318人次接受B超随访，落实各类避孕节育措施592人，处理不符合政策怀孕32例。做足做活水文章。通过养殖结构的调整，形成莘野村大水面主养鲫鱼的养殖模式，潭溪村主养河蟹的养殖模式，养殖的经济效益显著提高。

积极发展社会各项事业。强势推进为民办实事工程。中心河四泵闸站工程按期竣工，防汛防旱能力得到加强；北龙港小学塑胶跑道通过向区争取立项化解资金瓶颈，设施镇(区、街道)一流；景观大道西延工业集中区入口段绿化工程已全部竣工，待下一批国投资金到位后，继续西延；西塘河新建钢便桥已正式通车，新建大桥方案已会办三次，已列入区政府2011年为民办实事工程，在区十四届人大四次会议上得到确认，拆除旧桥工作两次招标都流标，目前相关工作正在有条不紊进行；集镇段亮化工程由工业集中区延伸至北龙西桥，于年底前全部亮化到位；龙潭路复加沥青和231省道同步进行；新农村建设势头不减，朱升墓已列入全区乡村一日游景点，区十四届人大四次会议上将新建朱升墓南北通道、新增加231省道东出口作为议案。土地整理项目规模达1048.1公顷，新建桥梁74座、农渠51.43千米、排涝泵站5座，填埋坑塘68处，涉及六个村居，惠及2.7万群众，正在按照规划要求，进行扫尾；社保扩面新农保提前超额完成全年任务；莘野党群(社区)综合服务中心主体已建筑完毕；饮用水安全工程、改厕等工程等其他社会事业工程已按照年初目标任务全部到位。春节前和“七一”期间镇党委、政府走访慰问老党员和贫困户1140人次，发放慰问金12.6万元。全镇528户低保户、特困户、111名五保户、154名三老对象全部参加新型农村合作医疗保险。文化软实力不断增强。全年送文化下乡活动8余场次，送电影下乡40余场，送图书下乡15次。薛氏故居市文广新局已经立项，20万元资金到位，即将正式启动修复工程。教育卫生事业得到长足发展。进一步优化整合教育资源，撤并原大潭小学，提高教育教学质量，北小剪纸、童子龙特色明显；北龙港初中升学率创历史新高；幼儿园以创建成功省优质幼儿园为契机，全面加强软硬件建设；继续加强眼科特色门诊、村卫生室建设，对卫生院防保综合楼进行重新建设，农村新型合作医疗保险覆盖面达到90%，全民健康水平得到进一步提升。高度重视安全维稳。坚持把来信来访作为畅通群众利益诉求的重要渠道，把群众来信来访工作作为了解民情，密切人民群众，维护社会稳定和加强监督的经常工作来抓。市区交办的11项共性问题已销案4件，自排查个性案件已化解17起，为全镇创造和谐的社会政治环境。安全工作常抓不懈，采用平时与节日，突击检查和抽查想结合的办法，共组织安全大检查6次，查出安全隐患506条，已全部落实整改到位。4月16日西塘河大桥被撞后，为切实保障西塘河河西近6000名群众和300多名中小学生的出行安全，镇党委、政府在第一时间制定安全预案，层层落实安全责任，由班子成员带队24小时值班，直至8月16日临时通行钢便桥施工便桥搭建完工，8月25日施工便桥的钢贝雷进行整体移位施工期

各村(居)负责人及主要经济指标

表24

村(居)名	村(居)书记	村(居)主任	经济总收入(万元)	农民人均收入(元)
果　林	徐伟年	徐伟年	2900	7475
蟒　河	朱玉富	宋扣宏	5298	7312
顺　北	颜以章	刘海会	11800	12312
龙　兴	蔡大春	杨步成	9925	7145
北　龙	朱正良	朱康富	7812	10371
南　龙	王长春	戚思元	6650	10429
庆　西	薛扣亮	罗　煌	8615	10346
凤　南	王扣珍	王如桂	4250	8119
莘　野	姜海余	姜金灿	10350	10466
潭　溪	王成桂	王成桂	11600	12913
潭　田	陶如言	殷永荣	3600	8094

间，又恢复渡口值班15天，由于措施得力，责任到位，保证摆渡期间近150天群众出行安全无事故。

执政能力和水平得到不断提高。加强党的建设。以创先争优活动为整体，紧密结合北龙港实际，着眼服务大局、保障发展抓党建，突出改善民生、促进和谐抓党建，坚持直面问题、务实创新抓党建，努力提高党建科学化水平。坚持和完善民主集中制，严格党内生活，坚持每月两次的中心组学习，高质量召开班子民主生活会；深入扎实开展创先争优活动，做到规定动作不走样，自选动作有特色；坚持党管武装，民兵阵地建设得到进一步规范，圆满完成全年15名的征兵任务；"三老一关"的作用得到进一步体现，老年工作搞得有声有色；重视发挥工会、共青团、妇联等群团组织联系群众的桥梁和纽带作用。加强基层民主建设。根据省市区统一部署，镇村居党组织换届选举工作于9月10日全面启动，采取书记、副书记、委员同时进行的选举方式，确定9月29日为全镇村居党组织选举日，11个村居同时进行组织公推直选，全镇11个村居都一次性选举成功。村委会选举坚持党的领导，迎难而上，对重点村居加强力量，11个村居全部在规定的时间内选举成功。强化党风廉政建设。坚持标本兼治、综合治理、惩防并举、注重预防的方针，从严落实党风廉政建设责任制。全面推进政务公开、村务公开、党务公开，健全各项管理制度，做到用制度管权、管事、管人，共立案查处违纪案件3起，查处违纪党员3人，有力地惩治违纪违规行为。在村"两委"换届期间，对扰乱、破坏选举秩序的人员依法进行处理，在全镇广大干群中引起强烈反响。

【一天开工三个重点工业项目】 7月28日上午，北龙港镇3个重点工业项目集中开工仪式在该镇工业集中区隆重举行。区委常委任连璋，区人大常委会副主任武进甲，副区长武炳光，区政协副主席、区委统战部部长张荣銮等参加仪式。此次集中开工的发展前景广阔、生产规模较大的欧奇机械、昌德机电、昂岭建材等3个项目，涉及机械铸造加工和新型建材等领域，总投资达2.08亿元，其中有两个项目是机械铸造类项目。这标志着该镇以纽科、纽曼为龙头的机械铸造特色产业，已步入集聚竞相发展、链条增粗拉长的新阶段，也标志着机械铸造特色园区建设已初见成效、初具规模。

【扎实做好安全维稳工作】 高度重视安全维稳。坚持把来信来访作为畅通群众利益诉求的重要渠道，把群众来信来访工作作为了解民情，密切人民群众，维护社会稳定和加强监督的经常工作来抓。市区交办的11项共性问题已销案4件，镇自排查个性案件已化解17起，为全镇创造和谐的社会政治环境。安全工作常抓不懈，采用平时与节日，突击检查和抽查想结合的办法，共组织安全大检查6次，查出安全隐患506条，已全部落实整改到位。

【以质打造全市淡水养殖强镇】 年内，北龙港多种经营公司收到农业部农产品质量安全中心颁发的"'北龙港牌'无公害中华鳖认证证书"，这是该镇通过认证的第5张绿色、无公害水产品证书。先后建成河蟹、虾类、大宗淡水鱼等6个无公害生产基地，面积达3.2万亩，占养殖总水面的88%；青虾取得"绿色食品"认证，南美白对虾、异育银鲫、黄颡鱼和中华鳖取得无公害水产品认证，逐步实现由传统的作坊式生产向高效现代渔业转变。

【北龙港卫生院两项竞赛一举夺魁】 10月22日，区卫生局举办卫生系统法律法规知识及"三基"知识两项竞赛活动中，北龙港镇卫生院一举夺魁。该院选派的医务人员荣获了全区法律法规竞赛第一名和第三名同时，在"三基"知识实践操作技能竞赛中获得第一名和第三名。

【北龙港助推农民技能学历双提升】 9月1日起，北龙港成人教育中心校利用现有的排气阀、排泥阀教育教学资源，与盐城生物工程高等职业技术学院、盐城市农村干部学院联合实施新型农民技能、学历双提升工程。此次阀门培训班以提升农民素质为重点，切实为返乡农民工、退役士兵、社会青年、村组干部、养殖户、普通农民开展学历教育和技能培训。该校结合本地产业结构特点，开设了"淡水养殖技术"、"村务管理"两个中职班，至年底，共招收200名农民学员。学员实行免试入学，免费培训，还享受一定助学金。通过三年文化学习和技术培训，采取半工半读的学习形式，力争使培训农民基本掌握淡水养殖专业知识和村务管理知识，使他们达到中专学历和中级电站阀门职业资格。培训合格后，由劳动部门和教育部门统一颁发专业技术等级证书和学历证书。 （朱相国）

楼王镇
Louwang Town

【概述】 全镇土地面积6970公顷，耕地面积3254公顷，14个村，3个居委会，人口39236人。地区生产总值8.7亿元，一般预算收入3000万元，农民人均纯收入9325元。

经济建设持续快速发展，综合实力不断增强。年内，完成地区生产总值8.7亿元，增长17.8%；规模工业增加值3.9亿元，增长21.2%；完成一般预算收入3000万元，增长26.5%；全社会固定资产投资5亿元，增长29.9%；注册外资实际到账100万美元，一季度完成全年任务；农民人均纯收入9325元，增长12%。

招商引资大力推进，发展后劲明显增强。高起点编制工业集中区控制性详规，集中财力完成园区两路两桥建设任务，为项目落户提供了优质载体。共建园区实现破题，精密铸件特色产业园提升大幕正式拉开。强势推进悦达盐拖民营改制、双叶肥破产改制，顺利完成诚鑫公司、内配公司、天丰公司、宏宇公司产权明晰，为企业新一轮发展注入了活力。项目建设实现突破，引进实施水处理设备、力达太阳能、江海粮油粮食精加工3个超亿元项目。2010年，全镇新开工项目14个，总投资11.4亿元；在建项目7个，已完成固投5.5亿元；签约项目19个，计划投资14.6亿元。新注册私营企业148家，个体工商户1157家，新增注册资本6.66亿元，分别增长37%、16%和316%。

农业生产难中求进，基础设施建设持续加强。鼎绿蔬菜成功落户，发展大棚蔬菜300亩，实现高效设施农业零的突破。栽植各类苗木39万株，成片造林1950亩，完善农田林网1万亩，新建绿色通道15.4千米。实施市级以上土地复垦项目3个，净增耕地676亩，完成2011年挂钩复垦项目125亩，两次为全区提供土地复垦整理和挂钩复垦现场。新建水泥路面4.5千米、公路桥梁5座，新建农桥10座，维修排涝站8座、圩口闸15座。疏浚河道26千米，动土50万立方米，对全镇95千米的防洪圩堤进行全面检查和加固，保证了汛期的安全度汛。新建沼气池200座，改厕1800座。倾心打造村级服务阵地，文昌、公兴等9个村居建成党群服务中心，并顺利通过上级验收。郭杨村被评为“省级生态村”，丁马港村创建成“省环境整治示范村”。

集镇建设亮点纷呈，城镇建设重点推进。全力创建“全国生态镇”，被省环保厅确定为拟命名的“国家级生态镇”，在《新华日报》上进行公示。紧扣“完善功能、创新理念、彰显特色、提升品位”的建设思路，集中财力实施集镇生活污水处理站、文化活动中心及休闲广场等新一轮城镇建设10项重点工程。对老镇区部分路段进行改造，拓宽提升文昌北路，新风路、文昌路等路段全面亮化，完成镇区绿化“五个一”、集镇建设“六个一”工程。加大镇区开发力度，文昌苑28幢农民别墅全部建成，华亭绿苑等3个住宅项目先后建成交付使用。继续完善城镇环卫

各村(居)负责人及主要经济指标

表25

村居名	村居书记	村居主任	经济总收入(万元)	农民人均纯收入(元)
庆　丰	张金明	张仁妹	3548	9793
花季园	马　斌	马　斌	3969	8617
江　庄	薛海波	苏延国	4135	8240
新　祥	刘　俊	仇国伟	3728	8959
姚　顾	姚留成	姚国荣	6981	10202
丁马港	李广仁	刘　斌	8346	9500
仁　和	张志富	吴国明	7847	10039
凌　庞	刘洪扣	顾建成	4424	8091
风　池	秦力生	王在万	5489	8000
城　头	陶保久	王开法	11052	9112
新　楼	黄广亚	马丰群	3490	8244
公　兴	蒋瑞华	王义伯	5102	8860
郭　杨	王义军	俞石明	4350	8974
汉　张	俞文楼	单锦明	3776	8637
文　昌	苏秀萍	陈友亮	4669	11697
朝　阳	树玉成	顾立华	3755	11629
利　民	王遵庆	王遵刚	5817	13042

设施，建成集镇生活污水处理站、社区卫生服务中心污水处理站。

社会事业全面发展，社会大局保持稳定。教育卫生事业取得了长足发展，成人校创建成“省级社区教育中心”；新型农村合作医疗覆盖全镇，参合率达100%。文明创建成果丰硕，国土所、供电所创建成“省文明单位”。计生工作全区考核排位靠前，养老保障制度不断健全，新农保扩面3600人，城镇职工保险扩面335人。完善关爱工程，敬老院新建宿舍楼一幢，设立朝阳、汉张等3个居家养老服务站。新增有线电视用户932户，门槛入户率65.6%。完善大调解机制，扎实开展“金桥行动”，没有发生一起非正常上访事件，信访工作考核位居全区前列。

【10天开工两个亿元项目】 5月26日，水处理设备机械项目开工建设。该项目总投资1.2亿元，新征用地20亩，新建厂房1.5万平方米。项目建成后，可年产制弹装弹机和水处理设备300台，实现销售收入5000万元，达产后入库税收200万元。6月5日，江海集团无公害大米项目开工建设。该项目总投资3亿元，加工设备均从日本进口，日处理原粮300吨，产品定位中高端市场，专供一线城市大型超市、酒店。项目建成后，年销售收入可达2亿元，入库税收500万元。

【全区首家完成新农保扩面全年任务】 按照“低水平、全覆盖”的要求，把农村养老保险工作作为新农村建设的实事来抓。由于重点突出，措施得力，至4月底，已新增新农保扩面1706人，征收养老保险费800多万元，在全区首家完成新农保扩面全年任务。

【以土地流转服务高效农业发展】 坚持土地流转与高效农业招商同步推进，做到土地流转一块、项目落户一块，确保不空一分地、不闲一匡田。全年流转2000亩土地，引进实施高效农业项目3个，即260亩大棚蔬菜、200亩菊花、1000亩苎麻。

【民营经济高开高走】 一季度，新增私营企业40家，占全年任务的37%；新增个体工商户360户，占全年任务的36.2%；新增注册资本金2.84亿元，占全年任务的178%。

【全区首家完成全年外资任务】 突出园区、项目、财政、外资四个重中之重，牢固确立“外资为零、一切为零”的理念，紧扣突破外资不动摇，在全区首家完成全年利用外资任务。一季度，注册外资实际到账100万美元，占全年任务的100%，是2009年同期的8倍。

【涌现千余“计生互助组”】 至10月，全镇共涌现“计生互助组”1300多个。“计生互助组”是由镇计生协会倡导、育龄群众与计生协会会员志愿结合，一般由2户以上家庭商议组成，由懂科技、会经营、善管理的计生协会会员任组长。他们自成一体，在农业技术、生产资料、人力、信息、农产品加工、销售及资金等方面取长补短，互助互惠，并相互开展计划生育教育监督活动。这些组的互助方式灵活多样，有技术互助、资金互助、信息互助、家庭劳力互助、农机员互助等。镇村协会负责为互助组牵线搭桥，提供计生知识、信息等。 （胡兴扣　周才洪）

学富镇
Xuefu Town

【概述】 全镇土地面积8333公顷，其中耕地4630公顷，下辖16个村，4个居委会，人口54051人。全年完成地区生产总值8.7亿元、定报工业增加值1.5亿元、全社会固定资产投资6.1亿元、农民人均纯收入9190元，全年财政收入高位增长，累计实现财政总收入5435万元，占年计划的105.5%，同比增长49.3%，其中实现财政一般预算收入3709万元，占年计划的104.8%，同比增长59.9%，财政五项指标全面完成年初计划。

综合经济实力进一步增强。年内，完成地区生产总值8.7亿元、定报工业增加值1.5亿元、财政总收入5435万元、全社会固定资产投资6.1亿元、农民人均纯收入9190元。特色园区承载能力进一步加强，2010年列“市三百工程”的金环三期工程新建成的两幢1.2万平方米的多层厂房、花园式的厂区，在全区乡镇屈指一数，项目的竣工投产极大地提升特色产业层次和水平。

经济社会发展跃上了新台阶、步入了快车道。在全区2010年度目标任务绩效考核表彰大会上，该镇荣获了招商选资工作奖、项目推进工作奖、工业经济发展优胜奖、特色产业奖、“五好班子建设”优秀奖、接轨上海工作奖等16个奖项。

工业发展速度进一步跨越。招商引资成果丰硕，全年共引进项目13个，其中亿元以上项目3个，培植金环医用包装材料等一批新的增长点，盘大盘强了康达医疗等5家企业；工业经济呈现量效双增的可喜局面，至年底，工业主营业务收入3.4亿元、工业开票销售3.02亿元；规模以上工业企业达到8家，个体工商户已发展到4000户，民营企业从业人员达到1万人，注册资本金达13亿元。

集镇建设面貌进一步改观。年内，将231省道人民路连接线长约1200米、宽8米的道路全部铺设大理石路牙，进行沥青铺面，道路两侧新安装路灯40盏，使老镇区的镇容镇貌有很大的改观；投入300万元，新建幸福公园1.5万平方米；对曙光南路、人民路、富康路、杨斌路两侧补植香樟近800株；新建朝阳河两侧驳岸800多米，安装水景灯30盏，形成河滨绿带的风景线；全年集镇“六个一”工程全面完工，集镇品位进一步提升，通过“市级环境优美镇”初检。

新农村建设步伐进一步加快。全镇全年各项涉农补贴合计330万元，一分不少地兑现到农户手中；积极推进新农村建设，继续在全镇推广沼气池新型能源建设，全年新建沼气池达150座，改厕700座，两个项目均提前通过区级年终验收；加快党群服务中心载体建设，投入100万元新建成了高标准的蒋河、园垛、车林村党群服务中心；疏浚倪家河3千米，土方3.9万立方米，新建小农桥7座，镇区桥梁1座，一事一议桥梁6座，拆建防洪闸1座，四泵排涝站1座，建成农村公路通达工程5千米；完成基本农田补划专项工作，通过2010年市级土地复垦项目200亩、挂钩复垦121亩的市、区两级验收，超额完成2011年市级土地复垦和挂钩复垦任务；积极实施农村饮用水改水工程，自来水管网一期改造全部完工。

社会民生保障进一步改善。教育事业迅速发展，人口和计划生育工作取得新进展，文化广电事业取得新成绩。公共卫生事业质的提升，学富新卫生院门诊楼和病房楼从2009年7月开工建设到正式投入使用仅用不到一年时间，医院的面貌得到根本性改变，同时在全区首家建成计划免疫数字化接种示范门诊，按照“六位一体”管理要求，创建9个省级示范卫生服务站，并通过省级验收。全年新增新型农村社会养老保险3000人，新增领取养老金2600人，新增基础养老金2100人，在全区率先超额完成全年目标任务。投入近100万元，实施省“关爱工程”四期建设项目，全镇五保户集中供养率达45%。全年每季度重点时段均能组织公共卫生、安生生产大检查活动，扎实开展安全生产“三项行动”和“三百行动”，发现问题及时整改，消除事故隐患。“五五”普法顺利进行，做到重大矛盾不出镇，社会大局保持安定稳定。

【举办首届劳动用工洽谈会】 2月18日(正月十六)上午，举办首届新春劳动用工洽谈活动，13家规模企业为求职者提供520多个用工岗位，900余名富余劳力、返乡民工中有400多名当场与用人企业达成了用工意向。春节前后，组织相关部门人员深入村组、企业调研，排查返乡民工、企业用工等情况，超前谋划，落实产业带动就业、创业促进就业思路。镇党委、政府得知全镇13家规模骨干企业急需劳动用工520多人的情况后高度重视，主动搭建劳动力洽谈、创业项目推介、社会保险、劳动法规咨询四位一体的服务平台，并于2月下旬举行“社会保险·企业用工‘牵手行动’”宣传周活动，印发各企业招工启事，发放各种保险宣传单，现场办理企业用工手续和社会保险，帮助群众就业，服务企业用工。

【举办科学发展能力培训班】 3月18~22日，举办由各村居全体村组干部、各事业单位、机关各部门的负责人和年轻同志科学发展能力培训班。培训班上，该镇围绕“改革法规宣传、乡镇实际运用、典型经验交流、群言献策谋划、学习心得讨论”五个专题，组织大家学习中央有关农村文件、农村经济知识、农村相关政策法规、村级党组织建设、党风廉政建设、产业发展思路、新农村建设、人民调解工作、信访稳定等知识，还安排典型经验交流，组织观看电视连续剧《亮剑》，祭扫烈士陵园，在烈士碑前重温入党誓词，到泾口村参观，分组讨论，培训班内容丰富，形式多样，进一步提升基层干部的能力和素质。

【医疗用品特色产业发展规划通过评审】 4月22日，学富镇医疗用品特色产业发展规划经过市、区经济信息、食品药品、医疗设备等方面十多名专家的评审，一致通过。金环医疗用品特色园区，是区委、区政府确定为全区重点重抓的“六个特色产业”项目之一，被市药监局定为市医疗器械产品规划发展平台。全镇特色园区现有企业10家，全年税收近500万元，为实现“三个一亿”生产规模，销售超亿元，税收超千万元，成为全国最大的医用“刀、针、线”生产基地，制定一个体系完整、定位清晰、产业明确、空间合理的《盐城市盐都区学富镇医疗用品特色产业发展规划》。专家组对规划进行全面细致的评审，认为定位合理，目标明确，前景广阔，具有科学性、前瞻性、针对性、可操作性。

【学富镇中兴社区党工委、管委会正式揭牌】 9月26日，学富镇中兴社区党工委、管委会正式挂牌成立，区政协副主席孙万青出席揭牌仪式。学富镇中兴社区的成立是该镇经济社会发展史上的一个新的里程碑，它的正式挂牌对于该镇特别是社区经济发展必将起到积极地推动作用。中兴社区作为新建制学富镇镇级经济社会发展的重要板块，学富镇将切实加强领导，加大支持力度，按照区委、区政府的总体要求，切实提升建管水平，用经济区的模式优化发展，用集镇区的办法提升管理，不断创新社会管理方式，提升公共服务层次，改善人居环境。围绕经济持续发展、生态有效保护的目标，加快建设兼具产业、生态、人文特色的现代化田园式和谐型社区，同时在资金安排、用地计划、项目支持等方面，对中兴社区给予支持，不断增强社区的综合承载能力和要素集聚效应，努力为社区发展创造良好的条件。

【学富新卫生院整体搬迁启用】 7月21日，学富卫生院举行整体搬迁启用仪式。区领导武进甲、张瑞卿、孙万青、单际平出席启用仪式。新建成的学富卫生院总面积近20亩，工程总投入近1000万元，新建成主体四层的门诊楼、病房楼各一幢，建筑总面积6000平方米。新建学富卫生院，是区委、区政府一项惠及百姓的民心工程、实事工程。它的建成并投入使用，不仅大大改善学富医疗卫生机构的条件，增强全镇公共卫生服务能力，而且又提升集镇功能，改变集镇面貌，加快学富城镇化的进程。学富卫生院将以医院整体搬迁为新的发展起点，在硬件设施全面提升的基础上，大力加强医院内部管理，不断提高医德水平和医疗服务能力，努力办成设施先进、技术精湛、服务优良、群众满意的一流乡镇卫生院。

【超额完成民营经济目标任务】 至11月25日，学富镇完成新增私营企业69户、个体工商户604户、注册资金4.05亿元，分别占全年计划的106.2%、104.1%、253%，全面超额完成区委、区政府下达的民营经济发展目标任务。该镇把招商引资、项目推进作为转型升级、提速增效的重要举措，在主攻医疗用品特色项目招引，引领特色产业集聚的同时，鼓励全民创业，不断培育新的经济增长

各村(居)负责人及主要经济指标

表26

村(居)名	村(居)书记	村(居)主任	经济总收入(万元)	农民人均纯收入(元)
戚　庄	张彩军	王俊贵	5133	8365
联　河	张殿华	杨荣銮	3835	8047
车　林	车招汉	林主军	4577	8946
同　港	杨树华	林　刚	5777	9844
白　阳	王加高	冯殿国	6159	9122
学　中	许成全	杨喜林	4983	9517
时　杨	杨昌荣	杨成林	25065	10108
蒋　河	杨灯明	刘　平	4293	10088
园　垛	朱金华	张荣义	4359	8418
三　永	张桂华	张申祥	25451	10361
华　府	徐兴和	朱广忠	4169	8837
大　成	成玉榜	滕国民	5969	8709
大　同	张士祥	姚如新	32838	9102
陈　祁		陈建华	3546	9133
略　沿	王传俊	陈长宏	3991	8624
连　心	刘玉仁	阚治扬	4068	8936

（杨　刚　吴　华）

点。在金环三期工程年内建成，东方天成汽配、通港电子、德鑫塑业等重大在建项目取得明显成效的基础上又成功签约超亿元的东方天成涂装和袋皇无纺布等项目。此外，金环四期手术刀片、医用载玻片、盖玻片等一批新特项目信息也在跟踪洽谈之中。

【土地复垦整理走上精细化轨道】 以科学发展观为指导，科学规划，扎实工作，主动出击，土地复垦整理工作逐步走上精细化轨道。项目选定注重效益，项目选定前，由国土所牵头，充分做好项目的可行性论证，认真听取相关村居群众和干部的建议，算好经济效益和社会效益两本账。规划设计注重长远，项目区域选定后，结合万顷良田工程，聘请专业设计单位做好复垦整理项目的规划设计工作，立足长远搞好生态农业建设。实施过程注重协调，针对复垦整理施工过程中可能出现的问题，成立专门的领导小组，国土、村建、水利、农业、公路等相关部门紧密配合，协同处理好出现的各类矛盾纠纷，以及监督施工单位是否按照既定方案施工。

【利用外资创历史新高】 至6月21日，实现外资到账100万美元，提前半年完成全年任务，创历史新高。全镇高度重视外资工作，坚持“外资为零，一切为零”的指导思想，相继出台一系列利用外资的规定和办法，对落户该镇的外资企业实行用地、税收和规费服务等方面的政策优惠。成立以副书记为组长的外资招商和项目办理的领导小组，积极营造招商引资的良好氛围，坚持“走出去、请进来”等招商方式，推介该镇优越的投资环境。对落户的外资项目，从项目洽谈、立项、申报审批到基建，认真听取外企意见和要求，及时会同相关部门，协调解决企业在发展运行中遇到的困难问题，实行“全程代理一站式服务”，提高为外企服务的满意度，全面推进外资工作，促进利用外资工作再上新台阶。

【第三季度两个亿元项目开工建设】 第三季度工业集中区内投资1.2亿元的盐城东方天成机械有限公司主厂房和投资1亿元的盐城鹏悦电子材料有限公司相继开工建设。盐城东方天成机械有限公司由山东红蓝俊杰涂装机械有限公司出资兴办，占地40亩，总投资1.2亿元，主要生产涂装机械生产线、控制柜、输送链等产品。该项目计划新建高度10米的四跨钢结构主厂房1.2万平方米，办公楼等附属用房6000平方米。鹏悦电子材料项目新征地24亩，新建厂房11000平方米，一期工程投入5000万元，新上磁性材料，生产磁性方片、瓦型磁片等，产品主要用于风力发电机组、核磁共振、磁悬浮列车、各种电机配件等。两个项目建成后必将成为该镇跨越发展的重要增长点，为全镇经济快速发展增添强力后劲。

中兴社区

Zhongxing Community

【概述】 9月26日，中兴社区正式挂牌成立，社区管委会驻河夹居委会。社区位于盐城市盐都区中部，东卧盐淮高速，西接231省道，北靠建湖新城，南连规划中的331省道。社区距离市中心25千米，距盐城机场35千米、大丰港70千米、新长铁路30千米，二〇四国道、盐淮高速公路、宁靖盐高速公路10千米，国家二级航道蟒蛇河、沿河分卧两侧。社区下辖河夹、中徐、施湾、周伙四个村(居)，总面积10平方千米，耕地面积9121亩，全社区2497户，9106人。年内，全社区实现地区生产总值45000万元，定报工业增加值9800万元，农民人均纯收入达到10199元。

集镇面貌明显改观。坚持用经济区的模式优化发展，用集镇区的办法提升管理，投入10万元对社区主河道6千米长的河面水花生进行了全面的清理；新增8名环卫工人和一批垃圾池、垃圾箱等卫生设施，落实集镇主河道、主街道分段包干保洁责任……这几项实事工程的实施，使中兴集镇原先的“脏、乱、差”状况明显改观。

民生工程快速推进。由于历史原因，中兴社区发展长期处于边缘化状态，在基础设施建设方面欠账较多。社区成立后，立即着手抓几项老百姓关注最多、期盼最切的民生工程。投入50万元新建双庆桥；投入30万元完善洪学线驳岸；投入55万元实现龙学线中兴社区段全面亮化。

【中兴社区党工委、管委会正式挂牌】 9月，原中兴10个村居并给学富镇，同时按照“镇辖区管，财政单列，独立考核”的要求，成立中兴社区，下辖河夹、中徐、施湾、周伙四个村居。9月26日，学富镇中兴社区党工委、管委会正式挂牌成立，区政协副主席孙万青出席揭牌仪式。

【集镇管理常抓不懈】 高度重视集镇环境的整治与建设工作，不断加大人力、物力、财力的投入力度，使集镇面貌焕然一新。成立集镇环境整治工作领导小组，通过悬挂横幅、张贴标语、发放倡议书等形式，广泛宣传集镇环境整治的好处，做到家喻户晓。此外，在班子成员的带领下，全体机关工作人员还带着扫帚、铁锹、笤帚等劳动工具，走上街头，清扫卫生死角，建设环境优美、和谐宜

各村(居)负责人及主要经济指标

表27

村(居)	主持农村工作书记	村主任	农村经济总收入(万元)	农民人均纯收入(元)
河　夹	王扣成	曹芳萍	2341.79	9814
中　徐	徐　松	王太英	12422.28	10876
施　湾	武益国	沈洪章	4777.49	9027
周　伙	杨寿宝	周友铭	4344.3	9400

居的新型社区。

【中兴供销社综合门市租赁权进行公开竞价】 12月6日下午，中兴供销社就其一处位于社区中心位置的所属综合门市举行公开竞价租赁。区纪委、中兴社区管委会、中兴法律服务所等相关单位领导应邀出席见证竞价活动。该房屋最终以每年21万元的高价竞租成功。

尚庄镇
Shangzhuang Town

【概述】 全镇土地面积5836公顷，其中耕地面积3517公顷；下辖12个村、3个居委会，人口38509人。实现地区生产总值8亿元，财政总收入4200万元，农民人均纯收入9717元，比上年同期分别增长23.8%、27.8%、14.9%。

主攻园区建设，特色产业强势推进。高起点编制园区规划。委托南京蓝鲸公司编制阀门产业园区发展规划和建设规划，顺利通过专家评审。结合产业特色和发展基础，明确园区阀门制造和配套协作产业定位，完善编制新一轮阀门产业园区规划，进一步提高园区规模化发展水平。高速度推进基础建设。按序时完成园区内昌盛路西延、纬三路、健康路北延道路、桥梁建设，同步进行绿化、亮化、给排水等设施建设，配套协作加工区一期工程全部竣工并投入使用。按照区“拉开3000亩以上园区框架”的要求，重点实施纬三路拓宽和西延工程、瑞康路北延工程、纬二路新建工程，进一步完善园区路、水、电框架建设，园区形象日益提升，项目承载能力显著增强。高强度优化招商选资。坚持特色引领，注重招大选优。年内，新招引项目17个，其中亿元以上项目3个，5000万元以上项目3个，3000万元以上项目2个，2000万元以上项目5个。园区新上项目10个，其中亿元以上项目2个，5000万元以上项目2个，千万元以上项目6个，年新增销售2000多万元。

内培外引并重，主体经济快速发展。盐电阀门有限公司紧扣到2015年阀门产业园区投资总额突破10亿元、销售超30亿元、利税超3亿元的目标，主动迎接市场挑战，齐抓国际国内两大市场，加快组建博士后工作站进程，加大新品研发和技改投入力度。“盐电阀”被评为江苏省著名商标。锻钢球阀入选国家级星火计划项目，盐电阀门公司获中国行业十佳创新品牌称号。全年入库税收超1000万元。金火炬公司紧紧围绕打造亚洲最大金属纤维生产基地的远景目标，加快老厂区整治出新，新上2万吨级金属纤维项目，新建8条金属纤维生产线，总量增加到11条。投入5000万元，筹建金属纤维检测及研发中心，发展后劲进一步增强。电脑商标厂坚持外拓市场、内促生产，连续多年税收超百万元，且保持高速增长势头，实现人均、亩均税收均超10万元的目标。欣美莱服饰有限公司克服外贸加工市场相对萎缩的不利因素，实现利税翻一番。除新上10个入园企业外，还新上海联纺织、广富服饰、正芳服饰、相坤电子装配等10个项目，有力推进全镇工业化发展进程。在此基础上，狠抓民营经济发展，全年新增私营企业110家，新增个体工商户960户，新增注册资本2.2亿元。

打造新型集镇，综合功能稳步提升。大力实施以“六个一”为主的村镇建设工程。投入100多万元，改建休闲广场公园，新铺设广场2600平方米，栽植景观苗木、安装防水草坪灯、增添健身器材，集镇小公园面貌一新。实施昌盛路、瑞康路美化、亮化工程，形成镇区主街道连通循环交通格局。第 个开发小区、建筑面积20000平方米的瑞东苑小区全部竣工，高品位规模住宅小区、总投资5000万元的鼎尚花园已开盘销售。加快集镇绿化、亮化、美化，镇区内新补植绿地面积21000平方米，新建红九河东侧滨河绿带。对五瑞老街路灯全面检修，硬化老街后巷2000多米。卫生院新建1600平方米病房大楼投入使用。投资1000万元的好乐门KTV娱乐城开张营业，尚庄客运站、欣生母婴生活馆、美琳莎休闲会所、三宝实业、城开投资等服务项目投入运营，12月引进的玉林大酒店项目亦筹建到位，集镇服务软环境不断优化。

加快统筹发展，社会事业全面进步。实事工程普惠民生。加大农村基础设施建设力度，全镇累计投入1000多万元，完成北荡路、古水路、界民北路、南吉全民路等通村公路硬化工程，新建红九河港池双泵排涝站、维修改造病险闸站4座，新建农桥8座、新改建联胜、荣昌、塘桥、吉爱4个党群服务中心和瑞北居家养老服务中心。文化建设彰显特色。充分发挥文化大镇优势，鼓励引导群众开展具有乡村特色的文化活动，民胜村、古殿村的民间文化艺术表演在市、区具有较大的影响，多家媒体予以报道。民胜村湖船队应邀参加盐城市水街开幕式游园表演。姚伙村乐绍琪当选为盐城市第二届道德模范，绍琪农家书屋接受市、区领导视察调研，省、市相关部门多次宣传报道。全年新发展有线电视700多户。计生工作健康发展。按照领先全市、示范全区的要求，推进村级世代服务阵地建设，深入开展基础管理和项目服务活动，计划生育率达98.6%，被区表彰为计划生育先进乡镇。社会保险扩面提升。强基工程、民营经济发展、农村经济管理、国土

台资盟富斯机械制造项目开工建设

各村(居)负责人及主要经济指标

表 28

村(居)名	村(居)书记	村(居)主任	经济总收入(万元)	农民人均纯收入(元)
吉 爱	张红代	王加元	2589	7742
庆 福	包龙成	胥晓虎	4458	9486
姚 伙	王文俊	陈如华	5594	8095
荣 昌	杜成林	沈红富	3622	7758
古 殿	李会荣	徐正新	3187	9456
界 河	卢正宏	张文生	2982	8334
民 胜	尹洪刚	徐炳生	4055	6524
万 和	顾绍监	谭义刚	3912	6534
联 胜	刘道胜	胥爱芳	4124	11847
南 吉	季中洲	胥传还	5241	12191
塘 桥	杨绍宽	杨殿友	19578	11939
北 堡	王绍金	孙开林	7094	12626
五 瑞	刘金松	侯爱春	9643	12090
瑞 南	陈 龙	胥宝安	16384	19166
瑞 北	胥加网	胥加书	79662	15353

管理、农村新能源建设、文化广电、质量、教育等工作处于全区领先位置。深入开展创建活动,获得省级文明镇称号。

【引进外资企业实现新突破】 台资独资盟富斯机械制造有限公司是尚庄引入阀门产业园区新上企业,计划总投资3亿元,征地50亩,注册资本500万美元,主营阀门数控机床、数控龙门加工中心和立式加工中心。其中一期工程投资1.5亿元,征地20亩,新建标准厂房8000平方米,项目于2010年12月开工建设,计划2011年10月份竣工投产。项目投产后,有望实现年销售2亿元,利税1000万元。盟富斯机械项目的引进,实现外资独资企业零的突破。

【高效农业加快推进】 发挥农村开发区平台效应,重点抓好步湖路沿线村(居)高效农业拓展,大力推进一村一品、一户一棚的发展模式。按照千亩连片种植规划,新增大棚番茄2500亩。加快瑞南大棚番茄核心区的基础设施建设,达到设施配套、方便生产要求。规划筹建番茄批发市场,为群众生产、销售架设桥梁。憩园、萌爱农业生态园加大建设力度,在规模拓展、形象提升上实现新的突破。扎实抓好土地流转,步湖路沿线新增土地流转1500亩,全镇土地流转达7000亩以上。依托土地流转平台,加大农业招商力度,加快农业产业化进程。形成以步湖路沿线大棚番茄、红九河沿线水稻制种、方向路沿线高效养殖为主导,以生态园区设施农业为示范,以界河黄蜀葵花、菊花种植为补充,以闽瑞食用菌生产、麦晶郎挂面加工为龙头的高效农业发展新格局。

【创成省文明乡镇】 坚持以科学发展观为指导,以提升群众文明素质为根本,以扎实开展创建活动为抓手,以完善文明创建长效机制为突破,深入开展富有成效的创建活动。着力改善生活环境。定期开展集镇环境整治出新活动,先后投入300多万元,用于清洗刷白沿街建筑墙面、拆违和规范店牌店名。新建瑞康路、纬三路,实施昌盛路西延、健康路拓宽北延,新装路灯150盏,亮化主街道3条。投入1000多万元,实施"六个一"工程,建成景观街道一条,改建集镇小公园,新开发瑞东苑和鼎尚花园住宅小区,新增绿地面积21000平方米。全镇自来水普及率100%,集镇道路硬化率达100%,环卫设施布局合理,设施完好率达95%,垃圾日产日清,清运率100%。着力改善生态环境。镇区道路绿化普及率达100%,重抓工业企业"三废"达标排放,项目环保审核率达100%,"三同时"执行率100%;重视和加强水资源保护,大力推广秸秆综合利用。着力改善文化环境。村村建有农家书屋。投资近千万元的好乐门KTV娱乐城于开张营业,在全区首家成立儿童快乐家园,全镇95%以上的农村居民装上有线电视,举办乡村民间文化艺术节和农民文艺网络晚会。着力抓好工程建设,大力实施道德建设工程、效能建设工程和特色创建工程。创新活动载体,深入开展文明和谐家庭、社区、村(居)、单位、企业等创建活动。2010年创成江苏省文明乡镇。

【成立全区首家儿童快乐家园】 本着"服务儿童、普惠儿童"的原则,坚持方便流出育龄人群,重点服务留守儿童,尚庄镇在全区率先建成"儿童快乐家园"。新

市长李强(左一)在尚庄番茄园视察调研

建成的儿童快乐家园环境优美、条件优越,坐落在镇文化城二楼,共投资 15 万元,总面积 500 平方米,聘有机构工作人员 4 名、社会志愿者 28 名。园内设有机构办公室、儿童绘画室、阅览室、音乐室、影像室、棋牌室和文体活动室,是为广大儿童特别是留守儿童兴建的融学习、娱乐、健身为一体的活动场所。全镇 726 名留守儿童的家长对建立儿童快乐家园表示十分欢迎。

【农民乐绍琪被表彰为市第二届道德模范】 姚伙村农民乐绍琪自费创办“农技咨询点”、“农家书屋”和“校外辅导站”,开通“服务热线”,从不计较个人得失,免费为群众测土配方、平衡施肥提供咨询服务,为留守儿童开展关心关爱服务。年内,共发放技术资料 10 多种 3000 多份,接受热线电话咨询 1000 多次,举办大小培训班 15 次,推广直播稻 10 万亩,为农民增收 1000 万元。其被中国棉委会、中国农机推广协会吸收为会员,受邀参加中国第四届农资连锁与现代营销高层论坛;被表彰为盐城市第二届道德模范。

·华泽书社·

华泽书社成立于 1993 年 3 月 24 日,由尚庄镇南吉村农民、镇关工委员乐华泽自费创办。该社始终坚持“团结青年,互助互勉,勤学苦练,服务于民”的创社宗旨,无偿服务社会、服务农村、服务群众,积极组织和引导农民学文化、学科技,为新农村建设提供智力支持。书社现有各类图书一万余册,报刊 20 余种,设有古殿、丁沙沟两个分社,自办《芳土》杂志和《农家信息报》。书社活动丰富多彩,有“报刊评议组”,参与报刊的编读与应用;“为农民服务组”,为农民提供农业知识和信息;“校外辅导站”,星期假日组织学生看书学习,帮助青少年提升学习兴趣,增进科学文化知识。

华泽书社创办十多年来,始终紧紧围绕党和政府的工作中心,贴近农民和青年的思想实际,传授科学文化知识,特别注重未成年人思想道德教育,曾多次参与农村和校外文化活动,积极开展读书活动,倡导读一本好书,写一篇读书笔记,书社藏有读者心得千余件,其中《情感乡村习俗三部曲》获中国作家 2010 年金秋笔会一等奖,《书缘难断》等四篇作品在全国农民读书征文活动中分获三等奖。2006 年,书社被评为“江苏省服务农民服务基层文化工作先进集体”,同年,时任国家文化部部长孙家正致函书社:我们要好好总结你们好的做法和经验,加以学习、宣传和推广。2007 年书社被盐都区委、区政府列入有较高水准的地方“文化牌”。目前,书社正在积极筹划“红色典藏图书馆”作为铁军文化的延伸,策应步湖路文化观光带,为未成年人思想道德建设提供新的平台。(朿殿旺)

葛武镇
Gewu Town

【概况】 全镇土地面积 4500 公顷,耕地面积 2584 公顷,7 个行政村,4 个居委会,1 个街道办事处,人口 29950 人。全年实现地区生产总值 4.74 亿元,财政收入 2467 万元,一般预算收入 1460 万元,农民人均纯收入 9217 元,全年完成国内生产总值 5.7 亿元,同比增长 20.3%;实现财政总收入 2467 万元,一

华泽书社外景

般预算收入1460万元，同比增长14.2%、44.3%和39.3%

各项经济指标完美收官。围绕“同档争一流，力争早跨档”的目标，重抓做大集镇、做特旅游、做美农村、改善民生四项重点工作，坚持以发展破解难题，以创新应对挑战，扎实措施，狠抓推进，经济社会呈现又好又快的发展势头。注册外资实际到账100万美元，是2009年全年完成数的25倍，创历史新高；全社会固定资产投资2.83亿元，同比增长37%。

项目推进成效显著。全年共签约项目17个，其中工业项目5个，农业项目、三产项目各6个。京西机床总投资1.5亿元，从事铸造行业，正在进行基础设施建设，新建标准化厂房1.2万平方米，预计4月份竣工投产，建成后年销售达6000万元，实现利税200万元；投资1.5亿元的盛海钢构和投资2亿元的昕晨科技项目正在办理各种手续，春节后开工建设，年内竣工达效，两企业建成后都将实现利税超百万元。全年实现技改投入8900万元，完成规模以上工业增加值6300万元，同比分别增长56.6%和46.7%；主营业务收入2.68亿元，同比增长36.5%；完成利税3464万元，同比增长62.1%；新发展个体工商户66户，同比增长32%；新发展私营企业724户，同比增长25.2%；新增注册资本4.42亿元，同比增长57.3%。

新农村建设以点带面。坚持把发展高效农业、实现农民增收作为破解“三农”问题的关键来抓，步湖路沿线高效农业项目亮点迭出，现有泰和猪场、盛亚农业、大大猪场、龙虾种苗、杏林绿化、志高果蔬、夏氏鸽场等项目，初步形成特禽养殖、台湾种苗、设施果蔬三大产业集聚。全镇流转土地2840余亩，预流转土地2110亩，带动农村剩余劳动力就业，有效地增加了农民收入。农业基础设施建设进一步加强，疏浚镇级河道12.75万立方米，村庄河塘整治完成2个村5.21万立方米，圩堤加固3万立方米，新建圩口闸2座，双泵排涝站1座；新植树木27万株，四旁植树20万株，新建绿色通道15千米，建成3个围村林合格村，1个林业示范村。

集镇建设亮点纷呈。按照区集镇建设“六个一”和镇区绿化“五个一”工程的要求，重点实施向阳路入口改造、镇南路北侧绿化栽植、向阳河整治、农贸市场改造、垃圾集中场建设、人民路富祥路下水道铺设等项目；上官大桥和武荣路拓宽于4月2日通车运行；积极推进土地开发，盘活现有闲置土地资源，加快房地产开发，鑫亿花园二期全面启动建设，碧水佳园已封顶；城乡建设用地挂钩复垦超额完成区下达目标任务，净增耕地面积101亩。

社会事业全面发展。社会事业扎实推进，有线电视“进组入户”400多户；加大卫生事业投入，不断完善合作医疗制度，新建社区卫生服务站4个；推进计划生育工作，计划生育率达98%以上，农村部分计划生育家庭奖励扶助政策得到落实。孤寡老人集中供养、困难家庭子女免费接受中小学教育等制度全面推行，全镇173户五保户、134户低保户生活得到保障，达到应保尽保；完成改厕700多座；扩大保险覆盖面，城镇职工养老保险扩面200人，失业保险扩面90人，新农保扩面2130人，全镇11个村居全部建成市“四有”示范村。

【国家级盐城盐都台湾农民创业园获批】台湾农民创业园创建于2009年5月。规划范围45平方千米。其中核心区沿步湖路和向阳路形成“T”字型布局，总占地面积7.7平方千米；启动区位于郝荣村内，总占地面积2.2平方千米。创业园主要依托步湖路、向阳路和葛郝路纵深展开，形成“一心四区”的布局结构。即创业园管理服务中心、郝荣生态旅游观光区、台湾高效农业集成区、台资农产品加工物流区、高效特色产业示范区。5月11日，经农业部、国台办(农办发〔2010〕6号)批准，全市首个国家级台湾农民创业园正式

各村(居)负责人及主要经济指标

表29

村(居)	村(居)书记	村(居)主任	村及村以下现价产值(万元)	农民人均纯收入
葛　武	郝乃华	葛玉南	5232	9000
育　才	孙茂厚	杨龙根	7167	9041
上　潘	葛永宏	张称华	4713	9005
富　王	王虎林	葛俊才	4933	8009
郝　荣	郝干余		5586	10963
东　塘	孙乃容	朱正满	29383	15342
花　村	孙广芳	马德超	6007	9052
程　实	龚福庆	程　亮	4691	8144
新　杨	浦兆扣	王桂生	3618	9002
宗　凌	王志祥	宗国勋	7594	9777
董　伙	孙宽亚	朱兆根	8096	9152

(葛春松)

落户葛武镇。9月17日,国家农业部、台办及市区有关领导进行了揭牌仪式。

【招商引资成绩斐然】 全年共签约项目17个,其中工业项目5个,农业项目、三产项目各6个。京西机床总投资1.5亿元,从事铸造行业,正在进行基础设施建设,新建标准化厂房1.2万平方米,预计4月份竣工投产,建成后年销售达6000万元,实现利税200万元;投资1.5亿元的盛海钢构正在办理各种手续,春节后开工建设,年内竣工达效,两企业建成后都将实现利税超百万元。净土寺项目投资1.5亿,是全镇近年来投资规模最大的项目。

【郝荣台湾精致农业展示区】 郝荣台湾精致农业展示区位于郝荣村中部、葛郝路西侧、水产公路两侧、红旗圩以西、新塘路以南,总面积约2000亩。主要以引进台湾优质农产品,借鉴台湾先进农业技术和管理理念为重点,以高新技术引进、精致农业和示范农业科技培训服务为主要功能,建立一批特色高效和精致农业生产温室大棚试范基地。目前已引进盐都区台旺西甜瓜生产专业合作社进场,该项目占地200亩,已建设施大棚105个,主要种植台湾农友种苗有限公司的西甜瓜、西兰花、甘蓝等品种。已建成西甜瓜主题广场、中心水泥大道。

【郝荣乡村旅游扎实推进】 镇党委抓住国家级台湾农民创业获批这一契机,围绕创建郝荣国家级生态村、国家4A级风景区项目,重点抓好郝荣台湾生态农业集成区和郝荣生态旅游观光区建设,推进新一轮旅游项目开发建设。入口景点基本建成,标牌标识、公共设施配备到位,初步具备旅游接待功能,接待各级领导、游客4000多人次;开心农场备受关注,台胞接待中心3月份建成对外营业,接待水平大幅提升;一期4500平方米32套农民安置楼已封顶完成分房;成功举办旅游开发推介会。同时,积极向上申报文保单位,"郝氏故居"被列入第二批区级文保单位;"郝氏宗祠"被列入第二批区级文保单位、第三批市级文保单位,正在申报省级文保单位。以"郝氏故里、苏北水乡"为主线,以"七星岛"为主景点,独具特色的乡村旅游观光景区已具雏形。

北蒋镇

Beijiang Town

【概述】 全镇土地面积5000公顷,其中耕地面积2606公顷,下辖11个村、2个居委会,人口32462人。实现地区生产总值4.1亿元,全社会固定资产投资3.2亿元,分别增长19.1%和38.5%,分别是"十五末"的2.51倍和5.08倍;财政总收入2599万元,一般预算收入1561万元,农村人均收入9271元,与上年同比分别增长37.0%、37.6%和15.5%。

工业经济跨越发展。全镇9家定报企业,实现销售2.86亿元、工业增加值7200万元、利税3233万元,分别增长34.2%、28.2%和26.8%。艾斯特公司、电力机械厂两个纳税超百万元企业继续保持较好增长势头,2010年税收双双突破200万元,分别达到209万和201万元,再创北蒋企业年纳税历史新高。先后引进的正禾机械、国盛纺织、吉盛达环保、欧迈工程机械发展较快,都已成长为规模企业,全年新增200万元以上税收企业2家,全镇纳税10万元以上企业达到20家。

项目推进成效显著。继续加大工业园区的投入,先后完善园区中心大道和腾飞路两条主干道的路灯、绿化、给排水等配套设施,招商选资的载体环境得到了进一步改善。全年引进各类项目18个,其中亿元项目1个,5000万元以上项目2个,一二三产项目得到全面发展,特别是二、三产项目有重大突破,投资1.2亿元的中材环保项目落户园区,建成后可实现年销售3亿元,利税千万元。投资3.8亿元的南星科技化纤机械项目已竣工,并接受市招商选资、项目推进督查组的考核验收,即将改变北蒋没有重大项目、龙头企业的历史。通过近三年的不懈努力,全镇10个已建、在建项目建筑面积达到13万平方米。总投资1亿多元、占地50亩、建筑面积达5万平方米的润泽嘉园小区的开工建设,将极大地提升集镇层次和形象;年初以吉隆大厦为标志的服务业重点项目开业,提升北蒋三产服务的水平。高效农业稳步发展,设施高效农业已达500多亩,盐金线高效农业示范区五个农业项目和林业苗木基地已连珠成串,生态观光农业带已显雏形。

培大育强取得实效。在重视招商选资的同时,紧抓现有企业扩能升级不放松,规模企业保持强劲的增长势头。体育器材产业龙头企业艾斯特公司,紧扣"123"发展目标(1个新项目、200万元税收、3000万元销售),在巩固与法国迪卡侬稳定合作的基础上,不断加大与国际体育器材知名企业合作力度,"亚平"、"税科特"品牌国际市场占有率进一步扩大,全年外贸出口比重占到企业生产销售的80%以上。年内,该企业征地16亩,启动了健身器材扩能项目,建筑面积5000平方米的新厂房即将封顶。沙子电器进一步加大与世界知名企业、空调专业生产厂家的合作,年初竣工的扩能项目新上3条PEC生产线,全年一直保持满负荷生产,在提升企业跨越发展的同时,将资本投向房地产业,新上润泽嘉园小区开发项目,为实现向集团化、多元化方面发展夯实基础。

社会事业全面进步。坚持以人为本,关注民生改善,不断推进社会事业发展。12件为民办实事工程顺利推进,基本完成各项工程建设任务。义务教育阶段入学率、巩固率、毕业率均达100%,北蒋实验学校被表彰为盐城市第五届模范学校;成人教育工作紧扣经济发展中心,以举办成人中专班为突破口,全面开展劳动力转移培训工作,10月北蒋林业苗木基地被省教育厅确认为省级农科教结合示范基地。文体事业持续繁荣,村(居)文化室在100%全覆盖的基础上,图书保有量得到充实提高;体育工作与体育器材特色产业紧密结合,成功举办首届"瑞泰杯"乒乓球邀请赛,全民健身运动深入开展。有线电视重视向远离集镇村组农户发展,新增用户700多户,全镇门樘入户率已近80%。卫生事业提速发展,农村合作医疗参合率达到100%,13个村(居)卫生服务站全部实现微机化管理,卫生院新增系列进口医疗设备,调整科室设置,完成国债项目的一期工程建设任务,改善群众就医环境。社会保障能力不断提高，新农保实现适龄人群全覆盖，60岁以上老年人已逐步开始享受高龄补贴；社会救助体系不断完善，全镇低收入群体中190户、374人享受农村低保，166户、172人得到五保供养。计划生育紧扣"世代服务"品牌建设、"两非"整治、奖励扶助三大重点，基础管理工作实现越位前移。第六次全国人口普查扎实开展，圆满完成前期基础统计工作。

党的建设得到加强。全镇各级党组织和广大共产党员深入开展"创先争优"活动，为经济社会发展发挥了坚强堡垒和先锋模范作用；深入开展"三服务"和结对帮扶活动，党员干部服务项目和企业、服务基层和群众的能力得到提升；组织开展招商选资突击活动、落实协护税工作责任，党员干部融入经济发展、站在工作一线的形象得到展示。精神文明建设得到加强，发展环境有进一步改善。深入开展"五治理一查办"活动，党风党纪得到了进一步严肃。13个村(居)进行党组织和村委会换届选举，优化村级班子成员结构，为加快农村发展提供坚强的组织保证。安全生产、环境保护、社会治安综合治理等工作得到进一步强化，社会大局保持稳定。

【特色工业集中区提速扩张发展】 2009年6月，在培大育强传统特色产业体育器材项目的基础上，进一步引进拓展新的特色产业，当年规划并启动实施总面积1100亩的机电工业园区建设，当年入园企业就达10多家。2010年，成功加入全区结对共建特色园区行列，在原1100亩机电工业园的基础上，扩张至2600亩，并聘请市规划设计院对新园区进行规划设计。至年底，启动新园区内腾飞路北延、跨越路新建以及桥梁、迁坟、沟塘填埋等基础设施建设。围绕2011年"上半年园区框架初见成效，下半年龙头项目取得突破"目标，加速推进结对共建特色园区建设，进一步塑创集镇东大门窗口形象，打造北蒋对外招商精制名片，全力搭建新的高标准、高规格招商选资平台。

【成功创建省级乡镇农科教结合示范基地】 根据《省教育厅关于公布第八批省级乡镇农科教结合示范基地的通知》(苏教社教[2010]9号)，北蒋镇林业苗木示范基地成功获评江苏省第八批省级乡镇农科教结合示范基地，全市仅此一家。年内与上海露露绿化公司联姻，在原有苗木项目的基础上，建成千亩高效工程苗木基地，现有苗木、苗圃面积近4000亩，涉及331省道和盐徐高速两侧的远景、厉民、南蒋、童成等6个村(居)。基地以"龙头带动、政府推动、农民互动"为运作方式，引导农民走绿色、生态发展的路子，以苗木为主业，以无公害水果、蔬菜为补充，年产值达8000多万元，销售4500多万元，吸纳转移本镇富余劳动力1500多人。8月，经省专家组到北蒋实地考察、综合评议，省教育厅研究决定，确认北蒋镇林业苗木示范基地为第八批省级乡镇农科教结合示范基地。

【涉农中专班提升现代农民致富本领】 为组织实施好省农村实用人才培训"百万中专生计划"，结合镇情实际，以成人校为基地，与省农科院、盐城市高等职业学校联合举办2010年涉农专业中专培训班，从"现代种植、养殖技术、园林园艺、农村经营、农机操作、服装电子"等方面，大力度培训村组干部、种养能手。11月初，130多名学员的培训班开班，并以此为起点全方位提升现代农民实用技能的能力和水平，为开启"十二五"农村工作新局面储备人才支撑。

【省专家组视察北蒋林业苗木示范基地】 9月6日，南京农业大学汤国辉、程兆榜

各村(居)负责人及主要经济指标

表30

村(居)	村(居)书记	村(居)主任	经济总收入(万元)	农民人均纯收入(元)
远　景	蒋中友	金玉贵	6081	10335
厉　民	厉龙祥	周龙余	2149	10245
南　蒋	赵长生	蒋茂瑞	5028.7	9120
卢　村	还士荣	倪扣才	4267	9139
童　成	孙红兰	朱安兵	5082	9117
雨　生	张云芳	朱桂堂	4712	9487
楚　九	花粉红	陈友红	3392	9293
江　窑	徐万国	耿青明	10987	10106
盛　花	李同生	成立中	3130	9200
红　沥	周　林	茆庆年	4366	9479
合　兴	胡殿兵	孙章生	4546	9226
陇　尖	胡亚明	成金庚	3349	9158
福　泉	施中平	顾学生	5543	8939

(吴红斌　陶清婷)

博士，江苏教育协会副会长胡凤英，江苏省教育厅社会教育处副主任王金山一行5人，在市、区教育局领导陪同下，到北蒋视察林业苗木示范基地，对该镇省级农科教结合示范基地创建成果给予高度评价和肯定。为进一步服务“三农”，促进农村繁荣、农业增效、农民增收，镇成人校和省、市、区各级农业科技部门(单位)紧密配合，充分发挥自身优势，在2007年成功创建市级农科教示范基地的基础上，积极申报创建省级苗木栽培农科教结合示范基地，计划通过5年努力，使基地面积扩大到1300亩，总投入8000万元，建成一个盐城乃至江苏有规模、有特色、有品牌的苗木基地，年销售达1亿元，利税超千万元，培养专业技术骨干1000人以上，长植户1000户以上，建立二级示范点5个。9月，镇农科教结合示范基地已辐射科技示范户56户，辐射农户620户，吸纳全镇农村剩余劳动力200多人，极大地带动地方经济的迅猛发展，为全镇经济社会的提速跨越发展作出积极贡献。

【“地籍管理达标国土所”创建工作全区领先】 年内，北蒋国土所为进一步加强乡镇地籍管理规范化建设，强势推进地籍调查各项工作进度，严格按照市国土局文件要求，紧扣工作重点，创新工作举措，扎实开展“地籍管理达标国土所”创建活动，这项工作在全区处于领先位置，为全市提供优质现场。7月16日，全区村庄地籍调查发证工作推进会在北蒋国土所召开后，按照市局要求，把“双达标”工作作为各项工作的重中之重。通过强化组织领导、造浓舆论氛围、组织人员培训、加大设施投入、坚持自主创新、严格考核奖惩等有效措施，有序推进创建工作。7月27日，市国土局对北将“地籍管理达标国土所”创建工作进行检查验收，综合评价98.5分。8月5日，市国土局在北蒋国土所召开“地籍达标”流动现场会，把北蒋作为典型向全市推介，北蒋“地籍管理达标国土所”创建工作受到与会领导的高度评价和肯定。

【实施国债项目建设提升社区卫生服务能力】 年内，北蒋镇按照省卫生厅创建合格农村社区卫生服务中心的要求，争取了卫生院改造国债项目。根据年初项目建设方案，该院坚持“以病人为本”的原则，为新病房楼配备富士通电梯、每个病房安装空调和有线电视，方便病人进出手术室和病房，减轻病人痛苦，为病人提供家庭式服务。先后实施综合楼和门诊楼改造工程、病房楼和门诊楼连接廊道工程、后勤服务楼新建工程、河道驳岸和凉亭及院内绿化工程建设，一系列工程的实施，提升社会卫生服务中心的服务功能、服务层次和服务能力，全镇3.3万居民在家门口享受高质的医疗服务。上半年，该院手术病人率、入院病人率同比提高10%和15%。

【“六个一”和“五个一”工程全面提升集镇形象】 年内，用抓项目建设的理念做好经营集镇的文章，推进集镇建设市场化、项目化、均衡化发展，对照区政府的要求，分别排定集镇建设“六个一”和镇区绿化“五个一”工程项目，有重点的推进各类项目建设。投入150万元，完成卢成路林荫大道工程，共栽植银杏等景观树木3000多株，新增绿地面积100多亩；投入60万元，完善人民路园林景观干道建设，重新铺装沥青路面，新栽大理石路牙及改建道路两侧下水道设施；投入资金200万元，重点实施朝阳东路园林式景观街道建设，该路段全长1000米，经过精心规划设计，两侧绿化带共积土5000余立方米，新栽大理石路牙近2000米，两侧人行道铺装荷兰砖3000平方米，新增绿地面积18000平方米，该工程的实施建设全面提升集镇窗口形象，创造优美宜居的人居环境，同时为招商引资工作打造一份精美的集镇窗口名片。

秦南镇

Qinnan Town

【概述】 8月，经省政府批准将原秦南镇的河夹、中徐2个居委会及略沿、连心、华府、周伙、大同、施湾、大成、陈祁8个村委会划归学富镇管辖。新的秦南镇行政区域土地面积7720公顷，其中耕地面积4861公顷，下辖16个行政村、3个居委会，总人口58063人。2010年实现国民生产总值19.57亿元，同比增长21.3%；财政总收入5836万元，同比增长51.7%，其中一般预算收入3462万元，同比增长45.1%，提前一个月完成区下达的任务；农民人均纯收入10443元，同比增长16.8%，各项经济指标均创历史新高。

工业经济迅猛发展。全年实现规模以上应税销售收入4.88亿元；工业定报企业22家，定报工业增加值6.85亿元；完成全社会固定资产投资6.6亿元，其中技改投入4.39亿元。全年共招引3000万元以上项目22个，其中亿元项目6个，竣工3000万元以上项目17个，其中亿元项目3个，年内，储备项目10个。先后投入1000多万元，新建镇标、龙门架、企业指示牌，新铺黑色路面5000多平方米、下水管道600米，新建桥梁1座、驳岸300米，新装路灯30盏，新增绿化面积1000平方米。园区企业所有建筑实施墙面出新，园区环境面貌大为改观。

新农村建设势头强劲。年内，在盐金线孙伙、关陈、凤翔、亭湖等村流转土地2000亩，全力建设高效农业基地。栽植苗木30多万株，完成县乡绿色通道30千米，建成围林村5个、林业示范村2个，泾口、关陈、贺家驿建成省、市级生态村；新建、改建外圩闸4座、内圩闸3座、维修排涝站33座；投入70万元加固圩堤4.76千米，疏浚镇、村河道19条37.3万方。完成通村公路19条26.5千米、桥梁5座。实现粮食总产量66660吨，棉花79吨，油料1018吨，水产品6843吨，肉类7375吨，禽蛋19897吨，水果1841吨。

集镇建设步伐加快。完善总体规划和控制性详规，明确14个村庄集中居住点的位置确定，实施集镇“六个一”工程和绿化“五个一”工程。老镇区虹园路改造，拆除破旧房屋1000多平方米，新建、联建商住房2600平方米。完成富民嘉园3、6、7号三幢住宅楼建设，建筑体量7300平方米。投入800万元对4千米长的光明路进行改造，全部实现黑色化；投入100万元对泽夫北路进行绿化和美化，新建花池1300米；投入100万元，对梭圩东路进行扩宽。

社会事业顺利推进。农村低保、残疾

人保障、新型农村合作医疗、新型农村养老保险实现全覆盖，新农保、社保扩面、合作医疗走在全区前列，教育、卫生、计生工作获区表彰，诚信初中民营转为公办顺利推进，全市首家中西医结合医院成功建成，11个村级“世代服务”阵地达省定示范村标准，达标率列全区之首。文化、广电、体育事业繁荣发展。村“两委”换届选举一次性成功。关陈、美满、凤翔、东方红、宝奎、富康6个村党群服务中心全部建成。

【新设“放心粮油”店、“粮食银行”】 1月27日上午，秦南镇举行“放心粮油”品牌直销店开业暨“粮食银行”揭牌仪式。副区长武炳光出席揭牌仪式，市、区粮食局等相关部门负责人参加。该“放心粮油”品牌直销店主要面向城乡居民，直销国有大中型粮食企业生产的国内知名品牌粮油制品和获得市级“龙头企业”、“绿色产品”称号的“秦达”面粉等优质品牌粮油制品。“粮食银行”是以千家万户的农民储粮为基础，以粮食企业为载体，把农民利益与企业利益、生产者与经营者联系在一起的新型经济实体。

【创建省级环境优美镇通过考核验收】

作为国家级重点建设小城镇，秦南镇将建设“创业宜居、绿色生态新秦南”与“以工兴镇，特色强镇，富民优先，和谐发展”的工作思路结合起来，精心组织、强势推进。按照创业宜居、绿色园林的要求，建成了盐兴线、盐金线高标准绿色通道，建成孙伙、泾口两个千亩连片的农业生态园区，实现环境保护和经济社会发展“双赢”。4月6日，秦南镇、泾口村顺利通过市级环境优美镇和市级生态村考核验收。10月21日秦南镇顺利通过“江苏省环境优美镇”验收。

【新建农业气象服务示范基地】 4月8日，市、区两级气象局联合在秦南镇泾口村建成农业气象服务示范基地，副区长武炳光参加揭牌仪式。该基地在大棚内外分别安装自动气象站，不间断地对棚内外的气象要素进行连续观测，并通过电子显示屏直接显示实况和播放最新天气预报信息。农户可根据相关信息，及时采取相应的管理措施，有效提高农作物产量和品质，减轻或避免气象灾害损失。

【实现“法律图书角”村居全覆盖】 针对村居法律书籍比较匮乏的现状，多次组织机关干部、中小学师生、镇内外创业能人开展“捐一本书，为普法工作尽一份力量；捐一本书，为法治建设尽一份责任”的活动，先后收到捐赠的法律书籍2980本，各村居“法律图书角”拥有法律书籍均达100本以上。聘请综合素质高、热心公益事业的老干部、老教师、老党员、老

各村(居)负责人及主要经济指标

表31

村　别	主持农村工作书记	村主任	村及村以下现价产值(万元)	农民人均纯收入
亭　湖	李风虎	彭扣芳	2130	8753
凤　翔	张发新	姜巧云	8067	9873
南　环	胡金标	周扣兰	6018	9966
贺家驿	唐玉林	李金奎	7510	10050
孙　伙	顾宏才	田　勇	4094	10088
关　陈	夏恒金	陈中干	6611	12184
三　河	陈华良	陈友春	4261	9612
灯　塔	鱼瑞忠	孙宏港	4074	8735
秦　北	宋汉林	石春景	5038	12150
美　满	黄秀兰	单红革	8131	9680
东方红	季杏坤	严大勇	7036	9825
秦　兴	戚龙根	韦龙泉	9139	10048
富　康	季达明	邱达文	5798	10197
宝　奎	洪友法	还增奇	7478	9864
千　秋	宦扣林	武成明	5804	9763
泾　口	周向东	蔡明祥	46149	20007
砖　桥	郭金余	周建玲		
虹　桥	朱广元	何俊林		
虹　园	金从贵	秦根龙		

(宦红旗　胥国海　李正东)

军人、老模范担任专兼职管理员。至4月20日，各村居全部建立农民法制学校，设立“法律图书角”，专供农民朋友们查阅法律书籍，增长法律知识。

【农机协会发展壮大】 秦南农业机械服务协会建会以来，按照“自愿、互利、民办、民管、民受益”的原则，制定章程，完善学习活动、安全生产、技术培训、优质服务、财务管理等制度，走上集机插秧、机植保、机收割、农机维修于一体的综合服务之路，实现经济效益和社会效益“双赢”。至年底，已拥有各类农业机械2300多台套，机械总动力5.8万千瓦，其中各类大型农业机械360多台套，年实现农机作业经营收入3000多万元，会员人均收入8万多元。被省农机局表彰为“农机作业服务先进单位”，先后有3名会员被省农机局表彰为“十佳跨区作业手”，秦南镇被省农机局表彰为“农机工作先进镇”。

【提前超额完成全年利用外资任务】 建立健全“重大外资项目领导联系推进制”、“招商引资协调会议制度”、“重大招商项目推进落实情况通报制”、“签约项目跟踪问效制”等工作机制，进一步加大对招商引资工作的督促和检查力度，多渠道、多方式地开展招商工作，取得较好成效。至6月4日，实际利用外资达到250万美元，比上年增长400%，提前6个多月超额完成区下达的全年利用外资任务指标，创历史最高水平。

【高效农业亮点纷呈】 依托盐金线秦缘农业发展有限公司，在孙伙、凤翔、关陈等村分别拓展设施农业面积，实施千亩连片种植，打造区级农业生态园区。在盐兴线泾口村以润泽源农业发展公司为载体，连片实施设施大棚达千亩，将泾口村打造成为全市新农村样板。在秦兴村建成兰馨绿化公司百亩苗木基地，新发展高档苗木200亩以上。全镇基本形成“一村一品”或“多村一品”的格局。泾口村建成的100多亩休闲垂钓中心，成为全区乃至全市新农村建设的亮点；集镇居委会的水牛宰杀、加工工艺闻名大江南北，“秦南水牛肉”成为百姓的美味佳肴。

【反腐倡廉制度体系健全】 明确领导责任、工作责任，完善党风廉政建设责任制的落实机制，建立违反优化经济发展环境政策规定的查纠机制和领导干部“廉政谈心”教育制度，制定考核评估办法，加大反腐倡廉制度执行的监督检查，较好地发挥纪检监察机关教育、监督职能作用，受到市《建立健全惩治和预防腐败体系2008—2010年工作规划》检查组的好评。

【圆满完成村居“两委”换届选举工作】 专门成立换届工作领导小组和工作指导组，镇三套班子全体成员和蹲点驻片干部实行分片、包村负责制，一线抓部署、抓指导、抓督查。纪委(监察)部门加大对选举纪律的宣传和违规问题的查处力度，农经、财政部门各司其职、密切配合指导村居做好财务审计、交接工作，齐抓共管，全镇村居党组织和村委会换届选举工作一次性成功。

【土地复垦面积全区第一】 9月初，组织联系点干部、国土所人员深入村居，对建设用地、零散地块逐块察看，逐图核对，掌握可挂钩地块、可拆除房屋的第一手资料。突出抓好老居民点、双宅基、空关房以及废弃的工矿用地的拆除，制定出台优惠政策，鼓励应拆迁农户自行拆迁。至11月底，动用各类机械100多台，复垦新增耕地352亩，总量位列全区第一，并顺利通过市、区验收。

【新型居家养老模式成亮点】 及时制定出台社区养老服务的具体意见和要求，对800多名空巢老人逐一上门登记核对，确定520名空巢老人为居家养老服务对象，签订日间托老协议，并于8月10日在全区第一家成立社区居家养老服务中心，在虹桥、砖桥、虹园、泾口、富康、贺家驿等6个社区成立居家养老服务站。每个服务中心(站)都设有日间托老室、心灵驿站、老人休息室、多功能室，配备相关的服务人员，挂牌上岗，全天候负责社区居家养老服务工作的组织与管理。

·文新农家书屋·

文新农家书屋是由秦南镇砖桥居委会工文新自费投入数万元于2005年3月创办。王文新老人出生于1947年，高中文化。1966年9月参加工作，1985年6月加入中国共产党。先后做过民办教师、生产队长、大队团支书、公社报道员、副业公司总账会计、党委办公室办事员、审计办副主任等职，2007年2月退休。2005年，为了老有所乐、老有所为，他创办“文新农家书屋”。该书屋自创办之日起就免费向社会各界人士开放，并免费提供茶水。他致力于将书屋打造成“中老年人赏心悦目的精神家园，青少年健康向上的课外乐园，待业人员学科技，长知识的新型校园”。他还计划将农家书屋提升为“农民博物馆”。目前，该书屋拥有50余类图书计一万多册，中外名人画册、画报、老照片集、摄影集、名帖、手稿、印谱近千册，名人字画、碑拓近百幅。省、市、区有关部门多次到该书屋参观，他本人于2007年12月被区人事局、退休干部协会表彰为“优秀退休干部”，其收藏的1945年版《毛泽东选集》被盐城市收藏协会和市书画院评为收藏银奖。

龙冈镇

Longgang Town

【概述】 全镇土地面积9683公顷，其中耕地面积5030公顷。下辖1个中心社区，1个街道办事处，1个果树良种场，20个行政村，11个居委会，3个管理区，145个村(居)民小组。共有居民30098户，人口76920人。实现国民生产总值36.72亿元，社会固定资产投资总额29.22亿元，一般预算收入10050万元。农民人均纯收入11845元。

新型工业化扎实推进。突出盐城凤凰高新科技园区建设，大力培育输变电和电子信息等特色产业。7月20日，江苏中联电气股份有限公司一期工程在园区建成投产。华兴工业园开工建设。百斯特环境工程有限公司、江苏奇林电气有

各村(居)负责人及主要经济指标

表 32

村(居)名	村(居)书记	村(居)主任	经济总收入(万元)	农民人均纯收入(元)
凤凰居委会	夏东桂	夏东桂	22256	13225
青龙居委会	周兵昌	贾俊	17410	12950
坊桥居委会	吉长安	周凤权		
毓龙居委会	茆长林	王乃伟		
永明居委会	邵金淦	邵金淦		
大顾居委会	顾宏佐	顾荣高	6536	13560
九曲居委会	洪成善	洪成善	5639	13747
洪渡居委会	高长忠	袁加林	16039.42	15940
兴龙居委会	申荣功	韩士明	16084.09	13800
大吉村	蒋金华	葛玉军	19505.8	11200
桂吴村	高士勤	吴先兵	9699.37	10932
留璜村	潘同诗	潘万华	4936.5	10869
大潘村	潘万前	潘柏林	4689.36	10849
军营村	高景荣	周太昌	11120.98	10514
仇家村	陈以德	仇必勇	8442.4	11476
高范村	仇正林	刘德凤	20269.26	14910
黄庄村	黄利旺	黄国琪	39368	15200
杨斌村	徐发明	许士高	7804	10387
储巷村	许冬春	刘金楼	9508	12460
许巷村	许福成	许兆连	9007.5	10992
新冈村	许洪荣	季汉林	13717	11830
万家村	范玉其	潘扣红	10673.4	11980
港北村	周金东	周文亮	6076.92	10373
曲东村	季登勇	张国顺	8311	10510
许桥村	刘加吉	徐兰	3178.3	10386
刘格村	孙如新	周金余	3382.17	10234
兴福村	柏光明	万一明	7857.16	10016
徐庄村	黄成旺	唐怀和	3830.77	10070
晓庄村	封成林	封成林	4901.9	10452
张本村	胡宗生	武华民	6998.6	11401
三旺村	潘万明	徐金华	4453.3	10058
冈南管理区	仓传兵			
冈中管理区	刘景刚			
冈北管理区	胡明			

(周晶晶)

限公司先后竣工试产。加快企业技改步伐,推动传统产业转型升级。化工产业整体退出后,年内,实施金合益铜包钢,华鸥公司电熔炉改造、华星环氧浇注变压器、弘昕汽车油箱、双强公司方桩生产线、常玉公司电脑横机等重点项目的技改。大力推进招商引资。上半年完成全年800万美元的外资到帐任务。“十一五”期间,全镇累计招商亿元项目25个,规模工业投资达50亿元。

集镇城市化进程加快。全面对接盐城大市区建设规划,由集镇建设向集镇开发管理转变,由基础设施建设向提升集镇形象转变,从零星代建向组团连片开发转变。在已经建成8个规模住宅小区的基础上,先后有盐龙湖安置小区、华虹嘉园、华美雅居、书香水岸4个住宅小区开工建设,总建设规模36.7万平方米。共投入1.6亿元,新建和改造凤凰路、朝阳路、民兴路及鞍湖中心社区的祥和路、振兴路共13条,道路硬化面积17万平方米,铺设人行道板5万平方米,新增集镇绿化面积10万平方米,强弱电无杆化改造约3万米,新埋设下水管道近1万米,新装、更换路灯500多盏,新增防洪驳岸3000米,新建凤凰片区污水管道3800米。集镇整体面貌的改善,加快城市化建设的进程。

农业产业化成效明显。鑫龙高效农业示范区和洪学线、盐淮线高效农业观光带的建设全面启动,共有7个市“双百”工程通过验收。全镇先后建成3个市级农业龙头企业,6个区级农业龙头企业,41个个专业合作经济组织,培育580多名农民经纪人。

社会事业协调发展。农村义务教育均衡发展;初步建成有线电视环网和数据传输系统;龙冈卫生院急诊系统相继建成使用;人口计划生育工作继续保持在全区领先位置,2010年投入近百万元,创建成市、区级“世代服务”品牌;食品药品安全工作进一步强化;社会治安大防控体系、社会矛盾大调解机制建设得到省政法委和市区的充分肯定。投入102.22万元,新建成农村水泥路3.3千米;投入160万元,建造新冈境内盐宝河石驳岸408米;完成354座改厕任务;新增沼气用户175户。投入150万元,在凤凰科技园区建成盐都首家乡镇压缩式垃圾中转站。港北村826户村民作为非集镇居民吃上城市管网供水,全镇市管网供水已达3000多户。

民生工程全面提升。累计完成新农保扩面6894人,60周岁以上农村居民基础养老金核发人数3904人,名列全区第二。“四有”村建设中,34个村(居、管理区)都已达到“五个一”标准。并完成养老保险扩面610人,工伤保险390人,征缴失业保险费67.7万元,高龄补贴1633人,失地农民保障460人。全镇新型农村合作医疗保险参合率达99%以上。

【建设输变电特色产业】 按照“四有三聚”要求,年初启动输变电特色产业园区建设。园区规划面积1.5平方千米,分为技术研发区、物流配套区等六大区域,打造国内一流的特色产业集聚区、国际知名的输变电产业制造区。“十二五”期末力争实现销售50亿元,利税5亿元。年内,输变电产业发展规划顺利通过初步评审,园区内道路、电力、通信等基础设施建设基本建成。7月下旬中联电气建成投产,百斯特、奇林电气四季度相继竣工试产,华兴工业园10月底开工建设,输变电产业成为龙冈工业经济新的增长点。

【集镇城市化建设】 全力实施凤凰南路、干河路等集镇建设“六个一”工程12项,完成华兴大道、民兴路等镇区绿化“五个一”工程8项。加速盐龙湖安置小区、华美雅居、书香水岸等开发项目和龙中体艺馆等公建项目的全面推进。当年建成面积13.6万平方米。与此同时,凤凰南路西侧金汇·龙湖、凤凰城等项目四季度已正式启动。

【建成全区首家压缩式垃圾中转站】 8月27日,全区首家乡镇压缩式垃圾中转站在龙冈凤凰科技园区投运。该站累计投入150万元,占地300平方米,新置压缩式垃圾中转站等配套设施,全面推行“组保洁、村收集、镇集中、区运转和处理”的运作模式,22个村居管理区纳入集中处理范畴。

【村民吃上城市管网】 8月30日,港北村286户村民首次吃上盐城城市管网供水。年内,作为全市饮水安全试点镇,累计投资350万元,改造支管网入户3500户,添置增压泵房设备配套,解决了1万多人饮水问题。其中港北村全年共有826户村民作为非集镇居民吃上城市管网供水。

【上半年劳动保障工作勇夺全区四项第一】 半年完成新农保扩面6600人,比去年同期增长10倍。60周岁以上农村居民基础养老金首批核准人数3500多人,占应发人数的81.14%。企业离退休人员领取养老金资格论证近千人,农村劳动力转移培训700人,新农保扩面数、基础养老金办理数、退休人员养老金资格认证数、劳动力转移培训数均名列全区第一。

【盐都首家民办居家养老服务场所获批】 11月中旬,全区首家民办居家养老服务场所——盐城市盐都区龙冈镇兴福老年庄园,获得盐都区民政局批准登记。该庄园占地6.5亩,总投资50万元,由社会自然人投资建设,为附近社会老人居家养老提供新的服务途径。

鞍湖社区

Anhu Community

【概述】 全社区土地面积533.42公顷,规划用地范围总面积271.63公顷,其中现状建设用地53.96公顷,占规划总用地19.87%,现状非建设用地217.67公顷,占规划总用地80.13%,土地利用后备资源丰富。下辖大顾、九曲、洪渡3个居委会,现状总人口约为0.66万人,人口密度为1555人/平方千米。全年完成地区生产总值0.43亿元、定报工业增加值0.366亿元、全社会固定资产投资0.5亿元、农民人均纯收入11512元,全年财政收入高位增长,累计实现财政总收入784万元,同比增长18%,其中实现财政一般预算收入320万元,同比增长29.6%,财政五项指标全面完成年初计划。

各村(居)负责人及主要经济指标

表 33

居　名	居书记	居主任	经济总收入(万元)	农民人均纯收入(元)
大　顾	顾宏佐	顾荣高	4720	11502
九　曲	洪成善	洪成善	1596	11405
洪　渡	高长忠	袁家林	1287	11699

综合经济实力进一步增强。年内,完成地区生产总值0.43亿元、定报工业增加值0.366亿元、全社会固定资产投资0.5亿元、农民人均纯收入11512元,全年财政收入高位增长,累计实现财政总收入784万元,同比增长18%,其中实现财政一般预算收入320万元,同比增长29.6%,财政五项指标全面完成年初计划。

招商选资、项目推进硕果累累。始终把招商引资、项目推进作为增强发展后劲,提升经济发展总量的主抓手,对在手的中日合资服装项目、九曲特种玻璃项目、成人校轴承项目、入驻园区的压力容器二期、劲风环保节能项目、洪渡高效设施农业和九曲农家乐项目7个项目,逐一细化班子成员和相关单位的责任,迅速形成项目推进的新一轮热潮。

集镇建设面貌进一步改观。9月26日,鞍湖中心社区正式挂牌成立后,确立"坚持规划引领,创新管理体制,努力把鞍湖社区建设成为具有鲜明产业特色、生态特色、建筑特色的现代气息与田园风光交相辉映的和谐型社区"的发展理念,加速集镇建设步伐,改善集镇环境,迅速在全社区掀起集镇环境综合治理工作高潮。为期两个月的集中整治,共拆除违章搭建亭棚65座;清除草堆50多个;清理河道13条计4900米;墙面刷白7350多平方米;投入7万余元、发动600多劳力对沿街两侧杂草杂物进行清除;社区还投入3万元率先安装了霓虹灯,文化站"三胡"陈列馆初具规模;敬老院修缮一新;鞍湖实验学校塑胶跑道工程开工在即;大顾、九曲党群服务中心建设已进入实质性建设;集镇两座水冲式厕所立马动工;占地近50亩的鞍泰小区已做好挂牌准备,省二调土地指标一批复,立即挂牌建设;占地近500亩的共涉及近1000万元的节能环保一期2月22日正式开标。总投资达700万元的集镇主干道路面黑色化工程全部竣工并投入使用;总投资达220万元共246盏路灯工程全部栽植到位。

社会民生保障进一步改善。保障和改善民生,充分发挥社区自身优势,集中人力,保障财力,争取给力,优先为鞍湖实验学校、鞍湖卫生院、鞍湖文化站、鞍湖敬老院争取300多万元资金,用于改善条件、完善功能。完成了九曲桥、鞍湖桥、安泰桥建设,完成振兴路、祥和路、光明路、安泰路改造;用2个月时间,开展社区环境综合整治,得到社区广大干群的积极响应和大力支持。

【鞍湖中心社区党工委、管委会正式揭牌】 鞍湖中心社区按照城乡统筹高点定位,科学规划加快发展的思路,不断完善规划修编、科学布局、区域定位,立足用经济区模式加快发展,用集镇区方法强化管理,加大落实力度,有力促进社区经济的快速发展。区化调整后,鞍湖中心社区下辖大顾、洪渡、九曲三个居委会,中心社区实行镇辖区管、财政单列、专项考核。鞍湖中心社区党工委、管委会的挂牌成立,是迅速落实全区加快农村中心社区发展工作会议精神的集中体现,也是抢抓区划调整机遇,勇于加快发展的集中体现。9月26日,鞍湖中心社区党工委、管委会正式挂牌成立,区人大常委会主任俞途出席揭牌仪式。

【鞍湖环境整治出新添彩受好评】 鞍湖中心社区党工委、管委会于9月26日成立后,确立"坚持规划引领,创新管理体制,努力把鞍湖社区建设成为具有鲜明产业特色、生态特色、建筑特色的现代气息与田园风光交相辉映的和谐型社区"的发展理念,坚持以环境改善集聚集镇人气,拉长项目产业链,打造繁荣鞍湖。从整治集镇环境入手,投入资金7万多,组织发动600劳力多人,对沿街两侧的违章搭建以及杂草杂物进行清除,迅速掀起集镇环境综合治理热潮。至年底,共清理河道13条计4900米,墙面刷白7350多平方米。通过集中整治,昔日脏、乱、差现象严重的鞍湖集镇,经过广大干群齐心协力的"梳装打扮",面貌焕然一新,广大居民对此赞不绝口。

【鞍湖落实集镇管理长效机制】 12月11日上午10时,鞍湖中心社区城管队、环卫所在喜庆的鼓乐声和鞭炮声中揭牌成立。这是该中心提高环境整治成果、强化集镇规范管理、落实长效管理机制的一大举措,标志着该社区的城管综合执法工作已步入新的阶段。

郭猛镇
Guomeng Town

【概述】 全镇总面积62.4平方千米,下辖12个村、2个居委会、1个街道办事处,4.6万人口,5.4万亩耕地,是盐城市50个重点镇、12个城乡统筹发展试点示范镇、盐都区首批7个特色镇之一.地区生产总值17.76亿元,财政收入6629万元,农民人均纯收入10733元。

主要指标全面完成　实现地区生产总值17.76亿元,是"十五"期末的2.5倍;完成全社会固定资产投资14.23亿元,是"十五"期末的5倍多;完成财政收入6629万元、一般预算收入4500万元,分别比上年增长26.8%和27%,分别是十五末的3倍和4倍多;农民人均纯收入达10970元,比"十五"期末翻一番。

招商引资势头良好　全镇新增纳税超50万元企业5家,其中纳税超百万元企业3家,荣华集团继续保持良好发展势头，全年实现税收2373万元；新发展农民资金互助合作组织1个，农民专业合作社6家，搭建民间融资平台2家，成立全市首家农村土地流转有形市场，流转土地5000亩；发展私营企业118个、个体工商户1273户、注册资本金5.2亿元；境外转移劳动力22人次。

统筹城乡发展强势推进　科学编制规划。7月，由省村镇建设服务中心编制的镇统筹城乡发展总体规划经市政府批准实施。按照"一规带五规"要求，全面完成镇村建设、产业发展、土地利用、基础设施建设和社会事业发展5个专门规划的编制工作。10月，镇区控制性详规通过市专家评审，2平方千米东镇区城市设计正在进行之中。

【强势推进东镇区】　双新、文景、吉安等3条3.6千米公路及四座桥梁已开工建设，路灯、供电、给排水、通讯、有线电视、绿化等基础设施同步推进；3万平方米的九年一贯制实验学校启动建设，并列入市政府实事工程。

【整治出新西镇区】　按照"五个一"、"六个一"的要求，全年投入2000多万元，建成人民中路绿化带5000平方米、人民路加宽东延1500米；启动盐金路北侧3500平方米精品水景、绿化景观带建设工程。整治农贸市场东侧，建成南北两侧小商品市场；完成运粮河、街心公园整治工程。标志性建筑——海洋大厦主体已建成，宝林冠城规模住宅区二期工程全部结束；向阳公寓二期全面开工建设，以绿化、亮化、美化为重点的西镇区面貌焕然一新，实现与东镇区完美衔接。

【加快建设新型农村社区】　按照"六靠近"要求和"生态化、园林化、产业化"理念，全力加快杨侍、三湾新型农村社区建设。初具规模的三湾人家已成为步湖路沿线一道靓丽风景；杨侍建成农民乐园、苏北一流社区敬老院，高分通过省级康

各村（居）负责人及主要经济指标

表34

村（居）名	村（居）书　记	村（居）主　任	村及村以下现价产值	农民人均纯收入（元）
新　星	杨书中	徐兆扣	10354	11223
西　湖	蒋丹云	胡安顶	11084	11618
新　跃	吴龙才	王加扣	16463	12869
护　西	蒋丹林	凌兆俊	7845	10228
杨　侍	蔡文贞	王业宏	20982	12725
孙　苹	孙万楼	侍爱祥	15068	9542
明　朗	汪志宏	汪志宏	13877	11445
三　湾	孟义柳	葛銮顺	9602	12688
袁　邵	程卫根	袁云章	7671	8803
李　庄	李成雨	颜法云	8861	9579
民　强	邵良超		7784	10904
民　乐	刘万益	余根和	7858	9736
刘　垛	王荣来	王德标	6573	11762
护　陇	侍金华	严根红	8690	10656

（栾　罗　王海东　孟　震）

居示范村验收。

【不断强化集镇管理】 投入100多万元，新建一座现代生活垃圾中转站，7个村(居)按照“组保洁，村收集，镇转运，区处理”的模式，实现生活垃圾集中处理。通过公开招标配备水面保洁员、村(居)保洁员，实现主河道保洁全覆盖。创新成立集镇管理服务中心，与村建中心、清管所共同构建形成集镇管理新体系。按照“治脏、治乱、出景、出新”的要求，采取“定岗、定人、定责”的办法，强化部门之间配合、狠抓环境综合整治、完善环卫配套设施，专项整治与长效管理相结合机制初步形成。

【农业园区建设绩效斐然】 全年新招引项目6个，投入资金1.5亿元，新增高效设施农业7000亩，建设规模不断扩张，入园企业已达40家，总投入达4.5亿元，带动当地劳动力就业800多人，集旅游观光、休闲娱乐、高效农业、新农村建设先导示范区于一体，是城市居民节假日短程旅游的乐园。

【高度重视工业经济载体建设】 先期规划的3000亩中小企业集聚区，与区委、区政府提出的汽配产业园建设规划不谋而合。900亩启动区拆迁已基本结束，主入口桥梁已建成，三路四桥即将建成，一个展示郭猛新形象、支撑郭猛大跨越的发展平台即将呈现眼前。

【社会保障体系逐步健全】 农村低保、新型农村社会养老保险实现全覆盖，农村“四有”建设实现全覆盖，新建杨侍、三湾两个居家养老服务站和镇敬老院居家养老服务中心，五保老人集中供养率达65%以上。新增劳动力转移600人，新增就业400人，新农保扩面3500人。

【教育、卫生、计生等服务水平全面提升】 始终坚持“高效、低耗、和谐、进步”的教育发展主题，郭猛小学被国家体育总局确认为“全国青少年足球活动布局城市试点学校”，幼儿园被省教育厅评为“江苏省优质园”。卫生工作继续保持全区领先位置，合格社区卫生服务站实现全覆盖。新型农村合作医疗参合率达100%；享受新农合补助10.4万人次，补偿资金423.1万元，其中万元以上33人。人口计生工作在全区的位置逐步前移，镇村两级“世代服务”体系实现全覆盖，人口基金第六周期项目顺利通过区验收。

【文化广电事业繁荣发展】 新增有线电视用户1420户，全镇有线电视总用户达9395户；投入200多万元的文广大楼建成使用，农家书屋实现村(居)全覆盖。

【加强民主法制和精神文明建设】 基层民主政治建设有序推进，民主法治镇创建通过市级验收；深入开展“平安郭猛”、“法治郭猛”、“和谐郭猛”建设，“五五”普法通过区级验收；建立大调解、大防控机制，落实领导干部下访“金桥行动”和领导干部带班接待制度，在上海世博会等重要时间节点，信访稳定工作实现“四个确保”目标；投入100多万元，新建全区一流的接警大厅，并实现“四区”分开，开展规范化执法工作，得到市、区两级的高度肯定和全市推广，依法打击各类违法犯罪，刑事、治安案件较上年均有下降。综治维稳工作得到市综治委和区委、区政府的表彰。扎实抓好安全生产工作，以安全生产百日督查为契机，促进排查整改到位，彻底整治安全隐患，杜绝重大安全生产事故及突发性公共安全事件的发生。弘扬“诚信、务实、创新、奋进”的精神，大力开展精神文明创建活动，共创建市级文明单位5个、区级文明单位10个。

·反抗封建统治的艺术形象·
——沈拱山

沈拱山(1790—1855)，沈家墩(今盐都区郭猛镇下戴村)人。祖籍苏州，他是沈家从苏州迁居盐城的第七代后裔。是流传在苏北盐阜地区一个颇有影响的机智人物。人称苏北的“阿凡提”。

沈拱山出生于农民家庭，幼年丧父，和母亲相依为命。幼年时代的沈拱山，天资聪明，才智过人。他在母亲的严厉教管下，学业日渐长进，不久便考取秀才。时值嘉庆初年，国势开始衰弱，当时政治腐败，清政府靠的是加税卖官来增加收入，官吏奉行的做官诀窍是“多磕头，少说话”。官吏大多在政治上无所作为，贪污受贿成风，而搜刮民财颇有一手。面对外国资本主义的侵略，清政府表现得更是软弱无能。此时的沈拱山，看到官场黑暗，政府昏庸无能，秉性刚直、不畏权贵的沈拱山蔑视仕途，弃考不愿为官，甘过农耕生活，长期与农为友，扶弱惩强，胸怀正义，嫉恶如仇，仗义为民。被百姓称为“布衣青天”。

在民间，沈拱山的机智斗争，敢于为民立言的故事流传很多。如《九岁告状》，说沈拱山九岁就能打官司告赢损人利己的叔父；十岁时，盐城乡下发大水，庄稼欠收，知县却不减税收，听到这件事后就找了一根长烟袋竿走进了县衙。知县见沈是小伢子，感到蛮好玩，就问：“你今年几岁啦？”沈说：“我今年整一百岁，我祖

父六十岁，我母亲三十岁，我今年十岁，加起来一百岁，一岁也不少"。知县听后，哈哈大笑，说："我说你人小不懂事，人的岁数怎好加起来算呢？"沈说："是啊，老爷不知，我们乡下今年遭水灾，一亩地只收了二十斤粮食，三十斤秸草，把泥草根刨起来称，一亩田地倒有五十斤，这三样加起来才有去年的粮食多，可老爷的粮税却一个也不减，老百姓哪能拿秸草和泥草根来缴钱呐！"县官见十岁的小伢子都敢与他说理，心里想：这不是闹着玩的，若有人上告，乌纱帽还保不住呢！便做了个顺水人情，对沈说："你说得有理，本官也早替老百姓着想了"。当即下令把当年的税收减了。

道光年间，官僚、地主兼并土地严重，且愈演愈烈。失去土地的农民越来越多。沈对这些官僚地主恨之入骨。地处"里下河"地区的"八家圩"，差不多三四年就要发生一次大水，农民饱受痛苦。遇上这样的年景，生活就更加艰难。农民很想造圩挡水，但"八家圩"当时由八家地主分段占有。当洪水来时，首先经过"八家圩"中的"七里塘港"段。占有"七里塘港"段的这家地主既不肯出钱，又不肯出力，还不允许农民来这里挖土造圩。沈很是气愤，于秋后的某一天发动群众，上至八十三的老者，下到手里搀的小孩。就一晚上的时间，把个"七里塘港"圩做得又高又大，地主见生米煮成熟饭，也没办法。农民们真是拍手称快。在这里已初步显示了沈的统召才能和敢于同贵族、地主进行斗争的大无畏精神。

随着年龄的增长，沈的点子也越来越多，胆子越来越大，对那些以富欺贫、敲榨老百姓的地主劣绅们进行了有力的还击。敢于站出来，仗义善辩，驳得这些小人体无全肤。晚年的沈拱山为扶困济贫，伸张止义，义举颇多。先后与七任知县、二任知府进行说理斗争，为此，曾七次坐牢，经保释后仍刚正不阿，继续和这些官僚进行抗争。《赔船拆楼》、《摔官斛》、《算命案》等故事讲他热爱家乡、热爱人民、仗义救人于危难，既是一个善良的侠义之士，又是一个强硬的铁嘴讼师，是人们心中理想的救星；《水中捞月》、《捣官船》、《拔护提桩》、《专砍枯朽木》、《清水明镜》等故事反映他敢于斗争、善于斗争、爱憎分明、正气弘扬，仇者痛、亲者快，他是深受人民爱戴的智囊。《巧治淫棍》、《三治马屁精》、《倒树清根》、《卖房契》、《审羊皮》等故事写他不信鬼神，不怕邪恶，为弱者出谋划策，对恶棍作弄挖苦，具有强烈的人民性。《斗富济贫》、《宝鸭》、《看风水》、《改字翻供》、《万岁牌》等故事表现了沈拱山大智若愚，诙谐风趣，戏弄打击为富不仁作威作福、专门欺压穷苦人民的贪财鬼、霸道贼，是百姓民间的靠山。《诫子篇》、《聚宝盆》、《和睦庄邻》、《沈拱山之死》等故事展现了沈拱山家庭生活的浓厚人情味和对社会的洞察及对子女们的教导，体现出他伟丈夫的另一面。在这些故事中我们清楚地看得出沈拱山料事如神，机敏过人的才智，仗义执言，为民请命的义举。

沈拱山的一生中经常为穷人打抱不平，确实得罪不少当官的，以致于最后，有一个县官竟用"莫须有"的罪名硬把沈拱山逮捕了。沈仍是据理力争，辩得县官无法定他的罪，但又不敢放他，只好将他关押起来。最后在狱中遇害而死。清咸丰五年(1855年)谢世，享年65岁，墓葬于沈家墩。他的故事绝大部分与农民生活息息相联，有强烈的乡土气息，流传面很广，久传不衰。县淮剧团曾编演过大型淮剧《沈拱山》，通过艺术形象，再现这位机智、传奇的人物。中国百花文艺出版社出版《沈拱山的故事》，《中国民间文学集成》也收入沈拱山的传说若干篇。沈拱山作为民间机智人物在民间广为传颂，有关他的故事的社会价值、文学价值也越来越引起民众及专家的重视。如今，他的子孙们正致力于公安、卫生、教育等各行各业中，继续秉承着他的遗志，服务于千千万万个普通百姓。

大冈镇

Dagang Town

【概述】 全镇土地面积13081公顷，其中耕地面积6084公顷，下辖22个村、5个居委会，人口85743人。地区生产总值25.84亿元，财政一般预算收入7050万元，农民人均纯收入10589元，与上年同比分别增长21%、27.1%、16.6%。

新特产业得到新提升。荣获省创新型乡镇称号，作为鞋机特色产业小城镇全程参展上海世博会。全镇规模以上工业投资新增10.36亿元，增长40.2%，规模以上工业应税销售6.93亿元，增长39.2%，税收超100万元企业达11家。全年共招引实施项目66个，协议引进资金42.2亿元，其中亿元以上项目9个、5000万元以上项目9个。江苏闳业机械公司成为全国热压覆膜复合机龙头企业、标准委员会起草单位，大冈石油工具厂成为中石油、中石化一级成员单位和资格认证单位。

市委书记赵鹏、区委书记李纯涛视察中国鞋机城建设

园区建设迈出新步伐。累计投入5000万元用于中国鞋机城工业园区基础设施建设，先后建成经一路、经二路、纬一路，总长2.25千米，新建桥梁7座，安装路灯66盏，栽植绿化苗木13000平方米，完成网络、供电、供排水等管网布设，实现道路循环贯通。投入近千万元建设的中国鞋机城科技展示馆已经建成对外开放。总投资1800万元的万亩有机生态稻米基地建成桥梁71座、水泥路14千米、沙石路12.6千米、防渗渠15千米、各类闸站7座，河道疏浚24万立方米，顺利通过省、市检查验收。

城乡统筹实现新跨越。坚持镇当城建，加快城镇化步伐，支撑三产服务业发展，适时调整完善集镇规划、土地规划、建设规划和城乡统筹规划，集镇主要街道新装路灯46盏，纬一路绿化、卧龙新区绿化、林荫大道、阳光家园建设等集镇建设"六个一"和绿化建设"五个一"工程全部实施到位。建立和完善集镇环境长效管理机制和体制，城镇化率达49%，比上年提高4%。加快三产服务业的发展，苏宁电器、壹加壹商务餐饮中心等3家旗舰型连锁店相继落户，全年实现服务业增加值7.5亿元，增长21%。

社会事业开创新局面。分别被市、区命名为文明乡镇。新建通村公路21.5千米、桥梁33座，建成无害化户厕2600座、秸秆气化站1处、沼气物管站1家、户用沼气池200座；继续实行"五险"齐推进，新增各类保险10715人，8415位老人领取到60元/月的国家财政直发基础养老金；继续大力实施关爱工程，大冈敬老院创建成市级文明敬老院，五保户集中供养率65%；社会事业快速推进，文化广电工作被省政府表彰为先进单位，投资500万元建成大冈卫生院门诊大楼正式对外开放，农村新型合作医疗参合率继续保持100%，计生工作被命名为省优质服务示范站和全国计生协会先进单位，成功举办纪念中国计生协会成立30周年世代服务车发放仪式。

【荣获省首批创新型乡镇称号】 坚持科技引领产业发展，创新驱动技术进步。"十一五"期间通过省、市级新产品鉴定66只；专利申请并受理408件、授权160

各村(居)负责人及主要经济指标

表35

村(居)名	村(居)书记	村(居)主任	农村经济总收入(万元)	农民人均纯收入(元)
抬　头	王胜国	王胜国	11132	13035
勤　加	史同春	李春进	6476	9367
光　华	杨中余	卞荣春	5162	9358
丰　乐	卞大生	魏朝文	5251	9727
联　合	张凤群	张宏云	6704	9901
傍　徐	李乃宏	凌龙友	4038	9667
北　杨	陈圣刚	杨月凯	10538	9345
歧　山	史步怀	周爱林	8172	9347
新　利	王中军	陈荣友	4187	9348
书　楼	陈建军	李同林	7367	9415
花　吉	陈　林	陈安珍	5651	9971
瓦　屋	王玉兵	王翔红	5645	12569
吴　港	丁晓良	顾桂林	3990	9348
兴　隆	陈连华	翟永林	3323	9331
佳　富	丁云銮	丁云銮	15800	13447
同　兴	陈绍彦	颜桂年	5158	9835
戴　伙	戴所中	戴玉军	3643	9560
光　明	瞿保东	瞿安全	6232	10024
富　港	杨传富	郭乃武	7738	10721
野　陆	杨传江	王金萍	3610	10057
胜　利	王玉怀	王友珠	10469	13018
卧　龙	王宽祥	邵　萍	5688	10465
团　结	蔡士兰	蔡士兰		

件；共立国家、省科技项目45项，争取省级以上科技扶持资金近3000万元。认定国家高新技术企业1家、省高新技术企业2家、省创新型企业6家、省民营科技企业18家，认定省企业院士工作站1个、省级工程技术研究中心1家。科技工作连续15年全区第一。2010年被省科技厅命名为江苏省首批创新型乡镇。

【全程参展上海世博会】 大冈鞋机经过多年的发展，已具备一定的规模和特色。现有鞋机企业156家，从业人员近万人，其中各类科技研发人员600多人，高级工程师100多人，常年聘请院士顾问4人，制鞋机械总产值占全国1/3强，在国内鞋机行业与广东东莞、浙江温州形成"三强鼎立"之势。拥有裁断、披皮、复合、定型、绷邦等五大系列400多个品种，远销意大利、德国等40多个国家和台湾地区。年内，作为鞋机特色产业小城镇全程参展上海世博会。

【建成中国鞋机城科技展示馆】 为振兴民族鞋机产业，弘扬鞋机产业文化，按照"四有三聚"的要求，投资1000万元兴建中国鞋机城科技展示馆。该馆占地2009平方米，主体4层，局部5层。一楼为鞋机城总体规划展厅，采用声、光、电系统，介绍鞋机城发展规划、空间区域划分及未来10年的科技定位和产业目标等。二楼为鞋机科技文化展厅，主要以图文和多媒体等方式，介绍大冈鞋机发展历程、科技进步和鞋机文化等。展示馆其他楼层主要用于鞋机城建设日常办公、会务接待和信息发布等。

【工会工作成绩显著】 镇总工会坚持"党建带工建、和谐促发展"的工作方针，以"学习工运理论，破解维权难题，创新工会工作"活动为载体，深入开展"两争一树"主题教育活动，引导职工掀起学习新知识、追求新技术、掌握新技能的热潮，增强工会组织对职工群众的吸引力和凝聚力，形成共同推动经济社会又好又快发展的强大合力。2010年被省总工会表彰为"江苏省工会模范乡镇"。

【人武工作更上一层楼】 坚持以科学发展观为指导，大力加强思想政治建设，以抓好履行核心使命任务能力建设和基层建设为主线，不断推进工作理念、思路创新、方法创新和制度创新，在民兵的组织整顿、军事训练、双拥共建、国防教育等工作上致力塑创特色，多次为市、区人武工作提供基层规范化建设现场。被省政府、省军区表彰为"基层规范化建设先进单位"。

【计生工作持续加强】 紧紧围绕"十一五"创建、第六次人口普查、第六周期项目验收等重点工作任务，扎实推进基础管理，全面拓展优质服务，切实完善利导机制。全面启动"新农村新家庭计划"，大力实施生育文化建设、优生促进工程、计划生育药具"关怀式服务"、关爱女孩行动、阳光计生行动等计划生育民心工程。4月19日，国家项目组专家到镇考察指导第六周期项目实施情况；6月11日，国家艾滋病预防与计划生育/生殖健康结合项目督查组专家到镇调查指导。5月22日，举办"纪念中国计划生育协会成立30周年世代服务车发放仪式"。被表彰为省优质服务示范站和全国计生协会工作先进单位。

【文化广电工作获得省表彰】 紧扣建设文化强镇目标，以改善文化民生为重点，锐意创新，奋力拼搏。农家书屋创建100%全覆盖，"三送工程"图书在全镇所有村居轮回2次；全面完成"非遗"工作和文物单位申报工作；全年新发展有线电视用户1800户、数字电视35户，总用户已达到14228户，新安装入户数位居全区第一，通组率达95%，镇入户率达76.8%；农村广播入户率达97.1%，通响率达100%。被省政府表彰为优秀广电站。

【高标准建设万亩稻米基地】 按照高起点定位、科学化推进、可持续发展要求和创建一个高产优质核心区，打造两个特色样板区，带动万亩幅射区的发展思路，致力将基地打造成现代高效农业发展的"先行板块"。区农科所、盐城悦达农业园、盐都医学技术学校实施的3000亩高产优质核心区和两个特色样板区已投产达效。

(杭兴东)

冈中社区
Gangzhong Community

【概述】 社区下辖民生、凤楼、同桂、杨韦4个村居，总人口15675人，耕地面积810公顷。实现地区生产总值60000万元，一般财政收入1650万元，农民人均纯收入10426元，同比分别增长20%、26.9%、15.2%。

【社区挂牌成立】 9月28日，冈中社区党工委、管委会挂牌成立。上午10时30分，在一片锣鼓鞭炮声中，区人大常委会副主任常雨春宣布冈中社区成立，并代表区委、区政府致辞。按照“镇辖区管，财政单列，专项考核”的原则，创新社区建设管理体制和工作推进机制，调动社区干部、辖区居民开发建设的积极性和主动性，进一步推进社区管理水平的不断提升，就业增加、财政收入和居民收入同步增长的新局面，把社区建设成为“全民创业集聚区、便民利民商贸区和设施配套居住区”，使之成为具有鲜明产业特色、生态特色、建筑特色的现代生态和田园风光并相辉映的和谐型社区。

【编制总体发展规划】 10月28日，邀请上海同济规划设计院易敬亭教授一行6人就编制社区总体发展规划进行实地察看。规划依托新204国道，市区南环路、新步湖路、吴抬路，就总体发展规划、村庄发展规划，城市道路发展规划和控制性详规进行实地察看并进行研讨。控制性详规突出四个一：一条具备城市功能主干道，一条现代风格街道，一个中高档住宅小区，一个具有“四有三聚”（“四有”即：有规划、有园区、有龙头、有品牌；“三聚”即：政策聚焦、要素聚集、力量聚合）功能的工业园区。

【敬老院通过省级示范文明检查验收】 冈中敬老院创建于1991年，占地面积22亩。抓住省、市、区实施“关爱工程”极好机遇，大力加强敬老院改、扩建工程建设，先后投入资金220万元。新建综合住宅楼1250平方米，改建平房640平方米，新建别墅楼726平方米，食堂餐厅240平方米，洗浴中心180平方米，铺设中心大道480平方米，安装路灯9盏，霓虹灯16米，建成集国旗、喷泉、假山、绿化、灯光为一体的老年乐园一个，寿星广场一个。共有标准房间70个，可入住老人140人，现供养112人。院内环境优雅、绿色成荫，绿化面积占65%。门诊室、康复保健室、图书阅览室、棋牌室、浴室、鱼塘、曲桥、凉亭、健身器材等配套设施一应俱全。坚持以场养院，以副养院的新路子，早在10年前承包花吉村土地7公顷，兴办了一个集种植、养殖、苗木于一体的综合性绿色农场，年创收近10万元。2006年在敬老院东侧租地1公顷，作为蔬菜基地，实现四季蔬菜，鸡、鸭、鱼、肉制品全部自给自足，大大提高老人的生活水准。年初，再投入资金30万元，扩建装修食堂餐厅，新建男女浴室、改造居家养老宿舍28间，新装路灯4盏，实现“居住宾馆化、餐饮营养化、绿化林园化、灯光城市化”。11月24日，省民政厅通过对冈中敬老院创建省级示范文明敬老院的检查验收工作。

【李纯涛到社区考察调研】 12月7日上午，区委书记李纯涛到冈中社区考察调研，区政协副主席孙万青随同。冈中社区自成立以来，认真贯彻落实区委、区政府部署要求，用经济区的模式优化发展，用集镇区的办法提升管理，突出抓好规划编制、项目招引、集镇建设和民生工程四个重点，经济社会步入正常发展轨道，改变长期疏于管理的局面。在听取冈中社区主要负责人情况汇报后，李纯涛对该社区一班人前期所做的工作给予充分肯定。并要求冈中社区要选准工作突破点，坚持“规划先行、分布实施”的原则，抓紧做好各类规划编制评审工作，用高水平的规划引领建设和发展，促进新型工业化、城镇化良性互动。要高起点谋划和推进工作，切实提升发展层次与水平。要快速推进工业园区基础设施建设，坚持特色赶超，倾力招商选资，优先安排税源项目，加快形成产业特色。要加强社区综合环境整治，加大三产开发力度，加快工业企业“退镇入园”，力争在较短时间内社区居民生活质量和环境有新的改善。要主动与所在镇、区直部门对接，理顺体制机制，理清债权债务，保证社区机构正常运转，大冈镇及区直有关部门要积极给予支持。要坚持艰苦奋斗、团结拼搏，依法行政、严于律己，为推进社区发展提供保障。当前，要抓紧时间谋划安排明年一季度的重点工作，确保“十二五”发展有一个好的开局。

【村委会换届选举一次性成功】 12月8日，第九届村民委员会换届选举如期举行，并一次性选举成功。这次村委会换届选举是社区挂牌成立后第一次村委会选举，选举是否成功意义重大。社区党工委、管委会十分重视这项工作，采取扎实有效措施，不惜投入大量人力物力财力，不论是组织领导还是宣传发动都非常到位，机关干部全部深入一线，包片驻村抓选举，

各村（居）负责人及主要经济指标

表36

村(居)名	村(居)书记	村(居)主任	经济总收入(万元)	农民人均纯收入(元)
民　生	李林和	李林和	14852	13943
凤　楼	王玉柏	王如金	3633	9353
同　桂	任锋	任汉林	3379	9499
杨　韦	张荣龙	张荣龙	12396	12677

各相关部门通过协作，全力协助各村居抓好选举工作，保证选举工作一次性成功。

【“一类幼儿园”通过评审验收】 冈中幼儿园创办于1983年8月，现有占地面积6750平方米，建筑面积3643平方米，设有大、中、小9个班，270名幼儿，平均占地、建筑、绿化和户外活动场地面积分别为19.7平方米、10.5平方米、5.8平方米和5.7平方米。该园现有教职工26人，专任教师18人。冈中幼儿园不断贯彻落实《幼儿园管理条例》、《幼儿园工作规程》，以《幼儿园教育指导纲要》为指导，内强素质、外塑形象，精心培育幼儿，先后被评为“市安全文明单位”、“区巾帼示范岗”、“卫生保健合格单位”、“爱国卫生先进单位”、“创建平安校园合格单位”等荣誉称号，连年被社区表彰为先进单位。12月14日，市、区教育局领导一行到冈中幼儿园，就创建“一类幼儿园”工作进行评审验收。

【结对共建工业园区】 12月29日，区委、区政府研究决定，由盐都国土局，新区与冈中社区结对共建工业园区。为确保结对共建工作的顺利开展，成立盐南机电产业园结对共建领导小组，由区委常委任连璋任组长，由国土局局长卞定贵任副组长，成员由王纯国、宋江、汪一江三人组成。管委会下辖特色项目招商、重点项目服务、基础设施建设、土地征用拆迁四个工作组。园区规划面积约220公顷，其中一期规划用地155公顷，规划用地功能以工业产业为主导，配套完善社会公共服务设施、市政基础设施及园林绿化。根据产业规划布局，机电园将坚持劳动密集型产业与资金、技术密集产业相结合，以机械制造、汽车配件为重点。园区规划力求创新理念，博采众长，着力提升园区品味，塑造冈中社区的崭新形象。社区专门邀请上海同济规划设计院专家教授对园区进行了规划设计。为夯实园区基础建设，按照“适度超前、梯度推进”的原则，高起点、高标准、高品位开展园区规划工作。 （刘丛华）

潘黄镇
Panhuang Town

【概述】 全街道土地面积2300公顷，其中耕地面积1341公顷，下辖2个村，11个居委会，人口45631人。实现地区生产总值32.6亿元，财政总收入4.2839亿元，农民人均纯收入12048元，与上年同比分别增长25.8%、34.7%、18%。

招商选资和项目建设快速推进。全年共招引千万元以上项目40个，总投资达69.9亿元。其中工业项目18个，计划总投资12.3亿元，包括：总投资2亿元的化纤纤维项目，总投资1.5亿元的拖拉机前桥项目、农机配件项目、阀门制造项目，总投资1.2亿元的单晶硅拉棒项目、污水处理项目，总投资1亿元的食品机械制造项目，总投资6000万元的童车配件项目等。三产项目22个，计划总投资57.6亿元，包括：总投资20亿元的轻工礼品城项目，总投资12亿元的半岛花园房产项目，总投资6亿元的如意首府房产项目，总投资5亿元的腾飞新城、金港花园房产项目，总投资1亿元的比亚迪汽车4S店项目，总投资7000万元的现代汽车4S店项目，总投资5000万元的奇瑞汽车4S店、昌河铃木汽车4S店项目。利用外资累计2009.4万美元，提前超额完成全年2000万美元的实际到账外资工作任务。入驻仰徐机电产业园的赛隆环保、德鹰非织材料、雷斯达电器等项目已投产，天驰汽配、江南电力、荣南机械、金达福高分子材料主体竣工，新能源材料、恒瑞阀门、健能童车等项目已破土动工，园区聚集效应初步显现。

城市形象和街道功能全面提升。不断加大对集镇基础设施建设和城市精细化管理的投入，积极参与城市建设，加大改造力度，拓展街道功能。致力服务大庆路西延、204国道扩建、油坊沟突击整治等市政重点工程，拆迁工作快速推进，有力地保障市区重点工程顺利建设。按照重点镇城镇化建设“六个一”任务要求，大手笔推进城市形象的大提升、大改观，重点整治出新镇中路和鹿鸣路镇区西段。认真组织实施绿化“五个一”工程，全力完成绿色盐城建设任务，累计补植树木2500余株，建立成活率、保存率与管理报酬挂钩的长效管理机制。新建成四座防洪闸，城市防洪能力得到新提高；新建桥梁5座；疏浚河道9条段，13200米，14.9万立方米。投资近千万元完成前进河景观带驳岸、绿化、道路工程。积极完善街道功能定位，依法对交通秩序、占道经营、违章建筑开展专项整治，维护优良的公共秩序。成立治违办公室，实施常态管理，较好地完成防违、控违、治违目标，违法建设的歪风得到有效遏制，城市管理质量显著提高。

城乡统筹和现代农业亮点纷呈。按照“规划先行、重点突出、搞好试点、扎实推进”的总体思路，落实“统筹城乡发展、产业强村富民、提升村庄形象、构建和谐文明、建设生态新村、打造全国示范”的

各村(居)负责人及主要经济指标

表 37

村(居)名	村(居)书记	村(居)主任	村及村以下现价产值(万元)	农民人均纯收入(元)
新　民	董兆富	韦学明	9130	10769
仰　徐	徐荣春	李兆昌	34359	13140
朱　庄	董金玉	张俊良	11280	14884
何　桥	尹同林	单朝兵	23774	12365
大　孙	顾仁霞	孙建国	6468	10350
美　丽	陈祝法	杨万彬	2735	11403
跃　进	高保宏	孙　军	13030	12010
兆　泉	郑　明	孙茂红	2409	10924
吴　杨	杨德尧	蔡龙群	9432	11143
宝　才	商兆华	商士东	115207	12000
旭　日	朱其冬	朱　亮	48720	17980
东　升	陈长林	熊爱琴	42000	17900
杨　坝	童金顺	孙兆林	68567	13059

要求,开展两轮新农村建设“百日会战”,建立仰徐村加快统筹城乡一体化三年建设指标体系,合力打造仰徐新农村。仰徐机电产业园规划占地面积1000亩,已征地建设400亩,12家企业入驻园区,3家企业已投产达效,3000多平方米的企业服务平台已建成并投入使用。全力打造“四千工程”(千亩草莓园、千亩葡萄园、千亩景观园、千亩蔬菜园)。一期投资400万元,建设完成六座高档冬暖式日光大棚,实施反季节果蔬生产。洪圣农业风情园一期工程110亩已初具雏形,秀城农业生态园基础设施正在紧张建设之中,生态大酒店已完成规划设计。围绕道路、沿河、村庄、园区和节点进行绿化。建立“组保洁、村(居)收集、街道运转”的生活垃圾处理模式,完善村民“道德银行”实施细则,规范和约束村民日常行为,全力加快新农村建设进程。

社会事业和民生工程协调发展。坚持以人为本,共享发展成果。加强教师队伍建设和学校管理,校园安全保卫得到全面加强;教学环境大为改善,教学质量明显提高,适龄儿童少年入学率、巩固率继续保持100%,中心幼儿园继续巩固创建市特色园成果,潘黄实验学校获得江苏省绿色学校、江苏省平安校园等荣誉称号,与市第一初级中学、新区实验学校组建成盐城市第一初级中学教育集团,腾飞路实验学校正在筹建之中;计划生育率保持较高水平,计划生育工作继续走在全市和全区前列,奖励政策兑现率达100%,优质服务率达95%,“世代服务”体系建设全覆盖,向国家计生协会申报的“关爱生命、关注健康”项目已经实施;投入700万元的卫生院病房大楼已投入使用,医疗卫生条件进一步改善。新型农村合作医疗参保覆盖率逐年扩大,参合率达100%;全市一流的仰徐敬老院已经投入使用,低保范围进一步扩大,宝才、兆泉、旭日、朱庄建成居家养老服务站。环境保护工作成绩斐然,夏季秸秆禁烧全区域告捷;精心组织实施第六次全国人口普查工作;文化广电事业健康有序发展,“党群牵手致富工程”成效显著,人才大厦、兆泉菜场等一批重点工程建设有序推进。认真落实安全生产责任制,建立健全安全生产检查、监督和巡查制

街道党委书记商建明向省委常委、副省长黄莉新介绍现代高效农业示范园建设情况

仰徐工业产业园区服务中心

度。街道稳定局势进一步向好，进京上访量比去年下降90%，为近5年最好成绩，跃上经济主体区板块先进行列；社会治安综合治理工作成效显现；普法工作有序开展，干部群众法制观念、法律意识不断增强。

服务效能和党的建设全面加强。深入开展学习实践科学发展观和创先争优等教育实践活动，以“五好党委、五好支部”为目标，开展“三级联创”，认真执行加强基层建设的十项基本制度。圆满完成村(居)“两委”换届选举，不断优化村居单位班子建设，努力增强基层组织的执行力、凝聚力、战斗力。坚持从干部队伍作风建设入手，开展“学先进、创星级、树品牌、争一流”主题教育活动。认真落实党风廉政建设责任制，加强廉政准则的学习宣传和落实，扎实抓好拆迁领域廉政风险防范管理工作，积极开展“五治理一查办”工作，加大党员干部违纪案件查处力度，强化党员干部教育、监督和管理，增强服务意识和能力，提高工作效率，有效地保证党风廉政建设责任制的落实。充分发挥班子成员集体的智慧，不断增强班子解决自身问题的能力，形成了分工负责、整体推进的工作局面。特别是承担重点楼盘建设、重点项目推进、新农村建设和其他急难险重工作，始终围绕街道党委、办事处全局工作部署，超前谋划，强势推进，取得显著成效。全年共办理各类行政审批服务事项812件，办结率100%，群众回访满意度100%。宝才居委会在全区十佳基层党组织评选中，脱颖而出，榜上有名。财政所、地税分局、国税分局、国土所、派出所、企服中心、村建中心等单位工作卓有成效，人武、司法、统计、信访、三老一关等部门工作富有特色，其他单位和部门工作也有较大提升。

【撤镇成立街道】 9月30日上午，隆重举行街道成立暨揭牌仪式。新设街道，成为潘黄加快推进城市化、做大做强新业态的又一里程碑。全镇(街道)以公民道德教育、文明和谐创建为主线，着力提高文明程度、促进社会和谐稳定。被省文明委授予“2007—2009年度江苏省文明镇”称号。通过科学规划，综合治理，加大投入，强势推进，街容街貌得到美化，农村的生态环境和生产条件得到改善，广大居民的环境保护意识得到增强，集镇的文明建设与管理得到提升。被省环境保护委员会授予“江苏省环境优美乡镇”称号。2007~2010年连续四年重点镇考核综合排名全市第四。

【杨坝居委会财政税收首超亿元】 按照“上规模、增效益、做特色、强产业”的发展思路，坚持发展税源经济，大力实施“以工兴居、三产活居”战略，年内，杨坝居委会实现财税收入10018万元，首次突破亿元大关。

【服务业提速发展】 服务业增加值年均增长28.1%，对经济增长的贡献率达到44.3%。神龙物流、平安保险、富荣大酒店等原有三产服务业企业发展势头强劲，中华保险、皇家名流、雅家乐超市、魅力金座、龙杰4S店等新兴三产服务业企业迅速崛起。

【高效农业全面突破】 按照“民建、民有、民营、民享”的原则，大力发展设施农业。着眼农业园区化、项目品牌化、技术专业化，全力打造高效农业“四千工程”(千亩草莓园、千亩葡萄园、千亩景观园、千亩蔬菜园)，高效农业覆盖率提高到54%，高效设施从第一代提升到第五代。

张庄街道

Zhangzhuang Sub-district

【概述】 张庄街道位于盐城市区西郊，辖区面积2280公顷，其中耕地面积972公顷，总人口30586人，常住人口28335人，下辖6个行政村，3个居民委员会。2010年实现国内生产总值13.91亿元，财政总收入1.36亿元，一般预算收入8500万元，规模以上固定资产投资10.45亿元，规模以上工业实现应税销售11.53亿元，农民人均纯收入10518元，同比增长19.2%、35%、42.9%、31.8%、42.3%、17.2%。

特色产业一业做强。按照全市“四有三聚”和全区“三六十”园区建设的要求，邀请高资质设计单位对齿轮产业进行总体规划，总面积3800亩的齿轮产业园区土地、建设、产业规划已通过评审，其中园区一期1500亩正在加快项目建设，建业路、政通路、康庄大道、振兴路园区段等四条主干道循环贯通，园区二期1000亩框架正在拉开；集规划展示、产品陈列、园区服务、项目研发于一体，建筑面积5000平方米的齿轮园区规划展示馆正在抓紧建设；加快特色项目招引力度，共引进实施5000万元以上工业项目16个，其中亿元以上特色项目6个，总投资5亿元的齿轮箱项目，总投资3亿元的风电齿轮项目，总投资1亿元的赛美斯机械项目列入市工业化考核；全面加大创新创牌力度，驰翔公司和宏达公司建立省级研发中心，中力公司、金洲齿轮、广庆电器建立市研发中心，中力齿轮创省名牌，“四有三聚”实现新突破。

高效农业迅猛发展。新流转土地600亩，新增设施农业300多亩，新建钢架大棚100多座，成片造林800亩，植树造林18万株，秸秆综合利用近4000亩，实现全面禁烧，得到市、区领导充分肯定。发挥葡萄、草莓、五谷杂粮等品牌优势，高起点规划张庄高效农业示范园，正与全国知名连锁店浙江杭州秀山美地洽谈合作，筹备建设占地300亩、计划投入300多万元的高效设施农业观光产业园；占地40亩、投入150多万元的张庄

各村(居)负责人及主要经济指标

表 38

村(居)名	村(居)书记	村(居)主任	村及村以下现价产值(万元)	农民人均纯收入(元)
东　升	孙友高	成金海	25157	13537
仓　头	李洪明	邵　勇	34826	11399
东　徐	李志顺	徐志斌	18949	11436
西　徐	李保安	徐杏之	16023	11055
钱　庄	桂学正	盛　洪	16795	11440
成　庄	李洪元	李洪元	14368	11153
王　庄	杨瑞华	徐俊文	7154	10053
龙　海	徐宝国	何新龙	5069	10085
郑　通	徐加龙	郑汉玉	7016	9775

灵芝园已初见成效；农产品加工集中区初具规模，由市粮食局投资2.5亿元，集面粉、饲料、粮食加工和粮食交易市场、粮食仓储于一体的粮食仓储物流中心，一期工程正在建设。

集镇面貌焕然一新。邀请高资质设计单位编制覆盖全域的总体规划、4平方千米的集镇控制性详规和1平方千米的深层次城市设计，拉开“四纵四横”的路网框架，加快集镇建设步伐。投资近2亿元、以城市主干道标准设计、宽40米的连接市高新区、贯穿张庄南北的经济大动脉——振兴北路，完成拆迁160户，园区段已建成通车，集镇北段春节后进场施工，集镇南段春节后启动拆迁，这条干道的建成将对张庄融入主城区、对接高新区、步入经济发展快车道具有深远的意义；启动建设宾达嘉园二期、华泰景城、星福苑、奥康苑二期、海棠花园三期、惠民花园二期等房地产开发项目，全年开发房地产12万平方米以上；盐淮线204国道至振兴路段面整治出新快速推进；集镇建设“六个一”和城镇绿化“五个一”工程完成年度计划，其中，列入市重点镇考核的3个城镇化项目宾达嘉园、建业路提升、宝庆路建设全面完成。通过这些基础工程的建设，张庄的集镇面貌焕然一新，正在全面融入主城区。

社会事业和谐发展。集中精力为民办实事，村(居)民满意度进一步提高。回购2.6万平方米商品房安置拆迁户，东升、东徐、仓头等村(居)前期有关拆迁户得到妥善安置；全面落实学校和幼儿园安全责任制；新农保扩面2100人、城镇职工保险扩面400人，提前超额完成全年目标任务，发放农村基本养老金780人，新农保“四有”村(居)建设实现全覆盖；农村新型合作医疗参合率达99.6%以上，新增有线电视用户1000户，完成农村改厕500座、农村户用沼气池建设50座，街道社区服务中心、九年一贯制实验学校、新卫生院完成选址和建设规划，公益性公墓建设正在推进；村(居)河道保洁实现常态化。与此同时，社会大局保持稳定，落实街道班子成员及机关部门化解热点难点问题包保责任制，特别是在是“两会”和世博会期间全街道无一人进京、赴省和越级上访；始终把“三项排查”工作作为街道维稳工作的重中之重，街道各行各业无一起重大安全生产事故；全区法律服务规范化管理工作推进现场会在张庄街道召开，法律援助工作受到省司法厅和市、区领导的高度评价。

党建工作创先争优。深入开展学习实践科学发展观和创先争优活动，加大对村(居)、单位、班子绩效考核力度，完成了村“两委”换届选举工作。举办以学习贯彻党的十七届五中全会精神等四个专题为主要内容的农村党员干部冬训冬学班，大力推进“村企结对”和“党群牵手致富”等脱贫攻坚工程，进一步加大“党支部+合作社”的富民效应，新组建的金洲齿轮和福奇混凝土党支部成为省委组织部非公企业党建工作联系点，街道党委被市委表彰为“先进基层党组织”，葡萄专业合作社党支部被区委表彰为“十佳基层党组织”，谷远东等被区委表彰为“十佳党员创业先锋”，受到区委表扬，周业刚、谷远东等为全区招大引强、发展新特产业作出了突出贡献。深入开展“创星级、树品牌”和“五治理一查办”活动，党员干部勤政务实的作风和廉洁自律的表率作用进一步倡扬。成立街道防违治违办公室，面向社会公开选聘20名街道和村(居)防违治违骨干，配强防违治违力量。

【张庄志珍灵芝生态园】 张庄志珍灵芝生态园是目前盐城地区唯一种植、加工、销售灵芝孢子粉和灵芝原料的观光型生态园。灵芝生态园现占地40多亩土地，建筑风格以中式农家风情为代表，竹木结构的建筑与农家小院的情景相结合，成为农村田园中一道亮丽的风景线。灵芝生态园分生产种植区、接待区、产品展示区、仓库4个主体区域和一个生态文化长廊，兼具亭台鱼池，拥有30多座大棚的灵芝种植基地，主要产品有袋装灵芝、灵芝切片、灵芝酒、灵芝孢子粉等，观光者还可以在合适的月份参观到灵芝飞粉的奇异自然景象。

【齿轮园区服务中心】 张庄齿轮园区服务中心集政策咨询、信息交流、招商选资、项目建设、企业发展等服务功能为一体，下设项目部、招商部、企服部、办公室“三部一室”，建设规划展示中心，搭建项

高效农业园

目代理、人力资源、金融担保、物流财税等四大服务平台，为投资者在项目洽谈、手续办理、要素协调、员工培训等方面提供便利，做到项目审批时全过程服务、项目建设中全方位服务、企业运行前急难事项全天候服务。

【齿轮园区规划展示馆】 张庄齿轮园区规划展示馆占地面积18000平方米，建筑面积四层5000平方米。展示馆建筑主体呈L型、全框架结构，建筑造型简约、现代、新颖，内部分为规划展示、产品展示、行政服务、项目研发四大区域，既有融声、光、电于其中的园区规划模型，又有集产品展示、项目研发、信息咨询、管理协调于一体的服务平台。该展示馆建成后将成为招引特色项目的亮丽名片。

【市领导视察齿轮产业园区】 12月3日，市委书记赵鹏参观齿轮产业园区的展示厅，重点了解园区建设、龙头培植、品牌塑创等方面情况，对园区的发展水平和层次表示赞赏。在实地察看江苏驰翔公司与陕西秦川集团合作的风电齿轮项目、江苏中力公司与山东时风集团合作的齿轮变速箱项目后，赵鹏指出，张庄街道要坚定不移地围绕齿轮产业做大做强园区，招选齿轮产业领军企业，拉长齿轮产业链，各方共同努力，实现打造亚洲齿轮中心这一长远目标。

【重点镇现场观摩会在张庄召开】 11月25日，全区重点镇特色产业发展和项目推进现场观摩会在张庄召开。区领导崔浩、顾其斌、冯明印及各重点镇负责同志参加会议。在实地观摩张庄海棠花园项目、中力齿轮变速箱项目及齿轮产业园区服务中心并听取张庄街道工作汇报后，区长崔浩充分肯定特色产业发展和项目推进工作，要求张庄街道以更大力度、更实举措，加快推进特色产业发展，在园区载体和创新平台建设上，龙头企业和领军企业招引上以及落实“三聚”措施上有新的突破。 （顾鹏程）

新都街道

Xindu Sub-district

【概述】 2007年3月，新都街道办事处应势而生。实现从起步到腾飞的跨越。组建以来，经过3次区划调整，土地面积30.8平方千米，人口6.5万人，下辖8个社区和居委会。街道2007、2008、2009连续三年蝉联盐都区绩效考核综合奖，连续两年被市委、市政府表彰为城南新区建设突出贡献奖，被国家体育总局、中央文明办、江苏省体育局、江苏省文明办表彰为“城市体育先进社区”，成为国家民政部社区工作委员会成员单位。

经济总量全区最大。年内，街道实现地区生产总值16.2亿元，其中二、三产业分别完成4.3亿元、11.4亿元，四年年均增长25.6%，是2007年成立之初的2倍。完成财政总收入5.18亿元，比2007年净增3.76亿元，年均增长54.1%，财政一般预算收入4.68亿元，年均增长62.5%，连续四年位列全区之首，新丰、南港二社区财政收入实现首超亿元，成为街道社区第一版块中名副其实的“排头兵”。全街道固定资产投资累计38.7亿元，年均增长88%，是成立之初的6.8倍。实现农民人均纯收入10855元，年均增长17.2%。新增私营企业116户，个体工商户546户，新增注册资本5.6亿元。

招商项目全区最多。4年来，街道共签约重大项目89个，其中亿元以上项目

各村(居)负责人及主要经济指标

表39

社区名称	社区书记	社区主任	经济总收入(万元)	农民人均纯收入(元)
南　港	黄益平	薛　勇	7090	11577
娱　乐	高东飞	卞生标	8480	16386
新　丰	卞爱军	王一勤	17778	11589
跃　南	王友文	黄扣凤	13860	11535
东　进	张　松	李福文	4955	10427
民　富	李正鑫	李元顺	5748	10342
益　丰	蔡仕同	陈建兰	4256	9159
伍　冈	陈兆奎	夏兵涛	5129	9138

58 个,5 亿元以上项目 18 个,10 亿元以上项目 5 个,重大储备项目 12 个,总投资达 560.6 亿元。成功引进投资 80 亿元的中南世纪城、70 亿元的国基城、21.56 亿元的海德公园、25 亿元的金鹰天地、10.5 亿元的凤凰汇广场等一批世界 500 强企业。4 年共协议利用外资 1.8 亿美元,其中外资实际到账累计 6530 万美元,年均增长 242%,外资实际到账数一直位列全区第一,金国联一次性到账 1404 万美元,刷新盐都单笔外资到账超千万元的记录。

拆迁安置全区最好。4 年来共拆迁 5800 多户,单位 11 家,先后实施东方汽车广场、204 国道、市体育中心、内港湖整治、盐塘河整治等 45 个市区重点项目拆迁,落实 6960 套安置房,安置面积 76.6 万平方米,到期安置率达 98%以上。

【基础设施健全】 全面推进城南新区范围内六大类 187 项市、区重点工程建设,协调解决项目推进中的各类矛盾和问题数百起,内港湖商务商贸区、金融集聚区和科教城等一批重大项目建设势头迅猛,省级重点高中、盐渎路学校、聚亨路小学、日月路小学全面建成并交付使用,三甲医院、万人体育场、观光电视塔、一类幼儿园全面开工建设,内港湖公园、盐塘河公园、涵邦休闲健身中心、科技馆全面交付使用,总计完成投资 106.2 亿元,其中年内完成投资 34.8 亿元,占年计划的 132.8%,开工率达到 98%,创历年新高。

【人居环境不断提升】 4 年来,先后开工竣工海德公园、中南世纪城、华厦绿城、恒盛都市豪庭、水绿名苑等 20 多个小区,集聚人口 10 万人以上,一批大型社区组团全面开工建设。新建污水处理厂和垃圾处置场;陆续开办医疗、幼教、中介、法律援助、家政服务、老年活动中心等便民项目;多途径免费培训居民技能,鼓励自主创业和进厂务工;大力推行城市医保和失地农民社保,年发放社保额 1588 万元,覆盖面达 100%。切实加大社会治安综合治理,重视提高居民的素质,提升社区的文明程度。组织开展"送戏进社区,小区天天乐"活动,丰富居民的物质文化生活。

盐龙街道
Yanlong Sub-district

【概述】 街道土地面积 5260 公顷,其中耕地面积 2655 公顷,下辖 6 个村、9 个居委会,总人口 46623 人。实现国内生产总值 22.7 亿元,增长 34%,财政收入 3.45 亿元,一般预算收入 2 亿元,分别增长 55.4%和 58.7%,农民人均纯收入 11266 元,增长 16.4%。

载体功能在持续改善中明显增强。高新区成立之初,立足打造苏北一流高新园区的要求,委托上海同济大学规划设计院,按照"高"、"新"的要求,修编和完善 45 平方千米总体规划、20 平方千米控制规划和 5 平方千米详细规划,确保园区规划 50 年不落后。随着沿海开发上升为国家战略,高起点、高标准规划完善了占地面积分别为 10 平方千米和 6 平方千米的风电装备产业园和通讯电子产业园。与此同时,切实维护规划的严肃性,提升规划执行力,先后实施风电装备产业园、通讯电子产业园、中小企业创业园、盐龙湖工程等拆迁项目 20 多个,动迁居民 4000 多户,以满足基础设施和项目建设的用地需求。至年底,园区基础设施累计投入达 30 亿元,完成工程 22 项,在建工程 16 项,水、电、气等一批配套设施投入使用,世纪大道、凤凰大道、华锐路、振兴路、秦川路等"六纵六横"主次干道建成通车,形成对外互通、内部循环的"快速交通网",园区"七通一平"熟地面积已达 30 平方千米。

产业结构在持续转型中加速升级。风电装备产业按照打造风电装备高地"三步走"战略,成功迈出"招选行业龙头,抢占产业制高点"和"建设研发平台,引进科技领军者"的关键性两步,风电装备领军企业华锐风电科技集团总投资达 60 亿元,2010 年实现销售收入 60 多亿元、入库税收 2 亿多元。以秦川增速机产品下线为标志,打造风电装备高地第三步"实施配套项目,构建核心产业链"亦已取得突破,贵航冷却系统等 4 个项目相继开建,发电机、电控柜、变桨轴承等 8 个项目签约落户,风机主要部件加速实现地产化。通讯电子产业在龙头企业锐毕利公司的带动下,产能迅速扩大,领航中国语音网关技术的世纪网通讯、与国家工信部和中国电子企业协会共建的电子生态园以及亚固电子等高端项目陆续开建,通讯电子与风电装备将成为高新区两个名副其实的百亿规模新产业。新材料产业在高新区业已破题实施,超高分子纤维项目已开工建设,高性能滤料等一批项目已签约落户。农副产品加工区初具雏形,重啤、天邦等一批龙头企业相继落户。高新区成立以来,先后引进亿元以上项目 72 个,60 亿元以上特大项目 1 个,10 亿元以上重大项目 8 个,5 亿元以上项目 16 个,实际完成投资 104.5 亿元;外资项目 24 个,协议利用外资 3.05 亿美元,累计到账外资 1.02 亿美元。

服务效能在持续提升中加快推进。牢固确立"抓服务就是抓发展"的理念,建立健全效能监察、服务征询和专项考核制度,加大"三服务"工作的组织领导和督查考核力度,推进服务常态化、职能化、目标化。对外资项目,全程包办从报批到结汇的所有手续;对内资项目,落实专门小组跟进服务。项目开建即启动"全托服务",既包办理围墙外的一切手续,又包解决围墙内的所有问题,并超前做好用工培训、融资服务、公交线路延伸等保障工作,倾心尽力使投资者在高新区有事半功倍之感。继华锐一期从签约到投产 200 个工作日完成后,高新区重大项目建设速度一再刷新,锐毕利二期工程 126 天完工。与此同时,把服务的功夫下在助推企业跑部跑省、争取支持上,先后实施国家和省各类科技攻关创新项目 30 多项,争取无偿资金 2 亿多元;建成国家级研发及服务机构 2 家,获得国家海上风电及装备高新技术产业化基地、国家博士后科研工作站、省特色产业园、省科技示范园等 12 块牌子。

民生事业在持续统筹中和谐共享。倾心尽力把改善民生作为一切工作的出发点和落脚点,对被征地农民完善基本生活保障制度,做好土地换社保工作,真正使失地农民老有所养。至年底,累计新增失地农民基本生活保障 17519 人,占农业人口的 47.97%,2010 年当年发放保

各村(居)负责人及主要经济指标

表 40

村(居)名	村(居)书记	村(居)主任	经济总收入(万元)	农民人均纯收入(元)
乔 庄	孙安林	王加元	15643	13807
黄 刘	黄建胜	刘基坤	6783	12217
吴 徐	吴建祝	徐士德	9399	11530
大 李	成文秀	许汉权	5445	10043
丁 晏	丁广全	丁广全	15711	12051
先 锋	徐银山	吴林生	6408	10164
合 兴	孙龙俊	吕绍文	6991	10773
健 仁	徐文冈	韩剑琴	6578	12993
古 亭	张新春	张志军	5360	10531
跃 马	夏国华	夏国华	12702	11998
北 港	孙士斌	张尔斌	8242	9533
蟒 南	张俊仁	张文杰	10098	12100
益 民	陈学怀	徐洪祥	25522	12527
方 向	徐大亚	徐玉根	7466	14106
孙 吴	吴玉华	孙保生	5292	12329

障金1250多万元。率先在盐都推行小区化安置,围绕拆迁安置"零过渡"的目标,加快丁晏、孙吴、方向、乔庄等安置小区建设,累计安置拆迁农户4000多户。加强社会治安综合治理,大防控体系、大调解机制进一步健全。加大违法建设打击力度,建立健全长效管理机制,保障园区开发建设的顺利进行。社区卫生服务网络日趋完善,新型合作医疗参保率稳中有升。低生育水平持续稳定,出生人口素质有所提高。失地农民向非农产业转移力度不断加大,工资性收入明显增加。工业企业节能减排、化工企业关停搬迁、食品药品专项整治工作取得明显效果,安全生产常抓不懈,安全责任制全面落实,社会大局保持稳定。

【盐龙街道办事处挂牌成立】 10月10日,盐龙街道办事处在西区正式挂牌成立,区委常委、副区长冯明印、单永红,区政协副主席孙万青出席仪式并为盐龙街道揭牌。在西区的基础上成立盐龙街道,是区委、区政府充分调研,并报省、市政府批准实施的一项重大决策。作为区政府的派出结构,它的成立,必将为西区的行政服务管理注入新的活力,登上新的台阶。单永红代表区委、区政府对盐龙街道的顺利挂牌表示祝贺。

【华锐5兆瓦风电机组项目奠基】 1月11日,华锐风电5兆瓦风电机组项目开工奠基仪式在华锐风电盐城产业基地隆重举行。市领导赵鹏、李强、冯永农、陈正邦、戴元湖、周福莲、何桂英、谷家栋、崔士明,华锐风电科技(集团)股份有限公司董事长、总裁韩俊良,中国华电新能源发展有限公司副总经理霍广钊,区四套班子全体领导等出席奠基仪式。华锐风电5兆瓦机组项目总投资15亿元,致力于5兆瓦大型海上及潮间带风电机组的研制和规模化生产,该工程将于年底竣工投产,建成后可实现年产能60万千瓦,新增销售收入40亿元。开工仪式前,华锐风电科技(集团)股份有限公司、中国华电集团新能源发展有限公司和市发改委共同签订江苏盐城105万千瓦海上风电项目三方合作协议。

【华锐风电产业园产业发展规划通过专家评审】 3月28日,《江苏华锐风电产业园产业发展规划》通过专家评审。市、区领导赵鹏、陈正邦、崔士明、李纯涛、崔浩、冯明印、单永红、黄正桂等出席。《江苏华锐风电产业园产业发展规划》由同济大学发展研究院、上海九华企业管理咨询有限公司编制。在审阅产业发展规划及相关资料、听取课题组汇报并进行提问后,由国家发改委能源研究所副所长李俊峰任组长的专家组,一致同意该规划通过评审,并建议做适当修改,向主管部门申报,尽快实施。

【华锐风电跃居全球行业排名第三位】 据国际权威行业咨询机构BTM3月29日发布的最新消息,中国2009年新增风电装机容量为13.75百万千瓦,全球独占鳌头。其中,华锐风电以9.2%的全球市场份额,位列丹麦维斯塔斯和美国通用电气之后,跻身全球风电行业第三位。国家发改委副主任兼能源局局长张国宝为此专门向华锐公司发来贺信。据悉,未来几年,华锐将占到全球风力发电设备30%以上的市场份额,其中盐都产业基地大型海上风电机组独领风骚,前景风光无限。

【华锐参展2010上海国际海上风电展】 6月7~9日，亚洲最大规模海上风电展——2010上海国际海上风电及风电产业链大会暨展览会在上海举行。此次展会由中国资源综合利用协会可再生能源专业委员会和全球风能理事会共同主办。华锐风电本次展出规模位居国内同行首位。挪威、丹麦、英国等国家也专设了国家展馆。本届大会共设风电市场及政策等14个研讨专场，来自11个国家和地区的110位演讲嘉宾共同探讨海上风电领域的最新政策、技术、项目及市场趋势。

【华锐装备的东海大桥风电场全部风机并网发电】 7月6日，国家发展改革委副主任、国家能源局局长张国宝与上海市副市长艾宝俊共同启动按钮，由华锐风电(江苏)科技有限公司提供全部装备的上海东海大桥海上风电场34台风机转动巨大的叶轮，将东海清洁能源源源不断地送入上海市电网，为上海世博会增光添彩。上海东海大桥100兆瓦海上风电示范项目是国家发改委于2008年5月核准的我国第一个大型海上风电项目，同时也是亚洲首座海上风力发电项目。该风电场由34台3兆瓦风电机组组成，总装机容量10.2万千瓦。设计年发电利用小时数2624小时，年上网电量2.67亿千瓦时。东海大桥海上风电场在我国风电场建设史上创造了多项“第一”:第一次采用自主研发的3兆瓦离岸型机组，标志着中国大功率风电机组装备制造业跻身世界先进行列；第一次采用海上风机整体吊装工艺，大大缩短海上施工周期，创造一个月在工装船上组装10台、海上吊装8台的记录；在世界上第一次使用高桩承台基础设计，有效解决高耸风机承载、抗拔、水平移位的技术难题。

【华锐5兆瓦风电机组获省重大科技招标项目立项】 8月30日，从华锐风电科技(江苏)有限公司传出喜讯，华锐“5兆瓦及以上海上风力发电机组自主研发”项目，以全省综合评审排名第一的优势，获准列入2010年全省10个重大科技招标项目立项，获得省财政扶持资金2800万元。华锐5兆瓦风电机组项目的启动，将大力提升江苏沿海千万千瓦级风电基地的建设进程，标志着中国的风电装备制造业已开始引领全球风电产业发展，意味着华锐风电已成为世界顶级风电设备制造企业。目前，华锐已首批获得国家海上风电装备特许招标权，并获准在江苏沿海建设国内第一个20万至30万千瓦的潮间带风电场示范项目，为华锐风电实现由中国第一向世界第一的跨越奠定坚实的基础。

【华锐在海上风电特许权招标中成大赢家】 10月18日，中国海上风电首轮特许权招标结果出炉，华锐风电凭借超强的研发生产能力，以及国内首个试水成功的上海东大桥海上风电场项目积累的经验，从100万千瓦共4个特许权项目中独得2个近海项目。项目分别位于滨海、射阳，各装机30万千瓦。据悉，作为海上风电的首次公开招标，此次招标一直备受业界关注，无论是央企还是民企均将这次作为入门的垫脚石纷纷投标，4个项目投标企业数量都在15家以上，华锐风电强势胜出，完全凭借自身实力，实属众望所归。

【锐毕利废旧锂电池回收处理项目通过验收评审】 9月29日，中国电子企业协会废旧手机综合利用委员会组织的废旧锂离子电池回收处理中试生产线验收专家组，对江苏锐毕利实业有限公司承担的工信部废旧手机综合利用试点项目进行验收评审。专家们在听取相关情况汇报、现场考察中试生产线、综合分析相关信息和数据后认为，锐毕利公司在参考国内外有关技术和成果的基础上，从国情实际出发，发明拆解回收成本低、工艺技术便于推广的独有技术和专用设备。同时，也为废旧手机线路板、液晶板以及不同规格的、各种用途的废旧锂离子电池回收处理和综合利用进行研发，较好地完成项目内容，建成年处理量200吨废旧锂离子电池中试生产线，其自主研发的“废旧手机锂离子电池回收处理中试线”和废旧锂离子电池拆解处理技术，具有投资小、组线灵活、操作简单等优点，已达到国内领先水平，具有典型的示范作用和推广意义。

【世纪网通讯设备项目开工奠基仪式隆重举行】 10月29日，世纪网通讯设备项目开工奠基仪式在高新区通讯电子产业园隆重举行。副市长谷家栋、区委书记李纯涛出席并致辞，深圳世纪网通信设备有限公司董事长、总经理李涛介绍项目情况，区人大常委会主任俞途、区政协主席陈广平等区四套班子领导出席。世纪网通讯设备项目由深圳世纪网通信设备有限公司投资5亿元兴建，主要设计、研发和生产语音网关等通讯设备，占地80亩，总建筑面积5万平方米，一期工程建筑面积2万平方米。项目全部建成后，年可实现销售12亿元，利税1亿元。

【新材料产业园奠基高性能纤维项目开工】 12月29日，高新区举行盐城市新材料产业园奠基暨高性能纤维项目开工典礼。中国工程院院士、原纺织工业部副部长季国标，东华大学党委书记朱绍中，中国人民解放军总后勤部军需装备研究所所长金友发，中国航天三一O研究所所长董筱敏，市、区领导赵鹏、戴元湖、李纯涛、崔浩等出席典礼。新材料产业园一期占地1000亩，主要由碳纤维、芳纶纤维和无纬布及其制品、研发及其展示四大功能区构成。率先入园开建的高性能纤维项目，总投资10亿元，建筑面积10万平方米，计划新上20条高性能纤维生产线，全部建成后年可实现销售22亿元，利税5亿元。

【重啤20万千升啤酒项目开工建设】 4月28日，重啤集团盐城有限公司20万千升啤酒项目开工奠基典礼在高新区农产品加工园隆重举行。市领导赵鹏、陈正邦、崔士明、陈还堂，区委书记李纯涛等区四套班子领导，重啤集团董事长黄明贵、总经理刘明朗等出席。重啤集团历经半个多世纪的发展，已成为中国啤酒行业领军企业和市值规模超过200亿元的上市公司。重啤集团5年前在盐都新区组建的盐城公司，已跨入纳税超千万元企业行列。随着盐城百万人口沿海中心城市的迅速做大，重啤集团主动策应全区产业布局调整的需要，以强烈的社会责任感和敏锐的市场洞察力，快速启动盐城公司搬迁扩能工程，以异地重建助推转型升级，以退城进园谋求跨越发展。该项目总投资10亿元，建成投产后，不仅将实现啤酒产能由5万千升向20万千升的攀升，成为江苏最大的啤酒生产企业，而且将带动15万亩啤麦生产基地建设，为农民持续增收开辟新空间，成为全区农产品加工和农业产业化的领军企业。

【上海闵行(盐都)工业园落户高新区】4月12日，上海市闵行区与盐城市战略合作暨上海市莘庄工业区与盐城市高新区合作共建上海闵行(盐都)工业园签约仪式隆重举行。上海市闵行区副区长程向民，市委常委、常务副市长陈正邦，区领导李纯涛、陈广平、单永红、刘源、孙万青等出席。莘庄工业区是上海市政府于1995年8月批准成立的市级工业区，辖区面积17.88平方千米，2009完成工业总产值453.9亿元，实现税收50.77亿元。上海闵行(盐都)工业园规划面积5.67平方千米，重点发展以电子信息产业为主的高新技术产业。

【全市新特产业发展推进会观摩高新区】11月15日，市委书记赵鹏、市长李强、市政协主席冯永农率领出席全市新特产业和服务业发展推进会的市四套班子领导，各县(市、区)负责同志，市有关部门负责人，观摩区部分重点项目建设现场。参观过程中，总投资10亿元的华锐5兆瓦机组项目5万平方米的联合厂房已经封顶，设备陆续进场安装，5兆瓦样机已在原3兆瓦车间同步试制，国内首台5兆瓦样机于10月13日在盐城成功下线，本月底5兆瓦总装生产线将全面竣工投产。新特产业创新创业中心按照“全市争第一、全省创一流”的目标定位，进行设计、施工，总投资8000多万元，拥有四层大楼2幢，建筑面积2万平方米，目前已建成科技成果展示与交流、公共技术服务、科技创新研发、科技创业四大平台。观摩活动中，与会人员一致认为，高新区提供观摩的项目多、体量大、层次高、前景好，为全市新特产业发展起到很好的示范带头作用。

【利用外资再创新高】西区抢抓新一轮全球生产要素优化组合和产业转移的机遇，加大外资引进力度，加快外资到账步伐，利用外资再创新高。至9月13日，已新批外资项目6个，协议注册外资6000万美元，实际到账外资2650万美元，提前3个半月超额完成全年利用外资工作任务。为打造外资利用集中区，西区牢固确立“大发展必须大开放”的理念，坚持把利用外资工作作为开放型经济的突破口来抓，健全工作网络，完善工作机制，科学分解任务，加大考核奖惩，选调一批懂经济、善公关、通外语的专业招商人才，充实到招商引资的一线，为开放型经济的快速发展提供强有力的人才支撑。与此同时，创新利用外资方式，优化利用外资结构，提高利用外资质量，积极引进国外资本、先进技术、管理经验和高素质人才，发挥利用外资在推进园区自主创新、产业升级等方面的作用。年内，已先后在日本、韩国等国家和台湾、香港地区组织大型招商活动5次，成功签约香港港建、布莱克汽配等外资项目8个。

【高新区跨入百亿园区门槛】高新区全年实现工业企业主营业务收入102亿元，实现国内生产总值22.71亿元，完成财政总收入3.45亿元、一般预算收入2亿元，全社会固定资产投资36亿元，主要经济指标保持高幅增长、连年翻番的喜人态势，顺利跨入百亿园区门槛，实现“十一五”的完美收官，为“十二五”的大跨越、大发展奠定坚实基础。

(刘 丰 陈中华)

新 区

Xingqu District

【概述】新区土地总面积3600公顷，其中耕地面积793公顷，下辖9个社区居委会，总人口23305人。实现地区生产总值12.3亿元，全社会固定资产投资26.2亿元，规模以上工业增加值9.2亿元，分别占全年任务数的102.5%、104.38%、164.3%；自营出口总额5508万美元，同比增长66.9%；利用外资实际到账2074万美元。财政总收入59091万元，同比增长54.5%；一般预算收入34730万元，同比增长61%。农民人均纯收入10949元，同比增长16.6%。

一般预算收入高位增长。提前40天在全区率先完成区年初下达的财政总收入51900万元、一般预算收入29100万元的目标任务，提前10天继续率先完成区追加的一般预算收入3900万元的奋斗目标。全年实现财政总收入59091万元、一般预算收入34730万元，同比分别增长54.5%、61%。一般预算收入增幅由2008年低于财政总收入增幅转变为高于财政总收入增幅，充分表明以营业税为主的服务业正在逐步取代以增值税、所得税为主的工业，服务业增加值的比重得到明显提升，产业转型成果初步显现。亿元社区由1个增加到4个，福才社区在2009年率先跨入超亿元社区行列，2010年刘朋、万胜、裕新3个社区税收都超亿元，9个社区中4个社区超亿元，占全区财税超亿元板块总数的近四分之一。

主要经济指标高幅攀升。实现地区生产总值12.3亿元，全社会固定资产投资26.2亿元，规模以上工业增加值9.2亿元，分别占全年任务数的102.5%、104.38%、164.3%；自营出口总额5508万美元，同比增长66.9%；利用外资实际到账2074万美元。农民人均纯收入10949元，同比增长16.6%。地区生产总值、规模以上工业增加值、全社会固定资产投资额、规模以上固定资产投资4项指标增幅全区第一；规模以上工业投资增幅全区第二。

社会事业持续推进。神州路实验学校及标准化示范幼儿园地块企业拆除、钻探等前期工作全部结束，节后进场施工。累计投资1611.5万元，新建新区计生服务中心和社区卫生服务中心，建成福才、裕新社区党群服务中心和兴民卫生服务站；新建的裕新农贸市场在市区农贸市场“家家到”观摩活动中得到与会领导的高度好评；投入320万元新建3座闸站，并对3条主要河道、36座圩口闸、6座排涝站进行全面清淤，筑牢防汛防旱工作基础。境内河道保洁实现全覆盖，小区生活垃圾日产日清、应收尽收，

各村(居)负责人及主要经济指标

表 41

社区名	社区书记	社区主任	村及村以下现价产值(万元)	农民人均纯收入
万　胜	曾天军	陈建龙	1428	11187
刘　朋	倪海荣	王跃进	1612	11254
福　才	孙呈贵	陈　群	4856	14629
裕　新	王如华	刘洪高	1994	12525
野　丁	柏　峰	杨中才	385	9953
新　伙	倪者林	柏友华	126	9715
福　利	梅晓春	董国斌	134	9676
兴　民	周　群	刘汉江	208	10037
伍　康	陈长松	陈正高	273	8989

不断优化居民生活环境。夏秋两季秸秆禁烧工作得到上级部门肯定,为市、区提供 3 次观摩现场。计划生育优质服务率、知识普及率、流动人口管理服务率、群众满意率等主要工作指标全部达到规定要求。发放社保资金 2330 万元,保证被征地居民社保资金按时足额发放到位。积极组织“双覆盖”突击月活动,企业养老、工伤、新农保、医疗、失业保险扩面四项指标超额完成全年目标任务,城市居民医保参保率达 90%以上。居家养老工作全面展开,210 名五保户和低保户定期到“爱心超市”领取基本生活用品,全部参加城市居民医疗保险。抽调 7 人组成新区人口普查工作办公室,共入户普查 10759 户,普查人口 38016 人,顺利完成人口光电录入工作。

党建和精神文明建设协调推进。积极开展创先争优活动,庆“七一”期间,举办入党积极分子培训班,组织新党员入党集体宣誓仪式;组建 9 个联合党支部,实现“两新”组织全覆盖,重啤、中恒党支部被市委表彰为“先进基层党组织”;恒力机床省级“博士后科研工作站”挂牌成立。认真开展“学准则 促廉洁”电教月活动,聘请 18 名党风廉政建设和行风建设监督员,构建党风廉政建设网络全覆盖,保证党风廉政建设贯穿到盐都新城建设的始终。

【红星美凯龙全球家居生活广场盛大开业】 盐城红星美凯龙坐拥南城商业圈的轴心地带。作为红星集团与加拿大专业设计公司联袂打造的第七代绿色生态品牌市场,盐城红星美凯龙总建筑面积约 20 万平方米,项目总投资约 7.7 亿元,是集建筑装饰材料、展示销售、仓储、家居设计、施工、监理、购物休闲等功能为一体,盐城单体体量最大、业态最全的标志性家居卖场。

【服务业项目快速集聚】 全年新开工项目 23 个:物流园区 3 个(摩比斯物流、悦达包装储运、苏宁电器苏北配送中心)、商务商贸区 12 个(全部是房地产项目)、东方汽车广场 8 个 (铂金商务中心和 7 个 4S 店)。竣工项目 8 个:商务商贸区 5 个(红星美凯龙、烟草物流和 3 个房地产项目)、东方汽车广场 3 个(永宁国际汽车城和 2 个 4S 店)。待建项目 17 个:物流园区 3 个(利航五金市场、神龙物流、盐都物联大厦)、商务商贸区 13 个(房地产项目 9 个、恒大商务广场、刘朋社区中心、神州路实验学校、标准化示范幼儿园)、东方汽车广场 1 个。盐都服务业集聚区成立半年以来,项目数量增多,质量提升,为全市服务业“家家到”现场会提供规格高、体量大的永宁国际汽车城、红星美凯龙二期工程观摩现场。

【城市框架基本拉开】 宽 70 米、长 5000 米的盐渎路,宽 70 米、长 3000 米的新都路,宽 50 米、长 5200 米的南纬路,宽 40 米、长 3500 米的神州路“三横一纵”城市骨干道路拓宽改造及新建工程全面施工,快车道已竣工通车,物流园区内“四纵四横”循环路网正在建设,总长 5655 米的兴民路、经三路、经四路新建工程基本竣工。南纬路污水泵站和自来水管道改造工程，盐渎路、经二路、经三路、经四路给水管道工程，和泰家园、锦城丽景等7家房地产小区污水管网及给水管道工程，东方汽车广场4S店杆线迁移、接电、接水工程，物流园区杆线迁移工程，紫金国际大厦、兴城家园临时用电工程等相关配套设施工程全部竣工。同时，投资200万元建成西干渠绿化带和伍康社区境内的绿色通道；仅用10天时间完成福利、兴民社区境内204国道西侧、大马沟东绿色走廊建设任务。

【土地经营和资金运作成绩斐然】 退出九州豹、海鑫机床、苏亚机电等企业19家，收储土地855.6亩；出让经营性用地11宗，共1175.1亩。累计从国土、财政部门结回资金12.08亿元，通过各种渠道融资近6亿元，累计支出资金14.51亿元。运转有序的流动资金保证土地经营的正常运作，而土地经营收益又源源不断地补充资金链，为加快新城建设提供强有力的资金保障。

【拆迁安置步伐加快】 共实施12个拆迁项目，拆迁福才、裕新、野丁、兴民、刘朋、新伙6个社区521户，拆迁一线人员不论寒冬酷暑，不论白天黑夜，不论挨打受骂，勇于承担压力，敢于动真碰硬，用真情与奉献赢得拆迁户的理解和支持，涌现出一大批感人事迹和先进个人，确保港龙紫荆城、苏宁电器苏北配送中心、科教城、烟草物流周边环境整治及神州路、新都路、南纬路拓宽改造和新建等重点项目、重点工程的顺利实施。多次组织拆违队伍对境内违法建筑进行拉网式清拆，共拆除违法建筑39户，计2900平方米。上半年在车苑豪庭安置104户，并及时化解野丁社区18户、万胜社区10户的安置矛盾，可提供383套房源的兴城家园6幢安置楼已进场施工，在源缘小区、和泰嘉园购买150套中低价商品房全部用于安置拆迁户。

【五星级铂金国际大酒店开工建设】 总建筑面积15万平方米的五星级铂金国际大酒店是城西南片区的第一个五星级酒店。项目采用国内一流设计，包括25层的酒店、19层的甲级写字楼及5层的商业配套楼，拥有完善的商住、商办、购物、餐饮、娱乐等配套设施。 （周　华）

职教园区
Vocational Education Park

【概述】 根据都委组发〔2010〕55号文件精神，区委决定成立科教城开发建设指挥部。科教城位于盐城大市区南部，交通便利，东至解放路，西至小马沟，南至盐徐高速，北至盐渎路，是市委、市政府重点打造的创新创业载体和人才集聚高地。科教城规划总面积19平方千米，重点打造“两园两中心”即职教园、科技创新园、城市创意中心和工业创意中心。盐都区负责实施西环路以西的科技创新园和工业创意中心部分。计划至2011年底基本完成道路、桥梁基础设施；到2013年底实现10家以上大专院校和入驻100家以上企业和单位入驻，科技创新园和工业创意中心两个园区各争创1个国家级品牌；到2020年集聚人口20万人，接纳研发机构不少于100家、科技型企业超200家、高层次人才500名以上，建成江苏沿海科技创新的先导区、产学研用结合的示范区和创业宜居的现代化新城区。

产业策划精益求精。科教城委托启迪孵化器和正略钧策两家公司策划科教城科技创新园与工业创意中心的发展战略规划，分别于8月和12月组织科教城工业创意中心高校专家研讨会和发展战略规划评审会，邀请数名科技、工业设计界的知名专家教授组成专家组进行评审。至年底，完成科技创新园和工业创意中心的战略性产业策划。

基础设施日趋完善。总投资2.1亿元的纬十四路、南环路辅道两条城市主干道和神州路南延（盐渎路—南环路段）、文汇路（南纬路—纬十四路段）、纬九路（西环路—小马沟段）等三条城市次干道于5月开工建设。总投资1290万元的阜师、交院接电，阜师接水和10千瓦盐塘线入地改造3项工程已建成并投入使用；投资6500万元的纬十四路35千瓦吴徐线、110千瓦新冈线入地改造已完成施工图纸设计，正在进行土建招标。

招商引院不断深入。科教城科技创新园已与南京艺术学院、苏州大学等高校和清华科技园、天安数码等企业形成初步合作意向，工业创意中心正与浙江大学和东南大学洽谈合作事宜。正在重点跟踪天安数码城和南大校友会归国人士创业园两个项目。

完成安置。始终把职教园区二期335户拆迁户的安置作为头等大事来抓，经多方联系协调，最终与和泰嘉园房产公司签订购房协议，335户拆迁户全部妥善安置到位；立足“建成盐城最好安置小区”的定位，在科教城境内选址兴建200亩的野丁安置区和172亩的伍康安置区，至年底，野丁安置区已完成施工图的初步设计，伍康安置区正在进行户型设计。

处理矛盾，维护社会大局稳定。指挥部定期组织矛盾排查和“回头看”，及早发现和把握苗头性的问题，及时采取有效措施，把矛盾问题解决在萌芽状态。发生矛盾纠纷时，不回避、不推诿，在第一时间赶到现场处理解决。年内，共处理工程建设中涉及地方群众用水、交通、装卸运输等矛盾多起。特别是针对阜宁师范学校门口拆迁户乱搭乱建违章小棚子问题，争取区公安局、城管局协助，进行集中清理整治，取得明显成效。

人 物

Figures

◆新闻人物

◆逝世人物

新闻人物

Newmakers

单际平

单际平，盐都区政协副主席，盐城市第三人民医院院长。2010年5月被国务院表彰为“全国先进工作者”。

1958年10月出生于盐城市，农工民主党员，大学文化。1984年在盐城市第三人民医院从事医疗工作，先后担任过急诊科副主任、副院长，2002年2月起担任盐城市第三人民医院院长。投身医疗卫生事业26年以来，他始终勤勤恳恳，兢兢业业，尤其是担任院长以来，带领全院职工坚持以病人为中心，强化基础管理，创新运行机制，医院走上持续、快速、健康发展的轨道，连续多年被评为省、市级文明单位，被市民评为“市区最佳医院”，2005年被省总工会、共青团省委、省经贸委授予“江苏用户满意服务明星单位”，2007年获“全省卫生系统先进集体”称号。

丁万富

丁万富，盐城邮政局盐都邮政区局局长，2010年被国务院授予“全国劳动模范”。

1956年10月出生于盐都区龙冈镇。1976年1月参军，1990年6月起，历任盐城邮电局郭猛支局营业员、支局副局长，大冈支局局长，郊区分局副局长、龙冈支局局长，盐都、亭湖邮政局局长、支部书记等职务。自担任盐都邮政局局长以来，区局的业务得到快速发展。业务收入由他担任局长初期的3650万元，增长到2010年5500万元，增长38.4%，每年均超额完成区委、区政府下达的党报党刊发行任务。邮政服务“三农”是新时期党中央、国务院赋予邮政的新的使命，为积极响应这一号召，他一年有近200天的时间深入田间地头，了解农民朋友的需求，将金福宝、金大地等肥料引进，并组织员工及时将这些肥料根据农户的需求，直接配送到农户家中或田头。并利用邮政储蓄银行网点多、服务面积广的优势，积极帮助农民朋友解决贷款难的问题，近年来，亭湖邮政局累计发放小额助农贷款近亿元，有力地促进农村经济的发展。由于工作业绩突出，他先后多次被评为盐城邮政系统先进工作者，2002年4月，被评为全国邮政系统先进个人，2002年12月，被国家邮政局授予“邮政系统全国劳动模范”，2006年被全国总工会授予“全国‘五一’劳动奖章”。

邵 勇

邵勇，江苏悦达集团有限公司董事局副主席、总裁。2008年当选为第十一届全国人大代表。

1964年9月出生于盐都区郭猛镇，中共党员，北京大学国民经济管理专业毕业，高级经济师。1987年7月参加工作，历任盐城市计经委固定资产投资科副科长，技术改造科副科长、主任科员，生产经营科科长，江苏悦达集团有限公司副总裁，董事局副主席、总裁等职。江苏悦达集团系全国百强、江苏十强重点规模企业，目前在境内外拥有2家上市公司和30多家子、分公司，形成工业制造、矿产开发、公路投资、现代服务、新能源、房地产、汽车零部件七大产业体系，“十一五”期间累计实现营业收入1861.26亿元，净利润128.78亿元，上缴税金137.17亿元，为盐城经济社会事业发展作出较大贡献。作为全国人大代表，他能够贴合企业和地方经济实际，认真履行职责，建睿智之言，献务实之策，谋转变之计，积极宣传盐城、宣传悦达、宣传家乡。他关于新能源汽车、现代服务业发展等几十条议案和面向中外媒体关于江苏沿海开发等发言，受到国家发改委等部门的高度重视。作为企业负责人，他积极探索解决束缚老国有企业的体制性障碍、历史性包袱和国际化合作的出路问题，形成“集团多元化，子公司专业化”的运行管理机制，重视抓好企业省级技术中心、博士后科研工作站和筹建汽车、纺织等研究机构，强化与各大金融机构战略合作，把握科学发展主题、结构调整主线，全力推动悦达“二次创业”。作为家乡人，他心系地方经济社会事业，全力推动悦达纺织科技园、摩比斯汽车配件、悦达包装现代物流园等项目在盐都区的发展，为家乡经济社会事业又好又快发展作出积极贡献。

徐兆学

徐兆学，盐都区人武部民兵训练基地教员兼政工科新闻报道员。5月，他被中央文明办评选为“爱岗敬业”好人典型，并被表彰为江苏省全民国防教育先进个人。

1964年8月出生于盐都区北龙港镇，高中文化。1983年10月入伍，2005年7月入党，历任战士、班长、盐城市缫丝厂人武部干事、人武部部长等职，1997年10月调入盐都区人武部工作。长期以来，他以强烈的事业心责任感，干一行爱一行，在平凡的岗位上创造不平凡的业绩，多次受到各级表彰。6年前，他不幸身患白血病后，用坚强的毅力抗争病魔，以“向生命打一张借条”的大无畏精神顽强拼搏，勤奋工作，无私奉献，集中体现我党我军的优良传统，体现共产党员的高尚情操，体现科学发展观的时代要求。2007年12月，被江苏省军区后勤部记三等功一次；2008年5月被盐都区委、区政府记三等功一次。他参加工作24年来，在每个岗位上都干得很出色。（有关徐兆学详情请见已出版的《盐都年鉴(2009)》、《盐都年鉴(2010)》“人物”栏目中“新闻人物”分目）

曹文轩

曹文轩，当代著名作家，精擅儿童文学，任中国作家协会全国委员会委员，北京作家协会副主席，北京大学教授、现当代文学博士生导师、当代文学教研室主任，儿童文学委员会委员，中国作家协会鲁迅文学院客座教授，是中国少年写作的积极倡导者、推动者。获省部级以上学术奖、文学奖30余种。其中有宋庆龄文学奖金奖、获得国际安徒生奖提名奖。

1954年1月生于盐都区中兴社区周伙村。1974年入北京大学中文系读书，后留校任教。主要作品有文学作品集《忧郁的田园》、《红葫芦》、《蔷薇谷》、《追随永恒》、《三角地》等。长篇小说:《埋在雪下的小屋》《山羊不吃天堂草》、《草房子》、《天瓢》、《红瓦》、《根鸟》、《细米》、《青铜葵花》等。主要学术性著作《中国80年代文学现象研究》、《第二世界——对文学艺术的哲学解释》、《20世纪末中国文学现象研究》、《小说门》等。2003年作家出版社出版《曹文轩文集》(9卷)。作品大量被译介到国外，《红瓦黑瓦》、《草房子》以及一些短篇小说分别翻译为英、法、日、韩等文字。曾获得冰心文学大奖、国家图书奖、金鸡奖最佳编剧奖、中国电影华表奖、德黑兰国际电影节“金蝴蝶”奖、北京市文学艺术奖、中国台湾《中国时报》年度开卷奖、“好书大家读”年度最佳小说奖等奖项。多次在各地进行演讲。

骆晓娟

1996年进入盐都体校学习、训练，1997年进入江苏省体校学习、训练，1998年入选江苏省击剑队，2000年入选国家击剑队。2010年亚运会个人冠军。

2001年参加全运会获得女子重剑团体亚军；2002年参加全国击剑锦标赛获得女子重剑团体冠军；2003年参加世界青年击剑锦标赛获得女子重剑个人和团体冠军；2005年参加亚洲击剑锦标赛获得女子重剑个人和团体冠军；2006年参加世界击剑锦标赛获得女子重剑团体冠军，成为盐城第一位世界冠军，同年参加亚运会获得女子重剑团体冠军；2009年参加巴塞罗那击剑大奖赛获得女子重剑个人冠军，参加亚洲锦标赛获得女子重剑个人冠军；2010年参加广州亚运会获得女子重剑个人冠军。

吴超梅

2000年进入盐都体校学习、训练，2003年进入盐城市体育运动学校自行车队，2006年入选江苏省自行车队，2008年入选国家自行车队。2010年亚运会获铜牌。

2007年参加全国第六届城市运动会中获得自行车项目团体和个人2枚金牌，2009年参加亚洲自行车锦标赛获得3千米团体和个人2枚金牌。2010年11月13日，在广州亚运会女子自行车个人追逐赛中，吴超梅获得铜牌，成为盐城运动史上获得亚运会自行车项目奖牌第一人。

仇宏才

仇宏才，大纵湖镇农业技术推广服务中心主任兼任畜牧兽医站党支部书记、站长。2010年9月，荣获“全国农业科普先进工作者”称号。

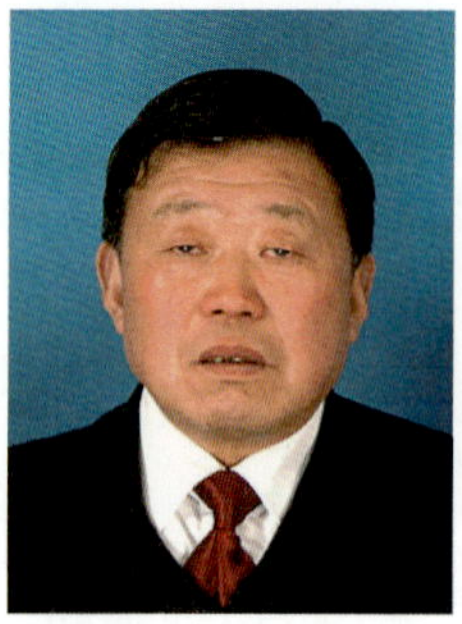

1955年9月出生于盐都区义丰镇，大专文化，中共党员。1975年进畜牧兽医站工作，三十六年如一日。他没有特别辉煌的业绩，只有一双勤劳的双手，在平凡的岗位上做出不平凡的事业。近年来，他致力于带动群众共同致富，培育了二十多个养殖科技示范户、特种养殖大户、规模户和专业户，带领200多个农户走上致富之路。在做好本职工作的同时，他勤于学习，笔耕不辍，先后在“中国畜牧兽医杂志”、“中国畜禽种业”、“农家科技”和《盐阜大众报》、《盐城晚报》上多次刊登论文和图片。1997年7月，荣获省农林厅的“农业丰收先进个人”，2004年荣获市、区重大动物疫病防控指挥部的“动物防疫先进工作者”；并多次获得镇“优秀共产党员”、“抗洪模范”、“先进工作者”等荣誉。2010年9月，荣获“全国农业科普先进工作者”称号。

朱法监

朱法监，盐都区葛武镇司法所所长，2010年9月司法部评为“全国模范人民调解员”。

1959年2月出生于盐都区葛武镇，党员，大专文化，1978年参加工作，干过农机员，做过会计，1982年调进镇机关工作，先后任统计站站长、农经站站长，经济办主任，2004年任葛武镇司法所所长兼葛武镇调委会专职主任。2004年从事人民调解工作，6年多来共调处、化解纠纷近300起，成功率达98%，疏导化解越级上访事件12起，避免群体性械斗事件5起，辖区范围内没有发生过民转刑案件和集体上访事件。先后获得省、市司法行政主管部门授予“优秀人民调解员”、“优秀司法所所长”荣誉称号。他所在的司法所、调委会也多次受到上级的表彰省级奖励、2008年被评为规范化司法所、2009年被评为省优秀司法所。

“五五”普法以来，他举办各类人员法律知识培训班40多人次，教育面达6000多人次，制作40块法律知识图板在全镇各村(居)巡展，每年都到中小学校给在校生讲解法律常识。

宋金洪

宋金洪，盐都区教育局局长，全国“五一”劳动奖章获得者，2010年获得教授级中学高级教师任职资格。

1960年5月出生于盐都区北龙港镇，中共党员，大学文化，研究生课程班结业。1981年1月参加工作，历任龙冈中学教师、团委书记、教务处副主任、副校长、校长、校长兼党总支书记。2005年11月经“公推公选”，任盐城市第一中学校长。2010年4月，任盐都区教育局局长、党委副书记。在1996~2005年主持龙冈中学工作十年时间里，成功实现学校发展的三次大跨越，使龙冈中学由一所普通的农村老完中，升格为盐城市重点中学、江苏省重点高中、江苏省四星级高中。自2005年11月到盐城市第一中学任职以来，他带领全校教职工牢固确立“构建和谐校园，促进自主发展”的办学理念，在区委、区政府的大力支持下，顺利实施南校区扩建工程，改善办学条件，拓展办学空间。在致力于学校教育教学发展的同时，他积极投身于教育教学研究工作，积极推进教育教学改革，提出符合新课程理念的“课前导学—质疑讨论—引导梳理—反馈矫正—迁移创新”的课堂教学模式，对有效教学研究起到积极的推动作用。主持研究国家级课题1个，省级课题4个，其中两个已结题。省级以上报刊发表教育教学和学校管理论文20多篇，出版专著一部。他十分关注贫困学生，建立并完善特困生立体帮扶体系，2009年初，将自己所获“盐都区突出贡献奖”奖金1万元全部捐出，并聚全校师生员工之力设立“阳光助学基金”。2010年4月，走上教育局局长岗位，带领全区教育系统创新创业，实现盐都教育的跨越发展，当年，盐都区被确定为全市唯一创建省义务教育优质均衡改革发展示范区，获得省义务教育均衡发展先进区和师资队伍建设工作先进区称号。由于表现优秀，实绩突出，2001年3月被市委、市政府表彰为两个文明建设先进个人，2002年9月被评为市首批名校长，2004年8月获得“享受市政府特殊津贴的中青年专家”称号，2004年6月被市委、市政府记二等功，2006年5月获得全国“五一”劳动奖章，2008年9月被省人民政府评为江苏省第十批特级教师。

王万忠

王万忠，江苏省特级教师、中学高级教师、盐城市中学语文学科带头人、市首批名教师、盐城师范学院中文系特聘教授、省优质课竞赛一等奖获得者、高考及中考命题候选人。先后被评为江苏省素质教育工作先进个人、盐城市优秀教育工作者、盐都县十大杰出青年，被列为市“111工程”和区“151工程”培养对象。

1968年11月出生于盐城县马沟乡，中共党员，研究生学历，盐城市龙冈中学语文教师，副校长。他热爱教育事业，师德优秀，有较高的教育教学理论水平和丰富的工作经验，深受学生喜爱、同行认可、领导赏识，学生满意率达到或接近100%。践行“大语文”教学观和“大拇指”教学法，积极实施素质教育，融德育于语文学科教学和各项活动中。创办的“紫薇文学社”被省教育厅表彰为“江苏省优秀中学生文学社”；先后任教过10届高三，高考成绩居全校乃至全市前列；担任班主任6年，所带班级均被评为“盐城市先进班集体”；担任年级主任6年，所带年级获市教学质量一等奖，年级组被市政府表彰为“优秀教师群体”。先后担任校团委副书记、政教处副主任、教学处副主任、校长办公室主任、公推直选副校长。平时虚心好学，笔耕不辍，先后参加6个国家、省、市级教科研课题研究，成果得以推广；发表60多篇教育教学论文，出版30万字个人专著《相伴语文》。热情关心、帮助年轻教师成长进步，充分发挥传、帮、带的示范作用，先后担任7位新教师的指导老师，这些教师均已成为市、区或学校的教学骨干。多次在市、区开设观摩课、示范课和讲座。

熊新华

熊新华，盐城市第一中学校长、党委书记，江苏省特级教师，江苏省教育学会化学教学专业委员会理事，盐城师范学院兼职教授，盐城工学院兼职辅导员，盐都区党代表，盐都区人大代表。

1964年7月出生于盐都区秦南镇，1984年作为大学生党员被择优分配至

盐城市第一中学，历任教务处副主任、主任、年级主任、副校长、党委委员等职，2005年11月调至盐城市龙冈中学任校长、党总支书记，2010年4月调至盐城市第一中学任校长、党委书记。1995年被评为市首批中学化学学科带头人，1998年破格晋升为中学化学高级教师，2010年被评为省特级教师。他把对事业的挚爱、对学校的热爱、对学生的关爱体现在二十多年如一日的平凡的工作之中，在取得优良的教学业绩的同时也赢得学生的尊重与热爱。在教育教学工作中，不断更新教育教学理念，不断充实和完善自我，始终不渝地践行着以人格的力量去感染学生教育学生、以精湛的教艺去吸引学生、以严谨的治学态度去影响学生、以丰富的情感去打动学生的理念。在教科研工作中，能发挥名师的示范引领作用，先后主持国家级课题两项、省级课题一项、市级课题两项，其中四项课题已结题，成果被推广运用。近五年，在《中学化学教学参考》、《化学教学》、《中国教育报》、《基础教育参考》等国家级刊物上独立发表论文6篇，另有10多篇论文在省、市级刊物上发表或获奖。他还多次在“有效教学论坛”，新课程培训会上介绍成功的管理理念和教学经验，为实施素质教育和课程改革发挥应有的作用。作为一名管理干部，他坚持以人为本，积极推进管理改革，科学定位办学思路，严格执行“五严”规定，深入推进素质教育，倾力打造办学特色，切实减轻学生负担，全力办好面向百姓的优质教育，取得一流的办学业绩。

由于教育教学工作实绩突出，学校管理工作富有成效，先后获得省优秀教育工作者、省“333工程”培养对象、省青少年科技活动优秀组织工作者、市劳动模范、市优秀党务工作者、市有突出贡献的中青年专家、市名校长、市教育国际交流与合作先进个人等荣誉称号。

逝世人物
Death Figures

胡若木

胡若木（1920-2010.11）盐都区龙冈镇张本村人。1940年参加革命，1941年加入中国共产党，1945年起从事新闻工作。1947年任陕北新华广播电台编辑部副主任。1949年1月，负责北平新华广播电台的宣传工作。先后采访新政协筹备会、中国人民政协第一次全体会议，并参加新中国成立开国大典的现场直播。1950年起，任中央广播事业局编委兼中央人民广播电台编辑部主任。1959年起历任总编室副主任、对外部副主任、中国国际广播电台副台长。1983年任广播电视部总编室主任。1984年离休后任《当代中国的广播电视》副主编。2010年11月13日在北京北大医院因病医治无效逝世，享年90岁。

附　录

Appendix

荣誉栏

Honor Bar

·省(部)级表彰的先进集体·

盐都区	2010年3月国务院第一次全国污染源普查领导小组、环保部、国家统计局、农业部等单位联合表彰为第一次全国污染源普查先进集体,12月中国计划生育协会/联合国人口基金“第六周期中国青年网络项目最佳项目县”
区安监局	2010年10月国家安监总局、中华全国总工会联合表彰为全国安全生产应急知识竞赛优胜单位
区教育局	2010年11月教育部、国家体育总局、共青团中央表彰为全国第三届学生阳光体育冬季长跑活动优秀组织奖
盐都教育网	2010年8月教育部评为“全国优秀教育门户网站”
区婚姻登记处	2010年11月国家民政部表彰为“全国婚姻登记规范化单位”
区粮油站	2010年12月农业部授予全国农牧渔丰收奖农业技术推广成果奖一等奖
黄海农商行	2010年5月中华全国总工会授予国家级“模范职工之家”称号
义丰敬老院	2010年11月国家民政部评为全国模范敬老院
龙冈镇计生服务中心	2010年12月国家人口计生委授予“全国计划生育优质服务示范站”称号
潘黄街道杨坝居委会	2010年12月国家人口计生委、中国计划生育协会表彰为“首批全国人口和计划生育基层群众自治示范村居”
大冈镇	2010年12月省政府、省军区表彰为“基层武装部规范化建设先进单位”
大冈镇广电站	2010年6月省政府表彰为文化广电工作先进单位

·市(厅)级表彰的先进集体·

盐都区	2010年2月市政府表彰为全市"两项工程"建设先进集体,5月省教育厅确定为省首批创建义务教育优质均衡改革发展示范区,7月省民政厅表彰为"2007~2009年度省级村民自治模范区",9月省委组织部、省教育厅和省教育督导团表彰为省县级政府年度教育工作考核先进单位,12月省信访工作领导小组表彰为2010年度全省信访工作创建活动"三无"县(市、区),同月国家中医药管理局表彰为"全国社区中医药工作先进单位",同月省广播电影电视局表彰为江苏省"无小耳朵社区先进区",同月市政府表彰为"文化盐城建设先进集体",2011年1月市政府表彰为"全市深化医药卫生体制改革工作先进集体",同月省农机局、省安监局联合表彰为平安农机示范县(市、区),同月市委、市政府表彰为农村绿化先进县和城镇绿化先进县,同月市政府表彰为2010年度现代高效农业工作、落实农村政策、高效渔业建设工程先进集体,2月连续第五年蝉联全市目标任务绩效考核综合奖,在参评的24个单项奖中,荣获招商引资、八大类重点工程、新特产业、新农村建设、工业"三百"工程、财税贡献、开放型经济、新城区建设、社会保障、全民创业、服务业、金融、节能减排环保、安全生产、科技与人才、精神文明、"五好班子"、党风廉政建设等19个奖项,4月市政府评为2010年度人口和计划生育工作先进集体
区人武部	2010年12月省征兵办公室表彰为征兵宣传工作先进单位,同月盐城军分区表彰为民兵整组工作先进单位、抗洪抢险工作先进集体
区人武部后勤科	2010年12月省军区后勤部表彰为后勤工作先进单位
武警盐城市消防支队盐都中队	2010年11月团省委评为"省级青年文明号"
区人防办	2011年3月省人社厅、省民防局联合表彰为省人民防空先进集体
区委组织部	2010年7月市委、市政府表彰为人才工作先进集体
区委宣传部	2010年省委宣传部表彰为第二届全省宣传思想工作先进集体
区委统战部	2010年12月市委、市政府表彰为统战工作服务经济建设先进单位
区旅游局	2010年2月市政府表彰为2010年度旅游工作先进集体
区安监局	2011年3月省安监局表彰为全省安全生产培训工作先进集体
区城管局	2011年1月省政府法制办表彰为2010年度全省城市管理行政执法工作先进集体
区城管执法大队	2010年12月省住建厅评定为全省住建系统行政执法队伍规范化建设三星级单位
区交通运输局	2010年12月市委、市政府表彰为"盐城市法治示范单位"
区公路站	2010年12月省公路局评为全省"优胜公路站"
区农委	2010年4月省农委表彰为全省农业宣传工作先进单位,2011年1月省农委评为全省农业系统工作效能考评先进单位,同月省海洋渔业局评为全省水产品质量安全整治工作先进集体,同月市委、市政府表彰为绿色盐城建设先进单位,2月市政府表彰为盐城市农业科技创新工作先进集体
区农广校	2010年12月中央农业广播学校表彰为全国农业广播电视教育先进集体
区农业行政执法大队	2011年2月省农委表彰为全省农业综合执法先进单位
区农科所	2011年1月市政府评为2010年度盐城市科技进步奖二等奖
区信访局	2010年12月省信访局、省人社厅联合表彰为"十一五"期间全省信访工作先进单位
区水务局	2010年12月江苏省里下河河区管理工作考核小组表彰为"里下河河区巡查管理工作先进集体",同月省水利厅表彰为"2009~2010年全省水利系统文明单位"

区水务局供排水管理处	2010年12月省物价局授予“物价诚信单位”称号
区财政局	2010年12月市政府表彰为财税工作先进集体
区审计局	2011年1月省文明委表彰为省级文明行业,2011年2月市文明委表彰为市级文明行业,3月省总工会表彰为“优秀职工之家”
区物价局	2010年1月省物价局表彰为2009年度价格工作先进单位,12月省文明委表彰为2007~2009年度江苏省文明行业,
区物价局检查分局	2010年1月省物价局表彰为2008~2009年度全省价格监督检查工作先进集体
区招投标采购服务中心	2010年评为2009~2010年度江苏省建设工程招标投标工作先进集体,3月省妇联授予省级“巾帼文明岗”称号
区司法局	2010年省人社厅和省司法厅联合表彰为全省司法行政系统先进集体
区公安局	2010年12月省文明委授予“2007~2009年度江苏省创建文明行业工作先进行业”称号
区公安局出入境管理科	2010年5月省总工会授予“工人先锋号”称号
新区派出所	2011年1月市政府表彰为上海世博会安保工作先进集体
区法院	2010年7月市委表彰为优秀基层党组织,10月省高院、省军区表彰为全省法院维护国防利益、军人军属合法利益工作先进集体
区民政局	2010年11月省民政厅表彰为“全省五保工作先进集体”,12月省文明委表彰为“2007~2009年度省级文明行业”,同月省民政厅表彰为2010年度行风建设示范单位
区人社局	2010年12月市政府表彰为全市双覆盖百日会战先进集体
区医保中心	2011年1月省人社厅表彰为2008~2010年度优质服务窗口
区住建局	2010年12月省住建厅表彰为全省“十一五”期间村庄建设整治先进单位,2011年1月省住建厅表彰为2010年度建筑业管理先进单位,同月市政府表彰为“2010年度市区物业管理工作先进集体”,2月市政府表彰为“2010年全市城建工作先进集体”、“2010年度市区老城改造工作先进集体”,3月市委、市政府表彰为市区“三年展新貌”建设先进单位,同月市政府表彰为“村镇规划建设管理工作先进集体”、“建筑业发展先进集体”
区教育局	2010年3月市政府表彰为全市红十字会工作先进集体,同月省教育厅表彰为省基础教育课程改革先进集体,5月省教育厅授予省第十一届“五四杯”青年教师论文大赛组织奖,11月省体育局表彰为省全民健身活动先进单位,12月省教育厅授予省第十一届中学生作文大赛优秀组织奖
盐都教育网	2010年12月省教育厅表彰为全省优秀教育网站
教育红十字会	2010年9月中国红十字总会报刊社授予2009/2010年度中国红十字会总会报刊宣传表扬奖
区卫生局	2010年3月省基层医疗卫生单位学习实践活动指导小组表彰为“全省基层医疗卫生单位深入学习实践科学发展观活动指导工作先进集体”
区疾控中心	2010年5月卫生部心血管防治研究中心授予“全国高血压社区规范化管理项目优秀集体奖”,9月市文明委评为“2009年度盐城市文明单位”,12月省疾病预防控制中心表彰为“农村饮用水监测工作先进单位”
区卫生监督所	2010年9月市文明委评为“2009年度盐城市文明单位”,12月省卫生厅授予“卫生监督体系建设达标示范”,省卫生监督所表彰为“全省卫生监督工作先进单位”
区计划生育指导站	2011年1月省人口计生委授予“全省人口和计划生育优质服务示范站”称号
区文广新局	2010年12月市委、市政府表彰为法治城市创建先进单位,同月市政府授予脱贫攻坚工程奖
区图书馆辅导部	2010年12月省文化厅表彰为江苏省文明图书馆创建先进集体
区广播电视台	2010年4月市政府表彰为“广播电视工作先进集体”

区红十字会	2010年3月市人民政府表彰为"盐城市红十字会工作先进集体",9月中国红十字总会报刊社表彰为2009/2010年度中国红十字总会报刊宣传表扬奖,10月省红十字会授予2010年度《江苏红十字》宣传工作先进奖"
盐都工商系统	2010年3月市文明委评为"盐城市文明行业",12月省文明委评为2007~2009年度"省级文明行业"
新都工商分局	2010年12月省文明委评为2007~2009年度"省级文明单位"
区国税局	2010年3月市文明委评为"盐城市文明行业",12月省文明委评为"江苏省文明行业",省国税局授予"五员"能手竞赛组织奖
区国税局第一税务分局	2010年3月省总工会授予"模范职工小家",同月市文明委表彰为"盐城市文明标兵单位"
区国税局第二税务分局	2010年3月市文明委表彰为"盐城市文明单位"
区国税局第三税务分局	2010年3月市文明委表彰为"盐城市文明单位"
区国税局第五税务分局	2010年3月市文明委表彰为"盐城市文明单位"
区国税局第六税务分局	2010年3月市文明委表彰为"盐城市文明单位"
区国税局第七税务分局	2010年3月市文明委表彰为"盐城市文明单位"
区地税局	2010年9月市文明委授予"盐城市文明标兵行业"称号,12月省文明委授予"江苏省文明行业"称号
地税第一分局	2010年3月省总工会命名为"模范职工之家",12月省文明委授予"江苏省文明单位"称号
地税第六分局	2010年12月省文明委授予"江苏省文明单位"称号
区国土分局	2011年1月市政府表彰为全市学习型机关,3月省文明委评为2007~2009年度江苏省文明行业，同月市政府表彰为2010年度全市耕地保护工作先进集体,2011年5月市文明委评为"盐城市文明行业"
盐都质监局	2010年9月市文明委评为"盐城市文明行业",12月省文明委评为2007~2009年度江苏省文明行业,2011年1月市政府表彰为2010年度全市品牌建设工作先进集体
盐都工行	2010年12月江苏省分行表彰为2009~2010年度先进单位
黄海农商行	2010年省联社表彰为"安全经营一等奖",9月市文明委授予"盐城市文明行业"称号,省文明委授予"2007~2009年度江苏省创建文明行业工作先进行业"称号
电信盐城分公司盐都分局	3月省文明委评为"江苏省文明行业"
驿都金陵大酒店	2010年1月中国饭店业协会授予"中国饭店金马奖·最佳商务酒店"称号
江苏日升纺织有限公司	2010年1月省发改委评为"江苏省农业产业化优秀龙头企业"称号
中国移动盐都营销中心龙冈营销部	2011年1月省移动公司表彰为2010年度先进集体和2010年度标杆班组
大纵湖镇	2011年2月市委、市政府表彰为"2010年度农民人均纯收入突破万元"先进集体,省住建厅评为"江苏省园林小城镇"
大纵湖镇计划生育服务中心	2011年1月省人口计生委授予"全省人口和计划生育优质服务示范站"称号
大纵湖镇平湖居委会	2010年3月市政府评为全市人口和计划生育模范村
北龙港镇顺北村	2010年3月市政府评为全市人口和计划生育模范村
义丰小学	2010年4月省教育厅评为为江苏省平安校园
义丰初级中学	2010年4月省教育厅评为省第九批"绿色学校"
楼王镇	2010年4月省总工会表彰为"江苏省工会工作模范乡镇"
学富镇调委会	2011年2月省高院、省司法厅表彰为优秀人民调解委员会
大纵湖镇计划生育服务中心	2010年1月省人口计划生育委员会授予全省人口和计划生育优质服务示范站称号

大纵湖镇平湖居委会	2010年3月市政府评为全市人口和计划生育模范村
尚庄镇	2010年12月省文明委评为江苏省文明乡镇
尚庄镇计划生育服务中心	2011年1月省人口计生委授予“全省人口和计划生育优质服务示范站”称号
尚庄镇安全管理委员会	2010年12月省安监局表彰为安全生产先进集体
尚庄中学	2010年4月省教育厅表彰为江苏省平安校园
尚庄小学	2010年4月省教育厅、卫生厅表彰为江苏省健康促进学校,省教育厅、体育局表彰为江苏省冬季三项锻炼先进集体
尚庄镇界河村	2010年3月市政府评为全市人口和计划生育模范村
葛武镇郝荣村	2010年3月市政府评为全市人口和计划生育模范村
秦南镇	2011年2月市委、市政府表彰为“2010年度农民人均纯收入突破万元先”进集体,同月市委、市政府表彰为农机化工作先进集体
秦南法庭	2010年1月市委、市政府表彰为盐城市十佳政法单位,3月省高院表彰为全省法院廉洁司法示范庭,6月省高院记集体二等功,同月省高院表彰为优秀人民法庭
秦南镇计划生育服务中心	2011年1月省人口计生委授予“全省人口和计划生育优质服务示范站”称号
泽夫中学	2010年4月省环保厅、省教育厅评为绿色学校,11月在创建江苏省和谐校园活动中省教育学会和谐教育专业委员会评为和谐校园
秦南小学	2010年11月在创建江苏省和谐校园活动中省教育学会和谐教育专业委员会评为和谐校园
秦南镇农机协会	2010年3月省民政厅、司法厅、财政厅、社会组织深入学习实践科学发展观活动指导小组表彰为“社会组织管理创新工作先进单位”
秦南镇工商业联合会	2010年12月江苏省工商业联合会、江苏省商会评为2010年度全省工商联基层组织先进集体
秦南镇秦北村	2010年3月市政府评为全市人口和计划生育模范村
潘黄镇杨坝居委会	2010年3月市政府评为全市人口和计划生育模范村
潘黄街道计划生育服务中心	2011年1月省人口计生委授予“全省人口和计划生育优质服务示范站”称号
龙冈镇	4月市委、市政府表彰为“国家安全人民防线先进集体”,12月市政府表彰为“维护国家安全先进集体”
龙冈镇关工委	2010年10月市委、市政府表彰为“全市关心下一代工作先进集体”
龙冈镇中	2010年11月省教育厅授予“新语文学习杯‘中学生与社会’作文大赛组织奖
龙冈镇敬老院	2010年11月省民政厅表彰为“全省文明敬老院”
盐城市华鸥实业有限公司	2010年10月市委、市政府表彰为“全市关心下一代工作先进集体”
华星变压器有限公司	2010年9月全国高科技产业品牌推进创新发展专业委员会、中国质量市场质量监督协会授予“龙灯牌”全国重点保护品牌
龙冈镇大顾居委会	2010年3月市政府评为全市人口和计划生育模范村
郭猛镇卫生院	2010年5月卫生部心血管防治研究中心表彰为“全国高血压社区规范化管理项目优秀社区卫生服务中心”,
大冈镇	2010年3月省科技厅命名为江苏省首批创新型乡镇,12月省总工会表彰为“江苏省工会模范乡镇”
大冈镇计划生育服务中心	2011年1月省人口计生委授予“全省人口和计划生育优质服务示范站”称号
大冈镇劳动争议仲裁办事处	2010年8月省人社厅表彰为省级先进单位
大冈广电站	2010年10月省广播电影电视局表彰为江苏省广播电视技术维护优秀广电站

大冈镇光华村	2010年3月市政府评为全市人口和计划生育模范村
冈中敬老院	2010年11月省民政厅表彰为"全省文明敬老院",12月省民政厅表彰为"全省示范性养老机构"
潘黄街道	2010年12月省文明委授予"2007~2009年度江苏省文明镇"称号,同月省环境保护委员会评为"江苏省环境优美乡镇",2011年2月市委、市政府联合表彰为重点镇工业化城镇化综合先进集体
潘黄镇杨坝居委会	2010年3月市政府评为全市人口和计划生育模范村
潘黄街道跃进社区	2010年7月省侨办评为全省侨务系统社区侨务工作示范单位
张庄街道	2010年5月市政府表彰为2009年度新型农村社会养老保险制度建设先进集体,同月市政府表彰为2009年度盐城市环境保护工作先进集体,7月市委表彰为先进基层党组织,2011年2月市委、市政府表彰为2010年度全市农民增收先进集体
张庄街道计划生育服务中心	2011年1月省人口计生委授予"全省人口和计划生育优质服务示范站"称号
张庄街道仓头村	2010年3月市政府评为全市人口和计划生育模范村
新都街道	2010年1月市政府表彰为安全生产先进单位,2月市政府表彰为城南新区建设先进集体,同月市委、市政府表彰为"三年展新貌"建设先进单位,11月中国社会工作协会评为全国学校型街道示范单位,同月市委、市政府表彰为关心下一代工作先进集体,2011年2月市政府表彰为市区物业管理工作先进集体
新都街道计生服务中心	2010年4月省计生协会授予人口计生先进奖
新都街道跃南社区	2010年3月市政府评为全市人口和计划生育模范村

·省(部)级及以上表彰的先进个人·

单际平	市三院	2010年5月国务院表彰为"全国先进工作者"
丁万富	邮政局	2010年5月国务院授予"全国劳动模范"
徐兆学	人武部	2010年5月中央文明办评选为"爱岗敬业"好人典型
王万忠	龙冈中学	2010年8月省政府评为江苏省第11批特级教师
仇宏才	大纵湖镇	2010年9月农业部、中国科协联合表彰为全国农业科普先进工作者
朱法监	葛武镇	2010年9月司法部评为"全国模范人民调解员"
宋金洪	教育局	2010年1月省政府授予江苏省教授级中学高级教师称号
吴建中	农委	2010年12月农业部授予全国农牧渔业丰收奖农业技术推广成果奖一等奖
吴超梅(女)	盐都体校	2010年11月获得广州亚运会自行车赛铜牌
骆晓娟(女)	盐都体校	2010年11月获得广州亚运会击击剑金牌
熊新华	盐城市第一中学	2010年8月省政府评为江苏省第11批特级教师

·市(厅)级表彰的先进个人·

丁绍谦	区人武部	2010年12月省军区政治部表彰为新闻报道先进个人
丁良鑫	郭猛新星村	2010年4月市政府授予"盐城市劳动模范"
马大庆	区人武部	2010年7月盐城军分区表彰为优秀共产党员
仇广灿	区农委	2010年2月全国农业技术推广服务中心表彰为水稻病虫防治农药减量使用技术示范项目先进个人
仇建成	潘黄财政所	2010年4月市政府授予"盐城市劳动模范"
王云玲	区农委	2010年10月市委、市政府表彰为关心下一代先进工作者
王正峰	区计生委	2010年3月市委、市政府授予第三届盐城人口奖,2011年4月市政府表彰为2010年度人口和计划生育工作先进个人
王玉琴(女)	秦南镇	2010年3月被盐城市人民政府表彰为"优秀基层计划生育干部"
王乐斌	区建设局	2011年1月市政府表彰为"2010年度市区物业管理工作先进个人"
王东方	盐都工行	2010年12月工商银行江苏省分行表彰为先进工作者
王正平	区农委	2011年1月省农委表彰为全省农业行政处罚优秀案卷先进个人
王守国	区农委	2010年10月省林业局表彰为江苏省森林资源调查先进个人
王成章	新都街道	2010年12月市政府表彰为2010年度市区物业管理工作先进个人
王　权	区人武部	2010年7月盐城军分区表彰为优秀共产党员,12月盐城军分区记三等功一次
王纯国	新区	2010年市委、市政府表彰为招商引资先进个人,2011年2月市委、市政府表彰为2010年度绩效考核综合先进个人
王杰章	区农保中心	2010年2月省人社厅表彰为2010年度全省新农保推进工作先进个人
王建文	区红十字会	2010年3月省红十字会授予"江苏省优秀志愿者"荣誉称号
王受荣	区农委	2011年1月省农委表彰为农民培训先进工作者
王宝新	潘黄文化服务中心	2010年10月省广播电影电视局表彰为江苏省广播电视技术维护先进个人
王顺友	区科协	2010年7月省人社厅、省科协表彰为全省科协系统先进个人
王振林	区交通运输局	2010年6月省交通运输厅党组表彰为先锋模范党员
王彩新	大纵湖镇	2010年3月被盐城市人民政府表彰为"优秀基层计划生育干部"
卞生国	区建设局	2011年4月省住建厅表彰为"江苏省建筑管理先进工作者"
卞国庆	区审计局	2010年3月市政府评为盐城市"十佳审计组长"
文　成	江苏锐毕利实业有限公司	2010年4月市政府授予"盐城市劳动模范"
火旭东	市三院	2010年7月省科协表彰为"第九届江苏省优秀科技工作者"
尹会洲	龙冈镇	2010年5月市政府评为"全国第二次经济普查先进个人"
冯明印	区委	2011年2月市委、市政府表彰为2010年度绩效考核综合先进个人
史高勤	大冈镇	2010年2月省科协表彰为科普工作先进个人,同月市政府表彰为科技创新先进工作者
申爱芳(女)	龙冈镇	2010年3月市人民政府表彰为"优秀基层计划生育干部"
仇　斌	江苏中恒宠物用品有限公司	2010年4月市政府授予"盐城市劳动模范"
许　平	驿都金陵大酒店	2010年2月市人民政府表彰为2010年全市旅游工作先进个人
朱生全	区国土分局	2011年3月市政府表彰为全市耕地保护工作先进个人
朱宏亮	市三院	2011年1月市政府表彰为"全市深化医药卫生体制改革工作先进个人"
朱法监	葛武镇	2010年9月江苏省司法厅评为"优秀司法所长"
孙加标	新都街道	2010年11月市委、市政府、盐城军分区表彰为热爱国防十佳好干部
孙国连	区卫生监督所	2010年2月省卫生监督所表彰为"全省优秀卫生监督员"
孙鹤信	秦南镇计划生育服务中心	2010年12月省计生委评为为江苏省人口计生阳光统计之星
刘玉春	区农委	2010年4月省绿化委员会表彰为绿色江苏建设先进个人

刘茂康	楼王镇	2011 年 2 月市委、市政府表彰为 2010 年度绩效考核综合先进个人
刘沛然	龙冈镇	2010 年 7 月省文明委、省关工委评为“全省城乡社区校外辅导站工作先进个人”
刘桂琦	张庄街道	2011 年 3 月市政府表彰为 2010 年度盐城市新兴产业和特色产业发展先进个人
江汉秦	楼王医院	2010 年 4 月市政府授予“盐城市劳动模范”
江　军	大纵湖镇	2010 年 12 月团省委、省农委联合表彰为农村青年致富带头人
乔志云(女)	区计划生育指导站	2010 年 12 月中国计划生育协会/联合国人口基金第六周期中国青年网络项目优秀指导老师
仲　秋	江苏恒力组合机床有限公司	2010 年 4 月市政府授予“盐城市劳动模范”
花汉玉	区农委	2010 年 7 月市委表彰为优秀共产党员
吴勇根	大纵湖镇	2011 年 2 月市委、市政府表彰为 2010 年度绩效考核综合先进个人
吴　然	郭猛镇卫生院	2010 年 5 月卫生部心血管防治研究中心表彰为“全国高血压社区规范化管理项目优秀社区医生”
成晓松	区农委	2010 年 2 月全国农业技术推广服务中心表彰为水稻病虫防治农药减量使用技术示范项目先进个人
任锦慧	区国税局	2010 年 12 月市政府表彰为财税工作先进个人
苏万才	区文广新局	2010 年 6 月省文化厅表彰为江苏省非物质文化遗产保护工作先进个人
张大友	区农委	2010 年 11 月省农工办、科技厅、财政厅、农委联合表彰为“送科技下乡促农民增收活动”优秀科技特派员，2011 年 2 月市政府表彰为全市农业科技创新工作先进个人
张　亚	区农委	2011 年 1 月市政府授予 2010 年度盐城市科技进步奖二等奖
张如剑	江苏剑桥涂装有限公司	2010 年 4 月市政府授予“盐城市劳动模范”
张　祥	区公安局	2011 年 1 月市政府表彰为上海世博会安保工作先进个人
张根杨	大冈镇	2010 年 8 月省人社厅表彰为劳动争议调解先进个人
张鸿新	区农委	2011 年 1 月省绿化委员会、省农林局表彰为绿色江苏建设先进个人
张　辉	区公安局	2010 年 4 月市政府授予“盐城市劳动模范”，2011 年 2 月市委、市政府表彰为 2010 年度绩效考核综合先进个人
张　斌	大纵湖镇晨阳养猪场	2010 年 4 月市政府授予“盐城市劳动模范”
李小兵	区国税局	2010 年 12 月在全国税务系统所得税业务知识考试中荣获优秀奖
李纯涛	区委	2011 年 2 月市委、市政府表彰为 2010 年度绩效考核综合先进个人
李铁章	市第一中学	2010 年 4 月市政府授予“盐城市劳动模范”
李越山	区人武部	2010 年 7 月盐城军分区表彰为优秀共产党员，12 月省军区政治部表彰为对台宣传先进个人
陈万庚	区疾控中心	2010 年 5 月卫生部心血管防治研究中心表彰为“全国高血压社区规范化管理项目优秀组织者”
陈万喜	区地税局	2010 年 4 月市政府授予“盐城市劳动模范”
陈玉堂	区民宗局	2010 年 3 月市政府表彰为 2010 年度全市民族宗教工作先进个人
陈尚莲(女)	区妇联	2010 年 4 月省农村妇女“双学双比”竞赛活动领导小组表彰为江苏省农村妇女“双学双比”竞赛活动先进工作者。
陈国庆	区红十字会	2010 年 3 月市政府表彰为全市红十字会工作先进个人
陈荣山	区侨联	2010 年 7 月市委、市政府表彰为“全市统一战线为经济建设服务”先进个人
陈爱民	郭猛镇	2010 年 3 月被盐城市人民政府表彰为“优秀基层计划生育干部”
陈爱华	潘黄街道计划生育服务中心	2010 年 12 月中国计划生育协会/联合国人口基金第六周期评为中国青年网络项目优秀指导老师
陈晓辉	区法院	2010 年 6 月省高院表彰为优秀法官
陈新富	区红十字会	2010 年 3 月市政府表彰为全市红十字会工作先进个人
邹文田	北蒋镇	2010 年 3 月被盐城市人民政府表彰为“优秀基层计划生育干部”
杨书君	区安监局	2010 年 1 月市政府表彰为 2009 年度安全生产先进个人，2011 年 4 月市政府表彰为“打非治患”工作先进个人

杨加祥	区农委	2010年4月省农委表彰为全省农业宣传工作先进个人
宋长太	区农委	2010年12月省农委、省海洋渔业局表彰为省农业科技创新与推广先进个人,2011年1月市政府表彰为2010年度高效渔业建设工程先进个人
宋金华	学富镇	2010年3月市政府表彰为“优秀基层计划生育干部”
吴月高	区国税局	2010年11月在省国税系统“五员”能手竞赛中,荣获全省国税系统“五员”能手称号
吴　华(女)	新都街道	2010年12月市政府表彰为市安置房建设和住房保障先进个人
吴　茜(女)	盐城金环医药用品公司	2010年4月市政府授予“盐城市劳动模范”
吴　斌	盐城宾馆	2010年4月市政府授予“盐城市劳动模范”
沈维东	区物价局	2010年3月省物价局表彰为“2009年度全省成本工作先进个人”
沈清涛	区招商总局	2011年2月市委、市政府表彰为“招商引资先进个人”,“盐城市十佳服务明星”
沈德志	区农委	2011年1月市政府表彰为2010年度现代高效农业工作先进个人
严跃海	区电大	2011年2月省电大表彰为全省电大开放教育技术支持先进工作者
严　斌	区粮食局	2010年4月市委、市政府授予“盐城市劳动模范”
苗久成	区交通运输局	2010年12月市政府表彰为“交通基础设施建设先进个人”
季中斌	区城管局	2011年1月省政府法制办表彰为2010年度全省城市管理行政执法工作先进个人
周占祥	楼王镇	2010年3月市政府表彰为“优秀基层计划生育干部”
周明元	张庄文化服务中心	2010年12月市政府表彰为文化盐城建设先进个人
周　勇	区人武部	2010年12月盐城军分区嘉奖一次
周爱民	区建设局	2011年1月省住建厅表彰为“2010年度全省住房保障先进工作者”
周键云(女)	区委	2011年2月市委、市政府表彰为2010年度绩效考核综合先进个人
周曙华	楼王镇	2010年11月省民政厅表彰为“五保工作先进个人”
郑　明	潘黄街道	2010年3月市政府表彰为“优秀基层计划生育干部”
郑益群	区农委	2011年2月省农委表彰为兽药、饲料及畜产品质量安全监督管理工作先进个人
杭　胜	区国税局	2010年11月在省国税系统“五员”能手竞赛中,荣获全省国税系统“五员”能手称号
杨　森	区民政局	2010年12月省民政厅表彰为“民政工作先进个人”
金淳华	江苏摩比斯公司	2011年2月市委、市政府表彰为优秀企业家
姚天盛	区国税局	2010年11月在省国税系统“五员”能手竞赛中,荣获全省国税系统“五员”能手称号
姚维斌	区城管局	2011年2月市政府表彰为2010年度全市城市建设工作先进个人
俞立峰	区广播电视台	2010年7月市委、市政府表彰为优秀共产党员
俞世海	区农委	2010年10月省林业局表彰为江苏省森林资源调查先进个人
施宝岭	大冈镇	2010年3月市政府表彰为“优秀基层计划生育干部”
施俊彦	区文广新局	2010年8月市委、市政府表彰为关心国防十佳好领导,12月市政府表彰为文化盐城建设先进个人
姜金龙	区农委	2011年1月省农委表彰为2010年度省“挂县强农富民工程”优秀通讯员
姜　涛	区审计局	2010年1月省审计厅表彰为全省审计工作先进个人
郭乃书	大冈镇	2010年3月省第二次经济普查领导小组表彰为经济普查工作先进个人。
郭玉国	区法院	2010年6月省高院表彰为优秀人民法庭庭长
徐万书	日升纺织有限公司	2011年2月市委、市政府表彰为优秀企业家
徐玉国	区卫生局	2011年1月市政府表彰为“全市深化医药卫生体制改革工作先进个人”
徐扣春	区国税局	2010年11月在省国税系统“五员”能手竞赛中,荣获全省国税系统“五员”能手称号
徐红莲(女)	区农委	2011年1月省农委表彰为全省农业行政处罚优秀案卷先进个人
徐林云	区法院	10月省高院、省司法厅联合表彰为全省法院指导人民调解工作先进个人,11月省高院表彰为全省法院涉诉信访矛盾化解工作先进个人
徐洪胜	区农委	2011年1月省农委表彰为全省耕地质量建设与管理工作先进个人
徐　海	区农委	2010年11月省农委评为“苏食杯”第三届全省检疫技能操作大比武检疫状元
徐晓云	大纵湖旅游发展有限公司	2010年2月市政表彰为2010年全市旅游工作先进个人

唐元山	区农委	2010年5月省农委表彰为2009年度兽药、饲料监督管理先进个人
聂曰良	大纵湖镇	2010年3月市人民政府表彰为"优秀基层计划生育干部"
秦中春	区公安局	2010年1月市委、市政府表彰为"盐城市十佳政法干警"
顾其斌	区委	2011年2月市委、市政府表彰为服务重点工业项目先进个人
耿国新	区质监局	2011年1月市政府表彰为2010年度全市品牌建设工作先进个人
商弘侪	区红十字会	2010年3月市政府表彰为全市红十字会工作先进个人
商建明	张庄街道	2010年7月市委表彰为优秀共产党员,2011年2月市委、市政府表彰为2010年度绩效考核综合先进个人
商学勇	区国土分局	2011年3月市政府表彰为全市耕地保护工作先进个人
董　兵	盐都供电公司	2010年1月省电力公司表彰为2009年度优秀安全监察人员
曹志民	区粮食局	2010年6月省粮食局表彰为2009年度省粮食行业安全生产工作先进个人
崔学祥	区信访局	2011年2月市委、市政府表彰为2010年度全市信访工作先进个人
黄岳祥	江苏华鸥集团	2010年4月市政府授予"盐城市劳动模范"
彭向洪	龙冈镇	2010年10月市委、市政府评为"全市关心下一代工作先进个人"
谢　伟	新都街道	2011年2月市政府表彰为全市服务业工作先进个人
谢步楼	区法院	2010年10月省高院表彰为江苏省优秀人民调解员
葛亚辉	区农委	2011年1月省农机局表彰为全省农机化科技推广先进个人
韩俊良	华锐风电	2011年2月市委、市政府表彰为优秀企业家
韩桂元	盐龙街道	2010年4月市政府授予"盐城市劳动模范"
嵇维广	区审计局	2010年3月市政府评为盐城市"十佳审计能手"
翟丽维	区信访局	2010年12月省信访局、人社厅表彰为"十一五"期间全省信访工作先进个人(享受市劳模待遇)
谭家华	区农委	2011年2月省农委表彰为全省农业综合执法先进个人
潘玉俊	区纪委	2011年2月市政府表彰为市区老城改造工作先进个人
潘永华	区农委	2011年1月绿色盐城建设市政府记二等功
潘宏培	盐龙街道	2010年4月市政府授予"盐城市劳动模范"
薛学义	区民政局	2010年11月省民政厅表彰为"殡葬改革先进个人"

·区委、区政府2010年度目标任务绩效考核先进集体和先进个人·

综合奖

镇(区、街道)综合先进奖

盐城市高新技术产业区(盐龙街道)
新　区　张庄街道　秦南镇
学富镇　北龙港镇

区直部门、市属驻都单位综合先进奖

招商总局　经信委　住建局
农　办　粮食局　教育局
环保局　统计局　妇　联
台　办　工　会　文广新局
审计局　民政局　科技局
行政审批服务中心　财政局　发改委
人社局（因党风廉政建设责任制落实不力,只奖励、不表彰）
工商局　质监局　地税局
国税局　国土分局　规划分局
供电公司盐都营业部　药监局　农　行
中行城南支行　建行城南支行
江苏银行　交通银行
气象局　工行新都支行
农发行　盐务局　黄海农商银行
电信局　邮政局

财税贡献奖

新都街道　新区
华锐风电科技(江苏)有限公司
江苏悦达摩比斯贸易有限公司
盐城世钟汽车配件有限公司
江苏中联电气股份有限公司
潘黄街道杨坝居委会
新都街道新丰居委会
新区裕新居委会
新都街道南港居委会
新区刘朋居委会
新区万胜居委会

工业经济发展奖

工业经济发展优胜奖

盐龙街道　新　区　张庄街道
大纵湖镇　秦南镇　学富镇　北蒋镇

先进工业企业

(1)华锐风电科技(江苏)有限公司(盐龙)
(2)盐城世钟汽车配件有限公司(新区)
(3)江苏悦达纺织集团有限公司(新区)

(4)盐城大圆汽车配件有限公司(新区)
(5)江苏中联电气股份有限公司(龙冈)
(6)星宇科技汽车部件(盐城)有限公司(新区)
(7)江苏火电电力设备制造有限公司(新区)
(8)江苏日升纺织有限公司(张庄)
(9)重庆啤酒集团盐城有限责任公司(盐龙)
(10)盐城市锅炉制造有限公司(新区)
(11)盐城华星变压器有限公司(龙冈)
(12)江苏荣华纺织有限公司(郭猛)
(13)盐城市华鸥实业有限公司(龙冈)
(14)江苏中恒宠物用品有限公司(新区)
(15)盐城真永汽车配件有限公司(新区)
(16)盐城大新汽车配件有限公司(新区)
(17)江苏剑桥涂装工程有限公司(大纵湖)
(18)江苏恒力组合机床有限公司(新区)
(19)江苏神泰科技发展有限公司(大纵湖)
(20)盐城华盛变压器制造有限公司(盐龙)
(21)盐城市弘昕油箱有限公司(龙冈)
(22)盐城市北蒋电力机械厂(北蒋)
(23)盐城联益肠衣制品有限公司(大纵湖)
(24)盐城市兰丰工程科技有限公司(郭猛)
(25)江苏悦达盐拖机械楼王有限公司(楼王)
(26)江苏中力齿轮有限公司(张庄)
(27)盐城市新永佳石油机械制造有限公司(大冈)
(28)盐城市康杰机械制造有限公司(大纵湖)
(29)盐城丽凯毛绒制品有限公司(葛武)
(30)盐城纽科铸钢有限公司(北龙港)

技改先进工业企业

(1)华锐风电科技(江苏)有限公司(盐龙)
(2)盐城悦弘织造有限公司(新区)
(3)星宇科技汽车部件(盐城)有限公司(新区)
(4)江苏中联电气股份有限公司(龙冈)
(5)江苏驰翔精密齿轮有限公司(张庄)
(6)盐城世钟汽车配件有限公司(新区)
(7)江苏锐毕利实业有限公司(盐龙)
(8)江苏斑竹袜业有限公司(秦南)
(9)盐城市双强管桩有限公司(龙冈)
(10)江苏金火炬金属纤维有限公司(尚庄)
(11)盐城市金环医用包装材料有限公司(学富)
(12)江苏金派汽车配件有限公司(盐龙)
(13)盐城发电设备有限公司(中兴)
(14)江苏亚特电缆有限公司(秦南)
(15)江苏百斯特环境工程有限公司(龙冈)
(16)江苏省金峰石油机械制造有限公司(大冈)
(17)盐城市大冈石油工具厂有限公司(大冈)
(18)盐城市荣南机械制造有限公司(潘黄)
(19)盐城申江化机空调有限公司(大纵湖)
(20)盐城市艾斯特体育器材有限公司(北蒋)

优秀经营者奖

季奎余 江苏中联电气股份有限公司
邢香楠 重庆啤酒集团盐城有限责任公司
徐万书 江苏日升纺织有限公司
刘祥斌 盐城市锅炉制造有限公司
仲　秋 江苏恒力组合机床有限公司
文　成 江苏锐毕利实业有限公司
郝鸿彬 江苏火电电力设备制造有限公司
周业刚 江苏驰翔精密齿轮有限公司
谷远东 江苏中力齿轮有限公司
李海伟 江苏盐电阀门有限公司
陈汝祝 盐城华鸥实业有限公司
张如剑 江苏剑桥涂装工程有限公司
葛玉华 盐城市华盛变压器有限公司
凌德祥 盐城双强管桩有限公司
范　兰 盐城市兰丰环境工程科技有限公司
仇　斌 江苏中恒宠物用品有限公司
李　军 盐城市海王冷冻食品有限公司
高锦森 盐城纽科铸钢有限公司
李中标 盐城市大冈石油工具厂有限公司
欧阳智平 盐城市金环医用包装材料有限公司
程卫国 盐城市北蒋电力机械厂

新兴产业特色产业专业园区建设奖

特色产业奖

张庄街道　大冈镇　大纵湖镇　学富镇

新兴产业专业园区建设奖

华锐风电产业园　通讯电子产业园
城西南物流园区　农副产品加工园
科教城　悦达纺织园

开放型经济工作奖(含对台招商引资)

开放型经济工作综合优胜单位

新都街道　新　区　潘黄街道　龙冈镇
商务局　招商总局

利用外资工作先进单位

盐龙街道　新都街道
潘黄街道　楼王镇

外贸工作先进单位

新　区　大纵湖镇　尚庄镇

开放型经济工作先进服务单位

住建局　国土局　规划局
行政审批服务中心

对台招商引资工作先进单位

龙冈镇　葛武镇　尚庄镇

新　区　新都街道　北龙港镇
大冈镇　大纵湖镇　潘黄街道
盐龙街道　台　办　商务局
招商总局　农　委　粮食局

服务业发展奖

新　区　新都街道　龙冈镇
秦南镇　大纵湖镇　滨湖社区
住建局　供销总社　交运局　粮食局

新农村建设和脱贫攻坚工程奖

新农村建设奖

潘黄街道　葛武镇　郭猛镇
秦南镇　张庄街道　大冈镇

脱贫攻坚工程奖

盐龙街道　楼王镇　学富镇　北龙港镇
北蒋镇　新　区　住建局　教育局
农　办　财政局　统计局
农　委　水务局　民政局　人社局
计生委　供销总社　科技局

农村经济发展排头村(居)奖

潘黄街道仰徐村
郭猛镇杨侍村
潘黄街道杨坝居委会
潘黄街道旭日居委会
秦南镇泾口村
新区福才居委会
新区刘朋居委会
龙冈镇凤凰居委会
滨湖社区北宋居委会
尚庄镇瑞北居委会
新都街道新丰居委会
北龙港镇北龙居委会
大纵湖镇迎阳居委会
盐龙街道健仁居委会
新都街道南港居委会
新都街道东进居委会
鞍湖社区洪渡居委会
葛武镇东塘村
张庄街道东升村
大冈镇胜利居委会

高效农业奖

郭猛镇　潘黄街道　秦南镇　葛武镇
大冈镇　楼王镇　农　委　财政局

促进就业和社会保障工作奖

新　区　盐龙街道　秦南镇　大纵湖镇
楼王镇　大冈镇　郭猛镇

慈善人道事业发展奖

区慈善会　区红十字会

民营经济发展奖

潘黄街道　秦南镇　新　区　楼王镇
尚庄镇　大冈镇　宣传部　组织部
经信委　工商局　行政审批服务中心
财政局　优化办　住建局

“强基工程”和“五好班子建设”优秀奖

“强基工程”优秀奖

潘黄街道　秦南镇　大纵湖镇　葛武镇
北龙港镇　尚庄镇　北蒋镇　郭猛镇
卫生局　公安局　民政局　文广新局
粮食局

“五好班子建设”优秀奖

新　区　盐龙街道　张庄街道　楼王镇
潘黄街道　学富镇　龙冈镇　秦南镇
住建局　审计局　信访局　教育局

精神文明建设奖

文明镇

新　区　大纵湖镇　大冈镇　潘黄街道
尚庄镇　学富镇　楼王镇　郭猛镇
北蒋镇　秦南镇　龙冈镇

文明标兵行业

国土系统　国税系统　地税系统
住建系统　公安系统　民政系统
环保系统　文广新系统　粮食系统
农电系统

文明标兵单位

行政审批服务中心　质监局　纠监局
审计局　教育局　科技局　水务局
城管局　市三院　黄海农商银行
江苏中联电气股份有限公司
盐淮米业有限公司

民主法制建设和社会稳定工作奖

潘黄街道　龙冈镇　葛武镇　新　区
郭猛镇　盐龙街道　滨湖社区
公安局　住建局　城管局　民政局
财政局　人社局　法　院　信访局
卫生局

科技和人才工作奖

盐龙街道　大冈镇　龙冈镇　新　区
张庄街道　新都街道　住建局
文广新局　市三院
江苏神泰科技发展有限公司

人口与计划生育奖

潘黄街道　龙冈镇　秦南镇　尚庄镇
大冈镇　新都街道　楼王镇　新　区
张庄街道　大纵湖镇　卫生局　财政局
公安局　文广新局　民政局　教育局

节能减排和环境保护工作奖

郭猛镇　龙冈镇　潘黄街道　葛武镇
北龙港镇　大纵湖镇　楼王镇
张庄街道　农　委　住建局
工商局　交运局　质监局

安全生产工作奖

张庄街道　新　区　北龙港镇　楼王镇
大纵湖镇　秦南镇　北蒋镇
公安局　住建局　教育局　农　委
粮食局　供销总社　文广新局　城管局

机关效能建设奖

五星级服务单位

潘黄街道　新　区　大纵湖镇　秦南镇
张庄街道　行政审批服务中心　卫生局
国土分局　环保局　商务局　公安局
民政局　教育局　地税局
建行城南支行　供电公司盐都营业部

十大服务品牌

行政审批服务中心	阳光行政,真情服务
国税局	纳税服务 361
地税局	为民税务 e 路通
科技局	科技助推器
药监局	药监服务 365
城管局	用心管理城市,真情服务市民
文广新局	真诚服务,文化盐都
安监局	真诚服务,安康卫士
国土分局	诚信国土,与您同行
质监局	用心服务,以质取胜

五星级服务科室

财政局会计集中核算中心
工商局监督管理科

人社局社会劳动保险中心
经信委经济运行科
安监局安全生产监察大队
电子政务中心
公安局交巡警大队
城管局环卫处
审计局行政事业与社会保障审计科
发改委综合规划科

十佳服务标兵

施玉景　区文广新局广播电视台新闻中心主任
武　晴　区行政审批服务中心业务科科长
薛亚飞　区工商局登记注册科科长、窗口负责人
马以军　区财政局国库科科长
王素娟　区国税局征收服务厅综合窗口工作人员
徐银贵　区人民法院执行局副局长
吴先巧　区民政局婚姻登记处副主任
郭乃萍　区人民检察院控申科科长
储成英　区国土局服务大厅副主任
孙万忠　区物价局价格认证中心主任

党风廉政建设奖

秦南镇　潘黄街道　龙冈镇　新　区
卫生局　教育局　住建局　审计局
法　院　工商局

接轨上海工作奖

接轨上海工作先进镇(区、街道)

盐龙街道　学富镇　大纵湖镇
秦南镇　龙冈镇

接轨上海工作先进部门

发改委　财政局　商务局

接轨上海工作项目建设先进单位

上海贵航能环冷却工程有限公司盐城分公司

先进个人
(按姓氏笔划排序)

丁　勤　丁兴俊　万光清　王　勇
王权奎　王安根　王纯国　王益林
卞爱群　刘安红　刘桂琦　孙发金
杨　森　苏竹林　李庆銮　严义奎
肖刘蕊　吴　曙　吴　华　吴玉林
吴正龙　沈清涛　宋金洪　张云云
张国胜　张宗煜　张盛山　陆鑫森
陈　霞　邵仁鸿　周　俊　周志明
周彩枫　郝汉金　郝瑞耀　姚宏鉴
桂永跃　袁德林　顾学闯　夏　明
徐永生　徐成文　徐寿洪　徐洪顺
唐　玲　黄　典　黄约波　曹志伟
商建明　葛永良　蒋映晖　王启明
王国钰　王炳友　王海涛　刘　曦
刘加甲　孙祥南　杨广斌　杨春光
吴爱群　陈如萍　陈焕生　季中山
季中斌　荣仁海　倪自祥　徐　华
王能亮　王蓉蓉　文　成　朱相国
刘卫红　刘中文　刘茂康　杨卫军
李冬兵　吴勇根　宋传贵　张　辉
张根扬　陆全华　周业刚

区政府表彰单项奖

财税工作先进单位

盐龙街道　秦南镇　学富镇　张庄街道
潘黄街道

社会保险工作先进单位

张庄街道　龙冈镇　新都街道　学富镇
潘黄街道　北龙港镇　北蒋镇

建筑业发展先进单位

建筑业发展先进镇(区、街道)

秦南镇　潘黄街道　龙冈镇

建筑业发展先进服务单位

住建局　安监局

建筑业发展先进企业

(1)江苏天虹建设集团有限公司
(2)江苏国丰建设集团有限公司
(3)江苏盐城四建建设集团有限公司
(4)江苏青云建设集团有限公司
(5)江苏华悦建设集团有限公司
(6)盐城市华虹建设工程有限公司
(7)江苏苏亚建设安装有限公司
(8)盐城市华刚建筑工程有限公司
(9)盐城维正建筑工程有限公司
(10)江苏盐州建设工程有限公司
(11)江苏蛟龙打捞航务工程有限公司
(12)江苏稳强海洋工程有限公司
(13)江苏海洋航务打捞有限公司
(14)盐城市隆嘉水利建设有限公司
(15)江苏苏亚机电制造有限公司

旅游业发展先进单位

滨湖社区　葛武镇　郭猛镇　潘黄街道
龙冈镇　北龙港镇

村镇建设先进单位

村镇建设先进镇(区、街道)

龙冈镇　潘黄街道　大纵湖镇
张庄街道　郭猛镇　学富镇

村镇建设先进服务部门

规划分局　环保局

农村经营管理工作先进单位

潘黄街道　秦南镇　龙冈镇　尚庄镇
大冈镇　大纵湖镇

国土管理工作先进单位

楼王镇　大纵湖镇　龙冈镇　尚庄镇
新　区　秦南镇

水利建设先进单位

盐龙街道　龙冈镇　郭猛镇　新　区
新都街道　大冈镇

农村能源建设工作先进单位

郭猛镇　秦南镇　楼王镇　尚庄镇
大纵湖镇　学富镇

造林绿化工作先进单位

大冈镇　张庄街道　楼王镇　龙冈镇
北龙港镇　北蒋镇

民政工作先进单位

潘黄街道　大冈镇　龙冈镇　学富镇
秦南镇　大纵湖镇

审计工作先进单位

秦南镇　潘黄街道　龙冈镇　楼王镇
大纵湖镇　北龙港镇　粮食局　教育局
卫生局　住建局

质量工作先进单位

秦南镇　盐龙街道　新　区　大冈镇
大纵湖镇　尚庄镇　农　委　粮食局

教育工作先进单位

新　区　秦南镇　盐龙街道　潘黄街道
尚庄镇　龙冈镇　大纵湖镇　郭猛镇

文化广电工作先进单位

潘黄街道　大冈镇　学富镇　张庄街道

北龙港镇　龙冈镇　尚庄镇　大纵湖镇
郭猛镇

卫生工作先进单位

龙冈镇　郭猛镇　潘黄街道　盐龙街道
新　区　秦南镇

人才工作先进单位

大冈镇　盐龙街道　龙冈镇　郭猛镇
秦南镇　新　区　新都街道
教育局　江苏锐毕利实业有限公司

江苏恒力组合机床有限公司

科技进步工作先进单位

大冈镇　盐龙街道　潘黄街道
大纵湖镇　龙冈镇　秦南镇
农　委　卫生局

食品药品安全工作先进单位

龙冈镇　新都街道　郭猛镇　潘黄街道
秦南镇　学富镇　农　委　工商局
质监局　卫生局　粮食局

农村公路建设管养工作先进单位

盐龙街道　潘黄街道　大纵湖镇
大冈镇　秦南镇　滨湖社区

城市建设工作先进单位

新　区　盐龙街道　龙冈镇　张庄街道
潘黄街道

盐都区 2010 年度“十佳文明新事”

一、勇救落水儿童——王佳丽

王佳丽，女，39 岁，大冈镇野陆村农民。2010 年 12 月 23 日下午，寒风刺骨，手术后刚出院的王佳丽，忽然听到家门口小河边传来轰隆一声巨响，出门一看，是一辆接送幼儿的小巴士过桥时不慎坠河。王佳丽顾不得伤口疼痛，立刻奔到河边，和司机一起抢救落水儿童，并把落水儿童接到自己家中，用七八床被子把 10 个冷得直打哆嗦的孩子裹在一起，打开空调、电暖器为他们取暖。后经镇卫生院检查，落水儿童全部安然无恙。

二、警营爱心大使——陈连红

陈连红，男，34 岁，郭猛派出所指导员。1997 年，还是警校学生的陈连红通过与河北省团委联系，资助两名失学儿童。省“春风行动”，他结对帮扶尚庄镇塘桥村孤儿唐秀娟。汶川大地震、舟曲洪灾，他在第一时间向灾区捐资捐物 5000 多元。2010 年，他帮扶区“十佳励志少年”、市聋哑学校学生顾芳芳。他还无偿献血 2400 毫升，在中华造血干细胞库登记，随时准备捐献，被人们称为“警营爱心大使”。

三、富村富民写大爱——王文祥

王文祥，男，54 岁，江苏稳强疏浚打捞有限公司董事长，兼杨侍村党委书记，市人大代表，省劳动模范。他率先建成全镇第一座自来水厂，解决四个村 1200 个农户的饮用水问题；建杨侍小学，使全村孩子像城里孩子一样享受到优质教育；建成村部办公楼，改善村干部办公条件；兴建通村公路 6 条，改建桥梁 7 座，安装路灯 60 多盏；建成高标准农民别墅 3 万平方米、苏北一流的敬老院、80 亩农民乐园，每年拿出 500 万元用于新农村建设，对到新型社区建别墅的农户每户一次性奖励 5 万元。他说：“一个人富不算富，大家富才是真的富！”

四、情系社区献余热——张炳富

张炳富，男，61 岁，中共党员，新都街道退休干部。13 年来，他坚持与胃癌作斗争，坚持整理淮剧曲谱，编写剧本，到社区义演。2006 年，他自掏腰包 2 万多元，组建新都社区文艺团。每天到聚龙湖（原名内港湖）边拉二胡，吸引文娱爱好者加入他的文艺团队。他抢救数十个失传的重要淮剧曲目。编写《局长难当》、《婆媳情》、《糊涂夫妻》等一大批群众喜闻乐见的折子戏，获得省文艺创作奖。小折子戏《夸盐城》，表演 30 多场次，深受社区群众欢迎。

五、传承剪纸育新人——单立堂

单立堂，男，48 岁，中共党员，北龙港小学校长。他把民间剪纸艺术引进课堂，创造性地提出“剪纸育人”的构想，编写了系列剪纸校本课程，成功开办剪纸

特色班。学生剪纸作品在江苏省首届未成年人才艺大赛暨第十一届全国推新人大赛中捧回16个"十佳"奖，精彩亮相第二届中国(深圳)国际文化产业博览交易会，漂洋过海，成为市、区政府馈赠贵宾的特色礼品。

六、用爱撑起一片天——朱翠宏

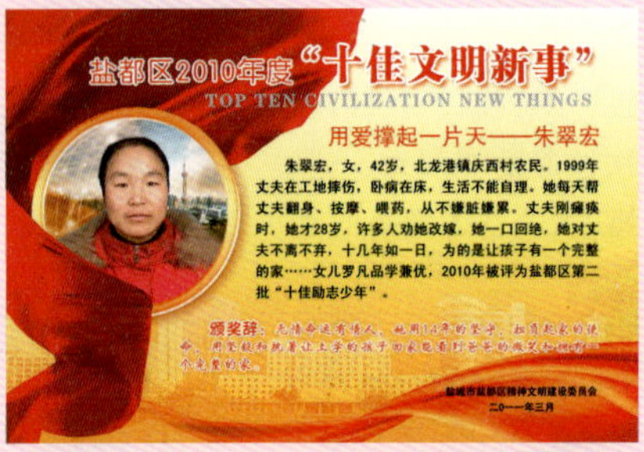

朱翠宏，女，42岁，北龙港镇庆西村农民。1999年丈夫在工地摔伤，卧病在床，生活不能自理。她每天帮丈夫翻身、按摩、喂药，从不嫌脏嫌累。丈夫刚瘫痪时，她才28岁，许多人劝她改嫁，她一口回绝，她对丈夫不离不弃，十几年如一日，为的是让孩子有一个完整的家……女儿罗凡品学兼优，2010年被评为盐都区第二批"十佳励志少年"。

七、大医献仁爱、真情暖民心——市三院"百名医疗专家进社区、进企业"大型义诊活动

2010年，市三院启动"百名医疗专家进社区、进企业"大型义诊活动。活动开展以来，走进社区6次、服务企业2次，接待前来就诊和咨询检查的人数达1600余人、体检1000余人，测量血压

1000多人次，检测血糖460多例，肝、胆、脾、胰、肾等腹部B超检查230多例，心电图检查170多例；开具建议性处方和检查申请单880多张，发放专家名片600多份和健康处方1800多份。义诊活动为很多群众解除了病痛，受到热烈欢迎。

八、微笑润心田、服务心贴心——宋艳彬

宋艳彬，女，35岁，区地税局纳税服务中心窗口负责人。她常常在临近下班或休息日遇到急办件，主动加班，以甜美的微笑耐心服务。有一次，一位纳税人在二手房交易时，误解国家有关税收政策，情绪激动，她细心疏导，详细解释每一条细则，对方心悦诚服，缴纳1万多元税款。她热心、细心、诚心和耐心地文明执法、优质服务的事迹举不胜举。没有惊天动地的业绩，也没有世人皆知的荣誉，但她却在平凡的岗位上塑造不平凡的敬业精神，赢得人们的敬重。

九、恪尽职守、热心公益——邵华

邵华，女，35岁，中共党员，区交通运输局运政服务大厅负责人。她在运政

服务大厅10多年，每年审验道路运输证1800本，水路营运证核查换证300本，违章处理360件，从业人员资格证件500本。她热心公益事业，特别关爱失学儿童。积极发动家庭成员向灾区失学儿童捐款捐物，累计达5000多元。在她和同事的共同努力下，运政服务大厅被表彰为市"五一"文明岗、巾帼文明岗、依法行政示范点。

十、青年网络展风采——乔志云

乔志云，女，35岁，中共党员，盐都区计划生育指导站副站长。她带领区青年网络志愿者队伍，借助中国/联合国人口基金第六周期计划生育/生殖健康项目的平台，面向辖区内的在校青年、社会青年及流动青少年，开展了同伴教育、培训授课、座谈讲座、咨询辅导，普及性与生殖健康、艾滋病预防等知识，使广大青少年了解自身权益，自觉远离毒品。2010年，她获得中国计生协、中国青年网络"作出突出贡献的指导老师"称号，盐都区被中国计生协表彰为青年网络项目"最佳项目县"。

（文明办供稿）

文件选编

Selected Documents

·重要文件摘要·

中共盐城市盐都区委　盐城市盐都区人民政府关于统筹城乡经济社会发展加快推进城乡一体化进程的意见

都发〔2009〕1号　2009年1月23日

为不断巩固机关效能建设成果，全力打造"办事最快、效率最高、服务最优、收费最低"盐都服务品牌，进一步优化全区经济发展环境，推进经济社会又快又好发展，区委、区政府决定在全区开展机关服务"创星级、树品牌"活动。现提出如下意见：

一、转变思想观念，推进机关服务职能化。深入学习科学发展观，身体力行全心全意为人民服务的宗旨，切实转变服务理念，进一步增强大局意识、发展意识、服务意识，坚持把服务发展、服务企业、服务基层作为机关工作的基本职责和首要任务，把提高企业和群众的满意度作为全区各级机关的最高准则和不懈追求。加快服务型机关建设，紧紧围绕策应沿海开发、建设"双新"盐都这条主线，扎实推进部门服务职能化，不断改进服务方式，创新服务举措，在服务中履行职能，在履职中提高效能。着力解决群众反映最为强烈的"办事难、办事慢"问题，着力解决机关效能建设上热下冷、上急下怠、上紧下松的问题，扎实推进"办事提速、服务提质、工作提效、能力提升"。

二、改进工作作风，提高决策部署落实力。按照"全市争第一，全省创一流"的要求，把全面小康和进位争先目标逐一细化量化，层层落实到具体单位和责任人，确保"任务交到底、压力传到底、责任定到底"。认真解决少数部门中存在的不讲原则、大局意识不强，思想保守、创新办法不多，办事拖拉、工作效率不高，作风漂浮、工作落实不力等问题，大力倡导求实、务实、落实之风，持之以恒地开展"三服务"，深化服务效能征询与问责，全面提升执行落实成效。建立快捷的落实机制和科学的考评体系，推动各级各部门提升机关效能，强化落实之功，把全区机关服务提升到一个新的水平。

三、加快平台建设，推动服务层次再提升。进一步深化行政许可(审批)制度改革，优化审批流程，减少审批环节，缩短审批时限，压降收费标准。全面推行立即办、主动办、创新办、公开办的"五办"服务方式，进一步提高办事效率。以电子政务平台为依托，以信息技术为手段，深入推进行政权力网上公开透明运行，不断完善行政效能电子监察，尽快将网上服务和网上监察覆盖到所有部门和镇(区、街道)，延伸到所有村居和公用事业单位，促进服务效能再提速。健全完善区、镇、村三级便民服务网络，拓宽便民服务领域，完善便民服务功能。大力推行服务标准化建设，规范服务行为，提升服务形象。

四、推行星级管理，形成争先创优新局面。全面开展以优质、高效、廉洁为主要内容的机关星级评比活动，着力树创一批服务意识强、工作措施硬、群众反响好的先进服务典型，树立机关优质服务标杆，引导各级机关在服务发展中比效能、比作为、比贡献。积极探索机关星级管理办法，严格星级标准，实施动态管理，在全区形成争先创优的氛围，掀起比学赶超的热潮。采取开门评议、明查暗访、案例通报等措施，对服务行为不规范、服务承诺不兑现、服务工作不到位等行为，严格实施问责追究，有效促进服务态度的好转，服务方式的改进和服务质量的提升。

五、创新服务方式，着力打造特色化品牌。树立品牌服务理念，开展服务品牌塑创活动。各级各部门要结合自身职能，通过强化服务理念、整合服务项目、完善服务体系，积极创新服务载体、服务方式、服务举措，努力打造具有职能特色、创新理念、规范流程、领先全市的优质服务品牌。组织开展服务品牌评选，在各级各部门全面创牌的基础上，集中评选推出一批区级优质服务示范品牌，组织强势宣传推介，努力扩大服务品牌的公众知名度、群众满意度和社会认可度，使机关服务品牌真正成为机关工作的导向、干部行为的规范。实施品牌带动战略，发挥品牌影响效力，为合力打响"盐都服务"这一区级服务品牌奠定更坚实的基础、赋予更丰富的内涵、形成更广泛的影响。

六、健全机制制度，逐步实现长效化管理。建立健全机关服务工作机制，总结完善实践中行之有效的规章制度，抓好《七项制度》、《八项规定》等加强机关作风建设、效能建设和优化发展环境各项制度的执行落实。探索完善机关服务"创星级、树品牌"活动考评办法，使之成为常态化管理办法，逐步实现机关服务工作的长效化管理。紧密结合新形势、新任务的要求，紧密结合机关作风建设和效能建设的实践，扎实推进制度创新，做到废、改、立相结合，逐步形成比较完备的机关服务制度体系。加大对制度落实情况的督促检查和制度执行情况的综合考评，提高各项服务制度的执行力，促进机关服务规范化、标准化、科学化。

全区各级各部门要积极响应区委、区政府关于在全区开展机关服务“创星级、树品牌”活动的号召，牢固确立执政为民的服务理念，加强组织领导，创新服务方式，奋力夺星创牌，努力把我区机关服务打造成“全市第一、全省一流、全国有影响”的亮丽名片。

中共盐城市盐都区委　盐城市盐都区人民政府
关于深化医药卫生体制改革的实施意见

都发〔2010〕9号　2010年3月17日

为认真贯彻落实《中共中央国务院关于深化医药卫生体制改革意见》(中发〔2009〕6号)、《国务院关于印发医药卫生体制改革近期重点实施方案(2009~2011年)的通知》(国发〔2009〕12号)和《省委省政府关于深化医药卫生体制改革的实施意见》(苏发〔2009〕7号)，以及《市委市政府关于深化医药卫生体制改革的实施意见》(盐发〔2010〕2号)，切实做好深化医药卫生体制改革工作提出如下意见。

一、深化医药卫生体制改革的总体要求和目标任务

(一)总体要求。以邓小平理论和“三个代表”重要思想为指导，深入贯彻落实科学发展观，围绕“全面奔小康、建设‘双新’盐都”的目标，全面深化医药卫生体制改革，创新体制机制，优化卫生资源，增强服务能力，建立与我区经济社会发展水平相协调、与城乡居民医疗卫生需求相适应的基本医疗卫生制度，促进社会和谐发展。坚持“预防为主、以农村为重点、中西医并重”的方针。强化政府主导，同时发挥市场机制作用，统筹协调城乡、区域发展，把解决当前突出问题与完善制度体系结合起来，促进医药卫生事业全面协调可持续发展，不断提高人民健康水平。

(二)目标任务。2010年，基本药物制度初步建立，政府办基层医疗卫生机构全部配备、使用和零差率销售基本药物，城乡居民平等获得安全质优价廉的基本药物。到2011年，基本医疗卫生服务的公益性充分体现，公平性和可及性明显提高。基本公共卫生服务得到普及，政府免费提供规定的基本公共卫生服务项目；基层医疗卫生服务体系比较完善，建成城乡15分钟健康服务圈；基本医疗保障制度覆盖全体城乡居民，城镇职工基本医疗保险(以下简称城镇职工医保)参保率稳定在95%以上，新型农村合作医疗(以下简称新农合)参合率稳定在98%以上，城乡医疗救助制度有效实施，个人医药费用负担比例明显降低；公立医院改革试点取得积极进展，管理体制和运行机制逐步完善，医疗服务明显改善。

到2020年，覆盖城乡居民的基本医疗卫生制度基本建立。公共卫生服务体系进一步加强，医疗服务体系进一步完善，医疗保障体系进一步健全，药品供应保障体系进一步规范，医疗卫生机构管理体制比较科学，运行机制具有活力，形成多元办医格局，更好地适应人民群众多层次的医疗卫生需求，人民群众健康水平进一步提高。

二、加强公共卫生服务体系建设，促进基本公共卫生服务逐步均等化

(三)加强公共卫生服务体系建设。建立健全疾病预防控制、健康教育、妇幼保健、精神卫生、应急救治、卫生监督和计划生育等专业公共卫生服务网络，形成分工明确、信息互通、资源共享、协调互动的公共卫生服务体系。加强专业公共卫生机构、城乡基层医疗卫生机构和医院之间的协作，强化专业公共卫生机构和医院对基层医疗卫生机构的业务指导，建立对口支援制度，实行功能互补、防治互助和中西医并举。

(四)认真实施公共卫生服务项目。精心组织实施省定9类22项基本公共卫生服务项目，积极推进城乡居民电子健康档案建设，到2011年，60岁以上老人等重点人群的建档率农村达80%、城市达95%，其他人群达到60%以上。继续实施结核病、艾滋病等重大疾病预防控制和国家免疫规划、贫困白内障患者复明、农村改水改厕等重大公共卫生服务项目，从2009年起开展农村孕产妇住院分娩补助、为15岁以下人群补种乙肝疫苗、35岁至59岁农村妇女宫颈癌乳腺癌检查、农村妇女孕前和孕早期补服叶酸预防出生缺陷、免费婚前医学检查等项目。至2012年，全区农村卫生户厕普及率达85%。

(五)明确政府举办公共卫生职责。2009~2010年全区年人均基本公共卫生服务经费标准不低于15元，2011年不低于20元。鼓励各镇、区、街道根据经济发展水平和突出公共卫生问题，在提高人均基本公共卫生服务经费标准的基础上，逐步增加基本公共卫生服务项目内容。区政府设立重大公共卫生服务项目专项经费，并逐年增加。健全公共卫生服务经费保障机制，专业公共卫生机构的人员经费、发展建设和业务经费由政府全额安排，按照规定取得的服务收入上缴财政专户或纳入预算管理。

(六)提高公共卫生管理水平。建立健全城乡基层医疗卫生机构公共卫生服务人员准入机制，按规定配备工作人员。以健康档案建立为切入点，规范实施基

本公共卫生服务项目。强化用人单位责任和行政监管，加强对严重威胁人民健康的传染病、慢性病、地方病等疾病的监测与预防控制，全面推进职业病防治工作。提高妇幼保健服务水平，降低孕产妇和婴儿死亡率，预防出生缺陷，提高出生人口素质。大力开展健康教育，按照《盐城市健康教育与健康促进工作规范》和“全国亿万农民健康促进行动”示范乡镇、村标准积极组织实施。深入开展爱国卫生运动，积极推进卫生城市、卫生村镇和卫生单位建设。加强公共卫生机构绩效考核，提高公共卫生服务效率。

三、健全基层医疗卫生服务体系，方便群众看病就医

（七）巩固完善基层医疗卫生服务网络。进一步完善农村卫生服务机构设置规划，加快形成区镇两级、镇村一体、防治结合、分工合理的新型农村卫生服务体系，进一步健全以区级医院为龙头、乡镇卫生院和村卫生室为基础的农村医疗卫生服务网络，加强政府办区级医院和乡镇卫生院标准化建设，每个行政村或3000~5000人口建成一个标准化卫生室，实施镇村一体化管理。制定城市社区卫生服务机构设置规划，在盐城市第三人民医院增挂社区医院的牌子，承担对社区卫生服务中心、站的业务指导职能，每个街道（区）或3万~10万人口建设一个社区卫生服务中心，在城南新区建成13个社区卫生服务站，完善社区在公共卫生服务、初级诊疗、慢性病管理和康复服务等方面的功能，形成以社区卫生服务为基础的新型城市医疗卫生服务体系。乡镇卫生院和城市社区卫生服务中心均设置中医科和中药房，配备中医药专业技术人员、基本中医诊疗设备和必备中药，每个村卫生室和城市社区卫生服务站都能提供中医药服务。

（八）改革基层医疗卫生机构补偿机制。基层医疗卫生机构运行成本通过服务收费和政府补助补偿，政府负责其举办的乡镇卫生院、城市社区卫生服务中心和服务站按国家规定核定的基本建设、设备购置、人员经费及所承担公共卫生服务的业务经费，按定额定项和购买服务等方式补助。医务人员的工资水平，要与事业单位购置人员平均工资水平相衔接。实行基本药物零差率销售后，药品收入不再作为基层医疗卫生机构经费的补偿渠道。探索对基层医疗卫生机构实行收支两条线管理，加强和完善内部管理。政府对乡村医生承担的公共卫生服务等任务及实行基本药物零差率给予合理补助，实行考后发放。落实省、市乡村医生养老保险政策，对社会力量举办基层医疗卫生机构提供公共卫生服务，政府通过购买服务等方式给予补偿；对其提供的基本医疗服务，通过签订医疗保险定点合同等方式，由基本医疗保障基金等渠道补偿。

（九）转变基层医疗卫生机构运行机制。严格界定基层医疗卫生机构适宜技术、适宜设备范围和基本药物，采取制定分级诊疗标准、增强服务能力、降低收费和提高报销比例等措施，引导一般诊疗下沉到基层，逐步实现社区首诊和双向转诊。转变基层医疗卫生机构服务方式，乡镇卫生院要组织医务人员定期到村卫生室为农民提供医疗保健服务，城市社区卫生服务机构要全面推行全科团队服务和责任医生制度，为群众提供安全有效和低成本服务。全面实现人员聘用制，逐步建立符合事业单位特点的人事管理制度和收入分配制度。完善城市医院对口支援农村医疗卫生工作制度，制定并实施公立医院支持基层医疗卫生机构发展的考核评估办法，提高乡镇卫生院医疗水平和服务能力。

四、推进基本医疗保障制度建设，构建多层次保障体系

（十）实现基本医疗保障全覆盖。巩固完善以城镇职工医保、城镇居民医保、新农合和城乡医疗救助为主体，覆盖城乡居民的基本医疗保障体系。进一步完善新农合制度，以镇为单位参合率稳定在98%以上，居住在乡镇的城镇居民参加新农合，农村居民及农业户口的中小学生以家庭为单位整体参加新农合，，中学生也可以以学校为单位整体参加学生保险。进一步完善城镇职工医保制度，加快覆盖就业人口，重点解决国有关破闭产企业、困难企业等职工和退休人员的基本医疗保障问题，积极推进城镇非公有制经济组织从业人员、灵活就业人员、进城务工人员参加城镇职工医保。政府对符合国家《就业促进法》和省实施办法规定的就业困难人员参加城镇职工医保的参保费用给予补贴。用2年左右时间，将已关闭破产企业退休人员和困难企业职工纳入城镇职工医保，确有困难的，经政府批准后，参加城镇居民医保。对签订劳动合同并与企业建立稳定劳动关系的农民工，按国家规定明确单位缴费责任，将其纳入城镇职工医保。参加城镇职工医保有困难的农民工，可以自愿选择参加城镇居民医保或户籍所在地新农合。在区大学生全部纳入城镇居民医保范围，灵活就业人员自愿选择参加城镇职工医保或城镇居民医保，完善城乡医疗救助制度，帮助困难群体缓解就医困难，筑牢医疗保障底线。鼓励工会等社会团体开展多种形式的医疗互助活动，鼓励和引导各类组织和个人发展社会慈善医疗救助。

（十一）不断提高基本医疗保障水平。2010年，各级财政对城镇居民医保、新农合的补助标准提高到每人每年140元以上，同时适当提高个人缴费标准，建立筹资动态增长机制。坚持广覆盖、保基本、可持续的原则，以住院和大额门诊保障为重点，逐步将普通门诊费用纳入基金支付范围，积极推行住院统筹与门诊统筹相结合的保障模式，不断提高群众受益水平。2010年，新农合参合人员住院医药费用实际补偿比例达到45%以上。新农合、城镇职工医保和城镇居民医保制度规定范围内医药费用平均报销比例分别达到80%和60%。新农合最高支付限额保持在农民纯收入10倍以上。城镇职工医保和城镇居民医保最高支付限额分别提高到职工年平均工资和居民年人均可支配收入的6倍以上。

（十二）规定基金使用与管理。坚持以收定支、收支平衡、略有结余的原则，合理控制各类医保基金年度结余和累计结余，城镇职工医保、城镇居民医保、新农合统筹基金当年结余率原则上控制在10%左右。建立基本医疗保险基金风险金制度，以防范人口老龄化等因素导致的基金支出风险。加强对定点医疗机构和定点零售药店的协议管理，积极探索建立医保经办机构与医药服务提供方的谈判机制，合理确定药品、医疗服务和医

用材料费用支付标准，控制成本费用。完善医保基金支付方式，探索总额预付、定额付费、按病种付费、按人头付费等相结合的付费方式，建立激励与惩戒并重的有效约束机制，强化医疗保障对医疗服务和药品费用的规范、监管和引导，提高医保基金使用效率。各类医保基金收支情况纳入经常性审计，定期向社会公布，提高基金使用透明度。

（十三）改进基本医疗保障管理服务。提高基本医疗保险统筹层次，逐步统一基本医疗保障制度框架。积极推广就医“一卡通”，推进医疗保险参保人员异地就医联网结算服务，方便参合（参保）人员就医。以城乡流动的农民工为重点，积极做好基本医疗保险关系跨制度、跨地区转移接续工作。简化转诊和救助资金的审批程序。探索适合困难群体的医疗费用支付办法，鼓励开展事前救助试点，尽可能降低其自付比例，方便困难群体及时就医。做好新农合、城镇职工医保、城镇居民医保、城乡医疗救助制度之间的衔接，探索建立城乡一体化的基本医疗保障管理制度。按照医疗保障全覆盖和履行公共卫生服务职能的要求，在整合资源的基础上，加强基本医疗保障经办机构能力建设。加快医疗保险基层服务平台建设，尽快形成布局合理、功能健全的服务网络，探索通过购买服务等多种方式，提高社会化服务水平。

（十四）发挥商业保险的补充保障作用。鼓励商业保险机构开发适应不同需要的健康保险产品，满足多样化的健康需求。鼓励用人单位和个人在参加社会医疗保险的基础上参加商业健康保险，通过多种形式解决基本医疗保障之外的需求。在确保基金安全和有效监管的前提下，提倡以政府购买医疗保障的服务方式，探索委托具有资质的商业保险机构经办有关医疗保障管理服务。

五、建立基本药物制度，完善药品供应保障体系

（十五）建立基本药物使用和鼓励机制。区成立多部门参加的基本药物工作领导小组，协调解决基本药物制度实施过程中各个环节的相关政策问题。严格执行国家基本药物目录和省增补目录，政府举办医疗完善机构使用的基本药物，由省级药品集中采购中心公布的中标候选品种目录内按质量优先、价格合理原则选择本地区集中采购药品。基本药物配送企业以市为单位，由省通过公开招标方式产生，并在国际指导价格规定的幅度内确定基本药物统一采购价格（含配送费用）。基本药物购销双方要根据招标采购结果签订合同，并严格履约。建立基本药物采供违约惩戒机制，保证基本药物生产与供应。

（十六）促进基本药物优先选择和合理使用。2009年政府办镇村医疗卫生机构全部配备、使用和零差率销售基本药物并执行相应的报销政策，区级医院也要按规定使用一定比例的基本药物，将基本药物作为首选药物优先使用。卫生行政部门要依照省定的临床基本药物应用指南和基本药物处方集，加强用药指导和监管。发挥临床药师对药品使用的指导和监督作用，促进规范合理用药。所有零售药店和医疗机构均应配备和销售基本药物。零售药店必须按规定配备执业药师，为患者提供购药咨询和指导。基本药物全部纳入基本医疗保障药品目录，报销比例明显高于非基本药物。

（十七）建立健全药品供应保障体系。完善医药产业发展政策，推动医药企业提高自主创新能力和医药产业结构优化升级，积极发展药品现代物流和连锁经营，鼓励零售药店发展连锁经营，建立便民惠民的农村药品供应网。加强对基本药品经营质量管理，强化质量追溯体系建设。加强对基本药物的监督性抽检和药品不良反应监测，建立药品安全预警和应急处置机制。

六、推进公立医院改革试点，创新管理体制运行机制

（十八）合理调整公立医院布局，建立协调统一的医药卫生管理体制。区政府办好区、镇、村医疗机构。所有医疗卫生机构，不论所有制、投资主体、隶属关系和经营性质，均由卫生行政部门实行统一规划、统一准入、统一监管。

（十九）推进公立医院管理体制改革。进一步转变政府职能，卫生行政部门主要履行卫生发展规划、人员资格准入、规范标准、服务监管等行业管理职能，其他有关部门依照相应职能进行管理和服务。强化公立医院公益性和政府监管，建立出资人制度，合理界定医院资产所有者和经营管理者的责权，实行所有权与经营权“两权分离”，积极探索国有资产多种实现形式和政事分开、管办分开的有效途径。建立完善公立医院法人治理结构，逐步推行职业经理人管理模式，形成决策、执行、监督相互制衡机制。规范公立医院临床检查、诊断、治疗、药物使用和植（介）入类医疗器械行为，优先使用基本药物和适宜技术，实行同级医疗机构检查检验结果互认。

（二十）改革公立医院运行机制。进一步深化医药人事分配制度改革，不断完善全员聘用制度和岗位管理制度，实行岗位绩效工资制度，工资待遇与服务质量及岗位工作量等综合绩效挂钩。完善专业技术人员职称评聘制度。规范注册医师多点执业的办法。进一步完善财务、会计管理制度，严格预算管理，加强财务监管和运行监督。结合实际，可尝试对公立医院开展核定收支、以收抵支、超收上缴、差额补助等多种管理办法试点。

（二十一）改革公立医院补偿机制。逐步将公立医院补偿由服务收费、药品加成收入和财政补助三个渠道改为服务收费和财政补助两个渠道。政府投入主要用于公立医院基本建设和大型设备购置、重点学科发展、符合国家规定的离退休人员费用和政策性亏损补偿等，对公立医院承担的公共卫生任务实行专项补助，保障政府指定的紧急救治、援外、支农、支边等公共服务经费。严格控制公立医院建设规模、标准和贷款行为。公立医院必须严格控制新增债务，不得再负债建设和超标准购置大型医用设备。积极探索医药分开的多种有效途径，逐步取消药品加成，不得接受药品折扣。医院由此减少的收入或形成的亏损通过增加政府投入等途径解决。药事服务费纳入基本医疗保险报销范围。

（二十二）努力改善医疗服务。坚持以病人为中心，规范服务行为，优化服务流程。建立医疗质量安全控制评价体系，落实医疗核心制度，执行病种质量控制

方法，实现医疗质量长效管理。大力推广预约挂号、一站式服务等一系列便民措施，完善双向转诊，缩短病人等候时间，不断提高服务效率。加强医德医风建设，健全和落实行风管理制度，大力宣传“医术高超、医德高尚”的先进典型，激励广大医务工作者恪守服务宗旨、增强服务意识、提升服务质量，维护医疗完善行业的良好形象。

七、完善保障措施，确保改革取得预期成效

（二十三）加强对医药完善体制改革的组织领导。区政府深化医药卫生体制改革领导小组统筹领导、督导评价全区深化医药卫生体制改革工作，各成员单位要切实履行职责，加强配合，形成合力。要成立相应组织协调机构，加强领导，制定具体工作方案，力争率先建立基本医疗卫生制度，让改革成果惠及广大群众。要把改革进展和成效纳入领导干部任期目标责任制和政绩考核，确保工作顺利推进。

（二十四）建立政府主导的多元卫生投入机制。明确政府、社会与个人的卫生投入责任。确立政府在提供基本医疗卫生服务中的主导地位，完善政府卫生事业投入机制。公共卫生服务资金主要通过政府筹资解决，基本医疗服务费用由政府、社会和个人三方面合理分担，特需医疗服务由个人直接付费或通过商业保险支付。严格控制公立医院特需医疗服务比重，公立医院提供特需服务的比例不得超过全部医疗服务的10%。完善政府对基本医疗保障制度建设的投入机制，保证相关经办机构正常经费和购买服务的自己来源。逐步提高政府卫生投入占卫生总费用的比重，使居民个人基本医疗费用负担有效减轻；政府卫生投入增长幅度要高于经常性财政支出的增长幅度，使政府卫生投入重点用于支持公共卫生、农村卫生、城市社区卫生和基本医疗保障。对中西医结合、传染病防治、职业病防治、精神病防治、妇幼保健等机构在投入政策上予以倾斜。鼓励和引导社会资本发展医疗卫生事业，形成投资主体多元化、投资方式多样化的格局。大力发展医疗慈善事业。建立政府对医药卫生事业投入与产出的绩效评价机制，委托第三方进行群众满意度等系统性评价，促进政府投入达到预期目标。

（二十五）建立科学合理的医药价格形成机制。对非营利性医疗机构提供的基本医疗服务实行政府指导价，按照规定开展的特需服务，由医疗机构自主定价。不同级别的医疗机构和医生提供的服务，实行分级、分等定价。建立非营利性医疗机构服务价格定期调整机制，重点调整体现医务人员技术和劳动价值的诊疗、手术、护理等项目价格，适当提高中医诊疗服务价格，降低药品、医用耗材和大型设备检查价格。严格控制药品流通环节差价率。积极推进以病种为计价单位的多种价格核定方式。加强医用耗材及植（介）入类医疗器械流通和使用环节价格的控制和管理。建立健全医用设备仪器价格监测、医疗服务成本定期监审制度及医药价格监测体系，规范药品定价行为。

（二十六）实行严格有效的医药卫生监管。健全医疗卫生服务质量监测网络，强化医疗卫生服务行为和质量监管。完善卫生监督执法体系，加强城乡卫生监督机构能力建设。探索建立由卫生行政部门、医疗保险机构、社会评估机构、医院职工、群众代表和专家参与的公立医院质量监管和评估制度。全面推行信息公开制度，接受社会监督。严厉惩处商业贿赂等违法犯罪行为，净化市场环境，促进合理规范安全用药。加强对生活饮用水安全、职业危害防治、食品安全、医疗废弃物处置等社会公共卫生监管，依法严厉打击各种危害人民群众身体健康和生命的违法行为。加强对医疗保险经办、基金管理和使用等环节的监管，建立医疗保险基金有效使用和风险防范机制。加强商业健康保险监管，促进规范发展。严格药品流通、使用、价格和广告的监管，规范药品临床使用，探索医保经办机构与执业药师相结合的办法，发挥执业药师在合理用药与药品质量管理方面的监督和指导作用。

（二十七）建设高素质的卫生科技人才队伍。制定卫生人才队伍建设规划，重点加强基层卫生队伍和医学重点学科人才队伍建设，加大投入，加快培养和引进一批领军人才，全面提高卫技人员水平。规范和加强继续医学教育，重点加强全科医师规范化培训，将继续医学教育与卫技人员考核、聘任、晋升、执业再注册等人才管理制度相结合，构建卫生技术人员终身教育体系。逐步完善全科医师任职资格制度，加强乡镇卫生院和城市社区卫生人员在岗位培训和乡村医生中专学历补偿教育工作，鼓励参加学历教育，力争通过5年左右的努力，实现基层医疗卫生机构卫生技术人员全部取得执业资质。继续执行医务人员晋升职称前下基层服务制度。建立科学合理的人才流动机制，促进医药卫生人才的交流与合作。依托卫生人才服务中心，探索建立统一的医疗卫生事业单位人才流动服务平台。培育壮大中医药人才队伍，将传统师承教育与现代院校教育相结合，培育建设“名医、名科、名院”。

（二十八）加快推进医药卫生信息化。积极筹划建立行政管理、社区卫生服务、公共卫生服务共享的卫生信息平台和业务系统。加强新型农村合作医疗、城镇职工医保、城镇居民医保和城乡医疗救助信息系统建设，实现与医疗机构信息系统的对接。完善药品监管、药品检验检测、药品不良反应监测信息网络，建立基本药物采购、配送、使用、结算和报销信息管理系统。

中共盐城市盐都区委盐城市盐都区人民政府关于建立健全信访工作长效机制的意见

都发〔2010〕14号　2010年5月4日

为深入贯彻落实科学发展观，进一步完善信访工作制度，切实提高全区信访工作整体水平，充分发挥信访工作在构建社会主义和谐社会中的重要作用，根据中央和省、市有关文件精神，结合我区实际，现就建立健全信访工作长效机制提出如下意见。

一、建立健全领导干部定期接待群众来访工作长效机制

1.定期接待群众来访。每周二为区领导“信访接待日”，区党政主要领导每月接待群众来访不少于1天时间，其他党政领导和联系镇(区、街道)的处级干部每月不少于10人次接待群众来访；镇(区、街道)领导干部要随时接待群众来访，其中党政主要领导每周不少于1次，信访问题突出的地方要适当增加接访次数。区直机关部门(单位)领导视群众来访情况定期接访，可结合工作职责和特点根据具体情况作出安排。

2.进一步规范接访方式。领导干部接访可采取公示接访、带案下访和重点约访等形式，其中处级干部以到挂钩联系的镇(区、街道)、部门下访接待为主，所涉区直相关部门的负责同志参加；科级干部以到村居(社区)基层下访接待为主。公示接访，即将接访领导的姓名、职务，接访的时间、地点和形式，分别在当地主要媒体或信访接待场所提前进行公示，广泛接受群众信访；带案下访，即对某一领域的信访突出问题或久拖不决的疑难复杂信访问题，由领导干部深入事发地或信访人居住地现场处理；重点约访，即约定时间和地点，由领导干部对重大疑难复杂信访问题进行会办处理。领导干部接访要抓好公示、接访、包案、落实四个环节，及时掌握社情民意，妥善处理各类问题，维护群众合法权益。

3.突出解决重点问题。领导干部接访既要注重个性问题的解决，更要注重共性问题的化解。主要领导要着力解决涉及人数多、范围广、影响大的民生信访问题，主要是以下四类信访问题：一是涉及政策层面的信访问题；二是本地区潜在的倾向性、苗头性重大隐患；三是跨地区、跨部门，责任难落实、解决难度大的信访问题；四是久拖不决、信访人频繁越级到市赴省进京上访的疑难复杂信访问题。其他领导按分工对口接待群众来访，增强处理信访问题的针对性。对群众反映强烈的突出问题，要实行领导包案，逐级逐部门明确包案领导、责任单位和具体承办人，层层落实，限期解决。包案情况要通过适当方式予以公开，接受群众监督。

4.确保接访取得实效。对领导干部接访过的信访事项，由同级信访部门逐件整理成领导接访事项纪要，明确接访事项的办理措施、办理单位、办理时限。信访部门负责领导接访事项的交办和督办，并将办理情况及时向接访领导书面报告，做到接访一件，办理一件；接访一批，处理一批，确保领导接访中的每一个案件都落到实处，实现停诉息访、“案结事了”。对领导干部接访的信访事项，如因工作不到位导致信访人再次越级上访的，仍由原接访领导干部负责包案处理，直至信访人停诉息访。

二、建立健全领导干部下访“金桥行动”长效工作机制

5.定期组织干部下访。按照中央和省、市关于领导干部下访工作的要求，全区处级领导干部每年下访不少于4次，科级领导干部不少于6次，其中在每年的4月和8月分别搞两次“金桥行动”集中下访。干部下访的主要任务是，紧紧围绕党委和政府的中心工作，检查解决信访突出问题的情况，指导推动及时就地化解矛盾；了解贯彻上级党委、政府决策部署的情况，督导抓好落实；深入开展调查研究，提出制定和完善相关政策的意见和建议；转变工作作风，提高做好群众工作和处理复杂问题的能力和水平。

6.切实增强下访工作成效。实行领导干部下访处理信访问题包案制度，具体做到“五包”，即包情况掌握、包教育转化、包调处解决、包稳控管理、包规范处置。除领导干部下访外，区委、区政府协调有关部门定期向镇(区、街道)下派接访员，就地就近解决群众信访反映的问题。同时，积极探索镇(区、街道)信访代理制，规范代理程序，实行“双向承诺”，营造逐级有序的良好信访环境。

7.建立督查服务制度。领导干部下访要将信访工作决策部署的贯彻落实情况和重要信访事项的办理情况列入督查内容，加强督办和协调指导，推动信访工作健康发展。区信访联席会议和信访部门要加强组织协调，充分发挥职能部门的作用，定期通报领导干部下访“金桥行动”情况，加强地方与部门、部门与部门之间的配合，共同处理好“三跨”、“三分离”信访问题。

三、建立健全矛盾纠纷排查工作长效机制

8.明确排查工作重点。矛盾纠纷排查工作的范围是各种可能引发信访问题和影响社会和谐稳定的矛盾纠纷和苗头隐患，重点是土地征用、房屋拆迁、企业改制、劳动就业、社会保障、涉法涉诉、生态环境、食品安全、卫生、教育、金融等方面和部分军队退役人员等群体中存在的容易引发信访突出问题的复杂矛盾纠纷，切实做到发现得早、化解得了、控制得住、处理得好。

9.坚持属地为主、条块结合。按照经

常性排查与集中排查相结合的要求，各镇(区、街道)负责组织排查本行政区域内的矛盾纠纷和苗头隐患，各职能部门负责组织排查本系统内的矛盾纠纷和苗头隐患，各企事业单位、村居(社区)负责组织排查本单位本区域的矛盾纠纷和苗头隐患，形成以块为主、条块结合的大排查网络。

10.定期分析研究。坚持信息汇集与分析研判相结合，及时分类梳理，增强工作的针对性、预见性和超前性。由区联席会议和镇有关职能部门牵头，建立区、镇两级信访社情分析例会制度，区级每月1次，镇级每半月1次，重大政治活动和敏感时期随时进行，及时掌握苗头性、倾向性、涉众性的问题，深入分析研究，提出对策措施，就地防范化解，牢牢掌握工作主动权。各镇每半月书面报送信访社情，重大情况随时报告。

11.实行信访评估制度。要根据《盐城市盐都区重大事项社会稳定风险评估工作实施办法》的规定，对涉及群众利益的重大决策事项要进行信访稳定评估，广泛听取各方面意见，进一步提高决策的科学化、民主化水平，努力从源头上预防和减少信访矛盾的发生。信访稳定评估的重点是涉及"三农"、企事业单位改制、城市发展和管理、重点项目建设、社会保障和社会事业、机构改革、环境保护等方面的重大决策事项。按照"谁决策谁评估谁负责"的原则，对拟决策事项由决策单位牵头，开展民意调查，进行分析听证，把信访评估意见作为有关决策的重要参考。

四、建立健全矛盾纠纷化解工作长效机制

12.分类化解矛盾纠纷。按照"属地管理、分级负责，谁主管、谁负责"的原则，对排查出的矛盾纠纷逐一明确责任主体和化解要求。对法律法规和政策有明确规定且能够解决的，要及时解决到位；对群众诉求合理、但法律法规和政策没有明确规定或规定不够完善的，要做好解释说明工作，同时抓紧研究完善有关法律法规和政策，尽早帮助群众解决问题；对坚持过高要求的，要讲明政策法律，耐心细致地做好心理疏导、理顺情绪工作，防止矛盾激化；对涉法涉诉类问题，要动员社会各方面力量，积极引导群众在依法处理的基础上，通过调解、救助等办法予以化解，努力做到"案结事了"。

13.着力解决突出矛盾。对有可能引发大规模集体上访和群体性事件的重大矛盾隐患，要实行领导包案化解，力求早发现、早介入、早化解、早预防，确保问题不堆积、矛盾不激化。对涉及面广、政策性强、群众反映强烈的疑难复杂矛盾纠纷，要在采取多种方式、积极协调化解的同时，组织专门力量，制定工作方案，健全完善政策，努力从源头上做好化解工作。对"三跨"矛盾纠纷，要及时上报上一级联席办组织会办，协调解决。

14.有效实施应急处置。各级各部门要制定预防和处置重大信访突出问题和群体性事件的应急预案。在处置重大信访突出问题和群体性事件过程中，公安机关负责维护现场秩序，疏散带离现场信访人员；信访部门负责组织协调接待群众来访、疏导群众情绪等工作；相关地方或职能部门负责妥善解决问题。一旦发生重大信访突出问题或群体性事件，事发地党政领导要迅速到达现场，靠前指挥，做好解疑释惑、疏导教育工作，并迅速弄清事实、查明原因，研究采取有针对性的措施，有效控制事态，防止矛盾激化。

15.切实维护信访秩序。对已经依法按政策解决合理诉求，信访人仍然不服的，要按照国务院《信访条例》的要求，对信访事项及时进行复查和复核；对无理缠访闹访的，应采取"六步工作法"予以终结。信访人在生活方面确实存在困难的，要带着对人民群众的深厚感情，在法律政策允许的范围内和不引起攀比的情况下，通过采取救助帮扶等手段，给予人文关怀，保障其基本生活。对以上访为名制造事端、煽动组织闹事的违法人员，要及时收集、固定、移交证据，依法进行处理。

五、建立健全信访工作责任机制

16.完善信访工作领导责任制。各地各部门要把信访工作列入重要议事日程，努力建立党委和政府统一领导、部门协调，统筹兼顾、标本兼治，各负其责、齐抓共管的信访工作格局。要进一步健全区委常委会、政府常务会和镇(区、街道)党委会、部门党组(党委)会研究信访工作制度，定期听取汇报和研究部署信访工作。各地各部门的主要负责同志是信访工作第一责任人，对信访工作负总责；分管负责同志负直接责任，要抓好各项具体工作的落实；其他负责同志，要按照分工抓好分管范围内的信访工作，形成一级抓一级、一级对一级负责、层层抓落实的信访工作领导责任体系。

17.强化信访工作责任目标考核。建立健全信访工作绩效考核体系，实行信访工作目标考核，通过对各地各部门信访工作情况进行评估、考核、通报，切实把信访工作纳入各级领导班子和领导干部政绩考核的重要内容。考核的重点放在为信访群众解决实际问题上，主要从落实领导责任制、健全工作机制和网络、提高案件结案率、畅通信访渠道、维护信访秩序等方面进行。

18.健全信访工作责任追究制。严格执行监察部、人力资源和社会保障部、国家信访局《关于违反信访工作纪律处分暂行规定》和中纪委《关于违反信访工作纪律适用<中国共产党纪律处分条例>若干问题的解释》以及省委办公厅、省政府办公厅《关于信访工作责任追究的暂行规定》，对因官僚主义、形式主义、违法行政、侵害群众合法权益等引发信访问题，或对群众反映的信访问题推诿扯皮、敷衍塞责、不及时认真解决并造成严重后果的，要严格追究领导和责任人的责任，视情节轻重给予相应的党纪政纪处分。

中共盐城市盐都区委盐城市盐都区人民政府关于进一步深化人口计生综合改革的实施意见

都发〔2009〕15号　2009年6月27日

为深入贯彻落实《中共中央国务院关于全面加强人口和计划生育工作统筹解决人口问题的决定》精神(以下简称中央《决定》精神),根据国家人口计生委《关于进一步深化综合改革创新体制机制的指导意见》(国人口发〔2009〕33号)和市委市政府《关于进一步深化人口计生综合改革的实施意见》(盐发〔2010〕9号)的总体要求,结合盐都实际,现就进一步深化人口计生综合改革提出如下实施意见:

一、进一步深化人口计生综合改革的重要性和紧迫性

近年来,我区始终瞄准国家人口计生综合改革前沿,学习借鉴和推广国际国内先进理念,以打造"国际人口基金项目先导功能区"为载体,全面推进人口计生综合改革,在改进计划生育工作思路和方法、完善工作机制等方面进行了探索,计划生育优质服务工作在全省、全国产生了积极的影响。

目前,我区人口计生工作已经进入稳定低生育水平、统筹解决人口问题的新阶段,但人口计生事业发展水平与科学发展、沿海开发、民生改善、经济转轨、社会转型不适应的矛盾还比较突出,现有的调控体系、管理体制、保障机制、服务质量以及干部和技术服务队伍素质等方面均存在与新的工作要求不相适应的问题。为此,各级党委和政府必须认清形势,增强忧患意识、机遇意识、发展意识,充分认识进一步深化人口计生综合改革是贯彻落实科学发展观、实施沿海开发战略,推进盐都新一轮发展的必然要求,是统筹解决人口问题、促进经济社会可持续发展的必由之路,是切实维护群众利益、关注民生、改善民生的重要举措,是促进和推动人口计生事业持续健康发展的根本动力。通过不断探索,丰富和发展统筹解决人口问题的思路、内涵与途径,努力把我区人口计生工作提高到一个新的更高水平。

二、进一步深化人口计生综合改革的指导思想、总体目标和基本原则

(一)指导思想

以科学发展观为指导,全面贯彻落实中央《决定》精神,坚持以人为本,不断创新工作思路和工作方法,完善统筹协调、科学管理、优质服务、利益导向、群众自治、人财保障的机制,促进人口长期均衡发展以及人口与经济、社会、资源、环境的协调和可持续发展,推进人口大区向人口强区转变,为建设"双新"盐都创造更加良好的人口环境。

(二)总体目标

通过分阶段、分步骤、由点到面、由浅入深的系统性改革,进一步转变人口计生工作的思路和方法,构建与以人为本理念、服务型政府建设、社会主义市场经济体制、依法治区基本方略相适应的统筹解决人口问题的新的体制机制,努力实现稳定低生育水平、统筹解决人口问题、促进人的全面发展的目标。

(三)基本原则

坚持以人为本,服务群众。把人民群众的权益需求和保障作为各项工作的根本出发点和落脚点,把计划生育家庭得实惠作为衡量综合改革成效的重要标准,更加注重宣传倡导,更加注重生育关怀,更加注重利益导向,协调处理好群众利益与政府政策目标之间的关系,进一步密切党群关系。

坚持统筹发展,协调推进。在稳定低生育水平的基础上,立足当前,放眼长远,统筹规划;实现人口、经济、社会的协调持续发展;统筹解决人口数量、素质、结构、分布等方面的问题;统筹城乡间人口计生工作的协调发展;统筹兼顾近期工作目标与事业的长远发展规划。

坚持突出亮点,创新机制。在充分发掘、总结、推广和拓展前一时期中国/联合国人口基金项目拓展成功经验的基础上,坚持以创新工作机制为突破口,在改革中创新、在创新中发展,不断丰富和发展综合改革和机制创新的内涵,以人口计生工作整体水平的新提高促进全区经济社会又好又快发展。

坚持实事求是,因地制宜。遵循人口发展和经济社会发展的客观规律,根据全区经济社会发展水平、发展模式和工作基础的实际情况,因地制宜确定综合改革的重点和方向,集中力量解决重点、难点问题。

三、进一步深化人口计生综合改革的主要内容

(一)完善统筹协调机制,推动人口与发展综合决策

继续坚持人口和发展综合决策。把人口计生工作摆上重要议事日程,坚持党政一把手亲自抓、负总责,确保各级党委政府认识到位、措施到位、责任到位、投入到位,完善人口目标管理责任制度,将其纳入党委政府重大事项督查范围,继续落实好"一票否决"制度。邀请区人大代表、政协委员视察人口计生工作,为促进人口计生工作科学发展建言献策。各镇(区、街道)要把人口计生工作与区域经济社会发展工作同研究、同部署、同推进、同考核。

继续加强部门协作。充分发挥好各级人口和计划生育领导小组的作用,健全联席会议制度,坚持定期会办,切实解决实际问题。定期督查和考评各部门履职情况,形成综合治理人口问题的合力。建立群众参与改革的平台,充分发挥基层的主动性、积极性和创造性,共同推进改革。

继续倡导文化引领。充分发挥宣传教育的先导作用，提高各级党政干部、相关部门和社会公众对人口计生工作的认识。加强宣传阵地建设，充分利用各级党校、社会主流媒体和人口计生宣传网络等渠道开展宣传。积极推进人口文化内容形式、体制机制、传播手段创新，构建计划生育基本国策公益宣传倡导工作格局。全面推进新农村新家庭计划。深入开展"婚育新风进万家"活动和"关爱女孩"行动，大力实施生育文化引领工程，促进群众婚育观念和行为的改变。

(二)完善科学管理机制，全面提升管理服务水平

加强人口发展战略研究和人口形势分析。加强人口基础数据的采集和统计分析，深入研究人口数量、素质、结构、分布间的内在规律以及与经济社会资源环境之间的互动规律，为科学决策提供有力的支持和依据。创新人口理论与研究方法，建立健全人口发展战略研究的长效机制，科学编制"十二五"及中长期人口发展规划。逐步推进城乡计划生育服务管理一体化，促进区域人口和计划生育工作协调、均衡发展。积极参加国家、省、市各项争先创优活动，确保如期实现争先创优目标。

全面加强依法行政。加大综合治理出生人口性别比偏高问题力度，推行住院分娩和出生实名登记制度，人口计生、卫生、药监、公安、纪检等部门要认真落实治理职责和任务。严厉打击非医学需要的胎儿性别鉴定和选择性别的人工终止妊娠行为，规范终止妊娠药品市场，杜绝大月份引产。加大依法行政培训和考核力度，增强依法行政意识，完善行政执法程序。严格文明执法，重点解决基层在计划生育工作中存在的粗暴执法、乱收费及搭车收费等违法行为，纠正损害群众权益的不正之风。严肃查处违法生育行为，规范自由裁量权，落实执法责任制。强化行政执法监督，完善以重大侵权案件"一票否决"为核心的行政问责制和行政执法责任追究制。

建立科学的考核评估体系。继续改革完善人口计生目标管理责任制，完善考核评估方法，简化考核指标，减少考核次数，提高考核质量，增强考核效能，逐步形成以统筹人口自身协调发展和统筹人口与经济、社会、资源、环境协调发展为导向的目标管理责任制体系。

加快建立人口发展决策支持系统。推进区、镇、村三级人口计生信息化建设全覆盖进程，建立完善全员人口和全员流动人口个案数据采集及变更工作机制，准确把握全区人口变动和计划生育工作动态。加强人口计生与公安、卫生、民政、教育等部门的人口信息交流与共享。利用掌握的大量人口基础性数据，科学预测人口发展趋势，包括人口总数、人口自然变动、人口年龄构成等方面，为编制人口规划提供科学依据。

(三)完善优质服务机制，加快计划生育基本公共服务均等化步伐

推进计划生育优质服务提质提速。积极开展国家、省优质服务先进单位和示范站创建活动。深化国际合作项目，根据群众需求，全面拓展维护公民权益、推进知情选择、提供规范服务、管理与评估改革、艾滋病预防、青少年生殖健康教育、促进社会性别平等等服务。积极推进避孕节育/生殖健康/家庭保健行动计划。深化药具体制改革，推进药具"关怀式服务"，努力实现药具服务从"易得"提升到"优得"，更好地满足新形势下广大群众对计划生育药具和服务的多样化需求。深入实施"优生促进工程"，逐步推行婚前检查、孕前优生检测、孕期保健"全免费"，努力提高出生人口素质。开展"科技大练兵"活动，切实提高人口计生一条线人员的综合素质和技术服务水平。

加快人口和计划生育优质服务体系建设。打造"Ⅲ代服务"品牌，按照"硬件改善、软件提升"的原则，加强社区人口计生公共服务体系建设，推进城乡人口计生公共服务资源的均衡化、标准化发展，打造开放的、普惠的、综合的社会管理和公共服务网络，实现优质服务人员全覆盖、阵地全覆盖。加强功能定位，建立集"宣传教育、生殖健康、技术服务、信息咨询、优生指导、随访服务、药具发放和人员培训" 等八位一体的计划生育服务模式，在全区全面实现"三个转变"，一是服务对象由户籍人口为主，向覆盖实有人口转变；二是服务内容由避孕节育为主，向人口计生综合服务转变；三是服务方式由人口计生部门提供为主，向政府主导、部门资源整合、社会共同参与转变，建立满足事业发展需要的人口计生服务体系，努力实现公共服务均等化。

创新流动人口计划生育服务管理机制。积极应对沿海开发战略，加强人口流动迁移形势分析和政策研究，制定流动人口计划生育服务管理中长期工作规划。认真实施《流动人口计划生育工作条例》，推动对流动人口的有效服务和管理；按照《全省流动人口计划生育工作"一盘棋""三年三步走"实施方案》要求，整合各类资源，真正形成区域流动人口"一盘棋"格局。构建统筹管理、服务均等、信息共享、区域协作、双向考核的流动人口计划生育服务管理新机制，真正做到"属地化管理、市民化服务"。

(四)完善利益导向机制，让计划生育家庭优先享受改革发展成果

落实和完善现有的奖励优惠政策。全面落实好农村部分计划生育家庭奖励扶助、独生子女意外伤残和死亡特别扶助、免费基本项目计划生育技术服务等系列政策，认真落实独生子女父母奖励金和持独生子女父母光荣证企业退休职工一次性奖励政策，确保计划生育家庭得实惠。

创新计划生育利益导向机制。深入开展生育关怀行动和构建计生家庭"绿色保障体系"等社会公益项目。围绕计划生育家庭优生优育、子女成才、抵御风险、生殖健康、家庭致富、养老保障等方面需求，不断建立完善利益导向政策体系。探索建立农村落实长效节育措施对象奖励、农村计划生育家庭养老保险以及独生子女和计划生育手术保险等制度，鼓励社会组织帮扶计划生育困难家庭。积极推动有关计划生育优惠政策与"新农合"、"新农保"、城镇医保等普惠政策相衔接。

(五)完善群众自治机制，切实维护群众合法权益

推进计划生育基层群众自治。落实计划生育村(居)民自治规范，建立"两委负总责，专干抓落实，协会做骨干，家庭为中心，群众当主人"的农村社区自治模式。把开展计划生育村(居)民自治作为建设"小康村"、"文明村"和评选计划生

育模范村、合格村活动的重要内容,实行分类指导。重视和加强计划生育协会工作,建立完善基层计生协会组织和网络,在集贸市场、新经济组织、流动人口集聚地等流动人口集中的地方、区域大力组建计生协会组织,推动流动人口“自我管理、自我教育、自我服务”。充分发挥工会、共青团、妇联等群众团体的作用,保障妇女、青少年和其他弱势群体代表的参与权。

充分发挥群众监督的重要作用。树立群众观念,强化服务意识,切实改进工作作风,全面实行政务公开,深入开展便民维权活动,大力推进“诚信计生”、“阳光计生”行动,发挥“12356”阳光计生服务热线作用,推行实名举报奖励制度,开展民主评议活动,不断完善社会监督。认真做好信访工作,畅通群众诉求表达渠道,加大信访事项督办督查力度,探索建立社情民意汇集分析、矛盾排查预警、信访终结、社会稳定风险评估等制度,努力提高人民群众满意程度。

(六)完善人财保障机制,确保事业持续健康发展

推进人口计生队伍网络建设。坚持德才兼备、以德为先的用人标准,深化干部人事制度改革。在农村综合改革中,确保人口和计划生育工作机构、编制、职能和人员稳定,按照不低于常住人口0.15‰的比例配备人口和计划生育工作人员,不得随意安排人员。调整计生服务中心主任,必须在做出正式决定前征求区人口计生委意见。继续坚持将实绩突出的镇(区、街道)计生服务中心主任明确为副科级的做法。继续实行村级计划生育专干区聘镇管村用。提高镇村计生工作人员的工资和社会保障待遇。全面推进人口计生队伍职业化建设,按照省“一证三师”的资格论证体系,全面提升区、镇、村三级人口计生队伍职业化水平。

建立政府主导的稳定增长的投入保障机制。坚持将人均计划生育事业经费纳入每年对镇(区、街道)的目标管理,逐年加大财政投入力度,保证人口和计划生育财政投入增长幅度高于经常性财政收入增长幅度。坚持计划生育服务机构的公益性质,经费由财政保障。各项奖励优惠政策、计划生育免费基本技术服务、人口计生公共服务网络建设、流动人口服务管理、优生优育、计划生育经常性工作等所需经费投入到位,体现优先投资于人的全面发展。

四、进一步深化人口计生综合改革的保障措施

(一)加强领导,狠抓落实。各级党委、政府要把人口计生综合改革纳入当地经济社会发展的总体规划和改革的总体方案,与相关经济社会领域的改革和发展相结合。各级人口计生领导小组要承担起综合改革的领导职责,对综合改革各项目标任务进行细化分解,切实加强对职能部门履职情况的检查督促,形成综合改革合力。

(二)突出重点,强力推进。要着重建立健全制度、明确标准、制定规范、提供保障,着力加强基层基础建设,改进经常性工作,落实各项政策、措施,建立群众自治的工作保障体系。要切实改进作风,在作风建设中体现为民、体现责任、体现务实。要增强责任意识,大兴密切联系群众之风、求真务实之风,严禁弄虚作假;要提高执行力,大胆突破,切实把改革的各项任务和项目在规定时限内得到有效落实。

(三)鼓励创新,突出实效。要经常深入基层,深入实际,深入群众,及时总结推广基层创造的好经验、好做法。注重调查研究,理清工作中存在的问题,推动破除现有体制机制上面临的障碍;注重改革创新,鼓励基层开动脑筋,发挥主动性、创造性,在创新制度、创新管理和创新服务上下功夫。要紧密结合实际,根据各自的工作条件、工作重点的不同,不搞“一刀切”,因地制宜、循序渐进地推进改革。

中共盐城市盐都区委盐城市盐都区人民政府关于加快农村中心社区发展的意见

都发〔2011〕16号　2010年9月21日

以被撤并镇原政府所在地为主要区域的农村中心社区，是联系城镇与乡村的重要节点，是推进城乡统筹、加快建设“双新”盐都（提速打造创业、宜居、水绿特色的现代化新城区，加快建设富庶、文明、田园秀美的城镇化新农村）的重要阵地。为认真贯彻落实中央和省、市关于统筹城乡经济社会发展的要求及区委十二届六次会议精神，结合我区实际，现就加快农村中心社区发展，提出如下意见：

一、着眼“双新”建设，加快农村中心社区推进步伐

加快农村中心社区发展，是推进我区城乡一体化进程的重要抓手，是整合利用存量资源促进镇村协调发展的现实需要，是培育镇级经济增长点和实现“快增”与“快转”的有效途径，是加快“双新”盐都建设的必然要求。

全区上下必须以科学发展观为指导，站在城乡统筹的战略高度，确立“用经济区模式加快发展，用集镇区办法加强管理”的工作理念，遵循“镇辖区管、财政单列、专项考核”的基本原则，创新农村中心社区建设管理体制和工作推进机制，充分调动社区干部、辖区居民开发建设的积极性和主动性，使农村区划调整成为重点镇工业化城镇化步伐进一步加快、社区管理水平不断提升、就业明显增加、财政收入与居民收入同步增长的重大契机，不断开创农村中心社区又好又快发展的新局面，以两镇合并“1+1＞2”的发展成效，助推“双新”盐都和更高水平小康建设进程。

二、检查规划引领，优化农村中心社区发展布局

规模上按照面积10平方公里左右、人口1万~2万人的标准设置，把原建制镇集镇区所在居委会和周边部分村，纳入农村中心社区。

在所在镇区域总体规划、土地利用规划、产业发展规划和社会事业规划的框架下，合理布局中心社区商贸区、产业区、居住区等功能片区，保证一定量的产业和社区建设用地，为中心社区全面协调可持续发展留下空间。

紧扣城乡统筹示范区的目标定位，引导和鼓励中心社区根据区位特点、人文底蕴和经济基础，因地制宜发展社区产业、改善人居环境，与所在镇及集镇区、工业区既相互联系、错位发展，又相互补充、融为一体，使中心社区建设与管理始终突出全民创业集聚区、便民利民商贸区和设施配套居住区三大重点，特别是要继续加大地方特色经济、特色产业的培植发展，继续挖掘放大地方文化、自然资源等优势，努力把中心社区逐步建设成为具有鲜明产业特色、生态特色、建筑特色的现代气息与田园风光交相辉映的和谐型社区。

三、创新管理体制，构建农村中心社区组织体系

组建农村中心社区党工委、管委会，为行政正科级建制，履行管理下辖居委会和建制村的职责。全面负责辖区经济、社会事业发展，维护稳定等工作。农村中心社区领导职数为党工委书记1名（兼任所在镇党委副书记），管委会主任1名，党工委副书记1名，管委会副主任2-3名，纪工委书记1名，社区领导班子所有成员负责社区的发展与管理，不参与所在镇分工。

农村中心社区下设办公室、行政服务中心、党群服务中心，具体承担社区的公共事务和日常管理工作。办公室为行政股级建制，编制2人，设主任1名，具体负责社区机关日常管理、事务协调等工作；行政服务中心为股级事业单位，编制7人，设主任1名、副主任1名，负责社区内民政计生、环保与村镇建设、文化服务等工作；党群服务中心为股级事业单位，编制3人，设主任1名，负责社区内党务、群团、综治与维稳等工作。所需编制和工作人员均从所在镇中调剂，调剂人员的编制性质不变。

撤并镇部分区域组建成中心社区后，原有的财政、公安、国土、供电、教育、卫生、金融、邮政等单位作为所在镇相应部门的分支或派出机构予以保留。

四、加大支持力度，促进农村中心社区全面发展

所在镇党委、政府要把中心社区作为镇级经济社会发展的重要板块，切实加强领导，加大支持力度，强化督促推进。

在资金上，每年所在镇财政预算安排不少于50万元资金，区财政在列入预算的城乡统筹发展资金中每年安排50万元，保障社区工作需要；社区范围内“退二进三”或旧镇改造形成的基础设施配套费全额返还社区，经营性用地出让金政府纯收益部分的70%返还社区，用于社区建设；对原集镇区内政府投资形成的国有资产和集体资产，一律由社区管理经营，所在镇不得调或统筹；鼓励有条件的社区建立融资平台，多渠道融通建设资金。

在安排年度用地计划时，所在镇保证30%左右的用地指标专项用于社区项目，对社区范围内实施城乡挂钩复垦项目新增建设用地指标全部保留在社区，以增强社区的综合承载能力和要素集聚效应。

加大项目支持力度，在申报城乡统筹、村庄修编、集镇整治项目时，所在镇和相关部门优先向社区安排，努力为农村中心社区发展创造良好的条件。

实行区四套班子领导和区直部门挂

钩服务中心社区工作推进机制，督查指导中心社区工作，并量化挂钩服务工作目标，切实帮助解决发展难题。

五、建立考核机制，激励农村中心社区创优争先

完善区、镇年度目标任务绩效考核内容和办法，将社区建设工作纳入考核范畴，进一步强化所在镇的工作责任，更好地发挥中心社区在“双新”盐都建设中的示范带动效应。

制订针对中心社区的专项考核评价体系，突出中心社区环境建设、产业发展、项目推进和社会稳定等方面，重点考核项目建设投入、全社会固定资产投资、财政一般预算收入、农民人均纯收入等主要指标。在全区农村中心社区中开展创先争优竞赛，考核结果作为区、镇两级对社区干部培养使用的主要依据。

挂钩服务中心社区工作的四套班子领导和区直相关部门与挂钩服务对象实行“捆绑”考核，另行制定专项考评办法。

各相关镇和区各有关部门要根据本意见制定具体实施细则，并报区委、区政府审定后实施。

盐城市盐都区人民政府关于加强农村河道长效管理的意见

都政发〔2010〕6号　2010年1月9日

各镇人民政府，新都、张庄街道办事处，新区、西区管委会，区直各有关单位：

为进一步巩固农村河道疏浚整治成果，充分发挥农村河道的综合效益，根据《盐城市人民政府办公室关于加强农村河道长效管理的意见》（盐政办发〔2009〕104号）文件精神，结合我区实际，现就全区农村河道长效管理工作提出如下意见：

一、指导思想

以全面落实科学发展观为指导，按照全面建设小康社会的要求，探索和创新农村河道管理新模式，着力构建“政府牵头、条块配合，责任明确、措施到位”的农村河道长效管理新机制，确保农村河道常年保持河面清洁、河岸整洁，为广大农民提供优美的生产生活环境，为加快社会主义新农村建设创造良好的生态水环境。

二、目标任务

以实现全区河面清洁全覆盖为目标，按照“区管大沟、镇管中沟、村管小沟”的分级管理原则，积极建立健全以“河长制”为核心的管理模式，全面建立农村河道长效管理机制，落实长效管理制度，使全区河道基本达到河面清洁“三无”（无影响水生态的植物、无漂浮物、无生产生活污水直排）、河坡整洁“三无”（无生产生活垃圾、无乱建乱堆、无乱种乱垦）、河道畅通“三无”（无行洪、排涝、输水障碍物，无阻水高杆作物，无圈圩、筑坝）的要求。在此基础上，按照全市三年实施到位的部署要求，2010年，重点突出“两纵两横两高速”沿线及两侧目击范围内所有河道，新都、新区、西区、潘黄、大冈、郭猛、秦南等作为市级河道保洁重点镇（区、街道）通村公路两侧所有河道，其他镇（街道）县乡两级流域性河道，实现三个“三无”目标。

三、工作要求

农村河道长效管理是巩固河道浚疏整治成果的有效措施，也是发挥河道综合效益的重要保证。各地、各有关部门要从指导思想上扭转重建轻管的问题，切实把河道长效管理工作抓上手，建立和完善管理制度，创新管理机制，落实包保措施，确保责任、人员和经费“三到位”。

（一）明确管理责任。按照“属地包干”的要求，各镇（区、街道）人民政府为本行政区域内农村河道长效管理的责任主体，行政主要负责人为“河长”，水务站负责具体组织实施，尤其是要抓好主要公路沿线村（居）河道的长效管理工作；村（居）民委员会负责本区域范围内村庄河塘的日常管理工作，要努力创新管护举措，通过竞价发包、干部包干等形式，把河道长效管护措施落到实处，责任明确到人。

（二）加大资金投入。区级河道及“两纵两横”骨干河道管理经费由区级财政负责，镇村属管理河道由镇村分级负责。各地要根据农村河道长效管理的工作内容和标准，加大河道长效管理工作经费保障力度。要用好“村级公益事业建设一事一议财政奖补政策”，以村民大会或村民代表会议民主决策为前提，政府投入和农民筹资筹劳相结合，共同筹集农村河道长效管理资金；要引进市场机制，通过水面发包、堤坡承包等，转让水土资源经营权等方式，实行以河养河，充分发挥河道效益。

（三）加强部门配合。农村河道长效管护工作是一项社会公益事业，各有关部门都要按照职能要求，各司其职，形成合力，整体推进。水行政主管部门负责农村河道长效管护的业务指导、工作考核和监督检查；财政部门要保证财政补助经费足额到位，并加强资金监管；环保部门要抓好农村河道水环境保护，清理沿河工业污染源，督促工业集中区污水处理设备配套和企业污染达标排放，会同有关部门化解农业面源污染问题；交通部门要抓好农村公路、桥梁建设涉及农村河道范围的规范管理；农林部门要做好河道绿化等方面的技术指导；建设部门要抓好村庄环境整治配套设施的建设力度，减少垃圾乱扔乱放现象。

（四）强化督查考核。为保证农村河道长效管护工作扎实有效推进，各地要把这项工作作为农村工作的重点，特别

是加强重点村(居)的长效管护工作的落实,区里将建立严格的督查考核机制,并实行严格的考核,推动此项工作有效开展。区政府将成立督查组,对农村河道长效管理工作进行巡回检查,根据检查结果,每季度末对各地农村河道长效管理工作成效进行排名通报,另外区财政将安排一定的补助资金根据年终考核结果,进行奖励(具体考核办法见附件)。

附件:盐城市盐都区农村河道长效管理考核办法。

盐城市盐都区农村河道长效管理考核办法

为切实加强河道管理,巩固农村河道整治成果,营造良好水环境,特制定本办法。

一、考核对象

各镇人民政府,新都、张庄街道办事处,新区、西区管委会。

二、内容及评分标准

考核采用百分制,具体考核标准及分值如下:

1.组织领导(10分)

各地领导高度重视农村河道长效管理工作,成立专门的工作班子,目标明确,措施扎实的,得满分;未建立专门工作班子不得分。

2.制度建设(10分)

各地制定农村河道长效管护实施办法,明确管护责任主体,签订管护合同,落实管护责任,制定考核奖惩办法的,得满分;制度不完善的酌情扣分,没有出台文件不得分。

3.档案资料(10分)

农村河道长效管护合同、年度工作总结、宣传发动材料、考核验收、机构建立等文档规范齐全的,得满分;有一项资料不全或者不规范的,扣2分。

4.资金落实(20分)

多渠道落实管护资金,管护配套资金到位,使用管理规范的,得满分;镇级未安排管护配套资金的,不得分。

5.管护效果(40分)

各地被检查乡镇的河道均达到河面清洁、河坡整洁、河道畅通"三无"要求的,得满分;发现一处达不到"三无"要求的,扣2分,扣完为止。

6.群众满意(10分)

对抽查乡镇随机发放民意测评表,群众测评满意度达到95%(包含95%)以上的,得满分;满意度在90%(包含90%)~95%之间的,得8分;满意度在85%(包含85%)~90%之间的,得5分;满意度在85%以下的,不得分。

三、考核方法

区政府将对各地农村河道长效管护工作每年组织一次综合考核,采用听汇报、查资料、看现场、走访群众相结合的方式,对组织领导、制度建设、档案资料、资金落实等四个方面内容对各镇(区、街道)进行全面考核,对管护效果和群众满意度测评两方面内容采取现场检查的办法考核打分,以上6个方面考核内容总得分为该地年度农村河道长效管护工作考核总分,作为考核奖励的依据。

四、奖励措施

区政府将根据考核结果,对工作成绩突出的先进集体和个人表彰奖励。

1.先进集体(6个):其中按考核得分高低评选出一等奖1个、二等奖2个、三等奖3个。

2.先进个人(20名):对农村河道长效管护工作中勤奋敬业,勇于创新,开拓进取,甘于吃苦,乐于奉献,恪尽职守,工作成绩突出的人员评选为先进个人。

3.对年度考核不达标的集体,扣发有关财政补助资金,限期整改。

附录

盐城市盐都区人民政府关于进一步加强利用外资工作的意见

都政发〔2010〕28号　2010年3月8日

为主动顺应宏观经济形势，加大利用外资力度，扩大利用外资总量，改变利用外资工作的被动局面，提高全区经济外向度，增强区域经济综合竞争力，现就我区进一步加强利用外资工作提出如下意见：

一、统一认识，确立抓好利用外资工作的责任意识

近年来，各镇区街道、各部门高度重视利用外资工作，曾经连续三年保持增长，但和先进地区相比，全区利用外资的总量和质量差距较大，特别是去年，利用外资总额大幅下滑，利用外资工作在各项经济工作中成为了明显的短腿，原因是缺乏重大外资项目支撑和主阵地未能发挥明显作用。先进地区的实践证明，抓利用外资就是抓经济发展、抓结构调整、抓科技创新、抓财政税收。各镇区街道、各部门要进一步统一认识，牢固确立抓好利用外资工作的责任意识，把扩大利用外资作为"全市争第一、全省创一流"的重要抓手，作为促进工业化、加快城市化、提升国际化的重要手段，作为推动区域经济社会跨越式发展的重要载体，作为提高区域经济竞争力的重要途径，抓紧抓实抓出成效，努力开创全区利用外资工作的新局面。

二、明确重点，全力实现利用外资新突破

1.突破重点外资项目。力求"内资项目外资化、注册资本最大化"，创造一切条件把内资项目办成外资项目，尽最大可能扩大新批办外资项目的注册资本。全年争取引进日本世界500强企业一个、韩国100强企业二个、港台上市(上柜)公司三个、日韩港台超亿美元大项目二个，其中，注册资本超3000万美元的大项目三个以上。

2.放大主阵地作用。新区、新都、西区、潘黄是利用外资的主阵地，要充分发挥主力军作用，大幅度提高在利用外资工作中的贡献份额。要尽早落实外资工业园的规划和用地，加快外资工业园基础设施建设，营造环境优势，提高配套能力以及对外资项目的承接力和吸引力。鼓励各镇区街道引进的外资项目进入外资工业园，形成外资企业集聚。

3.明确重点招商产业。制造业利用外资要围绕装备制造业和电子信息产业，大力实施产业招商。在继续坚持制造业利用外资的同时，将利用外资向房地产、商贸、城市基础设施建设、农业、旅游、社会事业等各领域拓展。倾力于房地产项目、基础设施建设项目利用外资和境外无形资产投资的不断突破，全年争取引进实际到账外资超2000万美元的外资房地产项目不少于三个。

4. 突出重点招商区域。把日本、韩国、香港、台湾作为利用外资重点区域，坚持每年有计划地组织专业小分队开展定向招商，吸引外商直接投资。同时要精心组织赴上海、厦门、东莞、青岛等国内外商密集地区开展招商活动，充分利用"厦洽会"、"盐洽会"等国内经贸活动平台，举办投资环境推介活动，开展产业对接。

5.创新外资招商方式。大力开展委托招商、代理招商和网络招商，按照市场化、专业化运作思路，加强与国外政府、企业驻华机构、国内外招商中介机构联系，选择一批有实力的国内外中介招商机构，聘请一批专业招商经纪人。促进现有外资企业增资扩股，争取贸易伙伴转为投资伙伴。

三、落实责任，加强利用外资工作考核与激励

为了圆满实现年度外资工作目标，奠定在全市争一流的坚实基础，各镇区街道必须从头抓紧，外资目标任务基数较高的经济主体区要确保月月达时序，其他各镇区街道要确保提前完成外资年度目标任务。区外经局要加大督查推进力度。

1.提高考核权重。把利用外资在全区年度绩效考核中权重分提高到20分。

2.否决动真碰硬。以外管数为准，外资年度工作目标不能完成的，各镇区街道、相关部门及其主要负责人不能参加综合评先评优，坚决不搞迁就照顾。

3.坚持奖励兑现。提前完成外资年度工作目标的，按照考核办法确定的标准，外资完成任务奖和外资到账奖当月兑现。未能完成年度工作目标的，年终时外资到账奖按标准的80%兑现。

4.鼓励提前完成。十月份之前完成年度外资到账任务的，年终考核时给予加分奖励。

5.强化督查推进。

(1)定期公布。每半月公布一次到账外资完成进度，同时在《盐都情况》上逐月公布未达时序和零实绩单位名单。

(2)分区就座。每月由区政府分管负责人牵头召开一次有各镇区街道分管负责人参加的外资督查推进会，每二个月由区主要领导召集一次有各镇区街道主要负责人和分管负责人参加的外资汇报会。达到时序进度的、未达到时序进度的和零实绩的分区就座。

(3)黄牌提醒。在年终考核之前设三次预考核，时间分别是3月底、6月底和11月底，未达时序进度的，给予主要负责人利用外资工作黄牌提醒。连续三次黄牌而又未能完成年度工作任务的，其单位主要负责人今后一年内不得评优重用。

盐城市盐都区人民政府
关于鼓励和促进科技创新的实施意见

都政发〔2010〕91号　2010年7月20日

为进一步加大财政投入，鼓励科技创新，支持企业发展，增强自主创新能力，促进经济转型升级，经研究决定，在贯彻落实国家、省、市科技创新有关激励政策的基础上，结合盐都实际，现提出鼓励和促进科技创新实施意见如下：

一、增加区财政科学技术支出

1.区财政每年安排区科学技术支出占当年财政一般预算支出的比例达到1.3%以上，由科技部门管理的用于引导全社会科技创新的三项经费占财政科学技术支出的比例达到60%。

二、鼓励科技创新平台建设

2.引导、激励企业加大研发投入，高新技术企业每年用于研究开发的费用不低于当年销售收入的5%，规模骨干企业不低于3%，一般企业不低于1%。允许企业按当年实际发生研发经费的150%抵扣当年应纳税所得额。对企业年纳税超百万元、研发经费投入占销售收入比重列全区前10强的企业，给予一次性奖励10万元。

3.对当年认定为国家、省级企业研发中心(技术中心、工程中心、工程技术研究中心)、公共科技服务平台的，分别奖励100万元、30万元。对当年认定为国家级博士后工作站、省级博士后工作站(院士工作站)的，分别奖励10万元、5万元。奖励按最高级享受，不重复计奖。

4.对各镇(区、街道)、各企业投资建设的高新技术创业服务中心、科技创业园、软件园、留学生创业园等科技孵化器，建筑面积在1万平方米以上，经工商注册登记正式挂牌，符合企业入驻条件，并发布对外招商(科技企业)公告，且入驻孵化企业达到10家以上的，经区科技局、财政局考核认定，给予孵化器投资补贴50万元。被认定为国家、省级孵化器的，分别再奖励100万元、50万元。

三、鼓励发展高新技术产业

5.对被认定为国家级、省级高新技术特色产业基地、科技产业园区、产业技术创新战略联盟、引进国外智力示范基地，分别奖励20万元、10万元。经国家或省相关部门批准的有资助经费的引智项目，重点项目补助20万元，一般项目补助10万元；不资助经费的项目，每个项目给予3万元以内的经费资助。

6.对新认定的省级以上高新技术企业，奖励20万元。

7. 对当年被认定为国家重点新产品、省高新技术产品(重点新产品)的，分别奖励10万元、5万元。

8.对列入国家火炬、星火计划，并已实施通过验收合格的项目，每项补助2万元。

四、鼓励自主创新发明创造

9.设立专利专项经费50万元，并逐年增加，主要用于专利申请和授权奖励、专利工作体系建设费用、重大专利成果产业化资助等。

10.对当年获得国家发明专利，且已实施并取得明显经济效益的专利产品，奖励1万元。首次年专利申请量达50件以上的企业，奖励2万元。

五、鼓励引进科技创新人才

11. 设立区人才培养专项资金1000万元，主要用于高层次人才的引进和津贴发放等。

12. 对企业引进的高层次创新创业人才，经区人力资源保障局、财政局考核认定的，3年内每人每年发放人才津贴补助2万元，并在子女入学、就医、保险等社会福利待遇等方面给予最优惠政策。

13.对获省“六大人才高峰”项目资助和高层次创新创业人才引进计划资助人员(团队)的企业，分别奖励0.5万元、5万元。

六、鼓励企业加快品牌建设

14. 对新获中国驰名商标或中国名牌产品的企业以及获得国家质量管理奖的企业，奖励30万元；对新获江苏名牌或著名商标认定的企业，以及新获江苏省质量管理奖的企业，奖励5万元。

七、鼓励推进产学研紧密合作

15. 区财政安排产学研合作专项活动经费50万元，今后逐年增加。企业与高等院校、科研机构建立多渠道、多形式的紧密型合作关系，共同培养创新人才，联合开展创新活动等，且有成果引进并取得明显效益的，奖励3–5万元。

八、鼓励企业参与技术标准制定

16.鼓励企业积极参与国际、国家和行业标准制定，对成为国际、国家和行业标准制定成员并经认定的企业，区当年分别奖励3万元、2万元、1万元。对当年获得AAA级标准化良好行为企业奖励2万元。

九、鼓励提升农业科技水平

17.对我区科研、生产单位自主培育的通过国家、省审定的农作物、畜禽新品种并应用于生产的，每个品种分别奖励10万元、2万元。

18.对认定的国家、省级农业科技示范园区，分别奖励10万元、5万元。

十、鼓励营造创新创业环境

19. 在全区年度目标任务绩效考核中设立“创新杯”，对获得一、二、三等奖的镇(区、街道)、单位，分别奖励3万元、2万元、1万元。

20.每两年评选一次区科技进步奖，设立一、二、三等奖，资金分别为1万元、0.5万元和0.3万元。

21. 设立盐都区科技创新突出贡献奖，对在我区从事科技创新活动并为经济社会发展作出特别贡献的有关人员进行奖励，每两年评选一次，每人奖励5万元。

22.建立镇(区、街道)、部门科技创新工作目标责任制,将研发投入、研发机构建设、产学研任务、科技项目实施等科技创新指标列入责任制考核内容。在全区年度目标任务绩效考核中,逐年提高科技创新工作的考核分值。

·主要文件目录·

表 42

文　　号	发文时间	文　件　标　题
都发〔2010〕1 号	1 月 6 日	中共盐城市盐都区委常委会 2010 年工作要点
都政发〔2010〕4 号	1 月 7 日	关于进一步加强经济主体区(含城市规划区)土地经营工作的意见
都政发〔2010〕6 号	1 月 8 日	关于加强农村河道长效管理的意见
都政发〔2010〕7 号	1 月 8 日	关于 2010 年农村水利建设工作的意见
都政发〔2010〕8 号	1 月 8 日	关于推进绿色盐都建设工作的意见
都发〔2010〕2 号	1 月 14 日	关于印发 2010 年全区八大类重点工程项目的通知
都政发〔2010〕10 号	1 月 14 日	关于 2010 年全区村镇建设工作的意见
都发〔2010〕3 号	1 月 16 日	关于明确两大战略性新兴产业、八大专业园区、六个镇特色产业领导责任的通知
都政发〔2010〕2 号	1 月 19 日	关于下达 2010 年度财政收入任务的通知
都政发〔2010〕21 号	2 月 21 日	关于实施 2010 年为民办实事项目的通知
都政发〔2010〕23 号	3 月 1 日	关于做好第六次全国人口普查工作的通知
都政发〔2010〕24 号	3 月 2 日	关于推进农村经济开发区建设的政策意见(试行)
都发〔2010〕5 号	3 月 8 日	关于在全区开展机关服务"创星级、树品牌"活动的意见
都政发〔2010〕29 号	3 月 8 日	关于进一步加强利用外资工作的意见
都政发〔2010〕33 号	3 月 12 日	关于设立专项资金扶持工业企业加大技改投入促进转型升级的实施意见
都发〔2010〕7 号	3 月 16 日	关于重点重抓两大新兴产业加快发展六个特色产业着力推进十个专业园区的实施意见
都发〔2010〕8 号	3 月 18 日	关于 2010 年招商引资工作实施意见
都政发〔2010〕42 号	3 月 20 日	基层医疗卫生机构实行基本药物制度补助办法
都发〔2010〕9 号	3 月 22 日	关于深化医药卫生体制改革的实施意见
都政发〔2010〕44 号	3 月 25 日	关于印发《2010 年区政府重点工作目标任务分解表》的通知
都政发〔2010〕46 号	3 月 24 日	关于印发《盐城市盐都区医疗卫生服务
都发〔2010〕10 号	3 月 29 日	关于 2010 年人口和计划生育工作考核评估意见
都发〔2010〕11 号	3 月 29 日	关于印发《2010 年法治盐都建设工作要点》的通知
都政发〔2010〕48 号	3 月 30 日	关于下达 2010 年劳动就业和社会保险工作目标任务的通知
都政发〔2010〕49 号	4 月 1 日	关于印发《盐都区 2010 年夏季电力供应应急预案》的通知
都政发〔2010〕50 号	4 月 2 日	关于对全区 2010 年人口和计划生育工作实施分类管理的通知
都政发〔2010〕51 号	4 月 6 日	关于做好 2010 年全区重大动物疫病防控工作的意见
都政发〔2010〕55 号	4 月 13 日	关于印发《盐都区 2010 年食品药品安全工作要点》的通知
都政发〔2010〕58 号	4 月 15 日	关于做好 2010 年秸秆禁烧和综合利用工作的通知
都政发〔2010〕59 号	4 月 15 日	关于做好 2010 年一事一议财政奖补工作的意见
都发〔2010〕13 号	4 月 16 日	关于印发《盐都区人民政府机构改革实施意见》的通知
都发〔2010〕14 号	5 月 5 日	关于建立健全信访工作长效机制的意见
都政发〔2010〕66 号	5 月 10 日	关于印发《2010 年整治违法排污企业保障群众健康环保专项行动工作方案》的通知
都政发〔2010〕71 号	5 月 14 日	关于组建盐都区校园保安大队的通知
都委〔2010〕13 号	5 月 18 日	关于印发《2010 年党风廉政建设工作区领导和有关单位责任分解意见》的通知
都发〔2010〕16 号	5 月 25 日	关于进一步深化人口计生综合改革的实施意见

续表 42

文　　号	发文时间	文　件　标　题
都发〔2010〕26 号	6 月 10 日	关于开展法治城市创建活动的实施意见
都政发〔2010〕86 号	7 月 8 日	关于印发《盐都区新兴产业特色产业创新创业载体建设实施方案》的通知
都政发〔2010〕91 号	7 月 22 日	关于鼓励和促进科技创新的实施意见
都政发〔2010〕93 号	8 月 5 日	关于组建盐城市第一初级中学教育集团和盐城市第二小学教育集团的通知
都政发〔2010〕97 号	8 月 13 日	关于做好 2010 年秋季秸秆禁烧和综合利用工作的意见
都委〔2010〕15 号	8 月 31 日	关于做好村(居)党组织换届选举工作的意见
都政发〔2010〕105 号	9 月 7 日	关于印发《盐都区义务教育优质均衡改革发展示范区建设方案》的通知
都委〔2010〕16 号	9 月 20 日	关于加快农村中心社区发展的意见
都政发〔2010〕113 号	9 月 20 日	关于大纵湖等部分乡镇(街道)行政区划调整的通知
都政发〔2010〕119 号	9 月 25 日	关于开展 2010 年农村环境连片整治示范区建设的实施意见
都发〔2010〕19 号	10 月 12 日	印发《关于激励全区进位争先的考核意见》的通知
都政发〔2010〕136 号	10 月 29 日	关于实施商标发展战略的意见
都政发〔2010〕138 号	11 月 5 日	关于全面推进居家养老服务工作的实施意见
都政发〔2010〕139 号	11 月 8 日	2010 年度财税工作考核奖惩意见
都政发〔2010〕142 号	11 月 16 日	关于进一步加快中医药事业发展的意见
都委〔2010〕18 号	11 月 19 日	关于在全区非公有制经济组织设立纪检组织的意见(试行)
都政发〔2010〕148 号	12 月 2 日	关于调整镇(区、街道)财政管理体制的通知
都政发〔2010〕159 号	12 月 23 日	关于对持独生子女父母光荣证退休的企业职工实行一次性奖励的实施意见
都发〔2010〕20 号	12 月 30 日	关于制定盐都区国民经济和社会发展第十二个五年计划的建议

统计资料

StatisticalData

全区社会经济主要指标

表 43

指　标　名　称	单位	2010 年	增幅(±%)	指　标　名　称	单位	2010 年	增幅(±%)
一、人口、就业及土地面积				利税总额	亿元	52.96	50.8
年末总人口(户籍)	万人	76.06	1.1	#利润总额	亿元	28.68	88.4
#女	万人	36.44	0.7	建筑业总产值	亿元	94.30	11.1
年平均人口	万人	75.64	0.7	六、批发零售贸易、外经			
年末常住人口	万人	71.13	1.0	社会消费品零售总额	亿元	108.0	18.3
#城镇人口	万人	38.60	15.1	进出口总额(海关数)	万美元	34708	35.1
暂住人口(一个月以上)	万人	5.10	5.5	#出口总额	万美元	18180	27.7
当年出生人口(户籍)	人	9888	24.1	实际到帐外资(商务部口径)	万美元	12000	34.5
地区生产总值	亿元	252.12	14.8	七、人民生活			
第一产业	亿元	33.21	4.3	在岗职工平均工资	元	29767	16.4
第二产业	亿元	140.00	17.9	城镇居民人均可支配收入	元	18032	13.9
工业	亿元	119.60	18.2	#生活消费支出	元	11934	—
第三产业	亿元	78.91	13.6	农村居民人均纯收入	元	9554	14.3
人均地区生产总值(按常住人口计算)	元	35578	18.3	#生活消费支出	元	6405	16.2

续表 43

指标名称	单位	2010 年	增幅(±%)	指标名称	单位	2010 年	增幅(±%)
三、固定资产投资				八、农业产品产量			
全社会固定资产投资完成额	亿元	214.40	26.8	农作物总播种面积	万亩	157.59	6.9
#规模以上工业投资	亿元	108.26	27.0	其中:粮食	万亩	126.45	-1.1
城镇固定资产投资	亿元	115.50	26.9	粮食产量	万吨	63.16	0.5
#房地产开发投资	亿元	26.64	26.8	棉花产量	万吨	0.29	3.6
#住宅	亿元	26.22	26.8	油料产量	万吨	1.34	-2.2
四、财政				蔬菜产量	万吨	38.50	87.3
财政总收入	亿元	53.67	58.4	生猪饲养量	万头	76.07	-3.4
#一般预算收入	亿元	24.40	58.8	生猪存栏	万头	26.50	-16.0
地方财政支出	亿元	35.17	30.5	生猪出栏	万头	49.57	5.1
#一般预算支出	亿元	31.53	57.7	家禽饲养量	万只	2150.00	-10.7
五、规模以上工业、建筑业				家禽存栏	万只	970.00	-8.2
工业总产值(当年价)	亿元	455.04	26.2	家禽出栏	万只	1180.00	-12.6
工业增加值	亿元	120.60	18.9	肉类总产量	万吨	5.82	1.4
主营业务收入	亿元	460.14	25.4	水产品产量	万吨	9.96	0.0

盐都区全面小康社会建设进程情况表

表 44

指标名称	代码	单位	目标值	2010 年实现值	2009 年	比上年增减值	年均应达进度	时序进度情况	得分
一、经济发展									23.78
1.人均地区生产总值	1	元	≥24000	35578	29959	5618	-2980	-	10.00
2.二、三产业增加值占 GDP 比重	2	%	≥92	86.8	85.7	1.1	3.1	△	3.78
3.城市化水平	3	%	45	54.3	47.5	6.8	-1.2	-	6.00
4.城镇登记失业率	4	%	<5	2.0	2.1	-0.1	0.0	-	4.00
二、生活水平									33.56
5.居民收入									15.00
(1)城镇居民人均可支配收入	5	元	≥16000	18032	15831	2201	85	-	7.00
(2)农村居民人均纯收入	6	元	≥8000	9554	8360	1194	-180	-	8.00
6.居民住房									6.00
(1)城镇人均住房建筑面积	7	M2	30	37.2	30.5	6.7	-0.3	-	3.00
(2)农村人均钢筋、砖木结构住房面积	8	M2	40	40.6	40.1	0.5	-0.1	-	3.00
7.居民出行									4.00
(1)农村行政村通灰黑公路(或航道)比重	9	%	100	100.0	100.0	0.0	0.0	-	2.00
(2)城镇人均拥有道路面积	10	M2	12	21.4	19.8	1.6	0.0	-	2.00
8.居民信息化普及程度									3.00
(1)百户家庭电话拥有量	11	部	200	292.4	264.7	27.7	-32.4	-	1.00
(2)百户家庭电脑拥有量	12	台	40	47.5	35.1	12.4	2.5	-	2.00
9. 居民文教娱乐服务支出占家庭消费支出比重	13	%	18	15.4	15.1	0.3	1.5	△	2.56

续表 44

指标名称	代码	单位	目标值	2010 年实现值	2009 年	比上年增减值	年均应达进度	时序进度情况	得分
10.恩格尔系数	14	%	<40	35.2	36.3	–1.1	1.9	–	3.00
三、社会发展									27.90
11.R&D 经费支出占 GDP 比重	15	%	≥1.0	0.98	0.85	0.13	0.08	√	3.90
12.初中毕业生升学率	16	%	≥90	99.5	99.0	0.5	–4.5	–	4.00
13.卫生服务体系健全率	17	%	≥90	99.8	100.0	–0.2	–5.0	–	4.00
14.社会保障									9.00
(1)城镇劳动保障三大保险各自覆盖面	18	%	≥95	97.5	97.2	0.3	–1.1	–	4.00
# 城镇基本养老保险		%	≥95	97.8	97.3	0.4	0.0		0.00
城镇失业保险		%	≥95	96.4	96.3	0.1	0.0		0.00
城镇基本医疗保险		%	≥95	98.3	97.9	0.4	–1.5		0.00
(2)新型农村合作医疗覆盖面	19	%	≥85	100.0	99.7	0.3	0.0	–	5.00
15.人民群众对社会治安的满意率	20	%	90	98.3	98.3	0.0	0.0	–	3.00
16.城乡村(居)民依法自治									4.00
(1)城镇社区居委会依法自治达标率	21	%	90	98.0	97.5	0.5	0.0	–	2.00
(2)农村村委会依法自治达标率	22	%	95	99.5	99.0	0.5	0.0	–	2.00
四、生态环境									12.24
17.绿化水平									5.24
(1)城市绿化覆盖率	23	%	40	40.6	39.2	1.4	0.4	–	3.00
(2)森林覆盖率	24	%	20	11.2	8.6	2.6	5.7	△	2.24
18.环境质量综合指数	25	分	80	91.7	81.0	10.7	0.0	–	7.00
综合得分									97.47

注:1.表中 2010 年数据未最终案;2.表中"–"表示该指标当年总体已达目标值;"√"表示当年该指标仅达时序进度;"△"表示未达时序进度。

盐都区全面小康社会建设进程情况表

表 45

指标	计量单位	2005 年(十.五末)		2006 年		2007 年		2008 年		2009 年		2010 年(十一五末)	
		绝对值	±%	绝对值	±%	绝对值	±%	绝对值	±%	绝对值	±%	绝对值	±%
地区生产总值	亿元	107.63	14.4	126.08	15.5	157.12	15.3	187	14.8	211.72	13.5	252.12	14.8
第一产业	亿元	23.11	6.8	24.11	2.4	25.41	1.8	27.98	0.9	30.19	2.8	33.21	4.3
第二产业	亿元	54.89	17.6	65.56	19.8	81.70	19.9	104.44	18.9	118.33	15.4	140.00	17.9
其中:工业	亿元	49.40	17.4	59.01	19.8	74.35	19.6	91.52	18.7	101.83	15.9	119.60	18.2
第三产业	亿元	29.63	15.0	36.41	16.1	50.01	16.4	54.58	17.3	63.20	14.6	78.91	13.6
财政总收入	亿元	6.98	36.4	9.61	37.7	14.04	36.0	22.9	65.4	33.39	47.5	53.67	58.4
其中:一般预算收入	亿元	3.60	36.9	4.92	36.6	7.26	40.1	11.17	50.2	15.67	42.4	24.40	58.8
规模以上工业增加值	亿元	34.92	22.8	47.44	23.3	61.20	19.4	78.5	18.9	88.23	15.9	120.6	18.9
规模以上利税总额	亿元	9.60	32.7	12.80	35.2	17.14	30.6	26.5	47.5	34.82	30.8	52.96	50.8
其中:利润	亿元	4.10	30.5	5.90	36.6	8.13	35.8	11.2	43.4	15.24	34.5	28.68	88.4

续表 45

指　　标	计量单位	2005年(十.五末)		2006年		2007年		2008年		2009年		2010年(十一五末)	
		绝对值	±%	绝对值	±%	绝对值	±%	绝对值	±%	绝对值	±%	绝对值	±%
社会消费品零售总额	亿元	23.78	16.4	29.50	16.1	34.60	17.3	43.43	25.5	52.23	20.3	107.5	18.3
全社会固定资产投资完成额	亿元	50.00	36.6	70.40	40.8	90.90	29.2	124.42	36.9	169.06	35.7	214.4	26.8
其中：规模以上工业投资	亿元	29.10	40.7	39.10	34.4	41.30	42.4	61.15	54.7	85.2	36.0	107.45	26.1
注册外资实际到账	万美元	1800	-65.8	3501	121.0	9338	211.3	10321	10.5	8923	-11.7	12000	34.5
在岗职工平均工资	元	12473	15.1	14340	15.0	17351	21.0	21260	22.5	25575	23.3	29767	16.4
城镇居民人均可支配收入	元	10580	13.0	12052	13.9	13857	15.0	15862	14.5	17664	11.4	18032	13.9
农民人均纯收入	元	5270	11.2	5865	11.3	6635	13.9	7485	12.8	8360	11.7	9554	14.3

盐都区全面小康社会建设进程情况表

表 46

指标 / 镇(街道)	地区生产总值(万元)			规模以上工业增加值(万元)			全社会固定资产投资(万元)			规模以上投资(万元)			农民人均纯收入(元)		
	2005年(十.五末)	2010年(十一五末)	年均增幅(%)	2005年(十.五末)	2010年(十一五末)	年均增幅(%)	2005年(十.五末)	2010年(十一五末)	年均增幅(%)	2005年(十.五末)	2010年(十一五末)	年均增幅(%)	2005年(十.五末)	2010年(十一五末)	平均增幅(%)
大纵湖	35090	83372	18.9	6325	22500	28.9	11775	46500	31.6	8900	40200	35.2	6057	11302	13.3
北龙港	37300	88346	18.8	5732	25500	34.8	7276	32500	34.9	1600	28500	77.9	5271	9600	12.7
楼　王	35290	90056	20.6	11051	42800	31.1	11550	48300	33.1	7250	42500	42.4	4985	9625	14.1
学　富	15000	36020	19.1	572	4400	50.4	8400	37000	34.5	5550	35600	45.0	4885	9190	13.5
义　丰	46820	114148	19.5	12798	42000	26.8	21350	84500	31.7	10475	83500	51.5	5336	10319	14.1
尚　庄	27181	78698	23.7	2459	30100	65.0	9810	46700	36.6	6650	41200	44.0	5135	9717	13.6
葛　武	24500	57085	18.4	1729	6300	29.5	7000	22000	25.7	1650	17800	60.9	5118	9217	12.5
北　蒋	16340	41176	20.3	967	7200	49.4	6290	32000	38.5	3350	30200	55.2	4810	9271	14.0
秦　南	112600	240724	16.4	23134	68500	24.2	29217	96000	26.9	10890	83000	50.1	5481	10442	13.8
龙　冈	178000	367149	15.6	89606	178000	14.7	85839	292200	27.8	61139	185000	24.8	6008	11845	14.5
潘　黄	104850	319324	24.9	37187	163000	34.4	92500	252000	22.2	61750	219500	28.9	6011	11947	14.7
郭　猛	70950	174917	19.8	20327	67000	26.9	28857	98500	27.8	18230	81200	34.8	5610	10970	14.4
大　冈	99217	258407	21.1	64605	141000	16.9	30020	105000	28.5	15920	85600	40.0	5411	10589	14.4
张　庄	38490	139095	29.3	18014	104000	42.0	25700	116500	35.3	16400	106500	45.4	5360	11042	15.6

索　　引

Index

◆说　　明

◆A　B　C……

说　明

一、分目、条目索引采用主题分析法编制，按标引词第一个汉字拼音字母顺序排列。同音字按声调排列，音调相同按所在页码先后顺序排列。

二、区情总貌中的特载、大事记，附录中的荣誉栏、文件选编、统计资料，总目、综述、概述和图照表格未编索引。

三、分目、条目索引标引词后数字表示内容数字的页码，数字a、b、c表示左、中、右版面区域。

四、索引标引词一般采用中心词或简称。

A

B

C

E

F

G

H

J

K

L

M

N

P

索引

T

W

X

X

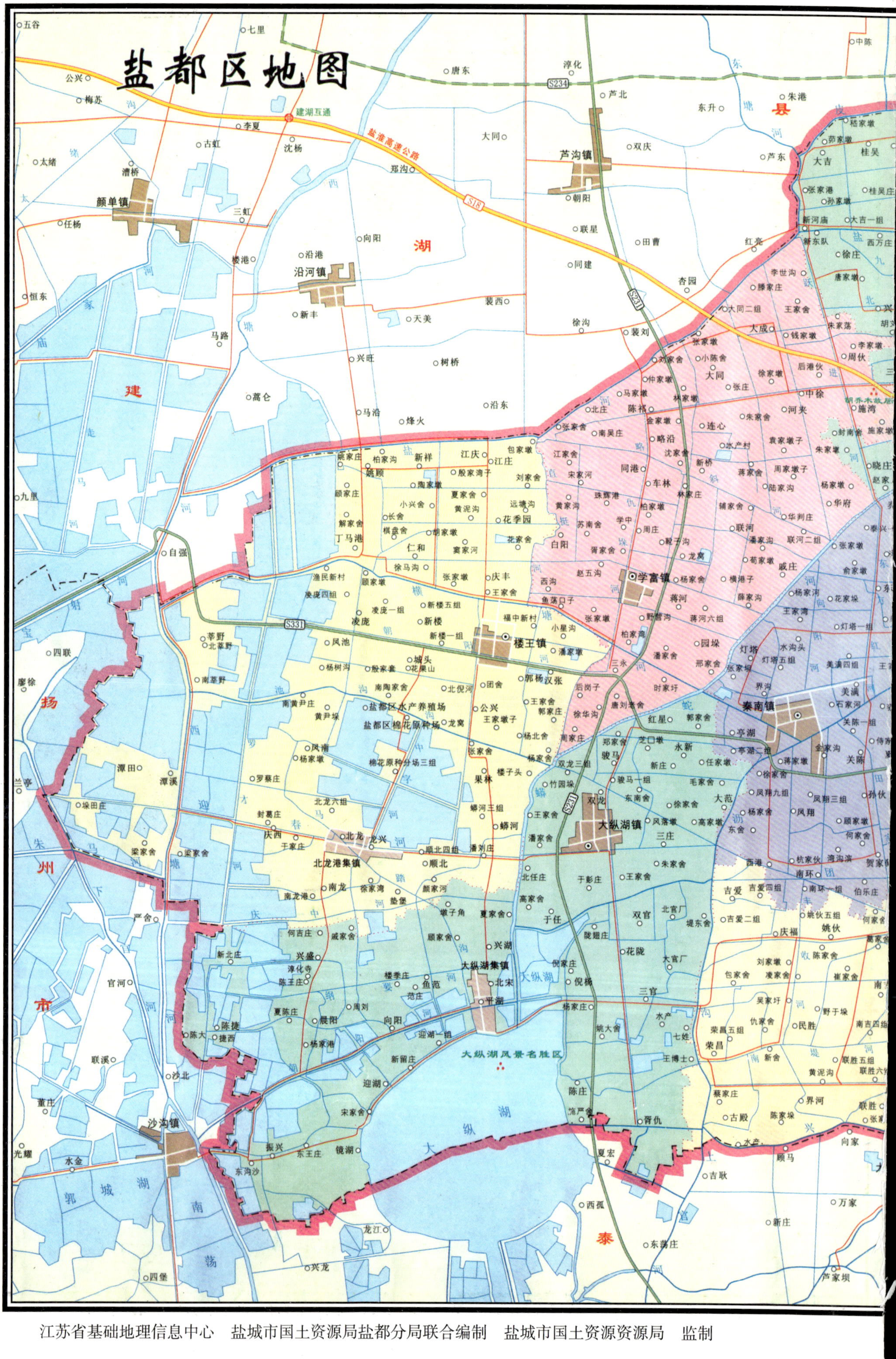

江苏省基础地理信息中心　盐城市国土资源局盐都分局联合编制　盐城市国土资源资源局　监制